야만의 꿈들
Savage Dreams

리베카 솔닛
Rebecca Solnit

야만의 꿈들
Savage Dreams

장소, 풍경, 자연과
우리의 관계에 대하여

양미래
옮김

반비

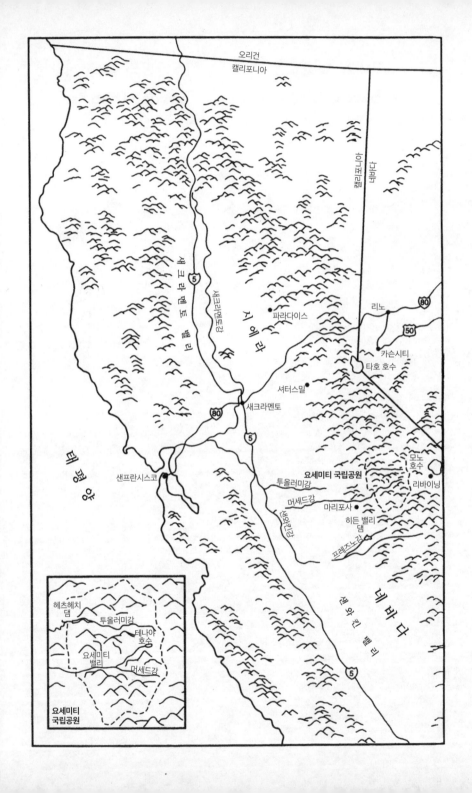

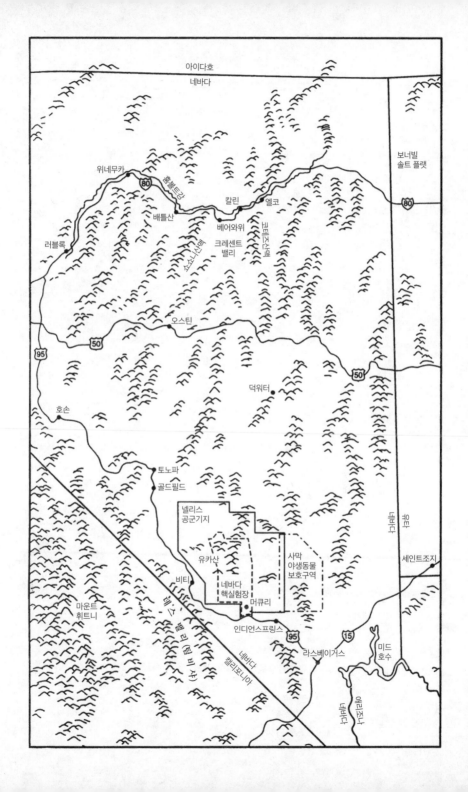

차례

1부

먼지,
미래를 지우다

네바다
핵실험장

2부

물,
과거를 망각하다

요세미티
국립공원

일러두기

1 지은이 주는 각주로 달고 '—지은이'로 표시했다. 표시되어 있지 않은 각주는 모두 이해를 돕기 위해 옮긴이가 단 것이다.

2 단행본 제목은 한국에 번역 출간되지 않은 경우만 병기했다. 번역된 단행본의 경우, 한국에서 출간된 제목을 따랐다.

3 도량형은 원서대로 표기할 필요가 없는 경우, 모두 미터법으로 환산했다.

풍경이 가르쳐준 것

1

나는 무척 운이 좋았다. 누군가에게는 이 책이 노동 또는 사명의 결과물로 보일지도 모르겠지만, 사실 나는 활동가로서 그리고 그보다는 역사가로서 더 많은 일을 했고 체포를 당할 때건 기록 보관소에 발을 들일 때건 매 순간 똑같은 열정으로 임했다. 그런데 어떤 일이건 당시에 젊은 여자였던 내게는 전부 하나의 세상으로 향하는 문을 활짝 열어주는 선물과도 같았다. 옛 기록과 이야기와 역사적 맥락이 내 결의를 북돋아주었고, 각종 시위는 내게 가르침을 주었다. 그것들은 한 덩어리로 존재했다. 그리고 그 덩어리가 나라는 사람을 빚어냈다. 이 책을 통해 내가 기어코 후대에 남기고 싶었던 것도 바로 그런 선물이었다.

20년 전에 이 책을 쓴 작가를 마주하고 있으니 이상한 기분이 든다. 20년 전의 여자는 지금의 내게 낯익은 동시에 약간은 낯설다. 그 여자의 의견 대부분에 동의하지만 일부에는 동의하지 않는 터다. 이 책을 읽고 있으면 미국 서부 형성 시기의 흥분감이 후끈한 사막풍처럼 끼쳐오는 것 같다. 그 바람과 함께 먼지, 사막 크레오소트,* 산쑥의 향이 코끝을 스치고, 고인이 된 영웅들의 얼굴이 눈에 어른거리고, 난처했던 순간과 계시적인

---

* 사막에서 자라는 관목으로 독특한 냄새를 풍긴다. 독성이 있어 주변 식물들이 자라지 못한다고 알려져 있다.

순간이 머릿속에 떠오른다. 1991년 초판을 출간했을 때 나는 시에라 북클럽 출판사로부터 받은 원고료 일부로 중고 쉐비 S10 픽업트럭을 구입한 다음 그 트럭을 타고 텍사스에서 앨버타, 네바다, 뉴멕시코, 모하비에 이르기까지 1990년대 미국 서부 전역을 여러 차례 누볐다. 친구들과 함께 야영장비와 책과 프린터를 싣고 다녔고 종종 트럭 짐칸에서 잠을 청했다.

쉐비에 몸을 실은 상태로, 또 쉐비를 주차한 후에는 두 발로 시에라와 로키산맥의 고지대, 두 산맥 사이에 위치한 건조지대, 캘리포니아 남동부 사막을 활보했다. 내 생애에 그토록 자유로웠던 시절은 그전에도 그 후에도 전무했다. 내가 자신감을 얻은 것도, 그때까지 알지 못했던 방식으로 광활한 공간을 누비는 방법을 배운 것도 그때였다. 그 후에는 성공이라는 야수가 찾아와 내 숨통을 조이면서 갖가지 계약과 의무와 일정과 기대로 나를 더더욱 분주하게 만든 바람에 당장 내일 서부로 떠나자는 초대에 응하거나 2주 동안 어디론가 떠나는 일은 두 번 다시 엄두조차 낼 수 없었다. 이 책을 다시 읽고 있으면 그 두 가지, 즉 잃어버린 과거의 자아와 자유의 맛이 느껴진다. 그리고 그와 동시에 당시에 만난 사람들과 장소들이 기쁨 속에서 되살아난다.

이 책은 내가 받은 교육에 관한 책이다. 아니, 그보다는 내가 누구이고 어디에 있으며 앞으로 무엇을 하고 어떤 말을 해야 하는지를 찾아 헤매다 얻은 범상치 않은 것들에 관한 책에 가깝다. 나는 내 경험이 모두를 위한 교육이 되기를 바라는 마음으로 『야만의 꿈들』을 썼다. 내가 들은 이야기들, 내가 천착한 역사들, 내가 감행한 모험들, 내가 찾은 영웅들이 그 당시에도, 20년이 지난 후에도 여전히 잘 알려지지 않았기 때문이다. 그리고 그것들이 중요하기 때문이다. 네바다 핵실험장의 평화캠프(Peace Camp), 서부 쇼쇼니족(Western Shoshone) 가모장들이 연방정부와 사실상 전쟁을 치른 네바다 동부의 목장, 지구상에서 가장 눈에 띄는 장소 중 하나인 요세미티 국립공원의 비밀스럽고 으슥한 장소와 기록 보관소 등등이 전부 중요하기 때문이다. 그런 장소에서 내가 발견한 것은 미국의 다른 역사들이었다. 아메리카 원주민이 완전히 정복당하지도 지워지지도 않았다는 점에서 결코 종결되었다고 볼 수 없는 콜럼버스 침략의 역사, 시작될 순간을 기다리는 자연 상태 그대로의 정적인 대지를 상상하며 북반구에 다다른 유럽인들이 그곳의 자연과 시간을 얼마나 착각하고 있었는지를 말하는 역사, 핵전쟁이 당시 대부분의 반핵 활동가들조차 믿었던 것처럼 끔찍한 우발적 사건이 아니라 1951년부터 1991년까지 지속한 저강도의 내전이었고 네바다에서 한 달에 하나씩 터진 핵폭탄이 아직도 우리에게 그림자를 드리우고 있음을 보여주는 역사였다.

요세미티에서 시작되어 결코 끝나지 않은 미국 원주민 전쟁, 그리고 아무리 일러도 핵폭탄에서 방출된 마지막 방사선이 사라지는 100년 후쯤에야 끝났다고 볼 수 있으므로 그리 오래전에 발발했다고 보기 어려운 핵전쟁은 주류 역사가 다루는 세상에 존재하지 않았다. 그런 전쟁이 진행 중이었던 세상은 지금보다 훨씬 폭력적이었지만 그만큼 저항도 강했고 그렇기에 가능성도 넘쳐났다. 그런 세상 속으로 나는 원칙과 직감을 따라서, 어느 정도는 우연의 힘에 이끌려서, 친구들과 함께 뛰어들었다. 그 세상을 탐험하는 동안 내가 만난 사람들이 가르쳐준 것은 역사에 등장하지 않는 것들, 이를테면 영웅주의, 고결함, 헌신, 기억, 시간에 대한 심오한 감각, 장소감, 그리고 미국이라는 국가 혹은 제국에 마땅히 속하지 못한 채 다른 지역들로부터 무시당하고 제대로 이해받지도 못하는 지역, 광활하고 척박하고 인적도 드문 지역에 용맹과 지략으로 적응하는 정신인 '서부성(westernness)'이었다.

이 책에는 무수히 많은 영웅이 등장하는데 그중 상당수는 지금도 현역으로 활동 중이다.(다만 메리 댄(Mary Dann), 빌 로스(Bill Rosse), 코빈 하니(Corbin Harney) 같은 영웅들은 수년 전 지구를 떠났다. 아니, 더 정확히 말하자면 그들은 지구와 하나가 되어 다양한 방식으로 살아가고 있으며 이 지면을 통해 여러분과 만나고 있기도 하다.) 과거의 내가 어리석게도 이 책의 제목을 정할 때 생각했던 카리스마 넘치는 반(反)영웅 제임스 새비지(James Savage)의 경우, 사망한 지 161년이 흘렀음에도 여전히 미지의 인물에 가깝다.* 이런 점을 고려하면 어쩌면 이 책은 시대에 뒤떨어진 기록일지도 모른다. 영웅과 악당이 등장하고, 희망을 품고 있고, 세상사에 직접 관여하는 책이니 말이다. 그리고 대부분 이 책을 집필한 이후의 일이기는 하지만 우리는 일부 전투에서 승리를 거머쥐었고 세상도 변했다. 어쩌면 그때나 지금이나 가장 위대한 영웅들은 장소 그 자체였을지도 모르며, 지금도 그럴지 모른다. 장소는 지구력, 피해를 감내하며 지속해 나가는 역량, 예상치 못한 순간에 온갖 방식으로 풍요를 선사하는 넉넉함, 지리적 수렴에서 의미를 찾아냄으로써 복잡성을 풀어내는 능력을 갖추고 있기 때문이다.

달리 보면 이 책은 포스트모더니즘적 기록물, 즉 과거와 현재의 자연기(nature writing)에 대한 비평서이기도 하다. 적어도 내가 이 책을 집필할 때만 하더라도 자연기는 우리에게 영향을 미치는 거대한 시스템(역사적 변화, 인간에 의한 환경오염, 인종과 특권, 돈과 권력 등)이 차단된 정적인 장소를 찬양하는 경향이 있었는데, 나는 예술 비평가로 일하고 포스트모더니

---

* 어떤 책을 3분의 2가량 읽었을 때야 제대로 이해할 수 있는 제목은 절대 붙이지 말라는 교훈을 나는 뒤늦게 배웠다. 어쨌거나 그 정도 분량에 다다르면 새비지가 골드러시 시대에 활동한 교활하고 탐욕스러운 백인 남자라는 사실이 명확히 드러난다. 다만 '야만의 꿈들(savage dreams)'이라는 말은 새비지라는 사람 자체보다는 핵물리학자와 냉전주의자와 항상 모든 것을 정복의 관점에서 생각하는 사람들의 집착을 설명해줄 것이다. —지은이

즘 이론가들의 글을 읽으면서 얻은 배움을 원자폭탄과 전쟁 그 자체 등 다른 것들에 적용했다. 우리가 서부를 상상할 때 동원하는 범주들이 어떻게 대부분의 사람이 서부에서 동시에 진행된 두 대전(大戰)을 못 보고 넘어가도록 만들었는지를 탐구했다면 아이러니에 관한 배움을 얻을 수 있었겠지만, 그 대신 나는 삶과 문화가 위협받는 상황에 놓였던 사람들을 만났다. 그리고 그들은 내게 진짜 현실이었다.

내가 집요하게 파헤친 중심 주제는 그 무엇보다 귀한 가르침을 준 스승이자 이 책의 핵심을 이루는 두 장소인 네바다 핵실험장과 요세미티 국립공원이었다. 두 장소는 내게 정답이 아닌 무궁무진한 질문을, 요구도 많고 보상도 많은 질문을 가르쳤고, 지금도 지속하고 있는 내 일과 삶에 방향을 제시했다. 수십 년이 흐른 뒤에 다시 읽는 이 책은 미국 서부 그리고 어쩌면 전 세계가 전환기를 맞이했을 때 내가 살아가기 시작한 삶을 연대순으로 담고 있다. 내게 네바다 핵실험장은 대학교 같은 장소, 요세미티 국립공원은 대학원 같은 장소였다.

2

네바다 핵실험장에서 보낸 수년의 시간과 네바다 핵실험장을 통해 만난 장소는 내가 누구인지, 내가 어디에 있는 것인지, 책임감 있는 미 서부 주민이 된다는 것이 어떤 의미인지를 가르쳐주었다. 장소 자체가 나의 글쓰기 스승이었다. 장소는 역사, 수렵, 경험의 복잡성을 어떻게 설명할 수 있겠느냐고 물어왔다. 어쩌면 그건 작가를 겨냥한 질문이었을 것이다. 그러나 장소가 제기한 질문 중 일부는 우리 모두를 위한 것이었다. 이를테면 네바다 핵실험장은 전쟁의 본질과 권력의 본질에 관해 물었다. 40년 동안 네바다 사막에서 한 달에 하나씩 핵폭탄이 터졌음에도 어째서 사람들은 그때나 지금이나 핵전쟁이 미래에 발생할지도 모를 무시무시한 일이라고만 생각하는 걸까? 점점 더 강력해지는 핵무기가 취약성과 위험만 강화하는 듯했을 때 그걸 가능하게 한 힘은 어디에서 비롯한 걸까? 우리가 폭발하는 작은 항성들과 10만 년 동안 사라지지 않을 독성 물질들을 생성하는 능력, 전면적인 핵전쟁으로 지구 생명체의 상당수를 절멸시킬 수 있는 능력을 갖게 되었을 때 인간적 척도(human scale)의 의미는 과연 얼마나 달라진 걸까? 우리 각자가 벌인 일에 대해 무엇을 해야 하고 또 무엇을 할 수 있을까? 보통 사람들이 가진 권력과 책임은 무엇일까?

보통 사람들이 가진 권력의 경우, 네바다 핵실험장에서 군산복합체를 굴복시킨 여러 비무장 풀뿌리 운동과 연합 조직에서 찾아볼 수 있다. 미국 내에서만 해도 모르몬교 신자이자 다운윈더*였던 사람들, 미 서부의 쇼쇼니족 장로들, 서부 해안의 아나키스트들, 핵물리학자들 등 무척 다양한 사람이 관여했을 만큼 규모가 방대했던 연합 조직은 일본과 세계 각지의 수많은 원자폭탄 생존자와 승려뿐만 아니라 당시만 해도 소련에 속했던 카자흐스탄의 반핵운동까지 고무하고 아우르는 수준으로 확대되었다. 수년 후 조너선 셀(Jonathan Schell)은 『정복할 수 없는 세계: 권력, 비폭력, 인간의 의지(The Unconquerable World: Power, Nonviolence, and the Will of the People)』에서 핵무기를 제외한 20세기의 위대한 발명이 비폭력 시민 저항이었다고 언급했다. 네바다 핵실험장은 핵무기와 비폭력 시민 저항이라는 두 가지 힘이 맞붙은 장소였다.

직접행동이 낳은 결과들은 측정하기가 어렵다. 핵무기는 지금까지도 사라지지 않았다. 그러나 냉전과 소련은 사라졌으며 이를 가능하게 한 요

---

* 방사성 낙진이 네바다주 동쪽의 내륙을 통과해 '바람이 부는 쪽으로(downwind)' 이동함에 따라 낙진의 영향을 받은 주민들.

소들은 대체로 피플 파워*가 일으킨 혁명, 동구권 국가들에서 벌어진 비폭력 시위, 소련의 마지막 지도자 미하일 고르바초프의 정책, 그리고 고르바초프의 주장에 따르면 1986년 체르노빌 원전 사고였다. 이 중 체르노빌 원전 폭발 사고는 다른 많은 재난, 특히 기술적 결함으로 발생한 재난들처럼 재난의 배후에 자리한 정부의 실체를 폭로하고 권위를 실추시켰다. 그리고 전 세계적인 반핵운동에 힘입어 1991년에는 전략 무기 감축 협정(Strategic Arms Reduction Treaty, SART)이 체결되었고 그 결과 미국과 소련(당시 러시아)의 핵무기 비축량이 급감했다. 또 카자흐스탄, 벨라루스, 우크라이나는 핵무기 보유를 포기하거나 러시아로 반출했고, 머지않아 핵확산금지조약(Nuclear Non-Proliferation Treaty, NPT)에 서명했다.

1991년 미국은 1000여 기의 핵무기 폭발을 끝으로 네바다에서의 핵실험을 중단했지만 임계 전 핵실험은 현재에도 지속하고 있다. 2012년 12월에 있었던 가장 최근의 임계 전 핵실험** 폴룩스(Pollux)는 완전한 핵실험에 근접했다는 점에서 (핵실험을 하지 않고 있다는 미국의 주장과 국제 관계를 고려했을 때) 위험천만한 사건이었다. 미국이 후핵 국가(postnuclear nation)가 되기보다는 현상 유지를 위해 기술적으로 보다 정교한 방안을 찾아냈음을 보여주는 일이기도 했다. (미국은 자국의 핵무기 보유 사실이 다른 국가들이 핵확산과 관련된 주장을 펼칠 때 들이미는 가장 설득력 있는 근거가 되었음에도 핵무기를 탐하거나 확보한 국가들을 맹비난하고 있다.) 전 세계 활동가 단체들이 가한 압력에 못 이긴 유엔은 1996년 9월 포괄적 핵실험 금지

---

* 1986년 혁명을 통해 독재자 마르코스 전 대통령을 축출한 필리핀 국민의 힘을 피플 파워(people power)라고 부른다.
** 2022년 기준으로 가장 최근에는 바이든 행정부가 2021년 6월과 9월 총 두 차례 임계 전 핵실험을 진행했다.

조약(Comprehensive Nuclear Test Ban Treaty, CTBT)을 승인했다. 그러나 미국 상원은 아직도 이를 비준하지 않았다. 남아프리카는 포스트-아파르트헤이트 정부로의 전환과 국제사회로부터의 인정을 염두에 두고 1989년 여섯 기의 핵무기를 폐기했지만 북한과 인도와 파키스탄은 보란 듯이 핵실험을 이어가고 있으며 그 외의 국가들도 핵무기라는 궁극적인 대규모 살상 무기를 붙들고 있다.

어떻든 냉전은 종식되었고, 우리 대부분은 핵겨울*이 불러올 갑작스러운 종말보다는 재래식 연료 사용에 따른 기후변화가 야기할 느리고 뜨거운 종말을 훨씬 더 우려하고 있다. 둘 중 그 무엇에 대해서도 별생각이 없는 사람이 상당수이기는 하지만 말이다. 애석하게도 1980년대에 강력한 반핵운동을 이끈 사람들은 대부분 소련이 소멸한 시점부터 서서히 흩어지기 시작해 유종의 미를 거두지 못했다. 격변의 한복판에서라면 가능했을지도 모를 대대적인 핵무기 폐기가 그렇게 수포로 돌아갔다. 그러나 네바다 핵실험장에서 나를 비롯한 많은 젊은 백인들은 원주민과 협력하는 법, 환경 정치에 관여할 때 토지에 대한 원주민의 권리를 존중하는 법을 배웠고 지금도 상당수가 그런 방식으로 활동하고 있다. 지금까지 언급한 사건들이 발생한 시점으로부터 몇 년이 흐른 뒤, 과거 핵실험장 활동가들을 포함한 연합체와 캘리포니아 사막의 다섯 부족은 워드 밸리에 방사성 폐기물 처리장을 건설하려던 정부의 계획을 좌절시켰고 또 다른 다문화 연합체도 서부 텍사스의 시에라블랭카에 그와 유사한 처리장이 들어서지 못하게 막았다. 네바다주는 유카산 방사성 폐기물 처리장 건설을 저지하는 투쟁을 지속했으며, 2000년 앨 고어를 시작으로 민주당 의원들이 유카산 프

---

* 핵전쟁이 발발한다면 지구에 대규모 환경변화가 나타나면서 인위적으로 빙하기가 시작되리라는 가설.

로젝트를 무산시키려는 캠페인을 벌여 2008년 이후* 거의 목표를 달성했다.(그러나 이 프로젝트는 공화당의 망령 덕분에 이따금씩 비틀거리면서 무덤 밖으로 걸어 나온다.)

네바다 핵실험장과 요세미티 국립공원의 가르침을 바탕으로 권력, 역사, 기억, 그리고 결과에 대해 생각하는 법을 배운 나는 결과를 측정한다는 것이 불가능에 가깝다고 믿게 되었다. 결과 중에는 폭탄으로 인해 특정 사람들이 죽고 법으로 인해 특정 영토가 배제되듯 직접적인 결과도 있지만 간접적인 결과도 있으며, 후자는 수치로 환산할 수 없을 때조차도 방대하고 중대한 영향을 미친다. 그리고 그런 영향은 예측 불가능하다. 우리가 네바다주에서 벌인 반핵운동이 카자흐스탄에서 시위를 촉발할 줄 누가 알았겠는가. 수치화하기 어려운 결과들을 찾아 헤매다 보면, 1980년대 후반과 1990년대 초반 네바다 핵실험장에서 수년간 지속된 시위로 인해 변화를 겪은 모든 사람의 삶이 눈에 들어오기 시작할 것이다. 1964년 미시시피 자유여름(Freedom Summer)** 운동과 2013년 월가 점령 시위가 벌어지는 동안에도 사람들의 삶이 변했던 것처럼 말이다. 그때 운동을 하면서 각성을 하고 영감을 받은 자유여름 활동가들은 이 책에 언급된 많은 이들처럼 정치적 참여를 계속해 나갔다. 죽음의 장소는 새로운 것을 낳는 풍경이기도 했다.

내가 받은 영향에 대해 말하자면, 나는 핵실험장이 내게 글 쓰는 법

---

* 유카산은 1987년 미국 유일의 고준위 방사성 폐기물 최종 처리장 후보지로 선정되어 건설이 진행되었지만 지역 정치인과 주민들의 강력한 반대에 부딪혀 2009년 오바마 행정부가 건설 중단을 결정했다.

** 백인 전용석에 착석하는 등 흑인들이 자유를 위해 이끈 민권 운동.

을 가르쳐주었다는 말을 계속 입에 달고 산다. 여전히 어딘가에 남아 있을 1991년에 쓴 원고는 먼저 《시에라》에 에세이로 기고되었다가 이 책이 되었다. 그 원고에서 나는 처음으로 그전까지 동원한 세 가지 문체(저널리즘적, 비평적, 시적)를 하나로 통합했고, 일인칭 경험, 연구에 기반한 역사, 조사, 분석, 묘사가 어우러진 하나의 연속적인 흐름으로 구현했다. 그 후로 내가 쓴 거의 모든 글은 그런 혼합물의 성격을 띠며, 나는 그 속에서 서로 떼려야 뗄 수 없는 것들, 함께 다루어야만 전체적인 모습과 그 안의 복잡성까지 전부 담을 수 있지만 장르나 관습이나 문체에 따라 분리되는 경우가 많은 것들(사적인 발언 대 사실의 설명, 일인칭 경험 대 역사적 배경, 분석 대 묘사 등으로 분리되나 결코 서로 대립한 적이 없는 것들)을 한데 모아놓고 사방으로 뻗어나갈 자유를 누릴 수 있었다.

3

네바다 핵실험장은 내게 글 쓰는 법을 가르쳐주었다. 요세미티 국립공원은 희망을 품는 법을 가르쳐주었다. 한순간이 아닌 10년이라는 세월에 걸친 가르침이었다. 『야만의 꿈들』은 1992년 콜럼버스의 날에 마침표를 찍었다. 그날은 유럽인들이 신대륙에 당도한 날로부터, 그리고 유럽과 아메리카 대륙의 시대가 저물고 다른 대륙들의 시대가 열린 날로부터 500년이 흘렀음을 알린 날이었다. 끝보다는 시작, 원주민과 이민자의 관계 그리고 그들의 사연에 지각 변동을 일으킨 변화의 시작을 알린 날이었다. 그 기념일로부터 9년이 흐른 2001년 나는 요세미티 국립공원을 다시 찾았다. 내 친구이자 뛰어난 사진가인 마크 클레트(Mark Klett), 바이런 울프(Byron Wolfe)와 함께 추가 연구를 하기 위해서였다.

처음에는 샌프란시스코에 기반을 둔 사진가이자 영화의 시대를 이끈 선구자 에드워드 머이브리지(Eadward Muybridge)에 관한 일종의 전기 『그림자의 강』을 이어 쓰는 듯한 기분이 들었다. 1872년 머이브리지가 격동적이고 장엄한 사진을 찍은 바로 그 요세미티에서 재촬영을 하고 연구를 했기 때문이다. 그러나 전망 좋은 곳에서 오후를, 강굽이에서 사흘을, 특정 장소를 찾아 헤매며 몇 달을 보내는 동안 요세미티 풍경에 푹 빠져들었고, 어느새 나는 단지 머이브리지의 전성기 이후 130년 동안 벌어진 일뿐 아니라 내가 『야만의 꿈들』을 집필하기 위해 직접 요세미티를 누볐던 시점으로부터 10년간 벌어진 일까지 기록하고 있었다. 그간 많은 것이 변했지만 대체로 눈에 불을 켜고 찾으려 들지 않는 한, 근과거의 기억을 새천년 이후의 현재에 떠올리려 하지 않는 한 알아차리지 못할 수도 있는 미묘한 변화였다.

21세기의 요세미티는 여러 중대한 변화를 겪고 새로운 무언가로 변해 있었다. 1990년대 초반에 내가 탐험한 요세미티는 불도 역사도 억누른 장소였다. 자연경관은 취약하고 정적인 대상으로 인식된 반면 불은 순전히 파괴적인 힘으로 간주된 탓에 보호를 명목으로 불을 금했던 것이다. 아메리카 원주민들이 토지 관리 기법의 일환으로 동원한 방화 행위는 당시만 해도 잘 알려져 있지도, 논의의 대상이 되지도 않았다. 그건 일면 아메리카 원주민들 또한 풍경에서 소거된 대상이기 때문이었다. 아메리카 원주민의 존재는 사람들에게 기억되어봐야 오래전에 사라진 '생태학적 내시(內侍)'로 묘사될 따름이었고, 백인들은 원주민의 존재를 깡그리 잊고 북아메리카 대륙을 자연 상태 그대로의 순결한 장소, 유럽인의 침입 전까지는 근본적으로 무인지대였던 장소로 여기는 데 아주 능숙했다.

2002년 10월의 어느 날 우리는 와워나 터널 전망대로 향했다. 앤설 애덤스(Ansel Adams)가 자신의 가장 널리 알려진 작품 중 하나인 「겨울 폭풍이 걷히다(Clearing Winter Storm)」를, 언뜻 무인지대 같은 계곡을 매우 명료한 초점으로 담아낸 그 장엄한 사진을 찍은 장소였다. 그런데 방대한 규모의 계획적 방화로 인해 계곡에는 연기가 가득했고, 안개가 낀 듯한 낭만적인 분위기 속에서 내 동료들은 애덤스의 작품을 「가을 연기가 걷히다 (Clearing Autumn Smoke)」라는 작품으로 개작했다. 마크와 바이런은 작품 활동에 전념하고 나는 대부분 라틴아메리카계인 한 초등학생 무리가 사생하는 모습을 지켜보고 있었을 때, 주차장으로 들어선 미니밴에서 어느 시크교도 가족이 내리더니 몽환적인 인도 아대륙 음악에 맞추어 춤을 추기 시작했다. 계획적 방화의 의기양양한 부활과 서로 다른 관점을 가진 사람들의 등장. 내가 『야만의 꿈들』에 쓴, 일명 헤드록을 거는 헤게모니는 그 사이에서 막을 내린 듯했다. 헤게모니가 확실하고도 완전하게 무너진 것은 아니었지만 여하간 세상은 중대한 변화를 겪고 변해 있었다. 무엇보다 캘리포니아가 백인이 소수인 주(州)로 바뀌고 있었으며, 지배적인 관점의 강압성은 옅어지고 대안적인 관점의 영향력은 강해진 듯했다.

21세기 초반의 언젠가 나는 한 수업에서 어슐러 르 귄의 에세이 「캘리포니아를 추운 곳으로 보는 비유클리드적 관점(A Non-Euclidean View of California as a Cold Place to Be)」을 다루었다. 학생들은 대부분의 미국인이 학교에서 아메리카 원주민에 대해 거의 또는 전혀 배우지 않았다는 에세이 속 대목에 반기를 들었다. "그런 거 배웠어요."라고 그들은 말했다. 아메리카 원주민을 멸시하는 내용의 교과서는 내가 교육받은 1960년대와 1970년대의 산물이고 그 후로 세상은 많이 변했다고도 했다. 나는 직접행동 캠페인의 유명한 문구를 떠올려보았다. "처음에 그들은 당신을 무시하고, 그다음에는 비웃고, 그다음에는 당신과 싸우려 들지만, 결국에는 당신이 승리한다."라는, 간디의 말을 인용한 문구였다. 관념(idea)은 활동가

(activist)와 유사하다. 관념은 그림자와 변두리에서 모습을 드러내고, 그다음에는 조롱을 당하거나 욕지거리를 들으며, 그다음에는 모두가 줄곧 알고 있었거나 믿고 있었던 무언가가 된다. 그 관념이 어떻게 제기되었는지, 누가 그 관념에 코웃음을 쳤는지는 잊힌다. 이제는 유럽인들이 발을 들이기 수 세기 전부터 아메리카 대륙에 원주민이 살았음을 거의 모두가 이해하고, 콜럼버스의 탐험이 폭력적이고 험악했음을 인지하며, 여전히 그곳에 원주민이 존재한다는 사실을 인정한다. 가장 중대한 변화는 대부분 관점의 변화다. 누가 어떤 관념을 이끌어냈는지, 언제 그런 관념이 자리 잡았는지에 관한 관점의 변화는 점진적이면서도 흔히 눈에 띄지 않는 방식으로 이루어지지만, 그런 변화를 기점으로 많은 것이 바뀐다.

이 책은 그런 변화를 가시화하는 과정, 역사를 다시 쓰는 과정이 한창 진행 중일 때 쓰였다. 그 과정이 성공을 거두었을지도 모른다는 사실을 내가 처음 진정으로 이해한 것은 『야만의 꿈들』이 끝난 시점으로부터 10년이 지난 2002년의 어느 날 한 국립공원의 주차장에서였다. 그제야 나는 변화의 본질에 대해, 앤설 애덤스의 사진 촬영 장소에서 춤을 추던 시크교도들만큼이나 예상을 벗어난 존재들에 대해, 그리고 공원 표지판이나 교과서나 서부 영화나 (일부 지역에서는 '원주민의 날'로 명칭이 대체된) 콜럼버스의 날이나 아메리카 대륙을 이해할 때 반드시 알아야 할 여러 장소가 아메리카 대륙을 대대적으로 재구성(reimagining)한 방식에 대해 생각해보기 시작했다. 나는 늘 문화가 정치에 영향을 미친다고, 사상과 창작이 중요하다고 믿고 싶었다. 그런 내게 요세미티는 문화와 사상과 창작이 실제로 정치에 중대한 영향을 미쳤음을 확인하고 어떤 변화가 일어났는지까지 일별할 수 있는 실험실이었다. 먼저 요세미티 공원 표지판이 바뀌어 있었고 '발견'이라는 옛 언어는 거의 종적을 감춘 상태였다. 그리고 생태계 속에서 원주민들이 한 역할은 인정받았고, 순결한 야생이라는 관념은 시대에 뒤처진 것으로 간주되었으며, 아와니치족(Ahwahneechee)의 후손들은 요세미티에서 더 많은 존재감과 권리를 누렸다.

기억해야 할 중요한 사실은 이것이 필연적인 변화가 아니라 학자와 부족 대변인과 활동가와 이야기꾼 들이 이루어낸 과업이라는 것이다. 현재 상태는 완벽과는 매우, 매우 거리가 멀지만, 과거에 비추어보면 상당히 많이 변했다. 1994년 멕시코 남부에서 결성되어 아직 해체되지 않은 사파티스타 민족해방군의 봉기, 1999년 캐나다 북동부 영토(텍사스 면적의 다섯 배로 캐나다에서 가장 넓은 영토)를 원주민 자치 구역으로 되찾은 누나부트(Nunavut) 준주의 탄생, 2006년 원주민이 다수를 차지하는 볼리비아에서 선출된 최초의 원주민 대통령 에보 모랄레스(Evo Morales), 2012년 캐나다에서 일어난 카리스마 넘치는 '아이들 노 모어(Idle No More)'* 원주민 생존권 운동 등 아메리카 대륙은 변화를 겪었다. 과거에 붙박여 있던 사람들이 우리의 미래를 위한 최선의 희망으로 떠오른 것이다.

이런 역사를 연구한 덕분에 나는 여성과 유색인종의 지위 변화에서부터 환경을 이해하고 더 나아가 환경을 파괴하지 않기 위한 언어의 부상에 이르기까지, 내 생애에 얼마나 많은 것이 근본적인 차원에서 변했는지를 본격적으로 인지할 수 있었다. 또 좌파가 그리도 좋아하는 몰락과 패배의 서사가 아닌 그 반대의 서사, 즉 멸종 직전에 회생한 종(種), 인권의 확대, 권력과 인간 본성과 젠더와 섹슈얼리티와 생태학과 가능성에 관한 많은 변혁적인 사상이 변두리에서 정중앙으로 이동하는 서사를 발견하기 시작했다.

---

* '더 이상 가만있을 수는 없다'라는 의미로, 원주민의 권리 회복과 환경보호를 목적으로 한 운동.

요컨대 나는 희망을 품게 되었고, 2003년 3월 부시 행정부가 이라크를 침공했을 때는 요세미티로부터 장기적 변화에 관한 배움을 얻는 데에 몰두했다. 그리고 희망에 관한 글(온라인에 발표한 첫 에세이로 Tomdispatch.com이라는 훌륭한 웹사이트에 실렸고 편집자 톰 엥겔하르트와는 절친한 사이가 되었다. 톰의 웹사이트에 게재한 글들은 내 목소리와 지명도와 인생을 바꾸었고 한국어에서 이탈리아어에 이르기까지 세계 여러 언어로 번역된 첫 에세이집『어둠 속의 희망』이 되었다.)을 쓰기 시작했다. 내게 희망이란 낙관주의와는 아무런 관련이 없다. 낙관주의는 비관주의와 마찬가지로 미래가 예측 가능하고 개입은 불필요하다고 생각하는 태도다. 내게 희망이란 미래의 인지 불가능성에 대한 믿음이며, 미래에 나타날 결과는 고정되어 있지 않다는 (그리고 어쩌면 우리가 그 결과에 개입할 수도 있다는) 감각이다. 어쩌면 희망이란 나만의 불확실성 원칙일지도 모른다.

『어둠 속의 희망』은 네바다 핵실험장을 언급한 장(章)과 최근 원주민 역사에서 길어 올린 많은 사례, 변화가 일어나는 방식에 대한 주된 관심을 결합한 작품이라는 점에서『야만의 꿈들』의 딸 같은 책이다. 독자가 지금 손에 들고 있는 이 책『야만의 꿈들』은 그 후 내가 쓴 책 대부분이 뿌리를 두고 있는 출발점이다.『야만의 꿈들』을 쓰면서 걸은 무수한 길은 내 걷기의 역사인『걷기의 인문학』을 낳았고,『걷기의 인문학』은 두서없이 꼬리에 꼬리를 무는 사유를 통해 심도 있는 탐구를 한『길 잃기 안내서』와 기술, 탈신체화, 속도, 느림을 고찰한『그림자의 강』으로 이어졌다. 더 나아가『길 잃기 안내서』는 내가 산문을 통해 할 수 있는 일과 산문에서 다룰 수 있는 주제에 자유로운 날개를 달아주어 2013년에『멀고도 가까운』을 펴낼 수 있게 해주었으며, 시민사회와 비상사태, 그리고 대항서사(counternarratives)에 대한 내 관심은『이 폐허를 응시하라』를 낳았다.

내가 살아오는 동안 어마어마한 변화가 있었다. 어떤 변화는 점진적으로 찾아왔다. 예컨대 불과 수십 년 전만 해도 범죄자나 정신병 환자로 취급된 게이, 레즈비언, 트랜스젠더의 지위 변화가 그러했다. 어떤 변화는 갑작스럽게 찾아왔다. 누구도 예측하지 못한 아랍의 봄이라든가 소련의 붕괴가 그러했다. 돌이켜보면 그런 변화의 근간이 무엇이었는지를 설명할 수는 있지만, 우리는 과거를 돌이켜보면서 살지 않는다. 우리는 앞을, 미지의 것을 내다보며 산다. 말하자면 희망은 이 세상의 야생성, 예측 불가능성을 옹호하는 태도였다. 그리고 내가 핵실험장에서 처음으로 이해한 힘, 즉 대중 권력, 시민사회, 비폭력 직접행동처럼 역사를 만드는 힘도 마찬가지였다. 내게 요세미티의 변화는 그런 희망과 힘의 본보기였다. 그런 이유로 나는 요세미티를 구석구석 살펴보고 돌아와서 10년이 지난 후에도 계속 그곳으로 돌아가고 있다. 장소는 우리에게 가르침을 준다. 우리가 그걸 허하기만 한다면.

장소는 그 자체로 대화와 역사와 연구와 사상과 직접행동과 생태학이 수렴하는 곳이었다. 아니, 더 정확히 말하자면 장소란 그런 힘이 교차하는 지점이었다. 운 좋게도 나는 네바다주와 요세미티에 충분히 오래 머물면서 우리가 누구이고 어디에 있는지를 확인할 수 있었다. 달리 말하면, 이 책에 담겨 있듯 내가 누구이고 어디에 있는지를 나만의 특별한 방식으로 발견할 수 있었다. 부디 독자들도 자신이 누구이고 어디에 있는지를 자기만의 방식으로 발견하기를 바란다.

감사의 말

이 책은 미국 서부에서 산다는 것의 의미를 받아들이기 위한 분투의 기록이자, 독서 못지않게 풍경과 사람을 통해서도 얻은 많은 배움의 기록입니다. 제 관심사의 상당수는 학문들 사이의 접경지대, 즉 우리가 풍경을 그리는 방식이 그 풍경을 대하는 방식에 어떤 영향을 미치는지, 우리의 믿음이 어떻게 지금 벌어지고 있는 일을 보지 못하게 하는지를 비롯해, 미래의 일이어야 했을 핵전쟁과 과거에 벌어진 원주민 전쟁이 어떻게 동시에, 그것도 두 전쟁으로부터 직접적인 영향을 받지 않는 사람들에게는 별다른 관심도 얻지 못한 채 현재에 벌어지고 있는지에 있었습니다. 이 책에 기록한 전쟁의 결과들은 결코 (책 뒷부분 참고 문헌 장에 제시된) 기존의 많은 역사를 대체하기 위한 것이 아닙니다.

이 책의 책장을 넘나들며 이 책에 묘사한 풍경을 가로지른 다음 분들에게 이 책을 바칩니다.

―먼저, 제가 핵 문제와 네바다 핵실험장에 관심을 갖게 해준 사람이자 언제나 저에게 자극이 되는 정치적 양심을 가진 사람, 그리고 늘 좋은 친구가 되어주는 동생 데이비드 솔닛에게

―밥 풀커슨, 빌 로스, 폴린 에스테베스, 레이철 거트루드 존슨과 레이철의 동료인 공주님들, 캐리 댄과 메리 댄을 비롯한 댄 가족들, 코빈 하니, 버니스 랄로, 로리 디 루스 등 네바다에서 만난 관대하고 헌신적인 수

25

많은 분들에게. 데이나 슈어홀츠, 세라, 더그, 릴리언 그리고 그들의 동료 시애틀 활동가들에게. 하이디 카터, 레이먼드 야월에게. 그레이스 부코스키, 하이디 블랙아이, 크리스 브라운과 시티즌 얼러트의 스태프들, 카이라트 우마로프를 비롯한 카자흐스탄의 네바다–세미팔라틴스크 반핵운동 단체의 활동가들, 스테파니 프레이저, 라이너드 넛슨, 오랜 시간 고통을 감내한 미국 평화 테스트의 스태프들, 프란체스코회 비폭력 단체 '평화와 선 (Pace E Bene)'의 알랭 신부님과 로즈메리 수녀님, 리사 벌렌키, 조디 도드, 에이프릴, 제이슨, 론 울프, 서부 쇼쇼니족 방어 프로젝트, 자신의 이야기를 공유해준 많은 다운윈더와 피폭 퇴역 군인들, 특히 재닛 고든에게

—영감과 우정을 나누어주고 영광스럽게도 나의 친구가 되어준 5촌 메리 솔닛 클라크를 비롯해 '평화를 위한 여성 파업'에서 활동한 여성들에게

—이 책에 기록한 여행길을 나와 함께해준 친구들, 특히 팀 오툴, 다이앤 드리스콜, 캐서린 해리스, 제시 드루, 데이비드 도지에게

—자이언 국립공원 인근을 덮친 돌발 홍수로 내 트럭이 도랑에 빠졌던 밤, 내게 환대를 베풀고 나와 대화를 나누어준 로건과 앤절라에게

—린다 코너를 비롯해 리처드 미즈라크, 메리델 루벤스타인, 루이스 디소토 등 풍경에 관한 내 교육의 핵심을 이루는 작업과 우정을 나누어준 예술가들에게

시간을 내어 기꺼이 대화를 나누어준 요세미티 국립공원 직원들, 특히 제이 존슨과 수 프리츠키, 린다 이드, 크레이그 베이츠에게도 감사합니다.

—그리고 캣 앤더슨, 잰드라 비츠, 엘머 스탠리를 비롯해 요세미티 관련 사안을 함께 논의해준 분들에게

—귀중한 시간을 내어 원고를 읽어준 데이비드, 밥, 데이나, 캘리포니아 생태환경사학자 그레이 브레친, 그리고 요세미티 지역 원주민 문제

를 연구하는 학자로서 많은 귀중한 의견과 연구 기록을 제공해 준 데이브 레이먼드에게

— 앨버타주의 밴프예술센터에서 처음 함께 일하며 「리제 마이트너의 보행 신발」 장을 같이 구상하고 나중에는 전체 원고를 읽고 의견을 나누어준 빼어난 편집자 바버라 문에게

— 1993년 여름 예술 저널리즘 프로그램의 레지던스를 제공해준 밴프예술센터와 1993년과 이듬해 문학 펠로십을 통해 이 책을 위한 연구와 글쓰기 작업을 대단히 수월하게 진행할 수 있게 해준 미국 국립예술기금 (National Endowment for the Arts, NEA)에

— 나의 시에라 클럽 편집자들이자, 내 작업에 놀라울 정도로 다정한 신뢰를 보내준 애니 스틴과 짐 코히에게도 감사의 마음을 전합니다.

1부

먼지,
미래를 지우다

네바다
핵실험장

사방팔방으로

집에서부터 장장 열 시간 동안 95번 고속도로를 내달려 목적지에 도착했을 때 내 눈에는 스컬산과 스펙터산맥의 새까만 정상 뒤편으로 희미한 여명만 보였다. 텐트를 치기에는 여전히 너무 어두웠던 터라 침낭에 몸을 밀어 넣은 채 비좁은 차 안에서 몸을 웅크렸다. 한 시간쯤 지나자 몸이 바들바들 떨리고 곳곳이 쑤셨다. 결국 잠을 더 자는 건 포기하고 일단 커피나 마셔보자며 침낭 끈 자국이 남은 얼굴로 양철 컵을 챙겨 차에서 내렸다. 그랬더니 누군가가 야영지 입구에서 내 남동생을 봤다면서 길을 알려주었다.

동이 트자 다시 낯익은 풍경이 펼쳐졌다. 돌이 깔린 단단하고 창백한 지표면, 먼지투성이인 도로, 균일한 간격으로 늘어선 가시풀 더미와 발육 상태가 좋지 않은 관목들. 시에라와 로키산맥 사이의 그레이트 베이슨 분지에서는 어딜 가든 거의 예외 없이 이런 광경이 보였다. 탐험가 존 C. 프리몬트(John C. Fremont)는 1840년대 이 광활한 땅에서 대륙 분수령의 그어느 쪽으로도 흐르는 것이 없다는 사실을 깨닫고 그레이트 베이슨이라는 이름을 붙였다.* 사실 그레이트 베이슨에는 흐를 만한 것 자체가 거의 없

---

* '광대한 분지'라는 뜻을 가진 그레이트 베이슨(Great Basin)에는 바다로 직접 연결되는 하류가 없다. 즉 물의 흐름이 나뉘는 지점인 대륙 분수령으로 이어지는 배출구가 존재하지 않는 내지 배수(interior drainage) 분지다.

다. 그레이트 베이슨에 흐르는 주요 강인 홈볼트강은 그 어디로도 이어지지 않는다. 강물은 대부분 네바다주 북부를 가로질러 흐른 뒤 알칼리성 평지에 스며들 뿐이다. 네바다주에서 유타주에 이르는 수백 킬로미터의 건조지대에는 산들이 첩첩이 늘어서 있고 그 산들을 가르는 광활한 평지에는 야영지가 설치되어 있으며, 북쪽은 오리건주, 아이다호주와 맞닿아 있고 남쪽은 콜로라도강으로 에워싸여 있다. 내가 아침을 맞이한 곳은 그레이트 베이슨에서도 가장 뜨겁고 건조하고 낮은 남서쪽 지대의 귀퉁이였다. 거기서 퓨너럴산맥을 가로질러 서쪽으로 이동하면 그레이트 베이슨이 끝나고 캘리포니아주의 데스 밸리와 모하비 사막이 시작되었다.

먼지를 조심해야 한다는 말이 떠올랐다. 방사능에 오염됐을지도 모르는 먼지, 앞으로 며칠 동안 모든 것을 비스킷 색으로 뒤덮을 먼지, 조금 전까지 내달린 고속도로 너머의 어딘가에서 수백 차례의 핵실험이 진행되는 동안 생성되었을지도 모르는 먼지.[1] 처음에는 먼지를 봐도 불안하지 않았지만 차차 후천적으로 습득한 본능처럼 사방의 먼지를 조심하게 되었다. 육안으로는 전혀 특별한 게 없는 먼지였다. 대부분의 연구에 따르면 네바다 평화캠프의 천연 방사능*은 남쪽으로 약 110킬로미터 떨어진 라스베이거스 지역과 비교했을 때 전혀 높은 수준이 아니었다. 두 지역은 대부분의 핵실험장에서 부는 바람의 반대 방향이었기 때문이다. 그렇다 해도 그런 연구 결과를 위안 삼을 수는 없었다. 특히 라스베이거스에 살고 있다면 더더욱 그럴 수는 없었다. 가장 위협적인 것은 천연 방사능이 아니라 곱고 옅고 보드라운 가루에 섞인 낙진이었다. 한 시인이 이렇게 말하기도 하지 않았는가. "한 줌 먼지 속의 공포를 보여주리라."[2]

---

* 우라늄, 라듐, 라돈 등 천연 원자핵이 자연 붕괴에 의해 방출하는 방사능.

그러나 방사성 붕괴를 하는 불안정 동위원소가 먼지 속에 들어 있는 모습을 상상하면서 필멸을 인식하려면 지식에 대한 신념을 품거나 정부에 대한 신념을 잃어야 했다. 겉보기에는 평범한 먼지였고, 그곳에서 야영한 대부분 사람들의 건강 상태만 보자면 어쩌면 정말 평범한 먼지였을지도 모른다. 내가 차를 몰고 찾아간 곳은 매해 봄 수천 명이 집합해 네바다 핵실험장에 진입할 준비를 하는 일명 평화캠프였고, 거기 모인 사람들은 먼지 속에서 살고 있었다. 우리가 머문 그레이트 베이슨은 95번 고속도로를 기준으로 반으로 나뉘어 있었고 그 고속도로 건너편에는 스컬산과 스펙터산맥을 따라 네바다 핵실험장이 위치했다. 바로 미국과 영국*이 뜨겁고도 은밀한 군비경쟁의 한복판에서 40년 동안 900개가 넘는 핵폭탄을 터뜨린 장소였다.

　네바다 핵실험장의 규모는 전 세계를 통틀어 극히 일부 지역에서만 구현할 수 있는 규모다. 네바다 핵실험장에 견주어도 크다고 말할 수 있으려면 미 서부 정도는 되어야 한다. 1951년 넬리스 공군기지에서 떨어져 나온 핵실험장의 면적은 약 3500제곱킬로미터로, 요세미티 국립공원이나 로드아일랜드주보다 크다. 넬리스 공군기지의 면적은 약 1만 4200제곱킬로미터로, 이스라엘이나 벨기에처럼 국토 면적이 작은 국가와 크기가 엇비슷한 코네티컷주보다 네 배 이상 크다. 만일 군대가 반세기에 걸쳐 벨기에 인구를 격감시키고 벨기에 국토에 수백 개의 핵폭탄을 터뜨리면 사람들은 아마 그 사실을 알아차릴 것이다. 그런데 같은 일이 그레이트 베이슨에서

---

* 영국은 1958년 '미국-영국 상호방위 협정'을 체결한 후 미국의 핵실험장을 사용했다. 네바다 핵실험장은 영국이 처음으로 핵실험을 한 장소이기도 했다. 영국은 네바다에서 1958년부터 1992년 9월 미국이 핵실험을 중단할 때까지 총 스물네 차례 지하 핵실험을 진행했다.

일어났음에도 그걸 알아차린 미국인은 소수에 불과했다.

핵폭발이 지하에서 진행되기 전에는 대중이 네바다 핵실험장에서 벌어지는 일들을 더 잘 알고 있었다. 빛보다 몇 배는 밝은 섬광이 번쩍였고, 동이 트기 전에 야외로 나가보면 북부 캘리포니아주와 남부 아이다호주의 산꼭대기처럼 머나먼 곳에서 원자핵이 분열하며 방출하는 빛을 볼 수 있었다. 동트기 전의 핵폭발로 인해 이상한 색으로 물든 구름이 네바다주와 유타주를 가로질러 동쪽으로 흘러갔고, 때로는 뉴스에 버섯구름 사진이 등장했다. 인근에서 핵폭탄이 터지면 꼭 지진이 난 것 같은 움직임이 일었다. 1963년부터는 네바다 핵실험장에서의 모든 핵실험이 지하에서 진행되었지만 거대한 폭발은 여전했고 대기로 방출되는 방사선도 여전했다. 1963년부터는 가장 적극적인 반핵운동가들조차 네바다 핵실험장에 별다른 주의를 기울이지 않았다. 핵전쟁이라는 것은 그에 찬성하든 반대하든, 전부터 계속 진행 중인 무언가가 아니라 언젠간 벌어질 수도 있는 끔찍한 무언가로 여겨지기 마련이다.

실험은 핵폭탄과 관련된 맥락에서 쓰기에는 부적절한 용어다. 실험은 통제되고 억제된 상태에서 이루어지며, 어떤 것을 수행하기 이전의 사전 준비에 해당한다. 핵실험은 핵폭탄을 도시나 전략적 중심지에 투하하지는 않았지만 현실 세계에서 실제로 폭발을 일으키면서 무수한 부수적인 효과를 낳았다. 내 생각에 네바다 핵실험장에서의 핵폭발은 실험보다는 리허설에 가까웠다. 리허설은 관객 없이 진행할 수는 있어도 꼭 모든 동작을 시연하고 모든 배우가 관여하지 않나. 군비경쟁에서 미국 측의 군비를 관리한 물리학자와 관료 들은 바로 그곳에서 세상의 종말을 거듭 리허설하고 있었다.

군비경쟁의 정당성에 의문을 품지 않는 사람들조차 실험의 불가피성에는 이따금 의문을 품었다. 실험 외에도 기존 핵무기의 효능을 확인할 방법들이 있었고, 실험은 오로지 신무기 개발에만 필요했다. 네바다에서의 핵폭발은 실험보다는 과시와 눈속임을 동원한 전쟁과 흡사했다. 일부 문화권과 종(種)의 행동에서 볼 수 있듯, 실제로 공격을 개시하는 대신 공격 능력을 겉으로 드러내 보였다고나 할까. 네바다에서 터진 모든 핵폭탄은 오데사나 타슈켄트에 떨어지는 핵폭탄이 될 수도 있었고, 모든 핵폭탄은 그런 장소에 핵폭탄을 투하하고 그런 정책을 추진하겠다는 정부의 의지를 나타냈다. 게다가 미국인 대부분의 눈에는 핵폭탄이 보이지 않았을지 몰라도, 소련 국민은 핵폭발을 지켜보고 그것을 경고로 받아들였다.

미국과 소련 이외의 국가들도 핵실험을 감행했지만 세계의 종말을 리허설한 국가는 미국과 소련뿐이었다. 미국과 소련이 개발한 핵폭탄은 특정 공격 대상뿐만 아니라 어쩌면 모든 대륙의 사람과 자연의 질서와 기상까지, 대다수 생물의 유전자 코드까지 절멸시키고도 남을 정도의 양이었다. 히로시마에 투하된 핵폭탄은 전쟁의 끝을 알렸지만 만약 타슈켄트와 오데사에 핵폭탄이 떨어졌다면 그건 전쟁의 시작, 종말의 시작을 알리는 신호탄이 됐을지도 모른다. 리허설은 대체로 눈에 띄지 않았고, 그로 인한 손상도 마찬가지였다. 방사선은 눈에 보이지 않고, 방사선의 영향도 마찬가지다. 원자 낙진의 영향을 받은 지역에서 선천적 손상을 가진 채 태어나는 사람과 암 및 기타 대사질환으로 사망하는 사람이 점점 늘고 있음에도 방사선의 영향은 철두철미한 연구를 통해 산출한 통계 수치로만 확인 가능하다. 그리고 이미 우리의 현실인 방사선에 의한 유행병은 핵전쟁에서 사망하지 않은 사람들에게 어떤 일이 일어날지를 예고해주고 있다. 유전적 손상(유전자 코드의 변형)은 암처럼 눈에 보이지도 않고 원인을 찾기도 어렵다. 방사선은 세포에 영향을 미쳐 기억상실을 초래할 수도 있는데, 미국에서 연달아 핵폭탄이 터졌다는 사실을 미국인들이 잊었다는 점을 고려하면 핵폭탄이 초래한 문화적 영향 가운데 기억상실도 있는 것이 아닐까 싶다. 아니, 어쩌면 미국인들은 미국이 핵실험을 했고 세상의 종말을 리허설했다는 사실을 한순간도 잊지 않았으며 오히려 그걸 너무나도 잘, 너무나도 깊이 마음속에 새긴 바람에 핵폭탄 제조자들이 더 이상 모의 투하 훈련으로 아이들을 공포에 떨게 할 필요도, 민방위 훈련 시나리오와 텔레비전으로 버섯구름을 송출해 어른들을 겁줄 필요마저 없어진 것일지도 모른다. 어쩌면 핵폭탄이 우리의 꿈에 어떤 보이지 않는 변이를 일으키는 방식으로 우리 모두에게 영향을 미쳤고, 그리하여 우리가 네바다 하늘이 아닌 각자의 꿈속에서 극적인 장면을 관람할 수 있게 된 것일지도 모른다.

네바다 핵실험장은 많은 지도상에 텅 빈 공백, 잊힌 풍경, 일반인 출입 금지 구역, 통째로 집어삼켜져 때로는 미국의 다른 지역에서 보이지도 않는 공간으로 존재했다. 네바다주는 급속히 발전하고 있지만 인구는 여전히 100만 명*을 조금 웃도는 수준이며 그 인구의 절반은 라스베이거스에, 나머지는 대부분 리노-카슨시티 지역에 있다. 그 너른 공간에 거주하는 사람도 많지 않고, 공간의 특색을 기리는 예술가와 작가도 소수다. 게다가 네바다주 인구가 약 11만 명이던 1941년에 넬리스 공군기지가 들어서면서 해당 구역의 출입이 제한되었을 때, 다른 지역으로 이주한 사람도, 그런 변화에 반대하는 사람도 많지 않았다. 이미 가치 없는 땅이라는 생각이 파다했기 때문이다.

공간 자체는 절대 불변의 것이 아니다. 적어도 풍경의 광활함만큼은 절대 불변의 것이 아니다. 건조 지역을 면밀히 살펴보면 거기에서는 식물

---

* 2022년 기준으로는 320만 명.

들조차 서로 멀찍이 떨어져 자란다. 그리고 인간과 비인간 동물들에게 그런 듬성듬성한 공간은 그들 또한 땅에서 먹고 살자면 멀리 퍼져야 함을 의미한다. 미 동부에서는 몇 제곱미터에 불과한 작은 풀밭에서도 소들이 먹고 살 수 있지만, 네바다에서는 흔히 방목 면적이 지나치게 넓어서 수백 제곱미터의 풀밭마다 방목된 소가 몇 마리 정도에 불과하다. 방목이 과도하게 이루어지면 흙이 침식되어 먼지와 바위가 생성되는데, 바로 그런 바위가, 그런 지질이 네바다의 풍경을 장악하고 있다. 풀이 무성한 풍경에서는 지구의 살갗과 뼈가 신록으로 지은 옷을 입고 있는 반면, 네바다 풍경에서는 지구가 헐벗고 있는 듯하고 지질 작용도 선명하게 보인다. 네바다 풍경을 장악하고 있는 것은 융기한 산맥과 강 유역의 퇴적물 속에서 일어나는 모든 생물학적 과정을 하찮게 만들어버리는 지질학적 시간과 지질학적 규모다. 네바다의 바위들은 핵실험장 인근에 너무나도 오래 놓여 있던 터라 윗면과 아랫면의 색깔이 서로 다른 빛을 띠고 있으며 어떤 외부 자극에도 영구적인 상흔을 입는다. 그러므로 네바다에서 어떤 행위가 불러일으키는 결과를 측정할 때에는 이런 변화의 규모와 범위를 고려해야 한다. 겉으로 보이는 이 지질학적 특성, 이 헐벗은 바위로 인해 새로운 이주민들은 네바다 사막을 죽은 풍경 또는 척박한 풍경으로 해석하지만, 그곳에서 더 오랜 시간을 보내다 보면 지구가 살아 있음을, 느릿하게 그리고 당당하게 지질의 변형을 겪으며 살아 있음을 깨닫게 된다.

95번 고속도로를 따라 약 80킬로미터를 이동했을 때 내 남동생과 그의 친구 여덟 명이 스테이션 왜건 한 대로 우르르 몰려가는 모습이 보였다. 같이 가자는 그들의 성화에 나도 차 안으로 비집고 들어가 합류했다. 그들은 라스베이거스 출신 노동자들이 핵실험장 내부에 위치한 산업 마을 머큐리*로 진입하려는 것을 저지하러 가는 중이었다. 리바이스 청바지, 플란넬 셔츠, 각종 행위와 명분을 설파하는 티셔츠, 군용 매장에서 구매한 물건, 반다나, 숄, 민족적 특성이 드러나는 잡동사니, 타이츠, 발열 내의 일습을 차려입은 그들은 달리는 차 안에서 별것도 아닌 것들에 대해 마구 떠들고, 농담을 던지고, 플라스틱 물병과 가죽 수통과 군용 수통에 담긴 물을 마시면서 왁자지껄한 시간을 보냈다. 그 봄날 아침 사막의 날씨는 쌀쌀했다. 우리는 핵실험장 정문을 지나고 머큐리로 진입했음을 알리는 도로 위 표지판을 통과한 후 계속해서 남쪽으로 이동했다. 핵실험장 안쪽 약 8킬로미터 지점에 위치한 머큐리는 낮에 보면 먼지 색깔의 건물들이 어렴풋한 미광을 내는 마을이지만 밤에 보면 추락한 별들이 수놓인 퀼트 같다. 야영지에서 보이는 전깃불을 발하는 유일한 곳이 바로 그 머큐리인 것이다. 오늘날 머큐리에서 일하는 노동자 대부분은 라스베이거스에 거주하는데, 당시 우리의 계획은 그들의 출근을 막는 것이었다. 핵전쟁이 벌어지면 핵전쟁에 반대하는 전쟁 또한 있기 마련이었고, 그 1990년 3월 30일 아침에 모인 꾀죄죄한 청년들은 핵전쟁에 가장 직접적으로 맞서 싸우고 있었다.

정부와 활동가들 사이의 갈등이 몹시 심각하고 위험한 양상을 띠면서 활동가들의 목숨이 위협받는 상황으로 치달을 때도 있었지만, 그보다는 반듯하게 정돈된 갈등 상황 속에서 양측이 규칙을 따르는 경우가 더 많았다. 활동가 측에서 무엇보다 중시하며 따른 규칙은 흔히 시민 불복종이라 불리는 비폭력 직접행동이었다. 비폭력이란 단순히 폭력을 삼가는 것이 아니라 폭력을 행사하지 않고 변화를 위해 애쓰는 것, 목표로 삼은 이상을

---

* 네바다 핵실험장 인력에게 거처와 서비스를 제공하는 용도로 쓰이다가 1992년 핵실험장에서의 임계 핵실험이 중단되면서 유령 마을이 되었다.

구현하는 것을 의미한다. 일부 정치이론가들은 이를 '예표의 정치(politics of prefiguration)',[3] 즉 궁극적으로 구현하고자 하는 이상을 운동 그 자체에도 적용하려는 시도라고 말한다. 이처럼 변화를 단순한 목적이 아니라 수단의 일부로 바꿔내면, 활동가들은 자신들의 행동이 더 광범위한 변화를 이끌어내는지의 여부와 관계없이 이미 목표를 현실화하기 시작한다. 비폭력은 각 진영의 입장을 단순히 전략적 차원에서만이 아니라 질적 차원에서도 구별한다. 이를테면 폭력을 쓰는 것은 수단으로서의 폭력을 지지하는 것과 다름없다. 반면 비폭력은 폭력을 존중하지 않으며, 운명을 결정짓는 역할을 해온 무력과 완력을 약화한다.

헨리 데이비드 소로의 『시민 불복종』에 처음 언급된 비폭력 직접행동 이론은 일종의 고상한 이론이다. 실천은 이론보다 훨씬 더 복잡하다. 많은 종교인, 특히 가톨릭교도들과 퀘이커교도들은 조용한 열정으로 시민 불복종을 실천하며, 많은 아나키스트와 여타 젊은 급진주의자들은 간디와도, 마틴 루서 킹과도 연관 짓기 어려운 반란의 기세로 시민 불복종을 실천한다. 시민 불복종은 시민 복종과 마찬가지로 일부 공권력과의 암묵적 협력을 필요로 한다. 그것이 시민 불복종에 내포된 시민의식이다. 소로가 순순히 감옥으로 끌려가지 않았다면, (고모가 보석금을 내주기 전까지) 순순히 감방에 머물지 않았다면, 그는 시민 불복종자가 아닌 탈세자가 되었을 것이다. 간혹가다 담당 정부기관이 분위기를 먼저 파악하고 잠자코 있음으로써 시민 불복종의 기세를 꺾고 시위의 효과를 약화하기도 한다. 때로는 시민 불복종자들이 (1989년 천안문 사태에서처럼) 진압당하고 정부가 승리를 거머쥐기도 하는데 그래봐야 대중의 지지는 잃고 만다. 또 비교적 최근에 동유럽과 세계의 다른 지역에서 볼 수 있었던 것처럼 때로는 비무장 상태로 공공장소에 모인 사람들이 정부를 전복할 정도의 힘을 갖기도 한다.

미국에서 비폭력 직접행동은 대체로 언론과 법원뿐만 아니라 일반 대중에 의해서도 별것 아닌 것으로 치부된다. 재판이 진행되는 법정에서 정당방위, 범죄 예방, 뉘른베르크 원칙 등이 입에 오르내릴 수 있는 경우는 거의 없다고 봐도 무방하다. 소로비언*들은 대로 통행 방해, 무단진입, 기물 파손 등의 행위에 대해 정치적 의미가 소거된 재판을 받기도 한다. 그러나 범죄자들과 달리 비폭력 직접행동 운동가들은 자신의 행동에 따르는 결과를 감당하겠다는 각오로 그런 행위를 공개적으로 행한다.

기존에 바로잡고 싶었던 힘의 불균형을 본의 아니게 인정하게 되는 모든 탄원성 로비와 청원과 달리, 비폭력 직접행동은 자신감 있는 태도로 직접 호소한다. 그런데 법을 어기고 정부에 맞서는 이들을 보며 충격을 받는 사람들은 언뜻 정부를 마땅히 존경하고 순종적으로 따라야 할 부모로 보는 듯하다. (또 그들은 국토와 국민으로 구성된 국가를 그런 국토와 국민을 규제하는 정부와 착각하는 경향이 있다. '나는 내 국가는 사랑하지만 내 정부는 두렵다'라는 문구가 쓰인 자동차 스티커는 그런 착각을 바로잡으려는 시도다.) 정부는 하나의 완성된 작품 같은 것이 아니라 국토와 국민의 안녕을 위해 끊임없이 재창조되고 유지 보수되고 개선되고 시정되어야 할 대상이며, 이 점에서는 정부 또한 부모가 아닌 아이다.

또 법을 어기고 정부에 맞서는 이들을 보며 충격받는 사람들은 정부를 일종의 양도 불가능한 완전체로 본다. 그러나 이상으로서의 정부(법과 정의의 원천)와 특정 행위에 관여하는 독립체로서의 정부는 서로 완전히 동떨어진 개념일 때가 많고, 시민은 이상과 독립체 중 하나를 택해야 하는 상황에 자주 놓일 수밖에 없다. 근 수십 년간 정부는 무수한 불법 행위와

---

* 헨리 데이비드 소로를 따르는 사람들.

먼지, 미래를 지우다:
네바다 핵실험장

미심쩍은 행위를 저지르기도 했다. 그리고 우리에게는 정부를 뛰어넘는 상위법이 있다. 국제법, 인권법, 자연법 등이 그러하다. 표현과 집회를 통한 시위의 권리는 수정헌법 제1조에 명시되어 있다. 하지만 이 권리의 필요성은 종종 자연법의 문제이며, 법전의 범위를 초월하는 정의 개념을 고수하는 문제와 연관된다. 또 시민 불복종을 행할 의무는 뉘른베르크 국제법 원칙에 내재해 있다. 나치 전범들이 자신이 저지른 행동을 명령에 복종한 행동으로 정당화한 뉘른베르크 재판, 전 세계가 받아들이지 않기로 한 그런 정당화를 반면교사 삼은 뉘른베르크 원칙은 시민권을 구성하는 충분조건으로서의 복종에 종지부를 찍었다. 뉘른베르크 원칙 제4원칙은 "어떤 사람이 정부 또는 상관의 명령에 따라 행동했다 하더라도 그자가 도덕적 선택을 실제로 내릴 수 있었다면 국제법상 책임을 면하지 아니한다."라고 명시한다. 뉘른베르크 원칙은 평화에 반하는 죄, 전쟁범죄, 인류에 대한 범죄를 아우른다. 그리고 핵무기 실험은 이 세 가지를 전부 위반한다. 이 원칙은 우리에게서 권위라는 피난처(하라는 대로 하며 살 수 있는)를 빼앗고, 우리를 개인의 양심이라는 지붕 없는 영토로 데려간다.

+

1846년 헨리 소로가 콩코드 감옥에서 보낸 밤과 네바다 핵실험장에서 벌어진 운동은 근사한 대칭을 이룬다. 소로는 세금 납부를 거부함으로써 멕시코에 대한 미국의 전쟁, 즉 영토에 대한 전쟁에 이의를 제기했다. 미국이 그 전쟁을 통해 확보한 영토에는 네바다를 비롯해 텍사스에서부터 캘리포니아를 아우르는 대부분의 남서부 지역이 포함됐지만 당시에는 그 누구도 네바다에 큰 관심을 기울이지 않았다. 1861년까지 네바다는 유타

준주의 일부였다.

감옥에서 하루를 보내고 맞이한 다음 날 아침, 소로는 동료 시민들을 대동해 월귤나무 열매를 따러 나갔다.

약 서른여섯 명이 95번 고속도로 상행선 2차로를 따라 이동했다. 도로는 핵실험장이 가까워지는 지점에서 두 갈래로 갈라졌다. 핵실험장 노동자들로 가득한 호화로운 크루저 버스와 픽업트럭, 위네바고 캠핑카, 사륜구동 자동차로 차량 흐름이 정체되기 시작하더니 약 800미터를 더 이동할 때까지 그 상태가 지속됐다. 그날 아침 7시에 시작된 체포는 소란스럽기 그지없었다. 활동가들이 예상과 달리 핵실험장으로 걸어 들어가지 않고 차들이 다니는 도로를 막자, 붉고 푸석한 낯빛을 하고 먼지와 똑같은 색상의 반소매 유니폼을 차려입은 보안관들이 잔뜩 성을 냈다. 도로를 점거한 활동가들은 대부분 소극적 저항을 행했다. 체포를 시도하는 보안관과 맞서 싸우지는 않았지만 그렇다고 협조하지도 않은 것이다. 보안관들은 그들을 억지로 도로 밖으로 밀어내려 했다. 그러자 활동가 중 일부가 옆 사람과 팔짱을 낀 채 양손을 무릎 밑으로 넣고 깍지를 껴서 인간 띠를 만들었다. 기습 행동이었다. 보안관들도 동원 버스가 올 때까지는 활동가들을 그 어디로도 이송할 수 없었기 때문에 일단은 그들에게 수갑을 채우고 갓길로 그들을 밀어냈다.

도로 위를 점거한 사람 수는 줄고 갓길로 쫓겨난 사람 수는 늘어나 있을 때였다. 갑자기 모두가 도로 위로 돌진해서는 다시 거기에 자리를 잡고 앉았다. 자갈로 덮인 고속도로 분기점에 서 있던 지지자들은 보안관이 시위대의 팔을 꺾는다거나, 시위대를 점잖게 연행하는 것이 아니라 거칠게 끌고 갈 때마다 조심하라고 소리쳤다. 그런 우려 섞인 고함이 들릴 때를 제외하면 무언극이 펼쳐지는 무대처럼 사방이 고요했다. 아주 드물게 어떤 정차한 차량이 울리는 경적과 시위자나 보안관의 말소리가 들렸다. 나는 그런 광경을 잠자코 지켜보았다. 동원 버스가 올 때까지 커피 한 잔을 다 마실 수 있을 만큼의 시간이 남아 있었기 때문이다. 태양이 떠오르자 산허리를 뒤덮고 있던 그림자가 황급히 자취를 감추었고, 일순간 한낮이라도 된 것처럼 명암 대비라곤 없이 쨍한 햇빛이 풍경을 에워쌌다. 건장한 남자들이 다가와 팔과 다리를 붙들자 시위대는 협조하지 않으려 몸에 단단히 힘을 준 채 저항했다. 시위대의 허약한 형상이 점점 **몸**으로, 잠재적 사체로, 풍경과 군대 사이에 놓일 애처롭고 취약한 물체로 보였고 이내 내 눈에는 눈물이 차올랐다.

　마침내 동원 버스가 와서 내 남동생을 비롯해 수갑 찬 사람들을 모조리 데려갔다. ('남동생'이라고 칭한 이유는 그를 다른 모든 데이비드 그리고 나의 다른 남자 형제들과 구별하기 위해서이며, 한 가지 덧붙이자면 남동생은 한때 나보다 키가 작았지만 10여 년 전부터 182센티미터를 웃돌게 됐다.) 남동생은 아나키스트이고 반핵운동의 핵심 주체이며, 처음에는 1980년대에 셀 수 없이 많았던 펑크족 같은 아나키스트였지만 바쿠닌과 크로폿킨의 글을 읽은 후에는 매우 진지한 아나키스트가 되었다. 이쯤에서 설명하고 넘어가자면, 아나키즘이란 질서가 아닌 위계가 없는 상태, 직접적인 절대 민주주의를 의미한다. 아나키스트들이 지적하듯 투표 민주주의는 다수의 사람들이 소수의 사람들에게 자신의 뜻을 강요할 수 있게 할 뿐이지 반드시 참여적이거나 직접적이지는 않다. 아나키스트들은 모든 사람이 합의에 도달할 때까지, (그저 다수만이 아니라) 모두가 실현 가능한 결정을 내릴 때까지 협상 과정을 지속한다. 일반적으로 진정한 아나키즘이란, 그 단어를 들었을 때 대부분 미국인이 상상하는 대혼란이 아니라 괴로울 정도로 끝나지 않는 회의를 의미한다. 캠프와 각종 운동을 조직한 평화캠프 그리고 미국 평화 테스트(American Peace Test)는 아나키즘 노선을 따라 활동을 전개했다. 즉 각각의 유연단체(affinity group, 직접행동을 취하는 기본 조직 단위)가 여러 사안을 숙고한 다음, 대변인협회에서 그들의 결정을 대변할 대변인을 보냈다.

스페인 내전 기간에 작가 실비아 타운센드 워너(Sylvia Townsend Warner)는 (스페인의 반파시스트들 사이에서 지배적인 이데올로기였던) 아나키즘에 대해 "세상은 아직 아나키즘을 실현할 자격을 갖추지 못했지만 천국의 정치사상은 아나키즘이어야 한다."[4]라고 말한 적이 있다. 영화 「레즈」*가 개봉했을 때 아직 가족들과 함께 사는 10대였던 내 남동생은 20세기 초 존 리드(John Reed)의 터무니없이 자유분방한 아나키즘에 상당한 영감을 받아 현관문에 "소유는 도둑질이다. 아무나 들어올 것"이라는 팻말까지 붙여가며 리드를 모방했고 도시로 떠날 때도 그 이상을 마음에 품었다. 반면 나는 아직도 아나키즘을 실현할 자격을 갖추지 못한 것 같다. 적어도 장기간에 걸쳐 집단적 합의에 도달하는 데 필요한 인내와 관용은 여태 갖추지 못했다. 그럼에도 나와 남동생은 샌프란시스코에서 함께 산 7년 동안 모종의 아름다운 공생 관계를 유지했다. 그는 나보다 각종 모임에 참석하는 일을 능히 해냈고 나는 그보다 글 쓰는 일에 훨씬 능했기 때문에, 그는 무언가를 조직했고 나는 그가 맡은 출판 프로젝트를 거들거나 시위에 참석했다. 때로 나는 소로의 고모처럼 보석금을 내고 그를 집으로 데려오기도 했다.

너무나도 많은 미국인이 직접행동은 유례없는 위기가 불러일으키는

---

* 미국의 사회운동가이자 저널리스트. 미국 공산주의 노동당원이었던 존 리드의 일생을 다룬 영화. 그는 1차 세계대전 당시 특파원으로서 러시아 혁명을 목격한 후 르포르타주 『세계를 뒤흔든 열흘』을 집필하기도 했다.

비정상적이고도 불가피한 일이라고 생각하는 것 같다. 그래서 어떤 목표 따위를 달성하면 그 즉시 집으로 돌아가 다시 정치와 무관한 삶을 살 수 있으리라는 믿음으로 직접행동에 뛰어들고 지속 불가능한 에너지를 쏟아붓는 듯하다. 나는 늘 내 남동생을 존경했다. 그는 정치적 참여란 정상적이고 영속적인 상태임을 인지했고, 흔들림 없이 태연한 태도로 자기 일을 대했으며, 직접행동과 포퓰리즘을 이상화하더라도 운동의 터무니없는 측면들을 직시하는 능력은 결코 잃지 않았기 때문이다. 그는 내가 처음 네바다에 발을 내디딜 수 있게 한 사람이었다. 비록 그곳에 몇 번이고 다시 돌아가게 만든 것은 사막과 폭탄이었지만 말이다.

+

동원 버스가 떠난 후 야영지로 돌아간 나는 유카나무 세 그루 옆에 텐트를 치고 그 안으로 기어들어 갔다. 정오 무렵 잠에서 깨어 텐트 밖으로 고개를 내밀고 하늘을 올려다보니 어느새 구름이 잔뜩 끼어 있었다. 곧 눈동자로 빗방울이 떨어졌고, 여우비가 조금 내리는가 싶더니 1분도 채 되지 않아 다시 전처럼 메마른 풍광이 이어졌다. 나는 물통과 버너를 꺼내고 텐트 입구에 앉아서 커피를 내렸다. 내 세간살이가 장비 가방 하나로, 내 사생활이 립스톱 나일론 원단의 텐트 하나로 축소되었다는 사실에 어리벙벙해진 나는 사막의 완전한 침묵에 둘러싸인 부산한 야영지 한가운데서 홀로 커피를 마셨다. 내게 완전히 추상적 개념에 불과했던 군비경쟁, 그리고 군비경쟁의 자매격인 냉전이 하나의 장소, 하나의 풍경, 즉 바로 내 눈앞에 펼쳐진 풍경과 연결되면서 비로소 믿을 수 있는 실체로 다가왔다. 그곳은 1951년부터 세계의 종말을 리허설한 장소였고, 그때 나는 야영지에서 세 번째 봄을 보내고 있었다. 몹시 끔찍한 상황을 겪었을 기술자들과 피해자들을 제외하면 우리는 그 누구보다 핵전쟁과 가까운 곳에서 살고 있는 셈이었다. 그러나 우리는 뭔가를 하고 있었고 그것이 용기를 북돋아주었다.

오늘날과 같은 대규모 운동이 본격적으로 시작된 것은 수년 전부터였다. 1977년 이래로 매년 사순절 예배(프란체스코회에 소속된 범상치 않은 로즈메리 수녀가 주도했다.)가 열렸고, 매년 봄에 진행되는 운동이 수년에 걸쳐 확대되면서 퀘이커교와 프란체스코회를 비롯한 여타 교파 소속 종교인들과 비종교 (및 이교도) 활동가까지 아울렀다. 사막은 여름의 더위와 겨울의 추위 모두 혹독한 곳이었기 때문에 대부분의 사람이 사막에서 살 수 있는 시기는 봄과 가을이 유일했다. 봄이라 해도 밤이면 기온이 한겨울 수준으로 떨어질 수 있었고 낮이면 섭씨 32도까지 치솟을 수 있었다. 이제 군비경쟁의 핵심을 공략할 때가 되었다고 판단한 비종교 반핵 활동가들은 1985년 전국 핵 동결 운동의 직접행동 태스크포스가 조직한 30일간의 시위를 그런 사막에서 개시했다. 그 후 직접행동 태스크포스는 전국 핵 동결 운동이 직접행동에 대한 후원을 그만두기로 결정했을 때 와해되어 미국 평화 테스트로 흡수되었고, 미국 평화 테스트는 그때부터 집단행동을 조정하는 중심 조직으로 활동하고 있다. 1990년인 현재는 참여율이 다소 떨어졌다. 짐작건대 동구권 국가에서 나타난 평화적인 변화의 움직임을 우리가 아무것도 하지 않아도 모든 일이 잘 풀릴 것이라는 신호로 받아들인 미국인이 너무 많아서였을지도 모른다. 대부분이 생각한 대로 냉전은 해빙기에 접어들고 있었다. 프랑스는 미국과 소련이 핵실험을 그만두면 프랑스 또한 그만둘 것이라는 입장을 밝혔고, 1991년 유엔 총회에서는 41개국이 포괄적 핵실험 금지 조약 체결을 강력히 요구했다. 그러나 소련이 핵실험을 일시 중지했음에도 미국은 핵실험을 지속했고, 그래서 결국 우리가 사막에 가게 된 것이었다.

　사람들이 실제로 핵실험을 중단시킨 경우가 몇 차례 있기는 했었다. 대다수는 시민 불복종이라는 의례적 행위 또는 군비경쟁에 대한 상징적인 개입 이상의 무언가를 할 만한 기력이나 확신이 없었지만, 몇몇은 그라운드 제로*로 걸어 들어가 핵실험이 진행되지 못하게 막았다. 그라운드 제로로 걸어 들어간다는 것은 수 리터의 물을 담은 30킬로그램 이상의 짐을 짊어진 채 밤에는 걷고 낮에는 바위 도랑과 메사에 드리운 그림자 밑에서 잠을 청하며 사나흘 동안 걷는다는 것을 의미한다. 1986년에는 한 그린피스 팀이 그라운드 제로에 나타나서 예정된 핵실험을 방해한 일이 있었다. 그러나 각종 통신사를 통해 그 소식과 사진이 신속히 전파되었음에도 별다른 뉴스거리가 되지 못했다. 1988년에는 한 여자가 그라운드 제로의 전망탑에 올라 자신의 목을 철봉에 결박했다. 미국 평화 테스트가 그런 행동을 염두에 두고 발간한 예방 지침[5] 내용은 끔찍하기 그지없었다. "네바다 핵실험장에는 위험 지대와 쓰레기장과 저장소가 많아 방사능 수치가 매우 높다. …… 눈에 보이지 않는 베타선과 감마선이 우리 몸을 관통하지 못하도록 막을 방법은 거의 없다. 그런데 알파 입자는 그보다도 더 장기적인 영향을 미칠 수 있다. 알파 입자는 호흡이나 음식물 섭취를 통해 몸에 들어갈 수 있는 먼지 입자에서 발견된다. 바람을 헤치고 걸을 때는 얼굴을 가려야 하고 땅바닥에 떨어진 음식은 먹지 말아야 한다. 음식을 맨손이나 오염된 손으로 집어 먹어서도 안 된다. …… 그라운드 제로에서 대규모 핵실험이 진행되면 사람은 공중 3미터까지 붕 떠올랐다가 사망할 수도 있다.

---

*　폭탄이 떨어지는 지점이라는 뜻이며 1981년 동명의 미국 반핵운동 단체가 결성되기도 했다.

핵폭발의 중심에서 시작된 지표면의 움직임은 잔물결처럼 퍼져나간다. 폭발로 인해 일정 수준의 지진도 발생한다. 넬리스 공군기지가 핵실험장의 동쪽, 서쪽, 북쪽을 에워싸고 있으므로 이동 방향에 따라 탄약 폭격, 폭탄 투하, 지상의 불발탄, 기동 표적 추적, 방위용 스텔스 폭격기에 대응해야 한다. 체포당하는 시점에는 보안군이 위협으로 받아들일 수 있는 돌발 행동을 하지 않는 것이 매우 중요하다. 보안군은 무장 상태이며, 위협받았다고 느낄 경우 충분히 사격을 감행할 수 있다."

많은 이들이 그라운드 제로까지는 가지 못했지만 놀랍게도 핵실험장 내부 깊숙한 곳까지는 진입했다. 일부 서부 쇼쇼니족은 1941년 공유지를 떠난 후 수십 년 동안 대수롭지 않게 담장과 표지판을 무시했고, 원래 하던 대로 걸어서 땅 곳곳을 오가고 부족의 전통이 깃든 장소들을 방문하고 사냥과 채집을 하며 살았다. 데스 밸리에 사는 팀비샤 쇼쇼니족(Timbisha Shoshone)의 장로 폴린 에스테베스(Pauline Esteves)는 1940년대에 자신의 삼촌이 핵실험장 일대로 사슴 사냥을 나갔던 일을 기억하고 있다. 어쩌면 우리가 가진 모든 핵무기를 실험한 장소일지도 모를 그곳은 주요 국가안보 지역이어야 마땅함에도, 정부는 그곳이 외따로 떨어져 있다는 점과 사람들이 정부 활동을 저지하는 일에 무관심하다는 점에만 계속 기대고 있다. 그러나 실상을 들여다보면 그곳은 언제든 점령당할 수 있는 상태이며 느슨하게 조직된 평화주의자 무리조차 막아내지 못할 만큼 보안이라고 할 만한 것도 거의 갖춰져 있지 않다.

+

내가 네바다 핵실험장에서 처음 체포당한 날 밤에는 또 하나의 사건이 벌어지고 있었다. 그 사건의 내막을 들은 것은 수년 후 참가자 중 한 명인 레이철을 차에 태우고 네바다에서 샌프란시스코로 돌아가고 있을 때였다. 익숙한 랜드마크가 이어진 도로를 따라 그때도 밤샘 운전 중이었다. 앨터몬트 패스의 흰 풍차를 지나 캘리포니아주 리버모어를 따라가는 마지막 구간은 핵폭탄이 개발된 곳, 수소폭탄이 계획된 곳이었다. 백미러로 흡사 엽서 그림 같은 일출이 보일 때쯤 레이철이 내게 플루토늄 공주들(Princesses of Plutonium)에 대해 말해주었다. 1년 전인 1987년의 어머니의 날, 훗날 플루토늄 공주라 불리게 될 이들 중 두 명이 머큐리에 도착하는 데 성공했고 다른 사람들과 소환되어 조사를 받은 후 석방된 일이 있었다. 그런데 어떤 이유에선지 다들 그때부터 머큐리에 가는 것을 목표로 삼고 그곳에 가면 무얼 할 수 있을지를 논의하기 시작했다. 레이철은 문득 다른 프로젝트에서 사용했던 마스크를 쓰면 좋겠다고 생각했고, 그리하여 공주들은 전부 표정 없는 은백색 로봇처럼 마스크를 쓰고 방사능 보호복 같은 새하얀 종이 작업복을 구해 입었다.

1988년 대대적인 체포가 단행된 후 플루토늄 공주들은 한밤중에 머큐리로 떠났다. "그런데 우린 진짜 공주들이었어요. 커피와 차가 담긴 보온병과 초콜릿을 입힌 커피콩을 챙겨서 안락하게 여행했고 숨어 있어야 할 때마다 간식도 챙겨 먹었거든요."라고 레이철은 회상했다. 플루토늄 공주들은 밤새 수시로 몸을 숨겼다가 기분전환을 했다가 하면서 느긋하게 출입 금지된 마을로 향했다. 정체가 발각된 것 같았던 마지막 순간에는 도랑에 숨었고 거기서 잠시 멈추어 방사능 보호복을 입고 마스크를 쓴 채로 기다렸다가 머큐리 동쪽의 담장을 타고 넘어 들어가 그곳을 거닐기 시작했다. "저희는 거기에 오랫동안 머물렀어요. 어느 일요일 이른 아침이었는데 저희 열 명이 서로 똘똘 뭉쳐서 스티커며 잡다한 것들을 붙이고 다녔죠. 너무 눈에 띄는 차림을 하고 있었기 때문에 그렇게 자유롭게 돌아다니고 있다는 사실이 믿기지 않기도 했어요. 결국 나중엔 얼굴이 붉으락푸르락 달아오른 한 나이 많은 왜켄헛* 소속 보안 요원이 나타났어요. 지금이야 가축 탈출 방지용 격자판에서 날이면 날마다 보는 얼굴이죠. 그런데 그때는 얼마나 충격받고 겁먹은 표정을 지었던지, 정말 평생 잊지 못할 거예요. 그냥 눈으로 봐서는 저희가 남자인지 여자인지 뭔지 분간할 수 없었던 거죠.

저희는 연행된 후에 장시간 동안 일대일 심문을 받았어요. 심문관들은 꽤 괜찮은 사람들이었어요. 그간 여러 핵실험이 있었지만 저희는 1957년 비열하게 풍선을 이용해 핵폭탄을 투하한 핵실험이 있었던 후로 이름을 말해야 할 때마다 전부 '프리실라'라고 대답했는데, 심문관은 프리실라라는 이름을 가진 사람이 저희 중에 이렇게나 많은 건 분명 우연일 거라고 했어요. 그러더니 저희를 비티**로 데려갔어요. 그리고 저희는 거기서 온갖 문제를 겪었죠. 체포당하는 경험이 처음인 사람 중 일부가 극도의 불안감을 느꼈고, 자기를 이런 상황에 끌어들였다면서 다른 사람들에게 화를 냈어요. 저희는 결국 투옥되어 [토요일부터] 화요일까지 교도소 신세를 졌고 그때는 어쩔 수 없이 각자 실명을 말했어요. 소지품과 옷을 모조리 빼앗긴 후 죄수복과 비품을 받았고요. 그래도 평화캠프 사람들이 아주 좋았어요. 캠프 사람들이 교도소 밖에서 지지 활동을 벌였고 일부는 저희와 연대하는 의미로 머큐리로 향했어요. 저희는 교도소 안에서 캠프 사람들을 향해 소리쳐 말하고 노래를 불렀고요. 거기 있는 동안 저는 가급적 물을

---

* 미국 원자력발전소 여럿을 담당하는 경비회사 왜켄헛 서비스(Wackenhut Services)를 가리킨다.
** 네바다주의 비인가 마을.

안 마시려고 했어요. 거기 물은 진짜 방사능에 오염된 물이었거든요. 그리고 나중에 석방됐을 때 저희 공주들 사이의 관계가 틀어지기 시작했어요. 그 사건을 비롯해 다른 일들을 어떻게 처리할 것인지를 두고 의견이 맞지 않았던 거예요. 그런 문제를 두고 저희는 몇 달간 씨름했죠. 그리고 저희를 향한 고소는 나중에 취하됐어요."

+

프리실라는 1957년 6월 24일에 폭발했다. 스물네 개의 대형 핵폭탄으로 핵실험을 진행한 플럼밥(Plumbbob) 작전의 다섯 번째 핵폭탄이었다. 다른 대부분의 핵폭탄과 달리 프리실라(Priscilla)[6]는 핵실험장 남동쪽의 어느 구석진 장소, 머큐리에서 수 킬로미터 떨어진 프렌치맨 플랫에서 폭발했다. 그라운드 제로 인근에는 살아 있는 돼지들이 있었는데 전부 열방사선으로부터 몸을 보호하는 직물의 효과를 시험하기 위해 특별 제작된 군복을 입고 있었다. 핵폭발의 위력은 예상했던 것보다 컸고, 원격 조종 카메라에 담긴 화면 속 돼지들은 몸부림을 치고 끼익끼익 비명을 지르면서 죽어갔다. 결과적으로 아무 의미 없는 잔인한 실험이었다. 거기에서 조금 멀리 떨어진 참호에 있었던 군인 토머스 사퍼스 해군 중위는 프리실라에 대해 이런 글을 남겼다. "수천 마리 가축 떼가 우르르 도망치는 듯한 우레 같은 굉음이 머리 바로 위에서 스쳐 지나가면서 참호선에 집중 포격을 가했다. 굉음과 함께 찾아온 강력한 압력이 몸을 바닥으로 짓눌러 일어날 수가 없었다. 시속 약 640킬로미터 속도의 충격파가 발생했고 우리는 폭발 시점의 막대한 에너지에 속수무책으로 떠밀렸다. 땅이 격렬하게 요동치기 시작해 내 몸 하나조차 제대로 가눌 수가 없었다. 공포에 질린 채 눈을 떴을 때 나는 전방 1미터도 볼 수 없을 만큼 많은 양의 먼지와 흙과 바위와 잔해를 잔뜩 뒤집어쓰고 있었다. …… 태양보다 몇 배는 더 밝은 빛이 두꺼운 먼지를 관통했고, 내 머릿속에는 어떤 악의 세력이 내 신체와 영혼을 집어삼키려 하는 광경이 떠올랐다. …… 입안에서 느껴지는 역겨운 쇠 맛이 가시질 않았다." 플럼밥 핵실험으로 인한 낙진은 오리건주에서부터 뉴잉글랜드주에까지 떨어졌다.

4년 연속 봄마다 핵실험장을 찾은 나는 세 번째 해였던 1990년 봄이 되어서야 핵실험장이라는 장소를 이해하기 시작했다. 첫 번째 해이자 플루토늄 공주들이 머큐리로 출발하기 전이었던 1988년 오후, 나는 보안 요원들이 서 있는 곳을 향해 친구들과 함께 걸어갔었다. 핵실험장으로 이어지는 도로 입구에서 약간 떨어진 담장을 무작정 타고 넘어갔더니 요원들이 가까이 다가왔다. 핵실험장의 경계는 철조망 담장으로 구분되어 있으며, 도로를 따라 이동할 때 무단진입하게 되는 지점은 가축 탈출 방지용 격자판에서 가장 먼 쪽이다(도로 위에 두꺼운 봉들이 참호만 한 크기로 설치되어 있어 인간의 경우 별다른 어려움 없이 밟고 지나갈 수 있지만 발굽을 가진 동물들은 상당한 위험을 감수해야만 하는 그 구조물뿐만 아니라, 동부인과 도시인으로부터도). 핵실험장의 모든 경계는 사람보다는 가축의 통행을 차단하기 위한 방식으로 설계되어 있는데, 이는 전형적인 서부의 사고방식이 반영된 결과인 듯하다. 진정한 보행자라면 도로 위의 가축 탈출 방지용 격자판이나 영토를 가로지르는 담장을 맞닥뜨려도 걸음을 멈출 리가 없기 때문이다.

핵실험장에서 보낸 두 번째 해에는 샌프란시스코와 시애틀 출신의 여성 아나키스트들과 함께였다. 그중 남부 출신의 두 여자와는 나중에 친구가 되었지만, 당시에는 둘 중 누구와도 잘 아는 사이가 아니었다. 우리는 그 누구도 홀로 남겨지거나 목격자 한 명 없이 보안 요원의 자비에 운명을 맡겨야 하는 상황에 처하지 않도록 둘씩 짝지어 이동하기로 했다. 핵실험장 정문 북쪽으로부터 약 1.6킬로미터 떨어진 지점까지 95번 고속도로를 따라 북서 방향으로 올라간 덕분에 얼마간 아무런 방해를 받지 않고 이동할 수 있었다. 그때 우리의 목적이 무엇이었는지는 잘 모르겠지만(호기심이었을까?), 내 욕망은 늘 할 수만 있다면 출입 금지된 땅을 두 발로 가로지르는 것이었다. 1988년 봄 미국 평화 테스트가 주최한 대규모 운동의 명칭은 "실험장을 되찾자"였다. 걷기는 땅에 경계선을 긋고 담장을 설치하여 소유권을 주장하는 방식이 아니라, 장거리든 단거리든 일렬로 가로지르는 행위를 통해 땅을 인간의 삶이라는 장대한 여정과 주변의 도로와 오솔길과 연결 짓고, 더 나아가 그 땅을 밟은 모든 발자국이 입증하는 경험의 그물망을 형성하는 방식으로 땅에 대한 권리를 요구한다.

사실 1989년 그 봄날의 오후, 나와 열두 명의 여자는 남들에게 우리 모습이 잘 보이지 않을 정도로 푹 들어간 바위 도랑을 따라 약 400미터 정도밖에 걷지 못했다. 머지않아 몇 대의 헬리콥터에 발각되고 만 것이다. 헬리콥터가 우리 머리 바로 위로 급강하하기가 무섭게 준군사조직 제복 차림의 남자 요원들이 헬리콥터 밖으로 뛰어내릴 태세로 몸을 기울였다. 우리는 소풍하러 가는 산보객 같은 모습으로 전쟁을 벌이고 있었고 그들은 직무의 일환으로 군사 작전을 수행하고 있었다. 그러나 헬리콥터가 지표면 가까이 내려오면서 바닥의 자갈들이 마구 튀어 오를 정도로 돌풍을 일으키자마자 우리는 내달리기 시작했고 요원들은 헬리콥터에서 뛰어내려 우리를 뒤쫓았다. 부드러운 모래와 그 모래를 덮은 먼지와 자갈길과 바위와 푸석돌과 키 작은 수풀 때문에 발을 놀리기가 불편한 사막의 땅을 나는 미친 듯 내달렸고, 짝꿍과 보조를 맞춰야 할 때만 적당히 속도를 늦추었다. 아나키스트 여자들이 죄다 선명한 색상의 옷을 입고 있던 터라 잿빛의 카키색 옷차림이었던 나는 우리가 너무 눈에 띈다는 사실이 못내 아쉬웠다. 다른 많은 순간에도 그랬듯 그때도 나는 내가 혼자 걸었다면 요원들의 시야에서 벗어날 수도 있지 않았을까 생각했지만, 그곳에서는 단독 행동이 바람직하지 않았다. 위험에 처할 수도 있었다.

뒤도 돌아보지 않고 상당한 거리를 달리다가 고개를 살짝 돌렸더니 위장한 요원이 나를 거의 붙잡을 수 있을 정도로 가까이에, 내가 예상했던 것보다 훨씬 가까이에 와 있었다. 내가 실제로 그를 앞질렀을 가능성은 없었기 때문에 분명 그는 다른 무리를 쫓을 작정으로 뛰고 있던 것이었으리라. 그런데 달리기는 평소에 우리가 하지 않기로 합의한 행동 중 하나였다. 비폭력 직접행동 정신에 부합하지 않았기 때문이다. 다급하고, 예측 불가능하고, 성마른 행동은 요원들이 자제심을 잃게 자극하고 모든 일이 엇나가게 만들 수 있었다.

나는 저항하기를 단념하고 순순히 등 뒤로 수갑을 찼지만, 내 짝꿍은 자신이 왜 여기에 있으며 어떤 법에 따라 자신이 여기에 있을 권리를 갖는지를 두 요원에게 설명하며 저항했다. 그러면서 애초에 이 땅은 서부 쇼쇼니족에게서 훔친 땅인데 우리는 서부 쇼쇼니족으로부터 여기에 있어도 된다는 허가를 받았으며 자신은 요원들이 위반하고 있는 뉘른베르크 원칙을 준수하고 있다고 언급했다. 지금은 내 짝꿍이 정확히 누구였는지조차 기억나지 않지만, 요원들에게 협조하기를 거부하며 보여준 그 흔들림 없는 확신만큼은 기억난다. 그가 걷기조차 거부하자 두 요원은 우리를 다른 바위 도랑으로 몰아넣고 내 발목과 짝꿍의 발목에 수갑을 한쪽씩 채웠다. 한 요원이 우리를 감시하는 동안 다른 요원은 지원군을 요청하러 갔다. 다른 여자들은 더 이상 보이지 않았다. 발이 묶인 두 여자와 위장한 두 남자가 전부인, 그중 한 남자는 다급히 사라지고 있는 어느 평지의 광막함을 상상해보시라. 할 얘기랄 것이 하나도 없었다. 핵실험장은 외부 풍경과 똑같은 모습이었지만, 한 가지 다른 점이 있다면 지금 우리는 발목에 찬 수갑 때문에 그 풍경 속에 서 있을 수 없는 처지라는 것이었다.

지원군을 요청하러 갔던 요원이 다른 요원과 함께 돌아왔다. 한 요원이 내 등 뒤에서 걸으며 내가 달아나려 하지 않는지를 유심히 살피는 동안 다른 두 요원은 내 짝꿍의 팔다리를 양쪽에서 하나씩 들어 올린 채로 데려갔다. 그 상태로 약 90미터 정도 이동했을 때, 다섯 명이던 우리 무리에 어느 나이 많고 안색이 붉은 요원이 합류했다. 그는 내 짝꿍을 그렇게 함부로 끌고 가지 말라면서 호되게 나무랐다. 그러면서 처음에는 팔만 붙잡고 데려가라고, 나중에는 방해물을 빙빙 돌아서 가지 말라고 했다. 그러자 요원들은 내 짝꿍을 끌고 가시나무 수풀을 통과하고 선인장 위쪽으로 지나갔다.

그 나이 많은 요원은 우리에게 가벼운 수준의 고문을 가하라며 두 요원을 설득했는데 둘 중 그 누구도 그런 명령을 거부할 수 있다고는 생각을 못 하는 것 같았다. 내 짝꿍이 인용한 뉘른베르크 원칙이 맞서 싸우려는 것이 바로 그런 무신경한 복종이었음에도 말이다. 결국 내 짝꿍은 저항을 포기했고 금방이라도 눈물을 쏟을 듯한 목소리로 이제 그만하라고 했다. 그때부터는 끌려가지 않으려고 제 발로 걷기 시작했다. 우리는 핵실험장과 평행하게 뻗은 흙길을 따라 걸었다. 그 흙길에는 우리를 기다리는 대형 밴 한 대와 무리의 다른 여자들이 있었다. 밴이 우리를 데려가려는 곳은 에너지부에서 약 1년 전 핵실험장 정문 옆에 설치한 커다란 가축 탈출 방지용 격자판이었다. 요원들은 우리를 결박한 플라스틱 수갑을 끊어낸 다음 손을 앞으로 가져오게 해서 다시 수갑을 채웠고, 잘려나간 수갑은 바닥에 그대로 내버려두었다. 내 짝꿍은 요원들이 몰수하지 않은 가죽 물통을 내게 내밀며 물을 마시라고 했고 수갑에 묶여 움직임이 불편한 양손으로 어찌어찌 등산화를 벗고 스위스 군용 칼을 꺼냈다. 나는 군용 칼에 달린 핀셋으로 그의 발에 붙은 수많은 가시를 뽑아주었다. 몇몇 가시는 크기가 상당했고 기다란 가시 하나는 피부 깊숙이 박힌 상태로 부러져 있었다.

나는 추상성과 구체성을 다루는 데 애를 먹는 사람이다. 추상적으로 보면, 우리는 1846년 콩코드에서 소로가 취한 태도, 1946년 뉘른베르크에서 열린 재판, 수많은 장소와 시대에 쇼쇼니족과 평화주의자들이 행한 저항과 맥을 같이하는 몸짓을 취하면서 평화와 정의라는 명목하에 시민 불복종을 행하고 있었다. 구체적으로 보면, 우리는 무언가를 찾기 위해 관목 속을 더듬거리면서 우리를 완전히 실성한 사람으로 간주한 요원 무리와 술래잡기를 하고 있었다. 내 신념은 늘 그 사이에서 흔들렸다. 요원들을 직업 선택 범위가 제한적인 저학력 백인 노동자가 아니라 미국 군사 정책의 대리인으로 보는 것이 내게는 늘 어려운 일이었다. 핵실험장 활동가 중 상당수는 나와 정반대의 문제를 겪었던 것 같고 그들의 입장에서는 구체적인 현실이 추상적인 이상을 복잡하게 만들지 않았던 듯하지만 말이다. 그러나 이런 것보다 더 어려웠던 일은 이 모든 것의 보이지 않는 배경을 잊지 않는 것이었다. 그러니까 우리를 결박한 플라스틱 수갑, 내 짝꿍의 신발 속에서 부러진 가시, 헬리콥터가 후두두 흩뿌리는 자갈과 위장한 모습으로 평화주의자들을 추격하며 생계를 유지하는 남자들, 폭삭 무너질 듯한 평화캠프와 직접행동 따위의 모든 것 뒤에 자리한 보이지 않는 배경, 우리가 결코 볼 수 없을 그 배경, 국제적 전쟁에 대한 대비 및 40주년에 가까워지고 있는 국지적 핵전쟁의 일환으로 행해지는 대규모의 핵무기 폭발

먼지, 미래를 지우다:
네바다 핵실험장

을 잊지 않는 것이었다.

성지(聖地)를 통과하며 지구를 횡단하는 에너지의 맥(脈)에 관한 '지맥선(ley lines)'* 이론이라는 것이 있다. 이 이론을 개발한 사람들은 직선을 따라 배열된 중요한 장소들을 보여주면서 지맥선을 설명한다. 나는 이 지맥선에 대해서는 잘 모르겠다는 입장이지만, 수렴선(lines of convergence)은 믿는다. 풍경에서 지맥선보다 수렴선이 더 잘 보이는 것은 아니다. 게다가 나는 수렴선이 어떤 식으로든 우리의 상상을 초월한 영역에 존재한다는, 즉 수렴선이 그 자체로 매우 중요한 영토라는 의견을 제시할 생각도 없다. 수렴선은 이를테면 한 위치에서 합쳐지는 전기(傳記)와 역사와 생태의 선이다. 핵물리학의 역사, 군비경쟁, 반공주의, 시민 불복종, 아메리카 원주민의 토지 권리를 둘러싼 투쟁, 환경 운동, 그리고 유대-기독교에 영감을 불러일으킨 듯한 사막을 향한 신비주의와 광적인 믿음 등이 전부 하나로 합쳐져 네바다 핵실험장을 단지 자연지리학이 아닌 문화지리학의 일부로, 단순히 구체적인 장소만이 아니라 추상적이기도 한 장소로 만드는 것처럼 말이다. 이렇게 무언가가 수렴하는 장소는 언뜻 무관해 보이는 역사들을 맞붙이며, 그로써 역사들이 하나로 합쳐지면 우리의 개인적 역사와 공공의 역사와 이야기들 속에서 새로운 연결고리를, 심지어는 충돌까지 발견할 수 있게 된다. 이야기로 엮인 거미줄은 어디에서든 멀리 뻗어나간다. 그러나 그 가닥 가닥을 따라가는 일에는 시간이 걸리기 마련이다.

도보 여행자와 탐험가들은 대체로 희한한 습관을 갖고 있다. 자신이 이 작은 땅덩어리에 최초로 발을 내디딘 사람인지 아닌지를 추측해보는 것이다. 순결한 미개척지를 향한 미국인의 집착에서 비롯한 이 추측은

---

* 역사적 건축물, 영성의 통로, 고대 기념물 등을 가로지르는 선으로, 지구의 신비로운 에너지가 흐르는 정맥으로 여겨진다.

그 자체로 상당히 문제적이다. 무언가가 완전히 새로운 것일 가능성과 그 누구도 겪어보지 않은 경험일 가능성을 가늠해보는 식의 추측은 보통 전제부터 잘못되었다. 북미에서 아메리카 원주민들의 발이 닿지 않은 장소는 거의 없다시피 하며, 누군가가 등산 장비를 챙겨 들고 말 그대로 그 어떤 인간도 가닿은 적 없는 봉우리에 오른다 해도 그가 거기서 취하는 몸짓의 의미와 동기는 다른 인간들이 취한 몸짓의 오랜 역사에 뿌리를 두고 있다. 시에라네바다산맥 정상에 오르는 최초의 인간이 되고 그 어떤 인간도 가닿은 적 없는 장소에 처음으로 발을 내디딘다 해도, 그건 클래런스 킹(Clarence King)과 존 뮤어(John Muir)와 그들의 뒤를 잇는 위대한 등산가들이 밟았던 문화적 영토를 그대로 되밟는 것과 다름없다. 게다가 등산이라는 실제적인 행위에 담긴 의미는 산을 향한 낭만주의적 숭배에 따라 결정된다. 퍼시 비시 셸리(Percy Bysshe Shelley)의 시 「몽블랑」을 읽어본 적이 없다 해도 몽블랑 땅덩어리에 발을 내딛는 순간 그 시를 계승하게 되며, 셸리가 밟았던 땅을, 셸리가 밟은 이후로 수없이 많은 발이 오간 넓은 의미의 길을 밟게 된다. 또 이탈리아 시인 페트라르카가 경치를 감상하는 기쁨을 위해 산에 오른 최초의 근대인이라는 사실을 모른다 해도 페트라르카가 남긴 600년 세월의 발자국을 따라 걷게 된다. 새로운 장소든 오래된 장소든 내가 있는 장소를 이해하려면 내가 떠나온 장소를 알아야 하며, 그런 점에서 진정으로 완전한 의미의 기억상실증을 가진 사람만이 어디선가 불쑥 나타나서 어딘가에 도착할 수 있는 듯하다. 우리는 모두 역사와 욕망이라는 짐을 짊어지고 있다. 그러니 때로는 그냥 앉아서 짐을 풀어보는 것이 좋다.

　나는 새로운 것을 향해 떠나는 여행에서도 그 이면에 자리한 여러 몸짓의 역사를 발견하고 싶고 네바다 핵실험장 같은 장소로 우리를 이끄는 수렴선을 보다 많은 사람이 기억할 수 있게 되기를 바란다. 네바다 핵실험장에서 이루어진 모든 몸짓의 구체성을 인식하는 동안 나는 그 이면의 추상성이 지닌 무게를 감각하려 애썼다. 목격자가 얼마나 적건, 보이는 것이 얼마나 적건, 핵실험장은 우리 역사를 구성하는 무수한 결정적인 선들이 만나는 중심부다. 그러나 수갑 찬 손으로 다른 사람의 땀투성이 발에서 가시를 뽑아주는 동안 이 모든 것을 잊지 않고 떠올리기란 여간 힘든 일이 아니었다.

우리의 반핵운동은 가까이에서 들여다보면 한없이 어리석고 헛된 일처럼 보일지 몰라도 멀찍이 떨어져서 보면 존경심을 자아냈다. 우리의 운동이 지구 반대편에서 이례적인 성공을 거둔 운동이 시작되는 데 도움을 준 것은 어쩌면 우연한 사건일 수도 있었지만 그렇지 않을 수도 있었다. 어떻든 변치 않는 사실은 소련이 1989년 2월 12일과 17일 중앙아시아의 카자흐스탄에서 자국이 보유한 대부분의 핵무기로 지하 핵실험을 감행했을 때* 카자흐스탄 대기로 방사능이 방출되었다는 점, 그로 인해 카자흐스탄의 자연환경과 국민의 건강이 수십 년 동안 심각한 피해를 입었다는 점이다.[7] 그해 2월 27일 텔레비전 생방송 프로그램에 출연한 카자흐스탄 시인 올자스 술레이메노프(Olzhas Suleimenov)는 예정대로 시를 낭송하는 대신 핵실험을 규탄하고 공청회를 촉구하는 성명서를 읽었다. 이듬해에는 5000명의 사람이 카자흐스탄 옛 수도 알마아타에 위치한 작가연맹회관에 결집했고, 네바다주의 반핵운동가 및 원주민 활동가들과 연대하여 네바다-세미팔라틴스크 반핵운동 단체를 결성했다. 한 핵실험장과 지구 반대

---

* 소련은 카자흐스탄 북동부에 위치한 도시 쿠르차토프 내 세미팔라틴스크 핵실험장에서 핵실험을 감행했다. 이로 인해 쿠르차토프는 폐쇄 도시가 되었다.

편의 다른 핵실험장을 잇는 놀라운 수렴선이 그어진 것이었다.

반핵운동에는 저명한 전문가와 무수히 많은 작가에 더해 현지 공무원들도 가담했다. 네바다-세미팔라틴스크 반핵운동 단체는 네바다 핵실험장 활동가들도 자국 기관에 동일한 입장을 전달했으리라고 확신했고, 그런 가정을 바탕으로 네바다 주정부 관계자들에게 연대 성명을 보냈다. 주정부 관계자들로서는 공산주의자들이 자신들과 상당한 공통점을 갖고 있다고 생각한다는 사실에 분명 어리둥절했을 것이다. 그해 10월 소련이 대규모 핵실험을 두 차례 감행하자 수만 명의 카자흐스탄인이 시위를 개시했고, 카자흐스탄 광부들은 파업에 돌입할 것이라는 입장을 표명했으며, 100만 명이 넘는 사람이 핵실험에 반대하는 네바다-세미팔라틴스크 성명에 서명했다. 정국은 한없이 암울했지만 한 시인이 그만한 영향력을 발휘하고 대중이 그토록 효과적으로 단합할 수 있었던 문화는 부러워할 만한 것이었다. 1989년 10월 21일 소련은 핵실험을 멈추고 일방적 모라토리엄을 선언했고, 1990년대 중반까지 핵실험장을 전부 폐쇄하는 데 동의했다.

물론 시대가 네바다-세미팔라틴스크 반핵운동 단체의 편이기도 했다. 그들이 운동을 시작했을 때 안 그래도 취약한 상태였던 소련은 혁명의 광풍을 맞고 있었고, 핵과 관련된 모든 것이 대부분의 소련 시민들에게 체르노빌 원전 사고를 상기시켰으며, 시민 불복종과 대중 시위가 소련과 동유럽에서 효과적인 새로운 수단으로 부상하고 있었다. 카자흐스탄인들은 이렇게 말하곤 했다. "우리는 핵실험이 해롭다는 사실을 깨달았고, 그래서 정부에 핵실험 중단을 요청했고, 정부는 그렇게 했습니다. 왜 당신들은 우리처럼 하지 않는지 이해가 안 되는군요." 그런 말을 들으면 미국 활동가들은 군산복합체라든가, 금전 정치에 의한 민주주의 파괴라든가, 폄하와 망각이 가장 효과적인 무기임을 깨달은 미국 정부가 대중 시위를 성공적으로 묵살한 방식이라든가, 언론이 네바다주에서 벌어진 모든 일과 활동가의 존재를 못 본 체한 방식을 설명하려 했다.

1989년이라는 해는 선인장 가시의 해이자 술레이메노프의 해였고, 보안관들이 무단진입을 사유로 1090명을 일거에 체포해 손수 설치한 특수 외양간에 짐을 부리듯 풀어놓은 다음 물 한 통과 간이 화장실만 주고 오후 내내 가둬뒀다가 다시 버스에 실어간 해였다. 그들이 우리를 태운 버스는 라스베이거스 출신 노동자들을 머큐리까지 출퇴근시켜주는 바로 그 버스였다. 빛가림 처리가 된 창문과 냉난방 시설, 등받이 조절이 가능한 좌석에 더해 화장실까지 갖춰진 버스. 에너지부가 제공한 부드러운 커버가 씌워진 좌석에 앉아서 시속 약 90~110킬로미터 속도로 95번 고속도로를 따라 이동하며 창밖에 펼쳐진 경치를 구경하는 것은 기묘한 경험이었다. 내가 처음 네바다를 찾은 1988년에는 보안관들이 1200명이나 되는 우리를 전부 데리고 약 320킬로미터나 북쪽으로 이동해 토노파라는 외딴 마을로 갔었다. 그때 나는 그들이 우리를 계속 붙잡아둘 생각이 아닌 이상 그렇게 멀리까지 데려갈 리가 없을 텐데 싶어서 걱정스러웠다. 해가 저무는데 낯선 도로를 한참 내달리고 있으니 오만가지 생각이 머릿속을 어지럽혔다. 그런데 그들은 해마다 별생각 없이 단지 우리를 불편하게 만들겠다는 의도로 버스를 몇 대씩 동원해 그 먼 북쪽까지 실어 나른 것이었고, 전부 다 버스에서 내리게 만든 후에는 플라스틱 수갑을 싹둑 잘라내고 가버리라고, 다시는 돌아오지 말라고 했다. (우리는 대체로 (데스 밸리에 이르는 관문인) 비티에 버려졌다. 1906년에만 해도 테이블에 핑거볼이 놓여 있고 턱시도 차림의 종업원이 일하는 식당이 운영되던 신흥 광산 마을이었지만 내가 갔을 때는 핫도그를 파는 마을에 가까웠다. 그곳은 플루토늄 공주들이 붙잡혀 있었던 장소이기도 했다.) 1988년 열흘에 걸친 운동이 막바지에 이르렀을 무렵에는 참가자

5000명 가운데 2000명이 체포되었고, 그중 상당수는 고소당하는 일 없이 풀려났다. 미국 역사상 가장 대규모로 행해진 이 시민 불복종 체포 사건은 지역 신문에 좀처럼 보도되지도 않았다.

1988년 네바다 핵실험장에서 터진 핵폭탄의 명칭은 컨빌(Kernville), 애벌린(Abeline), 셸번(Schellbourne), 러레이도(Laredo), 콤스톡(Comstock), 리오라이트(Rhyolite), 나이팅게일(Nightingale), 알라모(Alamo), 키어사지(Kearsage), 불프로그(Bullfrog), 댈하트(Dahlhart), 미스티 에코(Misty Eco)였다.[8] 이 중 대부분의 핵폭탄이 가진 위력은 20~150킬로톤 사이였고(히로시마를 황폐화한 핵폭탄은 15킬로톤, 나가사키를 파괴한 핵폭탄은 21킬로톤의 폭발력을 갖고 있었다.), 1989년에 터진 핵폭탄, 즉 텍서캐나(Taxerkana), 카위치(Kawich), 잉곳(Ingot), 팰리세이드(Palisade), 툴리아(Tulia), 콘택트(Contact), 애머릴로(Amarillo), 디스코 엘름(Disko Elm), 호니토스(Hornitos), 뮬슈(Muleshoe), 반웰(Barnwell), 화이트페이스(Whiteface)도 마찬가지였다. 이 핵폭탄들 역시 뉴스거리가 되지 못했다.

우리가 체포 이상의 더 가혹한 대우를 받지 않은 이유는 돈 그리고 땅과 연관되어 있었다. 네바다 핵실험장은 땅 자체가 상당한 분쟁의 대상이다. 핵실험장을 운영하는 미국 에너지부는 나이 카운티 당국과 협정을 맺고 핵실험장 안보와 관련된 법적 책임을 양도했고, 나이 카운티는 법적 책임을 짊어지는 대신 카운티에 규모 있는 사업체가 들어서면서 발생할 경제적 이점을 누리기로 되어 있다. 그런데 미국에서 두 번째로 큰 카운티인 나이의 인구는 1만 명을 약간 웃도는 수준이며, 보안관들이 활동가를 체포하면 에너지부가 보조금을 지급하기는 하지만 체포한 활동가를 사법 처리하는 과정에서 발생하는 비용은 부담하지 않는다. 나이 카운티 보안관들이 해마다 우리를 체포해 먼 곳으로 데려간 다음 한두 번 견책만 하고 쫓아냈던 건 바로 그 때문이다. 카운티 입장에서 볼 때 우리는 처리해야 할 짐짝이라기보다는 기소만 하지 않고 내버려둘 경우 봄에 한정해 소소하게나마 추가 수입을 올릴 수 있게 해주는 자원인 셈이다. 카운티의 업무는 다루는 사람 수로 보나, 대규모 수갑 채우기와 버스 운행 같은 업무로 보나, 대체로 양측 간에 적개심이랄 것이 흐르지 않는 상황으로 보나, 범죄자 체포 과정보다는 가축 몰이와 유사하다. 이에 대해 어떤 사람들은 나이 카운티가 우리를 아주 손쉽게 풀어주는 식으로 에너지부를 자극해 자기네 구역을 직접 순찰하게 만들려는 속셈을 갖고 있었던 것이라고 말하기도 했다.

하지만 네바다 핵실험장은 사실상 (지방정부든, 주정부든, 연방정부든) 그 어떤 당국의 통제도 받아서는 안 되는 땅이다. 법적으로 네바다 핵실험장은 실제로 미국 영토에 속한 적 없는 훨씬 광활한 공간의 일부이기 때문이다. 미국이 핵실험장 땅에 대한 권리를 주장하며 드는 근거는 소로가 전쟁세 납부를 거부하다 감옥에 가게 만든 멕시코-미국 전쟁이 종식하면서 체결된 조약이자, 1500만 달러를 대가로 멕시코 북서부 지역이 미국 남서부 지역으로, 즉 서부 텍사스와 뉴멕시코가 캘리포니아로 바뀌게 한 1848년 과달루페 이달고 조약(Treaty of Guadalupe Hidalgo)이다. 그때 유타 준주라 불린 지역은 당시만 해도 양측의 관심사가 아니었다. '유타'라는 명칭은 아메리카 대륙의 주요 원주민 집단인 쇼쇼니족 중에서도 같은 언어와 문화를 공유하는 하위 집단 유트족(Ute)에서 따온 것이었다. 서부 쇼쇼니족, 마운틴 쇼쇼니족(Mountain Shoshone), 배녹족(Bannock), 유트족, 남부 파이우트족(Southern Paiute), 북부 파이우트족(Northern Paiute)을 포함한 부족들은 모르몬교 신자들과 변경 개척자들이 처음 발을 들이기 전까지 수 세기 동안 와이오밍주 로키산맥에서부터 시에라네바다산맥에 이르는 지역과 아이다호에서부터 캘리포니아 모하비 사막에 이르는 지역에 거주했다.[9] 1805년부터 1806년까지 루이스와 클라크 탐험대가 태평양에 이르는 길을 찾고 바다로 둘러싸인 국토를 구상할 수 있도록 갓 태어난 아기를 품에 안은 채 그들을 안내했던 사람도 바로 윈드 리버 쇼쇼니족(Wind River Shoshone) 출신의 여자 새커거위아(Sacajawea)였다. 그레이트 베이슨이 가하는 혹독한 제약과 깨지기 쉬운 균형 속에서 살아가는 방법을 터득한 존재도 쇼쇼니족이었고, 프리몬트와 데스 밸리 포티나이너스*가 미 동부민의 상상력을 병적으로 발휘해 각각 그레이트 베이슨과 데스 밸리라는 명칭을 붙이기 훨씬 전에 그 일대를 거처로 삼고 여러 장소에 이름을 붙인 존재도 쇼쇼니족이었다.

네바다는 '눈처럼 새하얀'이라는 의미이며 이는 네바다가 서쪽 시에라 부근에 자리해 있음을 보여준다. 네바다가 하나의 분리된 영토가 된 것은 그곳에 금과 은이 그득하다는 사실이 밝혀지면서 비모르몬교 백인들이 정착했을 때였다. 네바다 영토의 상당 부분은 여전히 서부 쇼쇼니족이 소유하고 있다. 서부 쇼쇼니족은 땅이 사고팔 수 있는 대상이라고 믿지 않으며 지금껏 자신들의 땅을 팔아넘긴 적도 없다. 땅을 거저 내어주거나 임대로 내놓은 적도, 미국이라는 국가에 의해 한 국가로서 정복당한 적도 없다. 어느 모로 보나 서부 쇼쇼니족은 땅을 양도한 적도 없고, 1863년 서부 쇼쇼니족이 미국과 체결한 조약을 대체하는 것도 없다.(과달루페 이달고 조약도 과거의 토지 소유권을 새 정부가 존중해야 한다고 단언한다.) 조약이 체결

---

* 1848~1849년 골드러시 당시 금을 찾으러 캘리포니아로 몰려든 사람들을 가리킨다. 1849년에 유독 수가 많았기에 포티나이너스라고 불린다. 그들 중 한 무리는 시에라산맥을 넘는 대신 오늘날 데스 밸리가 된 계곡을 지름길로 삼았다가 물과 식량이 바닥나 간신히 계곡을 빠져나왔다. 그때 그들이 그 계곡을 칭한 '데스 밸리'가 이름으로 굳어졌다.

먼지, 미래를 지우다:
네바다 핵실험장

된 네바다 남동부의 푸르른 장소를 반영해 루비 밸리 조약[10]이라 불리는 그 조약은 서부 쇼쇼니 국가(Western Shoshone Nation)*에 속한 광활한 토지 면적을 상술하며, 서부 쇼쇼니족이 땅을 양도하고 원주민 보호구역으로 들어갈 수 있는 조건들을 명시한다. 그러나 보호구역 거주를 비롯해 조약에 명시된 여타 조건들이 충족된 경우는 한 번도 없었다. 서부 쇼쇼니족이 땅을 양도한 적도 전혀 없었으며, 그들은 지금까지도 조약에 근거한 권리를 지키는 싸움을 이어가고 있다. 연방정부는 네바다 땅에 대한 서부 쇼쇼니족의 법적 소유권을 인정하되 그에 대한 보상금을 수락할 것을 쇼쇼니족에게 강요했다. 그러나 그 쥐꼬리만 한 보상금은 아직까지 미 내무부 은행 계좌에 고이 보관되어 있고, 1970년대 미 정부가 네바다 땅에 대한 매수를 자체 허용한 이래로 두 배 이상 불어난 상태다. 또 네바다 핵실험장은 서부 쇼쇼니족이 뉴소고비아(Newe Sogobia)라고 부르는 국가로부터 약 11만 1400킬로미터 떨어진 남서쪽 구석에 위치해 있는데, 그곳에서 진행되는 핵실험은 군사적 및 산업적 공격으로 환경에 피해를 입히는 데에 더해 쇼쇼니족의 종교적 신념도 침해하고 있다. 쇼쇼니족이 핵실험에 반대하는 국제 투쟁에 적극적으로 임하는 이유가 바로 여기에 있다. 그들은 네바다 땅에서 벌어지는 일에 대해 허가를 내주는 입장이며, 그런 점에서 활동가를 체포하는 보안관을 향해 가벼운 농담 삼아 이런 말을 할 수도 있다. 사실상 무단진입하는 사람은 보안관 당신이라고 말이다.

---

* 아이다호주, 네바다주, 캘리포니아주, 유타주 등지에 사는 서부 쇼쇼니 부족들로 구성되어 있다. 서부 쇼쇼니 국가 위원회가 전통적인 의미의 정부 역할을 한다. 연방에서 인정한 서부 쇼쇼니 부족에는 테모악족(Temoak), 욤바 쇼쇼니족(Yamba Shoshone), 쇼쇼니-파이우트족(Shoshone-Paiute) 등이 있으며, 이들은 파이우트족, 고슈트족(Goshute), 배녹족, 유트족, 팀비샤족과 문화적으로 밀접하게 연결되어 있다.

네바다 핵실험장에서 체포당하는 일에는 대단히 미국적인 뭔가가 있다. 문제시되는 대상이 카우보이와 원주민이 아니라 땅, 전쟁 기술, 종말, 소로비언적 시민 불복종, 애매모호한 관료제, 그리고 원주민이라는 점에서 그렇다. 이때의 원주민은 우리가 어떻게 이 땅을 점령할 것인지를 두고 벌이는 유혈 낭자한 대혼란의 일부이자 불안정한 땅처럼 심란한 질문을 던지는 주체다. 미국적인 체포를 당한 후 수갑이 풀리고 몸이 자유로워졌을 때 마땅히 해야 할 행동은 물론 잔치를 벌이는 것이며, 비티에서라면 식당 겸 카지노에 가서 술을 마시고 미국 음식을 먹어야 한다. 지독하게 추운 사막에 아침이 찾아오면 바위에 앉아 커피를 마시며 하루를 시작하고, 날이 서서히 더워질 무렵에는 빈 물통을 채우고 친구나 지인과 서성이며 돌아다니고, 가만히 앉아서 이따금 마음을 뒤흔들지만 대체로는 따분하게 이어지는 이야기와 음악(포크에서 펑크로 갔다가 다시 펑크에서 포크로 가는)을 듣고, 선인장과 크레오소트 덤불이 있는 광활한 돌무더기 지대를 크레오소트 덤불과 선인장이 있는 또 다른 광활한 돌무더기 지대와 서로 분리하는 철조망 아래로 기어가는 꽤 추상적인 행위를 하다가 (마치 우리가 아닌 본인들이 몸을 숨겨야 하는 처지인 양) 엉뚱한 색으로 위장한 요원들에게 가로막히고, 우리가 체포되었다가 풀려나면서 생긴 무수히 많은 일회용 플라스틱 수갑을 내버려둔 채 이동하고, 단지 우리를 가둘 목적으로 설치된 일종의 외양간에서 무용하게 빈둥거리고, 햇볕 아래에서 몇 시간을 보낸 후에야 특별 고급 버스로 이송되어 95번 고속도로 경치를 감상

먼지, 미래를 지우다:
네바다 핵실험장

하는 투어를 제공받고, 제인 도* 또는 쇼쇼니 게스트 따위보다 더 난해한 이름을 대려 하는 사람들 때문에 잔뜩 성이 나서 표정은 냉담하고 머리칼은 마구잡이로 헝클어진 보안관들에게 심문을 받고, 어떤 작은 마을에 내던져지듯 쫓겨나고, 그간 접하지 못한 친구들의 소식을 듣고 한밤중에 패스트푸드와 아이스크림을 먹으러 나가고, 음식이 나오기를 기다리는 동안 25센트짜리 동전을 슬롯머신에 마구 집어넣으며 만일의 사태에 대비한 한 줌의 돈을 따고, 자유의 몸으로 풀려난 활동가들이 차를 타고 야영지로 복귀하면 아무 의미 없는 길을 따라 되돌아가고, 어둠 속에서 바위와 가시 사이를 헤매다가 지구 그 어느 곳에서도 볼 수 없을 만큼 무수한 별이 가득한 하늘 아래서 딱딱하고 울퉁불퉁한 땅바닥에 침낭을 놓고 잠을 청하는 것. 과연 이보다 더 삶과 자유 그리고 행복의 추구를 상기시키는 것이 있을까?

그리고 1990년 나는 카우보이들을 만났다. 어느 금요일 오후, 체포됐던 도로 점거자들이 하나둘 야영지로 돌아오자 워크숍이 시작되었다. 어떤 운동을 벌이든 비폭력 철학에서부터 방사선 물리학에 이르기까지 그 운동과 관련된 사안들을 다루는 워크숍이 하루 동안 진행되었다. 나는 네바다와 군대에 관한 워크숍을 골랐다. 관리 센터로 운영되는 텐트 두 채 사이의 오르막길이 워크숍 장소였고, 막상 가보니 그렇게 구체적이고 국지적인 사안에 관심을 가진 사람이 오직 나 하나뿐이었다. 그 워크숍에서는 상당히 많은 장수의 네바다 지도를 활용했고, 진행자는 붉은 기가 도는 금발 머리에 카우보이모자를 쓰고 모음을 길게 늘이며 느릿느릿 말하

---

* 신원 미상의 여성이나 신원 미상의 여성 변사체를 가리킬 때 쓰는 이름.

는 네바다 출신의 혈기 왕성한 청년 밥 풀커슨(Bob Fulkerson)[11]이었다. 그는 시티즌 얼러트(Citizen Alert)의 사무총장으로 다년간 근무한 경력이 있었다. 시티즌 얼러트는 "네바다 주민에게 영향을 미치는 사안에 대해 대중의 참여와 정부의 책임을 촉구"한다고 강령에 밝힌 주(州) 규모 집단으로, 탐욕스럽게 네바다의 물을 약탈하는 도시들, 대재앙을 초래하는 군사 기술, 채굴, 연방 관료들의 무신경한 행정 처리로부터 네바다 자연환경을 구하고자 본격적으로 발 벗고 나선 정치 집단이기도 하다.

밥은 앵글로 네바다인 5세였는데 지난 반세기 동안 네바다에 정착한 백인이 없었다는 사실을 고려하면 희귀한 인물이었다. 게다가 그의 친척 중 한 사람은 제시 제임스 갱단*의 마지막 강도질에 동참한 적도 있었다. 어디로 튈지 모르는 악동 같은 사람이자 높은 이상의 소유자였던 밥은 경건함이나 비탄일랑 없이 의욕적으로 적개심을 드러내며 무시무시한 이야기를 들려주었고, 그런 모습에서 그가 자기 일을 즐기고 있음이 역력히 드러났다. 그날 오후 내내 그는 나에게 네바다와 군대에 관한 여러 이야기를 들려주었다. 그의 말을 들으면서 나는 에너지부(Department of Energy, DOE), 군작전구역(military operations areas, MOAs), 심각한 환경 영향 미발견(finding of no significant interest, FONSIs), 비밀기지 51구역, 브라보 16 폭격장, NTS 25구역 오염, 토노파 사격장에 들어설 탱크장, 일명 '어글리 베이비 작전' 당시 해군 폭발물 처리팀이 수거한 실폭탄 1389개와 폐폭탄 12만 3375톤 등의 전문 용어를 주워들으며 익혔다. 그중에서도 내 머릿속에 박힌 이야기는 네바다 중부 딕시 밸리 주거지 인근에서 음파 폭탄을 실험

---

* 제시 제임스(Jesse James, 1847~1882)는 미국 서부에서 강도와 살인 등을 저지른 갱단 두목이자 전설적인 무법자다. 약탈한 물건을 가난한 사람들에게 나누어주기도 해서 서민 사이에서는 영웅으로 칭송받았다.

하기로 결정한 해군이 주민들을 전부 내쫓고 주택들을 푼돈에 사들인 다음 모조리 전소시킨 일이었다. 밥은 한때 딕시 밸리에서 서러브레드 경주마를 기르며 살았으나 이제는 빨래방에서 일하고 있는 한 여자에 대해서도 말해주었다. 그리고 근처에 있는 유카산이 미국 최초의 고준위 방사성 폐기물 처리장 후보 부지가 되었다는 이야기와 우리가 있는 곳 동쪽에 위치한 그룸산맥에서 시어한(Sheahan) 가문이 4대에 걸쳐 살았다는 이야기도 했다. 우리가 이야기를 나누는 동안 더스트 데블*이 야영지를 세차게 휩쓸었고 그 여파로 수백 장의 쇼쇼니족 방문 허가증(작고 흰 종이 쪼가리)이 15미터 상공으로 떠오른 상태로 빙글빙글 회전했다. 뒤이어 거대한 검은색 방수포가 야영지에서 질질 끌려다니다가 한 마리의 익룡처럼 굉음을 내며 퍼덕거렸다. 방수포는 사람, 차, 땅 위로 서서히 그림자를 드리우더니 고도의 변화에 따라 또 다른 생물처럼 몸집을 부풀렸다 웅크렸다.

+

시어한 가문은 1890년대 백인 인구가 거의 없다시피 했던 네바다 중남부 그룸산맥에서 채굴을 시작했고 그룸드라이 호수 상단에서 은과 납을 채굴하며 대대로 그곳에 머물렀다. 1930년대에 대부분의 시간을 캘리포니아주 네바다 사막을 탐험하고 데스 밸리 포타나이너스가 밟았던 경로를 추적하며 보낸 독립심 강한 여자 마거릿 롱(Margaret Long)은 1930년 초반 무렵 시어한 가문을 찾아갔다. "시어한 가문은 어느 먼 미지의 곳에서부터 차를 몰고 나타나 방대한 그룸드라이 호수를 가로지르는 이방인들을 사막

---

* 모래 언덕을 휩쓸며 먼지를 일으키는 회오리바람으로 캘리포니아주의 건조한 사막 지역에서 자주 볼 수 있다.

인의 진심 어린 마음으로 환대했다. 그들이 훌륭한 저녁 식사를 준비해주는 동안 우리는 라디오를 들었다. 1849년 기진맥진한 이민자들이 그 어떤 지도에도 없는 길을 통과해 다다른 황야는 먼 훗날 워싱턴에서 상원의원들이 볼더 댐 건설 법안을 논할 때 언급한 그 황야였다."[12]

그로부터 20년 후 볼더 댐이 수십 킬로미터 떨어진 콜로라도 황무지에서 물을 길어와 라스베이거스 카지노를 밝힐 전기를 생산하고 있을 때, 또 다른 손님이 시어한 가문을 찾아왔다. 미국 원자력위원회(현재 명칭인 '에너지부'보다 더 정직한 명칭이었다.)에 소속된 점잖은 남자였다. 그는 1941년부터 넬리스 공군기지가 들어서 있었던 유카 플랫에서 서쪽을 향해 실험을 진행할 것이라고 알렸다. 당시 시어한 가문은 아버지로부터 광산을 물려받은 댄과 댄의 아내 마사, 두 아들 팻과 밥으로 구성되어 있었고, 그들의 (현재 유일한 연광(鉛鑛)인) 광산은 10만 달러를 들여서 세운 정련 공장 덕분에 생산성이 개선되던 참이었다. 그래서 그들은 집에 머물렀다. 이윽고 1951년 2월 2일, 동이 트기도 전인 이른 새벽에 집 전체가 흔들리더니 현관문이 폭발하듯 펑 열렸고 곳곳의 유리창이 산산조각 났다. 6년 전 히로시마에 투하된 것에 비하면 규모가 절반 수준인 8킬로톤 위력의 핵폭탄이 유카 플랫에 떨어진 것이었다. 암호명 베이커-2로 불린 그 핵실험은 다섯 번에 걸쳐 핵무기를 터뜨리는 레인저 작전의 4차 핵실험이었다. 5차 핵실험에 쓰인 22킬로톤의 핵폭탄은 그로부터 4년 후에 터졌다.

네바다에서 핵실험이 시작되고 몇 개월이 지난 1951년 9월, 원자력위원회 대표단이 시어한 가문을 찾아와 약간의 방사성 낙진 위험이 있다고 말했다. 그들은 핵실험이 진행되는 동안 여성과 아동을 대피시켜야 한다고 덧붙이면서 댄에게 폭발의 영향을 확인할 샘플 추출용 모니터링 장비를 주었다. 낙진 구름이 계곡을 휩쓰는 폭풍우처럼 쉼 없이 밀려왔다. 단,

구름 아래로 떨어진 것은 빗물이 아닌 먼지였다. 머지않아 가축들 등에 1달러 은화 크기의 흰 반점이 생겼고, 피부에 똑같은 흰 반점이 난 동물들이 죽은 채로 발견되었으며, 야생 생물 수는 점점 줄어들었다. 댄은 언젠가 한 무리의 소 떼가 가족들이 사는 동쪽을 향해 어슬렁거리며 찾아온 일이 있었는데 핵폭발로 인해 눈알이 다 타버리고 텅 빈 구멍만 남아 있었다고 말했다.

모든 핵실험은 동풍이나 북풍이 불 때 진행되었다. 동풍이나 북풍의 영향을 받는 지역의 인구수가 다른 지역에 비해 그나마 적어서였다. 핵실험장을 기준으로 서쪽에는 로스앤젤레스, 남쪽에는 라스베이거스가 위치해 있는데 당시 북동쪽에는 다른 그 어떤 영구 거주지보다도 그룸 광산이 가까이에 있었다. 1951년부터 1952년까지 시어한 가문은 방사능 샘플을 수거하고 추가 핵실험 진행 날짜를 알려주러 오는 원자력위원회 관계자들과 우호적인 관계를 유지했다. 그러나 1953년 공군은 공군기로 시어한 가문의 소유지를 맹공격했고, 그해 여름에는 시어한 가족이 점심 식사를 하고 있는 동안 고성능 소이탄으로 공장을 폭발시켜버렸다.

댄 시어한과 마사 시어한은 암으로 사망했다. 두 사람은 공군 측과 잘 지내보려고 계속 노력하던 중이었으므로 그 누구에게도 폭탄 투하 사실을 알리지 않았지만, 그 후 산산이 부서진 공장 사진이 공개되었다. 두 아들은 광산 일을 지속하려 했다. 그러나 1984년 초, 차를 타고 광산으로 가던 팻 시어한을 노상 바리케이드가 가로막았다. 에너지부와 공군에 소속된 무장한 사람들이 그에게 와서 "국가보안상의 이유로" 민간인 출입이 금지되었다고 말했다. 그해 봄 공군은 네바다주 공공용지* 가운데 약 1억 900만

---

* 연방 토지 중에서 내무부 토지관리국이 관리하는 토지를 공공용지(public land)라고 한다.

평(약 370제곱킬로미터) 규모의 면적을 차지한 후 목장주, 광부, 사냥꾼을 비롯해 그들의 모든 일행의 출입을 금지했다. 그룸 광산은 토지관리국이 관리하는 광대한 땅덩어리의 정중앙에 위치해 있었다. 그런데 사유지든 공유지든 토지관리국이 합법적으로 취득한 땅은 없었다. 의회 법안에 따르면 어떤 공유지에서든 약 610만 평을 초과하는 구획은 차지할 수 없었지만, 의회는 그런 강탈 행위에 대해 별다른 말 없이 4년의 인가 기간을 소급으로 적용할 뿐이었다. 청문회에서 한 공군 관계자는 그런 결정을 내린 주체가 "공군부 장관이나 상급 기관의 장관"이라고 인정했다. 미 국방부나 당시 레이건 전 대통령이 승인했다는 의미였다. 시어한 가문과 한 목장주는 출입 금지 구역에 진입할 수 있는 허가를 받았지만 여타 일행의 출입은 일절 금지되었기 때문에 광산 일을 지속할 수 없었다. 정부가 감행한 출입 금지 조치는 그 누구도 넬리스 공군기지의 실체를 엿볼 수 없게 함으로써 국가안보 지역의 보안을 더 강화하고 그곳을 일종의 완충 지역, 비가시 지역으로 만들기 위한 것이었다.

1988년 6월 15일 의회의 인가 기간이 만료되자마자 6월 16일에 곧바로 출입 금지 조치가 연장되었지만 시티즌 얼러트의 그레이스 부코스키(Grace Bukowski)와 네바다주의 의사 겸 활동가 리처드 바건(Richard Bargen)은 그 땅이 다시 공유지가 된 몇 시간 사이에 그룸 산맥으로 들어가 광산에 대한 소유권을 주장했다. 1872년 광산법은 채굴이 공유지에서 행해지는 모든 활동에 우선하도록 하고, 그곳에서 소유권을 주장하는 누구나 광산을 개발할 수 있게 했다. 그러니 이론상으로 광산에 대한 권리를 주장한 두 사람이 출입 금지 조치에 저항하는 육중한 장벽을 다시 세운 셈이었고, 그것이 그들의 의도이기도 했다. 7월 29일 그레이스와 밥 풀커슨과 다른 두 활동가는 그룸산맥을 찾아가서 부코스키와 바건이 소유권을 주장한 경

먼지, 미래를 지우다:
네바다 핵실험장

계에 표시를 남겼다. 네 사람이 공유지를 가로지르는 동안 헬리콥터 한 대가 그들의 머리 위를 맴돌며 감시했고 오후 10시에 그들이 공군기지 경계선을 넘자 중무장한 특공대원들이 나타나 그들을 에워쌌다.

밥이 들려준 이야기는 거기까지였고 나머지 이야기는 나중에 그레이스가 들려주었다. 얼굴이 보이지도 않는 군인들에 둘러싸인 상황에서 밥은 노래를 부르기 시작했고 한 시간 반 동안 네바다에 대한 노래를 부르면서 군인들의 접근을 저지했다. "게다가 전부 다른 곡이었어요."라고 그레이스는 말했다. 그레이스는 한 군인이 입을 벌리고 웃었을 때 어둠 속에서 그의 치아가 희미하게 빛난 덕에 존재를 확인할 수 있었다고 했다. 결국 그들은 항복했고, 무단진입 혐의로 알라모의 작은 마을로 이송되었다가 풀려났다.

이제 넬리스 공군기지의 일부인 그룸산맥 영토는 공공의 눈초리로부터 비밀기지 51구역을 보호하고 있다. 공군이 그토록 넓은 지대를 점유한 행위에 대한 분노는 잠잠해지고 말았지만, 또 다른 문제가 이목을 끌고 있다. UFO 신봉자들이 그 지대가 반물질 원자로, 중력파, 비행접시를 비롯해 외계 우주선과 장비를 실험하는 비밀스러운 불법 프로그램 '블랙 프로젝트'의 본거지라고 주장하고 있는 것이다. 네바다주의 작은 마을 레이철에 위치한 레스토랑 겸 바인 리틀 아-이에-인은 외계 우주선을 일별하게 될지도 모른다는 희망을 품고 외딴곳으로 순례 오는 방문객들 덕에 번창하고 있다. 그 마을의 경비도 핵실험장을 경비하는 사립 보안업체 왜켄헛이 담당하고 있다.

밥은 비밀기지 51구역의 UFO에 관한 소문까지 깊게 파고들지는 않았다. 그 땅이 얼마나 세속적으로 이용되었는지에 열중하는 것만으로도 충분했던 것이다. 그룸산맥과 얽힌 밥의 이야기는 1988년 광산 채굴권 청구와 함께 마무리되었다. 그리고 1990년 여전히 재판을 받기 위해 대기 중이던 밥과 그레이스는 국방부가 토지 남용 검토 패널에 민간인을 포함시키는 것에 더해 네바다주에서 빼앗은 땅에 대해 단 1에이커도 빠뜨리지 않고 보상할 경우 자신들이 가진 광산 개발 권리를 15년간 일시 중지하겠다고 제안했다.

먼지, 미래를 지우다:
네바다 핵실험장

양초로 달려드는 나방처럼

오후 늦게까지 밥의 입에서 흘러나오는 온갖 두문자어와 무시무시한 이야기를 듣다가 정신이 어질어질해진 나는 야영지 너머에 있는 메사로 가기 위해 정서쪽으로 이동했다. (미국 평화 테스트는 보통 95번 고속도로에서 머큐리로 이어지는 도로 맞은편 부지를 사용했지만 그해 토지관리국에 의해 쫓겨난 상태였고, 그로 인해 야영지는 스프링산맥과는 가깝지만 라스베이거스에서는 몇 킬로미터 떨어진 곳에 위치해 있었다.) 야영지는 서로 다른 방향을 향해 결연하게 길을 떠나는 사람들로 바글바글했다. 누군가는 물이 있는 곳으로, 누군가는 회의를 기획하러, 누군가는 밥을 먹으러, 누군가는 그늘을 찾아, 누군가는 음악을 좇아 이동했다. 야영지 중심부에는 줄무늬가 새겨진 가건물과 군용 매장에서 구입한 대형 텐트에 더해 물탱크와 임시 화장실이 밀집해 있었고, 그곳에서 등록, 회의, 응급 치료, 기타 커뮤니티 활동이 진행되었다. 여성용 야영지는 늘 중심부에서 조금 떨어진 곳에 마련돼 있었고 다른 무리들도 자기들만의 작은 마을을 이루었다. 예컨대 샌프란시스코와 시애틀 출신 아나키스트들은 대체로 흑기를 내걸고 한곳에 모여 지냈다. 야영지의 중심부와 자동차가 지나다닐 수 있는 도로에서 멀어질수록 텐트들 사이의 간격도 벌어졌고, 그보다 더 멀리 가면 다시 사막이 시작되었다.

길을 나선 지 10분 정도 되었을 때, 나는 야영지 경계 부근에서 정동쪽으로 뻗은 길을 따라 걷고 있는 풍경 사진작가 리처드 미즈라크(Richard Misrach)[1]를 마주쳤다. 리처드는 크기는 삼각대에 올려둔 작은 텔레비전만 하고 높이는 그의 키만 한 마호가니 뷰 카메라를 들고 다녔기 때문에 멀리서도 한눈에 알아볼 수 있었다. 유례없이 선명하고 세세한 대형 음화 사진을 제작할 수 있게 해주는 뷰 카메라는 서부 풍경을 담은 최초의 카메라이자 지금도 많은 현대 풍경 사진작가가 선택하는 장비다. 리처드를 처음 만난 건 그 당시를 기준으로 1년 전 핵실험장에서였는데(나는 그를 카메라로, 그는 나를 창백한 안색으로 찾을 수 있으리라는 말은 참이었다.) 그가 나를 보고 처음으로 한 말은 턱 밑과 귀에도 자외선 차단제를 잊지 말고 바르라는 것이었다. 햇볕에 피부가 구릿빛이 된 그는 사막 출신이 아니었음에도 내가 아는 그 누구보다 사막을 제집처럼 편하게 여기는 사람이었다. 그는 몇 주 동안 밴을 몰며 외딴 금지 구역을 탐험했고, 타는 듯한 태양 아래에서 모자도 없이 내의 차림으로 온종일 걸어 다녔다. 미국의 저명한 풍경 사진작가이자 엄청난 추진력의 소유자였던 그는 이루 말할 데 없이 상냥하기까지 했다. 그런 점에서 '명예' 플루토늄 공주이기도 했다. 그날 햇볕에 그을린 피부를 주제로 나눌 수 있는 말이 바닥났을 때, 우리는 풍경 그리고 풍경을 박제한 풍경화에 관해 이야기를 나누었다.

리처드는 나보다 훨씬 오랫동안 풍경이라는 주제에 골몰한 사람이었다. 그는 1970년대 초기 사진 작품에서는 사회 문제를 다루었지만 그런 사진이 별다른 영향력을 발휘하지 못하자 정치를 단념하고 자연으로 회귀하기로 결심했다. 그리고 그때부터 스톤헨지의 야간 풍경, 폭풍우로 쑥대밭이 된 열대우림 등을 찍으면서 시선을 가다듬은 그는 모하비와 그레이트 베이슨 사막에서 점점 더 많은 시간을 보냈는데, 미개척 황무지여야 할 곳으로 더 깊숙이 들어갈수록 더 자주 정치를 맞닥뜨리게 됐다. 1980년대

중반 무렵 그의 사진 작품은 인간이 일으킨 화재와 홍수, 잔해, 버려진 정착지, 비쩍 마른 호수 바닥에 서서 우주 왕복선이 나타날 텅 빈 하늘을 멍하니 바라보는 관광객들을 포착했다. 이는 미국 오지에서 인간이 저지른 어리석은 행태를 보여주는 증거였다. 시간이 흐르면서 사막에 주둔한 군대를 작품의 핵심 주제로 삼게 된 리처드는 히로시마와 나가사키에 원자폭탄을 투하한 조종사들이 훈련받은 유타주 웬도버의 에놀라 게이(Enola Gay) 격납고, 유타주의 핵실험장과 그곳에서 벌어진 핵실험, 브라보 20 폭격장에서 공유지를 향해 불법으로 폭탄을 투하한 해군을 사진으로 남겼다. 그는 단테의 『신곡』을 구성하는 지옥편, 연옥편, 천국편을 본떠 자신이 찍은 각각의 사진 작품 시리즈를 '편'으로 칭했다. 마지막 편의 이름은 「구덩이(The Pit)」였다. 「구덩이」 편은 목장주들이 질병 혹은 어떤 알 수 없는 이유로 죽은 가축들을 매장한 네바다주 팰런 인근의 장소를 담고 있었다. 이 편에 실린 작품들은 보통 입자가 거친 흑백 보도사진에서나 볼 수 있는 기법을 활용하여 피사체가 하나의 기념물처럼 웅장해 보이도록 만들고 색상을 섬세하게 담아냄으로써 관객의 시선이 사진 속 잔혹 행위에 오래 머물게 만들었다. 그가 찍은 동물 사진은 풍경(아니, 어쩌면 자연) 사진을 새로운 경지로 이끌었다. 지평선과 거리를 소거하고, 야생 망아지들과 헤리퍼드종 소와 장각종 소의 뒤틀리고 부푼 사체를 보통 마음이 편안해지는 아름다운 장면을 묘사할 때 동원하는 시적 언어로 표현했던 것이다. 말 그대로 내팽개쳐 있던 동물들의 사체는 따뜻한 색조로 표현된 바로크 회화 속 성인(聖人)과 외처의 몸처럼 실제로 살아 있는 듯한 육체성을 발휘했다. 가령 원근법을 활용해 포착한 죽은 수소 한 마리는 낙마하는 한 남자를 전경에 그린 카라바조의 「성 바오로의 개종」과 똑같은 계시적인 무게감을 지니고 있었다. 보안관들이 시위대의 몸을 고속도로 밖으로 질질 끌고 나가는 장면을 본 이른 아침 내 머릿속에 번뜩 스쳤던 것도 그런 사진들, 그 몸들의 유약함과 취약함, 그리고 어떤 막대하고 폭력적인 절차에 대한 중재로서 그 몸들의 실재였다.

그해 나는 한 뉴욕 예술 잡지에 리처드의 작품에 관한 글을 실을 예정이었기에 리처드가 베이에어리어에 머물던 시절의 풍경 사진에 관한 이데올로기를 주제로 대화를 나누었다. 설익은 생각들이 머릿속에 가득 차 있던 때라 연구의 결실들이 쉴새없이 입 밖으로 쏟아져 나왔다. 그리고 그걸 계속했다. 내가 지금 이 책을 통해 하고 있는 것처럼 말이다. 대화의 끝에 리처드는 빛이 완벽해서 이만 가봐야겠다며 남쪽으로 가던 길을 계속 갔고, 나도 서쪽으로 가던 길을 갔다.

+

영화 촬영감독과 사진작가 들은 동이 튼 이후의 한 시간과 해가 지기 이전의 한 시간을 매직 아워라고 부른다. 벨벳처럼 부드럽고 어두운 그림자가 땅을 혀로 핥듯이 낯설게 드리우고, 빛이 꿀 같은 풍미와 촉감을 가진 무언가로 대기를 가득 메우며, 대지가 낮 동안 흡수한 사방의 온기로 빛을 발하는 것만 같은 시간대이기 때문이다.

한 걸음 한 걸음 내디딜 때마다 더없이 균질해 보이기만 했던 풍경이, 그리고 턱없이 부족한 물과 방대한 뿌리 조직으로 인해 어쩔 수 없이 엄청난 규칙성을 띠게 된 식물들이 바뀌기 시작했다. 바위도 달라졌다. 암각화처럼 세월의 흐름이 느껴지는 패턴이 새겨져 있고 살짝 건드리기만 해도 부서질 것 같은 바위들을 지나면 커다란 분홍 자갈 같은 장미 석영으로 뒤덮인 사막 포도*가 나왔다. 크기, 종류, 개수 모두 다양한 선인장이 보였고 산맥(사실 산맥이라고 해야 할지 아니면 메사, 언덕, 노두,** 입 모양의 분지에 박힌 치아 모양의 돌 중 하나라고 해야 할지 모르겠지만)의 오르막길을 아주 조금만 올라도 색다른 생태 환경이 펼쳐졌다. 지질학적으로는 오르막이 이어지는 산맥이었지만 대부분 언덕보다 높지 않았다. 배럴 선인장, 비버테일 선인장, 요란하게 사방으로 뻗친 촛대 같은 선인장도 보였는데 그중 일부는 죽었거나 회색 해골처럼 쪼그라들어 있었다. 바위와 가시 식물들이 지표면에 미로처럼 얼기설기 이어져 있어서 노잡이들처럼 시각선(sightline)***을 주시하지 않은 채 그 낮은 방해물들을 피해 다니기만 했다가는 길을 잃을 수도 있었다.

경사진 지표면을 절반쯤 올랐을 때 경도가 좀 더 무르고 고대 화산의 용암류처럼 색이 검정에 가까운 바위들이 나타났고 이내 쥐색을 띠는 바위도 보였다. 경사면을 따라 무너져 내린 바위 부스러기들을 밟으며 허둥지둥 올라가 보니 큰 동굴 몇 개가 있었고 그보다 한참 더 위쪽으로 용암의 흔적이 보였다. 꼭대기에 이르자 핵실험장 안쪽 깊숙한 곳에 자리해 있어 분지 바닥에서는 전혀 볼 수 없었던 화산구 하나가 보였고, 방향을 틀었더니 멀찍이 눈 덮인 봉우리도 시야에 들어왔다. 심지어는 남동쪽 방향으로도 광활한 평지가 지평선까지 쭉 이어져 있는 새로운 전망이 펼쳐졌다. 고작 몇십 미터 위에서 내려다보았을 뿐인데, 그토록 경직되고 변함없

---

* 건조한 사막에서 사막풍이 모래 같은 가벼운 입자를 쓸어가고 무거운 자갈층만 남기면서 드러나는 지형.
** 광맥이나 암석 등이 지표에 드러난 부분으로, 광석을 찾는 실마리가 된다.
*** 눈에서부터 눈이 감지하는 대상 쪽으로 그은 가상의 선으로, 일반적으로 시각선 안쪽에 있는 부분은 보이고 바깥에 있는 부분은 보이지 않는다.

는 듯했던 풍경 전체가 거의 알아볼 수도 없을 만큼 색다른 무언가로 변해 있었다. 꼭대기의 바위들은 보랏빛을 띠는 회색과 버터색을 띠는 노란색 지층이 겹겹이 쌓인 작고 단정한 샌드위치 같았다. 아래에서 본 바위들과 영 딴판이었다. 해가 저물면서는 분지 전체가 모든 색을 잃은 양 희미해졌지만 가장 동쪽 산맥만큼은 하루의 마지막 석양빛 아래에서 황금색으로 물들었다. 빛은 완벽했고, 이내 완전히 사라졌다.

나는 야영지로 돌아가 머리를 빗다가 어둠 속에서 무언가를 발견했다. 내 머리가 통째로 어느 자그마한 조명 극장 안에 들어가 있기라도 한 것처럼 빗질할 때마다 불꽃이 빗발처럼 흩날렸다. 내가 켠 작은 불빛, 장미에 둘러싸인 과달루페 성모 그림이 새겨진 멕시코 봉헌 양초로 나방들이 돌진해 오더니 손쓸 겨를도 없이 순식간에 녹은 촛농에 빠져 죽어버린 것이었다. 자연 세계에 들여온 이토록 소소한 물건마저도 치명적인 결과를 불러일으키고 만다니. 나방은 한밤중 천체에서 나오는 빛을 매개로 이동하기는 하지만 천체 자체를 실제로 마주할 준비는 전혀 되어 있지 않은 생명체인 터라 불꽃 앞에서 아무런 방어도 하지 못했다. 그때 그 장소에서 나는 다시금 규모의 힘을 실감했다. 수천 킬로미터 길이의 분지와 산맥이 이어진 인적 드문 장소에서 내 양초가 발하는 자그마한 원형의 빛, 내가 앉아 있는 땅을 파도처럼 끊임없이 휩쓸며 동쪽으로 밀려가 산맥을 이루는 바위들, 유타주로 반쯤 접어들어 분지가 끝나는 지점에 서면 보이는 워새치산맥과 나 사이의 무수한 바위들, 이 모든 것을 별이 총총한 깜깜한 하늘이 내리누르고 있었다.

양초에 불을 붙이면 나방이 죽을 것이라는 사실을 나는 알지 못했다. 나방의 죽음이 이곳 자연환경에 추가적인 영향을 미쳤는지 여부도 나는 영영 모를 것이다. 그리고 지금 핵실험장에 가면 내가 죽게 될 것인지 여부도, 먼지 속의 어떤 작은 스트론튬이나 세슘 입자가 점점 커져서 치명적인 사태를 낳을지 여부도 나는 알지 못한다. 핵실험 책임자들이 발표한 성명 내용을 믿는다면, 그들에게는 인간의 죽음을 초래하려는 의도가 없다. 내가 나방의 죽음을 의도하지 않은 것처럼 말이다. 다만 그들이 다운윈더를 생각하는 정도 또한 내가 곤충을 생각하는 정도에 불과할지도 모른다. 이 광대한 우주에서 나방의 죽음이란 사소한 일인 듯하고, 시위(그날 아침 고속도로를 점령한 사람들의 힘)도 정부 권력에 맞서는 사소한 힘인 듯하다. 그러나 원자폭탄이 존재하기 전에 핵실험장에는 별빛을 따라 이동하는 나방들이 있었고, 우리는 나방들이 나중에는 훨훨 날아다닐 수 있기를 소망하면서, 이 풍경이 우리의 역사에서 살아남기를 바라면서 핵실험장을 찾은 사람들이었다. 수년간 핵실험장을 찾은 내 행동이 군비경쟁에 어떤 영향을 주었는지 나는 지금도 모르고 앞으로도 모를 것이다. 결과는 예측하기도 어렵고 그 결과의 영향을 받는 정부 기관과 정치인들에 의해 부정되기도 한다. 그러나 그렇다고 해서 마냥 헛된 것만은 아니다. 내가 핵실험장을 찾은 것은 신념에 바탕을 둔 행위였고, 내가 한 일을 영영 정량화할 수 없다 해도 아무튼 해보겠다는 결심의 소산이었다. 또 핵실험장을 찾은 행동이 나 자신에게 지대한 변화를 가져왔으므로 오로지 신념에 바탕을 둔 행위만은 아니었고, 나는 내가 예상하지 못했던 방식으로 보답받았다.

+

폭발하는 핵폭탄은 지구로 떨어지는 별과 같고[2] 이 핵폭탄은 내 양초가 나방들을 끌어들인 것처럼 우리를 끌어들인다. 폭발하는 순간의 핵폭탄은 말 그대로 별이다. 핵분열이 일어날 때의 온도는 수백만 도에 이르며, 별이 수억 년 동안 조용히 타는 데 반해 핵폭탄이 별이 되는 순간은 찰나에 지나지 않는다는 차이가 있기는 하지만, 원자폭탄 물리학과 별 물리학은 점점 유사해지고 있다. 수소폭탄은 원자폭탄보다도 더 별에 가깝다. 별이 소멸하지 않고 영겁의 세월 동안 타도록 해주는 광대한 에너지가 바로 이상 기온에서 헬륨으로 융합되는 수소의 에너지라는 점에서 그렇다. 즉 수소폭탄은 융합 폭탄이다. 다만 융합 자체는 분열을 통해 일어난다. 무슨 수를 썼건 인간이 별을 만들어냈다는 사실에는 경이로운 부분이 있고 그 인간이, 그러니까 우리가 다른 인간과 인간 주변의 환경을 소멸시키는 것 말고는 별다른 흥미로운 이유도 없이 사서 고생을 해가며 별을 만들었다는 사실에는 소름 끼치는 부분이 있다. 비키니섬에서 이루어진 최초의 핵실험을 담은 영상이 기밀 해제되었을 때 영화감독 브루스 코너(Bruce Conner)는 핵폭발에 관한 영화를 만들었다. 그의 영화에서는 1946년 크로스로드 작전에서 사용된 핵폭탄이 마치 타임랩스로 촬영한 자연 영화 속 장미처럼 기이하고도 웅장하게 폭발하며, 눈을 뗄 수 없는 참혹한 위력에 못 이겨 활짝 만개했다가 시들어버린다.

내 시선을 사로잡은 것, 그리고 내가 생각하기에 다른 많은 이의 시선을 사로잡은 것을 표현하는 용어는 '숭고함'이다. 숭고함은 풍경에 대한 취향 그리고 풍경에 대해 정확하게 논할 어휘가 활발하게 성장하기 시작한 18세기에 빛을 발했다. 그전까지만 해도 그저 위협적이거나 불쾌하다고 간주된 풍경과 자연 현상(뇌우, 산골짜기, 철썩거리는 파도, 빙하)이 정교하게 갈고닦은 감식안을 통해 진가를 인정받은 것이다. 시간, 지구, 거친 자연의 힘 등이 지닌 압도적인 규모 앞에 숭고주의자들은 자기 존재의 미미함을 만족스럽게 받아들였다. 숭고함에 관한 중요한 글귀는 본래 아일랜드 출신의 영국 정치인이나 정치철학 및 미국 독립전쟁을 향한 열정으로 더 잘 알려진 에드먼드 버크가 1757년에 쓴 책, 버크의 첫 번째 저작이자 제목도 거창한 『숭고와 아름다움의 관념의 기원에 대한 철학적 탐구』에 등장했다. 이 책에서 버크는 복잡하게 뒤얽힌 장황한 문장에서 돌연 빠져나와 이렇게 선언했다. "어떤 식으로든 고통에 대한 관념과 위험을 깨우치게 만드는 것, 말하자면 어떤 식으로든 끔찍한 기분을 자아내거나 끔찍한 대상과 관련되어 있거나 공포와 유사한 감정을 불러일으키는 것이 숭고의 원천이다. 숭고는 정신이 느낄 수 있는 가장 강한 감정을 느낄 수 있게 한다. …… 위험이나 고통이 너무 가까이에서 짓눌러오면 그 어떤 즐거움도 느낄 수 없고 그저 끔찍하기만 할 따름이다. 그러나 거리가 일정 수준 떨어져 있어 강도도 어느 정도 완화되면 실제로 우리가 매일 경험하고 있듯 그런 위험과 고통도 즐거움을 가져다줄 수 있다." 곧이어 버크는 숭고함의 속성을 이렇게 나열한다. 공포, 모호함, 힘, 궁핍, 광대함, 무한함, 규모, 곤경, 장엄함, 빛, 소리와 소음, 돌연함, 동물의 비명, 고통, 어둠, 고독, 침묵. 어쩌면 이는 18세기 귀족들이 어느 정도의 안전을 확보했었는지를 보여주는 척도일지도 모른다. 한때는 안 그래도 희박한 삶의 기회가 점점 더 희박해져간다는 사실만 일깨워주었던 것들을 그들이 비로소 즐길 수 있게 되었음을 보여주는 척도 말이다.

시간이 흐른 뒤 집요할 정도로 낙관적이고 생산적인 데다가 더더욱 산업적인 사회에 직면한 사람들은 거칠고 혼란스럽고 압도적인 자연을 향한 낭만주의적 취향을 갖게 되었다. 고딕 호러 소설도 이와 같은 낭만주의적 반동 속에서 발표되었고, J. M. W. 터너의 그림과 브론테 자매의 반항적인 소설도 마찬가지였다. 이런 낭만주의적 취향을 가장 잘 표현한 문장은 샬럿 브론테의 『제인 에어』에 있다. "…… 창문에 귀를 가까이 대보니 바깥에서는 실내의 들뜬 소란과 달리 바람의 서글픈 신음이 들렸다. 좋은 집과 다정한 부모님을 떠난 지 얼마 되지 않은 때였다면 다름 아닌 그때 그런 헤어짐을 통렬하게 후회했을 것이었다. 바람 소리가 내 마음을 슬픔으로 물들이고 모호한 혼란이 내 평화를 산산조각 냈을 터였다. 그러나 소란과 바람 소리에 묘하게 들뜬 나는 분별력을 잃고 흥분한 상태로 바람이 더 격렬하게 휘몰아치기를, 어둑한 상태가 더 깊어져 암흑이 찾아오기를, 혼란이 떠들썩한 분위기를 자아내기를 바랐다." 또 다른 여성 작가 메리 셸리는 인간이 신 또는 여자의 특권을 갈취해 생명을 탄생시킬 때 벌어지는 일에 관한 이야기이자 창조자의 통제를 벗어난 창조물에 관한 향후 모든 이야기의 원형이 되는 이야기인 1818년 발표작 『프랑켄슈타인』에 과학적 숭고함을 요약적으로 담아냈다. 숭고함은 SF, 공포영화, 그리고 낭만주의자 들이 한 치의 망설임도 없이 숭고하다고 인정했을 온갖 것들(예컨대 초신성, 그리고 그랜드 캐니언이나 나이아가라 폭포 같은 장소들)에 대한 사색을 통해 연명하는 하나의 취향이다.

라스베이거스 스트립에 위치한 더 미라지 카지노는 군더더기 없는 참신함을 통해 숭고함을 구현한다. 카지노 앞에 설치된 거대한 분수에서는 한 가짜 화산이 해 질 녘부터 자정까지 20분 간격으로 물과 수증기와 가스 등 불꽃을 내뿜고, 사전 녹음된 소리가 굉음을 내며 울려 퍼진다. 카지노 안에는 상주 마술사 지크프리트와 로이가 길들여진 백호들을 데리고 죽음과 부활의 환영을 만들면서 일종의 기적의 공연을 선보인다. 분명 에드먼드 버크라면 분수와 공연 모두 즐겼을 것이다. 그러나 귀족들이 향유한 안전한 즐거움은 우리가 누릴 수 있는 특권이 아니다. 특권을 부여받은 사람은 18세기 감식가들이었고 그들은 자연의 자비 속에 있는 것과 자연을 그들의 자비 속에 두는 것 사이에서 만족스러운 균형을 유지했다.(더더욱 강해지는 자연에 대한 통제가 낭만주의적 숭고함을 향한 더더욱 파괴적이고 병적인 상상을 촉발했을지도 모른다. 그 통제 자체가 우리 시대에 와서 완전히 예상치 못한 방향으로 흘러가기 전까지 말이다.) 그들이 향유한 숭고함은 자연 현상 또는 자연 현상의 미학적 구현에 바탕을 두고 있었는데, 오늘날에 벌어지는 비(非)자연재해(쿠웨이트 유전 화재, 유카 플랫 상공의 버섯구름, 진한 피처럼 붉은 로스앤젤레스의 석양 등)의 경우 자연이라는 경계를 벗어나서는 안 된다는 제약을 가하지는 않지만 여전히 자연에 시선을 돌릴 수밖에 없게 만든다. 원자폭탄(무기의 한 종류보다는 신적 대상에 가깝기라도 한 것마냥 어쩐지 단수형으로 칭해야 할 것 같은 느낌이 든다.)은 우리가 가진 힘과 욕망과 한계 사이의 문제적인 관계를 보여주는 주요한 상징이자 사실이다.

리처드 미즈라크가 탁월한 재능과 헌신적인 정신으로 좇은 것이 바로 이 새롭고도 섬뜩한 숭고함이었고, 숭고함 덕분에 매우 중요한 색채를 띠게 된 그의 사진 작품은 내가 미국 풍경을 둘러싼 전쟁으로 나만의 여정을 떠나도록 추동했다. 크기도 거대하고 놀라울 정도의 외형적 아름다움을 갖춘 그의 컬러 사진은 보통 보도사진에나 등장하는 주제를 다룬다. 그 중에서도 비(非)자연적 폭력은 그가 되풀이해서 다루는 주제다. 그는 그런 사안을 다룰 때 풍경 사진의 어휘를 활용하되 사회적 다큐멘터리에 가까운 형식을 취한다. 즉 풍경을 영원하고 고요한 우리의 피난처로 보는 전통을 따르지도, 정치를 급박함이 느껴지는 거친 흑백 보도사진으로 구현하는 전통을 따르지도 않는다. 소로가 『월든』과 「시민 불복종」의 내용을 책 한 권에 담았다면, 그래서 독자들이 고독한 황홀과 정치적 대립을 사실상 동시에 이해해야 했다면 어땠을까. 리처드의 작품은 미 서부 해안의 사진 공동체 내에서 논란거리가 되고 있는데 이는 (내가 알기로는) 그의 풍경 사진에서 아름다움과 선함이 매끄럽게 대응하지 않기 때문이며, 아름다운 것이 치명적이고, 손상 입고, 사악하고, 그리고, 병든 것으로 표현되는 경우가 많기 때문이다.(어쩌면 범죄를 미적으로 아름답게 표현하면 안 된다는 도덕관념, 그리고 범죄를 미적으로 아름답지도 않고 해석의 여지를 주지도 않는 방식으로 표현하는 것이 가능하다는 근본적인 믿음 때문일 수도 있는데, 이런 믿음은 결국 우리를 관습적인 다큐멘터리와 보도사진으로 회귀하게 만든다.) 리처드의 작품을 그렇게 해석하는 사람들은 리처드가 옳지 않은 것들을 미화한다고 보지만, 리처드 본인은 (주로 눈에 보이지 않는 독, 시스템, 장소를 다루는 생태학자들에게 특히 적절한 논쟁거리인) 외형과 가치의 관계가 모호하고 불안정하다고 해석하는 듯하다.

아름다움과 선함은 억지스러운 관계를 맺고 있다. 그렇지 않았다면 모든 것이 굉장히 수월하게 흘러갔을 것이다. 최초의 원자폭탄 생산을 이끌고 수소폭탄 생산에 반대한 물리학자 J. 로버트 오펜하이머(Julius Robert Oppenheimer)는 훗날 수소폭탄에 대해 이렇게 말했다. "기술적인 관점에서 보면 그건 즐겁고 훌륭하고 아름다운 일이었습니다."[3]

리처드의 작품은 무언가 다른 것, 즉 포스트모더니즘적인 숭고함을 실현한 결과물이다. 그리고 이는 아름다움과 구별되는 하나의 범주, 즉 광대함, 장엄함, 힘, 두려움의 미학으로서의 숭고함이라는 범주를 이룬다. 정치적 재앙을 기록한 리처드의 다채로운 작품은 정치가 풍경에 침입했음을, 풍경이 이제 역사의 희생양임을, 역사가 단지 인간 활동과 원인에 관한 역사인 것만이 아니라 결과와 생태계 피해에 관한 역사이기도 함을 지적한다. 그런 점에서 우리가 보고 있는 것은 풍경에 폭탄을 투하하는 군인들(액션 사진)이 아니라 폭탄으로 쑥대밭이 된 풍경이다. 망가진 풍경(죽은 동물이나 폭탄 분화구로 채워진 풍경)을 숭고하게 표현함에 있어서 리처드는 자연을 담은 달력과 보도사진이 떠받치고 있는 범주들, 즉 전과 후 그리고 처녀와 창녀를 무 자르듯 나누는 범주들을 거부한다. 돈만 퍼부은 하등 쓸모없고 흉악한 건물 위의 하늘조차 정교한 빛깔을 띤다는 사실, 그 하늘 위의 구름은 숨이 턱 막힐 정도로 맑을 때가 많다는 사실 앞에 우리의 도덕관념은 복잡해지고 만다.

그레이트 베이슨을 탐험한 백인들[4]은 항상 그곳을 죽음과 최후의 장소, 궁극적인 미래의 장소로 해석했다. 그레이트 베이슨은 미적 관점에서 보면 숭고한 장소였을지도 모르지만 침입자의 현실적인 관점에서 보면 그저 열악하고 쓸모없는 장소였다. 북미에서 가장 나중에 탐험된 장소인 그레이트 베이슨은 남쪽과 동쪽을 제외하고는 지도상에 오랫동안 공백으로만 남아 있었고 다른 쪽에서의 탐험은 뒤늦게 황급히 이루어졌다. 그레이트 베이슨에서도 가장 마지막에 탐험되고 가장 마지막에 지도에 표시된 지역은 현재 넬리스 공군기지와 핵실험장이 위치한 곳이다.

아마 그레이트 베이슨에 최초로 침입한 백인 집단은 1827년 제디디아 스미스(Jedediah Smith)가 이끈 모피 덫사냥꾼 무리일 것이다. 고슈트족(19세기식으로 읽으면 고시-우트(Gosh-Ute) 또는 고-슛(Go-Shoot))이 그들의 존재를 기억하고 있다. "생전 처음 보는 백인 남자 셋이 서부 사막에서 거의 나체의 몸으로 비틀거리며 다가왔다. 알칼리성 먼지를 들이마셔 반쯤 미친 상태였다." 이듬해 허드슨베이 회사*는 피터 스킨 오그던(Peter Skene Ogden)이 이끄는 영국인 모피 덫사냥꾼 무리를 그레이트 베이슨으로 보냈다. 영국인 그리고 미국인 덫사냥꾼들은 서부 영토를 차지하기 위해 서로 전쟁을 벌였고, 영국인들은 훗날 '초토화 전술'로 유명해진 방법

---

* 북미의 모피를 교역하기 위해 1670년에 설립된 영국 회사.

을 동원해 미국인들이 그레이트 베이슨으로 영토를 확장하지 못하게 막으려 했다. 허드슨베이 회사의 목적은 비버를 몽땅 죽이고 그레이트 베이슨을 쓸모없고 회복 불가능한 땅으로 만드는 것이었다. 당시의 모피 산업은 한쪽에서는 벅스킨 가죽 차림의 변경 개척자들이 대륙의 청정한 수로를 따라 배회하게 만들고 다른 쪽에서는 사치스럽기만 하고 실용성은 없는 모자(비버 모피는 주로 실크해트를 제작할 때 쓰였다.)를 쓴 신사들이 산보를 하게 만드는 실로 이상한 프로젝트였다. 오그던은 오늘날 배틀산 상류 지역에서 루비산맥으로 흐르는 훔볼트강을 따라 덫을 놓다가 이런 기록을 남겼다. "이제 강둑에는 원주민들이 줄지어 있다. 우리가 강에 도착했을 때 그들은 우리를 적군으로 착각하고 두려워하는 모양새였지만 지금은 우리가 단순히 비버와의 전쟁을 위해 온 것이라고 믿고 있다. ……" 덫사냥꾼 무리는 그 땅에 자신들이 타고 온 말들의 발굽 자국을 남긴 채 영영 떠났고, 물의 흐름이 막히고 수생 서식지가 확대되자 강가에 보이던 비버는 씨가 거의 말라버렸다.[5]

조지프 믹(Joseph Meek)이 이끈 덫사냥꾼 무리는 그 땅을 지나가는 동안 별다른 일을 벌이지 않았다. 그러나 한 쇼쇼니족 남자가 비버 덫을 훔치려는 것 같았다면서 그를 살해했다. 1833년에는 조지프 워커(Joseph Walker)가 이끄는 미국인 덫사냥꾼 무리가 그 땅을 지나던 중 훔볼트강에 덫으로 잡을 만한 것이 하나도 없다면서 배런강*이라는 이름을 붙였다. 그들은 계속해서 서쪽으로 이동하다가 다짜고짜 파이프 담배 좀 몇 대 같이 피우자고 거듭 요청하는 파이우트족 원주민들을 마주쳤다. 워커는 그런 평화 제의가 일종의 시간 끌기 작전인 듯하다는 의심을 품기 시작했고, 결

---

* 배런강(Barren River)의 barren은 척박하다는 뜻의 형용사이다.

국 워커와 워커 무리는 파이우트족을 되는 대로 살해했다. 이는 규모와 무관하게 그레이트 베이슨에서 벌어진 최초의 원주민-백인 충돌 사건으로 간주되지만, 사실상 대량학살에 가까웠다. 워커 무리는 시에라를 가로질러 서쪽으로 계속 이동하다가 짐작건대 유럽계 미국인으로서는 최초로 요세미티를 일별했다. 그리고 그들에 관한 이야기는 이렇게 끝난다.

동부의 비단이 비버 펠트를 대체하기 시작하면서부터 경제 활동으로서의 덫 놓기는 곧 사라졌다. 덫사냥꾼들에 이어 두 번째로 그레이트 베이슨을 찾은 중요한 침입자는 1842~1843년 2차 탐험에 나선 프리몬트였다. 지구상에 마지막 남은 위대한 신화적 장소인 부에나벤투라강을 찾기 위한 탐험이었다. 처음에 유럽인의 상상 속에서 아메리카 대륙은 경이의 땅으로 그려졌다. 콜럼버스는 지구가 둥근 원형이 아닌 배(pear) 또는 유방 모양일 것이라고 추측했고 지구의 젖꼭지, 즉 최초의 파라다이스가 중앙아메리카 어딘가에 위치하리라고 생각했다. 콜럼버스 이후 16세기 스페인 정복자들은 아즈텍과 잉카 문명을 파괴하고 전설 속에 등장하는 시볼라의 일곱 도시의 보물을 찾아다니면서 대부분의 시간을 보냈다. 그러면서 여성 전사들이 사는 칼리피아 여왕의 섬을 현재 캘리포니아가 위치한 곳에 표시했고, 파타고니아에서 환상적인 거인 파타곤을 발견하고 매너티의 몸을 가진 인어를 목격했다고 주장했다. 그러나 대체로 자신들이 머릿속으로 상상했던 것들에 지나치게 사로잡힌 나머지 실제로 발견한 것들은 제대로 알아보지 못했다. 그렇게 북부 미국인들(yankees)은 지도의 빈 곳을 개발 계획으로, 스페인인들은 괴물과 불가사의로 채워 넣었다.

스페인인과 프랑스인들이 그레이트 베이슨 인근의 남부와 동부 지역을 탐험한 후 남긴 모호함은 어느 거대한 강 중심에서 바다를 향해 물이 흐른다는 믿음을 낳았고, 결과적으로 많은 지도에 컬럼비아 같은 강이 샌프란시스코만으로 흐르는 것으로 표시되었다. 그레이트솔트 호수의 염분도 컬럼비아강과 샌프란시스코만이 어떤 식으로든 연결되어 있다는 믿음에 힘을 실어준 듯했다. 프리몬트는 이렇게 적었다.[6] "내 동료들을 비롯한 덫사냥꾼 상당수가 지표면 어딘가에서 엄청난 소용돌이가 휘몰아쳤다고, 그 소용돌이를 통해 물이 바다로 흘러 들어갔다고 믿었다." 프리몬트는 직접 챙겨 온 작은 고무보트로 그레이트솔트 호수를 건너 한 섬에 도착했다. 거기서 부에나벤투라강과 관련해 어떤 실마리라도 발견할 수 있으리라고 기대했으나 결국 아무것도 찾지 못한 그는 그 섬을 실망의 섬이라고 명명했고, 실망의 섬은 나중에 프리몬트섬으로 개명되었다. 부에나벤투라강 찾기를 포기하지 않은 그는 이윽고 캘리포니아까지 갔다가 그레이트 베이슨의 남서쪽 끝으로 복귀했다. 현재 라스베이거스가 위치한 곳 근처였다. 그들이 지금의 라스베이거스(한때는 풀이 무성한 녹지였다가 바싹 말라비틀어진 채 시멘트로 덮이고 말았지만, '라스 베이거스(las vagas)'는 목초지를 의미한다.)에 도착한 날 기온은 섭씨 46도까지 치솟았다. 탐험대가 멕시코인들과 남부 파이우트족 간에 벌어진 충돌에 휘말린 일도 있었는데, 탐험을 이끈 키트 카슨은 한 탐험가와 함께 원주민들의 머리 껍질을 벗겨버렸고 그중 하나는 산 채로 벗기기까지 했다. 이 사건에 대한 프리몬트의 설명은 그의 탐험 일기에서 가장 잔학한 대목에 속한다.

고무보트를 타고 빠져나갈 길을 찾다가 그레이트 베이슨에 진입한 프리몬트는 그곳에 사실상 유일무이한 지형이, 내지 배수 분지가 있는 땅이 있음을 알게 되었다. 그로부터 몇 년 후 그는 『어퍼캘리포니아에 관한 지리적 회고록(Geographical Memoir of Upper California)』에 이렇게 기록했다. "시에라네바다 동쪽 그리고 시에라네바다와 로키산맥 사이에는 아메리카 대륙에서 변칙이라 할 수 있는 지형이 있다. 그레이트 베이슨이라는 이 분지

먼지, 미래를 지우다:
네바다 핵실험장

의 존재는 2차 탐험 이후 가설로 발전했지만 이제는 지리적 사실로 정립되었다. 그 어디에도 없는 이 분지는 사방의 지름이 약 800킬로미터, 해면에서부터의 높이가 약 1200~1500미터에 이르고 산맥들이 주변을 빈틈없이 에워싸고 있으며 …… 바다와는 그 어떤 통로로도 연결되지 않고 …… 미국보다는 아시아의 특색을 띤다. 산맥 사이에 위치한 계곡들이 공유하는 절대적인 특성은, 나무도, 물도, 풀도, 관목을 뒤덮는 어두컴컴한 물쑥[산쑥]도 없는 불모다. 관목에 숨어 사는 산토끼와 한시도 경계를 늦추지 않는 날렵하고 소심한 영양을 제외하면 동물도 없고, 극도로 건조한 불모의 땅에는 드넓은 수평선을 무대로 펼쳐진 경치 그리고 산토끼와 영양이 뛰어다닐 탁 트인 들판뿐이다."

19세기 미국 탐험가 중에서 그 누구보다 편견이 없었던 존 웨슬리 파월(John Wesley Powell)조차 불평불만 없이 사막을 받아들이는 일 앞에서는 애를 먹었지만, 예전 같으면 일주일이 걸렸을 길을 한 시간 안에 이동할 수 있게 된 우리로서는 그들에 대해 이렇다 저렇다 판단을 내리기 전에 마땅히 신중해야 한다. 사막은 에어컨이 가동되는 식당 같은 오아시스가 들어서기엔 너무 아름답고, 자동차가 다니거나 고속도로가 가로지르기엔 지나치게 작다. 1869년 파월이 콜로라도강을 따라 떠났던 대탐험에 관해 쓴 글에는 라스베이거스 남쪽에 위치한 사막이 흡사 사방에 위협이 도사리는 통행로처럼 묘사되어 있다. "평야와 계곡은 납작하고, 메말랐고, 뜨겁고, 헐벗었다. 곳곳에 흩어져 있는 화산들은 저마다 쓸쓸히 고립돼 있다. 수개월이라는 기나긴 시간 동안 태양은 하늘 위 구름이나 하늘 아래 숲 그늘이 무색하리만치 바위와 모래 위로 열기를 퍼부었다. 샘은 또 어찌나 적은지, 모든 원주민의 목장과 모든 정착민의 집에서 매일같이 모든 샘의 이름이 입에 오르내릴 정도다. 게다가 개울도, 샛강도, 강도 없고 고작 콜로라도

강과 길라강의 물줄기만 있다. 식물들은 온대 지역 거주민들에게 거의 다 낯익은 종류다. 산에 가면 향나무와 소나무가 몇 그루 있고, 선인장, 용설란, 유카, 총검과 가시를 가진 키 작은 다육 식물을 볼 수 있다. 식생 경관은 기묘하다. 숲도, 목초지도, 푸르른 언덕도, 관엽도 없고 뾰족뾰족한 가시로 무장한 식물의 곤봉 같은 뿌리만 보인다. …… 두건방울뱀과 뿔도마뱀과 도마뱀이 먼지와 바위 사이로 기어 다닌다. 그중에서 '길라 몬스터'라 불리는 도마뱀은 독을 품고 있다. 거대한 방울뱀은 어딜 가나 보이며 부족들이 섬기는 신 중 하나도 방울뱀 신이다."[7]

모르몬교도들은 사막의 존재를 개의치 않았다. 그들에게 사막은 구약의 땅을 떠올리게 하는 장소였고, 사막이 있건 없건 그들은 임박한 세상의 종말을 예상하고 있었다. 유카속에 속하는 조슈아(Joshua) 나무를 약속의 땅으로 향하는 길을 가르쳐 주는 선지자 조슈아로 간주한 그들은 그 누구보다 많은 조슈아 수종에 이름을 붙였다. 1846년에는 미국 중서부 변경 지대를 떠나 그레이트 베이슨으로 달아났고 그로써 그곳에 터를 잡기로 마음먹은 사실상 최초의 백인이 되었다. 브리검 영(Brigham Young)은 솔트레이크 밸리 위로 손을 뻗으며 이렇게 열변을 토했다고 한다. "이곳은 성인이 탄생하기에 좋은 장소요, 성인이 살아가기에 좋은 장소요, 하느님이 정하신 장소요, 우리는 하느님이 다른 곳으로 가라 명하시기 전까지 이곳에 머물러야 할지어다." 충분히 현명한 사람이었던 브리검 영은 그레이트 베이슨이 일리노이와 미주리 변경 지대에서 쫓겨난 후기 성도들이 박해자와 정부를 피해 숨을 만한 최적의 장소이기도 하다는 사실을 알고 있었다. 영은 영국계 미국인들이 캘리포니아를 오랫동안 방치하지는 않으리라는 생각에 캘리포니아의 외딴 지역 대신 그레이트 베이슨을 택했고, 그건 옳은 판단이었다. 캘리포니아는 1840년대 말 무렵 영국계 미국인이 밀집한 지역이 된 반면, 그레이트 베이슨은 오늘날에도 모르몬교도가 다수 정착한 인구 밀도가 낮은 지역으로 남아 있다. 모르몬교도들은 어찌어찌하여 아메리카 대륙으로 온 고대 이스라엘인들이 『모르몬경(*The Book of Mormon*)』을 일리노이주에 숨겨두었다고 믿었고, 성서 속에서 아메리카 대륙의 새로운 풍경을 중동에 관한 옛이야기와 통합하면서 그때까지 상상한 세상의 종말을 기원에 관한 새로운 이야기와 연결 지었다. 그리고 자신들의 여정이 이집트 탈출과 같은 맥락에 있다고 생각하면서 그들 자신을 일종의 다시 태어난 유대 민족(Zion)으로 묘사했다. 그들의 구약 성서에 나오는 일부 명칭(모압(Moab), 요르단(Jordan), 시온(Zion))은 현재 국립공원 명칭으로 굳어지기도 했다. 그들은 데저렛(Deseret)이라는 자치 종교 국가를 건립하려고도 했지만 미국이 해당 영토를 멕시코로부터 빼앗으면서 계획이 무산되는 바람에 다시 북부 미국인으로 살아가야 했다.[8]

동부인들은 미국 영토가 건조한 서부 지역으로 확장되기 이전의 수십 년 세월 동안 사막을 두려워했다. 동부에서부터 미주리 밸리까지의 미국 영토는 유럽의 문화와 농업 전통을 새로운 국가에 이식해보는 하나의 실험장이었다. 그러나 그보다 더 서쪽으로 갈수록 유럽과는 너무나도 다른 풍경(대평원과 사막)이 펼쳐졌기에 실험은 실패할 수밖에 없어 보였다. 토머스 제퍼슨이 몹시 극진히 여긴 자작농, 즉 농부-시민은 경작이 가능한 동부 땅에만 적응할 수 있는 존재였고 서부는 로키산맥의 동쪽에 위치해 있다 할지라도 '미국 대사막(The Great American Desert)'으로 간주되었다. 유목민, 방랑하는 사냥꾼, 그리고 유럽의 관점에서 볼 때 문명인에 해당하지 않는 사람만이 살 수 있는 영토로 여겨진 것이다. 숭고주의자에서 정치철학자로 변모한 에드먼드 버크는 1775년이라는 이른 시기에도 카우보이의 등장을 예견한 듯하다. 그는 서부에서는 영국인 식민지 개척자들이 "생활 습관과 더불어 풍습도 바꾸게 될 것 …… 영국계 타타르족* 무리가 될 것"이라며 영국 정부에 경고했다. 1810년 탐험가 제불론 파이크(Zebulon Pike)는 "이 사막의 진가는, 정착을 가로막는 장벽의 역할을 하리라는 점, 무분별한 확장과 어쩌면 미합중국의 붕괴도 막으리라는 점에 있다."[9]라고 보고했다. 1817년에 서부에서 복귀한 한 여행자는 이렇게 선언했다. "우리를 그토록 자만하게 만든 지배적인 생각, 서부 지역이 미국의 나머지 지역처럼 경작이 수월하고 정착을 가능하게 하는 무한한 수단을 제공한다는 생각은 분명 잘못되었다. …… 색다른 생활양식, 완전히 새로운 관습을 개발해야 한다."[10] 서부 정착을 연구한 비평가들은 하나같이 문화의 뿌리를 농업에서 찾았고, 건조 지역에 농업을 도입해봐야 결국에는 실패할 것이라고 생각했다. 결국 그들은 유목민이자 목동인 아벨을 누르고 카인이 살아남은 문화를 수천 년간 계승했지만, 서부에서는 바로 아벨이 그 누구보다 생존에 적합한 사람이었다.

서부 정착을 향한 정치적 욕망은 서부 정착이 불가능하리라는 두려움을 샘솟는 낙관주의와 운명적 사고로 억눌렀다. 새로운 풍경에서 새로운 문화가 탄생할 것인가 하는 질문은 점점 힘을 잃는 듯했다. 일반적으로 변경 지역에서는 엉성할지라도 유용한 가치가 창출된다는 인식이 있기는 했지만, 무방비 상태의 불모지가 품고 있는 장기적인 영향에 대해서는 아무런 분석이 이루어지지 않은 탓이었다. 심지어 오늘날까지도 그 질문은 미답 상태로 남아 있다. 100번째 자오선(사우스다코타주, 노스다코타주에서 서부 텍사스주까지 이어지는 선)의 연간 강수량은 개간되지 않은 땅에서 농업을 유지하는 데 필요한 약 500밀리미터에 미치지 못한다. 남서부와 그레

---

* 몽골족 가운데 한 부족, 또는 몽골족을 통칭하는 말.

이트 베이슨 대부분 지역의 강수량을 합친 수치는 그보다도 훨씬 낮으며 (네바다는 대체로 가장 건조한 주에 속하며 연간 강수량이 약 170밀리미터도 되지 않는다.) 오아시스와 목장이 지역의 문화를 구성하고 있다. 모르몬교도들은 자기들만의 협동 관개 프로젝트에 착수했고, 자작농으로 독립하려던 계획을 단념했다. 오늘날 서부에서 이루어지는 대부분의 농업은 정부 보조 수자원 사업에 의존하고 있고 목장 경영은 보통 공유지에서의 값싼 방목에 기대고 있는데, 이렇게 의존적인 상황에서도 지원사업 수혜자들이 지닌 카우보이적 독립심은 자작농들이 지닌 독립심보다도 더 확고한 데다가 어째선지 조금의 흔들림도 없다. 땅과 물과 삼림은 대부분의 지역에서 고갈되고 있다. 색다른 생활양식을 이식하겠다는 지속 불가능한 실험으로 인해 광산에서 채굴되는 금속처럼 착취의 대상이 된 것이다. 정부는 다양한 이유로 이 사업을 강화하고 있는데, 그러지 않으면 서부의 건조 지대는 지금보다 훨씬 더 인적 드문 황량한 곳이 될지도 모른다.

이와 같은 땅이 바로 유목 문화(버크가 두려워한 타타르족 무리)를 낳는다. 분명 그레이트 베이슨에 처음으로 터 잡은 사람들은 유목민이었고, 그들은 서로 뿔뿔이 흩어져 지내기에도 충분한 땅에서 계절의 지배를 받으며 순회하듯 이동했다. 서부 쇼쇼니족이 자체적으로 기록한 역사에 따르면 "새로운 [쇼쇼니족] 환경에서는 시간 낭비도, 목적 없는 방랑도, '어림짐작'도 허용되지 않았다." 건조 지역의 목장주들이 먼 거리를 떼 지어 이동하는 유목민보다는 농부에 가까운 삶을 살 수 있었던 이유는 오로지 값싼 휘발유, 포식 동물에 대한 통제, 지하수 퍼 올리기, 공유지 방목, 철조망 덕분이었다. 하지만 그럼에도 서부는 유령 마을들이 자리한 땅, 수자원 사업이 지속 불가능한 땅, 사람들이 잠깐만 머물다 가는 땅이다. 서부의 가장 상징적인 주거 형태는 허술한 트레일러 주택이고, 그에 상응하는 것이 바로 근사한 주간고속도로다. 토지역사가 로더릭 내시(Roderick Nash)는 서부의 생활양식이 "최대한의 효과를 발휘하는 캠핑"이라고 말한다. 어쩌면 서부는 애초에 우리가 서부에 대해 품은 모든 두려움을 현실화하고 거주민을 방랑자로 만들었으나 정작 그 거주민조차 그런 사실을 모르는 것일 수도 있다. 어쩌면 우리는 서부 땅이 방목지로 쓰이다 황폐화해 불모지가 되는 시점, 휘발윳값이 무지막지하게 치솟는 시점, 그런 땅에서 살아남은 사람만이 19세기 이전처럼 땅이 허용하는 범위 내에서 살게 되는 시점에 가까워지고 있는지도 모른다. 그렇게 되면 카인은 완전히 종적을 감추고 아벨은 다시 평화를 찾을 것이다.

+

19세기 네바다주 마을의 대부분과 현재 네바다주 마을의 상당수는 동부인들이 가진 모든 두려움이 현실화한 광산 마을이다. 순식간에 세워졌다 순식간에 버려진 황량한 광산 마을에는 쓰고 남은 광석 더미, 금속 정련 과정 중에 나온 유독 물질, 땅속으로 뚫은 터널, 잡석 무더기가 그대로 방치되어 있었다. 그런 곳에서는 거주민이 투기꾼의 기질을 습득했고, 부를 얻기가 쉽고 잃기는 더 쉬웠으며, 식량과 물자에 대한 투기가 채굴보다 더 확실한 부의 원천이었고, 정주할 계획을 세우는 사람이라곤 하나도 없었다. 부자가 되어 떠난다, 바로 이것이 신조인 듯했다. 1870년대 말 네바다주 중부의 그레이트스모키 밸리를 통과한 존 뮤어는 이렇게 기록했다. "네바다주는 미국에서 가장 젊고 야생이 살아 있는 곳임에도 그곳만의 문명이랄 것이 수 세기 전에 소멸하기라도 한 것처럼 벌써부터 음산하고 고요하며 케케묵은 폐허가 곳곳에 널려 있다. 산으로 둘러싸인 이 황야를

먼지, 미래를 지우다:
네바다 핵실험장

종횡무진 누비다 보면 무너진 벽과 난로 사이에서 처량하게 버티고 있는 높은 굴뚝들, 모래에 반쯤 파묻힌 기계들, 새로운 발견이 불러일으킨 흥분에 밀려 이미 이름조차 잊힌 다수의 죽은 광산 마을을 어디에서나 맞닥뜨리게 된다."[11]

핵실험장 부지에는 머큐리보다 먼저 형성된 진짜 마을이 있었다. 인간이 자연적으로 생성되는 가장 무거운 원소인 우라늄과 인위적으로 생성되나 그보다 더 무거운 플루토늄을 퍼뜨리기 시작하기 전에, 그리고 또 다른 중금속인 금을 모으고 있던 때에 말이다. 1928년 스컬산의 북동쪽 끝에는 와모니라 불리는 신흥 광산 마을이 있었고 한두 계절 동안 1000명에 이르는 타지인들이 트럭으로 식량과 식수의 대부분을 운반해 와 거주했다. 신흥 광산 마을은 투기꾼들의 배를 불렸지만 금속 생산량은 많지 않았고, 그해 말 와모니는 또 다른 유령 마을, 미국의 마지막 광산 유령 마을이 되었다. 19세기 네바다에는 오늘날보다 더 많은 마을이 있었다. 시에라네바다 인근의 콤스톡 광산에서부터 훔볼트를 따라 정착지가 하나둘 늘어갔고, 그리하여 네바다주 남부에서의 탐험과 정착은 북부에서보다 느리게 진행되었다. 1900년 라스베이거스 인구는 서른 명이었고 미국 인구는 약 4만 명이었다. 사막 탐험가 마거릿 롱은 현재 핵실험장이 된 땅을 "미국에서 가장 황량하고, 가장 인적이 드물며, 가장 적막한 지역"[12]이라고 말했다. 현재 네바다주에서 세 번째로 큰 정착지는 넬리스 공군기지다.

2차 세계대전 무렵, 인구수가 적은 건조한 서부 일대는 이전과 조금 다른 의미를 갖게 되었다. 군사 시설이 위치할 수 있는 공터, 전투기를 띄우고 무기를 실험할 수 있을 정도로 충분히 넓은 공간, 독과 폭탄으로 황폐화되어도 대중의 심각한 반발에 부딪히지 않을 만큼 쓸모없다고 간주되는 땅으로 인식된 것이다. 뉴멕시코, 유타, 남부 캘리포니아, 애리조나에는 방대한 영역의 토지가 군사적 목적으로 남겨져 있고, 네바다주에만 미국 군용 토지의 20퍼센트 이상이 자리해 있다. 넬리스 공군기지는 1941년 미국에서 인구가 가장 적은 지역이었지만 그렇다고 해서 완전히 무인 지대는 아니었다. 시어한 가문처럼 광업으로 먹고살던 몇몇 가구가 쫓겨났고 그곳에서 반쯤 유목 생활을 하던 쇼쇼니족도 있었지만 그들의 존재에는 아무도 관심을 두지 않았다. 민족학자 줄리언 스튜어드(Julian Steward)는 1880년대 핵실험장 부지에 거주한 서부 쇼쇼니족 인구를 약 일흔 명으로 추산했고, 1993년에도 최소한 한 사람이, 핵실험장의 북동 사분면에 위치한 화이트록 스프링에서 한 토끼 사냥과 사슴 사냥이 얼마나 좋았는지를 기억하는 테드 쇼[13]가 살고 있었다고 추정했다. 정부 기관들이 해당 지역에 대해 작성한 상당 분량의 고고학적 보고서에는 파이우트족과 쇼쇼니족의 유물뿐 아니라 광산의 판잣집과 여행자들이 몰았던 사륜마차의 흔적이 묘사되어 있다. 또 어느 질 좋은 지도에는 2차 세계대전 전에 발견된 공터와 관련된 놀라운 사실이 담겨 있다. 바로 남서부에서 가장 덜 훼손된 큰뿔양 방목지가 자리했던 곳에 1935년 사막 국립 야생동물 보호구역(Desert National Wildlife Refuge)이 조성되었는데 현재 그 보호구역의 50퍼센트를 넬리스 공군기지가 차지하고 있다는 사실이다. 원래 넬리스 공군기지는 전쟁이라는 긴급 사태에 대비한 임시 시설로 운영될 예정이었지만, 미국은 2차 세계대전이 종식된 후에도 전쟁을 위한 훈련과 제조를 지속했고 군인들이 차지한 땅을 거북과 양들에게 단 한 뼘도 반환하지 않았다. (연방정부의 오른손은 왼손이 하는 일을 모른다. 공군이 정기적으로 폭탄을 터뜨리는 땅의 야생 생물을 보호할 책임을 미국 어류 및 야생동물부가 짊어지고 있기 때문이다.) 핵실험장은 1951년 그 넬리스 공군기지 부지에 마련되었다. 이는 남태평양에서 초기 원폭 실험을 진행했을 때 물리적 거리가 너무

먼 탓에 물리학자와 정치인 들이 실험을 쉽게 관찰할 수 없어서이기도 했고, 냉전 중인 미국이 더욱더 고립 상태로 접어들고 있었기에 외국에서 핵실험을 하는 것조차 안전하지 않아서이기도 했다.

핵실험장에서 핵폭탄이 터지기 시작한 건 그때부터였다. 총 953개 혹은 그보다 더 많은 핵폭탄이 터졌지만 이는 그레이트 베이슨이 감당해야 하리라고 예상한 최악의 시나리오에 미치지 않는 규모였다. 핵실험장은 애초에 타국에 대한 공격을 앞두고 리허설을 하는 일종의 극장으로 마련된 곳이었다. 에너지부는 관할 구역에서 매달, 매해, 수십 년 동안 반복적으로 핵폭탄을 터뜨렸는데, 사실 이 핵실험은 원래 정부 계획상 그리 중요한 일이 아니었음에도 결국 해당 지역에 수천 년에 걸쳐 영향을 끼칠 끔찍한 결과를 불러일으켰다. 한편 1970년대에 개시되었다가 1990년대 초반에 폐기된 MX 미사일 계획은 그레이트 베이슨을 적군의 핵무기를 받아낼 표적으로 정했다. 그레이트 베이슨을 이용해 적군의 폭탄을 스펀지처럼 빨아들이겠다는 이런 생각은 역사상 가장 터무니없는 군사 계획이자 그 어디에서도 계획된 적 없는 기이하고 어리석은 발상이었다.

1970년대 무렵 미국과 소련의 대륙 간 탄도 미사일은 상대국의 사일로*를 완전히 파괴해버릴 수 있을 정도의 정확성을 갖추고 있었다. 이에 MX 미사일 계획은 미사일 1기마다 사일로를 23개씩 설치한 다음 그 사일로들을 '철로(racetrack)'로 연결해 미사일을 한 사일로에서 다른 사일로로 이동할 수 있게 함으로써 적국의 사일로를 폭파하는 행위를 일종의 셀 게임**으로 바꾸어놓았다. 이런 이동성 때문에 MX 미사일 1기를 파괴하려

---

* 대형 미사일을 보관하고 발사하는 지하 설비.
** 컵이나 병뚜껑 등 똑같이 생긴 용기를 여러 개 엎어놓고 그중에 작은 물체가 들어 있는 하나의 용기를 맞추게 하는 게임.

면 한 발이 아닌 여러 발을 쏘아야 했고, 이와 같은 교란 시스템으로 MX 미사일이 전보다 훨씬 높은 확률로 파괴되지 않을 수도, 반대로 미사일 기지 자체가 훨씬 심각한 피해를 당할 수도 있었다. 정부의 장기 계획 중 하나였던 MX 미사일 계획은 네바다주와 유타주 서부 일대에 MX 미사일을 배치했다. 소련이 해당 지역에만 무작위 사격을 하고 다른 지역은 전부 무시하게 만들기 위함이었다. 그렇게 그레이트 베이슨은 일종의 국가적 희생 지역이 되어 적군의 손에 넘어갔다. 고대 히브리 전통 속 희생양이 공동체의 죄를 짊어진 채 사막으로 몰려나 죽는 염소였다면, MX 미사일 계획은 사막 자체를 국가의 정치적 분쟁의 희생양으로 만들어버렸다.

공군참모총장은 그레이트 베이슨이 당시 소련 무기고의 약 70퍼센트에 해당하는 최대 5000기의 핵탄두를 감당할 수 있으리라고 추정했다.(MX 미사일 200기에 사일로를 각각 23개씩 설치하면 적의 핵탄두 4600기를 소진하게 되는 셈이다.) 이는 그레이트 베이슨이 이미 감당한 핵탄두 수보다 다섯 배, 일본이 여전히 공포스러운 기억으로 여기는 2차 세계대전 말 미국의 공격으로 감당해야 했던 원폭 수보다 2500배 많은 수치였다. 공군은 대형 MX 미사일 200기 위에 2000기의 핵탄두가 떨어질 경우 약 78억 평에 달하는 토지가 초토화될 것이라고 예상했다. 그러나 1979년 의회에서 MX 미사일 계획에 반대하는 증언을 한 환경 단체들은 실제 면적이 약 2만 4140킬로미터의 새 도로를 포함한 최소 약 195억 평에 가까우며, MX 미사일 계획이 폐기되기 전 20년 동안의 연간 물 소비량이 카슨시티의 물 소비량보다 세 배 더 많았으리라고 추측했다. 이렇게 MX 미사일 계획은 그레이트 베이슨을 그 어느 장소에서도 행해진 적 없는 방식으로, 즉 공포의 유적지이자 황폐화를 부르는 유혹의 땅이자 두 주(州)를 절단하는 대형 표적으로 개발하려 했다.

먼지, 미래를 지우다:
네바다 핵실험장

콜로라도 출신 언론인 에드 마스턴(Ed Marston)은 미국인들이 서부 영토 확장을 계기로 품게 된 무절제한 욕망이 미국 핵 프로그램이 보여 주는 무모함과 밀접히 연관되어 있다고 추정했다. 그는 이렇게 썼다. "제퍼슨 전 대통령이 루이지애나주 매입을 감행하지 않았다면, 핵에너지 개발은 인구 밀집도가 높고 많은 이가 정착했으며 신중을 기하는 문화가 자리한 미국 동부에서만 제한적으로 이루어졌을 것이다. 그랬더라면 미국은 그동안 저지른 많은 실수를 모면할 수 있었을 것이다. 그러나 결국 핵무기 개발이 서부에서 진행된 탓에 관계자들은 두 가지 임무를 완수하는 데에만 몰두하면서 그저 마음 내키는 대로 모든 것을 자유롭게 할 수 있었다. 서부는 …… 핵 시설 구축에 필요한 규율과 감독을 제공할 능력도, 그에 대한 관심도 없었다. 서부는 신중함과 섬세한 주의력과 올바른 유지관리가 필요한 기술을 개발하기에 그야말로 부적절한 환경이었다."

MX 미사일 계획 또한 군비경쟁 속으로 크게 한 걸음 내딛는 조치였고, 이로 인해 소련 측에서도 비슷한 대응을 할 것이라는 전망이 파다했다. 이를 두고 국제사회는 군비경쟁 가속화로 인해 핵전쟁 발발은 코앞으로 다가오고 핵군축은 요원해질 것이라며 반대 입장을 표명했다. 그레이트 베이슨에서도 반대의 목소리가 나왔지만, 그 이유는 그곳에 종말이 들이닥치리라는 데 있었다.

밥 풀커슨이 이끈 시티즌 얼러트도 MX 미사일에 대항하기 위해 설립되었고 많은 서부 쇼쇼니족 활동가들이 토지권을 둘러싼 투쟁에 환경 문제를 통합하게 된 이유도 MX 미사일 때문이었다. 서부 쇼쇼니족 활동가들은 그리 오래 살아남지도 못할 땅을 되찾고자 투쟁하는 것은 의미 없는 일이라는 사실, 오랜 고향 땅에 대한 권리를 되찾고 싶은 욕망의 상당 부분은 그들이 따르는 종교의 핵심 교리인 그 땅을 돌보고 싶은 욕망에서 비롯했다는 사실을 깨달았다. 결과적으로 그레이트 베이슨을 대륙 간 사격장으로 만들겠다는 기괴한 계획이 낳은 성과 중에는 서부 쇼쇼니족과 시티즌 얼러트의 왕성한 활동, 그리고 미국 정부가 이미 쓸모없고 죽은 땅이라고 간주한 땅에 추가 폭격이 일어나지 않도록 막기 위해 활동한 네바다 핵실험장의 미국 평화 테스트와 여타 활동가들의 연대가 있었다. 모든 작용에는 크기가 같고 방향이 반대인 반작용이 존재한다는 명제는 그 어떤 영역에서보다도 정치 운동 영역에서 더할 나위 없이 참이다.

+

광부들이 직업 때문에 불안정한 상태에 처하듯 군인과 그 가족도 직업 때문에 위기에 몰린다. 광업과 군사는 각각 네바다주의 두 번째, 세 번째 산업일 뿐이며, 첫 번째 산업인 여가 산업은 두 산업보다 더 불안정하다. 여기에서 중요한 것은 "허비되는 시간, 목적 없는 방랑, '어림짐작'"을 허할 여력이 없는 진정한 유목민과 방랑자를 구별하는 것이다. 전자는 철새처럼 정기적으로 성실하게 이동하면서 이미 파악한 영토 범위 안에서 살지만, 후자는 회전초처럼 전혀 알지 못하는 장소를 가로지르며 굴러다닌다.

회전초는 북아메리카의 토착종이 아니다. 19세기 시베리아 밀을 운반하는 화물에 실려 밀반입된 종이다.

나에게 사막에 머무는 즐거움은 지적인 즐거움이자 숭고한 즐거움으로, 내 몸이 어느 장소에 속해 있을 때 느끼는 감각적 즐거움과는 거리가 멀다. 내가 성장기를 보낸 언덕 많은 연안 지역에서는 눈에 보이는 것을 향해 걸어갈 수 있었다. 그레이트 베이슨에서든 남서부 지역에서든 차를 몰고 사막을 가로지를 때마다 나는 가장 가까이에 있는 산들을 바라보면서 저기까지 어떻게 걸어갈 수 있을지를 상상한다. 처음에는 그저 한 발씩 내딛는 걷기, 즉 의지에 따른 가장 단순하고 순수한 행위를 하게 될 것이다. 자연스러운 리듬에 따라 걷는 것은 우리가 하는 모든 자발적인 행위 중에서 가장 자발적이지 않은 행위에 가깝고, 숨쉬기와 심장 박동은 또 하나의 리듬으로서 걷기의 리듬을 관장한다. 걷기는 새들이 비행하는 법을 배워 나는 것처럼 우리에게 가장 자연스럽게 일어나는 배움인 동시에 우리가 가장 무의식적으로 얻게 되는 배움이다. 걷기는 땅의 리듬을 배경으로 몸의 리듬을 측정하는 유일한 방법이다.

그래서 나는 종이 지도처럼 편평한 분지를 마치 가위로 자르듯 내 두 다리로 가로지르면서 지평선을 배경으로 펼쳐진 산맥을 향해 걷는 모습을 상상하며, 내가 얼마나 오래 걸어야 그 산맥과 지평선이 웅장한 자태를 뽐내며 내 눈앞에 떠오를지, 한번 시야에 들어오고 나면 내가 충분히 가까이 다가가지 않은 상태에서도 얼마나 거대해 보일지를 머릿속으로 그려본다. 나는 걷고, 그러다 걷기에 매혹당하고, 그러다 걷기에 지쳐버리며, 장시간에 걸친 고된 움직임이 불러오는 술에 취한 듯한 차분한 상태로 접어들었다가 이내 무아지경과 세상의 끝에 다다른 듯한 상태에 빠져들어서는 단지 풍경만이 아니라 나 자신까지 앎의 영역을 초월해 존재하는 느낌을 받는다. 어디에서 출발하든 나는 눈에 보이는 것을 향해 걸어갈 수 있다. 눈에 보이는 대상이 그리 멀리 있는 것도 아니고 언제든 물과 그늘을 또는 밖으로 빠져나가는 도로를 찾을 수 있기 때문이다. 그러나 사막에서는 내가 지평선을 배경으로 펼쳐진 산맥에 대해 생각하기 시작하는 시점과 내가 (그늘이 있고 고도가 상승함에 따라 건조함이 덜해지는) 그 산맥에 도착하는 시점 사이에 갈증이나 열사병이나 한밤의 추위로 죽을 수도 있다. 어쩌면 죽지 않고 계속 걷게 될 수도 있지만, 그랬다가는 탈수된 내 몸뚱이가 인간이 아닌 까마귀와 코요테만 발견할 수 있는 크레오소트 관목 사이에 내버려지게 될 것이다. 나는 내가 사막에 적합한 사람이 아니라는 사실, 사막에 있으면 내 심장과 두 눈은 황홀감으로 도취되지만 내 몸은 두려움에 떤다는 사실을 알고 있다. 사막은 실수나 모호함을 용납하는 지형이 아니다. 목적지가 어디인지, 그 목적지로 가는 방법이 무엇인지를 반드시 알고 있어야 한다. 그리고 그 목적지는 대체로 멀리 있다. 눈으로 거리를 가늠할 때마다 사막의 유목민을 향한 경의가 차오른다. 사막에서 내 눈에 보이는 것 중에는 내 필멸성도 있다.

+

건국 초기 미국인들은 건조한 땅이 국민성을 바꿔버릴 것이라며 두려워했다. 사막은 한층 내밀하고 개별적인 두려움을 불러일으키고, 그 두려움은 영혼에 영향을 미친다. 고독, 공허와 침묵, 가차 없는 기후와 땅의 규모, 희박한 생존 가능성 같은 것들은 사막보다 혼잡하고 풍요로운 세상에 익숙해진 정신에 영향을 미치고 평상시의 정신적 회피를 불가능하게 만든다. 사막의 침묵 속에 있다 보면 그 어떤 곳에서도 들을 수 없는 목소리가, 저마다의 두려움과 꿈이 담긴 목소리가, 지구의 지질과 하늘과 바람과 죽음의 목소리가 여행자의 귀에 대고 속삭인다. 영적 지식을 추구하는 사람들에게 사막은 회오리바람 소리를 듣기에 최적의 장소이며, 그렇지 않은 사람들에게는 공포의 장소다.

자동차로 네바다주를 가로질러본 경험이 있는 사람들은 흔히 이렇게 말한다. "거기엔 아무것도 없어요." 핵실험이 시작되기 이전에 현재 핵실험장이 된 땅에 살았던 사람을 찾아보려고 라스베이거스 대학교에 들렀던 언젠가, 도서관의 연구 전문사서는 내게 계속 이렇게 말했다. "하지만 거기엔 아무것도 없기 때문에 관련 정보도 없어요. 거기에는 **아무것도** 없습니다." 우리를 둘러싼 건물 벽에는 네바다주의 옛 지도들이 걸려 있었고, 그 지도상에 핵실험장은 정말이지 무의 영역으로 남아 있었다. 20세기가 가까워지면서 세부 정보가 추가되기는 했지만, 그중 한 지도는 핵실험장에 해당하는 지역을 미사여구를 적기 위한 여백으로 쓰기도 했다. 남서쪽에는 아마르고사 사막과 더불어 확실하지는 않지만 포티마일 캐니언도 표시되어 있었지만, 세부 정보는 거의 없었다. 나는 사서에게 말했다. "아무것이라는 게 어떤 의미냐에 따라 아무것도 없는 게 아닐 수도 있죠." 근동 지역 종교(유대교, 기독교, 이슬람교)에 따르면 현세의 것들이 부재하는 사막은 내세의 존재를 증명한다. 그 내세란 추상과 순수의 왕국이자, 사막의 상대적 금욕으로 해석할 수 있는 절대적 반(反)관능의 왕국을 가리킨다. 사막의 침묵과 광대함과 공허는 불교와 도교에서도 중요한 영적 영역을 차지한다. 불교의 공(空)과 무심(無心)이라는 깨달음, 선종의 허(虛)처럼 말이다. 단, 어떤 종교를 통해서든 사막에서 그런 영적 영역을 발견하려면 두 가지가 필요하다.

첫 번째는 초월의 종교, 즉 가변성을 초월하는 영원성과 살아 있음을 초월하는 무한함과 여기를 뛰어넘는 그곳을 강조하는 종교다. 영성이라는 비물질적 영역이 신체 및 생물로 이루어진 자연 세계와 구별되고 심지어 서로 대립한다는 관념은 너무나도 자연스럽게 받아들여지며, 그만큼 그런 관념이 모든 문화권에 존재하는 믿음은 아니라는 사실을 기억하기란 쉽지 않다. 인류철학자 폴 셰퍼드(Paul Shepard)는 사막이 사실상 유대인들의 초월적 종교를 구성하는 요소였다고 추측하며, 지역 풍우신의 진화를 추적하다가 보통 부재, 비가시성, 힘이라는 특성을 통해 인식되는 여호와에까지 가닿는다. 어쩌면 하나의 하늘의 신이 모든 피조물을 다스리고, 하나의 남신이 판테온을 차지하고, 그런 신이 피조물들에게 **초**자연적이고 초월적인 존재가 되는 것은 사막에서만 가능한 일일지도 모른다. 셰퍼드가 말하기를, "어쩌면 그런 의식(consciousness)은 습관적으로 하늘을 향하는 시선, 모든 유기체가 지니는 상대적 무의미함, 구체적인 대상보다는 바람과 더 흡사해 보이는 일종의 감춰지고 보이지 않고 알 수 없는 힘에 대한 감각까지 포함할 수도 있다. 기다림, 침묵, 공허, 그리고 무(無) 등이 진리라는 개념, 자기(self), 궁극적 상태에 깊게 새겨지는 듯하다."[14]

사실 영성의 특성, 종교의 특성, 그리고 영성과 종교가 따르는 신의 특성은 서로 중첩된다. 추상, 부재, 금욕, 비물질이 신성함의 징표가 되는 것이다. 아브라함, 모세, 세례자 요한, 에세네파, 예수, 모하메드, 초기 기독교 교부들은 전부 자기 자신의 영혼을 시험하고 신과 연결되기 위해 사막으로, 즉 브리검 영이 성도를 만들기에 좋은 장소라고 선언한 곳으로 떠났다. 그들 중 상당수는 세상의 종말이 임박했다고 보고 있었고, 사막이 종말을 기다리기에 적절한 장소라고 생각했다. 사막 자체를 애호해서가 아니라 사막은 현세의 것들이 전무한, 불모의 황량한 땅이므로 내세를 기대할 만한 장소라고 판단해서였다. 결국 사막은 황폐하고 텅 빈 장소를 의미했다. 초기 기독교 시대의 사막 교부들은 이 세상을 신의 눈앞에서 죄와 속죄의 개별적인 드라마가 펼쳐지는 무대로 상상했다. 그들의 상상 속에서 사막의 황폐한 풍경은 정신적 상(像)에 대응하는 물리적 상으로, 한 인간이 인정사정없는 하늘 아래 덩그러니 서 있는 불모의 광활한 공간으로 해석될 수 있었다.

사막을 금욕적인 영성의 장소로 간주하는 데 필요한 첫 번째 조건이 초월의 종교라면, 두 번째 조건은 초월의 종교에 비견할 만한 것을 소유하는 것일지도 모른다. 근동 지역의 경우, 대부분의 땅이 늘 사막이었던 것은 아니지만 오늘날에는 아프리카와 미국의 많은 지역처럼 지나친 방목과 뒤떨어진 농업 관행으로 인해 사막화되었다. 셰퍼드는 이런 변화가 풍요로운 풍경과 잃어버린 낙원에 대한 기억을 더욱 환기하면서, 이와 대조되는 사막이 가혹하고 험악한 장소, 자애로운 에덴동산의 풍경과 거리가 먼 장소로 간주될 수 있었다고 추정한다. 또 무정부 상태에서 수렵과 채집으로 얻는 기쁨을 잃고 농업이 요구하는 고된 노동을 반복하게 된 변화 속에서 근동 지역의 고대인들이 진정한 낙원을 잃었으리라는 견해를 제시한다. 이 견해에 따르면 에덴동산은 식량 채집이 저주보다는 모험에 가까웠던 세상에 대한 기억과 같고, 그러므로 후대의 시선에서 보면 성인기의 고역보다는 아동기의 낙원과 같다. 하느님은 아담과 이브를 에덴동산에서 추방하면서 이렇게 이른다. "땅은 너로 인하여 저주를 받고 너는 종신토록 수고하여야 그 소산을 먹으리라. …… 네가 얼굴에 땀이 흘러야 식물을 먹고 필경은 흙으로 돌아가리니 그 속에서 네가 취함을 입었음이라 너는 흙이니 흙으로 돌아갈 것이니라."* 카인은 아벨을 죽이고, 아담과 이브는 농업과 정착 생활에 전념한다.

　　물론 사막 원주민들에게 사막은 금욕과 부재의 땅이 아니라 신중하고 주의 깊고 경외심을 가진 이들에게 주어지는 풍요의 땅이었다. 데스 밸리라는 명칭은 사막에서 죽을 뻔했던 데스 밸리 포티나이너스가 붙인 것이었으며 사막에서 살았던 (지금도 살고 있는) 서부 쇼쇼니족은 자신들이 그

---

* 「창세기」 3장 17~19절.

곳에서 무얼 하고 있는지 알고 있었고 그곳의 신성한 산 이름을 따서 데스 밸리를 팀비샤(Timbisha)라고 불렀다. 깊은 사막(호주의 오지, 칼라하리 사막, 그레이트 베이슨)에 사는 진정한 사막 원주민들의 경우, 자신이 사는 풍경에 무언가가 결핍되어 있다고 생각하는 것 같지도 않다. 사실 풀이 무성한 환경에 사는 거주민들이 얼굴에 땀이 송골송골 맺힌 채 식량을 모으는 동안, 사막 거주민들은 단 한 번도 몰락한 적 없고 장벽으로 가로막히지도 않은 낙원을, 그 무엇도 결핍되지 않은 세상을 찬양하고 있었다. 사막에는 아무 문제도 없었고, 육신 또는 물질세계를 뒤로하고 떠나거나 지리적 또는 기술적 진보를 이루어냄으로써 사막을 초월해야 할 이유도 없었기 때문이다. 사막 거주민들의 영성은 창조와 창조주들을 중요시했다. 창조주들은 이 세상 그리고 이 세상에 사는 사람들과 철저히 분리된 존재가 아니라 하나의 연속체를 이루는 일부였고, 그 점에서 지구 자체도 영적인 힘으로 가득 차 있었다. 그리고 시작이 늘 손 뻗으면 닿을 지점에 있었던 세상에서는 끝이 늘 눈에 보이지 않는 곳에 있었다.(적어도 제디디아 스미스가 그 세상에 들어오기 전까지는 말이다.) 다시 말해 사막 거주민들은 역사에 거의 관심이 없었다.

그리고 히브리인들은 풍경에 일절 관심이 없었다. 구약 성서는 온갖 여정을 담고 있지만, 여행기보다는 열차 시간표처럼 읽힌다. 그 밖의 다른 일부 성서에는 장소감(sense of place)이 완전히 결여되어 있다. 다양한 부족의 족장들이 그저 이름뿐인 일련의 장소들을 가로지르고, 한 번도 본 적 없는 땅을 향해 집을 버린 채 떠나고, 신이 허하는 영토를 마치 자기 자신을 위해 새로 만들어진 땅처럼 받고, 콘크리트를 쏟아부어 만든 트레일러 전용 주차장의 세상을 위해 터를 닦을 따름이다. 어쩌면 무지로 인해 사막에 무관심했던 태도가 사막을 고난의 장소로 만들었을지도, 혹은 사막이

먼지, 미래를 지우다:
네바다 핵실험장

각별한 관심을 기울일 만한 가치가 없는 실로 조악한 환경이었을지도 모른다. 히브리인들은 유목민이 아닌 방랑자였다. 이유가 무엇이었든 그들의 마음은 드높은 것들과 하늘-신을 향해 있었고, 지구의 생활 주기와 계절의 무한한 순환보다는 역사의 유한한 선을 중심으로 사고했다. 또 에덴동산을 벗어나 소돔을 떠나고 노아의 방주로 들어갔다가 이집트를 벗어나고 바빌론을 떠나 지구에서 사라지기까지 분주히 이동했다. 심지어 그들이 창조한 종교적 이야기들조차 유기적인 리듬에 따라 순환하는 시간보다는 역사의 선형적인 시간 속에서 펼쳐졌다.

그전에는 모두가 초월을 사막에서만 찾으려 했다. 그중에서도 처음으로 사막에 초월의 의미를 새겨 넣은 사람은 호르나다델무에르토('죽음의 사막'이라는 뜻으로, 코로나도*가 가상의 도시인 시볼라의 일곱 도시를 찾으러 떠났을 때 곤혹을 안겨 준 뉴멕시코 사막)에서 최초로 원자폭탄을 터뜨린 핵물리학자들이었다. 초월이 개인의 영혼이 이 세상을 떠나는 것의 중요성을 강조했다면, 각 문화권에서는 초월의 중요성을 역사를 통해 강조했다. 즉 앞과 위로 향하는 운동으로서의 역사를 근거로 지구로부터의 도피 혹은 세상의 종말이라는 논리적 결말을 도출했던 것이다. 원자폭탄은 이를 현실화할 최초의 도구였고 사막은 그런 현실화가 펼쳐질 자연 장소로 선택받았다. 미국과 프랑스는 (미국의 경우 1962년에 단념한) 남태평양에서 실험을 진행하기로 했지만 최초의 핵실험 트리니티(Trinity)가 사막의 모래를 녹이면서 방사선 유리가 생성되는 결과가 나타나자 그때부터 미국의 폭탄은 대부분 네바다로 향했다. 영국은 호주 내 원주민 땅에서 핵실험을 하기 시작했고 프랑스는 알제리가 독립을 쟁취하기 이전의 식민지 상태였을 때

---

* 프란시스코 바스케스 데 코로나도(Francisco Vázquez de Coronado, 1510~1554)는 멕시코에서 출발해 미 남서부 지역을 포함한 캔자스주 지역을 탐험한 스페인의 정복자다.

그곳에서 실험을 진행했다. 중국은 극서부 위구르족의 사막에서, 소련은 카자흐스탄 유목민들이 거주하는 세미팔라틴스크의 건조한 고원에서 집중적으로 폭탄을 터뜨렸다.

물리학자 프리먼 다이슨(Freeman Dyson)이 네바다 핵실험장에서 핵 펄스 추진 로켓을 실험하려는 계획을 세웠을 때처럼, 사막은 이따금씩 반기를 들었다. 핵 펄스 추진 로켓 오리온(Orion)은 재래식 로켓보다 훨씬 더 효과적으로 지구를 떠나게 만드는 수단이 될 수 있었지만 그만큼 막대한 위험을 내포했다. 그러던 중 1963년 제한적 핵실험 금지 조약(Limited Test Ban Treaty, LTBT)으로 대기 중 핵실험이 금지되면서 오리온 프로젝트도 폐기되었다. 다이슨은 명백한 운명(manifest destiny)*을 확고히 지지한 사람이었고 초조함이 인간이 지닌 불가피하고도 귀중한 특성이라고 생각했다. 그리고 오리온 로켓 프로젝트 당시에는 초조함이 극대화된 문화가 지구 전체를 감싸고 있었기 때문에 로켓 프로젝트가 계속해서 앞으로, 우주 공간으로 나아가야 한다고 믿었다. 그는 오리온 프로젝트를 실현하고자 했던 자신의 욕망이 제한적 핵실험 금지 조약에 관한 관점을 이렇게 왜곡했다고 쓴다. "1959년 여름 오리온 프로젝트와의 시간이 끝나가고 있을 때 나는 프로젝트의 생존 가능성을 높이기 위해 할 수 있는 모든 것을 했다. 테드 테일러와 함께 네바다주의 사막지대 잭애스 플랫으로 순례를 떠나기도 했다. 거기서 실제 폭탄으로 최초의 중대한 시연을 진행해 프로젝트의 실현 가능성을 보여주고 싶었다. 나는 리버모어에 위치한 에드워드 텔러의 무기 연구소에 2주간 머무르면서 중성자 무기 설계를 위해 힘쓰고 있었던 연구팀과도 협력했다. 그리고 권위 있는 저널 《포린 어페어스》에 가능

---

* 19세기 미국 서부 개척 시대에 미국식 제국주의를 합리화한 믿음으로, 미국인이 신에 의해 영토 팽창의 천명을 부여받았으므로 적극적으로 세력을 확장해야 한다는 의미를 담고 있다.

먼지, 미래를 지우다:
네바다 핵실험장

한 모든 수사를 동원해 쓴 핵실험 금지 조약에 반대하는 논문을 게재했다.

살면서 완전한 침묵을 경험한 때가 딱 한 번 있었다. 한낮의 태양이 내리쬐는 잭애스 플랫에 있을 때였다. 잭애스 플랫은 남극 대륙처럼 고요했다. 그곳의 침묵은 영혼 전체를 뒤흔든다. 숨을 죽이게 되고, 아무것도 듣지 못하게 된다. 바람에 바스락거리는 나뭇잎 소리도, 먼 곳에서 덜컹덜컹 울리는 차 소리도, 새나 곤충이나 아이들이 재잘거리는 소리도. 그 침묵 속에는 나와 신, 단 둘뿐이다. 그 하얗고 납작한 침묵 속에서 나는 우리가 시도하려 했던 일에 대해 처음으로 약간의 수치심을 느끼기 시작했다. 우리가 정말 트럭과 불도저로 이 침묵을 밀어낼 생각이었던 건가? 그렇게 해서 몇 년 안에 침묵 대신 방사성 폐기물 처리장만 남게 할 생각이었던 건가? 오리온 프로젝트의 옳음에 대한 최초의 의혹의 그림자가 그 침묵과 함께 내게 드리웠다."[15]

만우절

일본과 동독과 서독과 네덜란드 출신 대표들, 소련의 네바다-세미팔라틴스크 반핵운동을 대리하는 카이라트 우마로프(Kairat Umarov), 미국 평화 테스트의 재키 카바소(Jackie Cabasso), 그리고 주최 측이 쇼쇼니족의 고향 뉴소고비아를 군비경쟁의 영향을 받은 동등한 주권 국가로 인정했기에 참석할 수 있었던 서부 쇼쇼니 국가 위원회 의장 레이먼드 야월(Raymond Yowell) 등은 1990년 3월 31일 민간 포괄적 핵실험 금지 조약(People's Comprehensive Test Ban)*에 서명했다. 내 남동생과 여타 다른 운동의 대표자들은 1991년 1월 이 조약을 유엔에 제출했다. 이에 따라 유엔은 포괄적 핵실험 금지 조약(CTBT)을 논의한 후 미국과 영국을 제외한 모든 회원국의 승인을 받았다. 미국은 CTBT가 체결되지 않도록 막는 일에 동참하라며 영국에 압박을 넣기도 했다.(에너지부는 핵실험을 지속하기 위해 2000만 달러의 공적 자금을 투입하면서 로비 활동을 벌였다.) 민간 포괄적 핵실험 금지 조약은 다른 무엇보다도 민주주의란 투표권을 행사할 시점이 오기를 기다리는 것이 아니라 주도적으로 변화를 일으키는 것임을 보여주었고, 더는 지도자들이 국민을 핵폭탄의 그림자에서 벗어날 수 있게 해주기를 기다리고 있을 수만은 없다는 입장을 표명했다.

---

* 1996년 185개국이 서명한 포괄적 핵실험 금지 조약(CTBT) 이전에 국제 활동가 단체들이 체결한 조약.

먼지, 미래를 지우다:
네바다 핵실험장

민간 포괄적 핵실험 금지 조약에 대한 서명이 이루어진 장소는 고속도로 인근 야영지의 변두리에 임시로 마련한 무대였다. 도시에서 멀리 떨어진 어느 광활한 공터의 작은 무대에서 국제 조약을 체결하려면 어느 정도는 허세를 부리는 작업이 필요했다. 무대는 관객을 원하기 마련인데, 특히 그 극적인 퍼포먼스의 경우 관객들이 사실상 그 퍼포먼스의 일부였기 때문이다. 그렇다면 누가 관객이었을까? 확실히 에너지부는 관객 중 하나였다. 그런 조약을 체결해봐야 아무 소용없을 것이라고 설득하려 할 뿐이었지만 말이다. (나중에는 에너지부가 자체 규제와 법률을 어겨가면서까지 비밀리에 활동가들을 촬영했다는 스캔들도 번졌다.) 라스베이거스 신문사들은 일정 부분 대안 미디어의 역할을 했다. 그런데 조약 서명 행위는 실제로 상징적인 기능을 수행했고, 군비경쟁의 한복판에서 벌어진 운동에 활력을 불어넣어주었으며, 다른 여러 공동체를 비롯해 미국과 그 밖의 국가의 정치적 주류 세력에도 영향을 미쳤다. 핵실험장에 간다는 것은 사무실 밖으로 나와 숫자와 예언이 의미를 갖는 장소로 간다는 것을 의미했다. 우리가 핵실험장에 간 이유는 그곳이 핵과 관련된 모든 장소 중에서 가장 실제적인 장소여서였다. 그리고 그 점에서 거기서 벌어지는 일은 퍼포먼스가 아니라 의식이었다. 퍼포먼스는 관객에 의존하지만, 의식은 의식을 치르는 행위자를 위해 존재한다. 의식은 참가자들과 참가자들이 믿는 신들 사이의 대화이며, 증인을 둘 수도 있고 막을 수도 있다. 의식과 마찬가지로 시민 불복종(활동가들이 쓰는 은어로는 c.d.)도 **우리**가 대중임을, 대중으로서의 우리가 역사의 관객이 아닌 역사의 행위자가 될 것임을 표명한다. 직접 행동은 권력의 회랑에서 역사를 탈환해 공공장소에 모인 대중에게 돌려준다. 공공장소(도시의 광장들, 국회 의사당의 계단)의 존재 의미는 바로 이것, 즉 대중의 형성에 있다. 다만 그렇게 외진 곳의 공유지를 그런 용도로 쓰는 것은 무척 드문 일이기는 했다.

매년 봄 반핵운동에서 서부 쇼쇼니족 참가자들은 더욱 핵심적인 역할을 수행했고 매년 중요한 체포 사건이 벌어졌다. 1990년 쇼쇼니족은 핵실험장 정문의 가축 탈출 방지용 격자판까지 행진을 이끈 다음 그 격자판을 가로지르며 체포될 생각이었다. 운동 참가자 중에서 핵실험에 반대하는 데에 더해 쇼쇼니족의 토지권 수호를 위해서도 발 벗고 나서고자 하는 사람들은 쇼쇼니족의 행보에 동참할 수 있었다. 나는 쇼쇼니족을 따라 격자판을 가로지르기로 결심했다. 그리고 혼자서 핵실험장 경계에 설치된 철조망을 따라 걸었다. 많은 이들이 약 1.6킬로미터 남짓한 그 거리를 차로 이동했지만 나는 야영지와 가축 탈출 방지용 격자판을 하나로 묶는 마법을 깨고 싶지 않은 마음에 걷기를 택했다.

철조망에는 이곳이 지난해 멸종 위기종으로 발표된 사막 거북의 서식지 보전 지역임을 알리는 표지판이 붙어 있었다. 사막 거북 서식지가 대체로 농업, 개발, 군사용지로 구획되면서 사라진 터였다. 그 땅에 남은 것들의 가치는 오프로드 차량과 소들로 인해 퇴색하고 있었다. 거북은 수명이 100년에 이르지만 평생 한 구역에서만 머무는 경우가 많으며 지난 약 6700만 년 동안 그렇게 살아왔다. 그래서 그레이트 베이슨 사막보다는 모하비 사막의 생물에 더 가까운 사막 거북이 핵실험장 북쪽에서 발견되는 경우는 거의 없다. 사막 거북의 생존에 가장 중요한 캘리포니아 워드 밸리 남서쪽의 서식지는 신성한 풍경이 펼쳐져 있는 올드우먼산맥 인근 지역인데, 토지관리국은 이곳에 방사성 폐기물 처리장을 설치하려고 눈독을 들이고 있다. 에너지부와 토지관리국은 평화캠프가 사막 거북에 해를 끼치고 있다고 주장했지만, 평화캠프의 존재가 핵폭탄이 유발하는 방사성 낙진과 지진만큼 해롭지 않다는 데에는 의심의 여지가 없었다. 또 내가 따라

먼지, 미래를 지우다:
네바다 핵실험장

걸은 철조망 맞은편에 전략적으로 간격을 두고 주차된 왜켄헛 보안 요원의 사구 버기 자동차도 거북들에게 그리 이롭지 않았다.(왜켄헛은 전 세계에 보안 요원을 파견하는 민간 기업이다.)

전날보다 날씨가 더 무더웠고 햇볕이 무자비하게 내리쬐었다. 몸에서 수분이 빠져나와 대기 중으로 증발하는 느낌이 들었다. 태양이 햇볕을 땅으로 들이붓듯 했다.

+

1987년 에너지부가 공유지와 출입 금지 구역을 분리하는 경계선을 머큐리에서 몇 킬로미터 더 밖으로 이동시킨 이래로 가축 탈출 방지용 격자판은 전보다 더 정교한 시설물의 형태를 갖추고 있다. 새 경계선이 그어진 도로의 한가운데 서서 폭격장 쪽을 바라보면 우측에 기둥이 갖춰진 연단 하나가 보인다. 커다랗고 하얀 합판에 일부가 가려진 연단에는 삐뚤빼뚤한 대문자 알파벳이 검게 새겨진 표지판이 있다.

네바다 핵실험장
진입 구간 시작

무단진입 금지

미국 에너지부 명령

경비 탑 뒤에는 임시 초소 같은 외관의 핵실험장 등록/보안 허가소가 있다. 누군가가 지난주에 어디선가 질질 끌어와 세워두었다가 다음 주면 다시 어디론가 질질 끌고 갈 것처럼 생긴 건물이다. 미국이 아닌 다른 국가라면 핵실험장을 최고 수준의 보안을 자랑하는 레저용 차량 공원보다는 좀 더 제국의 대들보처럼 보이는 장소로 만들었을지도 모르겠다. 좀 더 우측에는 언덕과 협곡의 노출부, 스포티드산맥의 말단, 그리고 핵실험장 정문을 둘러싸고 있어 출입에 방해가 되는 평야지대가 있다. 그리고 가축 탈출 방지용 격자판에서 왼쪽으로 조금 떨어진 곳에는 1988년 무렵 시위대를 위해 설치된 외양간이 있다. 당연한 일이지만, 그런 전경도 활동가들이 운동을 개시하면 보안관과 왜켄헛 요원과 보안 차량으로 가로막힌다. 멀리까지 일직선으로 쭉 뻗은 도로는 소실점 관점이 무엇인지를 보여주는 하나의 완벽한 사례다. 머큐리 또한 그 도로에서 우측으로 비켜나 있다. 도로 끝에 보이는 머나먼 수평선에는 레드산과 스컬산과 스펙터산맥의 산마루가 걸쳐 있고, 그 수평선 너머에는 내게는 광활한 미지의 장소인 곳, 갖가지 사진과 심지어 미국 지질조사국 설문 조사 지도에도 등장하는 폭탄 분화구들의 왕국이 있다.(지도 제작자들이 지형으로 간주할 만큼 분화구의 규모가 어마어마하다는 사실을 깨닫게 해준 것이 바로 이 지도였다.) 좌측으로 시선을 돌리면 스컬산의 형상(들은 바에 따르면 초기 이민자들이 북동쪽에서 출발해 해당 지역을 통과하려고 접근했을 때 산의 형상에서 해골을 보았기에 그런 이름이 붙여졌다고 하는데, 평화캠프와 고속도로의 남서쪽에서는 해골 형상을 보기가 쉽지 않다.) 너머로 유카산의 어두운 산마루를 볼 수 있다.

핵실험장 정문은 마치 하나의 무대처럼 인간이 품은 소망이 사막의 광대함 앞에서는 얼마나 덧없는지를 상기시킨다. 그래서 사람들이 몹시도 고요하고 황폐한 풍경에 둘러싸인 이 좁은 도로로 모여들어 충돌하는 이유를 제삼자에게 설명하기란 쉽지 않다. 어쩌면 서로 대립하는 양측의 상호작용이 이토록 온화하고도 유익한 방식으로 이루어질 수 있는 것은 핵실험장의 탁 트인 개방성 덕분일지도 모른다. 가축 탈출 방지용 격자판을 가로질러 걸을 때마다 나는 늘 1970년대 중국 공산당 발레 무대에 오른 듯한 기분을 느낀다. 발레용 치마를 입고 기관총을 찬 발레리나들이 혁명의 역사를 품위 있게 해석하는 배역을 연기하는 무대 말이다. 핵실험장에 있는 사람들도 발레리나처럼 자기 배역을 알고 있으며, 중국 발레단으로서는 결코 상상할 수도 없는, 더 품격 있고 하찮은 무대에 오른다.

나는 머큐리로 이어지는 도로변을 따라 이동하는 무리 틈에서 우연히 레이철과 리처드를 마주쳤다. 보도 사진가인 레이철은 핵실험장에서 진행 중인 운동을 사진으로 담고 있었다. 리처드는 아무것도 찍고 있지 않았다. 그는 나를 쳐다보면서 내가 챙겨온 물을 좀 마시라고 하더니 내 물을 가져가 자기도 조금 마셨다. 우리는 전날 하다 만 이야기를 다시 시작했다. 그가 마지막으로 한 이야기는 서부에 관한 옛 신화가 수명을 다했다는 말이었다. 내가 그간 내 생각에만 과하게 사로잡혀 있지 않았다면 서부의 새 신화에 관한 그의 생각을 구태여 묻지 않아도 알고 있었을 것이다. 그러나 그렇지 않았으므로 나는 쇼쇼니족 장로들이 가축 탈출 방지용 격자판을 가로지르는 동안 그에게 이렇게 물었다. "리처드 씨, 서부의 새 신화는 무엇인지 마저 얘기해주셔야죠." 리처드는 대답했다. "저기, 체포당할 생각인 거라면 정말 곧 저 경계선을 넘어야 해요."

보안관들은 내 손목에 일회용 플라스틱 수갑을 채우고 양 끝을 싹둑 잘라낸 다음 바닥에 떨어진 플라스틱 꽁다리를 그대로 내버려두었고 그동안 나는 아무 저항도 하지 않았다. 지금쯤이면 핵실험장에 버려진 수갑과 꽁다리가 수천 개쯤 될지도 모른다. 플라스틱 수갑은 진짜 수갑에서 느껴지는 불길한 여운 따위를 남기지 않는다. 범죄와 처벌의 부속물보다는 산업용 잠금장치 같은 플라스틱 수갑은 우리가 그저 효율적인 일처리를 위해 포장되고 있는 상태임을 확실히 각인시킨다. 언젠가 내 집에서 플라스틱 수갑 몇 쌍을 본 친구 하나는 그걸 벼룩 방지용 반려견 목줄로 쓰겠다며 챙겨갔다. 플라스틱 수갑의 작동 원리는 단순하다. 한쪽의 비늘 톱니바퀴를 다른 쪽의 홈에 넣으면 된다. 수갑은 더 단단히 조여지기만 할 뿐 결코 더 느슨해지지는 않는다. 어쩌다 안전핀을 갖게 되어 그걸로 홈에 빈틈을 만들지 않는 이상, 그러니까 내가 했던 것처럼 하지 않는 이상은 말이다. 먼지가 가득한 임시 감방 안에서 나는 스스로 수갑을 풀었고 열댓 명 정도 되는 다른 여자들 수갑도 풀어준 다음 여성용 감방과 남성용 감방을 나누는 벽체에 생긴 좁은 그늘에 쪼그리고 앉았다. 정부 당국의 손아귀에 스스로를 내맡긴 채 몇 시간 동안 오도 가도 못 하는 신세에 처하는 것은, 이를테면 소환 명령을 받게 될 비티로 향하는 근사한 버스가 오기 전까지 합법적 림보 속에서 추는 일종의 무용이었고 나는 그 림보에서의 시간을 늘 즐겼다. 자율성도 자유도 포기했으므로 보안관들이 움직이기를, 그들이 우리를 어디론가 데려가주기를 기다리는 것 말고는 할 일이 거의 없었지만 각종 모임과 연대로 기분이 들뜬 여자들은 보통 그 감방 안에서도 뭔가를 더 도모하려 했고 도모할 것이 없으면 빙 둘러앉아 노래하고 춤을 췄다. 때로 부상을 입거나 고립되어 별도의 도움이 필요한 사람이 있으면 우리는 감방 안에서 회의를 열어 그 사람이 제대로 된 도움을 받을 수 있게 힘을 합쳐보자는 합의를 이끌어냈다. 때로는 회의에서 다른 사안들에 대한 결정을 내리기도 했다.

리처드는 미 서부에 대해서는 아무 견해도 갖고 있지 않다고, 그저 옛 신화가 더 이상 유효하지 않다고 생각할 뿐이라고 말했다.

먼지, 미래를 지우다:
네바다 핵실험장

서부에 관한 신화들은 무엇인가? 먼저, 서부는 서부라는 신화가 있다. 북부와 남부는 절대 불변의 장소이지만 동부와 서부는 결정권을 가진 사람의 위치에 따라 좌지우지되는 장소다. 어디에서건 서부는 해가 지는 장소, 저 앞에 펼쳐진 장소, 목적지가 있는 장소인 반면, 동부는 기원이 자리한 장소다. 그러나 모든 장소에는 그 장소의 동부와 서부가 있다. 내 기준에서 서부는 저 멀리 아시아가 위치한 태평양 지역이고, 동부는 과거 멕시코 북부의 일부였던 미 서부다.

미국이라는 국가가 보통 도시의 관점에서 인식되었다는 것, 서부가 동부의 관점에서 인식되었다는 것은 더욱 큰 문제다. 소로마저도 미국을 그런 관점에서 보고 싶은 충동을 이기지 못하고 이런 불가피한 문장을 썼다. "나는 동쪽으로는 억지로 가지만 서쪽으로는 자유롭게 간다. 어떤 볼일이 있어서 그리로 가는 것은 아니다. 다만 동쪽 지평선 너머에서 아름다운 풍경이나 충분한 야생, 자유를 볼 수 있으리라고 생각하기가 어렵다. …… 우리는 역사를 실현하고 예술과 문학 작품을 연구하기 위해 인류의 발자취를 되짚으며 동쪽으로 가고, 진취적인 기상과 모험심을 품고 미래로 진입하듯 서쪽으로 간다."[1] 소로가 말하는 서부는 대체로 떠나온 곳이 아니라 가야 할 곳, 그 자체로 하나의 지역인 곳이 아니라 문제에서 벗어나거나 문제를 버려두기 위한 곳이자 도피자들이 수다스럽게 재잘대는 곳으로 표현되었다. 소로가 말한 '우리'는 동부인으로서의 우리, 대륙을 가로질러 서부로 뿔뿔이 흩어진 하나의 인종으로서의 우리, '진보'를 상징하는 우리를 가리킨다. 명백한 운명은 진보의 주변부만 맴돌 따름이다. 지금까지 내가 계속 한 이야기도 진보에 관한 것이다. 다만 그걸 '역사'라고 불렀을 뿐이다.

이런 견해도 저런 견해도 나로서는 무시하지 못하겠다. 비티에서 풀려난 후 나는 기름에 튀긴 부리토와 바닐라셰이크와 어니언링을 몇 개 먹었다. 그날 나와 함께 체포됐던 사람은 총 893명이었다.

일요일 아침 나는 내게 네바다주 여행을 시켜줄 시티즌 얼러트 소속 현지인들을 찾기 위해 야영지 곳곳을 돌아다녔다. 마침내 도움을 줄 수 있는 사람을 한 명 찾았는데, 전날 가축 탈출 방지용 격자판을 가로질러 우리를 이끈 쇼쇼니족 장로 중 한 사람인 빌 로스(Bill Rosse)였다. 그는 나보다 키는 작고 가슴은 떡 벌어진 체형에다가 머리는 은발이었고, 접시만 한 로데오 벨트 버클과 비즈로 된 모자 띠가 달린 때 묻은 흰색 카우보이모자 차림이었다. 내가 다가가서 질문을 던지자 그는 심각한 표정으로 나를 쳐다보았다. 우리는 한 번도 만난 적 없는 사이였다. 그는 갑자기 나를 세게 껴안더니 남동생과 쌍둥이인 거냐고 물었다. 나는 내가 몇 살 더 많다고 설명한 다음 내가 당신을 어떻게 알게 됐는지 아느냐며, 안내 데스크에 누가 당신 사진을 걸어놓았는데 거기에 당신이 최근 다섯 번째 심장 동맥 우회로 조성술을 받았으니 기도해주자는 메모가 적혀 있었다고 짓궂게 놀렸다. 그러면서 대부분 사람들의 심장에는 판막이 네 개뿐인데 그만큼 수술을 했다면 그의 심장은 보통 심장이 아니겠다고 말했다. 그러자 그는 내 남동생이 뛰어난 자질을 가진 사람이라고 말하면서 잠깐 곁길로 빠졌다가 내가 찾고 있는 사람들이 있는 곳을 알려주면서 자신은 여기에 혼자 왔다고 말했다. 빌은 네바다주의 빅스모키 밸리에서 태어났지만 어릴 때 혼자가 된 아버지와 베이커스필드로 이주했고, 2차 세계대전 막바지에 오키나와 전투에 투입되어 부상을 입은 시절을 제외하면 아버지가 은퇴할 때까지 캘리포니아의 농경 지역에서 살았다고 했다. 1974년 그는 아내와 아홉 자녀 중 여덟과 함께 네바다주의 욤바 쇼쇼니(Yomba Shoshone) 보호구역으로 돌아와 부족장이 된 후 보호구역에 위협을 가하는 것들, 그리고 MX 미사일에 반대하는 운동을 이끌었다.

야영지를 걷고 있을 때, 네바다 핵실험장에서 쇼쇼니-반핵 동맹을 결성한 다른 쇼쇼니족 장로인 폴린 에스테베스가 정차된 차 안에서 담배를 피우다 말고 차창 밖으로 고개를 내밀더니 내게 쌍둥이냐며 빌과 똑같은 질문을 던졌다. 에스테베스와는 그해 2월 샌프란시스코에서 만난 적이 있었다. 미 서부의 여러 주를 도는 스피킹 투어의 첫 가이드가 에스테베스였다. 내 남동생과 네바다-세미팔라틴스크 운동의 카이라트 우마로프도 그 투어에서 가이드를 맡았었는데, 에스테베스는 두 사람이 스물일곱 살이고 자신은 60대라는 이유로 그들을 손자라고 부르면서 카멜 담배 피우는 법을 가르쳐주었다. 에스테베스와의 첫 만남에서 기억에 남았던 것은 그가 70대가 코앞으로 다가온 것 같다면서 갑자기 격분했던 모습과 나중에 내게 한 농담이었다. "빅 뉴 인디언 부족에 대해 들어봤어요? 워너비(Wanna-bees)라고 불린대요."

한 시간이 지나기도 전에 나는 어느새 비티로 이어지는 95번 고속도로 상행선에 다시 와 있었다. 이번에는 지금까지 했던 여정에서 내가 본 것들이 무엇이었는지를 이해할 수 있었다. 시티즌 얼러트의 라스베이거스 지부장 크리스 브라운(Chris Brown)이 온종일 나를 차에 태우고 돌아다니며 창밖으로 보이는 랜드마크들에 대해 이야기해 준 덕분이었다.

나는 열다섯 살에 잉글랜드에 간 적이 있었고 거기서 처음으로 고딕 대성당을 보았다. 전혀 이해되지 않는 공간에서 어슬렁어슬렁 돌아다녔던 것이 아직도 기억난다. 동굴처럼 일정한 형태가 없는 공간 같았다. 내가 들어온 곳이 어떤 곳인지, 내부는 어떻게 배치되어 있는지 전혀 모르는 채로 나는 기어코 그 안에서 길을 잃었다. 몇 년 후 나는 중세 미술과 건축을 공부하러 유럽을 다시 방문했고, 중세 대성당의 보편적인 평면도를 암기했다. 그리고 대성당의 평면도가 십자가 혹은 양팔을 쭉 뻗은 몸처럼 생겼다는 것, 대성당이 항상 태양이 떠오르는 동쪽과 예루살렘을 향해 있다는 것, 정문은 기독교 신학에서 만물이 끝나는 지점을 의미하는 서쪽으로 나 있다는 것, 그래서 최후의 심판이나 재림의 이미지를 중요하게 다루는 경우가 많다는 것을 배웠다. 성당 구조에 어찌나 익숙해져버렸는지 특이하다 싶은 것, 이를테면 (너무 높게 지어져 중앙탑이 붕괴하면서) 천장이 무너져내린 보베 대성당이라든가 샌프란시스코에 있는 형편없는 모조 건축물들을 보면 어긋난 음정을 들은 음악가처럼 당황하지 않을 수 없었다. 어떻게 보면 첫 유럽 방문 당시 나는 내가 무얼 보고 있는지 몰랐기 때문에 아무것도 보지 못한 것이나 다름없었다. 이제야 알게 된 사실이지만 나는 북쪽 익랑(또는 십자가의 왼쪽 팔)으로 들어가서 오른쪽으로 방향을 튼 다음 제단에서 등을 돌리고 원을 그리듯 맴돌기만 했을 뿐이었다. 그 후부터 나는 항상 여행할 때마다 눈으로 본 것과 관련된 이야기를 수집하거나 눈으로 보게 될 이야기를 미리 찾아보려 했다.

크리스 브라운과 그의 아내와 함께 차를 타고 이동하는 동안, 그전까지 상당히 자주 왔다 갔다 하며 스쳐 지나갔던 풍경이 마침내 내게 의미 있게 다가왔다. 'U. S. 에콜로지' 표지판을 지나 서쪽으로 이동할 때 크리스는 그 방사성 폐기물 관리 기업과 대부분 비티 출신인 거기 직원들에 관해 이야기해주었다. U. S. 에콜로지가 과거에는 '뉴클리어 엔지니어링'으로 불렸고, 1970년대에는 직원들이 약 9만 8000평 면적의 폐기물 부지에 두었던 장비들을 판매하려 했다가 새 소유주들이 생각했던 것보다 일부 장비의 방사성 수치가 높은 것으로 밝혀지면서 현장에서 곤경에 처했었다는 이야기였다. 방사선은 건축 자재에서도 검출되었고, 방사성 폐기물 운반 용기로 사용된 가축 여물통과 결국 그때 문을 닫게 된 한 로컬 바를 지을 때 사용된 시멘트 혼합기도 오염되어 있었다.

우리는 콤스톡 광맥이 있던 시절부터 유령 마을로 남아 있는 라이얼 라이트와 그곳에 새로 들어선 첨단기술 광산을 지나쳤다. 그 광산은 19세기 기술 (그리고 경제) 수준으로 채굴한 몹시 낮은 품질의 광석에서 금을 침출하기 위해 시안화물을 사용하는 곳이었다. 어느 머나먼 곳에서 아름다운 은빛이 반짝거렸다. 크리스는 그것이 지구상에서 가장 규모가 큰 시안화물 연못이라고 말했다. 연못 옆에 자리한 산은 금 채굴 후 남은 광물 찌꺼기가 쌓인 쓰레기 더미가 되고 있었다. 계속 이동하는 동안 우리는 또 다른 유령 마을도 지나쳤다. 녹색 빛을 띠는 금이 채굴되어 불프로그(Bull-frog)로 불리게 된 마을이었다.

어느새 크리스는 유카산을 가리키고 있었다. 95번 고속도로에서 북동쪽으로 몇 킬로미터 떨어진 곳, 핵실험장 경계에서 그리 멀지 않은 곳에 어두운 산마루가 보였다. 그 위로 구름이 드리워 있어 평소보다 더 어두워 보였고, 헐벗은 경사면이 침식하면서 수척한 형상이 드러나 있었다. 에너지부가 토지관리국의 승인을 받아 미국 최초의 영구적인 고준위 방사성 폐기물 저장 시설을 구축하고자 하는 장소인 유카산은 능선이 수 킬로미터 정도로 길고 높이는 주변 경관보다 약 460미터가량 높아서 뾰족한 정상의 고도가 해수면보다 거의 1.6킬로미터 높다. 산은 대부분 짙은 용암이 응축된 응회암으로 이루어져 있다.

1980년대 초반 MX 미사일이 프로그램이 폐기 수순을 밟게 되었을 때 유카산은 네바다주에서 최후의 날을 감당할 장소가 되었다. 네바다주의 공유지도, 쇼쇼니족의 영토도 원래 해오던 방식대로는 이용할 수 없었던 미 정부는 그 땅을 모두에게 그리고 모든 것에 영원히 쓸모없는 땅으로 만들어버리려고 작정한 듯했다.

원자력은 1950년대 많은 과학자들이 상상했던 것과 같은 효과를 내기는 했지만, 항상 한 가지 문제를 안고 있었고 오늘날에도 일부 과학자는 그 문제를 해결할 수 있으리라고 기대하고 있다. 원래 원자력은 석탄 화력발전소처럼 오염 물질을 방출하지 않는 값싼 무한 에너지 공급원이어야 했다. 그러나 위험한 금속과 우라늄을 대량 사용한 결과 지구상에서 가장 유독한 물질을 생성하고 말았다. 다만 플루토늄과 여타 폐기물은 오염 물질로 간주되지 않았다. 자연환경으로 돌아가지 않는다는 이유에서였다. 그렇다면 그 물질들은 과연 어디로 갔을까?

핵 시대로 접어든 지 거의 반세기가 지난 현재까지도 이 질문에 답한 사람은 아무도 없고 질문이 질문으로 남아 있는 한 원자력 산업은 위기에 처할 수밖에 없다. 핵무기 제작 시 발생한 핵폐기물의 상당수는 지금까지 안전하지 않은 방식으로 보관되었다. 샌프란시스코 해안에 있는 녹슨 폐기물 보관통과 방사성 액체가 유출되는 워싱턴주 핸퍼드의 핵폐기물 저장 탱크를 포함한 저장소들은 과거를 과소평가했음을 보여주는 시한폭탄 같은 기념비들이다. 사용한 핵연료는 원자력발전소 주변의 냉각 탱크에 축적되고 있고, 관계자들은 자신이 이 문제에서 손을 떼도 된다는 약속을 정부가 이행하기만을 기다리고 있다. 그런데 '사용한'이라는 단어에는 애매모호한 부분이 있다. 우라늄은 원자력발전소에 연료를 제공하는 미임계 원자로를 가동하는 과정에서 이미 사용 연한을 넘겼음에도 더 위험한 물질(스트론튬, 세슘, 플루토늄)을 생성했기 때문이다. 게다가 이 물질들은 여전히 그 자체로도, 그리고 방사능 수치 측면에서도 문제가 되고 있다. 스

먼지, 미래를 지우다:
네바다 핵실험장

트론튬과 세슘의 반감기는 짧지만* 플루토늄의 반감기는 2만 4000년이다. 반감기는 방사성 물질을 구성하는 성분의 절반이 붕괴해 다른 성분으로 변하는 데 걸리는 시간을 의미하며, 따라서 플루토늄이 충분히 붕괴하기까지는 수십만 년의 세월이 걸린다. 많은 과학자와 활동가들의 견해에 따르면 적절한 폐기물 저장은 아직 실현되지 않았고 어쩌면 실현 불가능할 수도 있다.

1982년 미 의회는 급증하는 임시 저장 핵폐기물 더미를 처리할 장기 저장 시설을 모색하기 위해 핵폐기물 정책법을 통과시켰다. 초기 계획은 동부와 서부에 저장 시설을 하나씩 마련하는 것이었지만 몇몇 동부 주들은 자기네들 의무가 아니라며 단호하게 외면했다. 총 세 곳(텍사스에 하나, 워싱턴에 하나, 네바다에 하나)이 후보지로 선정되었으나 정치적 압박에 못 이겨 두 곳이 후보에서 제외되었고, 그러자 1987년 의회는 충분한 숙고 없이 유카산을 유일한 연구 대상으로 결정한 소위 '네바다주 망치기(Screw Nevada)' 법안을 통과시켰다. 그때부터 네바다주는 폐기물 저장 시설이 들어오지 못하게 막기 위해 갖은 애를 썼지만 상원 의원과 현지 정치인들은 (일자리를 위한 것이라며) 찬성하는 태도를 내비쳤다. 정치인들이 염두에 둔 계획은 유카산에 고준위 방사성 폐기물 7만 미터톤을 저장하는 것이었고 에너지부는 그 폐기물이 안전하다고 간주할 수 있으려면 1만 년간 격리해야 한다고 판단했다.(하지만 그렇게 해도 핵물질 자체는 그보다 몇 배는 더 오랫동안 위험한 상태로 유지될 것이다.)

내가 유카산에 대해 묻자 밥 풀커슨은 네바다주가 폐기물 저장 시설을 가동하지 못하도록 애쓰고 있는 지질학자 스티브 프리시먼(Steve Frish-

---

* 스트론튬의 반감기는 약 29년, 세슘의 반감기는 약 30년이다.

man)을 소개해 주었다. 텍사스주가 폐기물 저장 시설을 들이는 계획을 무효화했을 때 일터를 떠난 프리시먼은 미국에서 대부분의 상업용 방사성 폐기물이 인구 밀집도는 높고 자원은 적은 동부에서 생성되는 반면 대부분의 폐기물 저장 계획은 서부를 겨냥하고 있다고 말했다. "1989년에 네바다주 상원은 네바다주에 고준위 폐기물을 저장하는 행위를 금지한다는 내용을 간략하게 담은 법안을 통과시켰습니다. 이건 저장 시설 허가 과정이 진척되면 시험대에 오를 수밖에 없는 중요한 주 권리(state-rights) 문제이기도 해요. 어쩌면 남북전쟁만큼이나 중대한 헌정 위기일 수도 있고요. 서부인들은 동부가 서부를 주요 폐기물의 (그리고 모든 것의) 처리 장소로 눈독 들이고 있다는 사실을 점점 더 의식하고 있어요."

나는 네바다 핵실험장 하늘 아래에서 진행된 세미나에서 밥에게 들은 이야기, 즉 유카산에 저장하기로 예정된 폐기물이 말 그대로 너무 뜨거워서 1000년 동안 끓게 될 것이라는 이야기를 프리시먼에게 물었다. 지옥에서의 고문에 관한 중세 시대의 묘사를 제외하고는 그런 표현 자체를 들어본 적이 없어서였다. 프리시먼은 밥이 온도와 시간 모두를 과소평가했다고 대답했다. 프리시먼은 폐기물이 물과 접촉하지 않게 만드는 방법 중 하나는 폐기물 저장소가 수천 년 동안 끓는점보다 높게 유지될 수 있도록 폐연료봉들을 서로 가까이에 배치하는 것이라고 했다. 그렇게 하면 저장소 인근의 모든 물을 확실히 증발시킬 수 있었다. 단, 그 경우 주변 바위들이 열로 인해 부서질 수 있고 그러면 또 다른 문제가 초래될 터였다.

에너지부 연구소가 대규모 지진으로 인해 100만 달러 상당의 피해를 입은 시점으로부터 한 달쯤 지났을 때, 나는 카슨시티에 위치한 프리시먼의 사무실을 방문했다. 그는 나를 위해 오전 시간을 통째로 할애해 텍사스주 특유의 느릿느릿한 화법으로 지질학과 정치, 방사능에 관해 이야기해주었고, 그러는 내내 줄담배를 피우면서 소위 계획이라는 것들이 사실 미친 수작질에 가깝다고 넋두리했다. 에너지부 지질학자들이 도출한 가정의 핵심은 유카산의 경우 지하수면이 낮아 폐기물 저장소로 이상적이라는 것이었고, 반대자들이 내세운 주된 근거는 그 지하수면 자체가 불안정할뿐더러 심지어는 실체조차 밝혀지지 않았다는 것이었다. 게다가 핵실험장이 위치한 지역 전체에 지진 단층이 형성돼 있기도 하고 그 지역에서 화산 활동이 벌어진 적도 있었다. 프리시먼은 이렇게 말했다. "화산 활동이 재개될 가능성은 분명히 있습니다. 95번 고속도로를 따라 운전하다 보면 라스롭 웰스 화산 원뿔이 꽤 선명하게 보일 거예요. 사실 제가 텍사스에서부터 차를 몰고 고속도로를 따라 처음 여기 왔을 때는 유카산 옆을 달리고 있는 건지 아니면 그 근처를 달리고 있는 건지 전혀 몰랐어요. 근처에 있다는 정도만 알았지 도로에서 볼 수 있다는 사실조차 몰랐죠. 주변을 살펴보고 나서야 이런 생각이 들더군요. '저기, 저쪽에 젊은 화산 원뿔이 있네. 대체 여기서 무슨 일이 벌어지고 있는 거지?' 알고 보니 라스롭 웰스 화산 원뿔에서 일어난 가장 최근의 화산 활동이 이르면 5000년에서 1만 5000년 전일 수도 있었더라고요. 굉장히 최근의 일이었던 겁니다." 프리시먼은 모든 화산 활동이나 지진 활동이 지하수면에 변화를 초래할 수 있다고 덧붙였다.

　나는 에너지부가 방사성 폐기물을 격리하는 데 필요한 기간을 1만 년으로 정한 이유가 무엇인지도 물었고, 그러자 프리시먼은 물 만난 물고기처럼 설명을 이어갔다. "이유는 두 가지였습니다. 일단 1만 년이 지나면 방사능 함량이 풍부한 우라늄 광석에 버금가는 수준으로 방사능 수치가 낮아진다는 이유에서였어요. 말하자면 사람들이 일상생활에서 접촉할 수 있는 가장 방사능 수치가 높은 물질보다 방사능 수치가 낮아진다는 거였죠. 이건 뒤늦게 갖다 붙인 이유였고 정말 중요한 이유는 다른 것이었는데

요. 우리가 확률론적 위험을 분석해서 먼 미래를 그려보려 해도, 그러니까 약 10의 네 제곱인 1만 년 후를 내다보려 해도 지질학과 인간의 미래와 그 밖의 것들을 예측할 수 없는 우리의 무능, 기후를 예측할 수 없는 무능으로 인해 불확실성이 막대하게 증가한다는 것이었습니다.

라혼탄은 1만 년, 1만 5000년 동안 중요한 의미를 갖는 호수였어요. 그런데 지난 1만 년 남짓한 기간 동안 말라붙어가는 중이고, 저희는 이 현상이 주기적인 가뭄 때문임을 보여주는 증거를 점점 더 많이 발견하고 있습니다. 지난 1만 년의 세월 동안 대체로 라혼탄 호수에는 지금보다 훨씬 많은 물이 있었어요. 기후가 어떻게 변할지는 정말 예측할 수 없지만 그래도 우리는 지금이 간빙기라고, 언젠가, 어쩌면 향후 1만 년 안에, 언젠가는 다시 호수에 물이 차오를 것이라고 가정해야 해요. 그러니 강수량도 많아질 거라고 가정해야 하고요. 강수량이 많아질 거라고 가정하면 지하수 함양률도 높아질 거라고 가정해야 하고, 지하수면도 어느 정도 높아지리라고 가정해야 해요. 그런데 에너지부 관계자들은 지금으로부터 1만 5000년 전의 상황을 기준으로 했을 때 지하수면이 얼마나 높아질지의 관점에서 이 문제를 바라보고 있어요. 그들의 이 단순한 계산법에 따르면 약 120미터 높아집니다. 현재 지하수면 높이에서 계획 중인 저장 시설 높이의 절반 정도까지만 높아진다는 것이죠. 에너지부가 파악한 문제도, 침수에 대한 가정도 이런 계산법만큼이나 간단하기 그지없습니다. 그런데 지하수면이 50퍼센트만 높아질 것이라는 에너지부의 가정이 100퍼센트 틀린 것으로 밝혀지고 물이 끝까지 다 차버리면 어떻게 될까요?"

또 다른 지질학자 찰스 아샴보(Charles Archambeau)는 《뉴욕 타임스》에 이렇게 말했다. "폐기물 저장소가 물에 잠기면 산꼭대기까지 폭발해버릴 수 있습니다. 하다못해 방사성 물질이 지하수로 흘러들어 데스 밸리로

먼지, 미래를 지우다:
네바다 핵실험장

까지 퍼져나갈 텐데, 데스 밸리 사방에는 지하 깊은 곳에서 끊임없이 물을 끌어올리는 온천이 있습니다. 그러면 새와 동물과 식물이 그 물을 먹게 될 테고 점점 데스 밸리 밖으로까지 새어나가기 시작할 거예요. 그건 아무도 막을 수 없습니다. 악몽이죠. 방사성 물질이 천천히 생물권 전체에 스며드는 겁니다. 세상의 종말을 상상하고 싶다면, 그냥 그 광경을 떠올리면 됩니다."[2]

+

라혼탄 호수는 네바다 북부 지방 대부분을 차지하는 거대하고 얕은 소금 호수였고 라혼탄 호수 동쪽에 위치한 라혼탄의 자매 호수인 보너빌 호수는 라혼탄보다도 더 거대했다. 그레이트솔트 호수는 물이 증발하면서 미네랄이 쌓인 보너빌 호수의 잔여물로, 염분이 바다보다 네 배 높다. 네바다주 최초의 문화는 라혼탄 호숫가 거주민들이 만든 것으로 알려져 있다. 그리고 남쪽에 있는 맨리어스 호수(데스 밸리 포티나이너스 중 한 사람인 윌리엄 L. 맨리의 이름을 따서 지어진 이름)는 현재 데스 밸리로 알려진 계곡을 채우고 있다. 사람들은 유카산 인근에도 살았지만, 그곳은 지질학자 아샴보의 말을 인용한 《뉴욕 타임스》 기사가 유카산을 묘사할 때 필연적으로 쓸 수밖에 없었던 형용사에 걸맞은, **불모의 황량한** 땅이었다. 유카산 인근에서 석기를 발견한 고고학자들은 에너지부가 앞으로 방사성 폐기물을 격리하는 데 필요하다고 제시한 기간보다 더 오래전인 1만 2000년 전에 그곳에서 사람들이 살았으리라고 추정했다.

에너지부는 1만 년 안에 우리의 언어와 문화가 전부 사멸할 것이라고 예상한다. 1만 년의 아주 일부 동안만이라도 지속된 언어나 문화가 지금까지 없었다는 것이 그 이유다. 폐기물 저장소를 1만 년 동안 유지되는 경고로, 후대 사람들에게 의미 있을 장소로 남기는 것은 에너지부 미래학자들에게 일종의 도전이었다. 프리시먼이 말해준 바에 따르면 신성한 지식을 대대손손 물려줄 핵 사제단(nuclear priesthood)을 꾸리자는 제안도 있었다. 어떤 이들은 아주 오랫동안 진행될 부식 작용에도 살아남을 어마어마하고 광대한 기념물을 세우자고 제안했지만, 어떤 기념물이든 호기심을 자극할 수는 있어도 거기에 새겨진 비문이 말이 되리라는 보장은 없었다.

서부 쇼쇼니족과 남부 파이우트족 장로들은 유카산을 치아씨와 막대 모양의 잎을 채집하고 큰뿔양을 사냥한 장소로 기억하고 있다. 그리고 그들은 포티마일 협곡을 기어 내려간 다음 산 아래에 가만히 누워 있는 한 커다란 뱀에 대해 말한다.[3]

고도가 높아짐에 따라 서서히 풍경이 바뀌었다. 유카 나무가 더 많아졌고 바위는 어쩐지 더 울퉁불퉁해 보였으며 땅은 더더욱 메말라갔다. 토노파까지 약 160킬로미터를 이동하는 동안, 과거에 광산 신흥 마을이었다가 쇠락한 골드필드를 제외하면 마을도 더 이상 보이지 않았다. 밥은 공군 기지가 그룸산맥을 원한 이유가 다른 무엇보다도 스텔스 폭격기를 시험할 수 있는 비밀 구역이어서였지만, 결국 시험은 토노파 인근에서 진행하게 되었다고 말했다. 한 대당 가격이 5억 달러에 이르는 총 132대의 스텔스 폭격기는 선제공격용 핵무기 운반 시스템이자 특수 군사 작전용 비가시(invisible) 항공기로 쓰일 예정이었지만, 실제로는 걸프전에서 핵과 무관하게 사용되었다.

도로는 널찍하고 건물은 낮고 땅은 비옥한 토노파는 희한할 만큼 외진 곳에 위치해 있었고 위네무카를 비롯한 네바다주의 다른 많은 도시와 달리 모든 것과 너무나도 멀리 떨어져 있어서 패스트푸드 체인점과 모텔조차 많지 않았다. 우리가 들른 슈퍼마켓에는 F17 스텔스 폭격기 머그잔과 야구모자가 전시되어 있었다. 비티는 자칭 '데스 밸리로 가는 관문'이었고 토노파는 '스텔스의 고향'이었다. 토노파 사람들이 스텔스 폭격기 말고 도대체 무엇으로 생계를 유지하고 있는 건지는 짐작하기 어려웠지만, 슈퍼마켓 앞 게시판에 말 길들이기, 대청소, 보육 관련 구인 광고와 총기, 개발 필지, 트레일러 판매 등의 광고가 붙어 있기는 했다. 셀로판지로 포장된 달콤한 롤빵, 신선한 야채와 와인이 진열된 냉장 코너를 구경하는 것이 흐르는 물을 보는 것만큼이나 흥미진진했다. 밥은 대량의 소고기 찜 요리와 맥주, 베이컨, 달걀, 우유 등 그동안 누릴 수 없었던 미국의 필수 식자재를 전부 구매했다.

토노파에서 동쪽으로 방향을 틀어 공화국의 위대한 군대 고속도로(Grand Army of the Republic Highway, 사람이 거의 살지 않다시피 하고 딱히 광대하지도 않아서 어떤 군대에서든 홍보용으로 쓰기에 그리 좋은 명칭은 아닌 것 같다.)로 진입했더니 2차선뿐인 도로 끝에 소실점이 보였다. 도로를 따라가다 처음 본 것은 폭탄 벙커였다. 우발적인 폭발의 충격을 최소화하기 위해 흙으로 만든 거대하고 육중한 보루였다. 크리스는 폭탄 보관과 관련된 이야기도 들려주었다. 네바다주 인근에 저장된 채 부패하고 있는 무기가 믿을 수 없을 만큼 많다는 얘기였다. 95번 고속도로에서 조금 더 북쪽에 위치한 호손은 미국의 주요 무기 저장 시설이다. 1926년 뉴저지주의 무기 창고가 폭발한 후에 세워진 호손은 미국이 치른 세 차례의 전쟁에서 대부분의 폭탄과 총알과 여타 폭약을 모아두는 장소로 활용되었다. 현재는 약 35만 톤의 무기가 보관되어 있다. 아마 전 세계에서 가장 규모가 큰 무기 저장소일 것이다. 우리가 공화국의 위대한 군대 고속도로를 통해 가로지른 산맥은 내가 그전까지 본 그 어떤 산맥보다도 거대하고 고독해 보였는데, 도로 한쪽에 설치된 표지판을 보니 국립공원이라고 쓰여 있었다. 당시만 해도 나는 국립공원이라고 해서 반드시 나무가 있어야 하는 건 아니라는 사실도, 산림청이 공원관리청이나 토지관리국처럼 행정 담당 부서에 불과하다는 사실도, 대부분의 네바다주 땅과 상당수의 서부 땅에 광범위한 영향력을 행사하는 곳이 연방정부라는 사실도 알지 못했다. 그즈음 우리는 평화캠프 북동쪽으로 약 320킬로미터 정도 이동한 상태였음에도 여전히 넬리스 공군기지와 그 부속 용지들, 그리고 핵무기의 비핵 부품을 실험하는 토노파 시험장 인근에서 벗어나지 못하고 있었다.

차를 타고 가던 도중 우리는 '은화살과 금활' 표지판을 보았다. 지나가면서 볼 수 있는 그 무엇과도 어울리지 않는 매력을 품은 명칭이었다. 이윽고 샌디 서밋을 올라 계속해서 동쪽으로 이동했다. 이동하는 내내 남북으로 뻗은 산맥의 풍경이 물결치듯 해서 거의 계속 오르막길을 올랐다가 내리막길로 내려가는 기분이었다. 산에 올라 경치를 감상한 다음 다른 산에 올라 또 경치를 감상하는 어떤 곰이 등장하는 노래처럼, 우리의 이동에도 리듬이 있었다. 내리막을 다 내려오면 마치 산쑥 더미에 갇힌 양 한동안 차가 전혀 움직이지 않는 듯했고, 눈앞에 보이는 산맥은 영영 변하지 않는 지평선처럼 보였다. 그러다가 다시 오르막길을 타고 산길로 접어들면 다음 산맥이 눈앞에 펼쳐졌다.

무스탕 야생마 일곱 마리가 성큼성큼 도로를 가로질렀다. 다섯 마리는 밤색, 한 마리는 적갈색, 한 마리는 검은색이었고 얼핏 보니 털에서 윤기가 흐르고 건강해 보였다. 어느덧 사흘째 네바다주에서 시간을 보내며 영토 절반을 가로지르고 났더니 내가 어디에서 왔고 거기선 무엇을 했는지가 차츰 기억나지 않기 시작했다. 나는 군대의 잔학 행위에 관한 이야기

먼지, 미래를 지우다:
네바다 핵실험장

와 한없이 너른 풍경에 매료돼 있었다. 혈기 왕성한 야생마가 달리는 진귀한 광경을 보니 마치 카우보이들, 원주민들과 함께 내가 한 번도 믿은 적 없는 숨겨진 세계로, 끝나지 않는 전쟁을 치르고 있는 서부의 세계로 탐험을 온 듯했다. 그 후로도 네바다주를 방문할 때마다 그 폐쇄적인 풍경은 내게 똑같은 느낌을 불러일으킨다. 하늘을 향해 열려 있고 그 밖의 모든 것을 향해 닫혀 있는 공간에 있는 듯한 느낌. 네바다주는 내부는 빛으로 꽉 차 있고 외부 세상과는 차단된 울퉁불퉁한 그릇 같은 진정한 분지다. 분지와 산맥이 번갈아 가며 반복되는 풍경은 그 풍경이 결코 끝나지 않을 것 같은 느낌을 준다. 최면을 거는 듯한 리듬을 가진 땅을 벗어나면 아무것도 없다는 듯이. 외부 세상이 그저 하나의 이야기, 사람도 물도 거의 없는 이 금욕적인 장소와 아무 관련도 없는 이야기인 듯이.

나는 약 1.6킬로미터 내에서도 지형이 해변에서 수풀, 초원, 숲으로 바뀌고 외국인들의 방문과 각종 국제 행사가 신경을 건드리는 해안 가장자리의 세계에 익숙한 사람이었다. 그런데 네바다주에서는 핵무기와 스텔스 폭격기를 사용할 만한 장소도, 그렇게 할 만한 이유도 떠올리기 어려웠다. 풍경을 상대로 벌어지는 이상하고 무의미한 전쟁, 파괴 자체가 목적이고 땅 자체가 적군인 듯한 전쟁은 국제정치와 무관한 듯했다. 이 폐쇄적인 장소에서는 냉전에도 끝이 있다는 사실이 중요하지 않았다. 장군들은 유럽에서 철수할 경우 자국 내에 더 넓은 영토가 필요하다고 말했고, 소련을 위해 일했던 폭탄 설계자들은 이제 제삼세계의 불안정한 정권들에 붙어서 더 많은 폭탄과 실험을 계획하고 있었으며, 원자력 산업으로 인해 유카산에 엄청난 양의 폐기물이 생성되고 있을 뿐이었다. 군비경쟁이 중단될 것인지, 이제 두 번 다시 외국에 폭탄이 투하되는 일이 없을 것인지는 중요한 문제가 아니었다. 이미 오래전에 네바다주 주민들과 땅을 상대로 전쟁을 개시한 미국 정부는 집요하게 전쟁에 임할 것이었고 그러다 보면 수명이 긴 방사성 원소들의 반감기는 수차례 증가할 터였다.

그날 오후 우리는 주요 도로에서 빠져나와 핫크리크산맥과 팬케이크산맥 사이의 비포장도로로 진입한 다음 핫크리크 밸리로 이동했다. 덜컹대는 차 안에서 크리스는 과방목이 남긴 흔적들을 손으로 가리켰다. 우리는 비포장도로를 따라 북쪽으로 약 24킬로미터 이동해 그날 밤을 보낼 목적지에 도착했다. 죽어가는 나무 군락 속에 방치된 포니 익스프레스 역이었다. 잡목림 사이에 석재와 목재로 지어진 어느 근사한 이층집이 보였다. 대문과 창문이 자연을 향해 활짝 열려 있었고 주변에는 돌로 지은 부속 건물 여섯 채가 옹기종기 모여 있었다. 아래쪽에 심긴 과수원의 사과나무들은 잎도 거의 달려 있지 않은 데다 비쩍 말라 있었고, 개울 하나가 과수원 너머 목장까지 흐르고 있었음에도 집에 그림자를 드리우는 키 큰 나무들은 금방이라도 부러질 듯했다. 봄이 아직 이곳까지는 당도하지 못한 것 같았다. 멀찍이 산다운 산들이 보였다. 고도가 높아질수록 풍경의 규모가 커졌다. 이런 곳에 통신 시설이 있었다니, 동부에서 캘리포니아까지 빛 같은 속도로 소식을 전하는 통신선이 여기에도 깔려 있었다니 믿기 어려웠다. 나는 통신 시설이 설치된 곳에서 먼지투성이 길을 따라 내려가보았다. 그 순간 완전한 고요가 찾아왔다. 그 완전한 침묵을 깬 것은 새들, 그리고 운전석에 부부와 두 아이가 탄 픽업트럭 한 대와 차체가 움직일 때마다 안에 실린 장작 한 무더기가 퉁퉁 튀어 오르는 트레일러였다.

내가 포니 익스프레스 역으로 돌아갔을 때는 약간 소란스러운 웅성임이 일었다. 밥 풀커슨과 키트 카슨과 다른 몇몇 사람들은 죽은 나뭇가지로 커다란 모닥불을 피워 더치 오븐에 고기를 구웠고 채식인들은 다른 쪽에서 프라이팬으로 요리를 했다. 하지만 해가 다 저물 즈음에는 전부 모닥불 주변으로 모여들었다. 이윽고 어둠 속에서 다른 캐러밴 차들이 모습을 드러냈다. 그때 폴 로다트가 우리에게 다가와 충격에 휩싸인 목소리로 카이라트 우마로프와 폴린 에스테베스가 체포되었다고 말했다. 그러더니 우리가 그 소식에 완전히 몰두하자 갑자기 호탕하게 웃음을 터뜨리면서 오늘이 만우절이라고 했다. 얼마 지나지 않아 카이라트와 빌 로스가 도착했다. 사람들 손에 하나둘 맥주가 들렸고 와인 한 병이 이 손에서 저 손으로 오갔다. 와인병은 짙은 모닥불 연기를 뚫고 시곗바늘처럼 확실한 움직임으로 원을 그리며 움직였다. 그 원형의 모닥불 밖으로 조금이라도 벗어났다가는 차디찬 추위가 몸을 감쌌기 때문에 다들 열기 속에서 목을 축였다.

빌이 기타를 꺼내 서부 컨트리 노래를 부르기 시작했다. 그 컨트리 음악도 내게는 일종의 새로운 발견이었다. 저학력 백인 노동자들이 사는 도시에서 자란 내게 컨트리 음악은 대체로 머스코기 출신으로 트럭을 모는, 반동적인 오클라호마 촌사람에 관한 음악처럼 느껴졌고 대도시로 이사한 후에는 그런 음악이 내 의식에 끼어든 적이 거의 없었다. 이민자의 자손으로 태어난 나의 어머니와 아버지는 우리 남매가 양육된 환경만큼이나 미국 오지 문화와도 별다른 연결고리를 갖고 있지 않았고, 나는 컨트리 음악을 끈적끈적하고 과거로 후퇴하는 음악 정도로만 치부했었다. 그런데 빌이 부른 노래들은 놀라운 재치와 원한을 품고 있었다. 지독한 신체적 고통에 관한 노래를 제외하면 하나같이 비참하게 끝난 우정에 대한 씁쓸하고 울적한 회한을 말했고, 죄다 장소의 명칭과 지형을 열정적으로 줄줄이 읊으면서 인간사를 향한 언짢은 마음을 누그러뜨렸다. 빌은 자기가 여자를 싫어하는 게 아니라 단지 음악을 좋아하는 것뿐이라고 설명하면서 노래를 부르는 내내 히죽히죽 웃었다. 그는 「티 포 텍사스(T for Texas)」(그리고 이에 더해 자신을 놀려먹었다는 델마라는 여자에게 부치는 「티 포 델마(T for Thel-ma)」), 실패한 롱혼 소몰이에 대해 검시관이 쓴 일종의 기록 같은 「블러드 온 더 새들(Blood on the Saddle)」, 「너무 외로워서 눈물이 날 것 같아(I'm So Lonesome I Could Cry)」, 그리고 행크 윌리엄스의 경쾌한 승리의 노래부터 절망의 노래까지 다양한 노래를 불렀다.

+

그해 가을 나는 펠로십 자격으로 옥스퍼드 대학교에 가서 풍경의 역사와 예술사에 관한 연구를 지속할 계획이었다. 그 명망 높은 곳에서 연구할 수 있는 가능성이 거의 확실해졌다는 소식을 들었을 때, 나는 다시 유럽에서 사는 삶에 대해 생각하다가 문득 내가 성인기의 대부분을 가짜 유럽인처럼 살았다는 사실을 깨달았다. 내 과거, 그러니까 온갖 영국 소설과 프랑스 시를 접하고 파리에서 시간을 보내기 이전의 과거를 돌이켜보고 있으니 내가 어린 시절에는 블루벨리 도마뱀을 잡고, 말을 타고, 내가 아는 종류의 땅에서 자급자족했던 원주민과 여타 문화에 대해 아무 편견 없는 공상을 한 카우걸이었으며 그 시절에 내가 했던 공상이 내가 살았던 영토와 잘 어울렸다는 생각이 들었다. 또 내가 늘 서부인이었다는 사실, 서부로 돌아온 지 오래되었음에도 내가 서부인이라는 자각이 내 상상에 끼어든 적이 없었다는 사실이 떠올랐다. 그리고 성인기의 대부분을 서부에서 보내는 동안 서부를 유럽의 전초 기지처럼 생각했다는 사실도, 서부를 늘 원본과 다른 결점을 가진 복제본으로 간주했다는 사실도, 최초의 백인 이민자처럼 유적과 이야기와 내 조상의 흔적을 갈망했다는 사실도, 서부에 몸담은 채 동부를 바라보고 있었다는 사실도 깨달음처럼 나를 찾아왔다. 나는 마치 연회장에서 음식을 구걸하는 사람, 영국 서식스다운스 지도를 쥔 채 시에라를 탐험하려 드는 사람 같았다. 거의 10년이라는 세월 동안 눈 한 번 내리지 않은 도시에 살았던 나는 수도꼭지에서 떨어지는 물방울이 눈 녹은 물이고 그 물은 댐 때문에 수몰되기는 했으나 전설적인 아름다움을 갖고 있었던 계곡에서 흘러나온 물이라는 사실을 모르고 있었다. 그제야 나는 전쟁을 인지하지도 못한 채 평생을 전쟁 지역에서 살았다는 사실을, 그런 전쟁이 내가 배운 전쟁의 범주에 들어맞지 않았기 때문에 모를 수밖에 없었다는 사실을 깨달았다. 또 풍경과 관련해 내 관심을 사로잡은 질문들의 경우 뿌리보다는 가지가 훨씬 더 흥미롭다는 깨달음과, 내 문화의 뿌리를 찾으러 유럽으로 돌아가는 대신 유럽이 유럽과는 판이한 서부의 생태 환경과 문화를 변화시키고, 침범하고, 다른 것들과 뒤섞어 잡종을 만들고, 서부에서 살아가며 서부의 토지 정책을 만드는 사람들의 시각을 형성하고 왜곡한 방식을 들여다봐도 좋겠다는 깨달음이 찾아왔다. 그래서 나는 펠로십 자격을 포기했다. 그해 봄이 끝날 때까지는 그러고 싶지 않았다. 나는 더 낮은 곳에 있는 것들과 함께할 운명이었다.

무어스스테이션 마을의 지저분하고 담배 냄새가 풍기고 뼈대만 남은 형태의 주택 2층에서 잠을 청한 나는 다음 날 아침 침낭 속에서도 추위에 떨며 몸을 잔뜩 움츠린 채로 눈을 떴다. 창밖을 보니 죽어가는 과수원 사이로 태양이 밝게 빛났다. 멀찍이 떨어진 산들이 선명하게 보였고, 핵실험장에서는 단 한 번도 울지 않았던 새들이 지저귀고 있었다. 나보다 용감한 사람들은 근처 개울가에 씻으러 간 후였고 나보다 기술이 좋은 사람들은 꺼진 불씨를 섬세하게 매만지며 되살리고 있었다. 달걀이 얼 정도로 추운 밤이었지만 이제는 햇볕에 익어 스크램블 요리가 되기 전에 떠나야 했다.

우리는 핫크리크 밸리로 갈 때 접어들었던 도로와 상당히 인접해 있는 암각화와 폭탄 분화구를 보러 이동했다. 암각화와 분화구는 그 도로를 사이에 두고 서로 다른 방향에 위치해 있었는데 그 분기점에는 뭐라 설명할 수 없을 정도로 불길한 분위기가 감돌았다.

암각화는 핫크리크 밸리의 동쪽 벽에 깔린, 금방이라도 부서질 듯한 창백한 암석들로 이루어진 어느 작은 협곡의 상단에 있었다. 협곡 입구의 암벽도 그 암석들로 만들어진 것이었고 협곡 안에는 더 많은 암석이 있었다. 암석의 창백한 표면에는 녹슨 흔적, 이상한 형상들, 선들, 톱니처럼 생긴 볼트 나사 모양과 동그라미가 아름답고 복잡한 패턴을 그리고 있었다. 더듬이가 달린 인간이나 나비 또는 라디오처럼 생긴 형상도 있었다. 어디에서부터 찾아왔건 이토록 먼 곳에서 발견할 만한 것치고는 무척이나 소소한 것들이었고, 이 땅과의 관계와 이 땅의 문화와 관련해 우리에게 무언가를 환기하기는커녕 그저 무언가를 전달할 뿐인 그 희미한 신호들의 의미를 우리의 상상력으로는 조금도 짐작할 수도 없었다. 그 신호들은 뭐랄까, 이미 파괴된 문을 여는 열쇠, 풍경이 나를 위해 제 모습을 바꾸는 것보다는 내가 풍경을 위해 내 모습을 바꾸고 싶다는 욕망의 흔적 같았다.

분화구도 이상했다. 핵폭탄에 대해 말할 때 감정이 소거된 숫자에 의지하지 않기란 참 어려운 법이니 숫자를 빌려 말해보자면, 그 분화구는 1968년 1월 19일이라는 날짜, 약 980미터라는 깊이, 200~1000킬로톤 사이라는 폭발 위력으로 설명할 수 있었다. 분화구에 대해서는 에너지부조차 그 아래에 방사성 수치가 높은 커다란 빈 구멍이 존재하고 이로 인해 "2000년이 지난 이후에" 지하수가 오염될 것이라고 인정하기도 했지만, 2000년이라고 말한 이유는 그저 그게 아주 요원한 시간처럼 느껴져서였을 뿐이었다. 핵폭탄이 터졌을 때 에너지부는 아직 원자력위원회였고, 위원장도 최초로 플루토늄을 만든 글렌 T. 시보그(Glenn T. Seaborg)였다.

　　폭발로 인해 생성된 분화구는 푹 꺼진 땅의 너비가 약 30미터 정도 되는 얕은 분지였고, 분화구 안에서 자란 덤불들은 다른 곳에서 자란 덤불들보다 색이 약간 창백했다. 그곳에는 깊은 침묵이 감돌았고 우리가 남긴 흔적을 제외하면 그곳에서 볼 수 있는 인간의 자취라고는 도로와 분화구와 암각화가 유일했다. 분화구 중심부에는 내 키보다 큰, 약 3미터 너비의 원통형 콘크리트로 만든 마개가 툭 튀어나와 있었다. 분화구와 마개는 그 땅이 경험한 사건을 상징하는 기념비가 되어 있었고, 콘크리트 위에는 청동 기념패까지 붙어 있었다. 가까이 다가가 읽어보니 실험명이 '무결점 작전(Operation Faultless)'[4]이었다고 적혀 있었다. 그길로 나는 분화구에서 돌아나와 집으로 갔다.

나무들

네바다 횡단 여행에서 돌아오고 한 달이 지났을 무렵인 1990년 5월의 메모리얼 데이, 도시 반대편에 사는 남동생이 전화를 걸어왔다. "앨 솔닛 씨가 이쪽 동네에 계신데 우리를 만나고 싶으시대." 내가 대답했다. "무슨 소리야, 앨 솔닛은 우리 아빠고 아빠는 돌아가셨잖아." 동생은 우리를 만나고 싶어 하시는 분이 아버지의 친척이라고 설명했다. 얘기만 들어봤을 뿐 실제로 만나뵌 적 없는 분이었다. 내 할아버지와 할아버지의 두 남자 형제분들은 각자의 장남들 이름을 전부 증조할아버지 성함을 따서 지었다고 했다. 우리를 보러 오신 분은 그 장남 중 한 사람이었고, 어느 평화 잡지에서 데이비드가 쓴 기사를 읽고 연락처를 수소문한 후 당신의 아들이 (그의 이름도 데이비드였다.) 결혼식을 올리러 버클리로 돌아오자 우리를 초대한 것이었다. 그날 오후 버클리에서 나와 데이비드는 생전 한 번도 만난 적 없는 많은 친척을 만났다.

이미 정신없이 바쁜 한 주를 보내고 있던 차였다. 그해 봄 우리는 '지구가 먼저다!(Earth First!)' 활동가들이 레드우드 서머(Redwood Summer) 캠페인을 위해 가진 회의에 몇 차례 참석했고, 캘리포니아에 남은 마지막 고대림들을 벌목 회사로부터 지켜내기 위한 캠페인에 참여할지 말지를 (각자) 고민하고 있었다. 내 마음에 확실히 와 닿은 것은 캠페인의 명분이었고, 데이비드의 흥미를 끈 것은 캠페인의 전략이었다. 그전까지 소규모의 게릴라 활동가 집단으로 활동했던 '지구가 먼저다!'는 서서히 풀뿌리 운동 단체로 성장하고 있었고, 레드우드 서머 주최자들은 나무 스파이킹 전략*(언론이 선정적으로 다루기는 했지만 '지구가 먼저다!'의 캘리포니아에서의 활동과 스파이킹 전략이 그리 크게 관련 있던 적은 없었다.)을 그만두겠다고 공개적으로 선언한 후 노동단체 및 벌목꾼들과 동맹을 맺기 위해 노력 중이었다. '지구가 먼저다!'가 사회 문제와 환경 문제의 연결성을 인식할 수 있게 된 데에는 멘도시노 카운티의 목수이자 한때 노동운동을 조직하며 활동한 주디 바리(Judi Bari)의 공이 크기도 했다. 벌목 업체들은 자사 노동자들에게 올빼미처럼 밤새 상황을 주시하는 이들과 환경보호론자들이 일자리를 없애려 한다는 생각을 주입했지만, 사실 벌목과 제분 업계 일자리는 대부분 기계화, 제재되지 않은 목재의 수출, 멕시코의 제분 공장, 캘리포니아 북부 전체가 헐벗을 만큼 지속 불가능한 속도로 진행 중인 벌목 때문에 사라지고 있었다. 가파른 급경사의 나무를 전부 베고 나면 벌목 업체들은 더 작업이 수월한 지역으로 옮겨갈 것이었고, 그렇게 되면 숲도 일자리도 더 이상 되돌릴 수 없는 지경으로 치달을 터였다. 그래서 집단행동, 풀뿌리 봉사 활동, 교육을 통해 혼신의 노력을 기울이고 있던 레드우드 서머는 미국 전역의 젊은 활동가들을 미시시피로 집결시킨 1964년 미국 시민권 운동의 미시시피 자유여름을 되살리려 했다.

레드우드 서머 캠페인은 5월 24일 아침 주디 바리의 엉덩이 밑에서 폭탄이 터졌을 때부터 논란거리로 부상했다. 그날 아침 바리가 자동차를 몰고 오클랜드를 가로지르고 있을 때, 운전석 아래에 실린 못 박힌 파이프

---

* 벌목을 막기 위한 전략 중 하나로, 나무에 못 따위를 박아 나무의 수명을 위협하지는 않으면서 목재의 상업적 가치를 낮춘다.

폭탄이 터지는 일이 발생했다. 바리는 심각한 내상을 입고 골반이 골절되었으며, 동승자는 경미한 부상을 입었다. 구급차 못지않게 신속히 현장에 도착한 연방수사국은 바리와 동승자 대릴 처니(Darryl Cherney)를 위험 폭발물 소지 및 운반 혐의로 기소했다. 그때부터 수사는 바리와 처니가 폭발에 책임이 있다는 가정하에 진행되었다. 바리가 공공연하게 비폭력을 역설한 사람이었음에도 달라지는 것은 없었다. 공식 발표된 진상 조사 결과에는 두 사람이 그 폭탄을 사람 또는 무언가에 투하할 목적으로 운반하고 있었다는 내용도 있었고, 두 사람이 자신들의 명분에 대한 공감을 이끌어 내려는 목적으로 자폭한 것이라는 내용도 있었다. 바리는 진작부터 환경 운동 때문에 수십 차례 살해 협박을 받았고 사건 발생 시점으로부터 몇 주 전에는 한 목재 운반용 트럭이 주행 중인 바리의 차량을 위협하며 도로에서 밀어낸 일이 있었음에도 이 모든 것은 무시되었다. "당신이 사망하기라도 하면 그때 수사를 진행할게요." 바리는 현지 경찰로부터 그런 말을 들었다고 했다.

그러던 중 소노마 카운티 지역 신문에 '신의 복수자'라는 서명이 담긴 누군가의 편지가 실렸다.[1] 바리에게 가해진 공격과 어느 제재소에서 벌어진 폭발 미수 사건이 자신의 소행이라고 주장하면서 그 주장을 뒷받침하기 위해 폭탄과 관련된 내용을 자세히 설명하는 편지였다. 성서처럼 화려한 문체로 쓰인 그 편지는 바리가 나무 숭배자이자 여성 권리 옹호자라며 비난했고, 두 활동가를 천지 창조 당시 정해진 질서에 혼란을 가져오는 존재로 치부했다. "악마에 홀린 이 자는 나무가 하느님께서 인간에게 주신 선물이 아니라 나무 자체가 신이므로 나무를 베는 것은 죄라고 만인에게 설파하며 독을 퍼뜨리고 있나니 …… 이제 숲을 찾아가 나무를 마치 금 도금된 우상처럼 숭배하는 모든 인간에게 경고하노라." 편지 작성자가 누구일지를 둘러싸고 '지구가 먼저다!'는 연방수사국일 것이라고 생각했고, 연방수사국은 '지구가 먼저다!'라고 주장했다.

폭탄이 터진 후 나는 나를 캠페인의 주요 주최자로 착각한 누군가의 연락을 받고 긴급 기획 회의에 참석했다. 그러고 났더니 잠자코 좌고우면 하면서 레드우드 서머의 구체적인 활동이 내게 맞을 것인지를 재보기에는 이미 너무 많이 와버렸다는 생각이 들었다. 그래서 그 주 토요일에 회의에 참석했고, 끝내 위기에 휘말렸다. 정치적 위기에 뛰어드는 것은 범람하는 하천에 뛰어드는 것과 다름없다. 강한 급류가 휘몰아칠 때 내 마음을 흥분시키고 들뜨게 만드는 목적의식에 휩쓸려버리면 내 삶과 일을 포함한 그 밖의 모든 것은 해안가 아무 곳에나 널려 있는 희미하고 사소하고 현실과 동떨어진 무언가처럼 느껴지게 되기 때문이다. 어떤 사람은 목적의식을 따르는 것만큼 고된 일은 없다고 생각하고 어떤 사람은 혼란스러운 상황을 극도로 싫어하는데, 나는 불규칙적으로 그런 급류에 뛰어드는 도요새 같은 사람이다. 나는 폭발 사건을 다루는 동시에 레드우드 서머가 캠페인을 중단하지 않았음을 알리는 새로운 소책자가 필요하다는 의견을 제시했고 결국 다음 날 아침까지 소책자 2000부를 준비하겠다고 자원했다.

그해 봄에는 캘리포니아와 네바다를 황진 지대로 만들고 있던 가뭄이 4년째 이어지고 있었다. 그즈음 연중 강수량이 많았던 적은 한 번도 없었지만 바리가 폭발 사건을 당한 날만큼은 하늘이 활짝 열리더니 주의 북반부 전체에 빗줄기를 쏟아부었다. 바리는 그게 자기 덕분이라고 했다. 친척들이 우리 남매를 만나고 싶어 한다는 데이비드의 전화를 받았을 때도 비가 거침없이 내렸다. 나는 내가 쓴 글을 출력해 소책자를 만든 다음 그중 한 뭉텅이를 바리가 입원한 병원의 농성장, 오클라호마 경찰국, 평화의 씨앗(Seeds of Peace), 그리고 레드우드 서머의 한 공동 후원 단체에 보냈고,

(일을 하면서 생긴 추진력에 힘입어) 집 안이 꽉 찰 만큼 많이도 모인 친척들을 만나러 버클리에 갔다.

나와 같은 세대의 몇몇 친척 무리와 그 양친들, 그리고 촌수가 좀 더 가까운 친척들이 와 있었다. 이 세상에 나와 성이 같은 사람이 이렇게나 많다는 사실을 그동안 아무도 언급하지 않았다니. 나는 모두를 향해 자기소개를 했다. 피부색이 짙고 재력을 갖춘 전문직 종사자들(대부분 의사와 대학교수)이 떼로 모여 있어 깜짝 놀라지 않을 수 없었다. 그도 그럴 것이 나는 그들과 달리 낯빛이 창백했고, 팔다리가 가늘고 길었고, 어머니가 아일랜드 가톨릭교도였으므로 유대인이라고 하기도 어려웠던 데다가, 직계 가족들은 사회 비판적인 불평분자들과 별난 기인들로 구성되어 있었다. 게다가 아버지는 이디시어를 구사하는 이민자 게토에서 보낸 유년 시절로부터, 사이가 껄끄러운 가족으로부터 애써 거리를 둔 분이었다. 내가 여섯 살 때 돌아가신 할아버지는 불량배, 노름꾼, 밀수업자로 살았던 집안의 골칫덩어리였다. 그에 반해 그날 내가 만난 사람들은 집안의 자랑거리였고, 대단한 성공을 이룸으로써 이 가족이라는 공동체의 기둥으로 살아온 할아버지의 형의 자손들이었다.

+

가끔 꿈속에 집이 나온다. 그러면 나는 거기서 새로운 방이나 장식장을 발견하고, 내가 살고 있는 집이 겉으로 보이는 것보다 더 크고 내 생각과 다르다는 사실을 깨닫는다. 때로는 그 꿈속 집에서 뒷문을 열었다가 아파트의 시멘트 마당이 아닌 방해물 하나 없이 지평선까지 이어진 푸른 동산을 발견하기도 한다. 그날은 내 가족이 꼭 그 꿈속의 집처럼 느껴졌다.

먼지, 미래를 지우다:
네바다 핵실험장

나는 대부분의 시간을 할아버지의 맏형의 첫 손자(1차 세계대전 말 무렵, 아메리카 대륙에서 출생한 첫 솔닛) 그리고 내 남동생에게 연락한 앨버트 솔닛의 누나이자 나와 5촌지간인 메리 솔닛 클라크와 대화하며 보냈다. 메리는 갈색 눈동자에 체격이 호리호리했고 점잖은 리넨 바지 차림이었다. 걸걸한 목소리로 정치에 대해 기탄없고 품위 있게 말하는 모습이 로절린드 러셀(Rosalind Russel)을 연상시키기도 했다. 당고모다운 다정함도 느낄 수 있었지만 머리칼처럼 굳센 성정도 전해졌고, 대화를 나누는 동안 나처럼 바닷가에서 세상을 구경하는 것보다는 내 남동생처럼 세상만사에 둘러싸여 있는 것을 좋아하는 분이라는 것도 확실히 알 수 있었다. 여전히 폭발 사건의 여파에 사로잡혀 있던 나는 어느 순간부터 가족사를 얘기하다 말고 그 문제를 언급하고 있었다. 놀랍게도 메리 당고모는 사건과 관련된 모든 내용을 알고 있었고 그 문제에 연방수사국이 개입했으리라고 단호히 말했다. 그리고 1960년대의 급진적인 반전운동, 연방정부의 자금 지원을 받은 다양한 형태의 방해 공작, 그리고 당신이 평화 단체들과 한 활동에 대해서도 들려주었다. 1961년부터 평화를 위한 여성 파업(Women Strike for Peace, WSP)이라 불리는 조직에 몸담았다고도 했다. WSP 활동에 대해 듣는 동안 나는 계속해서 깜짝깜짝 놀랐다. 내가 이제 막 만난 이 친척 어르신이 1950년대부터 핵실험과 핵전쟁에 반대하는 운동을 조직하고 1962년 네바다 핵실험장에서 시위를 시작한 분이었기 때문이다.

+

WSP는 지금도 존재하지만 전성기는 1960년대 초반이었다. 그렇게 오래전에 여성들이 직접민주주의의 아나키즘 원칙에 따라 전국적인 규모로 반핵운동을 벌였음에도 내가 그 이야기를 아무에게도 듣지 못했고 또 아무도 몰랐던 것 같다는 사실은 전형적인 문화적 기억상실의 사례인 듯하다. 역사를 기억하지 못하는 자는 모든 것을 완전히 처음부터 새로 시작할 수밖에 없는 운명에 처한다. 수많은 페미니스트와 평화주의자 들이 급진적 전임자들의 존재를 이토록 빨리 잊었다는 사실이 내게는 여전히 놀라울 따름이다. 대가족의 존재를 깡그리 잊고 산 사람이었던 나는 어쩌면 그러지 말았어야 했다.

솔닛 가문이 러시아에서 미국으로 넘어온 이유는 평범했다. 당시 러시아라는 국가는 유대인 대학살, 전쟁, 혁명으로 너덜너덜해진 상태였고 심지어 그런 극심한 흥망성쇠의 시기에 러시아-폴란드 국경 지역에서 반유대주의 풍조까지 이어졌기 때문에 번영의 가능성도, 남을 이유도 거의 없다시피 했다. 가장 먼저 러시아를 떠난 메리 당고모의 아버지는 나중에 남동생 두 분과 누나 한 분을 미국으로 데려왔다고 했다. 그분들은 바다와 대륙을 건너 곧장 미 서부로, 거대한 동유럽 유대인 커뮤니티가 형성돼 있던 로스앤젤레스로 왔고, 메리 당고모는 평생 그곳을 떠나지 않았다.

네바다 핵실험장 상공에서 최초의 핵실험이 행해지고 몇 년이 흐르는 동안 핵폭탄은 대중에게 색다른 의미를 갖기 시작했다. 원자력위원회의 공작에 의해 대형 폭탄에 지나지 않는 무언가로, 자연에 대한 더 완전한 통제를 상징하는 무언가로 인식된 것이다. 그러나 1950년대가 깊어질수록 핵폭탄이 폭발물일 뿐만 아니라 일종의 화학 또는 생물학 무기라는 사실이 분명해졌다. 폭발 직후는 물론이고 시간이 한참 흐른 뒤에도 방사성 낙진이 남았던 것이다. 폭발로 인해 파괴된 것은 하나하나 설명할 수 있었지만 낙진으로 인한 피해는 측정이 불가능했다. 낙진이 너무 광범위하게 퍼져 있던 데다가 결과가 나타나기까지 너무 오랜 시간이 걸렸던 터다. 1950년대에 생성된 낙진의 상당수는 낙진이 떨어진 지역의 식물과 생명체의 몸에 여전히 영향을 미치고 있거나 그런 생물계를 순환할 때를 잠자코 기다리며 지표면에 가라앉아 있다.

전쟁은 남자들의 문제였지만, 오염은 여자들의 문제가 되었다. 또 폭탄은 통제, 즉 자연과 전쟁과 적을 통제하고 심지어는 공포를 통해 시민을 통제하는 것을 의미했지만 폭탄 자체는 통제 불가능한 것으로 판명 나고 말았다. 원래 적을 겨냥하는 무기여야 했던 폭탄이 모든 것에 영향을 미치는 전염병으로 판명 난 것이었다. 총알은 표적을 맞히거나 빗나갔지만 낙진은 모든 방향으로 날아갈 수 있었고 표적에 닿기까지 수십 년 혹은 수 세대에 이르는 시간이 걸릴 수도 있었다. 핵전쟁이 홀로코스트에 대비해 몇 번이고 계속해서 폭탄을 터뜨리는 리허설로 바뀌면서 전쟁은 어머니들이 다룰 문제가 되어버렸다. 전쟁이 더는 국경 지역이나 먼 미래에 벌어지는 일이 아니라 아이들의 뼛속에서 벌어지는 일이 되었고 이미 아이들의 생명을 앗아갈 수도 있는 단계에 이르렀기 때문이었다.

낙진에 포함된 방사성 동위원소인 스트론튬 90은 1955년에 처음 공론화되었다. 스트론튬 90은 인간의 몸이 칼슘으로 착각하는 원소로, 칼슘이 존재하는 우유와 그 우유를 마시는 사람의 뼈, 특히 성장 속도가 빠른 아이들의 뼈에 축적된다. 스트론튬 90은 젖소의 우유뿐만 아니라 수유 중인 어머니의 모유에서도 발견된 바 있다. 다른 방사성 물질도 인간의 몸속에 쌓이지만 1950년대에 집중적인 관심을 받은 것은 스트론튬 90이었다. 네바다주와 유타주 동부에 낙진이 유독 두껍게 쌓여 있었을 때 원자력위원회는 우유 성분도 검사했다. 그러나 집단적인 공포를 불러일으킬지도 모른다는 생각에 사람들에게 우유를 마시지 말라는 경고까지는 하지 못하는 경우가 다반사였다. 심지어 지금도 지하 핵실험으로 인해 낙진이 다시 대량 발생할 경우에 대비한 에너지부의 계획에는 낙진 확산 기간 동안 짠 현지 우유를 폐기하라는 지침이 포함되어 있다.(다만 현재 더 큰 우려를 낳고 있는 원소는 스트론튬 90처럼 우유에 축적되는 것은 물론이고 갑상선까지 망가뜨리는 아이오딘 131이다.) 에너지부의 1987년 지침은 이 절차를 '우유 통제'[2]라고 칭한다.

일반적으로 우유는 두려움의 대상이 아니다. 우유는 어머니와 아이를 연결하는 유대의 정수이자 순수한 동시에 에로틱하고 근원적인 물질이다. 모든 초기 풍경화의 정중앙에 아이에게 젖을 먹이는 성모 마리아가 그려져 있고 생명을 키워내는 지구에 대한 기독교의 시각이 젖을 먹이는 어머니로 요약된 것은 우연이 아니다. 어머니가 된 사람 입장에서 자신의 모유가 아이를 살찌울지 아니면 독살할지를 확신할 수 없으면 가장 기본적인 유대가 끊어지고, 가장 친밀한 행위가 불순해지고, 인류 전체의 미래가 불확실성에 빠진다. 아이를 갖는다는 행위는 미래에 손을 뻗는 행위, 만물의 연속성을 신뢰하는 행위인 셈이다. 그런데 젖소와 여자의 모유에 축적된 스트론튬 90은 이 행위에마저 훼방을 놓았다. 마치 들판의 동정녀(Virgin of the Fields)가 계시록의 짐승(Beast of Revelation)이 되기라도 한 것처럼 폭탄은 아마겟돈뿐만 아니라 변이와 기형을 가진 후손이라는 SF적 미래까지 우리 눈앞에 펼쳐놓았다.

애들레이 스티븐슨(Adlai Stevenson)은 1956년 고배를 마신 대통령 선거 캠페인 당시 스트론튬 90을 상당히 자주 언급했다.[3] 최초의 대규모 반핵 단체인 '영국 핵군축 캠페인(Britain's Campaign for Nuclear Disarmament)'과 미국의 '분별 있는 핵정책을 위한 국가위원회(National Committee for a Sane Nuclear Policy, SANE)'도 끊임없이 개발되고 있는 핵무기의 잠재적 위험과 더불어 현재 핵실험이 내포한 위험을 다루었다. 1956년 선거에서는 아이젠하워가 스티븐슨을 이겼지만, 스티븐슨이 제기한 문제들은 사라지지 않았다. 아이젠하워 전 대통령은 낙진이 아이들에게 미치는 영향을 우려한 시민들로부터 편지 세례를 받기도 했다. 그리고 편지 발신자 중 3분의 2가 여자였다. 히로시마 원자폭탄 투하 12주기였던 1957년 8월 6일, 세계교회협의회는 군비경쟁 중단을 호소했고 스물다섯 명이 네바다 핵실험장에서 최초로 시위를 벌였다. 시위대는 뉘른베르크 원칙을 주창했고, 그중 열한 명은 정문에서 체포되어 비티로 보내진 후 법정에 소환되었다가 석방되었다. 이 사건을 보도한 《뉴욕 타임스》는 시민 불복종이 무엇인지를 독자들에게 설명해야 했는데, 그 과정에서 간디 이름의 철자를 잘못 쓰기도 했다. 성인으로 불려도 마땅한 알베르트 슈바이처는 나병 환자를 돌보는 아프리카 병원에서 시민 불복종의 대의를 지지했고 과학자 라이너스 폴링(Linus Pauling)도 패서디나의 캘리포니아 공과대학교에서 그 뜻을 이어받았다. 영국 철학자이자 평화주의자인 버트런드 러셀도 이런 움직임에 합세했고, 소련의 물리학자 안드레이 사하로프(Andrei Sakharov)는 평화운동을 하다가 기소당하는 일을 35년간 지속하면서 핵실험에 계속 경고를 보냈다.

가장 전면에 드러난 것은 남자들의 목소리였지만 운동의 저력은 여자들에게서 나왔다. 방사성 낙진은 구체적인 정치 운동을 촉발했을 뿐만 아니라 당국에 대한 심각한 신뢰 상실을 초래하고 미 정부를 향한 반항 정신까지 낳은 듯했다. 냉전 정책들은 애국심을 가부장적 당국에 대한 조용한 복종으로 재정의했지만, 그런 냉전의 도구들, 즉 폭탄 그 자체가 실제로 당국이 지켜야 할 사람들을 위험에 빠뜨리고 있었다. 낙진과 관련해 문제를 제기한 사람들은 핵실험에 책임이 있고 군비경쟁을 가속화한 과학자와 정치인들을 무신경하고 부정직한 사람에 더해 나쁜 사람으로도 보기 시작했다. 이와 같은 세계관을 지지한 과학자 가운데 가장 목소리를 높였던 사람은 레이철 카슨(Rachel Carson)이었다. 1962년 그는 살충제와 낙진이 불러일으키는 파멸을 경고하는 동시에 이 세상이라는 공간을 마음대로 만지작거려도 되는 기계가 아닌 균형을 존중해야 할 생태계로 바라보는 시각을 널리 알린 최초의 책 『침묵의 봄』을 출간했다. 문제 제기는 당국에 의문을 제기하는 데 익숙한 사람들(좌파들, 동료 과학자들)뿐만 아니라 그렇지 않은 사람들을 통해서도 이루어졌다. 1950년대의 우유 공포부터 1970년대의 러브 커낼*을 거쳐 오늘날 상존하는 무수히 많은 위협에 이르기까지, 온갖 해로운 환경 물질로부터 인간의 건강을 보호하기 위한 미국 환경 운동의 근간을 이룬 장본인은 바로 가정주부들이었다. 주디 바리의 페미니즘 운동과 환경 운동을 연결 지은 '신의 복수자'는 종종 그럴듯한 연관이 있다고 여겨지는 관계에 대해 반감을 갖고 이렇게 단언했다. 여자들이 자연과 정치적 동맹을 맺고는 있지만 그 이유는 여자가 전쟁으로부터 동떨어져 있고 출산 또는 살림을 하기 때문에, 그리고 서구 사회의 이원적인 논리에 따라 여자가 남자의 문화 속에서 자연의 역할을 맡기 때문이라고 말이다. 결과적으로 국가 권력을 떠받쳐주리라 예상되었던 폭탄은 그 권력을 내부에서부터 서서히 무너뜨리기도 했다.

1958년 소련은 미국에 핵실험 임시 중단에 동참할 것을 촉구했다. 1958년 핼러윈 전날 미국은 네바다 핵실험장에서 티타니아(Titania)라는 명칭의 작은 폭탄을 터뜨렸고 그때부터 거의 3년간 핵실험을 중단했다. 그후 베를린 위기가 찾아왔고, 동독과 서독의 관계가 무너지면서 베를린 장

---

* 뉴욕 나이아가라 폭포 인근에 위치한 지역으로, 주민들이 집단 이주를 하는 상황까지 초래한 최악의 토양 오염 사건이 발생했다.

먼지, 미래를 지우다:
네바다 핵실험장

벽이 세워지자 초강대국들은 전쟁 발발 직전의 상황에 처했다. 내가 태어난 1961년 6월에는 존 피츠버그 케네디가 재래식 핵전쟁에 대비하고 있었다. 한 달 후 케네디는 미국 국민에게 방사성 낙진 대피소를 짓기 위한 신규 자금을 요청하고 있다고 전했고, 한 번의 잘못된 판단으로 "인류 역사상 그 어떤 전쟁이 초래한 것보다도 더 끔찍한 폐허가 단 몇 시간 안에 펼쳐질 것"이며 핵전쟁이 시작된다면 그건 소련의 잘못이리라는 입장을 표명했다. 이윽고 소련은 100메가톤 규모의 핵폭탄으로 실험을 재개했고 그해 9월 미국은 네바다주 지하에서 핵폭탄 앤틀러(Antler)와 슈루(Shrew)를 한꺼번에 터뜨렸다. 앤틀러의 낙진은 미국 북동부에까지 다다랐다. 그리고 그해 11월 1일, 전국 스물다섯 개 주의 100개가 넘는 공동체 소속 여자들이 동맹파업에 들어갔다. 그들은 세계 지도자들이 핵실험을 중단하고, 무장을 해제하고, 전쟁 대비에 쏟는 노력을 평화 준비에도 쏟아야 한다고 주장했다.

　도시를 감싼 불투명한 대기가 내려다보이는 집에서 메리 당고모는 내게 이렇게 말했다. "다양한 도시에서 10만 명에 가까운 여자들이 각기 다른 방식으로 조치를 취했단다. 일부는 시위를 했고, 일부는 의원들을 찾아갔지. 뭐가 됐건 각자가 속한 지역에서 가장 자연스러운 방식으로 싸웠던 거란다. 시위 규모는 여기 로스앤젤레스에서 가장 컸어. 참가자 수가 4500명에 달했거든. 우리는 아침 7시에 시청을 찾아갔어. 어떤 일이 일어날지도 모르는 채로. 그런데 산타바버라, 샌디에이고, 샌버나디노처럼 먼 도시에서 출발한 버스들이 오더구나. 버스는 여자들로 꽉 차 있었고. 우리는 가만히 서서 입을 떡 벌릴 수밖에 없었어. 그런 일이 벌어질 거라고는 정말 생각지도 못했거든." 근래 역사에서는 그와 비슷한 일조차 벌어진 적이 없었고 그날의 시위는 그해의 주요한 사건 중 하나로 기록되었다.

WSP는 여성이 생명의 수호자이자 양육자이며 그렇기에 군비경쟁과 방사성 낙진을 중단시킬 특별한 책임을 짊어진 존재라고 주장했다는 점에서 들판의 동정녀처럼 전통적인 색깔을 띠었다. 하지만 그러면서도 대단히 급진적이었다. 체스 게임을 하는 듯한 냉전의 논리, 그리고 애당초 반대했던 권력을 닮아가게 된 관료적이고 위계적인 평화 단체들에 대한 실망에 기초해 발 벗고 나선 집단이었던 것이다. WSP가 여성 전용 조직으로 탄생하게 된 이유에 대해 메리는 (핵동결 운동의 조상인) SANE과 여타 단체들이 남자들만 불러 모아 지루한 협의를 하면서 여자들을 배제했기 때문이라고 설명했다. "일을 하면서도 결정에는 아무런 관여도 못 하는 상황에 아주 진절머리가 났던 거지." 스스로를 주부와 어머니의 위치에 놓은 WSP 소속 여자들은 위험하고 전복적이고 비애국적이라고 간주된 목소리에 힘을 실었다. 심지어는 평화 사절단을 구성해 모스크바와 북베트남을 방문한 후 전쟁을 야기할 수밖에 없는 정치적 국경은 인정할 수 없다는 의견을 표명했고, 정책 입안자들이 적으로만 보는 곳에서 자신들은 여성이라는 젠더 덕분에 오로지 아이들과 피해자들에게만 집중할 수 있는 능력을 갖고 있다고 설파했다.

나의 당고모 메리는 그 모든 일을 겪은 사람이었다. 남편은 부유했고 마음은 대담했고 두 아들은 이미 장성한 상황이었기에 정치적 행위를 할 준비가 되어 있기도 했다. 메리는 내게 말했다. "나의 어머니와 아버지는 굉장히 민주적인 분들이었고 한 번도 당신들의 뿌리를 부인하지 않았단다. 당신들이 어디에서 왔는지, 어떻게 해서 어디에 가닿게 되었는지를 비롯해 모든 것에 감사함을 느끼셨지. 우리 마음에는 가족에 대한 충성심에 더해 조국에 대한 충성심도 가득했지만, 그저 충성심을 갖는 것에 그치지 않고 행동을 해야 한다고 생각했어. 자원봉사가 됐건 뭐가 됐건. 내 생각에 유대인들은 박해받은 과거 때문인지(지금 이스라엘에서도 그렇다고는 말할 수 없지만) 타인에 대해 특별한 감정을 품은 듯하구나. 생각해보면 내게 결정적인 순간은 히로시마에 관한 존 허시(John Hersey)의 에세이를 읽었을 때 찾아온 것 같기도 하단다. 그 에세이는 내 마음에 머물렀고, 일순간 망연자실하게 만들었고, 미국이 여기에서 핵실험을 하는 날이 오기까지 수년 동안 계속 나와 함께했거든. SANE이 1950년대 말까지 《뉴욕 타임스》, 《LA 타임스》 등등에 전면 광고를 싣기도 했는데 나는 그걸 보면서 핵실험이 무엇인지 의식하게 된 것 같아. 그러면서 내가 가입할 수 있는 평화 조직을 찾아보기 시작했던 것이고." 메리는 1959년부터 1961년까지 거의 매일 SANE에서 활동했다. 그러나 여러 문제가 뒤따랐다.

1961년 WSP가 설립되었을 당시 메리는 남부 캘리포니아의 코디네이터이자 국가자문위원회의 구성원이었다. 그 초창기 활동을 메리는 훗날 이렇게 기록했다. "핵전쟁 위험이 증대되는 상황에서 점점 두려움을 느낀 다그마 윌슨(Dagmar Wilson)은 워싱턴 D.C.에 거주하는 친구 여섯 명을 불러 모아 그때부터 온갖 활동을 시작했다. 그 작은 집단은 전국 여성들에게 편지를 보냈다. 편지 내용은 이런 것이었다. '저희는 전국에 있는 수많은 사람이 저희와 같은 감정을 느끼고 있지만 혼자라는 이유로 목소리를 내지 못하고 있다고 생각합니다. 결국 굴복하게 될지라도 소리 한 번 내보지 못하고 패배하고 싶지는 않습니다. 우리가 동참했다거나, 동의했다거나, 수동적으로 핵전쟁을 받아들였다는 말은 후대에 전해지지 않게 합시다.' WSP는 믿기 어려울 정도로 체계라고는 없이 활동하면서 규칙도 전부 어겼지만 계속해서 사람들을 끌어들였고 결국 조직 구성원은 수십만에 이르렀다. 우리는 늘 사람들을 결집한 비법을 설명해 달라는 질문, 구성원 수는 몇 명이고 임원은 누구인지를 알려달라는 질문을 받는다. 그럴 때마다 우리는 이렇게 대답한다. '그런 거 없어요.' 그러면 사람들은 불신과 의심과 의혹을 보낸다. 그런데 공교롭게도 그게 진실이다." WSP는 합의된 지침에 따라 진행되는 전국 회의에 지역 단체들을 매개로 대표단을 보내는 등 아나키스트에 가깝게 활동했다.

WSP는 구성원 중 공산주의자가 있는지를 궁금해하거나 취조하는 행위를 하지 않음으로써 평화운동에서 새로운 입지를 다졌고, 연방의회가 공산주의 침투 가능성을 의심하며 수사했을 때는 공산주의에 조금도 관심이 없다며 유쾌하게 잘라 말하고 복잡하고 은근한 취조 질문에 단순하고도 익살맞은 답변을 하면서 하원 비미(非美) 활동 조사위원회(House of Un-American Activities Committees, HUAC)*를 전국적인 웃음거리로 만들었다. 이는 공산주의자 색출과 비미 활동 조사위원회의 종말을 여는 신호탄이었다. 1962년 1월 WSP는 백악관에서 피켓을 드는 시위를 벌였고 그들의 명분이 지닌 가치를 대통령으로부터 인정받았다. 또 그해에 유엔과 소련에 사절단을 보냈고, 구성원들은 네바다 핵실험장으로 갔다.

+

1962년 7월 12일 목요일 《라스베이거스 리뷰-저널》을 뜨겁게 장식한 표제는 "핵실험 금지를 선도하는 여성들, LA로"였다. 1957년 네바다 핵실험장에서의 시위가 마침내 그 뒤를 이어받을 조직을 갖게 된 것이었다. 이를 통해 상당한 관심을 받게 된 WSP는 매일같이 언론 표제를 장식했고 라스베이거스 원자력위원회 건물에서 시위했을 때는 대표단이 CBS

---

* 1940~1950년대에 일명 '빨갱이 사냥'을 했으며 1969년에 '국내 치안 위원회(Internal Security Committee)'로 개칭했다.

뉴스의 인터뷰 요청을 받기도 했다. 그 주 토요일 밤, WSP는 카지노 인근에서 떼로 어슬렁거리고 있는 인파에 합류해 "사산 때문에 텅 빈 유아차", "암 때문에 텅 빈 유아차", "백혈병 때문에 텅 빈 유아차" 등의 문구를 쓴 팻말을 들고 유아차를 밀었다. 지나가던 사람들은 피켓 시위대가 화들짝 놀랄 만큼 한목소리로 핵실험 반대를 외쳤고, 어떤 사람들은 시위대에게 다가가 러시아로 돌아가라고 말했다. 시위대는 평화주의와 공산주의가 똑같은 것이라고 생각하는 사람들에게 해줄 말도, 군수품 생산을 평화로운 활동으로 바꾸는 경제적 전환에 관한 정보도 이미 준비해둔 상태였다. 그날은 현지인 다섯 명이 피켓 시위에 합류했다.

다음 날인 7월 15일 일요일, WSP는 머큐리 마을 입구로 이동했다. 그다음 날인 16일은 뉴멕시코 사막에서 최초의 핵실험 트리니티가 단행된 지 17주년이 되는 날이었다. WSP 소속 여성 마흔네 명이 머큐리에 도착하기 전날, 에너지부는 스몰 보이(Small Boy)라고 명명한 핵폭탄을 터뜨렸다. 현재 이와 관련된 공식 자료는 "방사선이 핵실험장 외부에서 검출됨"이라고 기록하고 있으며, 일부 증거는 방사성 낙진이 콜로라도 국경에까지 퍼졌음을 암시한다. 당시 《라스베이거스 리뷰-저널》에는 "LA 핵실험장에서 '핵실험 금지' 피케팅 벌어져"라는 표제가 신문 1면을 가득 채웠고 그 아래에는 스몰 보이에 관한 내용이 실렸다. "폭탄이 터지자 프렌치맨 플랫이 위치한 핵실험장 구역의 반경 약 32킬로미터 범위에서 햇빛보다 수 배는 더 밝은 섬뜩한 황금빛 섬광이 번쩍였다. 몇 초 후 황갈색 버섯구름이 하늘로 뭉게뭉게 피어올랐고 약 3000미터 상공을 지나면서부터 연분홍색으로 변하더니 솜사탕 같은 형태가 되었다. 그러더니 구름 아래쪽은 모래와 잔해 때문에 갈색으로 변하고 꼭대기 쪽은 점점 더 높이 상승해 눈처럼 새하�‍해졌다가 너비가 약 16킬로미터 정도 되는 대형 바람개비 같은 형태로 바뀌었다. 그 대형 구름은 약 100킬로미터 떨어진 라스베이거스에도 선명하게 보였다." WSP 소속 여성들은 우산을 챙겨 다녔다. 그날 아침 기온이 46도에 육박해서였다. 스몰 보이가 만든 솜사탕 같은 바람개비가 퍼뜨린 낙진이 그들에게 어떤 영향을 주었을지는 그 누구도 알지 못한다.

이윽고 8월이 찾아왔다. 내 남동생이 태어난 날과 케네디 전 대통령이 암살당한 날이 다가오기 몇 달 전이었던 그때, 미국과 러시아와 영국은 제한적 핵실험 금지 조약(LTBT)에 서명했다. 당시 미국에서는 핵실험을 일체 중단해야 한다는 주장도 얼마간 힘을 얻고 있었지만 케네디 전 대통령은 주저하며 뒷걸음쳤다. LTBT가 향후 모든 핵실험을 지하에서만 해야 한다고 규정한 조약에 불과했던 터라 프랑스는 1971년까지, 중국은 1980년까지 지상에서의 핵실험을 지속했다. 말하자면 LTBT는 "대기권과 우주 공간과 수중에서의 핵무기 실험을 금지하는 조약"일 뿐이었고, 방사능 낙진이 "핵실험을 관할 또는 관리하는 주의 영토 범위" 내에 머무는 한 지하 핵실험을 허용하기도 했다. 눈에서 멀어지면 마음에서도 멀어지겠거니 한 것이다. WSP는 핵실험 금지에 압력을 행사한 것과 관련해 상당한 공로를 인정받았으나 LTBT는 반핵 활동가들의 분노를 샀고 일반 대중이 기만적인 자기만족을 느끼고 더 나아가 현실을 자각하지 못하게 만들었다. 그리고 대부분의 미국인은 미국에서 정기적으로 핵실험이 벌어지고 있다는 사실을 서서히 잊기 시작했다. LTBT는 전 세계에 확산되는 낙진의 양을 현저히 줄이기는 했지만 낙진 발생도, 군비경쟁도 멈추지 못했다. LTBT의 조건 중 하나는 조약국들이 신속히 포괄적 핵실험 금지 조약(CTBT)을 체결하는 방향으로 나아가야 한다는 것이었고, 당연히 조약은 위반되었다.

WSP는 핵실험에 맞선 투쟁을 포기하지 않았다. 1964년 1월에는 네바다주로 돌아가 핵실험 전면 금지를 요구했다. 1963년 8월 LTBT가 체결되기가 무섭게 지하 핵실험이 공공연하게 시행되고 있다는 소식이 들려온 터였다. 핵폭탄이 지하에서 터지면 엄청난 양의 열과 압력이 발생하면서 방사성 가스로 가득 찬 지하 공동이 형성된다. 때로는, 사실 종종, 지표면에 균열이 생겨 대기 중으로 가스가 방출되기도 한다. LTBT가 체결된 이래로 핵실험은 정기적으로 시행되는 데 더해 조약도 위반했으며, 이로 인한 방사성 낙진은 캐나다로까지 확산했다. 1964년 WSP의 시위가 있기 얼마 전 《월스트리트 저널》은 조약을 위반하면서 캐나다에까지 영향을 미친 낙진과 네바다주, 유타주, 아이다호주의 우유에서 검출된 아이오딘 131 원소에 관한 보도를 냈고,[4] WSP는 지속되는 위험에 주의를 환기했다. 그러나 CTBT가 체결될 무렵 WSP는 베트남전에 참전한 미국 군인들의 모습이 담긴 영상을 비밀리에 입수했다. 미국 정부가 아직 베트남전 참전 사실을 인정하기 전이었다. 그리고 그때부터 관심은 해외에서 벌어지는 열전과 국내에서 벌어지는 냉전으로 분산되었다.

레드우드 서머는 독특한 행사였다. 먼저, 핵실험을 둘러싼 소란과 그에 따른 여름 반핵운동이 일어나자 그제야 캘리포니아주 북부와 시에라 지역을 제외한 곳에 사는 사람들도 캘리포니아가 주요 목재 생산지였다는 사실을 알게 되었다. 그리고 이렇게 대중의 인식이 급격히 확대되면서 산림 및 화재 방지국, 산림청, 미 주지사가 엄청난 압박에 시달렸고 결과적으로 중요한 개혁이 이루어졌다. 마지막 남은 고대림의 소멸이 늦춰진 것이다. 또 레드우드 서머는 나라는 사람이 '지구가 먼저다! 계획은 나중에!(Earth First! Plan Later!)'라는 슬로건을 탄생시킨 캠페인이기도 했다. 하지만 그 와중에도 옷차림이 단정치 못하고 대립을 일삼는 일부 캠페인 참가자들이 삼림 지역의 현지인을 환경 운동에서 소외시켰다는 말, 갓 조직된 동맹을 와해시켰다는 말도 심심찮게 들렸다. 그러고 보면 직접행동은 성공적이었지만 직접적으로 성공을 불러일으키지는 못했던 것일 수도 있다. 어쨌거나 소란이 벌어지지 않으면 실질적인 문제들이 언론에서 다뤄지는 일은 없었고, 마지막 남은 고대림의 파괴가 언론에 보도되지 않으면 개혁을 부르짖는 대중의 압박 같은 것도 존재할 수 없었으니 말이다. 나는 집에서 선전 활동을 위한 작업도 하고 몇몇 체계적이지 않은 행사에도 참여했다. 그러나 결국 여름 내내 나무가 완전히 잘려나간 수백 개의 숲을 목격했고, 톱날이 휩쓸고 간 작은 숲에서 풍기는 강렬한 향에 점점 익숙해져갔다. 그러면서도 복잡한 세계를 갖춘 고대림, 적절한 다양성이 존재하는 이차림, 획일화된 단일 재배로 운영되는 수목농장의 차이점을 배웠고 맛 좋은 강물이 흐르는 강(트리니티, 매틀, 튤리)에서 헤엄을 치고 친구도 몇 명 사귀었다. 주디 바리는 한동안 숨어 생활하면서 다시 걷는 법을 익혔고, 나중에는 활동가로서 운동을 재개했다. 바리에 대한 고소가 취소된 후 그 폭파 사건과 관련해 용의선상에 오른 사람은 한 명도 없었다.

+

메리 당고모는 1980년대 핵실험장에서 벌어진 반핵운동에 한 차례 참여했지만 조금만 걸어도 통증을 야기하는 관절염 때문에 다시 그 현장으로 돌아갈 수 없었다고 말했다. 어느 날 메리는 실라르드 레오(Szilárd Leó)와 일했던 경험도 언급했다. 그 순간 나는 입을 떡 벌리지 않을 수가 없었다. 실라르드는 양자역학과 원자물리학의 위대한 창시자들과 일한 물리학자였고, 물리학이 전쟁에 유용한 학문이 되기 이전에 원자물리학을 탐구하는 아름다운 여정에 몸담은 일원이었으며, 이제는 영영 사라지고

먼지, 미래를 지우다:
네바다 핵실험장

없는 전쟁 이전 유럽의 지적 동요를 직접 경험한 사람이었다. 변하지 않는 머나먼 역사처럼 보이던 것, 폭탄의 역사 같았던 것이 메리의 이야기 속에서는 손에 닿을 듯 가깝게 느껴졌다.

메리는 내게 다른 역사도 들려주었다. 부에노스아이레스에 있는 어느 먼 친척이 남긴 가계도에 관한 것이었다. 지도만큼 커다란 그 가계도의 뿌리는 19세기 초까지 거슬러 올라갔고 학문에 몸담았던 랍비들의 흔적이 곳곳에 보였다. 젊은 나이에 사망한 메리의 두 아들도 가계도에 표시되어 있었으나 내 가족의 족보는 어머니와 아버지의 결혼 이후로 갱신되지 않은 상태였다. 그러니까 나와 내 남동생은 거기에 없었다. 게다가 가계도의 한쪽 면은 50년 전에 통째로 잘려나가 하얗게 빈 공간만 남아 있었다. 그리고 서반구로 이민 가지 않은 조상들의 경우, 결국 한 명도 빠짐없이 폴란드에 위치한 나치 절멸수용소 트레블링카로 끌려갔다.

리제 마이트너의 보행 신발¹

하나의 문장 또는 하나의 이야기는 일종의 길이다. 소로가 감옥에서 하룻밤을 보낸 날로부터 5년이 흐른 뒤이자 네바다에서 핵실험이 벌어진 시점으로부터 1세기 전인 1851년 4월, 소로는 소수의 사람만이 밟아본 길로 사람들을 데려가서 강연을 했다. 강연 주제는 '산책'이었다. 산책은 그로부터 11년 후 내전이 한창이었을 때, 소로가 사망하고 얼마 되지 않았을 때 출간된 산만한 에세이의 주제이기도 했다. 「산책」은 여전히 야생에 대한 일종의 선언이자 "세상의 보존은 야생에 달려 있다."를 비롯해 소로의 글 중에 가장 많은 문장이 인용되는 작품으로 자리매김하고 있다.

소로의 「산책」은 사실상 세 가지 주제를 다룬다. 걷기, 야생, 그리고 서부다. 소로는 "나는 자연에 대해, 절대적 자유와 야생에 대해 한마디 하고 싶다."라는 말로 문을 열지만, 어느 순간부터 그의 말은 방향을 잃고 소로 본인도 본래 목적지를 잊어버린다. 아니, 어쩌면 목적지가 사라진 것일지도 모른다. 처음에 소로는 야생에 대해 한마디를 하고 그다음엔 걷기를 예찬하면서 무수히 많은 말을 하는데, 그가 예찬하는 걷기는 어디론가 가닿기 위한 방법이 아니라 어디엔가 있기 위한, 즉 야생에 있기 위한 방법이다. 모든 걷기는 일종의 순례라고 소로는 말하며, 자연에 있는 인간은 이미 성지에 도착한 것임을, 풍경이 인공적으로 지어진 성지 같은 건물로 가기 위해 통과해야 하는 장벽이 아님을 암시한다. 풍경은 어떤 풍경이든 간에 그 자체로 족히 성스러운 땅이며 그러므로 낙원은 여기 지상에 있다는 말이다.(임종을 앞둔 소로는 "이 순간엔 이 세상만"*이라고 말했다.) 그리고 낙원이라는 개념이 시골이라는 개념보다 더 모호하지 않은 이상, 인근의 들판이나 숲보다 더 멀리 가지 않아도 낙원에 닿을 수 있다.

소로는 생각하기에 도움이 된다는 점에서도 걷기를 예찬한다. 걷기는 무언가를 하는 상태와 무언가를 하지 않는 상태 사이에 존재하므로 인간이 하는 모든 활동 중에서 거의 혼자 하는 활동에 가깝다. 걷기는 나태한 활동이 아니다. 걷는 동안에는 두 다리가 움직이고 두 눈이 무언가를 응시하며, 그때 마음은 안락의자에 몸을 뉘고도 좀처럼 가닿을 수 없는 영역을 어떤 질서에 따라 자유롭게 배회할 수 있다. 풍경 속에서 어떤 놀라운 광경과 뜻밖의 사건을 마주하면 걷기의 리듬이 깨지듯, 장시간 집중하며 생각의 꼬리를 물다 보면 갑작스럽게 찾아온 에피파니에 사고의 리듬이 깨진다. 이렇게 보면 새로운 생각은 보통 바깥에서, 창조보다는 발견에 가까운 형태로 찾아오는 듯하다. 그러나 걷기가 인간을 풍경 속으로 데려가듯, 그런 새로운 생각으로 인간을 데려가는 것은 장시간의 집중뿐이다. 그리고 소로의 말에 따르면 숲속에서 걷는 사람은 "사회의 구성원보다는 자연의 거주민", 보다 드넓은 세상의 일부에 가깝다. 책장을 몇 장 넘기면 소로는 "인간의 모든 진보"가 "그저 풍경을 흉하게 망쳐놓을 뿐"이라고도 말한다. 그러면서 천사들이 주변에서 맴돌고 있는데도 천국 한가운데 말뚝을 세울 구멍을 파는 수전노가 있었는데 그의 측량 기사가 다름 아닌 마왕이었다는 이야기를 들려준다.

수전노에 관한 극적인 이야기는 1850년대 미국 중서부의 미개척 초

---

* 한 지인이 임종을 앞둔 소로에게 내세에 대해 어떻게 생각하는지를 물었을 때 들은 대답이다.

원 지대에서 펼쳐진다. 소로는 그런 식으로 자연스럽게 서부라는 문제를 다룬다. 서부는 소로가 늘 걷는 방향이기도 했다. 「산책」의 여행 안내자는 "나에게 미래는 그쪽에 있다."라고 말한다. "나는 동쪽으로는 억지로 가지만 서쪽으로는 자유롭게 간다. 어떤 볼일이 있어서 그리로 가는 것은 아니다. 다만 동쪽 지평선 너머에서 아름다운 풍경이나 충분한 야생, 자유를 볼 수 있으리라고 생각하기가 어렵다. 동쪽으로 산책하는 생각을 하면 흥분이 되지 않는다. 하지만 서쪽 지평선에서 보는 숲은 저무는 해를 향해 막힘없이 뻗어 있으며 내 마음에 훼방을 놓을 만한 영향력을 가진 마을도 도시도 없다. 만일 이런 마음이 우리 나라 사람들이 가진 지배적인 성향이라고 믿지 않았다면 나는 이 사실을 그렇게 강조하지 않았을 것이다. 나는 유럽이 아니라 오리건을 향해 걸어야 한다. 이 나라는 그쪽으로 움직이고 있으며 인류도 동쪽에서 서쪽으로 전진하는 것일지도 모른다."

야생의 풍경을 보게 되리라고 예상하며 산꼭대기에 올랐다가 그 산 맞은편에 도시가 펼쳐져 있는 광경을 보게 되기도 하는 것처럼, 소로는 야생과 자유에 관해 격정적인 글을 써 내려가다가 불현듯 서부 전역에 도시, 철로, 광산, 군사 기지 등을 전파할 진보의 행진에 합류한다. 이는 어쩌면 당시 주전론이 가진 힘을 입증해 보이는 것일지도 모른다. 소로처럼 완고한 독립심을 가진 사람조차 주전론의 바람에 휩쓸렸으니 말이다. 원래 완전무결한 야생이라는 장관을 보여주려 했던 여행 안내자 소로는 「산책」의 중반에 이를 때까지 독자를 문화적, 지리적 진보의 경이로움을 탐험하는 여행으로 이끈다. 사실상 그는 진보하는 문명의 흐름과 미 서부로 나아가는 유럽인을 향한 칭송을 바탕으로 당시의 시대정신 속에서 야생과 진보를 하나로 결합하고 있는 것이다.

미국인들은 유럽의 뒷모습을 바라보면서 극심한 열등감에 괴로워했다. 유럽의 풍경은 각종 명칭과 유적과 기념물에 깃든 오랜 역사를 통해 그 의미를 인정받았지만 미국의 풍경은 이민자들에게 그중 아무것도 주지 못한 터였다. 수십 년이 흐르자 영국계 미국인은 새로운 신조를 만들었다. 그 신조란 유럽의 랜드마크가 증명하는 것은 그런 장소가 따분하고 소모되었고 낡았고 거의 타락했다는 사실이며, 미국이 보여줄 새로움은 각각의 장소가 새롭고 창창하고 순수하며 모든 역사가 눈앞에 펼쳐져 있으므로 아이들의 장래는 유망하고 아직 아무것도 쓰이지 않은 백지에는 영웅적인 역사가 새겨질 것임을 증명한다는 것이었다.(소로는 자신이 영웅의 시대에 살고 있다고 공공연히 말한다.) 1835년 미국 풍경화의 대부 토머스 콜(Thomas Cole)은 "나는 지금 미국 풍경이 갖지 못한 중대한 결함으로 여겨진 것에 대해 감히 몇 마디 하려 한다."라면서 의견을 제시했다. 소로처럼 독자의 경계심을 누그러뜨리며 입을 연 그는 이렇게 말했다. "구세계의 풍경에는 연상 작용이 일어날 만한 것이 없다고들 한다. …… 그러나 미국 풍경은 현재와 미래만큼이나 과거와도 거리가 멀다. 아직 경작되지 않은 풍경을 바라보는 마음의 눈은 먼 미래까지 내다보고 있을지도 모른다. 그 미래에서는 늑대가 배회하고, 쟁기가 반짝반짝 빛나고, 우뚝 솟은 울퉁불퉁한 회색 바위 너머로 사원과 탑이 보이고, 지금은 길도 나 있지 않은 야생에서 위대한 업적이 세워지며, 아직 태어나지 않은 시인들이 땅을 정화하리라."

소로는 1851년 강연에서 콜의 의견에 동조했다. 동조하는 데 그치지 않고 아메리카 대륙에서는 하늘도 더 높고 별도 더 밝게 빛나며 미국의 위대한 역사는 이제 막 시작된 반면 유럽의 역사는 그 신화만큼이나 닳아버렸으므로 미시시피강이 유럽의 라인강보다 낫다는 생각까지 넌지시 내비쳤다. "진정한 애국자로서 나는 낙원에 있는 아담이 이 나라의 미개척지에 사는 사람들보다 전반적으로 더 나은 처지에 있었다고 생각한 것에 부끄러워해야 마땅하다." 아담에 관한 구세계의 신화는 소로의 발목을 붙잡지 않았다. 아담은 미국인의 새로운 신조를 뒷받침하는 핵심적인 인물이었고, 소로에게 영웅은 원주민이 아니라 낙원의 숲을 밀어버리는 촌사람, 즉 늪처럼 질퍽질퍽한 「산책」 중반부에 등장하는 소로만의 아담이었다. 원주민의 입장에서 그런 신세계는 충분히 새롭지 않은 신세계였지만 말이다. 소로는 촌사람이 도끼를 휘두르고 미국이 오리건을 향해 나아가는 동안 숲들은 저무는 해에 가닿을 만큼 긴 그림자를 드리우지 못할 수도 있다는 사실에 신경 쓰지 않는다. 그와 마찬가지로 19세기 미국인들은 아메리카 대륙이 무한하지는 않다는 생각을 쉽사리 하지 못했다. 이제 막 시작된 미국이라는 신세계는 새로운 아담이 개척자가 되어 이끄는 세계였고, 기억은 하등 쓸모가 없었으며, 과거는 지나친 부담을 떠안길 뿐이므로 버려야 마땅했다. 소로는 대서양을 레테(망각)의 강이라고 부르며, 더 높은 하늘 아래에서 더 고등한 문명을 이루려면 당당히 그 강을 건너야 한다고 본다. 그러면서 "유용한 지식의 확산을 위한 협회(Society for the Diffusion of Useful Ignorance)"를 제시하고 "이 순간에 맞는 복음(Gospel According to This Moment)"을 제안하며, 성경의 신조를 대체하는 새 종교의 신조를 우리에게 알린다. "나는 곡식이 자라는 숲과 초원과 밤을 믿는다." 그런 다음 소로는 자신이 접어든 이상한 에움길의 존재를 잊었다가 다시 길을 찾은 듯, 미국식 경작과 멕시코와의 전쟁에는 반대하고 미개발 상태의 풍경은 옹호하는 입장을 내비친다.

이 기이한 국가주의적 낙관주의가 용솟음친 이래로 미합중국은 기억상실과 앞만 바라볼 뿐 결코 뒤는 돌아보지 않을 기괴한 운명, 풍경을 부동산으로 바꿔버리는 광적인 기세를 통해 나아가는 국가로 자리 잡았다.

그리고 소로가 아닌 토머스 콜이 이 동력의 뿌리를 추적해 논리적인 결론에 다다랐다. 콜은 1836년 다섯 점으로 구성된 연작 「제국의 행로(*The Course of Empire*)」에서 단일한 풍경을 소재로 영겁 같은 인류의 역사를 조명했다. 대형 화판에 그린 첫 번째 작품 「야만의 상태(*Savage State*)」에서는 반나체 상태의 인물들이 안개가 자욱한 혼란스러운 풍경을 가로지르며 돌진한다. 이 야만의 상태의 뒤를 잇는 작품 「목가적 상태(*Pastoral State*)」는 사슴 사냥꾼과 흑인들을 사색에 잠긴 양치기로 그리는데, 그다음 작품인 「제국의 완성(*Consummation*)」보다도 콜의 이상을 잘 대변하는 듯하다. 「제국의 완성」에서는 흡사 요정의 도시 같은 로마 제국이 배경에 자리한 산꼭대기를 가려버리며, 화려한 자태를 자랑하는 제국이 약간의 불쾌감을 유발한다. 「제국의 완성」의 뒤를 잇는 작품은 「파괴(*Destruction*)」로, 이전 작품에서 정체가 모호했던 인물들이 요정의 도시 같은 제국과 서로를 쳐부수고 무찌른다. 그리고 「제국의 행로」를 마무리 짓는 작품 「폐허(*Desolation*)」에서는 다시 풍경이 드러나고 몇 안 되는 유적이 그 풍경을 장식한다. 남아 있는 건물들 사이로 펼쳐진 풍경에 인적 하나 없는 것을 보면 인물들은 자멸에 성공한 듯하다.

2차 세계대전이 끝나고 3년이 지났을 때 시인 W. H. 오든(W. H. Auden)은 아르카디아와 유토피아라는 장소를 신념의 범주로 제시한 에세이 「아르카디아와 유토피아(Arcadia and Utopia)」[2]를 썼다. 낙원이 과거에 있다고 믿는 아르카디아인(Arcadian)은 다 같이 더 단순한 상태로 돌아가자고, 정부와 기술과 진보를 비롯해 뭔가를 절멸해버리곤 하는 것들은 믿지 말자고, 도시는 시골로 대체하고 복잡함은 단순함으로 대체하자고 제안한다. 유토피아인(Utopian)은 모든 권한과 기술을 손안에 거머쥔 채로 완벽을 실현할 수 있는 미래를 향해, 그 어렴풋한 빛을 향해 손을 뻗는다. 「산책」에서 소로는 당대의 유토피아 이상주의(utopianism)에 잠깐 발을 담그는 아르카디아인이며, 「제국의 행로」에서 콜은 미국 풍경을 바라보는 소로의 그런 유토피아적 관점을 다소 비관적인 아르카디아 이상주의(Arcadianism)로 뒤흔든다. 짐작하건대 서로 충돌하는 이 두 철학적 관점을 가장 완벽하게 보여주는 오늘날의 사례는 반핵 활동가와 핵물리학자의 대립일 것이다.

+

아르카디아는 그리스 펠레폰네소스 반도의 산악 지역이라는 하나의 장소를 가리킨다. 아르카디아는 예수 그리스도가 탄생하기 전 테오크리토스가 첫 목가시를 쓴 장소이며 거주민들이 자기들 혈통은 달보다 역사가 깊다고 주장했을 정도로 오래된 장소다. 로마의 시인 베르길리우스가 테오크리토스의 시작법을 모방했을 때, 아르카디아는 더 이상 노래로 유명한 그리스의 황량한 낙후 지역이 아니라 하나의 이상향이었다. 베르길리우스가 그린 아르카디아 세계는 로마에서 벌어지는 분쟁과 음모에서 벗어날 피난처였고, 베르길리우스는 목가시를 통해 복잡함보다는 단순함, 도시보다는 시골을 칭송했다. 엘리자베스 여왕 시대의 목가 시인 필립 시드니 경(Sir Philip Sidney)은 목가적인 풍경을 가능하게 하는 것이 "문명화된 야생, 곁에 둘 만한 고독"이라고, 즉 일종의 모순적인 이상이라고 요약했다. '목가적(pastoral)'이라는 단어의 어원은 '양치기(pastor)'이며, 목가(the pastoral)는 골똘히 생각에 잠긴 양치기가 사랑과 상실에 대해 이야기를 나누는 시 또는 그림을 가리킨다. 당연하게도 목가적인 작품의 주요 주제는 시간과 자연이다. 목가 시인에게 양치기 행위는 소로에게서의 걷기와 같은 역할을 했다.

자연에 관한 글을 쓰는 작가이자 시에라 클럽(Sierra Club) 창시자인 존 뮤어(그는 소로가 말로만 한 약 1600킬로미터를 걸었다.)는 양치기들이 사는 시에라에서 첫 여름을 보냈는데, 그때 함께한 동료들의 마음속에 자리한 잔인함과 장대하고 훌륭한 주변 풍경을 대하는 무신경함에 충격을 받았다. 그런데 우리는 여전히 마리 앙투아네트가 이를테면 순무를 채집하거나 거위를 사육하는 모습, 즉 그가 즐겼다던 양치기가 아닌 활동을 하는 모습을 상상하지 못한다. 유럽 귀족들이 목가적 풍경과 관계를 맺는 방식은 줄곧 그런 식이었다. 베르길리우스의 목가시는 20세기의 어느 시점까지는 고등학교 수업에서 다루어졌다. 그런데 베르길리우스가 묘사한 양치기들은 도시의 노동을 담은 이미지와 비교했을 때 시골의 노동을 그다지 사실적으로 담고 있지 않다. 타락하지 않은 자연 지능(natural intelligence)에 대한 이상을 담고 있을 뿐이다. 그러므로 어떻게 보면 목가적 작품은 시골에 관한 것이라기보다는 시골이 도시에 어떤 의미를 갖는지, 과거가 현재에 어떤 의미를 갖는지에 관한 것이다. 목가적 작품은 실낙원을 칭송하는데, 이때 잃어버린 낙원은 에덴동산의 낙원보다는 황금기의 세속적인 낙원에 가깝다. 이 실낙원에서는 미래 시대가 고전적 과거를, 플라톤에서부터 베르길리우스 등으로 이어지는 세계를 뒤덮으며, 확고한 아르카디아인이었던 낭만주의 작가들은 우리 모두에게 마지막 실낙원과도 같은 유년기를 작품에 포함시켰다. 아르카디아는 보편적인 유년기가 펼쳐지는 땅이다. 거기서 지구는 아무 고생 없이 열매를 맺고 자애로운 어머니는 나무랄 데 없는 아이를 낳는다. 목가시는 반세기 동안 유행에서 뒤처졌지만 목가시가 다룬 주제 자체는 아동 문학(『버드나무에 부는 바람』이 하나의 훌륭한 사례다.)과 W. H. 허드슨(W. H. Hudson)의 『녹색의 장원』 같은 이국적인 작품부터 웨섹스 지방을 배경으로 한 토머스 하디의 목가적인 작품까지 아우르는 풍경 소설을 통해 이어졌다.

유토피아 이상주의는 목가적 이상주의보다 더 근래에 탄생했다. 17세기까지 에덴동산은 역사의 시작에, 새 예루살렘은 역사의 끝에 서 있었다.(비록 인류는 여전히 정원에서 도시로 이동 중이었지만 말이다.) 타락을 바로잡을 수 있는 것은 오로지 신의 개입뿐이었고, 낙원 같은 랜드마크들이 세워지는 동안 세상은 항상 본질적인 차원에서 정체해 있거나 미미하게 쇠퇴했다. 17세기는 데카르트, 베이컨, 뉴턴의 시대였고 이들은 기술적 성취, 즉 자연에 대한 통제를 통해 우리에게 과학적 방법과 영속적 진보에 대한 관점을 선사했다. 진보에 대한 초기 관점들은 기술적 변화보다는 사회적 변화를 강조했지만, 이성적이고 질서정연한 사회에 대한 유토피아적 관점 속에서 두 변화는 점점 하나로 뒤섞였다. (유토피아라는 말은 토머스 모어가 그리스어를 결합해(에우 토포스(ou topos), 즉 어디에도 없는 장소) 만든 단어였고, 모어 본인은 유토피아에 대해 복잡한 감정을 품고 있었다.) 최근 현대 과학사학자들은 근대를 열어젖힌 장본인이 데카르트, 베이컨, 뉴턴[3] 중 하나고, 자본주의자나 토지개발업자보다는 과학자가 통제적인 유토피아인에 딱 들어맞는다고 주장한다.

가령 프랜시스 베이컨은 현재 우리에게 알려져 있듯 지식의 목적이 실용성(자연에 대한 지배)에 있다는 의견을 제시했지만, 그의 이전 세대 철학자들은 지식의 주요 목적이 영적 성장에 있다고 보았다. 베이컨의 가장 대담한 주장은 이것이었다. "타락한 인간은 자신의 결백함과 피조물에 대한 지배를 동시에 잃는다. 그러나 이 두 가지 상실은 이승에서도 어느 정도는 회복될 수 있고 …… 후자의 상실은 예술과 과학을 통해 회복될 수

먼지, 미래를 지우다:
네바다 핵실험장

있다." 베이컨의 지식 체계하에서는 예전만 해도 창조의 신비를 캐내려는 신성모독적인 행위로 간주되던 것이 도덕적으로 중립적인 행위, 심지어는 순수한 행위로 재구성되었다. 베이컨이 말한 과학은 경험적 지식 및 과학적 실험으로서의 과학이었고, 무언가를 통제하고 조작해 그것의 비밀을 밝혀내는 방법이었다. 대체로 과학적 목적의 양상뿐만 아니라 과학적 방법도 수립한 공적을 인정받는 베이컨은 기술 관료주의 사회에 관한 유토피아 소설을 쓰기도 했다.

뉴턴보다 앞서 태어났고 베이컨보다는 훨씬 (약 40년 정도) 나중에 태어난 데카르트도 급진적이기는 마찬가지였다. 데카르트는 고전적 지식 체계를 전부 다 버리고 모든 것을 처음부터 다시 쌓아나가면서 지식, 이성, 수학에 관한 새로운 토대를 구축했다. 『방법서설』을 통해 우주 전체를 낱낱이 해부하기도 했다. 그리고 수학 같은 영원한 진리가 우주를 지배한다고 주장하면서 신을 적극적인 참여자의 위치로 끌어내렸다. 지구가 더 이상 예전 같지 않은 이유는 섭리(신의 개입)가 아닌 자연의 법칙 때문이었다. 데카르트는 "왕이 왕국에서 법률을 제정하듯 신은 자연에서 수학 법칙을 구축한다."라고 썼지만 그가 발견한 것은 왕이 아닌 법칙이었고, 그가 묘사한 우주는 그가 살았던 시대에 대단하고 경이로운 물건으로 여겨진 시계태엽과 닮아 있었다. 그 우주는 이를테면 더는 개입하지 않는 신이 감는 시계태엽이었다. 그리고 신과 고대인을 내쫓은 데카르트는 몸에서 마음까지 내쫓아버렸다. 몸은 또 하나의 기계가 되는데 기계는 외부에서 통제되는 터다. 이렇게 데카르트는 몸과 마음이 별개이듯 신과 피조물도 별개로 존재하는 우주를 도출한다. 또 마음이 인간만이 가진 속성이므로 마음과 자연도 별개로 존재하며, 자연(영혼이 깃들지 않은 이 별개의 대상)은 새로운 과학 주제가 된다. 핵물리학자 베르너 하이젠베르크(Werner Heisenberg)는 데카르트가 고대인과 근본적인 차원에서 다르다고 언급했다. 고대인들이 연결성과 유사성을 통해 사물을 이해하려 노력한 반면, 데카르트는 고립과 분리를 통해 사물을 이해하려 했기 때문이다.

뉴턴은 베이컨과 데카르트가 내놓은 주장의 상당수를 현실화했다는 점에서 중요한 인물이다. 뉴턴은 그때까지 그 누구도 달성하지 못했고 그 후에는 좀처럼 넘어서지 못한 수학적 확실성을 통해 우주의 법칙(시계태엽의 구조)을 설명하면서 고전 물리학 원칙을 버렸다. 베이컨과 데카르트처럼 뉴턴은 우주와 관련해 근본적으로 다른 질문을 던졌다. 신학자나 연금술사처럼 만물이 왜 이렇게 되었는지 묻는 대신, 어떻게 이렇게 되었는지를 물은 것이다. 베이컨이 과학의 중립성에 관한 관점을 수립한 방식도 그런 질문, 그리고 아무도 묻지 않은 질문을 통해서였다. 이 세 인물의 탐구는 진보에 관한 관점, 즉 합리적인 인간이 지식 덕분에 지구에 더 많은 통제력을 행사할 수 있게 되었다는 관점을 탄생시켰다.

그들이 구축한 과학적 방법들은 수단으로서는 더할 나위 없는 가치를 지닌다. 그러나 목적이라는 관점에서 보면 미심쩍은 부분이 더 많다. 앎을 향한 욕망은 흔히 혐오만큼이나 사랑을 통해서도 자극을 받는다. 사랑을 하는 사람과 심문을 하는 사람은 호기심을 품고 있다는 점에서 공통점이 있지만 차이점도 있다. 우주를 이해하고자 하는 욕망이 우주를 통제하고자 하는 욕망과 같지 않은 것처럼 말이다. 그런데 진보라는 개념은 이해가 아닌 통제, 영적 성장이나 사회 발전이 아닌 권력의 신장을 의미하게 되었다. 즉 소로 시대의 미국에서는 지형이 처한 명백한 운명을 의미한 '진보'가 우리 시대에서는 기술이 처한 명백한 운명을 가리키고 있다.

이런 관점을 바탕으로 한 논리적 결과물은 인간미가 느껴지지 않는 낙관적인 SF 시나리오다(매우 인위적인 환경에서 살아가면서 우주를 더 심도

먼지, 미래를 지우다:
네바다 핵실험장

있게 파고드는 합리적인 유니폼 차림의 합리적인 여자와 남자). 베이컨과 모어의 유토피아처럼, 그런 시나리오는 아이, 꿈, 시, 게으름, 미스터리 등이 발을 들일 공간이 없는 문화를 보여주는 듯하다. 심지어는 풍경 자체가 지닌 복잡함조차 인간을 위해 설계된 더 효율적인 생명 유지 장치 속에서 사라지고 없다. 프로이트 학파라면 그런 세계가 무의식을, 즉 신비주의와 영혼을 인정하지 않는 세계라고 말할지도 모른다. 그런 세계는 콜의 「제국의 행로」 연작에서 「파괴」라는 절정에 다다르지 않고 「제국의 완성」에서 끝난다. 유토피아 제국에서 인정받지 못하는 존재를 괴롭게 하는 충동들이 어떤 파멸을 불러일으키는지를 보지 않는 것이다. 아르카디아인에게 자연은 충분히 만족스러운 대상이고, 낙원은 아무리 못해도 기억으로라도 존재하는 대상이다. 한편 유토피아인에게 낙원은 인간이 지구에 구현해야 할 **초**자연적 이상향이며, 자연과 과거는 극복해야 할 문제다.

그렇기에 아르카디아인인 것이고 유토피아인인 것이다.

＋

핵물리학자와 반핵 활동가 사이의 충돌을 머릿속에 떠올려보면, 각각 유토피아 이상주의와 아르카디아 이상주의를 따르는 열렬하고 극단적인 지지자들이 몰이해의 심연을 사이에 둔 채 서로를 노려보는 광경을 보게 될 것이다. 핵물리학자와 반핵 활동가가 핵실험장에서 마주치는 경우는 많지 않다. 핵물리학자는 핵실험장까지 비행기로만 이동하기 때문이다. 그러나 핵무기 실험실(샌프란시스코 인근의 리버모어 실험실과 샌타페이 인근의 로스앨러모스 연구소)에서 열리는 시위 현장에서는 서로 자주 마주친다. 그곳은 청소년부터 고령의 성직자와 늙은 좌파에 이르기까지 그야말로 오합지졸인 도로 점거자들이 모이는 장소로, 경우에 따라 승복을 입은 불교 승려(일본 승려들은 지속적으로 반핵 활동에 참여했다.), 몇몇 반핵 변호사, 사회적 책임을 다하는 의사회 소속의 의사까지 합류하기도 한다. 단, (해외에서는 아닐지 몰라도) 미국에서 벌어지는 직접행동 운동에 전문직 종사자가 참여하는 것은 예외적인 일이다. 대부분의 반핵 활동가는 태어날 때부터 가난하지는 않았어도 일신의 안전보다는 공공복지를 위해 전력을 다하고 겸손한 삶을 살기로 택했기에 가난한 사람들이다. 그들 중 상당수는 반문화적인 태도를 가진 것처럼 보이기도 하며, 1980년대에는 직접행동 참가자 중에 젊은 불량배도 많았다. 일단 보이기만 하면 방송국 카메라들이 렌즈를 가까이 들이대는 심지가 굳은 히피의 비율은 여전히 상당하다. 언젠가 아인슈타인은 "모든 것은 최대한 단순해야 한다. 하지만 더 단순해져서는 안 된다."라고 말했는데 이 아르카디아인들, 즉 히피들이 저지르고 또 저지른 죄 중 하나가 바로 지나친 단순화다. 그들이 쓰는 사랑에 관한 상투적인 표현들을 보면 아르카디아 이상주의의 밑바닥을 마주하게 될 수도 있다. 나로서는 그들과 관계 맺기가 난처할 때가 많지만, 나는 그들이 취하는 방식까지는 아니어도 전반적인 원칙에는 동의한다. 그들은 거리낌 없이 노래를 부르고, 직접 만든 배너와 팻말을 들고, 보안관이나 보안 요원과 대화를 시도한다. 그러다가 체포 담당자 중 하나가 리더는 누구냐고 물으면 리더 같은 건 없다고 대답할 것이다. 단, 협상 자리에는 대변인을 내보낼 수도 있다.

협상 자리에 참석하게 되는 대변인은 핵무기 개발이나 핵실험을 중단하면 시위를 중단하겠다고 제안할 것이다. 이때 활동가들은 비현실적인 사람처럼 보이기도 한다. 그들이 요구하는 변화가 실로 어마어마한 터다. 이를테면 그런 변화는 방산 업체가 계속해서 진행하고 있는 물리학자 채

용뿐만 아니라 경제, 외교 정책, 국가안보라는 개념 자체에도 영향을 미친다. 그러나 활동가들은 더 넓은 시각에서 보면 그들의 판단이 현실적이라고 말할 것이다. 그들이 우려하는 것은 폭탄 제조업체들이 경시하거나 부인하는 재난, 즉 우발적인 폭발처럼 실현 가능성이 미미한 재난이나 수만 년간 유해한 방사능을 배출할 폐기물을 처리하는 일처럼 그 영향을 까마득한 미래에나 확인할 수 있는 재난, 핵무기 배치 권한을 가진 사람 누구도 결정권을 갖기에는 적합하지 않은 재난이기 때문이다.

물리학자 집단은 반핵 활동가 집단보다 더 동질적이다. 엄격한 보안 요건을 통과한 정부 소속 직원이고, 박사 학위를 취득한 후 퇴직을 기다리는 중년이며, 대부분 백인에다가 남자고, 상당한 수준의 급여를 받고, 대부분 핵무기 설계와 사용이 옳은 일이라고 믿는 듯한 사람들이라는 점에서 그렇다. 그들은 비과학자들이 고도의 기술이 집약된 무기의 위험성을 판단할 만한 자격을 갖고 있지 않다는 이유로 그들과의 논의를 거부할 수도 있다.(실제로 나는 그런 말을 들은 적이 있다.) 그 대신 핵무기가 평화를 보장한다고, 3차 세계대전을 막을 수 있었던 것은 엄청나게 많은 미사일뿐이었다고, 더욱 안전한(예컨대 의도치 않게 폭발할 가능성이 적은) 무기를 계속 만들어야 한다고 말할 것이다. (그들이 핵실험을 지속해야 하는 이유는 안전 때문이라고 말할지라도, 회당 약 1억 6000만 달러의 비용이 드는 핵실험이 필요한 이유는 오로지 신무기 개발, 더 파괴적인 파괴에 있다.) 또 핵무기가 통제를 벗어났다거나 통제되어야 한다는 생각을 거부할 수도 있다. 바로 그들이 그 무기를 통제하는 당사자(설계자)이기 때문이다. 그들은 최악의 시나리오조차 엔지니어의 입장에서 허용 가능한 위험으로 간주할지도 모른다. 1950년대 리버모어 실험실의 소장이었던 에드워드 텔러는 "2000만 명이 사망할 수도 있습니다. …… 하지만 우리는 3년 안에 다시 일어설 겁니다."[4]라

면서 핵전쟁이 승산 있는 싸움이라고 주장하기 일쑤였다. 그들은 군비축
소가 과학적 주장이 아니라 정치적 주장이라고 말할지도 모른다.

소련의 주요 핵실험장을 폐쇄시킨 네바다-세미팔라틴스크 반핵운동
을 결성한 카자흐스탄의 시인 올자스 술레이메노프는 리버모어 실험실 관
계자들을 직접 만난 적이 있었다. 수많은 질문과 답변을 주고받은 후 술레
이메노프는 앞으로 핵폐기물은 어떻게 처리할 생각이냐고 물었다. 그러자
실험실 관계자들은 통역사가 술레이메노프의 질문을 잘못 이해한 것이 아
닌지 확실히 하려고 질문을 몇 번씩 다시 확인했고, 그런 다음에야 핵폐기
물은 자신들이 아닌 지질학자들 소관이므로 그에 대해 생각해보지 않았다
고 대답했다. 술레이메노프와 실험실 관계자들 사이에는 아르카디아인과
핵실험장 정문에 모인 비전문가들, 그리고 유토피아인과 통제실에 모인
전문가들 사이만큼이나 근본적인 차이가 있다. 전자는 핵폭탄이 모두의
책임이고 향후 10년 동안의 국가안보가 아닌 영원이라는 시간과 지구 전
체를 위한 계획이 필요하다고 믿는 반면, 후자는 분업을 받아들이고 도덕
적 책임을 범주에 따라 구분한다.

혹은 두 집단의 근본적인 차이를 일종의 상징적 기하학을 활용해 요
약해볼 수도 있다. 아르카디아인은 순환하는 시간과 자연의 영겁 회귀를
믿고 유토피아인은 문화의 선형적인 진보를 믿으며, 이러한 믿음은 다양
한 형식으로 구현된다. 활동가들이 토론 혹은 기념행사 자리에서 가장 흔
하게 취하는 형식은 원이다. 모든 사람이 중심부로부터 같은 거리에 떨어
져 앉는 것이다. 반면 과학자들이 취하는 형식은 지휘 계통과 전문 기술의
분류에 따라 책임이 분담되고 위임되는 피라미드 구조로 표현할 수 있다.
또 과학자들은 비행기를 타고 핵실험을 위한 창문 없는 통제실로 이동하
기 때문에 땅에 발을 디디는 경우가 거의 없겠지만, 활동가들은 핵실험장

에 있는 동안 야외에서, 온갖 악천후(그리고 핵실험 당시 발생한 방사능 동위원소)에 노출된 상태로, 마음씨 좋은 목축민들의 텐트만을 피난처로 삼으면서 문자 그대로 지구 위에서 살아가는 시간을 보낼 것이다.

내가 지금까지 언급한 물리학자들은 여러 면에서 순수한 이론가가 아닌 기술자에 해당한다. 물리학 원칙을 폭탄 제조에 적용했기 때문이다. 그들이 대표하는 것은 과학혁명을 꿈꾸는 대다수 유토피아인의 가치관, 그리고 소로가 걷기에 관한 장황한 이야기를 늘어놓으면서 푹 빠져들었던 진보-숭배인 듯하다. 그러나 처음부터 그랬던 것은 아니다.

1900년 물리학자 막스 플랑크(Max Planck)는 아들과 함께 베를린을 둘러싼 그뤼네발트 숲에서 긴 산책을 했다.[5] 산책 도중 그는 자신이 인류 최고의 발견을 했고 그것이 어쩌면 뉴턴에 비견할 만큼 중요한 발견일지도 모른다고 아들에게 고백했다. 보수적인 성격이었던 플랑크는 이 세상에 혁명적인 변화를 불러일으킬 발견을 공개하기를 주저했지만, 여름 동안 심사숙고한 끝에 자신이 도출한 연구 결과를 밝히는 것 말고는 달리 방법이 없겠다고 판단했다. 그리하여 20세기가 시작된 해의 말, 그는 독일물리학회에 연구 결과를 발표했다. 후대 물리학자의 말에 따르면 그 결과는 "너무나도 특이하고 너무나도 그로테스크해서 플랑크 본인조차 믿기 어려워했으나 그럼에도 발표를 듣는 청중과 물리학계 전체를 흥분의 도가니에 빠뜨렸다." 플랑크는 뉴턴의 고전 물리학에서 설명하는 연속적인 흐름을 갖는 입자가 아니라 서로 분리된 입자 혹은 양자의 진동이 에너지를 방출한다는 사실을 입증했다. 플랑크는 에너지의 형태를 바꾸었을 뿐만 아니라 에너지의 기본 단위를 측정하는 수학 공식까지 제시했고 이는 플랑크 상수로 알려지게 되었다. 물리학자 아르놀트 조머펠트(Arnold Sommerfeld)

는 플랑크의 독창적인 발견에 대해 다음과 같이 정중하게 경의를 표했다.

제가 애써봐야 꽃밖에 꺾지 못했던 미개척지를
선생님은 개간하셨군요

훗날 플랑크는 자신이 물리학에 입문한 이유에 대해 이렇게 썼다. "바깥세상이 인간으로부터 독립된 무언가이자 절대적인 무언가라는 것은 대단히 중요한 사실이고, 이 절대적인 무언가에 적용되는 규칙에 관한 탐구가 내게는 인생에서 가장 숭고한 과학적 추구 같았다." 그러나 플랑크 상수는 물리학이 다른 방향으로, 즉 양자역학과 더 복잡한 형태의 우주로 나아가게 하는 도구로 쓰였다. 아인슈타인은 1905년 『상대성 이론』을 발표하면서 플랑크 상수를 빛과 열의 관계에서 해석하여 혁명적인 결론을 이끌어냈다. 그러나 빛이 파동뿐 아니라 입자(광자)로서의 성질도 가진다는 아인슈타인의 결론은 명백한 모순을 품고 있었고 그것을 해결하는 것은 후대의 몫이었다. 그 후 1913년 닐스 보어(Niels Bohr)는 플랑크 상수를 이용해 원자 구조를 재배열했고 이를 바탕으로 전자의 구체적인 궤도와 에너지를 설명했다. 보어의 새로운 이론에 따르면 원자 수준의 에너지는 더 이상 연속적인 흐름을 갖지 않고 불연속적으로 증가하는 덩어리, 즉 양자였다. 동시대 용어로 풀어 말하자면 아주 오랫동안 아날로그 공간으로 간주된 우주가 사실 디지털 공간이었다고 판명 난 셈이다. 20세기 초반에 이는 양자역학의 시작을 알리는 소식이었다.

다부지고 건장한 체격을 가진 남자이자 필력이 형편없는 작가, 그리고 시종일관 웅얼대는 습관으로 유명했던 보어는 탁월한 직관뿐만 아니라 다정한 성품도 인정받으면서 아인슈타인 이후 당대의 가장 위대한 물리학자가 되었다.

+

1922년 여름의 일이었다. 보어는 처음 만난 자리에서 자기 이론을 대놓고 반박해 단번에 감탄을 자아냈던 학생 베르너 하이젠베르크와 독일 북부 중심부 괴팅겐 위에 자리한 하인산을 걷고 있었다.[6] 조머펠트는 플랑크에게 짤막한 편지를 써서 자신의 가르침을 받은 학생 가운데 가장 유망한 제자 하이젠베르크를 괴팅겐 대학교로 보냈고 그곳에서 보어의 강의를 듣게 했다. "과학자로서 나의 진정한 행로는 바로 그날 오후에 시작되었다."라고 하이젠베르크는 단언했다.

역사가 리처드 로즈(Richard Rhodes)는 하이젠베르크가 독일 청소년 운동에 참여했었다고 말한다. 독일 청소년 운동의 구성원들은 "하이킹 투어를 다니고, 모닥불을 피우고, 포크 송을 부르고, 기사도 정신과 성배와 조국에 대한 의무를 이야기했다. 상당수가 이상주의자였지만 그들 사이에는 이미 권위주의와 반유대주의가 독처럼 퍼져 있었다. 1924년 하이젠베르크가 부활절을 맞아 마침내 코펜하겐을 방문했을 때, 보어는 하이킹을 하자며 그를 노르셸란으로 데려간 다음 그에게 온갖 질문을 던졌다." 하이젠베르크는 며칠 동안 걸으면서 보어의 의문을 해소해주었고 그때부터 두 사람은 함께 위대한 업적을 쌓기 시작했다.

그렇게 함께 걷는 동안 그들은 고전 물리학을 뒤흔들고 심지어는 (여생 동안 양자역학을 받아들이지 않은) 아인슈타인도 배제하는 양자역학의 기초를 세웠다. 하이젠베르크가 세운 가장 큰 공적은 1926년 무렵에 있었는데, 그는 그 일에 대해 이렇게 썼다. "아주 늦은 밤까지 몇 시간 내내 의견을 주고받다가 거의 절망적인 심정으로 끝내야 했던 보어 선생님과의 토론이 기억난다. 한번은 토론을 마치고 동네 공원에서 산책하면서 계속 똑같은 혼잣말을 되풀이했다. 우리가 한 원자 실험이 암시하는 것처럼 정말 자연이 부조리할 수도 있는 걸까?" 그때까지 원자는 작은 행성 같은 것으로 간주되었다. 그리고 행성의 위치와 속도를 파악하면 그 행성의 움직임을 예측할 수 있었다. 뉴턴이 식(蝕, eclipse)을 처음 증명했듯 말이다. 그러나 원자의 움직임을 예측하는 것은 불가능했다. 인과관계 법칙을 위반하는 원자의 세계에서는 겉보기에 원인이 같을지라도 그로 인한 결과는 다를 수 있었기 때문이다.

코펜하겐의 펠레드 공원을 산책하고 돌아온 하이젠베르크는 자신과 보어가 도출하려는 결과가 절대 도출할 수 없는 결과라고 확신했다. 원자가 너무 작기 때문에 도구를 이용해 들여다보려고 하면 원자를 교란하게 되고 결국 원자의 움직임에도 영향을 주게 된다고 생각한 것이었다. 원자의 속도를 파악하려는 시도가 원자의 위치를 바꾸고, 원자의 위치를 파악하려는 시도가 원자의 속도를 바꾼다. 하나를 측정하면 다른 하나가 불확실해지는 셈이었다. 결론적으로 하이젠베르크는 불확정성 원리를 도출했고, 이 원리는 실험의 결과를 설명하는 것을 뛰어넘어 그보다 훨씬 많은 영향을 미쳤다. 이를테면 과학적 관찰 모델을 통째로 뒤집어엎고 앞으로 나아가고 있던 과학적 발견에 제동을 걸었다. 불확정성 원리의 관점에서 보면 무언가를 보는 것과 무언가에 영향을 미치는 것 사이에는 아무런 차이가 없었다. 그리고 하이젠베르크는 이 불확정성 원리를 바탕으로 과학과 지식을 재정의하기에 이르렀다. "자연과학은 단순히 자연을 기술하고 설명하는 학문이 아니다. 자연과학은 자연과 우리의 상호작용을 구성하는 일부이며, 우리의 질문 방법을 통해 노출되는 자연의 일부를 기술한다. 데카르트 본인은 생각해보지 못한 가능성이겠지만, 이는 세계와 나의 명확한 구분을 불가능하게 만든다."[7] 나중에 보어는 이렇게 덧붙였다. "결국 우리는 존재의 위대한 연극을 구성하는 구경꾼이자 배우다."[8] 그렇게 그들은 물리학이 찾아낸 절대 불변의 플랑크 상수의 토대를 뒤흔들었다.

하이젠베르크가 코펜하겐을 거니는 동안 보어는 노르웨이에서 스키를 타며 또 다른 수수께끼에 골몰했다. 하이젠베르크와 원자물리학자 에르빈 슈뢰딩거(Erwin Schrodinger)가 각자 아름다운 수학 공식을 활용해 원자의 특성을 설명한 일이 있었는데, 서로 다른 전제에서 시작해 서로 다른 방법을 활용했음에도 동일한 결론에 도달했던 것이다. 당시 슈뢰딩거는 원자에 관한 보어의 모델을 완전히 버리고 원자가 물질의 파동이 아닌 에너지의 파동으로 구성되어 있을지도 모른다고 생각했고, 하이젠베르크는 물질에 사로잡혀 있었다. 1927년 보어는 코모에서 열린 물리학회에 참석해 하이젠베르크와 슈뢰딩거의 가설이 서로 모순되기는 하지만 두 가설 모두 참이라고 가정하는 것이 최선일 수 있다고 말했다. 두 가설에서 얻을 수 있는 진실은 한 가지 가설에서 얻을 수 있는 진실보다 더 온전했고, 그런 점에서 서로 모순된다기보다는 보완하는 쪽에 가까웠다. 보어가 상보성 원리라고 부른 원리와 하이젠베르크의 불확정성 원리가 그린 우주는, 두 원리의 시작 지점에 있었던 고전 물리학의 세계가 그린 우주보다 더 복잡했고 더 인식하기 어려웠다.

보어의 이론도 그 이론의 창시자인 그가 가진 관대함과 정당함의 흔적을 품고 있는 듯했다. 오랜 시간이 지난 후 J. 로버트 오펜하이머는 이렇게 썼다. "가히 영웅의 시대였다. 어느 한 사람의 영웅적 행위가 아니라 서로 다른 지역의 수많은 과학자의 협력이 일구어낸 시대였다. 그럼에도 처음부터 끝까지 그 대대적인 작업을 이끌고, 통제하고, 심화하고, 마침내 변화시킨 것은 대단히 창조적이고 비판적인 닐스 보어의 정신이었다."[9]

\+

1927년 젊은 물리학자 로버트 앳킨슨(Robert Atkinson)과 프리츠 호우테르만스(Fritz Houtermans)는 괴팅겐 인근에서 도보 여행을 하고 있었다.[10] 두 사람은 독일 시골길을 산책하다가 별들, 그리고 그 별들을 비추는 태양이 품은 무한에 가까운 에너지의 원천이 무엇일지 추측하기 시작했다. "바로 그것을 계기로 앳킨슨과 호우테르만스는 태양의 열핵반응 이론을 내놓았고 나중에 이를 통해 대단한 명성을 얻었다."라고 물리학자 로베르트 융크(Robert Jungk)는 원자물리학의 역사에 관한 책 『천 개의 태양보다 밝은』에 썼다. "두 사람은 태양에너지가 가벼운 원자들의 파괴가 아니라 융합을 통해 발생할지도 모른다는 추측을 처음으로 내놓았다. 이와 같은 생각의 발전은 오늘날 인류의 생존을 위협하는 수소폭탄 개발로 곧장 이어졌다."

그 시대의 모든 유럽 물리학자는 고전 교육을 받는 것에 그치지 않고 과학은 물론 정치, 시, 음악에도 일가견을 가진 엄청난 교양인이었다. 그들의 산책은 풍경 감상, 낭만주의적이고 괴테적인 전통에 따른 자연 숭배, 허물없고 위계적이지 않은 소크라테스적 전통에 따른 걷기, 사무실이나 교실에서가 아니라 길 위에서 걸으며 나누는 대화 등에 대한 취향을 분명히 보여주기도 했다. 하이델베르크 대학 도시에는 몇몇 독일 철학자가 사색을 즐긴 것으로 유명한 길이 아직 남아 있다. 물리학자들은 실험실에서 얼마나 오랜 시간을 보내건 그런 길에서 산책하는 시간을 가졌고, 그러면서 자기 자신을 기술자가 아닌 물질에 대해 사색하는 철학자로 여겼다.

그들이 그렇게 걷는 동안 머릿속으로는 별의 활동과 아원자 입자에

먼지, 미래를 지우다:
네바다 핵실험장

대해 사색했다 해도, 걷기 덕분에 인간적 척도에 대한 감각, 그리고 자연스럽게 인간성에 대한 감각도 유지할 수 있었던 것 같다. 물리학자들이 풍경에 대해 갖는 통찰과 확신은 그들이 스스로를 일종의 아름답고도 도덕적으로 중립적인 행위에 관여하는 순수한 존재로 여기고 있음을 보여주기도 하지만, 그러는 동안 그들은 다른 이들의 세계관을 산산조각 내버렸고 그들의 세계관 또한 곧 산산조각 날 참이었다. 아인슈타인과 양자역학의 획기적인 발견을 소련인들은 대체로 체제 전복적인 부르주아 행위로 간주했고 나치와 소수의 독일 물리학자들은 유대인 물리학이라며 맹비난했다.

괴팅겐 인근에서 산책하며 사색에 잠겼던 유대인 호우테르만스는 그로부터 10년 후 독일 제3국에서 소련연방으로 이주했다. 그러나 소련도 공포의 시대 한가운데에 있었다. 호우테르만스는 비밀경찰로부터 고문과 심문을 당한 다음 게슈타포의 손에 넘겨졌다. 그리고 그로써 소련은 원자폭탄을 가장 먼저 손에 넣을 기회를 잃어버렸다. 전쟁이 벌어지는 동안 호우테르만스는 만프레트 폰 아르덴(Manfred von Ardenne) 남작의 개인 실험실에서 일했고 할 수 있는 한 폭탄 제조법의 세부 사항이 외부에 알려지지 않게 했다.

+

1938년 크리스마스이브, 오토 프리슈(Otto Frisch)와 그의 이모 리제 마이트너(Lise Meitner)가 스웨덴 예테보리 인근 시골에서 산책하고 있었다.[11] 둘은 오스트리아인인 동시에 물리학자였고 또 유대인이었다. 프리슈는 덴마크가 침공당하기 전까지 상당히 많은 유대인 및 반체제 인사 출신의 물리학자들에게 피난처가 되어준 코펜하겐 닐스 보어 물리 연구소에서 일한 사람이었다. 그리고 마이트너는 히틀러가 오스트리아를 병합하기 전까지 베를린에 머무르다가 독일 인종법이 시행됐을 때 동료들이 제안한 스웨덴의 일자리를 수락하며 쓰라린 망명길에 오른 사람이었다. 여러 해 동안 연휴를 함께 보낸 사이였던 프리슈와 마이트너가 그 혼란스러운 시대의 복판에서 재회한 것은 일종의 승리였다. 그러나 그때 마이트너를 들뜨게 한 것은 그런 승리가 아니었다.

프리슈는 스키를 타고 싶어 했지만 마이트너는 대화를 원했다. 마이트너는 평지에서는 자신이 프리슈와 보조를 맞출 수 있다며 평지로 갈 것을 강하게 설득했고, 그래서 눈 덮인 길을 프리슈는 스키로 이동하고 마이트너는 두 발로 성큼성큼 걸었다. 마이트너의 호기심에 불을 붙인 것은 오랜 협력자이자 화학자인 오토 한(Otto Hahn)이 보낸 편지, 중성자로 인해 분열된 우라늄에서 바륨 원소가 발견되었다는 내용의 편지였다. (비유대인인 오토 한은 베를린에 머물렀지만 나치에 반항하며 마이트너와 계속 협력했다.) 한은 당대의 걸출한 화학자였고, 그렇기에 새로운 원소가 불순한 표본에서 왔을 가능성은 전무했다. 프리슈와 마이트너는 강을 지나 나무들 사이로 접어드는 동안 점점 더 흥분감에 도취되었다. 결국 두 사람은 바닥에 쓰러져 있던 나무 한 그루에 자리를 잡았고 마이트너는 종이 쪼가리 위에 숫자를 쓰며 계산을 시작했다. 그들이 활용한 모델은 원자핵이 물방울처럼 표면장력에 의해, 즉 원자핵의 결합에너지에 의해 형태를 유지한다는 보어의 모델이었고, 방출된 에너지의 양을 계산할 때 마이트너가 사용한 공식은 이미 잘 알려진 아인슈타인의 '질량-에너지 등가' 공식 $E = mc^2$이었다. 그리고 이 공식을 활용해 두 사람은 한의 실험실에서 일어난 기이한 사건을 설명해냈다. 한 개의 원자핵이 두 개로 쪼개졌을 때 원자핵 하나가 방출했다고 보기에는 어마어마한 양의 에너지가, 모래 알갱이 하나가 움직이는 장면을 눈으로 볼 수 있을 정도로 엄청난 에너지가 방출되었던 것이라고 훗날 프리슈는 기록했다.

　프리슈와 마이트너가 내린 결론을 접한 동료들은 그 즉시 명백한 사실 하나를 깨달았다. 바로 한이 원자핵을 쪼갰다는 것이었다. 원자핵은 뉴턴이 생각한 것처럼[12] 그리 안정적이지도, 강하지도 않았다. "나는 태초에 신이 고체이고, 육중하고, 견고하며, 관통할 수 없고, 움직일 수 있는 입자로 이루어진 물질을 만들었다고 생각한다. …… 결코 닳지도 않고 조각낼 수도 없을 만큼 매우 견고해서 그 어떤 평범한 힘으로는 신이 최초로 창조한 입자를 쪼갤 수가 없다고 생각한다." 매우 큰 중성자들과 매우 작은 중성자들(주기율표의 한쪽 끝에 위치한 수소 동위원소와 다른 쪽 끝에 위치한 우라늄 동위원소)로 이루어진 원자핵 원소들은 불안정했고 다른 원소들보다 더 쉽게 쪼개지면서 엄청난 결합에너지를 방출했다. 자연에 우라늄보다 무거운 원소가 존재하지 않는 이유가 바로 이 때문이기도 하며, 플루토늄의 경우 1940년 글렌 시보그가 버클리에서 사이클로트론(cyclotron)*을 통해 최초로 만들었고 그 후에는 원자로에서 생성되었다.

　프리슈는 어머니에게 부치는 편지에 이렇게 썼다. "정글을 걷다가 본의 아니게 코끼리 꼬리에 갇혀서 옴짝달싹 못 하고 있는 기분이에요. 그리고 이제는 어떻게 해야 할지 모르겠어요." 그런 다음 그는 한 생물학자에게 세포가 번식을 위해 두 개로 쪼개지는 현상을 가리키는 용어가 무엇인지 물었고, 그 생물학자는 **분열**이라고 대답했다. 프리슈는 한의 원자핵 실험에서 발생한 현상에 핵분열이라는 명칭을 붙였고, 그전까지는 어떤 일에도 좀처럼 자극받지 않던 물리학자들이 원자핵이 쪼개질 수 있다는 소

---

* 수소나 헬륨 같은 가벼운 원자 이온을 가속시켜 원자핵을 파괴하고 인공 방사능을 일으키는 데 사용하는 장치.

식을 듣고 동요했다.

+

그로부터 6개월이 지난 1939년 7월의 어느 더운 여름날, 실라르드 레오는 정신없이 발걸음을 재촉하고 있었다. 그 어떤 역사와 회고록을 들추어보아도 동료 학자들과 잘 어울리지는 못한 것 같은 실라르드는 동료들이 즐거운 마음으로 앞으로 나아가고 있을 때 그러다 그들이 벼랑 끝에 서게 되는 건 아닐지 두려워하며 주변에서 종종걸음만 치는 사람이었다. 소로가 기억상실 덕분에 진보에 대한 믿음을 품었다면, 실라르드는 기억 때문에 혹독한 시간을 보냈다. 그는 이렇게 회상한다. "어머니께서 들려주신 이야기들을 제외하고 내 삶에 가장 중대한 영향을 끼친 것은 열 살 때 학교에서 가르친 헝가리 고전 희곡『인간의 비극(*Az ember tragédiája*)』이었다. …… 그 책에서는 악마가 아담에게 인류의 역사를 보여주고, 그러는 동안 태양은 점점 사위어간다. 유일하게 남은 인류인 에스키모인의 주된 걱정거리는 에스키모인은 지나치게 많고 물개는 너무 없다는 것이다."[13]

1933년 런던 블룸즈버리의 거리를 건너려던 실라르드는 문득 원자핵이 쪼개질 수도 있다는 파괴적인 가능성을 프리슈와 마이트너보다 수년은 앞서 예감했고, 그때부터 그것을 막기 위해 갖은 애를 썼다. 그가 갖고 있던 핵분열에 대한 공포는 (실라르드처럼 헝가리인이자 유대인이었고 그러므로 당연히 난민이었던) 1939년 1월 유진 위그너(Eugene Wigner)가 그에게 한 그의 실험과 마이트너의 결론을 알렸을 때 되살아났다. "그 소식을 듣자마자 그 파편들이 필히 …… 중성자를 방출할 것이고, 중성자가 충분히 방출되면 …… 그러면, 당연하게도, 연쇄반응을 지속하는 것이 가능할 수밖에

먼지, 미래를 지우다:
네바다 핵실험장

없다는 생각이 들었다."라고 실라르드는 확신했다. 즉 중성자가 원자핵을 쪼개고, 쪼개진 원자핵이 더 많은 중성자를 방출하면, 그런 쪼개짐이 계속된다는 것이었다. 이런 연쇄반응은 모래 알갱이 한 알이 튀어 오르게 만드는 수준에서 작은 별 하나가 폭발하는 수준으로까지, 이를테면 (1952년 미국이 핵분열을 이용한 수소폭탄으로 남태평양의 엘루겔라브섬을 완전히 사라지게 했듯) 지구에서 섬 하나를 없애버릴 수 있을 정도로 에너지를 증가시킨다. 대부분의 물리학자는 핵분열을 과학적 관점에서 바라보았고 일부는 머릿속으로 원자로를 상상해보기도 했지만, 핵폭탄을 예견한 사람은 소수에 불과했다. 심지어 보어조차도 마이트너와 프리슈의 크리스마스이브 산책 이후로 몇 달이 지났을 때 핵폭탄이 왜 불가능한지 그 이유들을 제시했다.

7월의 더운 여름날 위그너와 실라르드는 아인슈타인을 찾으러 떠났다. 그들은 차를 타고 롱아일랜드 남쪽 해안에 위치한 마을 패쵸그로 이동했다. 그러나 아인슈타인의 흔적조차 발견하지 못한 채 두 시간이 흐르자 분명 주소가 잘못되었을 것이라고 판단했다. 어쩌면 페코닉에서 휴가를 보내고 있을지도 모른다는 생각에 페코닉 근처로 방향을 틀어보았지만 그곳에서도 허탕만 쳤다. 결국 땀범벅이 된 실라르드가 분주히 낚싯대를 매만지고 있던 일고여덟 살 정도 된 남자아이에게 (그즈음 이미 유명인이었던) 아인슈타인이 사는 곳이 어딘지 아느냐고 물었고 아이는 위치를 알려주었다.

실라르드는 아인슈타인의 명성과 아인슈타인이 벨기에 왕비와 맺은 친분을 매개로 핵폭탄 개발을 저지하고자 했다. 훗날 실라르드는 "아인슈타인은 연쇄반응이 일어날 가능성을 생각지 못하고 있었다."라고 말했다. 그러나 아인슈타인은 자신이 가진 영향력을 이용해 벨기에가 비축한 콩고 우라늄의 잠재적 활용 방식에 대해 경고하는 편지[14]가 벨기에 정부에 전달되도록 하겠다며 실라르드의 제안을 받아들였다. 실라르드의 편지는 처음에는 오로지 나치의 핵폭탄 개발을 저지하겠다는 목적만 지닌 글로 시작했지만 점점 매수가 늘어났고, 나중에는 루스벨트 대통령에게 미국에서 자체 핵폭탄을 개발해보라고 독려하는 글로 마무리되었다. 이에 융크는 위대한 평화주의자였던 아인슈타인이 "어쩌다 운명의 장난에 휘말려 사상 최악의 파괴 무기를 만들라고 권고하는 편지를 보내기로 결정했다."라고 쓰기도 했다. 편지에 서명한 후, 아인슈타인은 인류가 최초로 태양에서 발원하지 않은 에너지를 쓰게 될지도 모르겠다는 생각에 잠겼다.

+

1941년 10월 말이었다. 보어와 그의 전 제자이자 협력자 하이젠베르크가 다시 함께 산책을 나섰다. 주변의 모든 것과 둘 사이의 관계까지 모조리 변해버린 상황이었다. 유대인 어머니를 둔 보어는 머지않아 조국인 덴마크를 떠나게 되기는 하지만 당시에는 유대인을 구출하기 위한 덴마크인들의 노력에 앞장서고 있었고, 계속 독일에 머무른 하이젠베르크는 확실히 나치당의 환심을 얻고 있었다. 사실 하이젠베르크가 독일에서 하고 있던 일은 리제 마이트너의 이전 협력자인 한을 비롯한 몇몇 사람과 협력해 실라르드가 두려워한 폭탄을 연구하는 것이었다. 나치 독일이 자행한 인종 청소로 인해 독일 물리학자들의 입지가 약해진 상황이기는 했지만 말이다. 그런 상황에서 하이젠베르크는 덴마크를 찾았다. 공식적으로는 과학 학술대회 참석을 위해서였다.

두 사람은 보어가 1932년부터 거주한 명예의 집(House of Honor) 근처를 걸었다. 명예의 집은 칼스버그 브루어리 소유주가 고전 폼페이 별장을 본떠 지은 후 덴마크의 최고 저명인사를 위한 레지던스로 운영한 공간

먼지, 미래를 지우다:
네바다 핵실험장

으로, 키가 큰 나무들과 광활한 규모를 자랑하는 아름다운 정원에 둘러싸여 있었다. 그러나 하이젠베르크는 그 정원을 칭송하지도 않았고 그에 대해 철학적인 사색을 하지도 않았다. 보어와 하이젠베르크는 야외에서 쉼 없이 이동하면서, 그 덕에 누군가가 엿들을지도 모른다는 두려움은 조금 누그러뜨린 채 대화를 나누었다. 그날 밤 하이젠베르크가 한 말이 무엇이었는지, 그가 어떤 의도를 갖고 있었는지는 영영 정확히 알 수 없겠지만 하이젠베르크 본인의 말에 따르면 그의 의도는 먼저 보어를 안심시키는 것이었고, 더 나아가 전쟁이 진행되는 동안에는 독일 물리학자들이 결코 핵폭탄 제작에 성공하지 못하리라는 메시지를 보어를 통해 물리학계에 확실히 전하는 것이었다. 영국 물리학자 겸 작가 C. P. 스노(C. P. Snow)는 하이젠베르크를 완전한 나치주의자로 간주했다. 그러나 태양에너지의 근원을 추측하고 훗날 소련의 고문으로 치아를 몽땅 잃은 낙천적인 청년 호우테르만스는 1941년 하이젠베르크가 미국에 사는 친구에게 몰래 편지를 보낼 수 있도록 도운 적이 있다고 말하면서, 그 편지에서 하이젠베르크는 핵폭탄 연구가 "성공할 경우에 나타날 재앙적인 결과가 두려워서 가능한 한" 프로그램을 지연시키고 있다는 입장을 명확히 밝혔다고 했다. 이는 확실히 하이젠베르크에게 유리한 증거로 작용했다.

보어야 늘 우물대고 중얼거리기로 유명했다지만, 하이젠베르크가 그토록 중대한 사안에 대해 그렇게 불분명한 태도를 취한 것은 이상한 일이다. 어쩌면 오랫동안 애매한 충성심을 가지고 온건한 방해 공작만 해온 사람이었기에 너무나도 명확한 반역 행위를 저지른다는 사실에 대해 양가감정을 느꼈던 것일지도 모르겠다. 그러나 산책에서 돌아온 보어는 자신의 옛 협력자인 하이젠베르크가 해준 말이 나치가 성공적으로 핵폭탄을 개발 중이라는 말이라고 확신했고, 연합국에 그 사실을 알렸다. 보어의 경고로 미국은 핵폭탄 프로그램에 더 박차를 가했고 독일인들이 (어쩌면 하이젠베르크가 잘못된 정보를 제공한 탓에) 실패한 부분에서 성공을 거두었다.

+

1945년 8월 7일 하이젠베르크는 물리학자 카를 프리드리히(Carl Friedrich)와 어느 장미 정원을 걷고 있었다. 두 사람은 몇 시간 동안 정원을 걷고 또 걸으면서 갓 들은 끔찍한 소식에 관해 이야기를 나누었다. 장미 정원이 위치한 영국의 대저택 팜 홀[15]은 하이젠베르크와 프리드리히, 그리고 오토 한과 다른 물리학자들이 포로로 구금된 장소였다. 그해 여름 제3제국이 몰락하면서 포로가 된 사람 중 이보다 더 쾌적한 환경에 수용될 수 있는 사람은 소수에 불과했다. 구금 기간 동안 하이젠베르크는 빅토리아 시대 소설가 앤서니 트롤럽(Anthony Trollope)의 전작을 읽었다. 감시관에게 '투숙객'으로 불리면서 억지로 고요 속에 갇혀 있던 그들에게는 트롤럽이 그린 지방 상류층의 소극적인 호소가 분명 흥미로운 자극으로 다가왔을 터였다. 침실과 거실마다 빈대가 들끓었고 영국 정부는 6개월 동안 그들이 실내에서 나눈 대화는 물론이고 심지어는 혼잣말과 일상 소음까지 녹음했다. 그 녹음 기록이 기밀 해제된 것은 1992년의 일이었다. 베이컨이 설명한 대로 자연이 실험의 기본 토대로써 포로로 붙잡히고 정찰 당했다고 한다면, 그 물리학자들은 독일이 핵폭탄을 제조하는 데 필요한 정보를 캐내기 위해 팜 홀이라는 유리병에 가둬둔 조사 표본으로 쓰인 것이었다.[16]

8월 6일 감시관은 미국이 일본을 상대로 핵무기를 사용했다는 사실을 알렸다. 그는 그 일에 대해 이렇게 적었다. "저녁 식사 직전 …… 나는 핵폭탄이 투하됐다는 BBC 뉴스 소식을 한 박사에게 전했다. 그 소식을 들

먼지, 미래를 지우다:
네바다 핵실험장

고 완전히 넋이 나간 박사는 수십만 사람의 죽음에 개인적인 책임감을 느낀다고 말했다. 박사는 자신의 발견이 내포한 끔찍한 잠재력을 깨달았을 때 처음에는 자살을 고려했었다고, 그리고 이제 그것이 현실화했으니 자신이 책임져야 한다고 말했다. 그는 알코올성 각성제의 도움을 받아 마음을 진정시킨 후 나와 함께 식당으로 가서 그곳에 모여 있는 투숙객들에게 소식을 전했다. …… 투숙객들도 그 소식을 듣고 완전히 넋이 나간 듯했다. 처음에는 믿지 않으려 했고 우리가 허풍을 떨며 속이고 있다고 생각했다. …… 공식 발표를 들은 후에야 그들은 우리가 전한 소식이 사실임을 깨달았다. 내가 보기에 거짓 하나 없었던 그들의 첫 반응에 담긴 감정은 그 발명품이 파괴를 위해 쓰이고 말았다는 공포였다."

그 후 한과 사적인 대화를 나눈 하이젠베르크는 날카로운 추측을 내놓았다. 그는 연합국이 분명 20억 상당의 예산 중 상당수를 우라늄 동위원소 분리에 썼을 것이라고 보았고, 임계질량을 만드는 데 필요한(자기 지속적 연쇄반응이 일어나기에 충분한) 양을 약 60킬로그램으로 추정했다. 그리고 자신은 "순수한 우라늄 235를 얻는 것이 불가능하다고 생각했기에" 결코 그런 목표를 좇지 않았다고 말했다. (자연에서 가장 흔하게 발견할 수 있는 우라늄은 우라늄 238이며 그보다 중성자가 세 개 적은 우라늄 235는 아주 희귀하고 쉽게 분열할 수 있다.) 하이젠베르크는 오펜하이머가 로스앨러모스에서 비상한 노력을 기울이며 원자폭탄 제조를 주도적으로 이끌었을 것이고 워싱턴주 핸퍼드와 테네시주 오크리지에서 우라늄 235와 플루토늄을 정제했으리라고 추측하기 시작했다. 비밀 녹음기에 기록된 두 사람의 대화는 정치적 추정으로 마무리되었다. 한은 "러시아가 못하게 막아야 합니다."라고 말했다. 그러자 하이젠베르크는 "오늘 저녁에 스탈린이 무슨 생각을 하고 있을지 알고 싶군요. 물론 주변에 훌륭한 사람들이 있긴 하지만 ……

그 사람들도 그런 짓을 저지를 수 있잖아요."

중대한 사건이 벌어진 그날 팜 홀에 수용된 독일 물리학자들에 관한 보고서는 이렇게 결론 내린다. "투숙객들은 1시 30분쯤 침실로 물러났지만 밤새 들린 깊은 한숨과 간헐적인 고함으로 미루어보건대 대다수는 얼마간 심란한 밤을 보낸 듯했다."

+

1959년에 소련은 10년째 핵폭탄을 보유하고 있었고 소련과 미국 둘 다 수소 또는 핵융합 폭탄을 개발하고 실험한 후였다. 에드워드 텔러는 미국의 군수 기업 제너럴 아토믹을 위한 원자로 개발에 갓 성공한 상태였고 닐스 보어는 샌디에이고 원자력 센터 개소식에서 사회를 맡아달라는 제안에 마지못해 응한 참이었다. 원자로를 연구한 물리학자 프리먼 다이슨은 자서전 『프리먼 다이슨, 20세기를 말하다』에 이렇게 썼다. "보어는 점점 초조해했다. 습관처럼 걷고 또 걸었다. 그는 평생을 걷고 말하며 보낸 사람이었는데 보통 자신이 두서없이 늘어놓는 말에 온전히 집중해주는 사람 한 명만 동행으로 삼았다. 그날 저녁 보어는 원자력의 역사에 관해 이야기하고 싶어 했다. 그가 내게 같이 가자는 신호를 보냈고 우리는 바닷가를 왔다 갔다 하며 걸었다. 그런 영광스러운 시간을 함께할 수 있어서 기쁠 따름이었다. …… 보어는 지금이 핵에너지의 모든 측면에 대해 러시아와 솔직하게 대화를 나누면서 신뢰를 확보할 수 있는 두 번째 절호의 기회라고 말했다. 첫 번째 기회는 보어가 처칠, 루스벨트와 대화를 나눈 1944년에 찾아왔으나, 처참한 군비경쟁을 피할 유일한 방법은 전쟁이 끝나기 전에 러시아와 터놓고 논의하는 것이라는 설득이 실패로 돌아가면서 날아

먼지, 미래를 지우다:
네바다 핵실험장

간 후였다. 보어는 두 지도자와 나누었던 대화, 유감스럽게도 녹음된 적은 없지만 그 무엇에도 비견할 수 없는 역사적 중요성을 가졌던 그 대화에 대해 줄기차게 얘기했다. 그러나 보어의 목소리는 그나마 잘 들린다 싶을 때조차도 알아듣기 힘들었다. 그 바닷가에 있는 동안 보어의 목소리는 특히 두 지도자와의 대화에서 중요했던 순간을 이야기할 때마다 더더욱 낮게 가라앉았고, 가라앉다 못해 밀려들었다 쓸려나가는 파도 소리에 완전히 묻혀버렸다."[17]

걷기의 목적은 두 가지다. 하나는 어딘가에 가기 위함이고, 다른 하나는 걷기 위함이다. 소로는 우리에게 걷기의 두 가지 방식과 각 유형의 걷기에 관한 생각, 그리고 내가 유토피아인과 아르카디아인을 분류한 방식을 보여준다. 물리학자들은 소로처럼 한 가지 유형의 걷기를 위해 길을 나섰다가 다른 유형의 걷기를 했다. 유럽의 장엄한 숲속을 어슬렁거리며 걷는 동안 그들은 천천히, 인식하지도 못한 새에, 네바다 핵실험장을 향해 거침없이 행진하기 시작했다. 실라르드는 1933년 런던 땅에 발을 내디뎠을 때 그 사실을 처음 깨달았고, 임박해오는 위험을 동료들이 각성하게 하려고 애쓰면서 여생의 대부분을 보냈다. 전쟁이 발발한 후 그는 물리학을 저버리고 생물학자이자 평화 활동가가 되었다.

핵폭탄을 만든 과학자들의 이야기를 읽기 전까지만 해도 나는 그들이 무자비한 유토피아인이라고 생각했다. 내가 듣고 읽은 바에 따르면 현대 에너지부 소속의 과학자들이 그런 사고방식을 갖고 있기도 했고, 과거로 돌아가 핵폭탄의 아버지들에게 책임을 묻는 것이 안전해 보이기도 했다. 최초의 원자폭탄이 통제 불능 상태의 연쇄반응을 일으켜 대기를 불태우고 모든 생명을 파괴할 가능성을 그들이 계산했다는 이야기도 자주 들었으므로, 자신에게 지구의 운명을 결정할 자격이 있다고 믿는 오만방자한 파우스트 부류라고 생각했다. 그들의 과학적 연구도 자연을 통제하고 더 나아가 문화를 통제하려는 욕망에서 비롯한 것이라고 생각했다. 현대 문학 작품 중에서 그들이 그런 욕망의 상징으로 등장하는 경우도 많다. 그러나 모든 과학자가 아니라 엄청난 야망의 오펜하이머(원자폭탄의 아버지라 불리는)와 무모하고 부정직한 텔러만(수소폭탄의 아버지라고 불리는)만이 그런 상징에 부합하는 듯하다. 오펜하이머는 핵폭탄이 몹시 끔찍한 전쟁을 불러일으킬 것이고 인류는 그 전쟁을 넘어서는 진보를 이룰 것이라고 생각했다. 기술적 진보가 아주 순조롭게 사회적 변화를 불러일으킬 수 있다는 기이한 유토피아적 믿음이었다.

다른 중요한 물리학자들의 전기를 읽는 동안 내 마음을 사로잡은 것은 그들의 온화함, 교양, 걸으면서 생각하는 활동에 대한 애호였다. 그들은 타인과 함께 사색에 잠겨 오랜 시간 산책을 하고 우주의 근본적인 원칙에 대해 고심하다가 숭고한 아름다움을 발견하는 아르카디아 양치기의 완벽한 현현 같았다. 군비경쟁이라는 체스판에서 선수들이 보인 공격적인 태세는 핵폭탄이 탄생하기 전 원자물리학을 발전시킨 비약적인 상상력이나 경이와는 완전히 다른 것이었고, 자연의 기본 구조와 관련해 나날이 발전하는 지식은 한의 핵분열 실험이 실제적인 가능성을 보여주기 전까지만 해도 실용적인 쓸모가 전혀 없어 보였다. 훗날 오펜하이머는 물리학자들이 처한 상황을 타락 직전의 낙원과 적나라하게 비교했다. "과학은 죄를 알고 있었다."라고 말한 것이다. 그리고 1945년 7월 15일 최초의 원자폭탄이 투하된 직후 그는 호르나다델무에르토*의 먼지 속에서 바가바드기타

---

* 트리니티 핵실험이 진행된 사막지대.

먼지, 미래를 지우다:
네바다 핵실험장

를 인용하며 단호히 말했다. "나는 이제 죽음이요, 세상의 파괴자가 되었도다." 또 다른 물리학자 마크 올리펀트(Mark Oliphant)는 이렇게 말했다. "한 아름다운 피사체의 죽음이었다."[18] 모든 것은 로스앨러모스에서 바뀌었다.

로스앨러모스는 아름다운 도시다. 해수면으로부터 약 2130미터 높이에 자리한 메사 지형으로 지금도 급경사와 절벽을 따라 굽이굽이 난 좁은 도로를 통해서만 접근할 수 있고, 쉴 새 없이 모습을 바꾸는 뉴멕시코의 짙푸른 하늘을 향해 바위 요새가 치솟아 있다. 로스앨러모스의 메사는 세상에서 가장 거대한 어느 사화산 언저리에 위치해 있으며 그리스도의 보혈을 뜻하는 상그레데크리스토산맥이 동쪽 풍광을 가득 메우고 있다. 로스앨러모스가 연구소 위치로 선정된 이유는 이 세상을 과학자들로부터, 과학자들을 이 세상으로부터 격리해야 해서였다. 연구소는 외딴곳에 떨어져 있어야 했지만 국경이나 해안가 주변은 피해야 했고 방어가 용이한 위치여야 했다. 이에 미군은 림(rim, 협곡의 가장자리)이 일종의 보호막 역할을 해줄 수 있는 협곡을 염두에 두었다가 결국 로스앨러모스의 메사를 연구소 부지로 결정했다. 그곳 또한 협곡처럼 지형이 가팔라 보안이 보장되기는 했는데, 어쩌면 또 다른 이유가 있었을지도 모른다. 최종 결정에 관여한 오펜하이머가 그곳에서 이행될 과업에 고귀함을 선사할 수 있는 공간, 화려하지 않은 웅장함과 탁 트인 경치를 갖춘 일종의 연극적인 공간을 원했기 때문이다. 자기 자신의 위대한 야심에 걸맞은 풍경을 찾으려 한 그는 로스앨러모스에서 이상적인 장소를 발견했던 것 같다. 그리고 이로써 물리학은 철학에서 전쟁 기술로 변모했고, 물리학의 수많은 핵심 개념이 구현된 장소인 너그러운 유럽의 숲들을 떠났으며, 광대한 사막으로 들어간 후 지금까지도 거기에 남아 있다. 사막은 정처 없이 거닐 수 없는 곳이고 천진난만한 마음으로 들어갔다가는 목숨을 잃을 수도 있는 곳이다. 내가 할 수 있는 것이 무엇인지, 눈앞에 펼쳐져 있는 것이 무엇인지를 알고 있어야만 하는 곳이다.

폭탄을 사막으로 가져간 것은 이상한 본능에 따른 행동이었다. 물리학자들이 그렇게 외딴 환경으로 이동한 것은 100년 전 모르몬교도들이 박해를 피해 유타주 사막으로 이동한 것과 같은, 일종의 집단 이주로 해석할 수 있다. 또 기술을 이용한 자연에 대한 통제와 지리적 이동을 하나로 뒤섞다가, 즉 진보를 향해 한 발이 아닌 두 발 전진하려다가 유토피아 이상주의로 우회했던 소로의 서부를 향한 걷기와도 닮아 있다. 1942년 야생에서 이루어진 물리학자들의 회동은 많은 것들과 공명한다. 1492년 콜럼버스가 아메리카 대륙에 발을 디뎠을 때 그의 후원자였던 이사벨 왕과 페르디난드 마젤란 또한 스페인에서 유대인들을 추방하기 시작했다. 유대인들은 스페인을 떠나거나 개종하거나 죽임당해야 했지만 상당수는 정체를 숨기는 쪽을 택했다. 이윽고 정체를 숨긴 유대인을 색출해 없애려는 스페인 종교재판이 한 세기 넘게 이어졌고, 많은 유대인은 정체가 발각되지 않도록 신세계로 이민했다. 뉴멕시코에 정착한 최초의 유럽인들은 대부분 유대인 혈통의 기독교인과 유대인임을 숨긴 기독교인들이었고, 샌타페이를 정착지로 삼은 것도 그들이었다. 그들은 푸에블로 원주민의 영토를 침범했고 푸에블로 원주민은 1680년에 반란을 일으켜 스페인인들을 쫓아냈다. 이로 인해 영토를 되찾는 일에 몰두하게 된 스페인인들은 지역 내 유대인들을 뿌리 뽑으려던 계획을 잊었고, 그때부터 지금까지 많은 히스패닉 가정이 비밀리에 유대교를 따르며 살고 있다.

로스앨러모스 연구소 설립 자체도 푸에블로 영토를 침범한 사건이었다. 이에 최근 푸에블로 원주민들은 여전히 그들의 소유인 땅과 물이 방

먼지, 미래를 지우다:
네바다 핵실험장

사능과 유독물질로 오염된 것에 대해 소송을 제기하며 반격에 나서기도 했다. 그리고 뉴멕시코 정착민들과 마찬가지로 많은 물리학자도 유대인 난민이었다. 일부는 오펜하이머의 가족처럼 초기 반유대주의 물결을 피해 이민한 사람들이었다. 아인슈타인은 현재 주류가 된 미국으로의 이민에 최전선에 있었고 실라르드와 위그너와 텔러도 미국으로 간 이민자였다. 보어는 다섯 아들 중 한 명과 함께 미국으로 잠시 몸을 피했었고, 엔리코 페르미(Enrico Fermi)는 유대인이라 위험에 처해 있던 아내와 함께 이탈리아에서 미국으로 이민했다. 오토 프리슈, 천재 수학자 요한 폰 노이만(Johann von Neumann), 한스 베테(Hans Bethe)도 미국으로 갔다. C. P. 스노는 난민들이 미국을 "단시간에 전 세계에서 순수 과학이 가장 우세한 국가로" 만들었다고 평하기도 했다. 그러므로 뉴멕시코에서 일어난 이 두 시대적인 사건(최초의 유럽인 침입과 최초의 원자폭탄)은 단순히 명백한 운명이기만 한 것이 아니라 먼 땅에서 기세를 떨친 불관용이 불러온 결과라고도 해석할 수 있다. 그리고 그렇기에 원자폭탄과 원자폭탄이 불러온 빠르고도 느린 대재앙을 히틀러의 '최종 해결책'이 야기한 부산물로도 볼 수 있다.

프랜시스 베이컨은 하느님의 은총을 잃은 인류를 과학이 구원할 수 있다고 생각했지만, 그 과학의 정점에는 원자폭탄이 있었다. 원자폭탄을 타락 그 자체로 본 오펜하이머는 이렇게 말했다. "과학은 죄를 알고 있었다." 그는 과학(더 정확히 말하자면 맨해튼 계획을 이끈 과학자들)이 구체적으로 어떤 죄를 알고 있었다는 것인지, 실제로는 유토피아 이상주의의 프로젝트에 몸담고 있었으면서 아르카디아 이상주의의 여정에 나서고 있다고 믿은 죄인지, 아니면 여정을 프로젝트로 확대하면서 국제사회의 사심 없는 진리 추구를 국가적 이익을 얻기 위한 경쟁으로 바꿔버린 죄인지 설명하지 않았다. 보어와 실라르드만이 임박한 군비경쟁을 내다보고 연합국

지도자들에게 경고를 보내려 애썼지만 그들의 경고는 무시되었다. "단기적 이익이 얼마나 대단하든,[19] 인간 사회에 가해지는 영구적인 위협보다 중요하지는 않습니다."라고 보어는 루스벨트에게 말했지만 루스벨트는 얼마 지나지 않아 사망했다.

중국은 수 세기 동안 화약을 보유했지만 그 화약을 전쟁에 쓰지 않기로 결정했다고 하고, 마야인은 아이들의 장난감에는 바퀴를 달아주면서도 실용성을 목적으로 한 바퀴 달린 차량은 만들지 않기로 결정했다고 한다. 자기네 문화를 어떤 알 수 없는 목적지로 향하는 진보의 길로 떠미는 대신 평형 상태 속에서 보존하려던 것 아닐까 싶다. 진보를 통해 찾아올 미지의 결과 대신 안정성의 가치를 높이 사는 방식으로 말이다. 물리학자들이 중국인이나 마야인이었다면 폭탄을 제작해보지 않고도 그 폭탄이 내포한 가능성을 깨닫지 않았을까. 중국과 마야인의 문화와 달리 물리학자들의 문화는 전반적으로 유토피아적 이상주의에 기반한 문화였고, 핵분열을 통해 확인한 가능성을 실제로 구현하는 데까지, 마이트너와 프리슈가 산책을 한 1938년의 크리스마스부터 1945년 7월 15일까지 채 7년도 걸리지 않았다. 원자폭탄은 나치에 대항하기 위해 만들어진 것이었지만 1944년 말 독일이 몰락했을 때 맨해튼 계획에서 철수한 과학자는 단 한 명뿐이었고, 미국 과학자들은 핵실험을 통해 점점 더 많은 희생자를 낳으면서 나치 과학의 잔혹성과 도착성을 계승했다. 그리고 군대가 20억 달러를 쓰고도 아무런 성과를 보여주지 못하는 것은 있을 수 없는 일이므로 히로시마와 나가사키에 투하된 오펜하이머의 원자폭탄은 전쟁뿐만 아니라 예산 사용도 정당화하기 위한 것이었다. 원폭 투하에는 과학적 목적도 있었다. 에너지부가 작성한 자체 핵실험 장부를 보면 그 두 차례의 원폭 투하마저 실험으로 기록되어 있다. 이렇게 원폭 투하를 실험이라고 부르는 행위는 과학적 통

먼지, 미래를 지우다:
네바다 핵실험장

제라는 사고방식이 그동안 사람들의 시각을 얼마나 왜곡했는지, 원폭이 주변 세상에 어떤 영향을 미치든 미래에 행해질 모든 원폭 폭발을 실험이라고 칭할 사람들의 시각을 얼마나 왜곡했는지를 명확히 보여준다.

어쩌면 원폭 제작은 불가피했을지도 모른다. 그러나 군비경쟁은 독일과 독일의 적군들, 그리고 그 후에는 독일과 전쟁을 치른 소련 및 소련의 과거 동맹국들이 서로에게 품은 의심에서 싹텄다. 냉전이 지속된 대부분 기간 동안 미국과 소련이 분단된 독일에 핵미사일을 배치하고 독일 영토를 겨냥한 제한적 핵전쟁을 계획했다는 사실은 대단한 아이러니다. 핵무기에 대한 가장 큰 저항이 독일에서 일었다는 사실 또한 하나의 대단한 아이러니다. 그러나 냉전 시기 핵전쟁으로 가장 극심한 고통을 겪은 사람들은 다른 지역, 즉 카자흐스탄, 중국의 위구르 자치구(화약을 발명한 시기의 중국이 아닌 마오쩌둥이 이끈 중국은 1964년부터 폭탄을 보유했다.), 호주 원주민들의 땅, 알제리, 마셜 제도와 프랑스령 폴리네시아, 네바다 핵실험장에서 불어오는 바람이 닿는 그레이트 베이슨 땅에 있었다.

수년 동안 핵물리학자와 반핵 활동가들을 연구한 인류학자 휴 거스터슨(Hugh Gusterson)은 핵무기가 낳은 문화와 관련해 몇 가지 흥미로운 결론을 도출했다. 냉전이 끝날 무렵 몰락의 길을 걷고 있는 소련 대신 이란이 폭탄 제조자들의 입장을 정당화하기 시작하자, 거스터슨은 핵무기와 핵무기의 효용에 대한 믿음이 그동안 미국에 주입된 종류의 이야기라고 썼다. "냉전 서사는 유토피아적 이상주의를 설파하는 동시에 절망적인 인간 본성에 대해 말한다. 또 기술의 구원에 대한 믿음을 명백한 운명에 대한 미국인의 믿음과 뒤섞는데, 이 명백한 운명에 대한 믿음은 정부가 죄악을 저지르고 실패할 때마다 역설적으로 강화된다. 냉전 서사는 미국이 도덕적인 면에서나 기술적인 면에서나 선택받은 국가라는 믿음을 단호하게 고수

함으로써 미국 예외주의(미국이 지구상의 타락한 국가들을 구원하는 역사적 임무를 수행하며 그에 대한 대가로 광활한 영토와 막대한 부를 누리는 독특한 국가라는 믿음) 신화를 확대한다. 미국 예외주의 신화는 청교도인의 뉴잉글랜드 정착에서부터 변경지대에서의 정착, 세계 제국으로의 부상에 이르는 미국 역사 전반에 깔려 있다. …… 냉전 서사와 이 서사를 지지하는 세력이 계속해서 강력한 힘을 발휘하는 한, 국방비 대폭 삭감과 전쟁 국가 미국의 근본적인 재건은 이루어지지 않을 것이다. …… 이 서사를 밀어내려면 물론 군산복합체에 대항하는 정치조직 구축이 필요하지만, 냉전 서사만큼 설득력 있고 미국의 진정성이 담긴 새로운 평화 서사를 구축하는 일도 필요하다."[20]

폭탄이라는 결과물을 낳은 물리학은 사람들이 폭탄을 향해 전진하기 전에 걸었던 다른 여러 산책길처럼 어떤 다른 세상, 더 풍요롭고 더 복잡한 이야기로 이어지는 길이었던 것 같다. 아인슈타인의 상대성 이론, 하이젠베르크의 불확정성 원리, 보어의 상보성 원리는 고전 물리학과 데카르트 철학이 제시했던 것보다 더 정교한 진리 모델을 보여주었다. 그전까지의 과학적 방법은 참과 거짓, 관찰자와 피관찰자의 명확한 분리를 전제로 했지만, 아인슈타인, 하이젠베르크, 보어가 제시한 개념들 속에서는 그런 구분이 차츰 희미해졌다. 그들이 제시한 이 세상에 관한 모델에 따르면 눈에 보이는 것은 그것을 어디에서 보느냐에 따라 달라졌고, 보는 사람의 객관성은 약화되었으며, 관찰이 일종의 개입이 되었고, 그 어떤 입장도 독립적으로 존재할 수 없었다.(이는 물리학과 매우 다른 영역에서 뉘른베르크 원칙을 통해 확인하게 된 사실이기도 하다.) 최근 많은 작가가 양자역학을 불교, 도교, 기타 신비주의적 전통에서 해석하려고 시도했다.(그리고 보어는 덴마크의 코끼리훈장을 받고 문장을 새길 자격을 얻었을 때 중국의 '음양' 상징을 택했

먼지, 미래를 지우다:
네바다 핵실험장

다.) 하이젠베르크는 이렇게 썼다. "양자역학에 대한 코펜하겐 해석*에서는 우리를 개개인으로 간주하지 않아도 실로 문제 될 것이 없지만, 자연과학이 인간에 의해 구성되는 학문이라는 사실을 외면할 수는 없다고 이미 앞에서 지적한 바 있다."[21] 그는 더 나아가 과학이 단순히 자연을 기술하는 것이 아니라 과학자와 자연, 즉 과학자와 "우리의 질문 방법을 통해 노출되는 자연" 사이의 상호작용을 기술하는 학문이라고 말했다. 다시 말해 과학은 질문에 따라 대답이 달라지는 종류의 대화이며, 그 대화의 기록물인 서사에는 질문자가 포함되어야 한다는 의미였다. 그러나 이상적이라고 여겨지는 과학적 방법에서는 정해진 틀에 끼워 맞추는 분류법이 매우 중요했고, 질문자를 포함하는 서사는 그런 틀에 들어갈 수 없었다.

보어는 상보성이 광범위한 영향력을 행사하기를 소망했다. 1938년 인류학자와 민족학자 들을 대상으로 한 강의에서 그는 상보성을 들어 나치의 불관용을 공격했다. "우리가 '상보성'이라는 단어를, 원자물리학에서 서로 다른 실험 방식을 활용해 얻은 경험들, 상호 배타적인 조건하에서만 시각화할 수 있는 경험들 사이의 관계를 규정하는 데 사용되는 의미에 가깝게 쓴다면, 서로 다른 인간 문화가 상보적이라고 확신을 담아 말할 수 있을 것입니다. 분명 상보적인 인간 문화는 전통적인 관습들이 조화로운 균형을 맺고 있음을 보여주며, 이런 문화를 통해 인간의 삶은 무한한 풍요로움과 다양성이라는 새로운 측면을 드러내면서 마음껏 잠재력을 발휘할 수 있습니다."[22] 또 보어는 불확정성 원리에 담긴 교훈을 확대하여 관찰 대상에 대한 관찰자의 비객관적인 개입을 평생에 걸쳐 강조했다. 우리가 보는 것은 우리가 믿는 것, 그리고 우리가 그것을 설명하기 위해 동원하는

---

* 1925~1926년 코펜하겐 대학교에서 닐스 보어와 베르너 하이젠베르크가 중심이 되어 제안한 양자역학에 관한 일련의 해석법.

상징에 따라 달라진다는 가르침이었다. 보어의 한 친구는 이렇게 말한다. "누군가가 그에게 언어는 근본적일 수 없고 언어의 기저에 있는 것은 이를 테면 현실이어야 하고 언어의 현실은 일종의 그림이라고 말하면, 그는 '우리는 언어에 꼼짝없이 갇혀 있어 무엇이 위고 무엇이 아래인지 말할 수 없습니다. '현실'도 하나의 단어, 우리가 정확하게 쓰는 방법을 배워야 하는 단어입니다.'라고 대답하곤 했다." 하이젠베르크와 마찬가지로 보어도 말하는 사람 없이는 이야기가 존재할 수 없으며 그 어떤 사실도 맥락의 영향을 받지 않을 순 없다고 믿었다.

생각해보면 양자역학은 고전 물리학과 객관주의 철학을 이루는 절대 불변의 원리와 분류법이 더욱 풍요롭고 이상한 무언가가 될 수 있게 만드는 이해(understanding)를 학문적 유산으로 남겼어야 했던 것 같다. 어쩌면 상보성 원리가 공산주의 세계와 자본주의 세계를 화해시킬 수 있었을지도 모른다. 어쩌면 정치의 미래와 무기 자체를 통제할 수 있으리라는 판타지를 불식할 수 있었을지도 모른다. 어쩌면 말이다. 그러나 정부와 정부 소속 전략가들은 물리학자들의 발상이 아닌 발명에서 원하는 것을 취해 갔다.

목가에 대해 다시 한번 언급하고 싶다. 물리학자들은 자신들이 목가적인 여정을 하고 있다고 생각했다. 목가적인 풍경 속에서는 아무 일도 일어나지 않는다. 말하자면 아르카디아는 사건과 역사로부터의 피난처다. 그러나 어떤 사건이 일어나버렸고, 그들과 우리는 그전으로 결코 돌아갈 수 없다. 어쩌면 물리학자들은 숲에서 사막으로 이동했을 때 또는 발상에서 발명으로 옮겨갔을 때 목가적인 여정을 뒤로하고 기원(genesis)의 시기로, 그들의 경우에는 역사 속에서의 타락(과학이 뉴멕시코에서 인지한 죄*)도 포함된 시기로 접어든 것일 수도 있다. 아무 사건도 일어나지 않는 이야기(목가)는 시대적인 변화가 일어나는 이야기(기원)가 되었고, 기원 이야기는 세상의 종말이 도사리는 궁지에 몰린 이야기(냉전 서사)가 되었다. 어쩌면 물리학자들은 아르카디아를 단지 하나의 이상향(평화 서사)이 아니라 유토피아적 이상주의의 유혹에 넘어가지 않기 위해 만반의 준비를 하는 성역으로 오해했던 것일지도 모른다.

2차 세계대전을 계기로 원자폭탄은 본래 의도에 따른 역할을 수행했다. 초강대국들이 서로의 공격에 대비할 수 있게 해주었고, 자국민을 유린하고 공포에 사로잡히게 만들고 때로는 죽음으로까지 몰고 간 행위에 명분을 제시할 수 있게 했다. 그러나 본의 아니게 다른 역할들도 수행했고, 그 과정에서 어쩌면 양자역학의 약속을 이행했을 수도 있다. 성경은 이 세상의 우주론을 변화시킨 몇몇 사건을 설명한다. 낙원에서의 추방, 노아의 홍수, 부활이 그것이다. 이런 사건들이 벌어졌을 때 인간, 인간의 환경, 인간의 기대, 가능성, 형이상학 등이 맺고 있던 서약은 근본적인 차원에서 바뀌었다. 그리고 원폭 폭발도 그와 같은 시대적인 사건이었다. 자연 통제에 대한 유토피아적 판타지의 달성과 그 판타지의 최후(베이컨의 속죄와 오펜하이머의 타락) 모두를 보게 만들었기 때문이다. 그런 점에서 1000년 안에 원폭에 관한 이야기가 요한계시록 이후 성경에 두 번째 창조 이야기로 추가되는 것도 상상하기 어려운 일은 아니다. 원폭은 모든 것을 바꾸어놓았다. 예컨대 물리학자들이 아원자를 조작해 믿을 수 없는 수준의 파괴력을, 태양보다 밝고 50만 년 동안 치명적인 결과를 낳는 힘을 생성하자 인

---

* 뉴멕시코 사막에서 최초의 핵실험 트리니티가 진행되었다.

간 규모에 대한 개념이 바뀌었다. 도덕적으로 중립적인 과학의 가능성도 바뀌었다. 방사능이 유전자와 건강에 은밀한 영향력을 행사하게 되면서 자연 자체의 본질도 바뀌었다. 가장 중요하게는, 원폭으로 인해 서구의 세계관을 이루고 있던 수많은 차이들, 즉 관찰자와 피관찰자, 물질과 에너지, 과학과 정치, 전쟁과 평화라는 차이도 사라져버린 듯하다. 원폭이 생겨난 이후로 모든 장소는 아무런 경고도 없이 소멸할 수 있게 되었고 원자력은 영구적인 전쟁 대비 수단이 되었다. 마지막으로, 원폭이 시공간을 초월해 너무나도 광범위한 영향력을 행사할 수 있는 잠재력을 지닌 탓에 오염과 분리라는 개념도 붕괴했다.

화학전 연구를 통해 개발된 제초제와 살충제와 마찬가지로, 원폭의 방사능은 지구를 더 이상 무생물의 집합체로 간주할 수 없고 복잡한 균형을 이루는 시스템들의 네트워크로 보아야 한다는 메시지를 전한 최초의 조용한 메신저였다. 말하자면 데카르트적 세계관의 결점에 대해 물질들이 먼저 자발적으로 목소리를 낸 것이었다. 그리고 레이철 카슨은 그 물질들의 목소리에 처음으로 귀 기울인 사람이었다. "환경 오염이 보편화된 현재, 화학물질은 세상의 근원을 (그리고 생명의 본질마저도) 변화시키는 방사능의 사악하고 비밀스러운 동반자다. 핵폭발을 통해 공기 중으로 배출된 스트론튬 90은 비와 함께 땅으로 떨어지거나 낙진 형태로 토양에 스며들어 밭에서 자라는 건초, 옥수수, 밀 등에 침투한다. 그 후 …… 인간의 뼛속에 축적되어 죽을 때까지 체내에 남는다."[23]

카슨은 소로가 제정신을 되찾았을 때 품었던 신조를 메아리처럼 반복한다. "나는 곡식이 자라는 숲과 초원과 밤을 믿는다." 모든 것이 연결되어 있다는 이해는 조화에 대한 통찰을 통해 찾아왔어야 했으나 그 대신 오염이라는 악몽을 통해 찾아왔다. 어쨌든 찾아오기는 했지만, 폭탄을 통

먼지, 미래를 지우다:
네바다 핵실험장

해 찾아왔다. 그러면서 오염에 대한 공포, 대재앙에 대한 공포, 핵을 보유한 당국들에 대한 불신을 바탕으로 영국, 독일, 러시아, 카자흐스탄, 미국에서 대대적인 저항 운동이 벌어졌고 실라르드, 카슨, 사하로프, 술레이메노프, 캘디컷 등이 내는 저항의 목소리도 들려왔다. 그리고 다시 이를 바탕으로 정부와 정부의 판단과 정부의 정통성에 대항하고, 제3제국의 유산과 마찬가지인 뉘른베르크 원칙을 실행에 옮기며, 아르카디아인들을 핵실험장 정문으로 다시 또다시 데려갈 반권위주의가 찾아왔다. 그러므로 폭탄을 만든 초기의 위대한 물리학자들이 본인도 모르는 새에 핵실험장으로 걸어가고 있었다고 한다면, 아마 그중 몇 명은 정부에서 제공한 제트기에 올라타지 않고 우리 앞에 놓여 있던 가축 탈출 방지용 격자판을 가로질러 행진했을 것이다.

골든아워와 아이언 카운티[1]

나는 1991년 봄 반핵운동차 네바다 핵실험장으로 돌아갔다. 언뜻 아무것도 변하지 않은 듯했지만 사실 모든 것이 변해 있었다. 소련이 붕괴하고 있었고 조만간 냉전도 역사의 뒤안길로 사라지리라는 것이 명백한 상황이었다. 그러나 1991년 1월 미국은 포괄적 핵실험 금지 조약(CTBT)을 거부하고 이라크에 대한 전쟁을 시작했으며 걸프만에서 핵무기가 사용될 것이라는 말도 오갔다. 나이 든 미국인들 입장에서 전쟁은 끔찍한 것이었다. 베트남전을 떠올리게 했으니 말이다. 그러나 베트남전을 기억하기엔 너무 젊은 청년이었던 우리가 보기에는 그저 늘 기다렸던 세상의 종말이 시작되는 듯했다. 우리는 이스라엘이 보복을 감행하고 우방국들도 끼어들어 전쟁이 더 고조되는 순간을 기다릴 따름이었다. 그 시절의 나는 라디오를 틀어둔 채로 잠을 잤다. 잠을 자다 도중에 깨는 일이 다반사였는데 라디오가 켜져 있으면 세상의 종말이 시작된 건지 아닌지 알 수 있어서였다. 이라크와의 마지막 결전이 지연되면서 개발도상국과 변절한 지도자들이 소련의 공백을 채울 것이라는 사실이 점점 분명해졌다. 미국으로서는 지도자들이 원하고 국민들이 순순히 따르기만 한다면 지속적인 핵무기 개발과 실험을 정당화할 명분을 찾아낼 터였다. 리버모어 실험실 관계자들은 새로운 핵무기와 텔러의 전략적 방위구상인 스타워즈 프로젝트가 필수적인 역할을 수행할 새로운 시나리오를 자세히 설명했고, 이는 냉전이 하나의 사태였을 뿐만 아니라 사고방식이기도 했다는 점을 확실히 보여주었다.

어쩌면 걸프전 발발 후 몇 달 동안은 모두가 불안했던 것일지도 모르겠다. 그해 반핵운동을 돌이켜보면 다들 비정상적으로 차분했기 때문이다. 하루하루가 눈 깜짝할 새에 흘러갔다. 나와 함께 차를 타고 이동한 액트업('권력 해체를 위한 에이즈 연합(AIDS Coalition to Unleash Power)'의 약칭) 활동가이자 친구인 팀은 네바다 고속도로 너머의 풍경을 보고 싶어 했다. 우리는 시애틀 출신 활동가들이 모여 있는 곳 인근에서 캠핑을 했다. 나는 아침이면 커피를 가득 내리고 팀을 위한 차를 한 주전자 끓였고, 그러면 내 남동생과 다른 친구들이 각자 컵을 들고 찾아와서 그날 일과를 시작하기 전까지 같이 어울렸다.

시애틀 활동가들은 대체로 시애틀 비폭력 활동 그룹(Seattle Nonviolent Action Group, SNAG)에 소속되어 오랫동안 반핵운동을 한 사람들이었다. 시애틀 활동가 집단은 샌프란시스코 집단보다 규모가 작아서였을지는 모르겠지만 내가 샌프란시스코 아나키스트들에게서 찾아보기 어려웠던 관용을 갖고 있었다. 그들이 가진 관대한 마음 그리고 반어법을 예리하게 구사하면서도 결코 언짢음이나 불쾌함을 불러일으키지는 않는 화법은 스스로 생색을 내도 마땅할 정도였다. 그들은 사전에 계획해둔 활동을 같이 하자고 우리에게 권했고 우리는 그렇게 하겠다고 했다. 가능한 한 평화적이고 공격적이지 않은 방식으로 핵실험장에 진입할 기회를 노리고 있던 그들은 한쪽 귀퉁이에서부터 진입하기로 했다.

우리는 정오에 밴 한두 대를 나눠 타고 출발지로 갔다. 95번 고속도로에서 라스베이거스를 향해 남쪽으로 몇 킬로미터 이동한 후 비포장도로로 접어들었더니 철조망이 쳐진 문이 나타났다. 우리는 손수 그 문을 열고 통과한 다음 다시 차에서 내려 문을 닫아두었다. 그러고는 내가 늘 감탄해 마지않았던 언덕들, 가축 탈출 방지용 격자판 우측에 둥글게 말린 어깨처럼 생긴 언덕들을 향해 몇 킬로미터 더 이동했다. 도로 끝에 펼쳐진 창백한 대지에 채굴지, 푹 파인 참호와 장비 무더기가 보였다. 거기서부터는 걷기 시작했다.

우리는 낮은 두 산맥 사이의 오르막길을 따라 올라간 다음, 남은 오후 시간 거의 내내 좁은 개울을 따라 내려갔다. 키를 훌쩍 뛰어넘는 높은 암벽이 주변을 에워싸고 있었지만 마른 개울을 따라가기만 하면 머큐리의 평평한 고원에 가닿을 수 있었기 때문에 그리 걱정할 것이 없었다. 우리는 느긋하고 산만하게, 샘물이 흐르듯 유유히 걸었다. 몇몇 사람이 저만치 앞서 나가기도 하고 다시 전부 한곳에 모여 대화를 나누기도 하고 각자 잠시 혼자서 어슬렁거리기도 했다. 주변에서는 아무 소리도 들리지 않았다. 풍경에 감도는 평화가 우리의 마음에도 스며든 듯했다. 우리는 절벽에서 튀어나온 바위가 만든 그늘에 앉아 점심을 먹었다. 커다란 초콜릿 한 조각을 챙겨 온 매들린이 그걸 작은 조각으로 쪼개 사람들에게 나눠주자 곧 모두가 각자의 음식을 나눠 먹었다.

이윽고 좁았던 개울의 폭이 넓어졌고 우리는 오르막길을 따라 걷기 시작했다. 오르막 끝에 올랐더니 다시 한번 익숙한 풍경이 눈앞에 펼쳐졌다. 우리가 타고 있던 산맥을 이루는 산등성이의 또 다른 산맥에 무전탑이 보였고 우측에는 머큐리가 보였다. 아래 고원을 내려다보면 좌측에 가축 탈출 방지용 격자판이 보였다. 그 오르막 꼭대기에 오르면 춤을 추자고 누군가가 미리 계획했던 건지 아니면 그저 즉흥적인 행동이었는지는 모르겠지만 어쨌거나 갑자기 춤판이 벌어졌고 시애틀 출신 사람들은 신나게 뛰어다니며 색깔이 화려한 깃발을 휘두르더니 더 흥이 오른 몸짓으로 셔츠를 벗어 던졌다. 팀은 그 광경을 보고 당황했고, 나는 그런 그의 옆에 나란히 앉아 있었다. 지금껏 나는 그런 활동에 대한 의구심을 한 번도 떨쳐본 적이 없다. 어떤 경험에 푹 젖어 들어 몰입하는 천진난만함과 신념을 향한 욕망에서 싹트는 능력을 갖추지 못한 터다. 그런 나를 놀라게 하는 것은 욕망에서 비롯한 행동을 하는 사람들이 상당히 자주 그 욕망을 실현하는 것처럼 보인다는 점, 그리고 그들에겐 의식(儀式)의 존재 이유에 부합하는 여러 의식을 만들어내는 능력이 있는 것 같다는 점이다. 그렇게 할 수 있으려면 불신을 기꺼이 유예할 수 있어야 하는데 나로서는 좀처럼 하기가 어렵다. 그럼에도 꼭 그때처럼 아무런 위선도 기만도 없는 분위기 속에 함께 있는 것은 내게도 즐거움을 준다. 그래서 나는 춤이 잦아들 때를 기다리며 풍경을 내다보았다. 얼마간 시간이 흐른 후 우리는 아래로 내려갔고, 핵실험장 경계의 울타리에서 우리를 발견한 보안 요원들에게 순순히 체포되었다.

그날에 관한 기억 중에 가장 생생한 것은 그날 아침의 연사였다. 미국 평화 테스트는 폴리네시아 대표, 피폭 퇴역 군인 연합의 구성원, 유타에서 온 다운윈더, 재닛 고든(Janet Gordon) 등 핵실험의 영향을 받은 사람들을 초청해 기념행사를 개최했다. 마이크 앞에 선 사람은 바로 금발기가 도는 헝클어진 곱슬머리와 맹렬하고 깊고 푸른 눈을 가졌으며 체격은 다부지고 말투는 다정한 재닛이었다. 재닛의 말은 나를 완전히 매료시켰다. 그런데 그의 말이 오후의 산들바람에 실려 주변의 바위 속으로 스며들기라도 한 듯, 그날 오후 걷는 내내 나는 재닛이 발언을 한 동쪽 부근과 머큐리 뒤쪽 산맥 너머의 북쪽에서 시선을 뗄 수가 없었다. 재닛이 들려준 이야기 속 장면을, 그의 남동생*이 내 눈앞에 펼쳐진 땅의 어느 보이지 않는 곳에서 말을 타는 모습을 상상하지 않을 수 없었다.

---

* 고든은 남동생이 방사성 낙진으로 암에 걸려 사망했다고 증언했다.

어느 여름날 나와 내 남동생은 라스베이거스에서 동쪽으로 차를 몰아 유타 시더시티에 위치한 재닛 고든의 집으로 갔다. 가는 길이 아름다웠다. 우리는 네바다주 남부의 창백한 땅을 가로지른 후 붉은 사암으로 이루어진 유타주 땅으로 진입했고, 버진강의 험준한 산골짜기를 통과하고 1950년대 영화 「정복자」의 출연진과 스태프(존 웨인을 포함한 대부분이 암으로 사망했다.)가 방사성 낙진을 흠뻑 뒤집어쓴 스노 캐니언 주립공원을 지났다. 날씨가 무척이나 무더워 이동하는 내내 창문을 활짝 열어뒀더니 시속 약 100킬로미터 속도의 바람이 내 머리칼을 이리저리 휘날리면서 커다란 굉음을 유발했다. 주유소 매점들은 약 1.3리터보다 작은 사이즈의 음료는 아예 팔지 않는 것 같았고, 온갖 이상한, 맛보다는 색깔이 더 존재감을 발휘하는 액상과당 음료를 사 마셔봐도 갈증이 해소되지도, 배가 차지도 않았다. 모든 액체가 몸에 들어가자마자 곧장 피부 밖으로 빠져나와 트럭 좌석을 적시는 듯했다. 재닛은 사막의 태양을 등지고 그늘에 아늑하게 자리 잡은 자택에서 아이스티가 담긴 대형 유리병을 앞에 두고 남동생의 사연을 내게 다시 들려주었다.

저는 네바다 핵실험장에서 동쪽으로 약 240킬로미터 떨어진 다운윈드 지역에서 자랐어요. 핵실험이 시작된 1951년에는 열두 살이었죠. 한번 시작하고부터는 …… 꽤 정기적으로 하더군요. 동트기 직전이나 동이 틀 때 했고, 핵실험 프로젝트가 진행 중일 때는 매주 빈도가 더 잦았어요. 점점 정기적인 행사가 되어가는 것 같길래 저희 지역에서는 핵실험이 언제 있을지를 예측하고 그에 따라 계획을 세웠어요. 학교 수업 시간에 다 같이 야외로 나가 핵실험을 구경하고, 더 잘 보려고 높은 곳에 올라가기도 했어요. 핵실험 초기에 제 언니는 핵실험장과 약 110킬로미터 더 가까운 세인트조지에 살면서 대학에 다니고 있었어요. 가끔 아침 소풍 갈 때면 유타힐 꼭대기까지 올라갔는데, 대부분의 마을에서는 산에 가려서 그냥 하늘이 밝아지는 것만 보이지만 그렇게 높이 올라가면 실제로 섬광과 버섯구름까지 볼 수 있어서였어요. 충분히 높은 곳에 오르면 핵실험장을 선명하게 볼 수 있었던 거죠.

저와 제 가족에 대해 조금 말씀드리면, 일단 저는 모르몬교도들의 서구 개척 물결이 일었을 때 미국에 정착한 집안 출신이에요. 정확히는 두 번째 물결이 일었을 때였죠. 제 조상들은 종교적 자유와 정치적 자유를 찾기 위해 미 대륙을 걸어서 횡단했고, 그중 절반은 평원을 가로지르다가 땅에 묻혔어요. 엄청난 고난과 노고를 겪으며 이 나라에 정착한 거예요. 제 부계 할머니는 처음엔 네바다주에 정착하셨어요. 지금은 파월 호수로 둘러싸인, 머디 미션이라 불렸던 곳이죠. 엄청난 고생을 하고 엄청난 난관을 맞닥뜨린 제 조상들은 결국 정착 첫해에 절반이 사망했어요. 여름에는 더위 때문에 정오가 되기도 전에 우유가 다 상해버렸대요. 마실 수 있는 물이 없는 거나 마찬가지였던 거예요. 그것도 정말 끔찍이도 더운 날에 말이죠. 미 개척 임무가 중단된 후에는 세인트조지로 이주했는데 원래 가고 싶었던 솔트레이크 대신 롱 밸리로 가라는 부름을 받고 거기에 정착하셨대요. 제 가족은 지금도 그곳에 살아요. 또 한 가지 말씀드려야 할 것 같은데, 저희 가족은 땅에 대해, 그리고 본인들이 정착하기 전에 그 땅에 살았던 사람들에 대해 굉장한 존경심을 갖고 있어요. 저도 원주민들에 대해 상당한 존경심을 품고 자랐고요.

제 할아버지와 제인 대고모는 여름 내내 유타주 북부에서부터 남부까지 양 300마리를 몰고 이동하셨다고 들었어요. 증조부도 유타주 남부로 가서 아내들을 위한 집을 지은 다음 협동교단에 들어가셨고요. 양 300마리를 몰고, 황야를 지나, 거의 640킬로미터를 이동했을 때 할아버지는 일곱 살, 제인 대고모는 아홉 살이셨어요. 그러니 저는 굉장히 억척스럽고 또 굉장히 대담한 집안 출신인 거예요. 저 또한 약자를 보호해야 한다는 생각을 강하게 품고 자랐어요. 아주 어렸을 때도 항상 약자를 위해 싸우는 투사를 자처했고요. 그러고 보면 저는 제 가족사의 일부와 땅에 대한 어마어마한 사랑을 가지고 이 핵실험의 시대에 뛰어든 셈이에요. 톰보이로 자란 저는 아버지와 친구처럼 지내면서 사막과 산과 협곡에서 정말 많은 시간을 보냈어요. 그래서인지 저는 자연에 대해 굉장히 강한 감정을 느끼고 있고요.

1950년대 초반부터 아버지는 양 대신 소를 기르기 시작했어요. 당시에 많은 수의 양을 잃고 있었거든요. 사실 그게 유일한 이유였어요. 처참할 만큼 큰 손실을 보았는데 원인이 무엇인지는 알 수 없었죠. 저희는 핵실험의 영향에 대해 아는 게 하나도 없었어요. 궁금하기는 했지만요. 저희는 무슨 일이 일어나고 있는지 전혀 몰랐고, 그저 전혀 위험하지 않다는 말, "새로운 역사의 일부가 되는 행운아"가 된 거라는 말을 듣고는 꽤 들뜨기도 했어요. 음, 그러니까 거긴 시골 지역이라 딱히 별일이 있지도 않았고 영화관에서 상영하는 뉴스 영화를 보면 저희도 같이 역사를 만들고 있다고 하니까 대단한 일처럼 느꼈던 거예요. 그래서 몹시 들떴던 거고요.

정부에서 1953년에 핵실험을 했을 때, 그때 그 핵실험을 계기로 저희는 비로소 문제에 눈뜨게 됐어요. 그전까지는 그냥 무슨 일이 일어나고 있는 건지 궁금해하면서 불안감만 느꼈던 거고요. 소와 양들에게는 이미 여러 반응이 나타나고 있었지만 그것 말고는 별일이 없었거든요. 하지만 1953년 봄 업샷-노트홀(Upshot-Knothole) 핵실험이 진행되면서 상황이 달라진 거예요. 당시에 제 남동생 켄트는 양 캠프에 가 있었어요. 그해 봄 브라이스 캐니언 국립공원 바로 위쪽과 자이언 국립공원 동쪽의 글렌데일 단구에서 열린 캠프였고, 남자 총 여덟 명이 참석했었죠. 어느 날 밤 캠프로 돌아간 켄트는 몸 상태가 굉장히 안 좋아졌어요. 햇볕에 심하게 탄 것처럼 피부에 화상을 입었고, 구토를 했고, 두통도 찾아왔죠. 켄트는 자신의 증상이 네바다주에서 진행된 핵실험과 어떤 식으로든 연관되어 있는 것은 아닐지 의구심을 품었어요. 섬광도 봤고 폭발 소리도 들었거든요. 핵실험이 있을 거라는 소식을 라디오로 접해서 이미 알고 있었는데 실제로는 마치 땅안개를 보는 것 같았다고 했어요. 그 캠프에 참가한 사람들이 있었던 글렌데일 단구라는 지역은 이제 대부분 평평한 지형이기는 하지만 곳곳에 갈라진 틈이 있고 미국에서 흔하디흔한 구골나무와 산쑥 같은 관목도 있어요. 켄트는 거기서 저지대로 내려가봤다고 했어요. 그랬더니 땅안개 같은 것이 자욱하게 껴 있었고 더 안으로 들어가보니 그 안개가 피부에 닿는 게 느껴지면서 혀에는 금속성의 맛이 맴돌았다고 했죠. 그러고 나서 몸이 아파왔고, 데려갔던 말도 병들었던 거예요. 켄트가 데려갔던 말은 갑자기 비틀대면서 제대로 걷지도 못했는데, 상쾌한 바람이 불고 땅안개의 흔적이 보이지 않는 산맥을 올랐을 때는 괜찮아 보였대요.

그런데 켄트는 그날 밤새도록 아파했어요. 구토를 했고, 피부에는 화상을 입었고, 몇 주 만에 머리카락이 한 움큼씩, 엄청난 양이 빠지기 시작했고요. 양의 털도 한 움큼씩 빠지기 시작하고 주둥이 쪽에는 염증까지 생기길래 켄트는 꽤 흥미로운 일이라고 생각했대요. 양들은 점점 허약해지다가 다수가 죽었고 켄트가 몰고 갔던 말도 결국 죽었어요. 겉보기에는 아무런 문제가 없어 보였고 그저 젊고 아름다운 말이었는데 갑자기 쓰러지더니 약 6주 만에 이렇다 할 이유도 없이 죽어버린 거예요. 수의사도 아무 원인을 발견하지 못했고 양들이 시름시름 앓다 죽은 이유도 못 찾았어요. 이 아이언 카운티에서 대체 무슨 일이 있었던 걸까요? 이유가 뭐건 간에 어쨌든 제 남동생은 밤새 아팠고, 머리카락이 한 움큼씩 빠졌고, 양들 몸에서도 털이 한 움큼씩 빠졌고, 말은 죽었어요. 제 남동생과 함께 캠프에 갔던 여덟 사람 중 여섯은 각자 이런저런 암으로 죽었어요. 그중 조드 삼촌은 폐렴으로 사망했고, 저희 아버지도 캠프에 있었는데 지금은 암 투병 중이세요. 그 여덟 명 중에 암에 걸리지 않은 사람은 제 오빠 노먼뿐이에요. 노먼과 아버지는 캠프용 사륜차 안에서 잤고, 켄트는 다른 사람들과 함께 바닥에 침낭을 깔고 잤다고 하는데 그게 원인이 아니었을까 싶어요.

지역 사람들이 대체 무슨 일이 벌어지고 있는 것이냐며 캐묻기 시작했더니 원자력위원회[에너지부의 전신]는 홍보 영상을 제작해서 학교에 배포했어요. 중학생 시절 체육관 바닥에 앉아서 원자력위원회가 제작한 핵실험 관련 영상을 봤던 기억이 떠오르네요. 군목* 한 명과 군인 두 명이 나왔는데(아, 훌륭한 영상이었어요.) 핵실험을 기다리는 두 군인에게 군목이 이렇게 말하더군요. "아들아, 걱정되느냐." 그러자 한 군인이 대답했어요. "네, 조금 그렇습니다, 아버지." 군목은 이렇게 말했어요. "그래, 하지만 걱정할 필요 없단다. 처음엔 앞이 안 보일 정도로 밝은 섬광이 비치고 그다음엔 폭발 소리가 들릴 거란다. 그 후에 고개를 들면 무지개처럼 형형색색의 놀라운 빛깔을 띠며 하늘로 올라가는 아름다운 버섯구름을 보게 될 거고. 정말 대단히 멋진 광경이지."

신 그리고 미국 정부. 어릴 때는 그 두 존재를 생각하면 그냥 애국심이 차올랐어요. 그런데 어른이 되고 나서, 핵실험이 뭔지 알고 나서, 방사능의 영향이 뭔지 알고 나서는 완전히 달리 보이더라고요. 방사능이 어떤 영향을 미치는지조차 저희에게 알려주지 않았던 거니까요. 제 남동생이 탈모

---

* 부대에서 기독교인 장병들의 신앙생활과 관련된 일을 담당하는 목사.

먼지, 미래를 지우다:
네바다 핵실험장

증상을 겪고 구역질을 했던 게 방사선 노출의 전형적인 증상이라는 사실도 알려주지 않았죠. 저희가 살던 지역에는 의사가 한 명뿐이었고 그냥 시골 의사여서 뭘 어떻게 해야 하는 건지 알지 못했어요. 사실 그 의사는 제 남동생 머리카락이 빠지기 시작했을 때 비타민 주사를 놔주었어요. 그러면서 이렇게 말했죠. "왜 이런 현상이 나타나는 건지 전혀 짐작이 가지 않습니다. 도움이 될지도 잘 모르겠지만 적어도 해가 되진 않을 겁니다." 사실 남동생뿐만 아니라 특히 야외 활동이 잦은 사람들을 비롯한 많은 이들이 탈모 증상을 겪고 있었어요.

어쨌든 저는 성인이 된 후 1979년에 그 영상을 다시 보고 언니와 함께 와이오밍에서 열린 우라늄 학회에 갔어요. 환경 문제, 특히 노천 채굴과 관련해 많은 일을 하던 때라 학회에 초대를 받았었죠. 그제야 생전 처음으로, 그러니까 1979년에야 저는 방사능의 영향이 무엇인지 알게 되었고 저랑 언니는 고개를 돌려 서로 마주 보면서 이렇게 말했어요. **"그게 켄트를 죽인 거야."**

그제야 모든 게 들어맞았어요. 그게 켄트를 죽인 거였어요. 영상에 삽입된 장면을 다시 돌려 보는데 분노가 치밀어 올랐어요. 당시에 저는 심리학 수업을 몇 과목 듣고 있었는데 눈에 훤히 보이는 것 같았어요. 그러니까, 남자들이 테이블에 둘러앉아서 이렇게 말하는 장면이 제 머릿속에 선명하게 그려졌어요. "군인들을 등장시키고, 군목을 등장시킵시다. 그게 좋겠군요. '무지개처럼 형형색색의 놀라운 빛깔을 띠며 하늘로 올라가는 아름다운 버섯구름'도 쓰고요. 아주 멋진 표현이잖아요." 그런 모습이 생생하게 그려졌고 그래서 너무 화가 났어요. 그런 장면, 저희 마을 사람들이 매정하고 계획적이고 의도적인 세뇌에 당하는 장면을 언니 집 침대에 누워 있던 남동생의 모습과 겹쳐볼 수밖에 없었으니까요.

병원에서도 해줄 수 있는 것이 없다 보니 저희는 동생을 집에서 돌봤어요. 동생은 조금씩 죽어갔고요. 스물여섯 살에 췌장암에 걸린 후 1961년에, 1961년 9월에 죽었어요. 죽기 직전에는 암 덩어리가 위와 장에까지 전이돼서 음식을 소화시킬 수도 없었지만 그 암만 제외하면 제 동생은 너무나도 젊고 건강한 청년이었어요. 암 덩어리는 계속 커지고 또 커져서 마지막엔 농구공만큼 커졌고 동생은 무척 야위어갔어요. 피부가 너무 팽팽하게 조여져서 눈을 감지도, 입을 제대로 다물지도 못했고요. 말 그대로 굶어 죽어가고 있었죠. 끔찍하게, 정말 끔찍하게 죽어갔던 거예요. 그리고 동생은 자기를 죽음으로 몰고 간 것이 무엇인지 알고 있었어요. 그때 동생은 의구심을 품고 있었지만 저를 비롯한 나머지 가족들은 아무 생각이 없었고요. 수년간 저희는 동생이 살 수 있게 해달라고 기도했는데 나중에는 죽게 해달라고 기도하기 시작했어요.

동생이 침대에 누워 있는 모습(게다가 암 덩어리가 너무 커져서 피부가 충분히 늘어날 수도 없었기 때문에 다리를 쭉 펴지도 못했어요.)을 그의 몸에 있던 암 덩어리와 겹쳐 보는 건 그야말로 끔찍하고, 너무 참담한 일이었어요. 저희를 조종하기 위한 최선의 방법을 모색했던 그 홍보 전문가들의 매정함을 생각하면 더 그랬고요. **그런 것에 화가 치밀었어요.** 살면서 그것만큼 저를 화나게 만든 것도 없었어요. 그리고 그게 제 내면에 꺼지지 않을 불을 붙였고 그 불은 여태 꺼지지 않은 채로 남아 있어요. 지금 당신이 보고 있는 것처럼 말이죠. 그로부터 저희는 수년 동안 싸움에 싸움에 싸움을 거듭했고 갖고 있던 자원을 전부 다 소진해가면서까지 정부 전체를 상대로 싸움을 지속했어요. 그러다 보니 저와 함께 싸우다가 사망한 수많은 사람들을 비롯해 여태 살아 있는 사람들까지 전부 대가를 치르게 됐고, 저는 이 불씨가 제 내면에 계속 살아 있게 하지 않으면 그 불씨에 제가 잡아먹혀버

먼지, 미래를 지우다:
네바다 핵실험장

릴 것이고 더는 싸움을 계속해나갈 에너지도 갖지 못하게 되리라는 사실을 문득 깨달았어요. 그래서 지금 저는 제가 쓸모를 발휘할 수 있는 때가 찾아올 때 열정적으로 쓸모를 발휘할 수 있도록 내면의 불씨를 꺼뜨리지 않고 간직하고 있어요. 바로 그게 제가 계속 해나갈 수 있는 힘이고요.

원자력위원회가 보인 태도는 그리 특별하지 않아요. 그런 태도는 미국이라는 국가가 탄생한 시점부터, 백인 정착민들이 광활한 공간과 자원을 마음껏 착취하고 쓰다 버릴 생각으로 아메리카 대륙에 처음 왔을 때부터 있었어요. 제가 생각하기엔 저희가 유독 취약한 상황에 놓여 있었던 것 같아요. 원자력위원회는 무수히 많은 구체적인 이유를 들어가며 여기에서 핵실험을 시작했어요. …… 어느 기밀 해제된 미국 합동참모본부의 메모에는 핵실험에 대한 미국 대중의 저항을 줄일 필요가 있고 그렇게 하기 위한 최선의 방법은 "사람들의 뒷마당에 폭탄을 설치해서 익숙해지게 만드는 것"이라고 쓰여 있었다더군요.

그래서 광활한 공터 혹은 공유지를 찾았던 것이고 원주민들의 땅이라면 늘 그랬듯 마음껏 취해도 된다고 여겼던 거예요. 그리고 낙진을 어느 정도 통제할 수 있을 만한 장소를 원했고요. 현재 북아메리카에서 동부와 서부를 잇는 유일한 주요 산맥은 유인타산맥인데요. 유인타산맥이 로키산맥 고지대와 교차하면서 일종의 상자 같은 공간을 형성하는데, 전문가들은 이게 방사능이 미국의 다른 지역으로 퍼져나가기 전에 대부분의 방사능을 씻어내는 역할을 할 수 있으리라고 생각했어요. 산맥을 통해 방사성 낙진을 그레이트 베이슨 안에, 극도로 보수적이고 극도로 애국심 강한 사람들이 사는 인구 밀도 낮은 지역 안에 가둘 수 있었던 거죠.

종교적 신념 때문에 동부에서 말 그대로 쫓겨나다시피 하며 서부로 이동한 모르몬교도들은 자신이 그 누구보다 괜찮은 미국인임을 증명해야 하는 처지였어요. 서부에 도착했을 때는 네바다가 주(州)가 되기도 전에 멕시코와의 전쟁에 필요한 돈을 모금했죠. 그러고 나서는 미국을 떠났고, 사실상 중립 지역에 정착했어요. 그리고 그들은 굉장히, 아주 열심히 일했는데, 대부분의 모르몬교도의 마음속에는 극단적인 애국심과 극단적인 보수주의가 자리해 있어요. 사실 모르몬교 교리 중에는 미국 헌법이 신으로부터 영감을 받았다는 내용도 있어요. 그러니 극단적인 애국심을 가진 모르몬교도들은 국익을 위한 정부 프로그램이라고 하면 거기에 이의를 제기하지 않을 사람들인 거예요.

원자력위원회가 거기서 핵실험을 진행한 이유 중 하나는, 그들의 표현을 인용하자면, 그곳이 '사실상 무인지대'였기 때문이에요. 다운윈드의 영향을 직접적으로 받는 지역은 사실상 무인지대라는 거죠. 그러니까, 토착민들이 견뎌야 했던 것을 견뎌야 한 이유, 그들이 패배한 전투에서 패배한 이유는 인구수 자체가 매우 적기 때문인 거예요. 그런 일을 당하지 않도록 정치적 영향력을 행사하는 데 필요한 사람 자체가 모자란 거죠. 그러니 저희는 전부 한배를 탄 동지들이자, 사실상 거주지를 갖지 못한 사람들이자, 핵실험장의 토착민이자, 평범한 대중이에요. 다시 말해 저희에게는 정치적 힘이 없어요. 인격권(moral right)은 있어도 겉보기에는 정치적 권리도 전혀 없고요.

제2회 분별 있는 핵정책을 위한 국가위원회(SANE)/동결 회의에 참석했던 때가 기억나요. 그 회의에 참석한 저는 저희와 가장 가까운 동맹이었던 사람들 앞에 서서 핵전쟁은 난해한 문제가 아니고 핵무기 실험과 핵전쟁 대비가 **지금** 사람들을 죽이고 있는 전투임을 부디 인정해달라고 사정하듯 말했죠. 모두가 이렇게 말했어요. "아 그거요, 그거 괜찮습니다." 그러고는 핵전쟁에 대비하며 예정해두었던 프로그램을 계속 시행했어요. 아무

먼지, 미래를 지우다:
네바다 핵실험장

도 제 말을 들으려 하지 않았어요. 굉장한 자괴감이 들고 너무 속상해서 복도를 따라 어느 빈방으로 들어간 다음 바닥 한구석에 앉아 그냥 울었어요. 이미 희생자가 있다는 사실을 단 한 사람이라도 인정하게끔 설득하지 못했다는 사실이 너무 절망적이었어요. 사람들이 그걸 인정하면 전 세계적인 홀로코스트를 막는 운동에 도움이 될 수 있었을 텐데 싶었거든요.

우리가 이런 사실을 인정하고서도 여전히 변화를 위해 아무런 노력도 하지 않는다면, 그렇다면 우리는 마땅한 대가를 치르게 될 거예요. 제 생각에 민주주의와 자유는 쟁취해야 하는 것, 매일매일 쟁취해야 하는 것이에요. 그리고 우리가 가진 특권을 행사하지 않고 우리의 삶을 어느 정도 통제하지 않으면 우리 삶에 대한 통제를 완전히 잃게 될 것이고, 결과적으로 우리가 살아갈 수 있는 환경도 잃고, 토착 종교의 가르침을 실천할 권리도 잃고, 낙진이나 핵사고나 또 한 번의 체르노빌 사고로 자유도 잃게 될 거예요. 정말이에요. 핵 시설이 점점 노화하고 핵무기와 파편들이 늘어나면서 그런 일은 다시 또다시 발생할 거예요. 앞으로 더 나빠질 일만 남은 거예요.

1991년 11월 퇴역 군인의 날에 진행된 반핵운동에서 기억나는 것은 하늘이다. 우리는 차를 몰고 다시 모하비를 가로지르고 있었다. 그때도 시간은 한밤중이었는데 엄청난 규모의 천둥 번개로 인해 눈앞 풍경이 번쩍 빛났다. 거대한 전봇대들이 하나둘 땅바닥에 내동댕이쳐졌고 강한 빛이 번쩍거릴 때마다 하늘을 통째로 뒤덮은 회색빛 구름이 더 선명하게 보였다. 그리고 그때마다 우리는 1초도 되지 않을 짧은 시간 동안 몸이 붕 뜨는 경험을 했다. 우리가 들어와 있는 밤의 세계에서 어떤 이상한 시각적인 폭력이 펼쳐지는 장으로 진입하는 느낌이었다.

목적지에 도착하니 비는 멎어 있었고 살면서 본 것 중에 가장 밝은 밤

하늘이 드리워 있어서 야외에서 노숙을 했다. 가을 폭풍우에 공기가 깨끗이 씻겨 있었다. 폭탄의 물리학이 별의 물리학과 닮아 있다는 사실을 알기 전이었던 터라 매일 밤 흰 파도가 흐르는 급류 같은 은하수 아래 방수포를 깔고 누워 있으면 어둠 속에서 천천히 폭발하는 수백만 개의 핵폭발 장치라곤 단 하나도 보이지 않고 별만 보였다.

모든 것을 아는 상태로 네바다 핵실험장을 비롯한 여러 핵실험장의 방사성 낙진에 노출되었던 미국 군인 수는 약 25만 명이었다. 현재까지 퇴역 군인 관리국은 방사능 피해자와 선천적 결함 및 질병을 가지고 태어난 아이들을 위한 수당 요청을 거의 다 거부했다. 그러나 퇴역 군인의 날을 맞이해 반핵운동을 개시한 당사자이기도 했던 피폭 퇴역 군인 연합 구성원 중에서 그런 조치에 대해 저항의 목소리를 낸 사람은 극소수에 불과했다. 많은 퇴역 군인이 자신의 경험을 비밀로 간직해야 한다는 압박을 느꼈고 임종을 앞두고서야 피해를 털어놓았다. 내 친구 중 두 명이 살아생전 군인이셨던 부친들에 대해 들려준 이야기는 거의 판에 박은 듯 똑같았다. 두 분 모두 암으로 사망했고 임종 당시에야 핵폭탄 폭발을 목격한 일화를 들려주었는데 두 눈을 감고 있어도 손의 뼈가 다 들여다보일 만큼 너무나도 밝은 섬광이 비쳤다고만 말할 뿐, 당신들이 본 것이 무엇이었는지에 대해서는 말을 아꼈다.

행사에 참가한 퇴역 군인들은 바닥에 둥글게 모여 앉아 서로에게 자기소개를 했다. 2차 세계대전 참전 용사부터 사막 폭풍 작전 참전 용사까지 다양했고, 사막 폭풍 작전 참전 용사 중 일부는 당시 미국이 갑옷을 뚫는 우라늄이 섞인 총탄과 우라늄으로 도금된 탱크를 사용한 바람에 방사능에 노출된 방사능 피해자이기도 했다. 대부분은 여전히 분노에 차 있었고 일부는 여전히 고단한 얼굴이었다. 대부분은 전쟁이 자신에게 다른 의

먼지, 미래를 지우다:
네바다 핵실험장

미로 다가왔던 순간, 군대와 전쟁에 등을 돌리게 된 순간에 관한 자기만의 이야기를 품고 있었다. 일부는 그런 변화를 전장이나 최전방에서, 일부는 군대의 관료제하에서 느꼈고, 일부는 몸이 병든 후에야, 그리고 그들을 지켜주지 않는 원칙을 지키기 위해 싸우고 있었다는 사실을 깨달은 후에야 체감했다.

이윽고 핵실험장 정문 인근에서 또 한 번 즉흥적으로 무대가 마련되면서 두 번째 공개 연설이 이어졌다. 내 기억에 남아 있는 장면은 2차 세계대전 참전 용사이자 서부 쇼쇼니족의 정신적 지도자인 코빈 하니(Corbin Harney)가 푸른 하늘을 등지고 무대에 서 있던 모습이다. 로고가 새겨진 파란색 모자를 쓰고 하늘빛에 가깝게 바랜 라벤더색 셔츠를 입고 있었기 때문에 그 몽환적인 파랑의 빛깔 사이로 그의 갈색 손과 얼굴만 보였다. 나무 한 그루 혹은 산 하나가 물가에 비치는 모습과 흡사하게, 땅처럼 거대하고 단단하고 우락부락한 구름이 핵실험장의 메사 위로 드리웠다. 구름 아래쪽은 구름 자체의 그림자로 어두웠다. 증발한 물이 아니라 대리석처럼 단단한 무언가가, 풍경 위에 떠다니는 또 하나의 풍경 같았다. 코빈은 루비 밸리 조약 그리고 네바다주에서의 핵실험이 그 조약을 위반한 방식에 대해 말했다. 그런 다음 낮게 가라앉은 쉰 목소리로 이렇게 말했다. "바위들이 여기 살아 있고, 그 밖의 모든 것이 여기에 살아 있습니다. 하지만 폭탄이 그 모든 걸 죽이고 있네요. 오늘 우리는 어머니 대지를 죽이고 있는 겁니다."

연설이 끝난 후에는 반핵운동이 시작되었다. 빌 로스와 코빈 하니를 포함한 퇴역 군인들이 앞장서 가축 탈출 방지용 격자판을 가로지르며 걷는 도보 행진이었다. 나도 그 행렬을 뒤따랐다. 연설에서 운동으로의 전환은 앨리스가 거울을 통과하듯 부드럽게 진행되었다. 도로 건너편의 쇠창

살을 기준으로 놓고 보았을 때 우리는 한쪽에서는 공유지에 있는 미국 시민이었지만 다른 한쪽에서는 에너지부가 마음껏 영향력을 행사할 수 있는 보안 지역에 무단진입한 시민 불복종자였다. 그 면 다른 한쪽을 지키고 있는 보안 요원들은 미군 군복을 입고 나타난 사람들을 체포해야 했지만 어쩐지 그들에게 압도당한 듯 천천히 움직였다. 주변을 둘러보던 나는 흡사 양처럼 체포될 때를 기다리던 몇몇 사람을 발견했다. 우리는 서로에게 우리가 멈춰야 할 이유라곤 하나도 없다고 말했고, 그래서 계속 걸었다.

우리는 수많은 군인이 (1957년 프리실라를 포함해) 원자폭탄이 터지는 장면을 지켜보아야 했던 캠프 사막 바위로 이어지는 자갈길로 걷다가 중간에 다른 길로 빠져나갔다. 봄날에 참여한 반핵운동 때처럼 완전한 평온함, 광활한 공간의 고요함, 산맥의 아름다움, 걷기라는 매우 단순하고 매우 평화적인 행위를 통해 정치적 목적을 달성하고 있다는 감각이 충만하게 차올랐다. 우리는 이 이상한 장소의 금지된 구역을 가로지르면서 유카나무 사이를 여유로운 속도로 오랫동안 걸었다. 어쩌나 오래 걸었던지 나중에는 보안 요원들이 아무 조치도 취하지 않으면 어떻게 해야 할지를 고민하기까지 했다. 우리는 머큐리에 도착할 때까지 걷기로 했고, 그 특별한 일요일의 걷기를 30분 정도 더 지속하다가 머큐리까지 절반쯤 남은 지점에 다다랐을 때 소수의 보안 요원들을 마주쳤다. 그때 이미 주변 풍경에 대해 알 만큼 알고 있었던 나는 우리를 비티로 실어가는 버스를 가이드가 딸린 환경 재난 투어 장소로 변모시켰다. 수갑을 풀고 좌석에서 일어나 밥과 크리스가 내게 알려주었던 장소들(유카산, 시안화물 함유량이 높은 호수, 저준위 방사성 폐기물 처리장)을 손으로 가리켰고, 루비 밸리 조약과 쇼쇼니족의 토지 소유권 투쟁에 대해 배운 내용을 조금 설명했다. 그러고도 남은 시간에는 여자들이 노래를 불렀다.

먼지, 미래를 지우다:
네바다 핵실험장

루비 밸리와 목장

퇴역 군인의 날을 기념하는 반핵운동이 있기 한 달 전, 나는 루비 밸리를 찾았었다.

서부 쇼쇼니족이 보기에 네바다 핵실험장에서 벌어진 40년간의 전쟁은 1863년 루비 밸리에서 평화우호조약(Treaty of Peace and Friendship)이 체결됐을 때 중단되어야 했던 그레이트 베이슨 땅과 사람을 향한 공격의 연장선상일 뿐이었다. 그 조약이 먼지를 뒤집어쓸 만큼의 시간이 흐른 것도 아니었고 서부 쇼쇼니족이 자신들의 땅을 두고 연방정부와 새로운 조약을 체결한 것도 아니었지만 그들은 폭탄, 지뢰, 관료들에 의해 땅을 조금씩 빼앗겼다.

1991년 여름, 토지관리국은 네바다 북중부에 사는 서부 쇼쇼니족 목축업자 댄 자매의 뒤를 쫓기 시작했다. 1974년에 시작된 소송에서 미국 정부가 마침내 승소하자 메리 댄과 캐리 댄 자매가 소유한 가축과 동물, 토지권, 생계 수단까지 모조리 앗아가려 한 것이다. 훗날 메리 댄은 내게 그런 사태가 시작된 배경을 들려주었다.[1] "젖소들을 돌보고 있었어요."라고 메리는 말했다. "그리고 나서 집에 돌아갔더니 남동생이 그러더라고요. 토지관리국 사람이 저를 기다리고 있다고요. 그래서 안장에서 내려와 말을 한쪽에 두고 가보니 그가 집안에서 저를 기다리고 있었어요. 우리는 대화를 나눴고, 그는 저에게 이렇게 물었어요. '당신이 무단진입을 했다는 사실을 알고 있습니까?' 저는 무단진입 같은 건 하지 않았다고 대답했어요. 제가 무단진입이라고 할 만한 것을 했던 적은 파이우트족 땅으로 넘어갔을 때뿐이라고 말했죠. 제가 무단진입을 했다면 그때겠다고요. 저는 제가 우리 영토에, 우리 조약에 규정된 영토에 있다고 말했어요. 그 조약에 대해 말해주고 지도도 보여줬죠. 그랬더니 그가 말했어요. '음, 땅이 넓네요.' 그래서 저는 '**맞아요.**'라고 말했어요. 그리고 저는 그 땅의 경계 내에 있다고 덧붙였죠. 그는 어쨌든 간에 자문위원회를 찾아오라면서 '얘기를 한번 해보고 당신에게 방목 허가를 내줄 수 있을지 확인해볼게요.'라고 말했어요. 그래서 저는 이렇게 말했죠. '무슨 말씀이시죠? 여긴 저희 땅인데 왜 저희가 돈을 지불하고 방목 허가를 받아야 하죠?' 그 후 저희가 자문위원회에 가지 않았더니 그쪽에서 저희에게 편지를 써서 보냈어요. 저희가 무단진입을 하고 있다는 내용의 편지였죠. 그래서 저희도 답장을 보냈는데 뭐라고 썼는지는 잘 기억나지 않네요. 어쨌든 답장을 보냈고, 그랬더니 다시 답장이 왔어요. 저희 목장에 와서 말들을 한곳으로 몰아 가둔 다음 보안관 경매에 팔아넘기겠다더군요. 그래서 저희도 다시 답장했어요. 저희 말들을 가둬서 팔아넘기는 게 신께서 내리신 임무라면 그렇게 하라고요. 팔아넘길 생각까지는 없겠지만 지금 하겠다는 행동은 절도라고도 말했죠. 그리고 정말 그렇게 됐어요. 이 모든 게 그렇게 시작된 거예요. 저희는 결국 1974년에 법정에 서게 됐어요. 그런데 그쪽의 주장이 정말 맞다면, 1872년에 저희 땅에 대한 소유권을 얻은 게 맞다면 그냥 그 문서를 저희에게 보여주면 될 일인데 왜 그러지 않았을까요? 그랬다면 저희가 지금 이러고 있을 필요도 없을 텐데 말이에요. 아니, 어쩌면 다른 일에 휘말렸을 수도 있겠네요. 여하튼 지금 저희는 늙어버렸고 토지관리국 사람들은 저희의 생계 수단을 빼앗고 있어요."

먼지, 미래를 지우다:
네바다 핵실험장

소송이 종결되고 토지관리국이 직접 공격을 가할 가능성이 움트기 시작했을 때, 그간 네바다주 정치에 관여했던 몇몇 조직이 댄 자매를 돕기 위해 찾아왔다. 밥 풀커슨이 소속된 시티즌 얼러트, 내 남동생이 협력한 미국 평화 테스트, 평화캠프에서 급식 및 실질적인 조직화의 상당 부분을 담당한 평화의 씨앗 등이었다. (1986년 평화 대행진을 지원하기 위해 조직된 평화의 씨앗은 레드우드 서머에서부터 댄 자매의 목장에서 벌어진 사건에 이르기까지 여러 관련 활동에 물류를 지원하면서 계속 유지되었다.) 그 후에는 아메리칸 인디언 운동(American Indian Movement, AIM)과 다른 집단들도 합류했지만 초반에 네바다 핵실험장에 모인 집단은 그 셋이 다였다. 이 모든 일의 뿌리를 이루는 역사에 대해 더 알고 싶었던 나는 서부 쇼쇼니족 전국 위원회가 어느 훌륭한 환경 계간지에 무급으로, 짧은 기간 내에 그런 오랜 역사에 관한 글을 쓸 사람을 모집했을 때 단번에 그 기회를 잡았고 그 후로도 계속 그 주제에 관한 글을 쓰고 있다. 그러나 그 첫해 가을에는 일을 시작할 때가 되었다는 신호를 기다리고만 있었다.

+

1991년 9월 말의 어느 날 아침, 쇼쇼니족 장로 버니스 랄로(Bernice Lalo)가 코요테 이야기를 들려주겠다며 루비 밸리 조약 체결 기념일에 나를 초대했다. 그래서 그날 아침 나는 부엌 바닥에 널브러져 있던 모든 장비를 차에 싣고 먼 네바다 북동부에 위치한 루비 밸리로 이동했다. 80번 고속도로는 샌프란시스코에서 시작해 베이브리지 동쪽을 가로지르고 트러키, 리노, 러블록을 거쳐 훔볼트강을 따라 위네무카와 엘코까지 쭉 뻗어 있으며, 훔볼트 강물은 훔볼트 싱크로 흘러 들어가 모습을 감추었다가 웰즈산맥과 루비산맥 인근에서 다시 흐른다. 80번 고속도로는 고속도로가 되기 전까지만 해도 캘리포니아로 향하는 이민자들의 길이었으며, 그때도 지금도 대륙 철도와 이어지는 길(서부의 대(大)도로)이다. 그러나 나는 동쪽으로 이동하고 있었고 날씨의 변화 또한 그러했다. 그날 밤 도로에는 눈앞에서 폭풍우가 몰아쳤다. 비에 젖어 습기를 머금은 먼지와 산쑥 냄새가 밤 공기를 타고 흩어졌고, 북두칠성 아래에 구름 한 덩어리가 떠 있어서 마치 번개가 그 북두칠성에서 빗물처럼 쏟아져 내리는 것 같았다.

나는 골든 너겟이었는지 롱혼이었는지 선셋 코랄이었는지 하는 명칭을 가진 위네무카의 한 모텔에서 잠을 청했다. 그 동네와 관련해 기억나는 것은 기독교 체육관을 홍보하는(십자가에 못 박힌 하느님의 사진과 "그분의 고통이 여러분의 낙이다"라는 문구가 새겨진) 스웨트셔츠 차림으로 햄버거 가게 카운터에 있던 남자다. 위네무카는 파이우트족의 족장이었고 트리키는 그의 아버지였는데, 그중 가장 기억할 만한 인물은 위네무카의 딸이자 활동가인 세라 위네무카(Sarah Winnemucca)다. 백인들이 네바다주로 밀려 들어오기 전에 태어난 세라는 50년 뒤, 역사가 프레더릭 잭슨 터너(Frederick Jackson Turner)가 미국 변경이 폐쇄되었음을 선언했을 무렵 사망했다. 세라는 자서전 초반부에 "내가 살아온 삶과 그동안 견딘 혹독한 시련들을 생각하면 내가 살아 있다는 사실을 믿기 어렵지만 그래도 나는 믿고 있다. 그리고 떨어지는 참새를 알아차리시는 주님이 도우시므로 나는 내 삶이 지속하는 한 우리 짓밟힌 파이우트족을 위해 싸울 것이다."라고 썼고, 살아 있는 동안 파이우트족을 향한 공격을 누그러뜨리기 위해 미국 전역을 오가며 발언을 했다.

아침에 80번 고속도로를 따라 더 이동하던 중 죽은 코요테 한 마리가 보였다. 차로 가까이 다가가자 까마귀들이 날개를 퍼덕이며 먹잇감에서 천천히 멀어졌고, 문득 버니스가 들려주겠다던 이야기가 궁금해졌다. 버니스 말대로 루비 밸리로 이어지는 길을 타고 가다 보니 머지않아 포장도로가 사라졌고, 마른 진흙이 덮인 끝 모를 이랑을 따라가다가 목적지에 도착했다. 루비산맥은 그레이트 베이슨이 무언가 다른 것으로 변하는 지점에 위치해 있다. 거기에서는 습기로 인해 공기가 부드러워지고, 산맥은 더 산맥다운 자태를 띠고, 분지는 더욱 계곡에 가까워진다. 모임이 열린 테모크(Temoke) 목장은 산울타리와 고목 사과나무가 방어막처럼 둘러싼 오래된 자영 농지*였다. 호두보다 작은 크기에 붉은 선이 얇은 줄무늬처럼 새겨진 초록 사과들이 땅바닥에 어질러져 있었다. 나는 잘 익은 장미 열매로 뒤덮인 야생 장미 덤불들 사이에서 만의 후미처럼 안쪽으로 깊숙이 들어간 곳에 자리를 잡고 텐트를 쳤다. 그러다 키는 작고 얼굴에는 살가운 미소를 띠고 있으며 엄마처럼 포근한 분위기를 풍기는 버니스를 발견해 인사를 나눈 다음 산책에 나섰다. 그곳에 있는 유일한 백인이었던 터라 어쩐지 침입자가 된 기분이었다.

말들과 오래된 자동차들(아름답고 녹이 슬어 작동하지 않는 아름다운 모델 T와 패커드)로 붐비는 과수원이 보였고, 그보다 더 멀찍이 표백된 통나무로 만든 집도 보였다. 통나무집 옆에는 매끄러운 바위들 위로 작은 개울이 흐르고 있었다. 개울물이 이끼 긴 둑을 넘어 순식간에 마른 풀과 수풀로 넘쳐 흘렀지만, 순식간에 형성된 그 너른 공간은 일본 정원처럼 손질이 잘되어 있고 풀이 무성했다. 더 상류 쪽에는 잡목림과 버드나무 군락, 그리고 야생 장미가 흐드러진 둔덕이 있었다. 거기서 나는 장미 열매를 주머니에 한가득 채워 넣었다. 지류가 본류에 합류하는 지점에 다다랐을 즈음

---

* 1862년에 제정된 홈스테드법(Homestead Act)에 따라 160~620에이커씩 무상으로 제공된 미개발 토지.

에는 어느새 금빛으로 물들고 있는 사시나무들 사이에 와 있었다. 어느 작은 숲에는 하늘을 겨냥하듯 날카롭게 깎인 연필 같은 나무 그루터기들과 비버가 만든 작품이 있었고 곧이어 댐도 보였다. 테모악족 자영 농지는 시야에서 사라진 지 오래였다.

백인들은 비버를 모조리 잡아 없애겠다는 '그을린 강(scorched river)' 캠페인[2]의 일환으로 1820년대 서부 쇼쇼니족이 '뉴소고비아'라고 부른 지역에 진입했다. 비버가 그 캠페인에서 살아남았는지 여부를 언급한 기록은 하나도 없다. 덫사냥꾼들이 산발적인 폭력 행위를 벌인 후 1840년대 이주민들을 태운 마차가 훔볼트를 따라 캘리포니아로 이동할 때까지, 그리고 1850년대와 1860년대 광부들이 시에라를 거쳐 네바다로 쏟아져 들어가기 전까지 서부 쇼쇼니족은 대체로 방치된 존재였다. 어린 시절 나는 영화 속에서 원주민들이 줄줄이 이어진 마차 떼를 공격하는 장면을 수없이 보았지만, 그것이 침입에 대한 저항 행위임은 전혀 알지 못했다. 그 당시의 내게 마차 떼는 영화에 연속성을 부여하는 장치였고, 원주민은 뜬금없이 분열을 일으키는 존재였다.

미국은 과달루페 이달고 조약을 통해 (멕시코가 네바다주에 대한 법적 소유권을 갖고 있었다는 전제하에) 네바다주에 대한 법적 소유권을 얻었는데, 서부 영토 관리자들은 주민들이 채굴과 도로 유지·보수를 제외하고는 그 땅에서 할 일이 거의 없으리라고 생각했고, 그래서 멕시코의 관리하에 토지를 소유했던 사람들이 미국의 관리하에 토지를 소유하게 될 것임을 조약을 통해 보장했다. 내전이 시작되었을 때 네바다주의 금과 은은 북부의 재원을 강화하는 데 상당히 기여했고, 이주민들을 위해 영토를 안전하게 지킨 군인들은 동부로 소집되었다. 이에 네바다 준주의 주지사 제임스

W. 나이와 몇몇 인디언 주재관들은 1863년 10월 1일 네바다주 북동부 인근에서 서부 쇼쇼니족 집단의 지도자들과 평화우호조약을 체결했다. 당시의 평화우호조약이라 함은 거추장스러운 구절만 한가득인 조약이었다. 즉 조약에 서명한 쇼쇼니족 당사자들 중 영어를 독해할 줄 아는 사람이 한 명도 없었던 것은 말할 필요도 없는 데다가 말 자체를 할 줄은 알았는지조차 명확하지 않다. 그러나 설령 영어를 구사하지 못했다 하더라도 쇼쇼니족에게 해롭기만 한 조약은 아니었다. 현재 비버 댐 아래 자영 농지를 소유한 집안의 가장 프랭크 테모크는 루비 밸리 조약에 서명한 쇼쇼니족 중 한 사람의 증손자다. (서부 쇼쇼니족은 여러 자율적인 집단으로 조직되어 있어 전체를 통솔하는 중심 권력이 없었다.)

루비 밸리 조약의 근거는 내가 인디언문제위원회(Commission on Indian Affairs, CIA, 현재의 인디언 사무국(Bureau of Indian Affairs, BIA)) 문건 속에서 찾은 1864년 서신[3]에 가장 명확하게 설명되어 있다. 핵심 인디언 주재관인 제이컵 T. 록하트(Jacob T. Lockhardt)는 "미국이 광물 국가가 되어가고 있다."라고 썼다. "광물 개발을 위해서는 원주민과의 완전한 평화가 필수적이다. 원주민이 최근 미국에서 아무 제약도 받지 않는 소유권을 얻었고 그들이 소유한 광범위한 영토 곳곳에서 석영을 함유한 금과 은이 발견되고 있는 터다. 이 사실이 알려지면서 광부들이 삽시간에 미국으로 들어와 정착하고 있는데, 이렇게 정착이 황급히 이루어지다 보니 당연하게도 많은 사소한 문제가 불거지고 있다."

루비 밸리 조약은 미국이 원주민과 체결한 여러 조약 중에서도 특이한 조약이다. 서부 쇼쇼니족을 계속해서 국가로 언급한다는 점, 그리고 대부분의 조약과 달리 영토를 미국에 할양하는 대신 통행권 및 그와 유사한 권리만 부여할 뿐이라는 점에서 그렇다. 루비 밸리 조약에 명시된 영토는 서부 쇼쇼니족 중 북부에 거주하는 집단과의 협상을 통해 정해졌는데 이는 현재 네바다주의 상당 영역을 포함하고 있다. 서부 쇼쇼니족 조상이 소유했던 전체 영토(뉴소고비아)는 아이다호에서부터 네바다를 거쳐 캘리포니아의 데스 밸리와 모하비 사막까지 길게 이어진다. 그런데 그중 상당수는 20세기까지 제대로 연구되지도 않았으며, 많은 지역이 지도상에 사법 관할 지역으로 표시되어 있기는 하지만 여전히 거주민도 없고 연방 용지로 활용되고 있지도 않다. 루비 밸리 조약에는 특별보호구역 조성에 관한 조항도 포함되어 있으나 조약에 규정된 조건과 시간에 따라 조성된 구역은 한 군데도 없다. 마찬가지로 조약에 규정된 지급금도 대부분 납부되지 않았다. 미국 정부는 조약을 체결하기가 무섭게 곧장 태만과 무관심으로 조약을 위반했고, 조약 준수 여부를 감시해야 할 CIA 관계자는 1869년 본인은 조약 사본을 갖고 있지도 않고 조약 내용을 알지도 못한다고 인정하는 서신을 미 정부에 보냈다.[4] 그리고 미 정부 관계자는 1876년 서신을 통해 그동안 체결된 조약이 하나도 없다는 잘못된 진술을 했다.

조약에 명시된 지급금은 잃어버린 식량 자원에 대한 보상금이었다. 그레이트 베이슨 원주민이 의지했던 취약한 생태계는 과도한 방목, 강물 오염, 남획으로 인해 붕괴의 길을 걷기 시작했고, 이와 같은 환경 파괴로 인해 마을 변두리에서 쓰레기를 뒤지며 근근이 살아갈 수밖에 없었던 많은 원주민이 시간의 흐름에 따라 점점 백인들처럼 농장과 목장을 운영하는 생활 방식을 따르게 되었다. 당시에 조약 준수 여부를 감시해야 했던 존재들에게는 그레이트 베이슨의 문화에 내재한 질서가 보이지 않는 듯했다. 이들은 하나의 우주론과 생활 방식이 아니라 구원을 기다리는 이방인 무리만 볼 따름이었다. 그레이트 베이슨 원주민들과 직접 만났던 경험을 활용하여 『서부 유랑기』를 쓴 마크 트웨인은 구걸하는 고슈트족(쇼쇼니족의 하위 집단)을 제임스 페니모어 쿠퍼(James Fenimore Cooper)의 고귀한 야만인들과 비교하면서 전자를 가진 것 하나 없는 딱한 존재로 본다. 트웨인은 자신이 묘사한 야만인들이 그렇게 구걸하며 살아야만 하는 마을이 생기기 전만 해도 수천 년 동안 잘 먹고 잘사는 존재였다는 사실을 조금도 떠올리지 못했고 그로 인한 문학적 손실을 감당해야 했던 것이다. 트웨인의 네바다서(書)라고 할 수 있는 『서부 유랑기』는 가히 해학의 걸작이지만 네바다주 지역의 풍경과 사람들을 향한 그의 경멸은 안타깝기 그지없다. 『서부 유랑기』에서 그는 네바다주가 악마도 향수병에 걸리게 만들 지역이라고 평했고 곧 캘리포니아로 이동했다.

트웨인, 그러니까 새뮤얼 클레멘스는 1861년 형 오리온이 네바다 준주 주지사의 비서로 임명되었을 때 그와 함께 서부로 갔다. 오리온의 서명이 새겨진 서신들은 광부들의 지역이었던 서부를 제멋대로 그려낸 트웨인의 기록과는 달리 건조하고 진지한 필치로 쓰여 있으며, 지금도 초기 백인들의 네바다주 정착에 관한 기록물 중 하나로 남아 있다. 나는 집필을 약속한 에세이를 위해 리노에 머물면서 그런 기록물이 저장된 마이크로필름을 분석했다. 흡사 소용돌이가 치듯 꼬불꼬불하고 한껏 치장한 필체 때문에 하나같이 알아보기가 어려웠다. 서신들은 전부 "이 소식을 전할 수 있어 영광입니다."라는 문장으로 시작했고, 당시 미 동부 학교에서 아름다운 초서체 쓰는 법을 익힌 관료들은 항상 서명란에 "근배"라고 적었다. 돌이켜보면 루비 밸리 조약은 분명 위반되었고 강제 시행된 정책들은 집단 학살에 버금가는 조치였지만 그런 일들과 동떨어진 공무원들의 서신에는 그 어떤 악의나 탐욕의 흔적도 보이지 않았다. 오로지 자금이 부족하고 상관들의 관심이 부족한 상황에서 임무를 수행해야 한다는 사무적인 불안뿐이었다. 무기 산업 종사자들 가운데 폭탄을 제조하는 사람은 없다. 그들은 그저 플루토늄 트리거 조립이나 우라늄 채굴, 미사일 외피 제작, 연구와 개발 작업만 할 따름이다. 1860년대 인디언 사무국의 상황도 이와 똑같았다. 아무도 원주민을 절멸하려 애쓰지 않았고 소수만이 자신이 초래한 대재앙에 진심으로 염려하는 듯했다. 백인과 접촉한 첫 10년 동안 서부 쇼쇼니족의 인구수는 기근, 전염병, 살인으로 인해 급감했다.

루비 밸리 조약이 체결되고 9개월이 지났을 때, 훔볼트강 지역의 인디언 주재관이었던 존 A. 버치(John A. Burche)는 네바다 준주 주지사인 제임스 나이에게 편지를 썼다.[5] "밸리의 토질은 비옥하고 훔볼트산맥에는 오피올라이트 광물이 풍부한 데다가 강인하고 근면한 광부와 농업 전문가들로서는 거의 저항할 수 없는 유인책까지 있는 덕분에 미국 정착민 수가 빠르게 늘고 있습니다. 산맥마다 귀금속이 묻혀 있어 이제는 숙련된 광부가 철저히 답사해 표시를 남기고 있고 그들은 그곳에 넘쳐나는 자원 덕분에 그런 끈기와 고생에 대해 후한 보상을 받기 시작했습니다. 강바닥과 산의 협곡들은 전부 목장과 정원 부지로 거론되면서 경작이 가능한 상태로 변하고 있습니다. 산과 계곡의 사냥감들은 이 야생 지역에 나타난 백인들이 한 치의 오차도 없이 계속해서 쏘아대는 소총 소리에 기겁해 달아나고 있는 데다가 잣나무는 단숨에 절단되어 건축 자재나 연료로 쓰이고 있는 실정입니다. 과거 원주민들의 주 식량원 중 하나였던 볏과 식물은 훔볼트 컨트리에 넘쳐나도록 많았지만 이제는 새싹을 내밀기가 무섭게 정착민들과 함께 컨트리로 이주한 어마어마한 양의 가축들이 먹어 치우는 통에 아주 적은 양조차 수확하지 못하고 있습니다. …… 그러므로 주지사님은 과거부터 앞으로의 미래에 걸쳐 이곳 원주민들의 생계 수단이 완전히 파괴된 정도는 아닐지라도 상당히 손상되었다는 사실을 아시게 될 것입니다."

환경이 파괴되는 동안에도 공격은 계속되었다. 메리 댄과 캐리 댄이 할머니에게서 들은 바에 따르면 할머니는 안전을 위해 아이들을 사륜차에 태운 다음 그 위에 건초를 한가득 쌓고 이동하던 도중에 그 아이들이 보는 앞에서 강간을 당한 적이 있었고 백인들은 시도 때도 없이 원주민 여자들을 공격했다.(세라 위네무카도 똑같은 얘기를 했다.) 댄 자매와 다른 서부 쇼쇼니족들이 내게 해준 이야기에 따르면 루비 밸리의 루비 요새에 갇혀 있던 죄수들은 강압에 못 이겨 다른 죄수들의 살점을 먹어야 했고, 루비 밸리 조약 체결을 기념하는 행사에서 쇼쇼니족이 "차마 삼킬 수도 없고 생전 맛본 적도 없는 음식을, 백인들도 먹지 않은 음식을 대접받는" 일이 벌어지면서 기념행사가 소름 끼치는 비극으로 치닫기도 했다. 미국 역사상 규모가 가장 큰 인디언 학살 사건이면서 여전히 잘 알려지지 않은 사건은 아이다호 남부 베어강에 모인 쇼쇼니족을 향한 기병들의 공격이었다. 오랫동안 역사에 합법적인 전투로 기술된 그 기습 공격으로 인해 당시 여성과 아이와 남성 총 250명이 사망했다. 1860년대와 1870년대에는 네바다주의 주요 신문《테리토리얼 엔터프라이즈》가 "종족 전체를 몰살"하고 조약을 파기할 것을 주장하기도 했다. 댄 자매는 많은 장로가 심지어 최근까지도 인디언 분쟁조정위원회(Indian Claims Commission, ICC)가 받은 돈이 잃어버린 땅에 대한 보상이 아니라 약탈당한 땅과 강간당한 여자에 대한 보상금이라고 믿고 있다고 말한다. 나는 루비 밸리 조약 체결 기념일에 여전히 그런 믿음을 품고 있는 한 남자를 마주치기도 했다.

조약 체결 시점으로부터 현재까지 미국 정부는 동부의 풍경과 생활 방식을 네바다주에 재현하기 위해 꾸준한 노력을 기울이고 있는 듯하다. 인디언 주재관들은 서부 쇼쇼니족과 서부 네바다의 파이우트족을 비토착 동식물을 경작하고 목축 생활을 하는 정착민으로 바꾸기 위해 산발적인 노력을 기울였다. 루비 밸리에서 상대적으로 풀이 무성한 곳에 70만 평

규모의 특별보호구역이 조성되기도 했으나 정부가 그곳을 차지하려는 백인들을 저지하는 조치를 전혀 취하지 않은 탓에 그리 오래 유지되지 못했다. 1869년 루비 밸리의 테모악족은 소 500마리를 받았지만 1874년에 도로 빼앗겼고, 댄 자매의 아버지는 본인이 기른 농작물을 불태워버렸다. 그러지 않았다가는 크레센트 밸리에 자영 농지를 얻기도 전에 농경 생활에 시달릴 처지였기 때문이다. 자영 농지는 토지관리국의 공격에 어떻게 대응할 것인지와 관련해 댄 가족 구성원들이 논쟁을 벌인 주제 중 하나이기도 했는데, 이러나저러나 어쨌든 그들은 루비 밸리 조약 제6조를 이행하고 있었다. 대통령이 공리를 위해 적합한 일이라고 판단하면 댄 가족은 "현재 하고 있는 방랑 생활을 접고 목장주와 농장주가 되어야" 했다. 역사가 퍼트리샤 넬슨 리머릭(Patricia Nelson Limerick)은 반어적인 뉘앙스로 이렇게 평한다. "인간의 본능은 원주민이 미개 상태에서 해방되어 문명을 향해 나아가도록 부추겼다. 그것이 원주민을 구하는 유일한 방법이었고 그렇게 하지 않으면 원주민은 운명적인 몰락을 맞이할 터였다. 원주민이 수렵과 채집을 관두고 농사를 지으면 수렵과 채집에 필요했던 땅 면적이 줄어들 수 있었다. 원주민을 미개 상태에서 해방시키는 것은 이처럼 원주민의 땅과 자원 역시 '해방'시키는 긍정적인 부작용을 품고 있었다."[6]

자생풀과 자생식물은 처음에는 우연히, 그리고 그 후에는 토지관리국의 개입에 의해 외래종으로 대체되었다. 1970년대 토지관리국은 산쑥과 피농 소나무가 있던 자리에 목초지를 조성하기 위해 대규모의 땅을 '쇠사슬로 묶고'(대형 쇠사슬을 끌어다 걸쳐놓았다.) 외래 마초를 옮겨다 심었다. 급격한 환경 변화와 정착으로 인해 전통적인 생활양식을 지속할 수 없어지자 많은 사람이 자신이 살던 땅에서 살아남기 위해 목장 경영으로 방향을 틀었고 대부분 특별보호구역으로 가서 재정착하는 것을 거부했다. "저

먼지, 미래를 지우다:
네바다 핵실험장

희는 전부 여기에 머물고 싶어요. …… 저희가 옛날처럼 이 소중한 산과 계곡에서 계속 살아갈 수 있게 해줬으면 좋겠어요."7라고 1873년 네바다주 중동부의 쇼쇼니족이 말했다. "저희는 여기에서 나고 자랐어요. 이 산들, 이 계곡들, 이 샘과 시냇물들은 우리의 아버지고 형제예요."

+

채굴은 백인 정착을 이끈 주요 추동력이자 환경 파괴의 주요 원인이었다. 마이런 에인절(Myron Angel)은 1881년 네바다주 역사에 대해 "채굴 산업이 무너지면서 심지어 오늘날에도 사람들이 네바다주 밖으로 대거 이주하는 결과가 나타나고 있다. 떠나지 않고 남을 경우 원주민의 뜻에 따라야 하는 한낱 소작인이 될 것이기 때문이다."8라고 말했다. 1860년대 콤스톡 광산이 있었던 곳 인근에는 폐광석이 쌓인 산들이 여전히 넘쳐난다. 곳곳이 도려내진 산허리는 영영 치유되지 못할지도 모른다. 게다가 (과거에는 수은이었고 지금은 시안화물인) 광석의 화학 정제로 인한 영향은 우려스럽게도 아무런 규제도 받지 않고 있으며 제대로 기록조차 되고 있지 않다. 이와 같은 채굴은 대부분 아직도 공공용지에서 이루어지고 있다. 그리고 1872년 광산법에서 승인한 바에 따라 지금까지도 토지관리국이 토지 공여를 주관하고 있는데, 광산법에 따르면 누구나 공공용지에 대한 소유권을 주장할 수 있고 그 용지를 파괴하거나 버리거나 혹은 아직도 과거 시세 그대로인 가격(보통 에이커당 2.5달러나 5달러)에 사들일 수 있다. 지하에 풍부한 광맥이 있는 콤스톡 광산을 밀어내고 자리 잡은 노천 광산은 소량의 금과 은을 생산하기 위해 수 톤에 이르는 광석을 채굴하고 가공하고 있으며, 현재 네바다주의 금 생산량은 미국 내 금 생산량의 60퍼센트 이상을 차지한다. 그중 25퍼센트는 토지관리국이 담당하는 엘코 지역에서 나오고 있고, 총 규모는 댄 가족이 소유한 땅을 아울러 약 85억 6800만 평에 이른다. 본격적인 골드러시가 진행되고 있는 엘코 지역은 현재 께름칙하게도 미국에서 가장 규모가 큰 노천 금광을 소유하고 있다. 터스커로라족(Tuscarora)이 사는 마을을 위협하는 광산 구덩이는 입구가 떡 벌어져 있어 한 컨트리 음악을 떠올리게 한다. "지구가 둥글지 않다는 건 모두가 알지 / 그게 마을 끝에서 수직 낙하하니까." 댄 가족이 사는 크레센트 밸리의 코테즈 인근 광산들은 다시 가동 중에 있다.

토지관리국이 제기한 소송으로 인해 1974년 댄 자매가 법정에 서게 됐을 때, 절치부심하는 각오로 천천히 소송을 준비했던 인디언 분쟁조정위원회(ICC)는 서부 쇼쇼니족의 토지권 문제를 거의 마무리했다. 매년 되풀이되는 고질적인 문제 중 하나는 서부 쇼쇼니족이 땅 자체를 돌려받을 수 있을 것인지 아니면 그 땅에 대한 보상금만 받게 될 것인지였다.

ICC는 아메리카 원주민들로 하여금 그들이 잃어버린 땅에 대해 정부를 상대로 손해배상을 청구하도록 했다. 손해배상 청구는 실제로 땅을 잃은 사람들에게는 모호한 이익이 되는 일이었지만, 땅을 계속 소유할 가능성이 아직 남아 있는 사람들에게는 명확한 손실이 되는 일이었다. 정부가 서부 쇼쇼니족의 땅을 두고 했던 것처럼, 그런 청구 소송을 빌미로 분쟁 지역에 대한 소유권을 주장할 수도 있었기 때문이다. 수십 년이라는 시간 동안 많은 서부 쇼쇼니족은 아직 땅을 빼앗긴 것도 아니고 땅이 매각된 것도 아니라고 생각했지만, 그들을 대변할 법적 권리를 가진 변호사들은 이미 금전적인 합의를 모색하고 있었다.(그 변호사들은 서부 쇼쇼니족을 대변한 변호사들 중 한 명이 성문화한 특전, 즉 합의금의 10퍼센트를 받게 될 것이었다.)

들리는 말에 따르면 글을 읽고 쓸 줄 모르고 2개 국어를 겨우 할 줄 아는 사람들은 그런 변호사들로부터 최후통첩을 받고 겁먹은 상태로 얼떨결에, 황급히 합의하기로 결정했다.

이 일련의 과정이 진행되는 내내 서부 쇼쇼니족 측은 소송을 중단하고자 했다. 또 많은 쇼쇼니족이 스스로 잃었다고 생각하지도 않는 땅에 대한 보상을 바라지도 않고 변호사들이 자신들의 의도와 이해를 대변한다고 생각하지도 않는다는 점을 명확히 하고자 했다. 1976년 테모악족은 자신들의 입장을 제대로 대변하지 않는 변호사를 해고하고 그 변호사의 과실 행위에 대해 소송을 제기했으나 ICC는 해당 변호사가 1979년까지 소송을 맡게 했다.

1979년 12월 6일 ICC의 청구 법원은 서부 쇼쇼니족에게 2614만 5189.89달러를 배상하라는 판결을 내렸다. 이 금액은 2200만 에이커에 이르는 토지 가격을 1872년 시세(에이커당 1~2달러)로 계산한 후 19세기에 지급된 모든 구두끈과 숟가락 값을 공제한 것이었다. 청구 법원은 토지 감정가액의 기준일을 1872년 7월 1일로 정했는데 그 날짜에 어떤 구체적인 사건이 일어난 것도 아니었을뿐더러 그렇게 구체적인 날짜를 설정하는 것 자체가 "점진적인 침범"이 있었다는 청구 법원의 주장과 모순되었다. 그때 법원은 역사를 해석하는 게 아니라 발명하고 있었던 것이다. 캐리 댄은 이렇게 단언했다. "미국이 다른 주권 국가를 점진적으로 침범했다는 사실을 인정하는 겁니까? 아니면 토지법을 점진적으로 침범했다는 겁니까? 토지법을 점진적으로 침범했다는 의미라면, 저희는 그런 위법 행위에 점진적으로 대응한 겁니다." 댄의 변호사인 존 오코널은 이렇게 말했다. "미국 정부는 원주민들이 19세기에 살았던 곳에 계속 살게 했습니다. 원주민의 땅이 백인에게는 아무 가치가 없다고 생각했기 때문이었습니다. 그런데 이제 와서 마치 100년 전부터 그랬다는 듯 원주민들을 몰아내고 싶어 하고 있습니다." 서부 쇼쇼니 국가 위원회 의장 레이먼드 야월은 소송이 종결될 당시 미국이 서부 쇼쇼니족으로부터 얻어낸 것의 가치가 100억, 어쩌면 1000억 달러에 이르렀다고 지적한다. 보상금은 여전히 그대로였다.

에이브러햄 링컨은 이렇게 썼다. "국가는 영토와 국민과 법률로 구성되어 있으며 이 중에서 확실한 영속성을 지닌 유일한 것은 영토뿐이라고 말할 수 있다. 한 세대가 사라지면 다른 세대가 찾아오지만 지구는 영원히 머문다."[9] 그 소송에서 전통주의자인 서부 쇼쇼니족이 원했고 지금도 원하고 있는 것은 사유재산이 아니라 독립국가로서의 지위가 갖는 중요성이었다. 땅이라는 기반이 없는 국가는 그 어떤 국민에게든, 특히 땅이 종교와 생활 방식의 핵심을 이루는 국민에게는 고난을 안길 수밖에 없었다. 언젠가 나는 댄 자매에게 루비 밸리 조약에 명시된 쇼쇼니족의 토지권이 인정받을 경우 어떤 일이 벌어질지에 대해 물었다. 캐리 댄은 대중이 두려워하는 것과 달리 서부 쇼쇼니족은 백인 정착민들을 쫓아낼 생각이 전혀 없다고, 오로지 나머지 땅에 대한 권리를 인정받고 그 땅에 추가적인 피해가 발생하는 상황을 막는 것에만 관심이 있다고 대답했다. "별로 바뀌는 건 없을 거예요."라고 캐리가 말했다. "땅을 어떻게 이용하든 매번 협의해야 할 테고요. 핵무기, 방사성 폐기물 투기, 금 채굴용 연못, 핵실험장 같은 건 없애버려야죠. 야생동물은 보호하고요. 하지만 중요한 것은 물입니다. 시안화물이 함유된 연못 물이 상수도에 유입되지 않는다는 걸 정부가 증명할 수 있을까요? 저희 법에는 모든 생명이 권리를 갖는다는 조항이 있습니다. 오늘날에 권리를 가진 존재는 인간뿐이고요. 저기에 있는 작은 생명체들이 '도와주세요, 도와주세요.'라면서 비명을 지르고 있어요." 메리는 "저기 있는 작은 생명체들에게도 목적이라는 게 있습니다."라고 덧붙였고, 캐리는 그런 생명체들을 잃는다면 "만물의 멸종이 초래"된다는 말로 대화를 끝맺었다.

네바다주 지방법원은 댄 자매가 1979년 12월 6일까지는 무단 진입을 한 적이 없다고 판결했다. 그 날짜는 댄 자매가 법정 공방의 첫 5년 동안은 옳았으나 그 후부터는 틀렸다고 암시한 ICC의 판결이 확정된 날이었다. 1980년 공청회에 참석한 서부 쇼쇼니족의 대다수는 보상금 수령에 반대한다는 입장을 토지관리국 측에 전했다. 변호사들이 청구권 소송 과정 중에 자신들만의 이익을 위해 양다리를 걸친 것처럼, 쇼쇼니족의 수탁자인 내무부 장관도 한 정부 은행 계좌에서 다른 은행 계좌로 자금을 이체한 후 서부 쇼쇼니족이 더 이상 그들의 소유가 아닌 땅에 대한 보상금을 지급받았다고 주장한 것이다. 캐리는 수탁자가 보상금을 마음대로 처리해버린 이 계략에 특히 격분했다. 쇼쇼니족을 어린애마냥 취급한 행동이었기 때문이다. (토지관리국은 미국 내무부 산하기관이므로 토지관리국이 댄 자매를 괴롭힌 행위는 조직 내부의 또 다른 유별난 활동이었다.)

판결 금액을 국고로 귀속하는 것과 관련해 미 대법원은 서부 쇼쇼니족이 해당 금액을 수락했건 할당받았건, 어쨌거나 지급은 완료된 것에 해당한다고 판결했다. 그 후 제9회 순회법원은 서부 쇼쇼니족이라는 부족명이 19세기에 소멸했다는 (이전 판결과 모순되는) 판결을 내렸다. 단, 그러면서 댄 자매가 원주민 개인으로서 서부 쇼쇼니족 칭호를 요청할 수는 있다고 명시했다. 그러나 그렇게 하면 그때까지 맞서 투쟁한 더 중요한 문제들에서는 손을 떼야 했기 때문에 댄 자매는 1991년 6월 소송이 종결될 때까지 호칭을 요구하지 않기로 했다. 이에 대해 서부 쇼쇼니 국가 위원회 의장 레이먼드 야월은 "댄 자매는 서부 쇼쇼니 국가를 대표해 100만 달러를 써가며 소와 말을 지키고 있습니다."라고 말했다. 그러자 토지관리국은 황급히 댄 자매에게 15일의 기한을 주면서 가축 수를 줄이지 않는다면 몰수해버리겠다고 통보했고, 이때를 기점으로 법정 공방이 중단되고 직접행동 개시를 위한 계획이 구체화하기 시작했다.

+

우리가 목축업자들을 지키기 위해 발 벗고 나서면서 상황은 흥미롭게 흘러갔다. 목축이 환경보호에 앞장서는 성인군자가 하는 일도 아니고 목축을 옹호하는 것이 보통의 환경보호론자(혹은 땅을 이용해 생계를 꾸려나가야 한다는 과제에 직면한 대부분의 환경보호론자)가 하는 일도 아니기 때문이다. 내 남동생은 쇼쇼니족의 토지권을 확실히 보장받고 나면 쇼쇼니족 목축업자들에 대해 시위를 벌이는 것도 생각해봐야겠다는 농담을 즐겨 했다. 그러나 그때까지만 해도 문제는 방목이나 방목 허가가 아니라 주권과 사법권이었다. 최근 들어 토지관리국은 과도한 방목이 문제라는 말을 꺼내기 시작했는데 이는 진짜 문제를 가리고 환경보호론자들과 토지권 옹호론자들을 분열시키려는 시도처럼 보일 뿐이었다. 노천 광산이 몹시 풍부한 지역, 군대와 에너지부에 너무나도 적극적으로 공공용지를 넘겨준 주(州), 방목 허가가 너무나도 관대하게 이루어진 지역 등에서도 토지관리국의 정당성은 의문의 대상이었다. 내게 어떤 권한이라도 있다면 토지관리국이 아닌 서부 쇼쇼니족에게 해당 지역의 토지 사용에 관한 주요 결정을 맡길 것이다. 서부 쇼쇼니족이 그 땅에 더 오래 머물렀고 더 마음을 쓰는 존재들이니 말이다. 그리고 대법원이 뭐라 했든, 그 땅은 서부 쇼쇼니족의 땅이다.

먼지, 미래를 지우다:
네바다 핵실험장

테모악족 자영 농지 위의 비버 댐에서 돌아왔을 때 핵실험장에서 만난 몇몇 여자들과 레이철이 보였다. 나이가 좀 있는 사람들은 텐트에 모여서 복잡한 베팅 게임을 하고 있었다. 더 많은 자동차와 트럭이 계속해서 농지로 들어왔다. 그중 캐리 댄이 탄 자동차도 보여서 가까이 다가가 인사를 건넸다. 캐리는 내게 목장으로 놀러 오라고 초대했다. 해가 저물기 시작하자 버니스와 함께 있던 사람 중 한 명이 22구경 총을 꺼내 잭래빗을 향해 쐈고, 나는 멀찍이서 살아 뛰어다니던 생명체가 30분 만에 다리를 절뚝이는 부드러운 털 뭉치가 되었다가, 다리가 길어서 흡사 살가죽이 벗겨진 성인처럼 보이는 맨몸의 생명체가 되었다가, 모닥불에 놓인 고깃덩어리가 된 후 몇몇 사람의 입속으로 순식간에 사라지는 광경을, 연금술처럼 인상적인 변이 현상을 지켜보았다. 북소리와 춤추는 소리가 한밤중까지 이어졌고, 아침이 밝았을 때 나는 돌아서서 서부의 목장을 향했다.

댄의 집은 거의 다 왔다고 말할 만한 거리가 되기도 훨씬 전에, 약 16킬로미터 정도 남은 지점에서도 발견할 수 있다. 자갈길을 따라 건조한 언덕을 따라 올라가다 보면 잠시 시야에서 사라지는데, 멀리서 보면 코테즈산맥 산꼭대기 중앙의 서쪽 부근에 찍힌 어두운 점일 뿐이다. 방목 구역이 동쪽으로 완만하게 기울어 있어서 목장은 흡사 산맥의 너른 팔에 감싸여 있는 것처럼 보이기도 한다. 집을 둘러싼 미루나무 고목 숲은 어둡기만 하지만 가까이 가보면 옅은 황록색의 나뭇잎이 희미한 빛을 발하며 바람에 흔들린다. 어두운 점으로 들어갈수록 어둠은 서서히 걷히고 집 주변에서 맴도는 먼지 쌓인 위성들, 즉 트레일러 주택, 화물차, 헛간, 자동차, 농용 차량이 나타난다.

크레센트 밸리를 둘러싼 쇼쇼니산맥과 코테즈산맥을 오르내리다 보면 거의 어느 곳에서든 최소 약 30킬로미터는 내다볼 수 있다. 먼지구름이

나 비나 눈이나 여름철 산불 연기가 시야를 가리지 않는 한 말이다. 풍광 뿐만 아니라 시계(視界)도 기후의 독특한 영향을 받는다. 예컨대 그레이트 베이슨에서는 주변 공기가 건조해서 습한 지역에서보다 훨씬 더 멀리까지 내다볼 수 있으며, 그 덕분에 풍경에 걸맞은 탁 트인 시야를 즐길 수 있다. 크레센트 밸리는 그레이트 베이슨과 산맥의 남북축으로부터 약간 기울어져 있어서 천체의 빛이 연극처럼 펼쳐지는 일종의 거대한 무대 같다. 낮 동안 산맥들은 매끄럽고, 풀이 무성하고, 언덕처럼 완만한 지형처럼 보이며, 고지대의 희박한 공기를 뚫고 퍼지는 태양의 눈부신 빛이 모든 것을 납작하게 짓누른다. 그러나 일몰 후 그리고 일몰 전 약 한 시간 동안에는 빛이 산맥 구석구석에 흩뿌려지면서 그림자가 드리운 협곡과 빛이 닿은 산맥에 칼날 같은 주름을 만들고 그 지형들이 거대하고 위협적이면서도 웅장한 자태를 뽐내게 만든다.

나는 레이철과 레이철의 동행이 막 자리를 뜬 레지스탕스 야영지에 텐트를 쳤다. 남은 사람은 소수였는데 전부 노련한 핵실험장 활동가들이었다. 그날 나는 오래된 면 드레스에 카우보이 부츠 차림을 한 로리와 친구가 되었다. 몇 년 전 평화의 씨앗에 합류한 로리는 특정 이데올로기를 신봉하는 몽상가들이 나대는 동안 평화의 씨앗의 냉철한 실용주의에 따라 기본적으로 필요한 것들(음식, 물, 위생, 언론의 지원)을 유지하는 데 몰두했다. 내가 그곳에 도착한 첫날 메리 댄은 딱총나무 열매 파이를 가지고 왔다. 자연 그대로의 톡 쏘고 달콤한 맛이 났다.

댄 자매의 목장에는 온천이 있다. 온천이라고 해봐야 코테즈산맥의 갈라진 틈에서 가느다란 줄기로 흐르는 물을 둥근 여물통에 받아둔 것으로, 물이 여물통 밖으로 넘쳐흐르면 산허리를 타고 흘러내려간다. 온천 위치는 야영지에서 약 1.6킬로미터, 목장 건물들에서는 약 0.8킬로미터 떨어진 곳이었는데 야영을 하는 동안에는 우리 차지였다. 거기까지 차를 몰고 간 첫날 아침, 댄 자매는 지능 발달이 늦은 캐리의 아들 마크를 씻기고 옷을 입히고 있었다. 내가 할 말이 있다고 하자 그들은 빨리 씻고 집으로 가서 얘기하자고 했다. 다 같이 한 차를 타고 엘코로 이동할 생각이었다.

우리는 4러너 사륜구동차에 올라탔다. 캐리와 나는 앞 좌석에, 메리와 마크는 뒷좌석에 앉았다. (밥 풀커슨은 이 지역에 다운증후군을 앓는 아이들이 많다면서 핵실험장 낙진과 연관되어 있을 가능성이 높다고 했지만 다운증후군을 가진 마크와 그렇지 않은 아이들의 차이점은 그것만이 아니었다.) 목장에서 가장 가까운 마을인 엘코는 약 110킬로미터 떨어져 있었고 그리로 가는 동안 댄 자매는 내게 많은 이야기를 들려주었다. 구체적으로는 할머니에 관한 이야기, 할머니가 자신들에게 해준 이야기였는데 풀들이 사라진 일화, 사슴들이 사라진 시기, 사람들이 굶주렸던 시기, 오스틴에 천연두가 돌았던 일, 어릴 적 반려동물 삼아 기른 새끼 사슴이 도망가버린 사건에 관한 것이었다. 그들은 그런 이야기를 그때만이 아니라 그 후에도 여러 번 내게 들려주었다. 절반쯤 이동했을 때 우리는 엘코의 커머셜 호텔에서 커피를 마시면서 남자들의 약점에 관해 대화를 나누었다. 캐리는 남자들은 바보라며 단언하는 말을 심심찮게 했다. 캐리는 갑자기 스타카토를 치는 듯한 말투를 가진 사람, 뭔가를 선언하는 걸 좋아하는 사람, 느닷없이 웃음을 터뜨리면서 한껏 달아오른 자신의 감정을 누그러뜨리는 사람이었고, 메리는 캐리에 비해 조용히 웃는 사람이었다.

조금 더 이동한 뒤 우리는 호텔과 카지노와 레스토랑과 기념품 부티크와 이발소가 있는 스톡맨스 라운지에서 저녁을 먹었다. 랜치 드레싱을 곁들인 상추와 닭튀김, 매시드 포테이토, 시나몬을 뿌린 옥수수 프리터에 커피를 곁들이면서 창조 신화에 관한 이야기를 나누었다. 나는 에덴의 정치, 말하자면 남성 창조주와 불완전한 세계로의 추락과 그런 세계관에 내재한 지구를 향한 적개심에 대해 말했다. 내 의견에 동의하지 않은 캐리는 창세기를 재해석하면서 지구의 책무를 강조했고 토착 우주론에서 창조주가 남성인 이유는 지구가 여성이기 때문이라고 설명했다. 생명은 여성과 남성이라는 쌍을 통해 태어나는 것이고 그 점에서 둘은 동등한 지위를 갖는다는 말이었다. 뒤이어 우리는 예지몽과 UFO 이야기로 빠져들었고, 댄 자매는 파리들마저 가까이 다가가려 하지 않는 불구의 소들을 본 일화와 계곡에서 본 이상한 불빛 등 온갖 놀라운 이야기를 들려주었다.

엘코에서 80번 고속도로를 타고 돌아가는 동안 캐리는 안전을 위해 도로 한가운데로 주행했다. 네바다주 시골 도로에는 자동차 수보다 동물 수가 훨씬 많아서였다. 토끼 한 마리가 전조등을 향해 달려들자 캐리가 소리쳤다. "저리 가, 이 빌어먹을 토끼 새끼." 토끼가 우리의 시야 밑으로 사라지자 캐리는 말했다. "쳐서 미안해, 토끼야." 4러너의 전조등으로 달려든 흰 나방들이 별처럼 반짝반짝 빛나서 마치 하늘 속으로 풍덩 빠져드는 듯한 기분이었다.

내 머릿속에 아직도 떠오르는 장면은 캐리와 메리가 어떤 무늬가 새겨진 오래된 리놀륨 식탁에 앉아 있는 모습이다. 캐리와 메리는 송아지들에게 낙인을 찍고 거세를 시키면서 분주한 한 주를 보내는 남자 형제들과 카우보이들에게 지시를 내리고, 나와 대화와 농담을 나누고, 반려견 스칼릿에게 소리를 지른다. 담배를 한 개비씩, 또는 한 개비를 나눠 피우고는 파리채를 섬뜩할 정도로 정확하게 휘둘러 담뱃불을 끄는 그들은 왕위에 오른 왕처럼 자유롭고 자신감에 찬 모습이다. 캐리는 항상 농담을 하고, 짧은 머리 위에 "개자식들한테 굴복하지 마라"라는 문구가 새겨진 캡을

먼지, 미래를 지우다:
네바다 핵실험장

눌러 쓴다. 메리는 캐리보다 말수가 적지만 불쑥불쑥 한마디 할 때 보면 동생 캐리에게 일종의 말하는 역할을 대부분 부여한 것이지 권력을 내려놓은 것이 아니라는 사실이 명확히 드러난다. 사람들은 메리를 '보스'라고 부른다. 때로 메리와 캐리는 쇼쇼니어로 말하다가 다시 영어로 대화를 이어간다. 두 사람 모두 여전히 암소와 말을 돌보고 목장에서 온갖 고된 일을 한다. 두 사람은 캐리의 두 아이뿐만 아니라 여자 조카와 남자 조카도 키운 보호자이며, 목장 주변에서 보통 그들과 직계 관계도 아닌 여러 아이들과 젊은이들이 두 사람을 이모라거나 고모라거나 할머니라고 부르는 소리도 자주 들린다.

메리와 캐리는 키 큰 미루나무들이 서 있는 마당 쪽 창문 아래 벤치에 앉아 있다. 마당 개들은 나무 아래에서 왔다 갔다 하고, 목장의 작업실로 쓰이는 허름한 창고와 높은 울타리들 사이로 이따금 사람들과 트럭들이 어느 먼 곳으로 이동하는 모습이 아스라이 보인다. 닭과 염소들은 본채에서 멀리 떨어진 곳에 갇혀 있으며 개조한 철도 차량과 일부 이동식 집에는 다른 가족들과 직원들이 거주하고 있다. 마당에 작게 구획된 푸른 잔디 바깥에는 텃밭이 있고, 메리와 캐리가 가꾸는 자주개자리 밭도 있다. 모든 것이 건조한 그곳에서는 산쑥의 녹회색이 풍경에 색을 입힌다. 풀이 울창하게 우거진 곳들은 굴곡진 언덕 사이사이와 산꼭대기에 숨어 있다. 가축들은 대부분 눈에 보이지 않는 곳에 있지만 때때로 중앙아메리카 소, 헤리퍼드, 롱혼, 블랙 앵거스와 닮은 소, 그리고 정체를 알아보기 힘든 혼종 소 같은 회백색 짐승 떼가 배회하는 모습이 보인다.

부엌 옆방의 텔레비전은 온종일 켜져 있는데 그걸 보는 사람은 대체로 아무도 없다. 텔레비전 맞은편 벽에는 메리와 캐리의 할머니가 텐트 밖에 앉아 있는 모습을 손수 그린 그림 두 점이 걸려 있다. 할머니는 제대로 된 집에서 살아본 적이 한 번도 없고 침대에서 잠을 청한 적도 없다고 메리와 캐리는 말한다. "할머니는 텐트에서 사셨고 땅바닥이 곧 방바닥이었어요." 두 사람이 들려주는 이야기를 듣다 보면 양가 할아버지들은 할머니만큼의 존재감을 갖지 못했다는 생각이 든다. 할아버지들 대신 이모 한 분이 꽤 중요하게 부각되며, 메리와 캐리가 알고 있는 가족사도 그런 여성 선조들이 들려준 이야기에 뿌리를 두고 있는 듯하다. 메리와 캐리 두 사람 또한 확실히 자신들이 속한 대가족을 한 집단으로 묶는 대들보 같은 역할을 하고 있다. 메리와 캐리의 어머니와 아버지, 이모, 할머니는 토지권을 쟁취하기 위한 투쟁에 적극적으로 임한 조상이었고 캐리는 1950년대부터 그들의 뒤를 따라 목소리를 높이고 있다. 목장에 사는 두 남동생은 조용히 후방에 머무는 사람들이다. 클리프는 목장 주임으로 일하고 리처드는 자기만의 삶을 살고 있다. 내가 우리 여자들이 루비 밸리에서 어느 서부 쇼쇼니족 남자와 벌인 논쟁에 관해 이야기하면 두 남자는 "옛날 같으면 여자들은 찍소리도 할 수 없었을 거예요."라고 한다. 그러면 캐리는 재빨리 만면에 밝은 미소를 띠며 이렇게 맞받아친다. "옛날 같으면 남자들은 앵무새처럼 여자들이 시키는 말만 따라 했겠지."

어느 여름날 아침 나는 온천에서 돌아오는 길에 다시 캐리를 마주쳤다. 그리고 그날 오전의 남은 시간을 당시 내무부 장관 마누엘 루한에게 부칠 서신을 비롯해 캐리가 써야 했던 밀린 편지들을 대필하면서 보냈다. 6개월 전에 첫 번째 편지를 보냈을 때는 내부무 장관인지 인디언 사무국의 어느 하급 직원인지가 회신을 했는데, 그 정체 모를 근면한 공무원은 캐리가 던진 꽤나 수사적인 질문에 웃음기 하나 없이 단도직입적이고 진지한 답변을 했다.

먼지, 미래를 지우다:
네바다 핵실험장

질문: 옛 서부 쇼쇼니족이 이 땅과 맺어온 관계를 이해하고 계십니까?

답변: 저희 직원이 말하기를 많은 쇼쇼니족이 원주민 땅에 강한 애착을 갖고 있고 그 땅을 신성시한다고 합니다.

캐리와 나는 함께 편지를 검토했다. 그러다 캐리가 "울타리에 있는 동물 좀 살펴보고 와야겠어."라며 자리를 정리하길래 나는 한 손에는 편지 뭉치를, 다른 손에는 커피잔을 들고 캐리를 따라갔다. 작업실로 쓰이는 창고를 향해 캐리가 소리치자 수줍은 기색의 한 젊은 독일 남자가 도움을 주려고 나타났다. 우리는 몇 개의 문을 통과한 후 높이가 제각각인 키 큰 기둥들을 세워 만든 둥근 울타리 안으로 들어갔다. 흰 양말을 신은 듯 발만 하얀 밤색 암망아지가 한쪽 귀퉁이에 묶여 있었고 다른 쪽 귀퉁이에는 흰 수망아지가 있었다. "정말 작고 어여쁘죠?" 캐리가 암망아지에게 다가가며 내게 물었고, 독일 남자는 다른 수망아지를 풀어주었다. 수망아지가 사납게 날뛰는 통에 남자가 혼자서 어쩌지를 못하자 캐리가 밧줄을 넘겨잡고 말 길들이는 법을 가르쳐주었다. 나와 그 남자가 뭉개진 채로 바짝 마른 먼지투성이 비료 더미에 30분 정도 앉아 있는 동안 캐리는 천천히 말의 두 다리를 결박했다. 두껍고 부드러운 면 밧줄을 말 다리에 대고 이리저리 움직여 묶은 다음 다른 밧줄과 엮어 단단히 고정했고, 왼쪽 앞발과 오른쪽 뒷발을, 오른쪽 앞발과 왼쪽 뒷발을 묶으면서 다리를 완전히 결박할 때까지 천천히 손을 놀렸다. 그러는 내내 캐리는 그 말을 '리틀 맨'이라고 부르면서 욕했다가 달래기를 반복했고, 작업을 마친 후에는 우리에게 말을 맡겨두고 댄 가족의 세상에서 중심부 역할을 하는 부엌으로 돌아갔다.

캐리와 메리는 20년간 이어진 전쟁, 즉 그들이 꾸려온 생계와 생활 방식을 위협한 전쟁이자, 약간의 문제(방목료 지불)만 감수하면 완전히 벗어날 수도 있었을 전쟁을 겪는 동안 조금도 주눅 들지 않은 듯하다. 그들을 정신적으로 괴롭히는 것은 정부가 초래한 위험보다는 정부가 내비친 부정직, 1인 2역을 했던 과거 변호사들과 현재 내무부의 부정직이다. 캐리는 자신이 나무, 동물, 공원 등 '천연자원'을 관리하는 정부 부처의 관할 하에 있다는 사실이 아메리카 원주민으로서 불만스럽다고 말한다. 캐리는 내무부의 담당 업무를 두고 "우리가 인간인 건지 아니면 인간이 아닌 다른 어떤 종인 건지 모르겠어요."라고 말한다.

메리는 이렇게 말한다. "멸종 위기종이지."

야영지에 도착한 이튿날 아침, 동이 트기 전부터 코요테들이 야영지 주변을 돌아다니면서 울부짖기 시작했다. 사방에서 코요테 소리가 들렸고 나중에 보니 먼지에 커다란 발자국이 남아 있었다. 코요테 소리에 로리도 잠에서 깨어났다. 우리는 동시에 텐트 지퍼를 열고 밖으로 나갔다. 서로 반갑게 인사를 나누었을 때 불현듯 우리 둘 다 이른 아침에 목욕할 계획이 었다는 사실이 떠올랐다. 내가 로리에게 먼저 하라며 양보하자 로리도 내 게 양보했고, 서로를 향한 정중한 예의가 불필요한 소동으로 번지기 전에 나는 같이 차를 타고 가서 내가 보닛에 앉아 커피를 내릴 동안 당신이 먼 저 목욕을 하는 게 어떻겠느냐고 제안했다. 목욕하러 가는 동안 우리는 드 와이트 요아캄의 신보를 들었고 커피를 내리는 동안에도 음악을 계속 틀 어두었다.

로리는 욕조에 마개를 끼우고 여물통에 담겨 있던 뜨거운 온천수를 몇 차례 욕조에 부은 다음 커다란 통에 저장된 찬물도 한 바가지 넣었다. 얼음처럼 차가운 물을 끓이는 데 한 세월이 걸린 바람에 로리는 목욕을 마 치고 나서야 커피를 입에 댈 수 있었다. 내가 목욕을 하는 동안 로리는 내 커피 잔에 커피를 채워주었고 목욕물이 식자 김이 자욱한 유황수를 몇 바가지 부어주었다. 이런 땅과 이런 빛을 한평생 매일 보며 사는 사람은 어떤 삶을 살게 될까. 좀처럼 상상이 되지 않는다. 온천을 방문할 때마다 나는 메리와 캐리가 중년을 거쳐 노년에 이르기까지 이 세상에서 가장 강력한 정부를 굴복시킬 용기를 낼 수 있었던 원천이 이 강인하고 꾸밈없고 맑은 풍경에 있으리라는 확신을 품게 된다. 코테즈산맥 뒤로 태양이 떠올랐을 때 로리와 나는 서쪽의 쇼쇼니산맥 계곡 너머에서 코테즈산맥의 그림자가 서서히 물러서는 모습을 볼 수 있었다. 욕조 밖으로 나오니 한 줄기 아침 햇살이 내 목욕물에 닿았다.

카우걸이 내게 커피를 대접해주고 드와이트의 신보가 배경 음악으로 깔리는 서부 쇼쇼니족 땅의 산허리에서 목욕한 경험은 내 생애에 가장 행복한 최고의 순간 중 하나 혹은 적어도 가장 상징적인 순간으로 기억될 것이다. 로리와 대화를 나누는 동안, 그만큼 행복했던 또 다른 기억이 떠오르기도 했다. 뉴올리언스에서 소란스러운 새해를 보낸 후 목적지인 서부 텍사스로 가던 때였다. 여행 동료들과 함께 차를 타고 질주하는 동안 나는 내가 당시에 푹 빠져있던 남자 옆에 앉아 있었다. 텍사스에서 음주 운전이 합법이라고 착각한 우리는 운전을 할 때마다 어김없이 술을 마셨다. 차에서 버번 한 병을 마시면서 로이 오비슨의 음악을 들었다. 새해가 밝고도 그때껏 모습을 드러내지 않았던 태양이 뒤늦게 거의 정남향에서 생전 처음 보는 거대한 풍경 위로 떠올랐다. 옆에 앉은 남자는 내게 버번을 한 잔 주더니 그다음에는 초콜릿 한 조각을 주었고, 그런 다음에는 커피를 한 모금 마시게 한 후 다시 버번을 주었다. 로이 오비슨의 노랫소리가 흐르는 동안 머나먼 곳의 거대한 언덕들이 호박색 햇살을 그러모아 환히 빛났다. 그때 나는 마음속에서 날뛰는 관능적인 욕망만큼이나 미국인들이 미국인다운 독특한 방식으로 그 순간을 해석하고 표현하는 방식에 자극을 받고는 에피파니를 경험했다.

목욕을 하면서 대화를 나누는 동안 로리는 내가 서부 텍사스로 가는 길에 본 것과 똑같은 미국 풍경에서 펼쳐진 듯한 사랑과 여행에 관한 이야기를 들려주었다. 열여덟 살 때 빨간 카우보이 부츠를 사서 거리로 나가 히치하이킹을 하고, 캠핑을 하고, 그레이하운드 버스에 몸을 실은 채 미국 곳곳을 분주히 돌아다녔다고 로리는 미국 중서부 억양이 실린 허스키한 목소리로 말했다. 그랜드 캐니언에 갔을 때는 폭풍우에 발이 묶이고 경미한 폐렴에 걸리기도 했으며 마지막에는 플래그스태프에 위치한 기독교 선교회에까지 다다랐다고 했다. 그리고 마음이 잘 맞아 친해진 두 남자와 그 기독교 선교회에 같이 갔었는데 자기가 둘 중 한 사람을 더 좋아하기 시작하면서 그들 우정에 금이 갔다고 덧붙였다. 로리의 마음을 얻지 못한 슬픔에 잠긴 남자는 주류 판매점에서 위스키 한 병을 훔친 다음 주저앉아 위스키병으로 자해를 했고, 피 흘리는 무법자가 되어 모텔에 나타나기까지 했다고 했다. 분명 술에 취했던 것이리라고 나는 생각했다. 그 사건으로 로리와 로리의 남자는 갑자기 중범죄자의 공범이 되었다. 그리고 그 바람에 결국 두 남자는 황급히 그레이하운드 버스에 올라타고 로리는 다른 방향으로 길을 떠났다. 로리의 남자는 마지막 순간에 자신이 입고 있던 가죽 재킷을 주었고 로리는 그 가죽 재킷을 자신의 진정한 사랑이 된 연인에게 주었다. 로리의 연인은 그랜드 캐니언이 배경으로 펼쳐진 곳에서 여전히 그 재킷을 입고 다닌다. 그 재킷이 어쩌다 생긴 것인지는 여전히 모르는 채로.

나는 이렇게 사람과 땅 사이, 천박함과 숭고함 사이에서 이는 서부식 갈등을 좋아한다. 서로 조화가 아닌 대조를 이루는 갈등 말이다. 잉글

먼지, 미래를 지우다:
네바다 핵실험장

랜드를 생각하면 내 머릿속에는 거주민을 아주 작게 쪼그라뜨리는 동시에 또 그만큼 아주 거대하게 확대하는 풍경이 떠오른다. 그 풍경에서는 모든 것이 안정적이고 잘 적응해 있다. 반면 서부에 사는 백인들은 더 미미한 존재, 주변 풍경과 불화하는 존재며, 프로젝트는 미완 상태. 나는 그 무엇과도 견줄 수 없는 그랜드 캐니언의 웅장함을 알며, 무덤에 몸을 눕히는 느낌이 들 정도로 푹 꺼진 매트리스와 네온사인과 죽은 글라디올러스로 둘러싸인 안마당이 있는 플래그스태프의 값싼 저급 모텔에서 자본 적도 있는데, 그런 부조화에는 비밀스럽게 마음을 달래는 무언가가 담겨 있다. 우리가 땅과 더불어 살아가는 법을 배우기도 전에 그 땅을 파괴할 수도 있다는 사실은 끔찍하지만, 즉흥적으로 무언가를 하는 과정과 암흑처럼 까마득한 미래는 마음을 들뜨게 한다. 그리고 미국 풍경은 우리에게 한 가지를 약속한다. 미래가 현재와는 완전히 다르리라는 약속이다. 나는 여태껏 얼마만큼 엉망이었건, 미완 상태인 프로젝트의 일원이 되는 것이 좋다. 더 나은 어떤 것을 즉흥적으로 마련하는 일은 마음을 들뜨게 하는 도전이며, 그런 이유에서 내게는 서부 쇼쇼니족처럼 제대로 터를 잡은 사람보다는 아직 터 잡지 못한 유럽계 미국인이 되는 것이 더 기쁜 일이다. 내가 이렇게 느닷없이 미래에 관한 토머스 콜의 관념을, 과거가 아닌 미래에 펼쳐지는 미국 풍경의 관념을 마치 유럽이 하듯 격찬하고 있다니. 1830년대에 콜은 이렇게 썼다. "미국 풍경은 현재와 미래만큼이나 과거와도 거리가 멀다. …… 아직 경작되지 않은 풍경을 바라보는 마음의 눈은 먼 미래까지 내다보고 있을지도 모른다. 그 미래에서는 늑대가 배회하고 쟁기가 반짝반짝 빛나리라." 콜이 생각하는 미래가 개발에 관한 것이었다면, 내가 생각하는 미래는 더 많은 변화의 불가피성, 즉 계속해서 충분치 않은 변화만 거듭하다 그런 문화에 내포된 불안정성을 지금껏 조금도 해소하지 못한 채 결국 정착을 포기해버리는 과정을 밟는 미국 문화의 불가피성에 더 가깝다. 이제 쟁기가 녹슬면 코요테가 울부짖으리라.

네바다주를 찾는 관광객의 목적은 오로지 카지노라는 중립지대, 낮도 밤도 거리도 없는 그곳에 옹기종기 모이는 것에 있다. 어쩌면 그 이유는 네바다주의 풍경이 너무나도 불편하고, 너무나도 동화되기 어렵고, **이거** 아름답다거나 **이거** 봐야 한다거나 하는 말을 할 만한 랜드마크가 너무나도 부족해서일지도 모른다. 그러나 네바다주에는 변함없이 지속되는 아름다움과 운전을 즐기기에 좋은 아름다움이 있다. 80번 고속도로와 철도 선로가 통과하고 훔볼트강이 에워싸고 있는 에미그런트 패스를 지나면 터널이 뚫린 작은 산 하나가 있다. 터널 맞은편으로 나가면 이집트 기념물이나 이스터섬의 조각상처럼 거의 앞으로 기울어져 있다시피 한 가파른 언덕 위로 야트막한 뷰트(butt)* 지형이 나타난다. 내가 루비 밸리로 가다가 그 뷰트 지형들을 지났을 때는 안개가 깔려 있었는데, 그럼에도 태양이 그 안개를 뚫고 빛을 발해 온 풍경이 은빛과 금빛으로 빛났다. 회색 도로가 금을 얇게 베는 듯했다. 터널의 동쪽 면, 즉 사방으로부터 약 30킬로미터 떨어진 훔볼트강의 모래 둑에는 누군가가 심어둔 핑크색 플라스틱 플라밍고 두 마리가 있었다. 그 플라밍고는 미국 특유의 부조화에 보내는 경의의 표시였다. 이를테면 우리의 평범한 일상어로는 이 풍경에 대해 충분한 반응을 보일 수 없음을, 그 무엇도 이 풍경의 진정성을 건드릴 수 없음을 인정하는 의미의 값싸고 번지르르한 키치(즉 라스베이거스의 네온사인, 플래그스태프의 모텔들, 엘코의 간이식당들, 실제로 강을 본 적도 없는 독일인의 이름을 딴 훔볼트강의 모래 둑에 있는 핑크색 플라밍고)였던 셈이다. 숨이 멎을 정도

---

* 미국 서부 고원지대에서 많이 보이는 지형으로, 손모아장갑 모양으로 우뚝 솟아 있다.

먼지, 미래를 지우다:
네바다 핵실험장

로 독보적이고 엄청난 서부 풍경 앞에서 사람들은 보통 몹시 진부하거나 하찮은 말을 하지만, 그건 그들이 감명받지 않아서라기보다는 그 어떤 말로도 그런 풍경에 걸맞은 감상을 표현할 수 없고 아예 시도하지 않는 편이 더 정중한 방법임을 알기 때문이다. 어떤 면에서 보면, 진부함은 압도적인 규모를 가진 땅의 숭고함 앞에서 느끼는 두려움으로부터의 피난처가 되어 준다.

서부의 풍경을 묘사할 수 있는 것은 오로지 컨트리 음악의 짓궂은 독설인 것 같다. 컨트리 음악이 끝없이 들려주는 이야기는 누군가가 사랑의 집으로 대피했는데 결국 그 사랑의 집이 무너져 내리는 바람에 이야기의 화자이기도 한 가수가 다시 아무것도 없는 광막함 속에서 홀로 길을 잃는 이야기다. 강박적으로 소년과 소녀를 앞세우는 설정에는 신경 쓰지 않아도 된다. 그런 음악은 자유의 고통, 독립의 고독, 무언가의 여파, 돌이킬 수 없는 상실, 하느님의 은총을 잃는 상황에 관한 것이기 때문이다. 가사에 담긴 내용을 믿지 않는 사람이라 할지라도 바이올린과 기타 소리를 들으면 곧 믿게 될 것이다. (최근 긍정적 사고라는 것 때문에 엉망이 되기 전까지만 해도) 컨트리 음악은 목가시처럼 대체로 과거를 다룬다. 단, 그 과거를 바라보는 렌즈는 목가적인 향수보다는 쓸쓸함인 경우가 더 많다. 가수는 떠나거나 남겨지거나 뒤를 돌아보며, 가사는 심야 열차, 길 잃은 고속도로, 정처 없이 어슬렁거리는 사람들, 자정 이후의 산책, 애인이 다른 사람과 결혼하는 장면을 보게 되는 내용 등으로 가득하다. 그리고 이 모든 증오 속에는 지리를 향한 열렬한 사랑이 파묻혀 있는 터라 상실의 노래에는 지명과 여행과 분위기도 풍부하게 배어 있다.

나의 첫 영문학 선생님은 아리스토텔레스가 내린 비극에 관한 정의란 '영웅이 사회에서 추방당하는 서사'라고 가르쳐주었다. 그러면서 이 점을 고려하면 희극은 '영웅이 사회로 통합되는 서사'임을 알 수 있다고, 비극의 끝에는 죽음 또는 추방이 있고 희극의 끝에는 결혼이 있음을 추론할 수 있다고 했다. 미국 사회가 취하는 기본적인 제스처는 일종의 원자화이며, 줄곧 팽창하는 우주의 모습으로 상상된 무언가로의 확장이다. 이런 추방은 모든 구세계 서사에서 비극적으로 그려졌고, 비극을 곧 기회로 삼았던 추방자들은 미국에 정착했다. 미국 사회가 취하는 제스처가 진보와 명백한 운명이라는 틀에 따라 설명될지라도 기본적으로 그것은 고독의 제스처이자 갈등의 제스처이며, 이때의 갈등은 사회보다는 공간, 활갯짓을 할 수 있는 여지가 해결해주는 갈등이다. 비극, 즉 사회에서 추방되어 풍경으로 들어가는 미국인의 능력은 미국적 낙관주의를 구성하는 콘텐츠였다.

서부 쇼쇼니족은 그 어느 곳으로도 이동한 적이 없다. 심지어는 미신 속에서도 서부 쇼쇼니족은 다른 모두가 뿔뿔이 흩어지는 와중에도 한 곳에만 머문 사람들로 묘사된다. 루비 밸리의 텐트에서 버니스 랄로는 우리에게 코요테 이야기를 들려주었다. 첫 번째 이야기는 대략 이런 내용이었다. 태초에 창조주 아파(Apa)가 코요테에게 임무를 수행할 것을 명했다. 아파는 양쪽을 송진으로 밀봉한 커다란 버드나무 바구니를 만들었고 코요테는 그 바구니를 가지고 어느 먼 곳으로 갔다. 코요테는 네 가지 조건을 따라야 했다. 수영을 멈추지 말아야 했고(세상의 대부분이 물에 잠겨 있던 시절에 관한 이야기 같지 않은가?), 바구니를 등에서 끄르지 말아야 했고, 바구니를 열어보지 말아야 했다. 그리고 네 번째 조건은 기억이 나지 않는다.

수영을 해서 상당한 거리를 이동한 코요테는 잠깐 쉬는 것 정도는 아파가 봐주지 않을까 하고 생각했다. 몹시도 긴 여정이었기 때문이다. 그래서 코요테는 중간에 멈추었다. 그런 다음에는 잠깐만 바구니를 내려놓는

먼지, 미래를 지우다:
네바다 핵실험장

것 정도는 아파가 봐주리라 생각했다. 그래서 바구니를 등에서 끌렀다. 그 다음에는 바구니 안을 슬쩍 들여다보는 정도는 아파가 신경 쓰지 않으리라 생각했다. 그래서 바구니를 아주 살짝만 열어보았고, 그러자 세상 모든 사람이 바구니 밖으로 튀어나왔다. 바구니 바닥을 보니 한 무리만이 남아 있었다. 그게 쇼쇼니족이 지금까지 살아온 방식이었다.

+

나중에 서부 쇼쇼니 국가 위원회 의장 레이먼드 야월은 푸르른 사우스포크 보호구역에 자리한 자택에서 내게 이렇게 말했다. "창조주께서는 어머니 대지의 이 특정 장소에 저희를 위치시키셨지만 그것이 얼마나 오래전 일인지 남아 있는 기록이 전혀 없기 때문에 저희가 할 수 있는 최선의 말은 서부 쇼쇼니족이 태곳적부터 여기에 존재했다는 것입니다. 창조주께서는 저희를 이곳에 위치시키면서 어머니 대지를 돌볼 때 따라야 할 구체적인 법도 내려주셨습니다. 바로 사람들이 자연법이라 부르는 것이죠. 태양은 동쪽에서 떠올라 서쪽으로 지고, 물은 비탈을 따라 아래로 흐릅니다. 그 어떤 인간도 바꿀 수 없는 것들이 있습니다. 그런 것들은 오로지 창조주만이 바꿀 수 있습니다. 그러니 창조주께서 우리 쇼쇼니족에게 내리신 법은 매년 또는 거의 매년 의회가 회기를 열어 새롭게 제정하고 또 폐기하는 미국 법과는 다릅니다. 쇼쇼니족의 법은 일단 제정되면 그걸로 된 것입니다. 창조주께서 해가 서쪽에서 뜨고 동쪽에서 지도록 만들지 않는 이상 말이죠. 그렇게 하신다면 저희는 저희의 법을 바꿀 것이고요.[10]

땅은 팔 수 있는 대상이 아닙니다. 이건 종교적 믿음입니다. 창조주께서 이 땅을 돌보라는 의미로 저희를 이곳에 위치시키셨을 때, 언젠가 때가 되면 돈을 받고 땅을 팔아도 된다는 말씀은 하지 않으셨습니다. 어머니 대지는 그런 식으로 취할 수 없는 몹시도 신성한 대상입니다. 그러니 보상금 같은 것 따윈 집어치우라죠. 그런 돈은 다른 것으로, 손해배상이 됐건 뭐가 됐건 쇼쇼니족이 받아들일 만한 무언가로 얼마든지 바뀔 수 있습니다. 그런 일이 벌어지지만 않으면 그 돈은 그냥 원래 자리에 있을 수 있고요. 하지만 저희는 땅을 어떻게 활용할 것인지에 대해서는 합의할 수 있습니다. 저희는 그들이 어머니 대지에서 핵폭탄 실험을 하는 것에 동의할 수 없습니다. 그건 받아들일 수 없는 부분입니다. 그뿐만 아니라 저희는 종교적 믿음에 반하는 다른 것들에도 동의할 수 없습니다. 저희는 현재 진행 중인 채굴에도 완전히 동의하지 않습니다. 그건 어머니 대지의 살갗에 손을 뻗쳐 해를 입히는 행위고, 그런 손상은 다들 예상할 수 있다시피 오래도록 지속될 수 있기 때문입니다. 어머니 대지에서 아주 드넓은 지역 중 하나인 칼린에 가보면, 산이 있었다가 사라진 위치가 어디인지를 눈으로 확인할 수 있습니다."

어느 날 나는 목장 근처의 한 광산에 갔다. 산이 사라진 곳이자 생각에 잠겨 초조함을 누그러뜨릴 수 있는 장소였다. 크레센트 밸리의 동쪽 분지에 위치한 마을인 칼린 북쪽에는 배릭골드스트라이크 광산을 살펴보는 투어가 준비되어 있었다. 투어 가이드는 인근의 2년제 대학을 졸업한, 굉장히 정직한 젊은 여자였는데 경제나 생태와 관련된 질문에는 아무 대답도 하지 못했다. 그 가이드가 보기에 채굴 작업은 이 세상에서 벌어지는 경이로운 일 중 하나일 뿐이었다. 그는 사서, 역사가, 홍보 담당자 등 내가 네바다주의 환경 재난 지역에서 마주친 다른 사람들과 마찬가지로 딱히 아는 것이 없음에도 태평해 보일 만큼 자신감에 차 있었는데, 어쩐지

먼지, 미래를 지우다:
네바다 핵실험장

고용주가 그런 자신감이 그 어떤 전문 지식보다 훨씬 더 가치 있다고 여긴 게 아닐까 싶었다. 그런 사람들은 대중에게 어떤 정보를 전달하는 것이 아니라 어떤 정보를 알게 됐을 때의 충격을 줄이는 역할을 했다. 가이드는 시안화물 침출 패드에서 시작해 장비가 모여 있는 작업장, 약 400미터 깊이의 구덩이, 물 처리 시설 등지로 우리를 안내하는 동안 온갖 통계 수치를 늘어놓았다. 그는 특히 앞에 커다란 가래가 달린 대형 중장비인 헐파크 (haulpak)를 각별하게 생각하는 듯했다. 너무나도 거대해서 운전대에 오르려면 기다란 사다리를 이용해야만 하고 한 번에 수백 톤의 광석을 운반할 수 있는 장비였다. 다른 관광객들 중 상당수는 약 2.4~2.7미터 정도 되는 타이어 옆에서 서로 사진을 찍어주었다. 가이드는 그 타이어 값이 개당 2만 달러라고 했다. 구덩이 가장자리에서 보니 지표면에 설치된 경사로를 타고 밑바닥으로 덜컹덜컹 내려가는 헐파크가 흡사 개미 같아 보였다. 우리는 그곳에서 금을 제외한 모든 것을 보았다.

현재 그 구덩이의 깊이는 지하수면으로부터 약 120미터 정도다. 가이드의 말에 따르면 구덩이를 건조하게 유지하기 위해 매분 약 19만 리터의 물을 퍼내고 있다고 한다.(한 광부는 내게 19만이 아니라 26만 리터에 가깝다고 말했다.) 그렇게 퍼낸 물은 저수지로 옮겨지고 그중 일부는 농장으로 가지만, 저수지 바닥에 균열이 생기는 바람에 그런 고생이 무색하게 상당수의 물이 대수층으로 도로 스며들고 있다. 그에 반해 그 지역의 샘과 물구덩이와 시냇물은 바싹 말라버릴지도 모르는 상황에 처해 있다. 지하수면의 함몰부를 가리키는 전문 용어 '수위강하구역'인 셈이다. 지역 사람들이 물을 퍼내고 있는 서른세 개의 우물은 '탈수하는 연못'이라고 불린다. 이에 대해 가이드가 하는 말은 "[흙으로] 메우는 대신, 그러면 비용이 많이 들거든요, 연못에서 물이 더 샘솟게 할 거예요. 그러면 강이 되겠죠."다. 21

세기의 어느 시점에 달하면 길지도 않은 네바다주의 강 목록에 강 하나가 추가될 것이라는 말이다. 가파른 가장자리에 해양 생물은 거의 살지 않고, 물은 차갑고 깊으며, 밑바닥의 지열 온천이 이 바싹 마른 수프에 뜨거운 광천수를 퍼붓는 약 330미터 수심의 깊은 구멍인 강 말이다. 내가 이 강에 관해 묻자 토지관리국에 소속된 한 사람은 "유기물질 함량이 매우 낮습니다."라고 말했다. "어떤 송어라도 거기에 살고 싶지는 않을 거예요."

칼린 트렌드*에 매장된 금은 지표면 곳곳에 뿔뿔이 흩어져 있는 통에 엄청난 규모의 광석 추출 기술을 충분히 합리적인 비용으로 활용할 수 있게 된 후에야 채굴되기 시작했다. 배릭을 비롯해 그 지역에 있는 대부분의 광산 회사들은 장비를 자동화하는 데 드는 엄청난 비용을 감당하기 위해 매일 24시간, 일주일에 7일을 작업하고 있다. 토지관리국에 소속된 또 다른 사람은 광석을 1톤 캘 때마다 얻는 금이 10분의 1온스보다도 적고 수익은 대부분 해외 기업으로 흘러 들어간다고 말했다. 내가 본 침출 패드는 열정적인 기하학 애호가가 재배열한 오색 사막 같았다. 맨 밑에 검은 폴리에틸렌이 깔려 있고 그 위에 검정과 갈색과 회백색과 분홍색 토양이 층층이 무더기로 쌓여 있어서였다. 가느다란 검은 호스가 그 층층이 쌓인 토양 위를 분주히 오가고 스프링클러가 그중 일부를 향해 물을 내뿜으면 1퍼센트의 시안화물 용액이 광석에 흩뿌려지면서 금이 걸러졌다. 등급이 높은 광석에는 침출 패드로 옮기기 전에 추가 처치를 진행했다. 가령 산화물 광석은 분쇄하고 제분했고, 황화물 광석은 시안화가 더 잘 이루어질 수 있도록 고온의 산소 처리 시스템을 갖춘 고압 멸균기에 넣었다.

시안화물은 광석 제련을 통해 어느 정도 수은을 대체했고, 확실히 수

---

* 금 채광 지역이 풍부하다고 전 세계에서 손꼽히는 네바다주 북동부의 지형.

먼지, 미래를 지우다:
네바다 핵실험장

은보다 더 낫기도 하다. 그러나 여전히 치명적인 독성을 가지고 있는 터라 살아 있는 생명체에 그 자체로 심각한 문제를 야기한다. 시안화물은 햇빛을 받으면 분해되는 유기화합물이므로 시안화물을 침출한 후에 남는 잔여물은 보통 거대한 연못에 잔존하다가 햇빛을 통해 치명적이지 않은 원소들로 분해된다. 그런데 안타깝게도 동물들, 특히 이동성 물새들이 그런 연못을 이용하곤 한다. 그래서 그들을 내쫓기 위한 다양한 방법들이 활용되고 있고 일부 광산 업체들은 연못 위에 그물을 쳐두는 간단한 방법을 쓴다. 배릭과 작업 구역이 일부 겹치는 영국 소유의 뉴몬트마인은 북미에서 2, 3위를 다투는 노천 금 채굴 회사라는 수상쩍은 명성을 가지고 있다. 내가 들은 바에 따르면 뉴몬트마인 직원들은 공기총을 소지한 채 근무지에 배치되며, 독성을 품은 죽은 강을 가로지르면서 새들을 겁주어 쫓아버리는 일을 한다.

어떤 송어라도 그 강에 살고 싶지는 않을 것이라고 말한 토지관리국 직원은 광산이 '반(半)자치 경찰'이라고 설명하면서 "물론 대중의 믿음과는 괴리가 있죠."라고 말했다. 토지관리국은 광산을 폐쇄하는 광산 업체에 채권 발행을 요구한다. 광산이 있던 지역을 매립하는 데 드는 비용을 충당하기 위해서다. 채권이 발행되면 대부분의 광산은 10년 또는 수십 년 내에 폐쇄되는데 그 과정에서 어마어마한 양의 지하 물질과 거대한 구덩이, 실직한 광부들을 남긴다. 매립 채권은 일종의 아파트 보증금이다. 비록 광산 업체들은 불량 임차인이라 늘 그 보증금을 몰수당하지만 말이다. 배릭의 베체 광산에 대해 발행된 채권 금액은 2000만 달러다. 이 금액은 땅을 복구하는 데 쓰이며, 땅을 복구하는 것이 불가능할 경우에는 한 지역을 파괴해도 다른 지역에 아낌없는 투자를 하면 그걸로 상쇄가 되기라도 하는 양 다른 땅을 개량하거나 사들이는 데 쓰인다. 토지관리국과 내무부의 인디언 사무국에는 장소라는 개념 자체가 아예 존재하지 않는 듯하다. 모든 것이 다른 무언가로 교환 가능할 뿐인 것이다. 네바다주에 구현된 진보란 그야말로 유토피아며, 그 유토피아는 그 어디에도 없는 곳에 대한 열망, 모든 것이 다른 모든 것과 대등한 추상적 개념들로 이루어진 세상에 대한 열망, 상품이 중개되는 세상을 향한 열망과 맞닿아 있다. 그러나 장소는 추상의 반대다. 장소는 고정되어 있고, 구체적이며, 교환 불가능하다.

  길게 뻗은 크레센트 밸리를 내려다보고 있던 나는 문득 '여태 아무도 이 땅을 차지하지 못했어. 땅은 여전히 여기에 있고, 늘 여기에만 있었지. 사람들만 왔다 갔다 했을 뿐.'이라는 생각이 들어 화들짝 놀란 적이 있다. 땅과 관련된 일에서는 소유권이라는 개념이 와르르 무너진다. 소유란 누군가의 통제하에 있는 것, 누군가가 통제할 권리를 취하는 것이기 때문이다. 그러나 땅은 도덕적인 차원에서 통제권을 벗어나고 초월하면서 소유 개념의 토대를 뒤흔든다. 땅을 소유한다는 것은 이를테면 벼룩이 자기가 붙어 있는 개를 소유한다는 것과 비슷한 의미다. 땅에 대한 소유권은 사실상 무언가에 대한 특허를 보유하는 것에 더 가깝다. 즉 한 사람은 무언가를 통해 나오는 이익을 독점적으로 취할 권리를 갖지만, 그 무언가라는 것 자체는 일종의 관념 혹은 지역이지 상품이 아니다. 땅이 팔릴 때 이동하는 것도 사람이지 그 땅 자체가 아니다. 그러니 '손 넘김'이라는 표현이 있는 것이기도 하다. 게다가 땅 쪼가리라는 개념도 하나의 추상적인 개념이다. 그 어떤 벽이나 도랑도 지표면의 연속성을 깨뜨릴 수 없으며, 땅은 사실상 작은 조각들로 나뉘지도 않는다. 일반적으로 토착 신앙들은 땅 소유권이 생겨날 가능성 자체를 없애버린다. 땅을 양도 가능하고 나눌 수 있는 대상이 아니라 공간적으로나 시간적으로 연속성을 지닌 대상으로 개념화하는 것이다. 영국 관습법이 지닌 훌륭한 측면 중 하나는 땅은 오랫동안 쓰이면서 신성함을 얻게 되므로 그 어떤 소유주도 자신의 땅을 가로지르는 길을 폐쇄할 수 없으며 그렇기에 소유주가 자신의 땅을 사각형으로 에워싸는 것보다 보행자가 여러 길이 맞물린 탁 트인 풍경에서 거니는 것이 우선한다는 원칙을 남긴 것이다.

법적으로도 토지 소유권은 환경법, 구역 규정(zoning code),* 이웃의 권리, 소유주가 자신의 소유물로 할 수 있는 것을 규정하는 모든 제약을 통해 점점 더 제한적인 권리가 되고 있다. 구태여 근본적인 도덕적 원칙을 명료하게 내세우지 않더라도 여러 법률이 땅 자체의 권리, 땅을 둘러싼 환경의 권리, 현재의 소유주보다 미래에 그 땅을 사용할 사람들의 권리를 역설한다. 뉴소고비아 땅은 분명 인간에 의해 사용되고 남용되었으나, 무언가를 사용한다는 것이 그것을 소유한다는 의미인지를 묻는 것은 이상한 질문일 따름이다. 광산 업체들은 자신들이 소유권을 갖고 있다고 생각했다. 그들의 손아귀에서, 더 적절하게 말하자면 그들의 헐파크를 통해 지형 자체가 파괴되었고 온 풍경이 잡석 더미로 전락해 땅이 본래의 지형을 회복할 수 없게 돼버렸기 때문이다.

---

* 특정 토지 구역에서 할 수 있는 것과 할 수 없는 것을 규제하는 일련의 규정.

전쟁

전쟁은 불시에 시작되었으나 예고 없던 일은 아니었다.

서부 쇼쇼니 국가 위원회에 고용돼 방어 프로젝트 조직 업무를 맡은 남자가 어느 날 크레센트 밸리의 이동주택 마을에 자리한 상점(마을 내 유일한 상점으로 감자칩, 스팸, 클리넥스, 게토레이, 맥주를 제외하면 품목도 변변치 않았다.)으로 들어섰다. 그러자 상점에서 일하는 여자가 커뮤니티 센터 바깥에 왜 보안관 차들이 늘어서 있는 것이냐고 물었다. 사륜구동차들이 떼로 몰려 있다는 소식을 남자는 그렇게 접했다. 그것은 댄 가족의 목장에서 토지관리국의 가축 몰이*가 이루어질 것임을 알리는 조기 신호였다. 댄 가족은 4월 15일까지 목장에서의 방목을 금지한 토지관리국의 규정을 어기고 3월에 가축들을 방목했다.

내가 소식을 접한 날은 1992년 4월 9일이었다. 부활절 휴가차 몇몇 풍경 사진작가들과 함께 요세미티를 방문한 후에 차를 몰고 댄 가족의 목장을 찾을 계획이었으나(그 주에도 핵실험장에서 봄 반핵운동이 개최될 예정이었지만 나는 주최자인 뉴에이지 집단이 마음에 들지 않아서 가지 않을 생각이었다.) 마음을 바꾸어 주최자에게 전화를 건 다음 그들이 1974년부터 기다려온 가축 몰이가 오전에 일어날지도 모르겠다고 전했고, 동행할 사진작

---

* 토지관리국은 '헤메는' 가축에 대한 처분권이 주정부에게 있다는 명목으로 댄 가족의 방목된 가축들을 일방적으로 몰수했다.

먼지, 미래를 지우다:
네바다 핵실험장

가 중 한 사람에게도 전화를 걸어 계획이 바뀌었다고 알리고 차에 짐을 실었다. 소식을 들은 시점으로부터 한 시간도 채 지나기 전에 나는 크레센트밸리로 향하는 열 시간짜리 여정에 올랐다. 난생처음으로 참전을 자원한 순간이었다.

어둠 속을 지나는 동안 나는 머릿속으로 창밖 풍경을 상상했다. 센트럴 밸리의 평탄함, 광활한 영역을 아우르며 새크라멘토 동쪽에 모습을 드러내는 참나무들, 참나무에 이어 산기슭을 차지한 떡갈나무들, 도로 경사가 급해지는 지점부터 참나무와 뒤섞이는 소나무들, 수풀이 뒤덮은 평지, 그리고 시에라에 진입하는 시점부터 나타나는 소나무 숲을 지나고 있을 터였다. 표지판으로만 존재를 드러낸 에미그런트 패스와 도너 패스를 지나니 휘황찬란한 빛을 발하는 도시 리노가 나타났고, 아무런 감흥 없이 쭉 뻗은 낯선 도로가 80번 고속도로와 50번 고속도로 사이의 분기점과 이어져 있었다. 이 길의 끝에서 어떤 종류의 곤경을 맞닥뜨리게 될지 궁금했다. 오전 3시, 편리의 분기점 마을에 있는 어느 대규모 트럭 정류장에 들어선 나는 그곳에서 몇 시간 동안 기절한 사람처럼 잠을 청했다. 그러다 오전 5시가 되었을 때 보온병에 담아 온 커피를 한 잔 따른 다음 다시 운전대를 잡고 떠오르는 태양을 향해 이동했다. 네바다주에는 세 개의 주요 고속도로가 동서 방향으로 뻗어 있고 줄줄이 이어진 작은 도로들이 남북을 잇는다. 지도에 지형이 표시되어 있지 않아도 도로 주변에 길게 뻗은 산맥들이 어느 산맥인지 짐작할 수 있다. 나는 80번 고속도로를 감싸는 긴 순환도로 대신 50번 고속도로를 타고 가다가 306번 도로로 올라가기로 결정했다. 내가 가진 지도에는 306번 도로가 2급 도로임을 알리는 숫자가 적혀 있었지만 안타깝게도 포장도로가 아니었고, 그 바람에 나는 약 110킬로미터의 흙길을 달린 끝에야 목장에 도착했다. 먼지와 자갈로 뒤덮인 길에서 제멋대로 미끄러지는 자동차 뒤로 거대한 황갈색의 먼지 기둥이 솟아올랐다.

　먼 길을 이동하는 동안 건물은 몇 채 보았지만 사람은 영 보이질 않았다. 그러던 중 도로 한쪽에 영양 한 마리가 서 있는 모습을 보았고, 차에서 내려 그 영양을 살펴보았다. 영양은 사납고 맑은 눈으로 잠시 나를 응시하더니 뻗정다리로 가볍게 튀어 올라 산쑥 더미로 모습을 감추었다. 동물원이나 영양 떼를 배치한 자연사박물관의 디오라마, 자연에 관한 영상물을 통해 영양을 접한 적은 있었지만 실제 서식지에서 영양을 본 것은 그때가 처음이었다. 그러니 어떤 면에서 그 영양은 내게 난생처음 보는 영양이었다.

　4월 10일 오전 10시쯤 목장에 도착하니 양측에서 전하는 소식을 들으려고 라디오 스캐너를 작동하고 있는 지지자 한 명만 보였다. 그는 내가 알고 싶은 것을 제외한 온갖 것에 대해 말했다. 이를테면 미국 평화 테스트와 내 남동생이 가진 문제, 블랙 파워* 운동에 관한 이야기, 나치, 임박해오는 대재앙, 생존 기술, 당장의 계획 따위를 들려주었다. 두 눈이 바싹 부친 달걀부침처럼 뻑뻑했던 나는 밤샘 운전으로 인해 어쩐지 까칠하고 껄끄럽고 소진된 기분이었고 그의 통찰이 달갑게 들리지 않았다. 그는 이야기를 마치면서 이제 가축 몰이가 이루어질 예정이고 다들 목장에 있으니 나더러 망을 보는 게 어떻겠느냐고 했다. 내가 다른 곳보다 산기슭의 온천이 망보기에는 최적의 장소인 것 같다고 하니 그가 잠망경을 건넸다. 그래서 나는 늦은 오전 내내 비누 옆에 잠망경을 두고 욕조에 몸을 푹 담근 채 파노라마처럼 펼쳐진 계곡 풍경을 여유롭게 감상했다. 목장으로 돌아왔을 때 그 남자는 여전히 라디오를 들으면서 고함을 치는 듯한 큰 목소리로 떠들어대고 있었지만 새로운 소식은 없었다. 연이어 폭로의 말을 쏟

---

* 아프리카계 미국인들이 주축이 된 민족 해방운동.

아대는 그를 그냥 그렇게 내버려둔 채 나는 활동가들을 위한 합숙소로 마련된 트레일러로 들어가 카우치에서 잠이 들었다. 이윽고 잠에서 깼더니 창문 바로 바깥에서 팔로미노 한 마리가 콧바람을 내뿜고 있었다. 누군가가 안정적인 자세로 팔로미노에 올라타 있었고, 팔로미노가 뒷발로 설 때마다 그의 모습은 창틀 위로 사라졌다.

나는 서부 쇼쇼니족 방어 프로젝트 사무실이 위치한 크레센트 밸리 마을로 차를 타고 돌아갔다. 사무실이란 천장에 안테나가 달린 트레일러였다.(통신선이 목장까지 연결되지 않은 탓에 그 트레일러가 다른 세계와의 소통을 유지할 수 있는 가장 가까운 장소였다.) 봄 반핵운동 주최자는 나를 보며 기뻐했고, 피곤하면서도 흡족한 표정으로 접이식 의자에 앉아 있던 캐리도 나를 반겼다. 가축 몰이는 거의 성공적으로 마무리된 상태였다. 캐리는 토지관리국 관계자가 자신을 잡아챘을 때 생긴 멍을 보여주었고(근육이 발달한 거무스름한 손목에 세 손가락 자국이 희미하게 남아 있었다.) 역사가 만들어지는 시점에 목욕이나 하고 있던 나를 비웃었다. 투쟁 현장에 일찍이 도착해 많은 도움을 준 독일인 자원봉사자 요아힘이 댄 자매가 이런 상황을 대비해 사두었던 캠코더로 모든 장면을 녹화해둔 덕분에 그날 오후 우리는 이미 지나간 아침을 다시 한번 살아냈다. 처음에는 비극으로, 그다음에는 소극으로 펼쳐졌던 역사가 이제는 비디오테이프의 형태로 우리 눈앞에 펼쳐졌다. 내 의도와는 다른 방식이기는 했지만, 여하간 내가 보려고 했던 장면을 그때 그렇게 목격했다. 우리는 캐리와 메리의 할머니를 찍은 사진들 아래에 앉아 있었다. 마크는 카우치에 앉아 몸을 앞뒤로 움직였고, 캐리의 아이 중 밝고 쾌활한 성격의 디샤와 디샤의 약혼남이자 팔로미노를 타고 있던 사람인 랜스, 캐리의 남동생 클리프와 남자 조카 섀넌, 목장 일꾼 헤수스, 운동 주최자, 그 밖의 몇몇 활동가, 그리고 캐리를 포함한 나머지는 바닥에 자리를 잡았다. 캐리는 한쪽 팔꿈치를 괴고 누운 자세로 계속해서 자기가 너무 뚱뚱해 보인다고 말했고, 간혹가다 가축 몰이팀에 속한 여자들도 너무 뚱뚱해 보인다는 말을 덧붙였다.

많은 사람이 자기 소유도 아닌 말에 올라타 진정한 의미의 땅따먹기 전쟁을 벌이고 있었다. 헤수스, 랜스, 에이프릴, 제이슨도 말을 타고 방어 전을 펼쳤는데, 그들이 여전히 푸르름을 간직한 초원을 일제히 큰 보폭으로 가로지르는 장면은 이따금 말보로 컨트리 상업 광고처럼 보이기도 했다. 그러나 실전이 벌어진 것은 급조한 울타리에 가축 떼를 몰아넣은 후 땅에 발을 디디고 있을 때였다. 강관 울타리와 똑같은 자재로 제작된 상하 차대가 가축들이 있는 울타리와 트레일러 사이에 놓여 있었다. 그리고 바로 그 트레일러 근처에서 캐리는 토지관리국의 특수요원 조 리프를 맞닥뜨렸다. 창백하고 널찍한 이마에 미러 선글라스를 간당간당 걸친 리프가 캐리를 내려다보았다.

"저기요."라고 캐리는 분명한 어조로 말했다.[1] "서부 쇼쇼니족의 토지 양도와 관련해서 미국 정부는 지금까지 저희 쪽에 아무 서류도 보내지 않았어요. 서부 쇼쇼니족이 미국 정부에 토지를 양도한다는 내용이 담긴 기록을 주세요. 전 그 기록을 원해요. 지금 **당장** 주세요. 그걸 저한테 줄 수 없다면, 당신이 저기 올라가서 제 가축을 모는 건 불법 행위예요. 그건 당신 부서에 속한 모두가 아는 사실이고요. 당신은 오늘 제 땅을 훔치고 있는 거나 마찬가지예요. 1872년에 양도받은 적도 없으면서 지금 제 땅을 차지하려 하고 있잖아요. 이게 당신이 받아들여야 할 기본적인 진실이에요. 지금 당신이 제 땅을 뺏으려 하고 있다는 진실이요." 캐리가 리프에게 조약에 대해 아는 것이 무엇이냐고 묻자 리프는 자신은 그 자리에 없었다고 대답했다. 캐리가 쇼쇼니족의 역사에 대해 아는 것이 무엇이냐고 묻자 리프는 아무것도 모른다고 시인했다. 캐리는 상하차대 쪽으로 걸음을 옮겼고, 리프는 캐리의 팔을 붙잡고 비틀기 시작했다.

"아파요, 아프다고요. 빌어먹을, 아프다니까요. 놔요. 놓으라고요. 저 가축들은 제 소유고 저한테는 저들을 보호할 권리가 있어요."

덩치가 크고 뚱뚱한 지역 보안관인 존스가 느릿느릿 걸어와 말했다. "캐리, 다른 방법이 있어요, 캐리, 캐리……."

"제 가축이라고요. 리프 씨는 지금 제 팔을 아프게 하고 있고요."

"캐리." 캐리가 상하차대가 있는 곳으로 올라가려 하자 보안관이 말했다. "난 당신을 가만 놔둘 수 없는 입장이에요."

"그냥 두면 되지 뭘 그래요."라고 에이프릴이 소리쳤다.

"이럴수록 당신만 위험해져요." 캐리가 저항하자 리프가 말했다.

캐리는 계속해서 아프다고 말하면서 안간힘을 썼고 조금씩 울타리를 향해 올라갔지만, 리프는 자신에게서 멀어지려는 캐리의 팔을 계속 비튼 채로 붙잡고 있었다. 캐리는 리프의 손아귀에서 빠져나가 위로 올라간 다음 상하차대와 울타리 사이에 설치된 문을 닫아버렸다. 에이프릴이 우렁찬 목소리로 환호했다. 캐리가 상하차대를 차지하고 있는 한, 가축들이 캐리를 짓밟고 지나가게 만들지 않는 이상 가축을 옮길 방법은 없었다. 캐리는 잠시 가만히 있다가 이렇게 소리쳤다. "에이프릴, 담배 한 개비만 줘요." 그러자 암소들이 큰 소리로 울기 시작했다.

존스는 약 2미터 높이의 상하차대를 넘어 캐리가 있는 곳으로 가려 했다가 더 좋은 방법이 떠올랐는지 문 하나를 통과해 돌아가는 길을 택했다. 그는 그곳이 아닌 다른 곳에 있기를 바라는 사람의 분위기, 가급적 아무 일이 벌어지지 않기를 바라는 사람의 분위기를 풍겼다.

"캐리." 존스가 말했다.

"당신도 제 삶을 비참하게 만들고 있어요."라고 캐리가 쏘아붙였다. "이게 제가 저를 지킬 수 있는 유일한 방법이에요. 저는 제 생계를 지킬 거예요. 저들은 헌법을 운운하지만, 제가 볼 때 헌법 같은 건 없어요. 저를 지켜주지도 않고, 저와 같은 피부색을 가진 사람을 지켜주지도 않으니까요."

"법정에서 해결할 수 있지 않겠어요?" 존스가 물었다.

"저들은 사법 제도도, 재판도 마비시켰어요." 캐리가 존스를 향해 소리쳤다. "저희는 권리를 둘러싼 투쟁을 하고 있는 거예요. 저희, 서부 쇼쇼니족 말이에요. 내무부 장관은 제 수탁자 행세를 하면서 돈을 받기로 했고, 그 돈을 받았다고 말하면서 사법 제도를 마비시켰어요. 그 돈은 누가 받아 갔을까요? 바로 미국이에요. 전 돈을 원하는 게 아니에요. 제 땅은 팔려고 내놓은 물건이 아니에요. 미래에도 그럴 일은 없을 거예요. 땅이란 건 원래 그런 거예요, 존스 씨.

서부 쇼쇼니족의 땅이 미국에 양도되었다는 걸 존스 씨가 확인할 수 있다면 저는 기꺼운 마음으로 이 문제에서 손 뗄게요. 여기 이분이 리프 씨에요. 미국 정부를 대표하고 계시죠. 관련 서류를 팩스로 요청할 수 있는 분이고, 몇 분이면 받아볼 수 있을 거예요."

서류는 존재하지 않는다. 그러나 존스 씨는 아마 그 사실을 몰랐을 것이다.

카우보이들과 요원들은 암소들을 풀어주고 사라져버렸다.

그렇게 20년간에 걸친 법정 공방이 정점에 달했다. 연방정부와 서부 쇼쇼니족 사이의 갈등은 조 리프가 캐리 댄의 팔을 비트는 행동으로 귀결되었다. 내가 네바다주를 찾은 이유는 대단히 불길한 세계 종말 격 전쟁, 즉 도시들, 대륙들, 종들 또는 기상 자체를 소멸시키는 어마어마한 폭탄과 기술의 전쟁 때문이었다. 그 전쟁은 암소 몇 마리를 두고 한 남자가 쉰아

먼지, 미래를 지우다:
네바다 핵실험장

홉 살 중년 여자의 팔을 멍들게 하는 싸움으로 변모했으나 그럼에도 여전히 전쟁은 전쟁이었고, 이번 판의 승자는 중년 여자 캐리였다.

가축 몰이가 실패로 돌아간 날 밤, 나는 크레센트 밸리 마을의 사무실에서 잠을 청했다. 그 덕에 다음 날 아침 요아힘이 목장 인근 뒷길을 따라 운전하다가 어떤 수상한 것을 목격했을 때 차 한 대를 가용할 수 있었다. 요아힘은 경보를 울리고 드라이힐스에 가축용 트럭들이 있다고 알렸다. 나는 재빨리 차를 몰고 약 20킬로미터의 흙길을 내달려 목장 저택으로 갔다. 캐리는 내가 예상했던 것만큼 놀란 것 같지가 않았다. 캐리네 가족은 아침 식사를 마치고 내게 커피 한 잔을 건넸다. 캐리와 섀넌과 나는 사륜구동차를 타고 목장 저택 북쪽의 구불구불한 언덕을 가로질러 가축용 트럭 두 대를 뒤쫓았다. 차를 타고 이동하는 동안 캐리는 차창으로 보이는 식물들의 명칭과 1988년의 메뚜기 떼 창궐 사건과 산쑥을 먹어치우는 곤충에 대해 말해주었다. 불현듯 자그마한 빨간색 비행기가 나타나더니 가축들을 더 높은 언덕으로 유인했다. 관용차는 한 대도 보이지 않았고, 나로서는 무슨 일이 벌어지고 있는 건지 감도 잡을 수가 없었다.

마침내 우리는 가축용 트럭들을 따라잡아 바로 뒤에 차를 세웠고, 나는 트럭에 타고 있던 사람들에게 다가가 토지관리국과 어떤 관계라도 있는 것이냐고 물었다. 그들은 아니라고 했다. 알고 보니 크레센트 밸리에 위치한 다른 목장을 운영하는 사람들이었다. 곧 캐리가 뒤따라왔고, 캐리보다 나이가 많은 남자가 트럭 평판에 자리를 잡고 앉아 한동안 캐리와 함께 한담을 나누었다. 그 목장주는 방목 시즌이 공식적으로 시작되기 전에 가축을 풀어두었다가 토지관리국에서 제재를 가할까 봐 도로 모아들이고 있던 것이라고 했다. 조종사 미러 선글라스와 로고가 새겨진 캡을 착용한 그의 아들은 트럭 운전대에 앉아 발을 대롱대롱 흔들었다. 그러면서 씹는 담배 레드맨 곽을 꺼내 한 뭉치를 입에 넣었고, 껌 하나를 벗겨 포장지는 바닥에 버린 다음 그 껌도 입에 물었다. 캐리와 자기 아버지가 대화를 나누는 동안 그는 줄줄 흐르는 갈색 즙을 뱉어내며 접이식 주머니칼로 손톱을 깎았다. 캐리가 연애 관계에 대해 캐묻자 단답형으로 대답했다.

나이 많은 목장주가 말했다. "길고 건조하고 지루한 여름이 될 거예요." 그러자 캐리가 덧붙였다. "그리고 뜨겁겠죠."

"우리를 위해 춤을 추는 게 좋을 거예요, 캐리 씨." 그가 말했다.

+

몇 년 동안 오클랜드와 라스베이거스의 우범 지대에 머물며 급진 운동에 참여했음에도 여전히 강한 프랑스 억양을 갖고 있는 프란체스코회 사제 알랭을 비롯해 더 많은 사람이 나타났다. 모르몬교도들처럼 아래 턱선을 따라 흰 수염을 기른 얼굴에 다정한 푸른 눈을 가진 알랭은 경찰관에게 인상을 남기고 싶을 때 입는 성직복 차림이었다. 그는 내 남동생의 친구이기도 했다. 그런데 내가 목장에 머문 주에는 별다른 일이 생기지 않았다.

울타리가 설치된 방목장에 여전히 약 예순 마리의 말이 남아 있어서 나는 종종 밖으로 나가 그 말들을 보았다. 댄 자매는 아라비아 피가 섞인 종마 한 마리를 소유하고 있었고, 그 밖에도 아름다운 적갈색, 밤색, 검은색, 옅은 황회색, 담적갈색, 흰색, 그리고 갈기와 꼬리에 은백색을 띤 말들이 있었다. 풀이 아직 싱싱하고 푸릇푸릇했음에도 말들은 울퉁불퉁한 나뭇가지마다 까마귀 떼가 점령한 어느 죽은 나무 밑에서 건초를 먹었다. 목장 저택 근처의 미루나무와 그 옆의 사과밭 나무는 여전히 싹을 틔우고 있었고 땅을 뒤덮은 부드러운 새잎의 푸르름은 산쑥의 연녹색과 어우러져 차분함을 더했으며 자두나무는 꽃을 피우고 있었다. 코테즈산맥 꼭대기에는 아직도 눈이 쌓여 있었다. 크레센트 밸리 중앙에서 내다보면 알칼리 평지와 봉우리도 눈으로 덮여 있는 것처럼 보였다.

어느 날 나는 알랭의 프랑스어만큼이나 강한 독일어 억양을 가진 환경주의자 요아힘과 함께 코테즈산맥에 자리한 코튼우드 캐니언을 올랐다. 코튼우드 캐니언에 사시사철 흐르는 코튼우드 크리크 덕분에 이 극도로 건조한 주(州) 곳곳에 긴 강물 같은 오아시스가 숨어 있었다. 코튼우드라는 명칭이 붙은 것에서 알 수 있듯 캐니언에는 미루나무 숲이 우거져 있었고, 암소와 사슴의 뼈, 녹빛의 화산암으로 이루어진 돌출된 선반 바위, 광부들이 남긴 흔적, 어두운색의 나비들이 있었다.

어느 날 저녁 캐리는 메리, 섀넌, 운동 주최자, 그리고 나를 데리고 남쪽으로 차를 몰아 그래스 밸리로 향했다. 도러시 레가레타(Dorothy Legarreta)를 추모하는 카라반이 연례행사차 그곳을 통과할 것이라고 했다. 그러고 보니 내가 그들과 함께 네바다를 가로지른 것이 고작 2년 전의 일이었다. 스테트슨 모자를 쓴 밥 풀커슨이 딸과 아버지와 함께 온천 옆 캠프에 있었고, 거기서 나는 마침내 시티즌 얼러트의 미국 원주민 프로그램 코디네이터이자 깊은 감명을 주는 환경 작가 조 샌체즈(Joe Sanchez)를 만났다. 샌체즈는 아내와 어린 아들과 함께였다. 캐리는 스무 명 혹은 서른 명 정도 되는 카라반 여행자들에게 파인 리지 총격전 직후 순식간에 시작된 정부와의 대치 상황, 그리고 서부 쇼쇼니족과 관련해 토지관리국과 인디언 사무국이 보여준 모순되는 입장에 대해 말해주었다. 집에서 줄곧 가벼운 농담을 하던 사람은 온데간데없고 위엄 있고 사납고 감탄을 자아내는 사람만 있었다. 메리는 캐리가 이미 해야 할 말을 다 했다며 아무 말도 하지 않으려 했지만 캐리가 할머니에 관해 얘기하기 시작하자 슬슬 거들기 시작했고, 두 자매는 누구든 거짓말을 하면 그걸 아는 사람이 아무도 없다 해도 산쑥은 다 듣고 있다는 얘기를 할머니로부터 들었다고, 거짓말쟁이 들에게는 이중 그림자가 따라다닌다고 말했다.

언젠가 우리는 일석이조의 효과를 노려보고자(여행에 대한 열망과 회의 를 열어야 할 필요성을 한 번에 충족시키고 싶다는 에이프릴과 나의 바람에 따라) 현지 선술집 플레임에 모였다. 트레일러 주택 두 채를 이어 만든 선술집에 는 정말이지 형편없는 주크박스가 있었다. 나는 「데어 이즈 티어 인 마이 비어(There's a Tear in My Beer)」와 「유어 치팅 하트(Your Cheatin' Heart)」를 비롯해 분노가 한가득 느껴지는 여러 감상적인 음악을 틀었다. 잔잔한 떨 림이 느껴지는 목소리를 듣던 도중, 나는 내가 있는 마을이 누구든 한밤중 에 찾아오면 텔레비전 안테나 같은 패턴으로 펼쳐진 거리를 보게 되고 과 연 누가 이토록 황량하고 외딴곳에 찾아올지를 궁금해하게 되는 마을이라 는 사실을, 그런 마을의 선술집에서 정치와 관련된 회의를 하고 있다는 사 실을, 그것도 그런 회의를 연로한 프랑스인 사제와 미성년자인 반(半)쇼쇼 니족 사람과 시골 출신의 독일인과 선동가를 꿈꾸는 라스베이거스 출신 사람과 태도가 불량한 노동자 계층의 젊은 여자와 거기서 유일하게 나처 럼 백인 중산층 출신이라는 미국적 특권을 지닌 한 아이와 함께 하고 있다 는 사실을 깨달았다. 그러고는 악동 같은 주최자에게 몸을 기대고 이렇게 속삭였다. "에드워드 애비*라면 이런 자리를 마련할 생각조차 못 했을 거 예요." 우리는 조직 차원에서 따를 계획을 구상한 후 댄 자매에게 말해주 러 갔다. 아프간 담요를 뜨고 있던 메리와 담배를 피우고 있던 캐리는 우 리 계획에서 몇 가지 허점을 찾아냈다. 그러나 다음 날 아침 에이프릴의

---

* 에드워드 애비(Edward Abbey, 1927~1989)는 미국의 환경운동가이자 작가이다.

먼지, 미래를 지우다:
네바다 핵실험장

알람시계가 고장 나는 바람에 우리가 면밀하게 짜둔 계획은 수포로 돌아가고 말았다. 평화의 씨앗 구성원들이 함께한 지난가을에는 상황이 좀 괜찮았고 그 후에는 아메리칸 인디언 운동(AIM) 구성원들과 다른 활동가들도 합류하면서 상황이 좀 더 나아졌지만, 그해 봄 우리는 요란하고 우습기만 했다.

토지관리국의 공격 이후 평온한 시간을 보내고 있던 어느 날, 우리는 토지관리국 사람들이 다시 올 때를 대비해 암소들의 위치를 파악하기로 결정했다. 나는 캐리, 요아힘, 알랭과 사륜구동차에 올라탔고, 캐리는 우리가 하이킹을 했을 때만 해도 거의 통행이 불가능해 보였던 도로를 내달리며 코튼우드 캐니언 쪽으로 차를 몰았다. 이번에는 코튼우드 캐니언을 지나 코테즈산맥의 동쪽에 위치한 파인 밸리까지 갔다. 고도가 높아질수록 풀이 더 무성해졌고 산쑥 사이사이에는 만개한 루피너스와 많은 야생초가 섞여 있었다. 캐리는 잠시 차를 세우더니 내게 몇몇 풀을 보여주었고, 토지관리국이 과도한 방목을 문제 삼으면서 자신을 강력 범죄를 저질러 기소라도 된 사람인 양 고발했던 일을 질겁한 표정으로 말해주었다. 그리고 소녀 시절 여름이면 말과 개와 아버지의 양 떼만 데리고 이리로 나와 오랜 시간을 보내곤 했다는 이야기도 들려주었다. 경사가 비교적 낮은 거친 도로를 따라 이동하는 동안 우리는 눈앞에 펼쳐진 언덕들을 보고 사슴도 많이 목격했지만 암소는 한 마리도 보이지 않았다.

더 북쪽으로 이동한 우리는 우리 편인 목장주들에게 토지관리국을 조심하라고 말했다. 그 목장주들의 집으로 가는 길에 캐리는 한두 세대 전에 목장주 아이들이 사망했다면서 그 아이들의 이름과 아이들의 목숨을 앗아간 질병에 대해 말해주었다. 목장은 아름답고 수수했고 댄 자매의 목장보다 건물 수가 훨씬 적었으며 아직까지 살고 있는 사람은 두 명뿐이었다.

마당으로 들어서자마자 목장주의 아들을 마주쳤다. 그의 트럭에는 언덕에서 금을 채굴하면서 파낸 흙더미가 가득 실려 있었다. "나는 소는 먹을 수 있어도 금은 못 먹어요."라며 캐리가 조롱했다. 우리는 그 아들과 목장주의 아내와 커피를 한잔하려고 집 안으로 들어갔다. 두 사람은 이 지역에서 대대손손 이어온 목장 일을 그만둘 생각을 하고 있다는 이야기, 세금 때문에 상황이 점점 악화하고 있다는 이야기, 정부가 자신들 같은 사람들의 삶을 어떤 식으로 파괴하고 있는지에 대한 이야기를 했다. 불만을 토로하는 말소리가 점점 날카로워지고 커지더니 어느새 격해진 목소리에 그들 스스로 화들짝 놀랐고, 경청하고 있던 우리의 마음을 달래려는 듯 그래도 미국 정부가 여전히 이 세상에서 제일 낫다면서 한발 물러섰다. 그들은 그곳에서 심한 고립감을 느끼고 있었다. 그리고 나는 정치가 댄 가족의 목장에 얼마나 많은 세상사를 끌고 들어왔는지를 깨달았다.

우리는 암소를 한 마리도 보지 못했고 집으로 돌아가는 길에는 길을 잃었다. 산 너머로 뒷길 하나가 보였지만 그 뒷길을 따라 절반쯤 가보니 광부들이 만들어놓은 새로운 도로가 난데없이 무수히도 많이 펼쳐지는 바람에 캐리가 길을 가늠하지 못했다. 사방에는 흰색 PVC 파이프가 현대적인 말뚝 박기처럼 세워져 있었다. 이 장소도 전부 파헤쳐지고 없어질 것임을 암시하는 흔적이었다. 우리는 아름다운 언덕과 시내와 버드나무 둑과 수풀을 지나 몇 시간 동안 운전을 한 끝에 마침내 드라이힐스 뒤편의 광활한 푸른 초원으로, 집으로 가는 도로로 접어들었다.

+

그 여정에서는 많은 일을 하지 못했다. 같은 해 8월에 떠난 바로 다음번 여정에서 하려던 일 정도만 했던 것 같다. 컴퓨터를 가져가서 캐리를 위해 편지를 대필하고 방어 프로젝트를 위한 전단지를 만든 것 정도 말이다. 일을 많이 못 한 대신 나는 시골에서의 시간 흐름에 집중했다. 그곳에서는 어떤 일을 하든(컵을 씻고, 메시지를 보내고, 식료품을 사는 등) 완수하는 데까지 더 오랜 시간이 걸렸고, 한 장소에서 다른 장소까지 최단 거리로 가도 항상 우회하게 되고, 주의력을 잃고, 대화를 나누게 되고, 사방을 둘러보게 되는 듯했다. 일정도 조직도 전부 와해했고, 할 일이 어마어마하게 많았지만 하루를 마무리할 때 돌이켜보면 전부 빈둥거리기에 속하는 일이었다. 전쟁이 벌어지지 않는다면 삶이 어떻게 흘러갈지 알 것 같았다.

하늘의 파란빛과 일출의 장밋빛 사이에서 들판의 보랏빛을 제대로 알아볼 수 있었을 때 동이 텄다. 태양에서 쑥 빠져나온 듯 하늘에 부채꼴 모양을 남기며 바삐 움직이는 구름 위로 좁고 기다란 장밋빛이 보였다. 계곡 아래에 위치한 광산들에서 나오는 빛은 마치 광산이 움직임 없는 불꽃을 내며 타오르고 있는 것처럼 밤새 은은하게 빛났다. 온천에서는 번개가 치면서 계곡의 남쪽 끝부분을 빛으로 채웠고, 북동쪽에서 떠오른 하현달은 처음에는 언덕 꼭대기의 밝은 빛으로, 그다음에는 봉화대의 등불로, 자정이 되고 얼마 되지 않았을 때는 한쪽으로 일그러진 원반 모양으로 차올랐다. 어느 늦은 밤 나는 앞뜰 바로 바깥에 세워진 트레일러에서 방어 프로젝트 브로슈어를 작성하다가 트레일러 문을 열었다. 그랬더니 내 등유 램프가 보였다. 트레일러 안에서 보니 램프 불빛이 몹시도 희미했지만 미루나무 위로 선이 굵고도 짙은 그림자가, 나무처럼 키가 크고 내 신발에서 빠져나온 거인마냥 무시무시한 그림자가 드리웠다.

+

어떤 면에서 보면 크레센트 밸리의 땅은 지금의 나를 소유하고 있다. 1992년 크레센트 밸리로 떠난 마지막 장기 여정 이후 나는 한 달 동안 거의 매일 밤 그곳에 관한 꿈을 꿨다. 꿈에 어떤 중요한 대상이 나온 것은 아니었고 그저 머릿속에서 그곳 풍경이 계속해서 반복 재생될 뿐이었다. 그 풍경이 나를 완전히 사로잡은 듯했다. 끊임없이 내 꿈에 출몰했고 나를 가만히 내버려두질 않았다. 다시 도시에서 산다는 것이, 대부분의 시간을 실내에서 보낸다는 것이, 사방이 건물로 가로막혀 지평선이 보이지 않는 곳에서 산다는 것이 마치 울타리 창살이 피부에 닿는 감각을 느끼는 동물이 된 것처럼 거의 물리적인 차원에서 견디기 힘들었다. 나는 도시란 모든 것의 생기를 없애버리고 다만 하늘만 그대로 두는 장소라고 생각했지만, 크레센트 밸리를 방문한 후 가장 그리웠던 것이 바로 그곳의 맑고 광활한 하늘이었다. 지평선 위로 떠오른 달이 몇 시간 후면 길 건너편 집 위에 떠 있었고 태양도 마찬가지였다. 도시에서는 반사광과 스모그가 밤하늘의 별을 감추었다. 크레센트 밸리는 내게 자기 자신과 주변 환경 사이의 규모를 보는 새로운 문법을, 기억에서 지워버릴 수 없는 문법이자 도시의 혼란과 터무니없음을 해석하는 문법을 가르쳐주었다.

어느 날 밤 나는 한 여자의 비명에 잠에서 깨어났다. 예전에 살았던 샌프란시스코 동네에서도 그런 소소한 참사에 깨곤 했다. 나는 10년 된 침대에 가만히 누운 상태로 마치 낯선 곳에서 한밤중에 깨어날 때처럼 내가 어디에 있는 것인지를 생각했다. 도로에서 자다가 깨어난 후 침대가 어느 방에 있는지, 방이 어느 건물에 있는지, 건물이 어느 마을에 있는지, 마을이 어느 주 또는 국가에 있는지를 생각하며 내 위치를 가늠해보는 것이,

그렇게 머릿속의 지도를 넓혀가면서 내가 이 세상의 어디에 있는 것인지를 헤아리는 것이 내게는 드문 일이 아니다. 물결이 뭍에 닿듯, 내 머릿속 지도는 물가에 바위를 던질 때 생기는 둥근 고리 모양처럼 이 땅덩어리의 경계, 이 세상의 지형에 도달할 때까지 퍼져나간다. 장소감은 여섯 번째 감각으로, 공간 지각과 기억이 결합해 형성되는 내면의 나침반이자 지도다. 어떤 장소가 산쑥, 바닐라, 담배 따위의 예기치 않은 압도적인 냄새를 풍기며 자신에게 돌아오는 경험을 해본 사람은 이 몹시도 추상적인 감각이 얼마나 많고 섬세한 감각으로 이루어져 있는지 알고 있다. 그러나 크레센트 밸리를 떠나고 약 2주가 흘렀을 때의 그날 밤, 나는 대륙이 끝나고 광활한 바다가 시작되는 어느 반도 도시의 빽빽한 건물들 사이에 있을 한 아파트 건물을 떠올릴 수가 없었다. 사색과 비몽사몽 사이의 애매한 상태에 잠겨 있던 나는 내가 어디로든 갈 수는 있지만 산들로 둘러싸인 고원의 한복판에는 있을 수 없다는 사실을, 나 자신이 중심을 차지하고 있어도 미미한 존재가 돼버리는 그곳에는 있을 수 없다는 사실을 믿을 수 없었다. 내 장소감이 그 지형과 완전히 동화된 탓에 다른 모든 장소를 몰아내버리고 내가 떠난 후에도 오랫동안 환상지처럼 머물고 있는 듯했다.

거북과 나란한 속도로

1992년 여름 네바다에서 나는 두 가지 일을 더 겪었다.

첫 번째는 그라운드 제로를 방문한 일이었다.

그라운드 제로에 가는 길은 수월했다. 라스베이거스 에너지부에 전화를 걸어 나를 저널리스트라고 소개하고 네바다 핵실험장 투어를 하고 싶다고 했다. 그랬더니 오전 6시 라스베이거스 스트립 인근의 에너지부 사무실로 오라는 답변을 들었고 거기서 나는 다윈을 만났다.

평균 체중에 덩치가 크고 직설적인 화법을 구사하는 홍보 담당자 다윈은 자신의 직업에 진지한 태도로 임했으나 열정을 품은 것 같지는 않았다. 그는 나를 호의적으로 대하면서도 마치 내가 어느 쪽에도 속하지 않은 제삼자 행세를 할 수 있으리라는 생각은 하지도 말라는 듯 내 남동생을 언급하며 예리하게 정곡을 찔렀다. 사실 데이비드는 나와 동행하기를 원했다. 하지만 나는 핵실험장 관계자가 그 누구의 추궁도 받지 않는 상황에서 핵실험장을 어떻게 소개할지 궁금했고 그래서 혼자 가겠다고 했다. 나는 다윈에게 몇 가지 날카로운 질문을 던지면서도 집요하게 캐묻지는 않았다. 그를 우리 편으로 끌어들이거나 에너지부의 잘못을 인정하게 만들려는 생각은 없었고 다만 핵실험장을 살펴보고 에너지부의 관점을 기록하고 싶었다.(투어 장소에서 녹음 장치는 반입 금지 물품이었다.)

가장 먼저 알게 된 것은 다윈이 에너지부를 지칭할 때 '우리'라는 표

먼지, 미래를 지우다:
네바다 핵실험장

현을 쓰고 폭탄을 항상 폭탄이 아닌 '장치'로 언급한다는 사실이었다. 또 넬리스 공군기지와 영역을 일부 공유하는 사막 국립 야생동물 보호구역 입구를 지날 즈음에는 에너지부가 '사전 계획' 없이 일을 추진했다가 문제가 발생한 적이 있다는 사실을 다윈이 거리낌 없이 인정한다는 점, 그러나 다윈 자신은 통제 불가 지역을 엄격하게 관리해야 한다는 생각을 갖고 있다는 점도 알게 되었다. 그는 동물에 대해서도 많은 이야기를 했다. "아주 오랫동안 우리 생물학자들은 쉰 마리, 예순 마리 정도 되는 야생마를 목록화해서 관리했습니다. 목록에 속한 말들을 전부 다 알고 있고요. 말들이 지내는 곳은 우리가 일하는 곳과 멀리 떨어져 있습니다. 우리는 굉장히 엄격한 규칙을 따르고 있는데, 이를테면 동물을 해칠 경우 해고를 면할 수 없습니다. …… 거북을 보면 어떻게 해야 하는지에 관한 지시를 모든 직원이 따르고 있습니다. 연방법은 그 누구도 거북을 손으로 만지면 안 된다고 규정하고 있고요." 핵실험장 직원들은 자기 직업과 관련해 느끼는 불안감을 야생동물을 정성껏 돌보는 행위를 통해 해소하는 듯했다. 그러나 야생동물에 관심을 쏟아도 그들이 수행하는 일의 본질을 무마할 수는 없었다. 언젠가 댄 시어한이 해준 이야기가 떠올랐다. 폭발의 여파로 두 눈이 다 타고 푹 파인 말 떼가 동쪽 시어한 대륙을 향해 방랑하는 모습을 목격했다는 이야기였다. 시티즌 얼러트는 그 지역에 서식하는 사슴을 잡아먹을 경우 방사능에 노출될 가능성이 높다며 사냥꾼들에게 대대적으로 경고했다.

다윈이 가진 통행증 덕분에 가축 탈출 방지용 격자판을 통과한 우리는 감시초소로 향했다. 감시초소 안에서 나는 신원 증명 배지에 더해 방사능 배지까지 받았다. 내가 노출된 방사능 수치를 측정해줄 방사능 배지는 만에 하나 수치가 지나치게 높다고 판단될 경우 관계자들이 그 사실을 내게 알리려는 용도로 발급하는 것이었다. (그리고 그들은 그렇게 하지 않았다.) 색칠된 합판 위에 경쾌한 필치로 안내 문구를 적고 필기체로 특정 부분을 강조해 만든 표지판들이 사방에 걸려 있었다. '환경 연구 공원'임을 알리는 첫 번째 표지판에는 이런 문구가 쓰여 있었다.

처음부터 제대로 합시다……

우리는 나란히 놓인 나무 벤치 두 개를 지나쳤다. 벤치에 앉아 있던 과학자들은 언뜻 보기에 그저 하나의 공업단지 같은 머큐리 쪽을 바라보면서 대기 실험을 관찰하고 있었다. 다윈은 머큐리라는 명칭이 예언과 속임수의 그리스 신이 아니라 그 지역에 있던 오래된 수은 광산에서 유래했다고 말했지만, 수은이라는 원소의 명칭이 신의 이름을 따서 지어진 것이었으므로 결국에는 신의 이름을 딴 것이나 마찬가지였다. 또 다른 표지판이 보였다.

안전 운전
야생동물을 보호합시다

다음 표지판에는 이렇게 적혀 있었다.

방사능 위험 지역
물체를 만지거나 제거하지 마십시오

통제실로 가는 길에 우리는 큰길 우측 프렌치맨 플랫 지역에 듬성듬성 자리한 몇몇 부지를 방문했다. 위해물질 실험 지역을 따라 핵폭발로

먼지, 미래를 지우다:
네바다 핵실험장

인한 잔해들이 남아 있었다. 알루미늄과 콘크리트로 지은 돔형 건물들이 1957년 프리실라 폭발 실험 장소로 사용된 흔적과 폭탄에 맞아 뒤틀린 철도 교량이 보였다. 그리고 그것들이 위치한 공간 한가운데에 금고 하나가 삐딱한 각도로 외로이 놓여 있었다. 투어 가이드는 "전면적인 핵전쟁이 발생한다 하더라도 경제는 살아남아야죠. 은행 계좌 기록과 금과 은도 살아남아야 하고요."라고 말했다. "말하자면 이건 재래식 은행 금고예요."

통제실은 영화 속 우주선과 「스타 트렉」이 연상될 만큼 대단한 외관을 뽐냈다. 조명은 어두침침했다. 바닥에는 카펫이 깔려 있었고 한쪽에는 대형 스크린들, 맞은편에는 3층짜리 계단식 의자와 편안한 회전식 의자가 마련되어 있었다. 사이드 패널에는 텔레비전 스크린이 제단 뒤 벽장식처럼 죽 늘어져 있었고 중앙 스크린만 살짝 앞으로 기울어져 있었다. 텔레비전에서 생중계 중인 장면은 현재 그라운드 제로의 모습인 듯했지만 내가 보기에는 여전히 먼 과거의 풍경 같았다. 어쩌면 재방송 영상일 수도 있었다. 우주선 안에서 우주를 내다보는 듯한 느낌을 주는 중앙 스크린은 짤막한 다큐멘터리 영화를 재생 중이었다. 폭발의 양상을 측정하기 위해 열댓 개의 두꺼운 케이블로 이동식 측정소와 지하 수직 통로를 연결하면서 지하 실험을 준비하는 장면이 펼쳐졌다. 지하 수직 통로는 깊이가 약 180~670미터에 너비가 약 1.2~1.5미터 정도인 듯했다. 폭탄을 그런 구멍으로 내려보내고 나면 '밀봉' 과정이 진행된다. 방사성 가스가 대기 중으로 유출되지 않도록 모래, 자갈, 콘크리트 등 온갖 것들로 내부를 가득 메우는 작업이다. 폭탄이 터지면 먼지 덩어리가 훅 솟아오를 정도의 지반 충격파가 발생한다. 이 충격파는 계속해서 전방으로 이동하며, 실험의 규모가 클 경우 그로부터 약 96킬로미터 남쪽으로 떨어진 라스베이거스까지 가닿을 수도 있다. 폭발 시점에 녹아내린 암석이 쌓이면 비정상적인 온도의 방사성 가스가 가득 들어찬 대형 동굴이 형성된다. 그리고 폭발 후 일정 시간이 지나면 그 동굴 윗면의 토양 무게로 인해 동굴의 일부가 무너지면서 지표면에 구멍이 형성된다. 노출이 과한 그 다큐멘터리 영화는 그런 동굴 붕괴 현장을 조감 시점으로 담아 보여주었고 나는 그 장면을 보고 또 보았다. 지구가 얼핏 진한 액체로 만들어진 물체처럼 심하게 떨리면서 잔물결을 일으켰고, 그 잔물결은 영상을 되감기라도 한 듯 중심을 향해 이동했다. 그라운드 제로 지역을 찍은 항공 사진들을 보면 메마른 지표면이 마맛자국처럼 움푹 패 있고 도로들이 긴 사선 모양으로 교차해 있어서 우리가 익숙하게 봐온 지표면이 아닌 고대 페스트 생존자의 처참한 피부와 더 흡사해 보일 정도다. 핵실험장 지표면에 남은 마맛자국 아래의 광경을 상상해보면 얼음 속 기포처럼 구 형태를 띤 동굴 수백 개를, 그 각각의 동굴이 방사능을 품고 있는 모습을, 그 누구도 본 적 없는 빛을 발하는 단명한 태양의 무덤을 떠올릴 수밖에 없다.

밴으로 돌아갔을 때 다윈은 우유 시험, 유아 갑상선약 시험, 대규모 피난 계획 등 다양한 규모의 핵실험이 (당연히 대부분의 핵실험이 그렇겠지만) 방사선을 방출할 경우에 대비한 안전 시스템에 대해 말해주었다. 그러나 대부분의 경우 방사선이 방출되어도 안전 시스템은 가동되지 않는다. 뒤이어 다윈은 오스틴과 솔트레이크시티까지 이동하는 낙진을 확인하기 위해 미시시피주에도 샘플 채취 대기소를 설치해서 공기를 채취하는 '항공 감시 네트워크'도 언급했다. 그의 옆에 놓인 투어 가이드의 업무 노트를 들여다봤더니 예상 질문과 공식 답변이 나열돼 있었다. 질문 중 하나는 낙진이 다운윈더들에게 미치는 영향에 관한 것이었고 그에 대한 답변은 "맞습니다, 낙진으로 인해 약 수십 명이 사망한 것으로 추정됩니다."였다. 핵전쟁 방지 국제 의사회(International Physicians for the Prevention of Nuclear

War, IPPNW)는 21세기 말 핵실험으로 인한 암 사망자 수가 43만 명에 달할 것이고 대부분 북반구 인구일 것이라고 추정한다. 또 기한을 무한정으로 늘릴 경우 사망자 수가 240만 명에 육박할 것이라고 보고 있다. "대부분의 방사선 노출이 [반감기가 5730년인] 탄소 14에 의해 발생하기 때문에 예상 수치의 과반수가 향후 수천 년에 걸쳐 사망할 것입니다."[1]

내가 핵실험장에 들어갈 때마다 늘 지평선을 수놓고 있던 산맥들의 고갯길이 어느새 목전에 있었다. 이윽고 그 고갯길을 넘었더니 내가 걸으면서 늘 상상했던 새로운 풍경이, 지구상에서 가장 많은 폭탄 피해를 입은 장소의 풍경이 펼쳐졌다. 내가 전혀 예상하지 못했던 한 가지는 그렇게 무단 진입을 하며 돌아다니는 동안에는 가닿을 수 없었던 풍경이 이토록 아름답다는 것, 그전까지 본 풍경과는 너무나도 다르다는 것이었다. 고갯길을 지난 후에는 사막의 기준으로 보면 울창하다고 할 수 있을 법한 숲이 나타났다. 숲을 이루고 있는 조슈아 나무들은 파수꾼이나 목격자처럼 곧게 뻗어 있었다. 다윈은 데스 밸리 포티나이너스들이 이곳을 통과한 이래로 그 나무들이 어떤 경이로운 장면들을 목격했을지를 사색하며 어설픈 시적 감상을 내놓았다. 좌측으로 화산 지형들이 보였고, 양옆에 전봇대가 늘어선 어느 도로 끝에는 자로 잰 듯 반듯한 모양의 화강암 메사가 소실점을 향해 쭉 뻗어 있었다.

가장 먼저 우리 눈에 들어온 크레이터는 군데군데 먼지를 뒤집어쓴 커다란 강철 박스들로 차 있었다. 나선형 도로 하나가 그 크레이터 쪽으로 나 있었고, 다른 구불구불한 도로들은 노천 광산으로 이어졌다. 다윈은 오하이오주의 퍼날드 우라늄 처리 공장에서 보낸 분해된 건축 자재들이 저 강철 박스 안에 한가득 들어 있다고(단, 그는 퍼날드 공장이 오하이오주를 오염시킨다는 이유로 폐쇄되기 전까지 핵무기용 잉곳을 공급했다는 말은 하지 않았다.), 핵실험장이 저준위 방사성 폐기물 처리장 기능도 하고 있다고 말했다. 두 번째 크레이터를 발견했을 때 우리는 차를 몰고 직접 들어가보았다. 차로 통과할 수 있는 크레이터였다. 땅다람쥐 한 마리가 플러그 주변에서 종종걸음으로 뛰어다녔고 그 모습을 본 다윈은 매년 봄 까마귀 한 마리가 플러그 위에 둥지를 튼다고 말했다. 크레이터는 그 지역에서 핵실험이 44회 진행될 것이라는 공표가 이루어진 1963년에 249킬로톤 위력을 가진 빌비(Bilby) 핵실험으로 형성된 것이었다. 빌비 핵실험은 방사선이 지하수면에서 어떻게 확산하는지를 확인하기 위해 지하수면에서 이루어졌다.

우리는 빌비를 떠나 둠 타운으로 이동했다. 그 마을에는 전면적인 핵전쟁이 발생하면 미국의 교외 지역에 어떤 영향이 가해질지를 확인하기 위해 지어둔 집 두 채가 너른 들판을 사이에 두고 멀찍이 떨어져 있었다. 그라운드 제로와 죽 이어진 선상에 지은 집 다섯 채 중에서 핵실험장과 거리가 가장 가까웠던 세 채는 애니(Annie)라 불린 핵실험으로 파괴된 후였다. 1953년 봄 업샷-노트홀 프로그램의 첫 핵실험이었던 애니는 유타주의 무수히 많은 양을 죽였고 어쩌면 재닛 고든 남동생의 사망 원인이었을 수도 있었다. 집들은 마치 금고처럼 고립되어 있어 이상해 보였고, 평범한 일상에서 볼 수 있는 잡동사니조차 결코 놓여 있던 적이 없는 장소 같았다. 우리는 차에서 내려 목조 주택으로 걸어갔다. 문과 창문은 다 떨어져 나가 있고 외벽 세 군데에 칠해진 페인트는 벗겨진 상태였다. 평소에는 주변에 먼지가 있으면 속이 메스꺼워졌는데 그날은 습도가 높고 바람이 없어서 오염 지역을 활보해도 괜찮았다. 주택 내부는 당시에 유행한 작고 아담한 양철집과 구조가 같았다. 중앙에 계단이 설치된 2층 건물이었고 층마다 방이 네 개였다. 지하실도 있었는데("이런 집은 처음 봐요."라고 다윈이

먼지, 미래를 지우다:
네바다 핵실험장

말했다.) 최근에 내린 빗물에 푹 잠겨 있었다. 바닥 면에서 약 90센티미터 높이만큼 물이 차오른 지하실로 내려간 나는 다윈이 보지 못했던 것을 발견했다. 일부가 물에 잠긴 지하실 계단 밑에 어느 작은 동물의 시체가 박혀 있었던 것이다. 그러나 죽음이 아닌 초콜릿 분말 냄새만 풍겼다. 다시 밖으로 나갔을 때, 털 색깔이 옅은 새 한 마리가 위협적인 짹짹 소리를 내면서 우리를 향해 달려들었다. 처마에 둥지를 틀어두었을 것이라고 다윈이 말했다.

　세단 크레이터에서는 종달새 한 마리가 엄청난 속도로 가장자리를 따라 날아다녔다. 이 풍경을 찾는 사람들의 마음을 진정시키기 위해 작은 동물들을 풀어놓은 것이 아닐까 하는 생각이 계속 들었고 「우리의 친구, 원자(Our Friend the Atom)」*에 관한 자연 영화 속에 들어와 있는 기분이었다. 1200만 톤의 흙을 이동시킬 정도로 엄청난 폭발로 형성된 세단 크레이터는 깊이가 약 90미터에 너비는 약 370미터였다. 세단 크레이터를 만든 폭탄은 아이젠하워 전 대통령의 '핵의 평화적 이용(Atoms for Peace)' 연설이 낳은 일종의 부산물인 플로셰어 작전(Operation Plowshare)의 일환으로 터진 것이었다. 미국은 원자력이 단지 파괴를 위한 도구가 아님을 증명하기 위해 핵발전 산업에 대한 보증을 포함한 엄청난 노력을 기울였고, 플로셰어 작전의 의도는 폭탄조차 평화적인 방식으로 활용할 수 있음을 보여주는 것이었다. 플로셰어라는 명칭은 마지막 날에 "여호와의 성전이 서 있는 산이 모든 산꼭대기에 굳게 설 것"이고 "무리가 그 칼을 쳐서 보습(plowshares)을 만들고 …… 이 나라와 저 나라가 …… 다시는 전쟁을 연습하지 아니하니라."라는, 구약의 예언자 이사야의 예언에서 따온 것이었다.

---

* 월트 디즈니에서 방영한 텔레비전 시리즈 「디즈니랜드」의 한 에피소드.

당시 구소련과 미국은 핵폭탄을 하나의 초대형 장치로, 즉 또 하나의 파나마운하 건설 같은 엔지니어링 프로젝트를 위한 장치로 활용할 수 있으리라는 환상을 품고 있었다. 텔러는 "우리는 지표면을 우리 입맛에 맞게 바꿀 것"이라고 말했다.[2] 지표면이 우리 입맛에 맞지 않았음을 전제한 말이었다. 그러나 환경 오염으로 인해 핵폭탄을 그런 식으로 활용하는 것은 실현되지 못했고, 세단 크레이터의 거대한 모래사장은 그 이상한 꿈을 상기시키는 기념물로 남아 있다. 내가 크레이터가 내려다보이는 단상에 서 있는 동안 찌르르 찌르르 귀뚜라미들이 울었다.

다시 도로를 따라 운전하는 동안 다윈은 차가 덜컹거려서 미안하다면서 핵실험 때마다 발생하는 충격파가 도로를 관통하면서 위아래를 뒤틀기 때문이라고 설명했다. 그러고는 3시 방향에 농장 하나가 있었다고 말하며 (그는 방향을 설명할 때 군대에서 쓰는 방식을 썼다.) 북동쪽으로 뻗은 산맥 너머의 플루토늄 밸리를 가리켰다. 플루토늄 밸리는 핵실험에 의해 고의로 방사성 물질에 오염된 곳이었고, 다윈은 "카우보이들은 대기 중 핵폭발로 오염된 여러 지역에서 육우를 몰았"으며 미국 환경보호국이 "방사선에 노출된 건초와 자주개자리 샘플을 채취하기 위해 소들의 옆구리에 영상 장치를 설치"하기도 했다고 말했다. 플루토늄 밸리에서의 핵실험은 1970년대에 중단되었다. 그리고 현재 "우리가 정화할 방법을 찾으려 애쓰고 있는" 오염된 토양의 범위는 약 370만 평에 이른다. 플루토늄도 머큐리처럼 저승과 죽음의 신이자 우라노스 신의 아들인 플루토의 이름을 따서 지어졌다. 이승에서 플루토와 플루토의 인공 원소는 제 이름을 딴 밸리를 갖고 있는 셈이다.

다윈과 나는 핵실험장의 북쪽 끝까지 이동해 레어니어(Rainier) 메사로 갔다. 레어니어는 핵실험 관계자들이 바위에 수평으로 구멍을 뚫어 더

먼지, 미래를 지우다:
네바다 핵실험장

많은 폭탄을 터뜨리고 있는 장소다. 짙은 녹색의 향나무와 잣나무는 고도가 약 2400미터에 이르는 이 머나먼 남쪽에서도 자라서 마치 샌타페이와 로스앨러모스 인근에 와 있는 것 같은 풍경을 볼 수 있다. 다윈의 어머니와 아버지는 호르나다델무에르토 근처의 중남부 뉴멕시코에서 유년기를 보낸 분들이었는데, 다윈이 말하기를 두 분은 트리니티 핵실험 당시 한밤중을 대낮으로 뒤바꾸고 시력을 잃은 여자가 앞을 볼 수 있게 만든 핵폭발의 섬광까지는 보지 못했지만 지반의 충격파는 여전히 기억하고 계신다고 한다.

온갖 크레이터와 잔해가 남아 있음에도 네바다 핵실험장의 풍경은 이상하리만치 그 장소의 역사에 무지했다. 내가 네바다 핵실험장의 생명력을 느낄 수 있었던 것은 이야기 덕분이었다. 폴린과 레이철과 재닛의 이야기, 피폭 퇴역 군인의 이야기, 현지인들의 이야기 말이다. 평화캠프를 통해 핵실험장을 방문할 때마다 늘 그런 이야기들이 뿌리내리고 있는 단단한 토양 위를 거닐었던 나는 어느새 일개 관광 산업의 변두리에서, 그리고 이 장소에서 터진 약 953개 핵폭탄의 실제 영향일랑 눈곱만큼도 언급하지 않는 희한한 정보 덩어리 주변에서 떠돌고 있었다. 톱날처럼 들쭉날쭉한 지평선이 펼쳐진 머큐리 너머를 향해 5년을 걷고서야 마침내 도착한 것도, 그라운드 제로의 은밀한 풍경에 완전히 빨려 들어간 것도 이상한 경험이었지만, 나에게 있어서 풍경에 의미를 부여하는 것은 목적지로의 도착이 아니라 여정 그 자체였다. 나는 다시 이곳으로 돌아올 터였다. 내 방식대로, 내 두 발로.

그해 7월에 있었던 또 다른 일은 그리 공감을 불러일으킬 만한 일은 아니다. 그해 7월 나는 라스베이거스의 낡고 무미건조한 구시가지 인근에 위치한 내 남동생의 작은 듀플렉스 주택에 머물고 있었다. 아침나절부터 어둠이 내려앉을 때까지 어찌나 무더웠던지(보통 37도가 넘었다.) 도통 야외 활동을 즐길 수가 없었지만, 해가 지고 나면 증발식 냉각기를 끄고 창문을 연 다음 다시 우리를 환영해주는 듯한 세상 밖으로 나갔다. 그 시기의 어느 저녁 남동생과 나는 현관 계단에 앉아서 얼음을 왕창 넣은 버번을 홀짝였고, 한때는 잔디였으나 어느새 잡초가 마구잡이로 자란 풀밭의 땅 구멍에서 커다란 검은 곤충들이 기어 나오는 광경을 지켜보았다. 그 곤충들은 저녁마다 똑같은 시간에 그곳에서 기어 나왔다. 매미들이 시끄럽게 울어댔고 낮 동안 우리 트럭에 그림자를 드리운 아카시아가 산들바람에 이리저리 흔들렸다. 대략 지난 몇 년 새에 우리는 서부인이 되어 있었고, 낡아빠진 작은 일본 차 대신 미국 픽업트럭을 몰았으며, 각자 저마다의 방식으로 네바다에 사로잡혀 있었다.

데이비드는 미국 정부조차 감당하기 어려울 정도로 세계 각지에서 거센 압력이 가해질 것이고 미국 정부가 핵실험을 위해 내세우는 가장 그럴듯한 변명도 소련의 붕괴로 힘을 잃고 있으므로 향후 몇 년 안에 포괄적인 핵실험 금지가 이루어질 것이라면서 그 후에 추진할 자신의 계획에 대해 말했다.

2400년 전 그리스 철학자 제논은 도착에 관한 한 가지 역설을 제시했다. 위대한 전사 아킬레우스가 거북을 따라잡기 위해 계속 달리게 된다는 역설인데, 지금 이 책에서는 그냥 거북 대신 사막 거북을 대입해볼 수 있다. 제논이 제시한 바에 따르면 아무리 날랜 아킬레우스도 절대 거북을 추월할 수 없다. 아킬레우스가 1미터를 이동하는 동안 거북은 0.1미터를 이동하고, 아킬레우스가 0.1미터를 이동하는 동안 거북은 0.01미터를 이동하며, 무한소의 세계로 들어가면 이런 식의 측정을 무한히 지속할 수 있기 때문에 경주는 결코 끝나지 않고 달리는 아킬레우스는 기는 거북보다 항상 뒤처지게 된다. 제논의 역설이 예증하는 또 하나의 진실은 논리적 사고가 반드시 현실을 설명하는 것은 아니며 우리가 목적지에 이르게끔 하는 것은 예측이 아닌 여정인 경우가 많다는 것이다. 군비경쟁이 품은 위대한 비밀의 핵심, 네바다 핵실험장의 메사와 크레이터, 그리고 군비경쟁에 맞서는 운동에 참가한 사람들을 알아가는 동안 나는 활동가들의 과업과 꿈이 성취되기 직전의 순간을 만났다.

2부

물,
과거를 망각하다

요세미티
국립공원

무지개

모노 레이크 파이우트족(Mono Lake Paiute)은 이 세상에 하늘이 두 개 있고 각각의 하늘이 시에라네바다산맥 정상에 쉬러 내려온다고 믿는다는 이야기를 읽은 적이 있다. 신빙성이 떨어지는 어느 오래된 책에서 읽은 내용이지만 이 이론은 시에라를 기준으로 나뉘는 두 세계의 근본적인 차이를 상당 부분 설명해준다. 한쪽에는 여태껏 인적이 드문 네바다주의 광활하고 건조한 지대가 있고, 다른 한쪽에는 다채로움을 뽐내는 온갖 생명체(동식물군, 특히 인간이라는 동물)의 서식지로 뒤덮인 캘리포니아주가 있다.

두 개의 하늘이란 어쩌면 시에라가 네바다주에 드리우는 비그늘, 즉 구름이 동쪽으로 흘러가면 산들이 그 구름을 하늘에서 벗겨내어 서쪽 경사면은 축축하게 적시고 동쪽 경사면은 건조하게 만드는 현상을 묘사하는 하나의 방식에 지나지 않는지도 모른다.

바위를 쌓아 만든 도너 파티(Donner Party)* 기념비 기단은 높이가 1846년과 이듬해 겨울 강설량인 약 670미터에 이른다. 이 울퉁불퉁한 돌기둥 꼭대기에는 하나같이 서쪽을 바라보고 있는 도너 파티 구성원들의 인물상이 세워져 있다. 명판에 적힌 "남자답게 위험을 무릅쓰고 …… 불

---

* 미 중서부에서 캘리포니아주로 이주한 개척자 집단.

굴의 의지를 갖고 있으며, 두려워하지 않는"이라는 찬사의 문구는 그들이 역사적 인물이 된 이유와는 거의 아무런 관련이 없다. 1991년 6월 5일, 나는 리노로 향하는 길에 멈춰 서서 그 기념비와 박물관과 그 불운한 개척자들의 이름을 딴 강을 보았다. 그들의 이름이 이 고산지대에 새겨진 이유를 알고 싶었다. 모험을 지속할수록 그 이름들의 존재감이 점점 더 커졌기 때문이다.

내가 어린 시절을 보낸 지역에서는 식물의 이름이 그 지역에 관한 핵심 단서를 품고 있었다. 캘리포니아주 해안 지대의 풍경을 설명하는 이름들은 가장 먼저 꽃을 피우는 밀크메이드, 미워크족(Miwok)이 구근을 먹는 브로디아꽃, 내가 먹었던 광부 상추와 나무딸기, 6월의 야생 울타리 장미가 꽃 피울 때 개화했다가 가을에 먼저 잎을 떨구는 벅카이 등이었다. 그렇게 잡다한 초록 식물들을 보고 있다 보면 내가 기대한 사건, 위험, 쓸모, 적소(適所) 등이 섬세한 균형을 이루며 순환하는 장소로서의 자연 세계에 집중하게 되었다. 수십 년간 내게는 그런 풍경 속 장소들의 명칭이 별다른 의미를 갖지 못했다. 그러나 서양 역사에 관한 책을 읽기 시작하면서부터, 말하자면 문화, 전투, 영웅, 부동산 개발업자 등 대부분 이름만 대대손손 이어지고 존재는 잊힌 이름들이 마치 하나의 조각 이불처럼 더 광대한 풍경을 형성하고 있음을 깨달으면서부터 비로소 의미를 갖게 되었다.

그해 여름 시에라로 여행을 떠나기 위해 캘리포니아-네바다주 지도를 펼쳤을 때 온갖 이름들이 내게 이야기를 들려주기 시작했다. 1846년 오도 가도 못하는 신세가 된 도너 파티의 이름을 딴 도너 패스, 파이우트 족장 두 사람의 이름을 딴 트러키와 위네무카, 프리몬트와 캘리포니아주를 탐험하고 나바호족(Navajo)을 고향에서 쫓아낸 키트 카슨의 이름을 딴 카슨 시티, 1833년 최초로 요세미티 밸리에 발을 들인 백인으로 추정되는 덧

사냥꾼 조지프 워커의 이름을 딴 타호 동쪽의 워커 호수, 나비를 의미하는 스페인어에서 따온 캘리포니아주 골드컨트리의 마리포사 카운티, 마리포사를 관통하며 흐르는 강으로 자비를 의미하는 스페인어를 딴 머세드강, 그리고 이 모든 이름 중에서 가장 이상한 이야기를 가진 (미워크어에서 비롯한) 요세미티까지 내게 말을 걸었다.

원래 네바다 핵실험장으로 가기 위해 길을 나선 것이었는데, 어쩌다 보니 나는 요세미티로 향하고 있었다. 그 계기는 법정에 마지막으로 출두한 메리와 캐리 자매를 보러 리노로 이동했을 때 찾아왔다. 사실 나는 그때 그곳에서 두 사람을 처음 만났고, 법정에서의 시간은 그때 막 예상치 못한 길로 접어든 내 기나긴 여정의 일부가 되었다. 그 당시 에너지부는 자신들의 정책을 설명하기 위해 전국적 차원의 공청회를 열고 있었고 나는 라스베이거스 공청회에서 성명서를 발표할 예정이었다. 시티즌 얼러트의 밥 풀커슨도 증언을 하러 라스베이거스로 올 계획이었기에 나는 샌프란시스코에서 차로 네 시간밖에 걸리지 않는 리노로 가서 두 자매의 마지막 법정 출두 현장을 본 다음, 밥과 역시나 리노로 이동 중이었던 남동생과 함께 95번 고속도로를 타고 라스베이거스로 돌아가면 되겠다고 생각했다. 그러나 시티즌 얼러트의 미국 원주민 프로그램 코디네이터인 조 샌체즈가 갑자기 백혈병 진단을 받으면서 밥이 리노에 남아야 하는 상황이 되었다. 그로 인해 나는 라스베이거스로 돌아갈 차편을 잃게 되었지만 상황이 어떻건 마지막 법정 출두 현장을 보고 싶었기에 요세미티를 거쳐 라스베이거스로 가면 되겠다고 판단했다.

나는 시에라의 높은 서쪽 경사면에 위치한 마을 트러키에서 첫날 밤을 보냈고, 목적지로 가기 전에 미리 도너 지역에 들렀다. 여느 고지대처럼 맑고 아름다운 늦봄 풍경이 펼쳐져 있었다. 개울물은 얼음장처럼 차갑고 투명했다. 모든 것이 푸르른 가운데 소나무는 유독 겨울의 혹독함을 망각한 듯 싱싱하고 옅은 녹색을 띠었다. 80번 고속도로는 도너 패스에서 트러키로 이어졌고, 인근의 트러키강은 잠시 타호 호수에서 피라미드 호수를 거쳐 흘렀다가 북쪽으로 방향을 틀었다. 유속이 빠르고 너비가 좁은 트러키강은 리노 도심지의 카지노와 사무용 건물들 사이로도 흘렀는데, 다음 날 아침 내가 제9회 순회법원으로 가는 길을 묻고 다녔을 때 모두가 그 강을 따라가라고 대답했다.

연방 건물 고층에 위치한 법정의 천장을 뒤덮은 형광등 불빛은 마치 지평선 쪽으로 사라지는 납작한 구름 같았다. 높은 단에 자리를 잡고 앉은 고령의 판사는 몇 미터가 아니라 몇천 미터 정도 떨어져 있는 듯했다. 어린아이처럼 체구가 작았던 그는 머리는 금발에 코는 들창코인 토지관리국 측 변호사들에게 창피를 줄 때조차 종이봉투를 접는 소리와 유사한 목소리로 말했다. 댄 자매를 대변한 변호사가 나중에 말해주기를, 브루스 톰프슨이라는 그 판사는 사건이 개시됐을 때만 하더라도 꽤 젊었지만 그날 재판 이후 얼마 지나지 않아 사망했다고 한다. 붉은 가죽 회전의자에 앉은 댄 자매는 높은 등받이 때문에 형체가 거의 보이지 않았다. 빌 로스가 법정으로 들어오면서 나를 향해 미소를 지었다. 서부 쇼쇼니 국가 위원회 의장 레이먼드 야월은 코듀로이 재킷을 차려입고 신사 같은 모습으로 법정에 들어섰고, 서부 복장 차림을 한 멋들어진 영화배우처럼 들어온 극단주의자 글렌 와슨은 법원 서기가 "신이시여, 미국과 이 영광스런 법정을 지켜주소서."라는 말로 재판 시작을 알리자 "신이시여, 여왕을 지켜주소서."라고 중얼거렸다. 밥과 내 남동생은 뒤늦게 입장했다.

댄 자매는 판사를 향해 이 법정이 자신들을 재판할 관할권을 갖고 있지 않다고 정중히 말했다. 자신의 판결 중 상당수를 뒤집은 항소법원의 판

물, 과거를 망각하다:
요세미티 국립공원

결에서 자유롭지 못했던 톰프슨 판사는 댄 자매에게 불리한 판결을 내렸다. 그는 "크리스토퍼 콜럼버스가 이 경이로운 국가를 발견하기 전에 미 48개 주를 점유했던 원주민들과의 관계는 우리 역사의 부끄러운 부분 중 하나라고 생각합니다. 역사책을 읽은 사람이라면 누구나 이 역사가 깨어진 약속과 깨어진 꿈의 역사임을 알고 있습니다."라고 천천히, 최종적으로 말했다. "이따금 오심으로 인해 열렸던 모든 길이 지금은 다 닫혔습니다. 더는 제가 할 수 있는 것이 없습니다."

요세미티 방향으로 이동해야 했던 나는, 정오가 되기도 전에 미 정부가 서부 쇼쇼니족에게 무거운 짐을 지우는 장면을 보고 났더니 해가 지기 전에 요세미티에 도착하고 싶은 심정이 되었다. 댄 자매, 여러 지지자들과 점심을 먹은 후, 내 남동생과 남동생의 친구 레이너드와 나는 모두에게 작별 인사를 건네고 시에라산맥의 등마루를 따라 나 있는 395번 도로로 진입했다. 그러다 모노 호숫가에 위치한 리바이닝에 잠시 멈추어 스트레칭을 하고 식료품을 구매했다. 일방통행로만 나 있는 그 마을의 주요 식료품점 옆에는 도너 파티 기념비의 사촌 격인 작은 기념비가 똑같이 거친 바위와 시멘트와 청동으로 제작되어 있었다. 기념비에는 이런 문구가 적혀 있었다. "이 공동체의 이름은 구성원 모두가 기리는 리로이 바이닝(Leroy Vining)에서 유래했다. 1852년 트레드웰 무어 중령과 제2보병사단 군인들은 족장 테나야*를 따르는 원주민들을 추격하면서 요세미티에서부터 블러디 캐니언을 거쳐 시에라를 가로질렀다. 그들은 광물 샘플을 가지고 돌아왔고 그 후 시굴단이 조직되었다. 시굴단에는 리 바이닝과 딕 바이닝이 속해 있었다." 서쪽으로 내달리던 우리는 블러디 캐니언이 있었던 곳에 깔린

---

* 요세미티 밸리에 터 잡은 아와니치족의 우두머리.

도로를 통해 티오가 패스를 넘었고 여전히 눈으로 뒤덮인 고지대로 올라가 잠시 눈싸움을 하며 쉬었다. 테나야 호수에 도착했을 때는 이미 해가 저물고 있었다. 테나야 호수가 우리의 목적지이기는 했지만 장비가 부족한 상황에서 그나마 따뜻하게 밤을 보내려면 계속 저지대로 내려가야 했다.

무어 중령과 바이닝 형제들이 이끈 제2보병사단 군인들은 마리포사 기병대 구성원으로 더 잘 알려져 있었다. 마리포사 기병대라는 명칭은 그 기병대가 조직된 마리포사 카운티에서 따온 것이었다. 원주민을 추격한 마리포사 기병대는 1851년 3월 27일 요세미티 밸리에 발을 들인 최초의 백인 무리가 되었는데, 이 원정에 관해 우리가 알고 있는 내용의 대부분은 기병대에 소속되었던 라피엣 버넬(Lafayette Bunnell)의 회고록 『요세미티의 발견 그리고 사건의 발단인 1851년 원주민 전쟁(Discovery of the Yosemite and the Indian War of 1851 Which Led to That Event)』에 수록되어 있다. 이 책은 요세미티 땅을 향한 열광적이며 낭만주의적인 감상과 저널리즘처럼 냉정한 필치로 쓰인 전쟁 이야기가 뒤섞인 이상한 기록이다. 버넬이 그린 역사에서 전쟁과 풍경은 서로 아무런 관련이 없다. 다만 전쟁은 기병대를 풍경으로 이끌고, 지형은 전쟁이 주로 추격, 매복, 탈출의 형태를 띠도록 그 양상을 결정했다. 책의 막바지에 이르면 요세미티에는 베트남 전쟁 초기 상황 같은 분위기가 감돌기 시작하지만, 대중이 흔히 접하는 요세미티에 관한 설명에는 전쟁 같은 폭력이 조금도 암시되어 있지 않다. 어떻게 그렇게 시적인 동시에 냉혹할 수 있는지, 버넬의 필력에 놀라지 않을 수가 없었다. 그는 풍경을 보며 감동을 받아 눈물을 흘렸다고, 신의 존재에 대한 믿음을 바위들이 재확인시켜주었다고도 썼다.

버넬이 의도하지는 않았겠지만 그의 책에서 내게 절정의 쾌감을 안겨주고 내 머릿속에서 떠나지 않은 대목은, 나이 많은 족장 테나야와 부족민

물, 과거를 망각하다:
요세미티 국립공원

들이 기병대에 붙잡힌 후 보호구역이 위치한 샌와킨 밸리의 평지로 강제 이동을 당하기 전에 테나야 호수에서 벌어진 일을 담은 장면이었다. 그 대목은 이렇게 시작한다. "정상에 도착하자 텐-이에-야는 자기 부족민들을 내버려두고 중령과 우리 기병 중 일부가 쉬고 있던 곳으로 다가왔다. …… 나는 그에게 이리로 오라며 불렀고, 호수와 강에 자네 이름을 붙였다고 말했다. 처음에 그는 우리의 의도를 이해하지 못한 것 같았다. 그러더니 호수 수원 인근의 반짝거리는 산봉우리 일단을 가리키면서 '이미 이름이 있습니다. 저희는 저걸 피-위-액(Py-we-ack)이라고 부릅니다.'라고 말했다. 내가 그에게 당신의 동족들을 찾은 호숫가이기 때문에 텐-이에-야라는 이름을 붙여 준 것이라고, 당신들이 다시 여기에서 살게 되는 일은 없을 것이라고 말하자 그는 표정을 굳히고 곧바로 발길을 돌려 자기 가족이 모여 있는 곳으로 갔다. 자기네 부족이 땅을 잃었다고 해서 호수 명칭을 지을 권리가 우리에게 있는 것은 아니라고 생각하는 듯한 표정이었다."

일반적으로 어떤 문화를 말살하는 일과 어떤 문화를 낭만화하는 일은 따로따로 진행되지만 버넬은 역사적 변화의 두 단계를 하나의 대화 속에 군더더기 없이 담아냈다. 사실 버넬이 한 말은 현재에는 원주민을 위한 자리가 없다고, 하지만 언젠가 원주민은 누군가의 미래를 장식하는 과거가 되리라는 것이었다. 그리고 이런 대화가 가진 끔찍한 측면 중 하나는 원주민을 몰살해야 한다는 버넬과 마리포사 기병대의 판단이 전쟁을 추동하는 일반적인 감정인 무자비한 증오가 아니라 무분별한 행정적 태도에서 비롯했다는 사실이다. 경제 활동(주로 금 채굴)에 필요한 땅을 개척하고 있던 그들 입장에서 걸림돌이 되는 원주민들은, 말하자면 금이 가득 찬 화석 강바닥에서 흙을 들어내듯 더 생각해볼 필요도 없이 치워버려야 하는 존재였다.

피위액(Pyweack)은 빛나는 돌을 의미한다. 요세미티에 있는 장소들의 원명(原名)이 대부분 그러하듯 피위액도 일시적으로 존재할 뿐인 특정 인간을 기리기보다는 현재 있는 대상을 묘사한다. 외부로부터 주어진 이름 '테나야'는 그렇게 호수도 인간도 아닌, 요세미티 방문객들이 거의 완전히 망각해버린 불편한 사건과 연관되어 있었다. 버넬은 새로운 이름이 인간에게 일종의 불멸성을 선사할 것이라고 족장 테나야에게 당당히 말하지만, 버넬이 실제로 하고 있는 행동은 해당 장소에서 테나야가 속한 문화를 완전히 없애버리고 새로운 역사를 처음부터 다시 시작하는 것이다.

요세미티에서 머문 지 25년이 흘렀을 때 존 뮤어는 테나야, 아니 피위액 호수의 언저리에서 캠핑을 하면서 일기에 이렇게 적었다. "육지와 닿은 곳에는 바위가 많고 물과 닿은 곳은 잘 정돈된 호수다. 깊이는 수면에 비친 산을 통해 가늠할 수 있는데, 수면은 그 위에 반사된 별들이 삼림지 연못에 뜬 수련처럼 한곳으로 모여들 정도로만 적당히 떨린다. 여기는 내가 연구를 시작하며 오랫동안 머문 장소다. 나는 바로 여기서 야영을 했다. 그 누구도 접근한 적 없는 듯한 장소다."[1]

그로부터 10년 후 한 신문 기사는 테나야 호수에 관해 "굉장한 고지대에 위치해 있고 주변 환경이 무척 아름다워서 사냥꾼과 광부들은 새 예루살렘에서 노래하는 천사들의 소리를 들었다고 말한다."라고 기록했다.

요세미티 국립공원은 혹독한 시련을 겪은 장소이자 미국 풍경의 시금석인 장소다. 나는 내가 요세미티 국립공원 안에 있는 테나야 호수에서 어떤 일이 벌어졌는지 이해할 수 있게 되면 유럽계 미국인들이 풍경을 경험한 방식을 구성하는 여러 특성과 무지와 황홀감과 문제점을 간파할 수 있겠다고 생각했다. 전 세계에 널리 알려진 경관 중 하나인 요세미티는 보통 자연 그대로의 황야로 그려진다. 정말이지 그렇게 그려진다. 요세미티가 전 세계 사람들에게 낯익은 장소가 될 수 있도록 기여한 대부분의 사진 작품에 사람은 한 명도 등장하지 않는다. 그리고 요세미티는 풍경 사진가들에게 전 세계에서 가장 중요한 장소 중 하나다. 사진 기술의 발달로 풍경을 있는 그대로 담아내는 것이 가능해지자 찰스 위드(Charles Weed)는 1850년대 말 요세미티에서 사진을 찍었고, 칼턴 왓킨스(Carleton Watkins)는 1860년과 1861년에 요세미티 풍경 사진을 대형 감광판으로 인화해 풍경 사진이 하나의 예술 분야로 자리매김하게 했다. 가파른 길을 따라 특정 장소에 다다르는 모험을 해본 백인이 극소수였던 시기에 왓킨스의 사진이 전 세계에 공개되면서 요세미티는 그림, 판화, 문학적 찬사 등을 매개로 풍경의 아이콘이 되었다. 그리고 1864년 에이브러햄 링컨은 요세미티 밸리를 공원으로 분리해 캘리포니아주가 관리하도록 하는 법안에 서명했다. 이로써 요세미티는 세계 최초의 국립공원이 되었고, 그 후에 생긴 모든 국립공원의 본보기 역할을 했다.(사실 미국의 국립공원 시스템은 1872년 옐로스톤 국립공원이 조성되면서 시작되었지만 당시에는 국립공원이 속한 와이오밍주에 백인이 거의 살지 않았기 때문에 주 차원에서 감독할 수가 없었다.)

요세미티에 관한 설명을 익숙하게 접한 존 뮤어는 1868년 캘리포니아로 향했고, 샌프란시스코에 도착하자마자 곧장 시에라로 이동했다. 뮤어의 마음을 완전히 사로잡은 요세미티는 1892년 그가 공동 설립한 시에라 클럽에도 굉장히 중요한 장소였다. 요세미티 밸리 북쪽에 자리한 또 다른 밸리인 헤츠헤치 밸리를 둘러싼 전투는 미국인들이 성장, 진보, 발전에 대해 처음으로 반기를 들며 임했던 전투였고, 이를 통해 등산객 모임이었던 시에라 클럽이 미국 최초의 중요한 환경보호단체로 바뀌었다. 앤설 애덤스는 반세기가 넘는 시간 동안 시에라 클럽 그리고 요세미티 풍경과 함께했고, 그의 사진은 장소를 바라보는 방식뿐만 아니라 자연 자체를 상상하는 방식을 정의하는 데까지 영향을 미쳤다. 이 지구상에서 풍경 사진 및 풍경 보호와 관련해 요세미티보다 더 핵심적인 장소는 없으리라고 말해도 결코 과장이 아니다. 그런 점에서 요세미티 사진에서 누락된 요소들은 우리가 풍경을 이해하는 방식에 관해 많은 것을 말해준다.

요세미티를 담은 이미지나 요세미티 관련 안건 중에서 요세미티가 휴가지이기 이전에 전쟁터였음을 암시한 것은 전무했다. 이는 버넬의『요세미티의 발견 그리고 사건의 발단인 1851년 원주민 전쟁』에 이미 명확히 드러나 있다. 버넬에게 전쟁과 발견은 별개의 경험이며 족장 테나야와 그가 속한 문화는 전쟁과 발견 사이의 빈틈에 들어가 있을 뿐이다. 그래서인지 요세미티는 늘 누군가의 어머니가 아니라 미적으로 구현된 동정의 신부처럼 보인다.

전쟁과 발견이 서로 교차하지 않는다는 사실, 버넬이 자신이 가진 인류애를 거주민이 아닌 경치를 위해 몽땅 발휘했다는 사실, 요세미티에 관한 대중의 견해도 그와 유사한 방식으로 분리되어 있다는 사실, 우리가 가진 풍경에 관한 견해와 역사에 관한 견해의 간극 속에 수많은 잃어버린 이야기와 파괴된 문화와 지워진 이름이 들어차 있다는 사실은 과연 무얼 의미하는 걸까?

시간이 너무 늦은 탓에 테나야 호수에서 머물 수 없었던 그 첫날 저녁, 우리 셋은 요세미티 밸리까지 차를 타고 내려갔다. 그러나 내가 예약했던 캠프장도, 그 캠프장을 찾아가는 데 도움을 줄 사람도 찾지 못한 탓에 어느 목초지에 몰래 방수포와 침낭을 깔고 별이 가득한 하늘 아래서 잠을 청했다. 우리는 엉망진창 캠퍼의 완벽한 본보기였다. 동이 트기 전에 잠에서 깨 보니 반구 모양의 화강암 바위산인 하프 돔의 형상이 어렴풋

물, 과거를 망각하다:
요세미티 국립공원

이 보였고, 다시 잠들었다 깨어났을 때는 수백 대의 차와 수백 명의 사람이 보였다. 요세미티 사진을 그리 유심히 들여다보지 않았던 내 남동생과 레이너드는 우리 위에 높이 솟아 있는 절벽을 보고 화들짝 놀랐고, 나조차 처음에는 밤하늘을 등지고 있는 그 거대하고 어두운 형체가 지구상에 존재하는 무언가가 아니라 별들을 가린 구름이라고 생각했다. 지형이 대체로 편평한 요세미티 밸리는 동서 길이가 약 11킬로미터이고 폭은 최대 1.6킬로미터다. 사방이 가로막혀 있지만 서쪽 어귀에는 가파른 절벽과 언덕이 있고 그곳에서 수많은 폭포가 떨어져내린다. 요세미티 밸리에서는 테나야 호수에서 흘러나오는 시냇물과 머세드 상류에 위치한 지류들이 모여 머세드강을 형성하며, 밸리의 서쪽 끝에서부터 남쪽 지류로 흐르다가 샌와킨강과 합류한 다음 거기서부터는 시에라산맥의 거의 모든 강과 함께 샌프란시스코만으로 향한다. 요세미티 국립공원은 밸리 바닥 면에서부터의 높이가 약 1400미터인 하프 돔만 봐도 알 수 있듯 전 세계에서 가장 많은 수직 암벽이 자리한 곳이다. 전 세계에서 다섯 번째로 높은 폭포인 요세미티 폭포에서 약 740미터 아래로 곤두박질치는 폭포수는 바닥에서 두 차례 위로 솟아오른다. 꼭대기에는 다섯 개의 빙하가 있고, 밸리 내에 교회, 미용실, 감옥을 비롯한 2700개의 건물이 있으며, 매년 찾는 관광객만 300만 명 이상이다. 요세미티 국립공원의 전체 면적은 약 3500제곱킬로미터 규모인 네바다 핵실험장보다는 약간 작고, 일반적인 기준점이 되는 로드아일랜드보다는 큰 3027제곱킬로미터다.

사방에 붙은 명판과 지도와 도로 표지판이 관광객을 주요 명소들로 안내했다. 투어 버스와 동물원 내에서 운영하는 지붕 없는 특수 열차는 한층 더 정형화된 경험을 제공했다. 제1의 명소는 폭포였고, 제2의 명소는 거대한 암벽(동쪽의 하프 돔과 노스 돔, 서쪽의 엘 캐피탄 등)이었다. 그해 말

나는 한 외국인이 요세미티 폭포에서 스냅 사진을 찍는 장면을 목격했는데 그때 폭포에는 폭포수가 하나도 없고 암벽에 어두운 얼룩만 남아 있었다. 요세미티 밸리에 펼쳐진 광경에는 그리 특별한 요소가 없었다. 널리 퍼져 있는 떡갈나무, 비옥한 목초지, 굽이굽이 흐르는 강, 건물들, 그리고 다른 관광객 등은 여느 밸리에서나 볼 수 있는 것이었다. 요세미티 밸리가 대중을 위한 공간으로 강화되는 데 주된 영향을 미친 것은 바로 사진이었다. 칼턴 왓킨스가 대형 풍경 사진을 찍었을 당시에는 프레임에서 제외할 사람과 건물이 거의 없다시피 했지만, 앤설 애덤스의 시대가 도래했을 때는 각종 구조물과 사람들이 보일 듯 말 듯 사진의 변두리에서 아슬아슬하게 맴돌았다. 그리고 희한하게도 사람들은 사진에서 본 것들을 세상 속에서 하나둘 발견하면서 풍경의 일부를 잘라내는 크롭 기법을 스스로 익혔다. 이제 매년 수백만 명의 사람이 자연 그대로의 황야, 즉 문화라는 매개체 덕분에 인식하게 된 자연 현상을 구경하기 위해 요세미티로 몰려온다.

요세미티 밸리에는 작은 마을이 두 개 있다. 한 마을에는 커리 컴퍼니가 관리하는 숙박시설이 모여 있고 다른 마을에는 상점, 식당, 그리고 곳곳에 직원 숙소가 배치된 요세미티 빌리지와 이 빌리지에 에워싸인 국립공원관리청 박물관이 있다. 요세미티 빌리지 상점 앞에서 발견한 명판에는 1833년 조지프 워커가 이끄는 무리가 요세미티 밸리를 처음 발견했다는 내용과 "그다음에는 토착 원주민들이 폭력적인 공격을 감행하지 않도록 막기 위해 시에라 산기슭 깊은 곳으로 들어갔던 자원봉사 단체(마리포사 기병대)가 …… 발견하고 묘사했다."라는 내용이 적혀 있었다.

이윽고 나는 마을 중심부로부터 멀리 떨어진 곳에서 원주민 문화 박물관을 발견했다. 그 박물관은 요세미티 국립공원이 소개하는 요세미티 역사의 주요 내용과 상충하는 이야기를 들려주고 있었다. 국립공원이 한 번도 받아들이지 않았던 제2의 이야기, 발견자들과 황야 등이 등장하는 이야기였다. 박물관 내부 전시실은 바구니, 과거 요세미티에 살았던 여러 원주민을 보여주는 의식용 제복 차림의 마네킹들, 사진들, 그리고 19세기 말 원주민 생활을 구현한 디오라마로 가득했다. 그런데 디오라마 속 인물 중하나가 유령 또는 생명을 갖게 된 물체처럼 느닷없이 움직이는 바람에 순간 나는 움찔하고 말았다. 온갖 유리 상자와 받침대들 사이에서 특정 시대를 상징하는 복식을 차려입은 한 살아 있는 여자가 전통 공예 시연을 위해 연단에 앉아 있었던 것이다. 어찌나 미동이 없었던지, 나는 가까이 다가가보기 전까지 그가 시연자가 아닌 장식품이라고 착각했다.

+

버넬은 강의 이름을 새로 명명하면서 현재에는 원주민을 위한 자리가 없다고, 하지만 언젠가 원주민은 누군가의 미래를 장식하는 과거가 될 것이라고 말했다. 그리고 그 미래는 원주민 문화 박물관에 있었다. 조각상들 사이에 다른 시대의 복식을 차려입고 앉아 있는 현대 여성이 그 미래였다. 어느새 요세미티 밸리에서 나갈 시간이 된 것 같아서 나는 박물관 밖으로 나가 헤츠헤치 밸리로 이동했다. 요세미티 국립공원에서 가장 조용한 장소가 아닐까 싶었다. 또 만일 인간 몸의 70퍼센트가 물로 이루어져 있다면 샌프란시스코에서 10년을 보낸 내 몸을 이루는 성분 중에서 헤츠헤치 밸리가 차지하는 비율이 가장 높을지도 모르겠다고 생각했다. 우리 집 수도꼭지의 반대쪽 끝에 위치한 이 익곡*을 보고 싶다는 마음을 지난 수년간

---

* 지반의 침강이나 해면의 상승으로 인해 골짜기에 바닷물이 침입하면서 만들어지는 지형.

품고 있기도 했다. 한동안 나는 미국 지질조사국에서 제공한 헤츠헤치 저수지의 지형도를 부엌 수도꼭지 위에 압정으로 고정해두기까지 했다. 설거지를 하거나 주전자에 물을 채울 때마다 우리 집 배관을 이 고산 풍경과 연결해주는 시스템을 기억하기 위해서였다.

헤츠헤치 밸리로 향하는 도로는 요세미티 국립공원의 거칠고 바위 많은 서쪽 지대를 따라 나 있으며, 전소된 숲 하나를 관통하면서 북쪽으로 이어진다. 도로는 끝 지점에 가까워질수록 동쪽으로 꺾이고 그즈음 되면 멀리 떨어져 있는 헤츠헤치 밸리 남쪽의 두 폭포와 댐 표면을 작게나마 볼 수 있다. 그 댐은 세상을 둘로 나눈다. 한쪽에는 고요한 호수로 이루어진 수평에 가까운 세상이 있고, 다른 쪽에는 그보다 수십 미터 아래에서 양옆으로 성난 물줄기를 분출하는 세상이 있다. 차량으로는 최대한 멀리까지 간다고 해도 오셔그네시 댐의 가장자리까지만 이동할 수 있기 때문에 헤츠헤치 밸리는 도보로만 접근이 가능하다. 요세미티에서는 계곡의 바닥 면을 따라 걷게 되는 한편, 헤츠헤치에서는 계곡의 한쪽 면을 깎아내 만든 너른 길을 따라 걷게 된다. 어디선가 들은 바에 따르면, 이따금 물이 굉장히 맑은 날이 찾아오면 한때 계곡의 바닥 면에 심겨 있던 나무들이 보인다고 한다. 고요하고 투명하고 푸른 호수 물 아래에 어떤 풍경이 통째로 잠겨 있다고 생각하니 박물관에 전시된 살아 있는 여자를 목격했을 때처럼 어쩐지 오싹했다. 애석하게도 둘 다 뭔가가 엉뚱한 곳에 놓여 있음을 보여주는 증거였다.

주차를 하고 헤츠헤치 저수지 중앙으로 걸어갔더니 기념비가 세워져 있을 법한 곳에 음수대가 있었다. 수십 마리의 제비들이 짹짹 지저귀면서 곤충을 찾아 호수 표면을 스치며 날아다녔고, 하늘을 향해 비상했다가 눈에 보이지 않는 먹잇감을 향해 돌진했다. 바위로 이루어진 댐의 한쪽 면에

물, 과거를 망각하다:
요세미티 국립공원

는 폭발로 인해 생성된 것 같은 터널 혹은 동굴 같은 것이 보였고, 가까이 가서 살펴보니 신비로운 터널이 나타났다. 표면이 거친 바위로 이루어진 약 90~120미터 길이의 터널이었다. 백열전구가 있기는 했지만 드문드문 미약한 빛만 발할 뿐이어서 터널 속은 한없이 어두웠다. 댐의 다른 쪽 면에 오솔길이 나 있길래 나는 멀리 갈 생각은 없이 그 길을 따라 걷기 시작했다. 그러나 길이 꺾일 때마다 새롭게 펼쳐지는 매혹적인 풍경에 마음을 빼앗겨 그만 오후 내내 걷고 말았다.

헤츠헤치 밸리에서는 요세미티 밸리에서보다 더 많은 꽃이 양탄자마냥 수면 위를 빈틈없이 뒤덮고 있었고 더할 나위 없이 고요했다. (샌프란시스코 수자원국은 헤츠헤치 밸리가 과도한 관광으로 황폐화하지 않을 수 있었던 이유가 댐 덕분이라고 주장한다.) 거기서 사람들은 무리에 섞여 있을 때처럼 서로를 무시하는 것이 아니라, 멀리 떨어져 있을 때처럼 환호성을 지르듯 큰 소리로 서로를 불렀다. 존 뮤어는 헤츠헤치 밸리가 그 어느 밸리보다 아름답다고 생각했다. 그는 헤츠헤치 밸리를 투올러미강의 요세미티, 머세드강의 요세미티라고 불렀고 댐 건설로부터 투올러미강의 요세미티를 지켜내기 위해 투쟁하다 사망했다.*

내가 헤츠헤치 밸리에 도착했을 때는 밸리의 꼭대기 주변에 눈이 녹아 있었고 폭포가 눈부시도록 아름다웠다. 처음으로 본 것은 가느다랗고 우아한 깃털 한 가닥 같은 물줄기가 수십 미터 아래로 떨어져 여러 시냇물 줄기로 나뉜 다음, 매끄럽고 넓은 돌을 따라 흘러내리면서 물웅덩이를 형성하고 이끼와 꽃으로 이루어진 야생 암석정원을 적시는 장면이었다. 그

---

* 샌프란시스코의 인구가 계속해서 증가하자 투올러미강에 댐을 설치해 급수장을 만들어야 한다는 압력이 거세지기 시작했고, 헤츠헤치 밸리가 요세미티 밸리만큼 아름다운 장소라고 생각한 존 뮤어는 헤츠헤치 밸리에 댐이 들어서는 것을 막고자 혼신의 힘을 다해 싸웠다.

다음으로 마주한 광경은 사실상 눈으로 보기 전에 소리로 먼저 들었다. 오솔길의 구부러진 길을 따라 걷고 있는데 우레 같은 굉음이 대기를 가득 채웠고, 다시 뒤를 돌아봤더니 새하얀 급류에서부터 그 아래의 호숫가까지 무지개가 드리워 있었던 것이다. 더 가까이 다가갔더니 암벽에서 수면까지 포물선을 그리면서 이어지는 눈부신 쌍무지개가 나타났다. 공기 중에 물보라가 가득해서 새하얀 폭포의 물살을 제대로 보기도 어려웠다. 폭포수가 바위에 부딪히면서 부서졌다가 맹렬한 기세로 다시 솟아올랐다. 폭포 건너편 목재 육교 주변에도 물보라가 몹시 짙게 일어서 마치 무지개가 비교적 물줄기가 약한 폭포 가장자리를 관통하고 있는 듯했다. 온도는 뚝 떨어져 있었다. 흔들리는 육교 위로 물방울이 흩날렸고 그 아래에서 휘몰아치는 물줄기는 얼핏 봐도 무시무시했다. 육교를 건너는 동안 물보라 때문에 옷은 홀딱 젖고 앞은 보이지 않았다. 볼 수 있는 것이라고는 눈앞의 가파른 폭포가 만든 원형의 무지개, 비밀을 감싸고 있는 후광 같은 무지개뿐이었다.

구경꾼들

나는 요세미티를 몇 번이고 다시 찾았지만 그곳에서 어떤 일이 벌어진 적은 한 번도 없었다. 요세미티는 아무 일도 일어나지 않을 장소였다. 나는 그와 달리 별의별 일들이 일어나는 상황, 여태껏 자유분방한 변경 시대에서 벗어나지 못한 네바다주 환경에 익숙해져 있었다. 네바다주가 용감무쌍하고 인정 많은 소수의 실제 거주민만 사는 폐쇄적이고 방치된 곳인 반면, 캘리포니아주는 혼잡한 환경이 전문성과 프라이버시를 배양하는 곳이다. 네바다주와 캘리포니아주의 차이는 어쩌면 커뮤니티와 기관의 차이 같은 것일 수도 있다. 네바다 핵실험장에서 나는 자원봉사자로 구성된 커뮤니티들과 함께 활동했지만, 요세미티에서 내가 만난 사람들은 거의 예외 없이 국립공원관리청 직원들이었기 때문이다. (요세미티와 관련된 쟁점을 다루는 자원봉사자와 활동가도 있었으나 그들은 자연환경으로서의 요세미티 보존에 관심이 있었고 해석이 아닌 정도의 차원에서 국립공원관리청과 입장이 달랐다.) 요세미티에서 만난 사람 중 일부는 요세미티의 땅과 여러 쟁점에 대해 내가 만났던 네바다인들과 같은 열정을 품고 있었지만 그런 마음을 타인과 나누지 않았다. 모든 것이 잘 관리되고 있었고 그 누구도 투쟁에 동참할 사람을 모색하려 하지 않았다. 나도 동참할 생각이 없었다. 오래되고 얽히고설킨 요세미티의 전쟁과 모순에는 다른 유형의 대응이 필요해서였다.

나는 요세미티 밸리에서 많은 시간을 보냈다. 필요한 정보가 전부 그곳에 있었고, 요세미티라는 풍경 그리고 풍경 자체의 의미에 관한 내 질문의 핵심도 그곳에 있었기 때문이다. 친구들이 대부분 요세미티에 머물지 않겠다고 한 탓에 나는 혼자 그곳을 찾았다. 벽지라면 기꺼이 찾아가는 이들이었지만 요세미티는 디즈니랜드 같다며 얕보았다. '자연'을 감상하기에 최적인 장소가 어디든 간에 요세미티는 여러 면에서 그런 장소가 아니었다. 단, '자연'을 보러 가는 사람들을 관찰하기에는 최고의 장소였다. 국립공원청은 그런 사람들에게 공식적인 '자연'의 모습, '자연'에 축적된 유물이자 기념물로서의 '인간 본성'을 보여주었다. 요세미티는 숭고함을 추구하기보다는 기분을 전환하는 일에 더 열중하는, 혹은 일종의 신속한 기분 전환 활동으로써 숭고함을 추구하는 무수한 사람들(가족, 단체 관광객, 모임 등)이 여가와 쾌락을 상징하는 밝은 색상의 옷을 차려입고 한데 모이는 이상한 곳이었다. 이곳에서 보내는 시간이 길어질수록 편의시설이 갖춰진 야생보다는 벽이 없는 교외에 있는 듯한 기분이 들었다. 뭐랄까, 어느 주말 밤 모든 울타리와 건물이 사라져버렸는데 주민들은 평소처럼 카드를 사용하고, 요리를 하고, 씻고, 졸고, 공을 던지고, 아이들을 꾸짖고 있는 것 같았다. 그림을 그리거나 제물낚시를 하는 소수의 사람을 제외하면 요세미티 밸리에서 혼자 시간을 보내는 사람은 거의 찾아보기 힘들었다. 부산하고 붙임성 좋은 사람들 틈에 있으니 고독감은 더 깊어졌고, 점점 더 내면으로만 침잠하게 되면서 어떤 집단이나 가족에 속해 있지 않다는 사실이 점점 더 이상하게 느껴졌다. 한번은 요세미티에서 일주일간 머물렀는데 일과 무관한 일로는 그 누구와도 대화를 나누지 않았던 것 같다. 그리고 걷고 보는 것을 제외하면 내게 아무 일도 일어나지 않았다.

아니, 어쩌면 너무 사소해서 굳이 되새길 필요를 못 느낀 일만 일어났던 것일지도 모르겠다. 가파른 둘레길을 따라 등반을 하다가 고도가 높아

물, 과거를 망각하다:
요세미티 국립공원

지는 지점에 다다르면 그때까지 서로 똘똘 뭉쳐 다니던 사람들이 순식간에 증발하듯 사라지곤 했다. 계곡 주변의 절벽을 따라 난 그런 길들은 진정한 평화가 감도는 장소였다. 나는 침입자들이 처음으로 요세미티 밸리를 발견한 장소인 올드 인스퍼레이션 포인트로 이동한 후 그보다 높은 곳에 있는 뉴 인스퍼레이션 포인트까지 올라갔다. 그곳은 겉보기엔 영감의 원천이라고 할 수 없었지만 덤불이 자라면서 비탈진 오르막길로 변해 감상이 용이해진 곳이었다. 이어 글레이셔 포인트까지 가려 했지만 끝까지 가기에는 하루가 너무 짧고 물도 얼마 남지 않았다고 판단해 중간 지점에서 발걸음을 돌렸다. 브라이덜베일 폭포에는 여러 차례 갔다. 밸리의 서쪽 끝에 자리한 그 가느다란 폭포는 폭포수로 침식된 깊은 구덩이나 좁게 갈라진 틈으로 거침없이 쏟아져 내리기보다는 거의 매끄러운 표면의 절벽을 타고 빠르게 흘러내린다는 점에서 요세미티 폭포 중에서도 손에 꼽을 정도로 독특한 폭포다. 폭포 양쪽의 암벽은 어둡게 얼룩진 채 번쩍이고, 물을 듬뿍 머금은 선반 바위는 양치식물과 여타 신록으로 뒤덮여 있다. 어느 늦여름 오후에는 연기나 가루처럼 가벼운 물보라가 바람을 타고 부드럽게 흔들리면서 뭉게뭉게 피어오르는 광경을 보았다. 그 물보라는 바위들 사이의 높은 곳에서 무게도 형체도 없는 투명한 모습으로 떠돌고 있어 결코 물처럼 보이지 않았고, 아래로 한참 떨어진 후에야 비로소 형체를 되찾으며 물처럼 떨어졌다. 폭포 밑바닥의 바위들 사이로 낙하한 폭포수는 부글부글 소리를 내면서 내가 앉아 있던 커다란 바위를 지나 개울이 되어 흘렀고, 폭포 위에서는 비디오카메라를 든 아이들과 어른들이 흥분해 날뛰면서 소란을 피웠다. 폭포는 거의 최면에 가까운 상태를 유도한다. 움직이지 않는 것은 별안간 시야에 들어올 수 있고, 막대한 규모로 움직이는 것은 시야에서 사라지거나 우리의 호기심을 충족시키지만, 폭포는 끝없이 아래로 떨어지면서 변화와 뜻밖의 사건을 약속하는 동시에 약동하며 흔들리는 물줄기의 상태를 변함없이 유지한다. 어쩌면 그것은 폭포가 바다처럼 자리를 잡고 가만히 있는, 물이라는 것 자체가 지닌 성질을 거부하고자 취하는 방식일지도 모른다.

자연의 시간과 역사의 시간이 나란히 흐르면서도 서로 거의 아무런 영향도 미치지 않는다는 사실, 요세미티가 원주민들의 조국이건 전쟁터건 관광지건 간에 물은 연기처럼 떠내려갈 수밖에 없다는 사실, 아주 짧은 시간에 상당한 변화를 겪은 장소에 불변하는 것들이 이토록 많다는 사실이 이상하게 느껴진다. 자연의 역사와 인간의 역사에 관해 생각하는 것은 착시 현상을 불러일으키는, 예컨대 두개골인 줄 알았는데 의자에 앉은 여자가 보이거나 와인 잔인 줄 알았는데 키스하는 두 사람이 보이는 그림을 보는 것과 같아서 두 가지를 동시에 들여다보기가 쉽지 않다. 보통 "조지 워싱턴이 남쪽으로 흐르는 델라웨어강을 가로질렀고 그 강에 서식하는 동물로는……."이라고 쓰지는 않잖는가. 요세미티는 지질학적 시간 척도와 자연의 경이를 바탕으로 정의되었고 그에 따라 사람들은 요세미티에 중요한 인류 역사가 담겨 있지 않다고, 그렇기에 인류 역사는 풍경의 일부가 아니라고 손쉽게 생각하게 되었다.

1851년 3월 27일, 처음으로 요세미티 밸리에서 밤을 보낸 백인들은 브라이덜베일 폭포까지 가서 모닥불을 피웠다.[1] 그로부터 며칠 전에는 마리포사 기병대 대대장인 제임스 D. 새비지가 족장 테나야에게 항복을 강요하면서, 항복하지 않으면 기병대를 끌고 와 부족민을 전부 죽이겠다고 말한 일이 있었다. 이에 테나야는 눈이 너무 많이 쌓여서 말들이 밸리로 들어오지 못할 것이라고 새비지에게 말했지만, 기병대 소속의 군인 쉰여

물, 과거를 망각하다:
요세미티 국립공원

덞 명과 말들은 눈을 헤치고 밸리로 쳐들어왔다. 족장 테나야와 부족민들이 고지대의 호숫가에서 기병대에 붙잡힌 5월 22일 무렵 기병대의 작전은 거의 완수되었지만, 작은 접전과 살인과 인간 사냥은 그로부터 수년간 지속되었다. 버넬의 기록은 그런 사건들이 벌어진 시점으로부터 거의 30년이 지난 후에야 쓰였고, 여러 면에서 정확성을 입증받기는 했으나 그가 기록한 대화 중 일부는 아무리 못해도 최소한의 수준에서라도 윤색된 것으로 보인다. 요세미티 밸리에서 벌어진 사건들이 버넬이 기록한 내용 그대로 벌어졌는지 여부는 중요한 문제이지만 그렇다고 해서 그것이 사건의 중요성까지 좌지우지하지는 않는다. 버넬의 기록은 실제 사건을 있는 그대로 담아내지 않았다 하더라도 버넬 자신이 어떤 사건이 벌어져야 한다고 생각했는지는 보여주며, 이 점에서 하나의 일화에 그치지 않고 신화로서의 가치도 지닌다. 또 버넬은 각 사건에 대한 생각을 몹시 세세하게 기술한다는 점에서 요세미티의 최초의 방문자가 아니라 최초의 감식자처럼 보이기도 한다. 게다가 그는 냉철한 변경 개척자들 사이의 갈등과 자기 자신의 낭만주의적 전망을 하나의 문학 작품처럼 세련되면서도 희극적으로 담아낸다. 특히 실용적인 목적을 중시해 풍경에는 잠시도 눈길을 주지 않는 대대장 새비지는 여기에서 다른 가치들을 돋보이게 하는 배경 역할을 한다.

어느 대목에 이르러서 버넬은 요세미티 밸리 풍경 감상을 멈추고, 도토리 은닉처를 불태우는 대대장 새비지를 만난다.(마리포사 기병대는 요세미티 밸리에서 발견한 구조물과 식량 재고를 불태우면서 초토화 작전을 벌였다.) "대대장은 불에 타 새까맣게 그을린 도토리 더미를 올려다보았고, 연기를 뿜어내는 밸리를 훑어보면서 '이 밸리는 뭐가 됐건 아직 발견되지 않은 것들에 대해 아주 큰 기대를 갖게 해주는군요. 자, 봐봐요!'라고 말했다. '꿩장한데요!'라고 나는 재빨리 대답했다. '몇 주 후에 나뭇잎과 꽃들이 절정에 이르면 요세미티가 아주 웅장하고 아름다워질 것 같네요. 물의 흐름도 어느 정도 잠잠해졌고요.'" 버넬이 그렇게 말을 잇자 새비지는 웃기 시작한다. 새비지는 자신이 말한 기대란 인디언을 굶겨서 밸리에서 내쫓는 일, "절정에 다다르는 경치를 다 합친 것보다도 마음에 드는" 그 일을 의미한다고 설명한다. 버넬은 새비지의 대답에 굴욕감을 느끼지만, 결국 국립공원 탄생이라는 버넬의 전망이 실현되도록 그 길을 닦은 것은 바로 새비지의 전망, 즉 전쟁이다.

버넬이 풍경을 향한 자신의 열렬한 취향을 드러내며 시작한 이야기는 예술, 보존, 그리고 위대한 인물들의 진가에 관한 이야기이기도 하다. 이는 국립공원의 탄생, 풍경 사진의 탄생, 환경 보존 운동의 탄생에 관한 중요한 이야기지만 장소를 다룰 때 할 수 있는 유일한 이야기는 아니다. 그러나 사람들에게 가장 많이 알려진 이야기이자 내가 탐험을 시작하면서 처음 듣게 된 이야기이기도 하다.

+

원주민의 본거지였던 요세미티 밸리가 전쟁 지역이 되었다가 관광지로 변모한 속도는 지금 생각해보면 아찔할 정도다. 그러나 그 과정을 직접 목격한 버넬 같은 사람은 그것이 그리 특별한 일이 아니었다고 생각한 것 같다. 19세기에 이루어진 온갖 변화를 감안하면 그리 특별한 일이 아니었을 수도 있지만, 20세기에 어떤 장소가 축제 같은 분위기 속에서 그렇게 기억상실 수준의 변화를 겪는 것은 상상하기도 어려운 일이다. 버넬은 요세미티 밸리가 관광지로서 가진 가능성을 일찌감치 알아보았고, 1856년

물, 과거를 망각하다:
요세미티 국립공원

동료와 함께 밸리로 이어지는 유료 도로를 건설했다. 그러나 초기 관광객들은 유료 도로가 개통되기를 기다리지 않았다. 전쟁 발발 시점으로부터 4년이 지난 시점이자 백인들이 처음으로 요세미티 밸리의 존재를 인지한 1855년 7월, J. M. 허칭스(J. M. Hutchings)[2]와 한 관광객 무리가 잘 다듬어진 소개글에 매혹되어 밸리를 찾아간 일이 있었다. 관광객 무리에는 요세미티 밸리의 원주민이었다는 소문이 도는 현지 가이드 두 명과 예술가 토머스 에어스(Thomas Ayres)가 포함되어 있었다. 가이드들은 길 찾기를 도와주는 것 외에는 관광객들에게 아무런 영향력도 행사하지 않은 듯하나, 에어스는 미래에 벌어진 사건들에 막대한 영향을 미쳤다. 한편 허칭스는 다른 많은 이들과 마찬가지로 채굴 작업보다는 광부들에게 음식을 조달하는 일을 통해 더 많은 돈을 더 즐겁게 벌 수 있다는 사실을 깨달은 영국인이었다. 그는 캘리포니아주에 관한 잡지 출간 계획을 세웠고 그 잡지의 창간호에 요세미티의 매력적인 랜드마크들을 소개하는 사진과 설명을 수록했다.

에어스는 요세미티 밸리의 경관과 폭포를 그림으로 그렸다. 옅은 연필을 이용한 그의 화풍은 그림에 담긴 대상들의 질감을 매끄럽고 부드럽게 묘사했지만 그럼에도 장엄한 규모만큼은 변함없이 확실한 존재감을 발휘했다. 에어스의 그림은 이제 막 밸리에 도착한 듯한 방문자들을 전경에 작게 배치한 아주 순수한 의미의 풍경화였고 실제로 그 풍경을 보고 있는 듯한 효과를 발휘했다. 1855년 가을, 허칭스는 밸리에서 가장 거대한 폭포인 요세미티 폭포를 그린 에어스의 그림을 석판화로 인쇄했다. 이듬해 여름에 출간한 잡지에는 에어스의 그림을 원화로 삼은 동판화 네 작품을 실었다. 에어스는 그로부터 1년 후 버넬이 공동 건설한 도로를 따라 다시 밸리를 찾았고 이미 그곳에 있던 관광객 무리를 보았다. 버넬과 그의 일행들이 밸리에 호텔을 짓고 있던 때였다. 그 후 1857년 에어스는 자신이 본 요세미티 풍경을 담은 작품들을 뉴욕에서 전시했다. 요세미티를 실제로 본 사람이 극소수에 불과했던 시기라 대다수는 요세미티 풍경을 재현한 작품만 볼 수 있었고 실제로 많이들 작품을 보러 갔다.

주로 글과 그림이라는 수단을 통해 이미 널리 알려져 있었던 요세미티는 그곳을 촬영한 최초의 사진 덕분에 그동안 공개된 그림과 설명에 과장이 거의 없었다는 사실이 입증되면서 전 세계적인 명성을 얻었다. 1859년 허칭스는 또 다른 예술가이자 사진가인 찰스 리앤더 위드(Charles Leander Weed)와 함께 요세미티를 다시 찾았다. 위드는 이미 그 전해에 아메리칸강을 따라 이동하면서 새로운 습판 사진술로 광산 지역을 촬영한 경험이 있는 사진가였다. 당시에 그가 촬영한 사진은 주변 환경보다는 채굴 작업 현장을 담았고, 호기심 많은 사람들과 투자자들을 위해 급성장 중인 산업을 보여주는 것이 목적이었다. 위드는 주로 초상화를 통해 돈을 번 로버트 밴스(Robert Vance) 소유의 샌프란시스코 사진 스튜디오에서 일하고 있었다. 그로부터 얼마 전까지만 해도 상업 사진은 은판 사진술로만 찍을 수 있었는데, 이 사진술에는 심각한 한계가 있었다. 잘 닦인 은판 표면에 직접 포지티브 이미지를 만들어내는 은판 사진술은 폴라로이드 카메라처럼 하나의 이미지만 생성했고, 그렇게 생성된 사진은 폴라로이드 사진처럼 크기 면에서 실제적인 한계를 노정했다. 손쉬운 사진 복제는 사진가들이 네거티브를 포지티브로 변환할 수 있게 된 후에야 가능해졌고, 이와 관련해 최초로 상업적인 성공을 거둔 것이 습판 사진술이었다. 습판 사진술 덕분에 사진은 더 이상 그림(고유한 이미지를 생성하는 수단) 같은 것이 아니라 인쇄물(동일한 이미지를 바탕으로 한 원본을 무제한으로 생성하는 수단) 같은 것이 되었고 이에 따라 전 세계 곳곳에 이미지를 배포하는 수단으로 자리 잡았다. 사진 혁명은 그렇게 완결되었다. 단, 네거티브 유리판을 먼 곳까지 운반하고, 사전 노출을 차단한 상태로 부피가 큰 카메라에 집어넣고, 사진을 찍은 후 단시간 내에 현상하는 것은 여전히 부담스러운 일이었다. 그러나 풍경 사진의 시작을 알린 습판 사진술은 외진 장소에 대한 지식과 기대에 막대한 영향을 미쳤다. 어떤 장소를 실제로 본 적이 없더라도 그 장소를 실재하는 귀중한 공간으로 그려볼 수 있게 해주는 사진 한 장 없이 어느 머나먼 산악 지역이나 거친 물살이 이는 강을 보호하는 캠페인을 벌인다는 것은 상상하기 어려운 일이지 않은가. 사진을 그런 식으로 활용하는 관행은 바로 요세미티에서 시작되었다.

허칭스는 요세미티 밸리를 홍보하는 별도의 출판물에 1859년 위드가 촬영한 요세미티 사진을 바탕으로 새로운 시리즈를 연재했다. 그는 요세미티 관광을 권장하는 일에 점점 더 깊이 몰두했고 1864년에는 요세미티에 위치한 호텔 건물 하나를 인수하기까지 했다. 위드의 사진은 밴스의 샌프란시스코 갤러리에 전시되었고, 그러면서 조금씩 커지고 있던 요세미티에 대한 호기심에 불을 지폈다. 1859년에는 처음으로 유명 인사가 갤러리에 방문했다. 바로 《뉴욕 트리뷴》의 에디터이자 사설과 에세이를 통해 당대 미국에 관한 견해를 탁월하게 제시하고 '젊은이여, 서부로 가라'라는 문구를 만든 호러스 그릴리(Horace Greeley)였다. 그릴리는 갤러리에서 한나절을 보내면서 폭포의 수량이 적다고 불평했지만 그럼에도 "내가 알기로 이 지구상에서 요세미티보다 우월하다고 내세울 수 있는 자연경관은 단 하나도 없다."라고 썼다. 1860년 무렵 호러스 그릴리의 글과 입체감을 살린 위드의 사진들은 뉴욕을 무대로 요세미티의 경이로운 자연경관을 선보였다.

위드의 사진은 예술적 가치보다는 요세미티 밸리 홍보에서 수행한 역할과 최초의 요세미티 사진으로서 갖는 지위 면에서 더 중요하게 여겨진다. 요세미티에서 활동하는 주요 예술가들의 전통과 미국 풍경화의 전통은 위대한 사진가 칼턴 왓킨스가 처음 요세미티를 찾은 1861년부터 시작되었다.[3] 왓킨스는 위드의 카메라보다 훨씬 더 커다란 대형 감광판 카메라를 가져갔고, 인화된 사진만큼 커다란 네거티브 필름을 활용해서 마침내 피사체에 적합한 16×20인치 크기의 사진을 촬영했다. 왓킨스의 사진은 요세미티 밸리를 초인간의 눈으로 바라본 풍경처럼 묘사한다. 광대한 영역을 담아내면서도 멀리 떨어져 있는 암벽의 모든 주름과 균열을 전경에 놓인 나뭇잎만큼이나 뚜렷하게 표현하는 식이다.(식물학자들은 1860년대 요세미티 밸리에서 생장한 식물들을 파악할 때 왓킨스의 사진을 활용하기도 했다.) 어떤 사진에는 전경이 아예 없다. 마치 돌담이 너무 높아서 땅과 하늘을 동시에 바라보는 것이 불가능했던 것 같은 느낌을 주는 사진인데, 숨 막히도록 놀라운 웅장함과 고요함을 품고 있다. 또 드물기는 하지만 노출 시간을 길게 설정한 후 물이 흐르고 있을 때 촬영해 강물이 흐릿하게 표현된 사진들도 있다. 그런데 왓킨스의 사진에는 사람이 없다. 사람이 없는 데에는 어쩌면 실용적인 이유가 있을지도 모른다. 당시 필름은 감도가 떨어져 노출 시간을 길게 잡아야 했는데, 인물 사진을 찍는 스튜디오에서라면 긴 노출 시간에 대비할 수도 있고 단체 사진을 찍는다면 다 같이 포즈를 취할 수도 있었지만 사람들이 자연스럽게 움직이고 있는 모습을 포착하기는 어려웠던 것이다. 도시의 길거리를 담은 초창기 사진에는 몸을 움직이는 사람들의 형체가 아예 담겨 있지도 않아서 이상하게도 버려진 풍경을 보는 듯한 느낌마저 든다. 습판 사진술을 활용하면 유리판을 코팅해 네거티브로 만든 후 카메라에 넣기까지 시간이 너무 오래 걸렸다. 그 때문에 자연스러운 움직임을 포착한 사진을 찍는다는 것은 사실상 불가능했다. 움직

물, 과거를 망각하다:
요세미티 국립공원

이지 않는 피사체에 대한 선호가 선입견처럼 자리 잡을 정도였고, 왓킨스의 요세미티 사진 중 일부는 노출 시간을 한 시간으로 잡기도 했다. 1870년대 미국 지질조사국의 풍경 사진을 보면 한 인물이 탐험가 무리의 존재와 규모를 확실히 보여주려는 듯 전경에 서 있을 때가 있다. 그러나 그로부터 수년이 흐르고 기술이 발달하기 전까지는 사람들이 제각기 자기 할 일을 하고 있는 사진이 몹시 적었다.

또 왓킨스가 요세미티 밸리 풍경을 찍을 당시에는 그 어느 때보다도 인적이 드물었다. 그때는 1851년 요세미티 밸리에 도착한 마리포사 기병대가 눈에 보이는 구조물들을 불태웠던 시기, 아와니치족이 잠시 밸리를 버리고 떠났다가 사람들의 눈에 띄지 않도록 조심스럽게 다시 밸리에서 거주하기 시작했던 시기로, 관광 산업이 본격화되기 전이었다. 그로부터 2년 전 밸리를 찾은 위드는 한 호텔 건물 사진을 찍기도 했지만, 왓킨스는 그런 피사체를 다른 건 몰라도 대형 감광판 카메라를 활용한 걸작의 주제로는 염두에 두지 않았던 것 같다. 마리포사 원주민 전쟁이 발발하고 10년이 지났을 때, 요세미티 밸리는 그때껏 아무 일도 일어나지 않았고 그 어떤 인간의 손도 닿지 않은 장소를 연상시키게 되었다. 탐험과 보존이라는 영속적인 욕망을 자극하는 자연 그대로의 야생 사진의 발상지가 된 것이다. 요세미티 밸리는 현재 사건이 아닌 영원에 호소한다. 요세미티에 대한 나의 초기 이해를 형성하고 내가 마리포사 원주민 전쟁에 관한 글을 처음 읽었을 때 화들짝 놀랄 수밖에 없게 했던 것은 바로 그런 사진, 그리고 그런 사진에서 파생한 것들이었다.

왓킨스가 그런 사진을 찍고 있을 당시, 남북전쟁 현장에 있던 위대한 사진가들(매슈 브래디(Matthew Brady), 알렉산더 가드너(Alexander Gardner), 티머시 오설리번(Timothy O'Sullivan))은 전투를 앞두고 희망찬 포즈를 취하고 있는 병사들과 장군들의 사진, 그리고 전투가 끝난 후 쓰러졌을 때의 자세 그대로 아무렇게나 널브러져 있는 시체들의 사진을 찍었다. 낙원 같은 밸리와 전쟁터만큼이나 서로 동떨어진 듯한 풍경은 그 어디에도 없을 듯하지만 밸리 또한 한때는 전쟁터였다. 다만 요세미티 밸리는 남북전쟁처럼 기록으로 남기에는 너무 이른 시기에 전쟁을 겪었고, 운디드니 학살 등 그 후에 벌어진 원주민과 백인 간의 충돌들이 기록으로 남았다. 그러니 고요한 풍경 사진이 요세미티 밸리를 보여주는 결정적인 이미지가 된 것은 어쩌면 역사적인 우연 또는 기술적 한계 때문일 수도 있다. 혹은 단순히 전쟁이라는 것이 관광객들이 추구하는 것과 무관했기 때문일 수도 있다. 버넬의 감상에서도 전쟁과 풍경이 서로 분리되어 있었던 것처럼 말이다. 전쟁은 완전히 끝난 일 같았고 풍경은 계속 이어지는 이야기였다.

풍경은 왓킨스의 삶에서도 계속 이어졌다. 그는 1860년대 내내 수차례에 걸쳐 요세미티 밸리를 찾아가 사진을 찍었고 샌프란시스코에서 사진 갤러리를 열었을 때는 그 갤러리를 요세미티 갤러리라고 부르기도 했다. 왓킨스의 사진은 예술 작품으로 간주된 초기 사진 중 하나였고 광범위한 영향력을 행사했다. 왓킨스는 사진관을 운영하며 경제적 안정을 얻는 대신, 서부와 태평양 연안의 외진 장소들을 촬영하고 다니며 불확실한 가능성에 매달렸다. 요세미티를 찍은 사진으로 1867년 파리 만국박람회에서 금메달을 수상하고 당대에 가장 널리 칭송받는 풍경 화가로 자리매김했음에도 결코 사진으로 안정적인 생활을 누리지는 못했다. 1890년대에는 시력을 잃기 시작해 20세기 초반의 시기를 눈도 보이지 않고 가난한 상태로 보냈다. 어떤 사진가가 왓킨스와 그의 작품에 부치는 비문을 위해 만든 이미지에는 왓킨스가 소장한 사진과 네거티브 필름을 모조리 파괴하고 잔해만 남긴 1906년 지진과 화재를 뒤로한 채 원치 않는 길을 떠나는 한 허리

굽은 노인의 모습이 담겨 있다. 왓킨스는 1961년 나파의 정신병원에서 생을 마감한 뒤 아무런 표식도 없는 무덤에 묻혔다.

왓킨스보다 앞서 요세미티를 대대적으로 알린 또 다른 방문객은 유니테리언교 목사 토머스 스타 킹(Thomas Starr King)[4]이었다. 부릅뜬 작은 눈과 곧게 뻗은 머리칼을 지니고 놀랄만한 웅변술을 갖춘 젊은 청년이었던 킹은 보스턴에서 설교자이자 대중 연설가로 인정받았다. 그는 보스턴 지역 초월주의자들이 지닌 자유롭고 품격 있는 지성을 갖추고 있었으며, 책으로 묶여 출간되기도 한 뉴햄프셔 화이트산맥에 관한 생생한 여행 편지로 이미 널리 알려져 있었다. 그는 남북전쟁 당시 캘리포니아 주민들이 북군 편에 서도록 설득하면서 캘리포니아주에서 이름을 떨치기도 했다. 1860년과 이듬해 겨울에는 그가 요세미티를 탐험하고 쓴 편지들이 《보스턴 이브닝 트랜스크립트》에 실렸고, 이는 나중에 책으로 출간되었다. 킹은 뉴잉글랜드에 강한 애정을 갖고 있었는데, 미 대륙의 그 반대편에 대해 그가 남긴 기록에는 경이와 혐오가 뒤섞여 있다. 사과가 6월 이전에 익는다는 사실에 환호하는 동시에 1860년 건조한 여름 샌프란시스코주와 요세미티 사이를 지나며 본 시골 지방에 개탄하는 식이다. 서부인이 보기에는 상태 좋은 금잔디 같은 자연을 두고 그는 "강력한 불모의 파도 …… 보편적인 사막 …… 녹색[떡갈나무]과 회색[풀]의 이 가혹한 불화"라고 평한다.

킹이 이끄는 무리는 시에라로 가던 도중 그곳의 또 다른 경이 중 하나인 광산을 보기 위해 우회했다. 그들이 찾은 마리포사 마을은 당시 마리포사 사유지에 속해 있었고, 소유주는 1847년에 어쩌다 그 땅을 얻게 된 프리몬트였다. 프리몬트는 주캘리포니아 멕시코 영사관에서 근무한 전 미국 영사 토머스 라킨에게 돈을 주면서 멕시코 토지를 공여해달라고 요청했다. 공여 대상 토지는 일반적으로 목장으로 활용되는 가치 있는 부동산이었고 대부분 해안가 주변에 위치했다. 그런데 어떤 이유에서인지 라킨은 프리몬트에게 모든 마을과 멀리 떨어져 있고 경계가 불분명하게 구획된, 사실상 세상에 알려지지 않은 어느 내륙 지역의 '유동성 토지'를 공여했다. 그 라스마리포사스(Las Mariposas)의 규모는 약 5500만 평에 이르렀고 역사가들은 그것이 하나의 공국 또는 소제국에 버금가는 면적이었다고 설명한다. 그 후 산기슭에서 금이 발견되면서 그곳은 실제로 소제국이 되었다. 하지만 프리몬트는 황제가 되는 것을 그리 중요하게 여기지 않았다. 프리몬트는 자신이 쉽게 찾아갈 수 있는 영역 내의 금이 묻힌 하천과 암석 광산까지 소유지에 포함시키기 위해 유동성 토지 계약서상의 경계를 몇 차례 재설정했는데, 재산을 잘 관리하지는 못했다. 결국 킹이 마리포사 마을에 도착하고 얼마 지나지 않았을 무렵, 프리몬트의 토지("캘리포니아에서 가장 넓은 금 매장지이자 어쩌면 세상에서 가장 가치 있는 토지")는 채권자들에게 몰수당했다.[5]

머세드에 도착한 킹은 캘리포니아주에서 이토록 맑은 강은 처음 본다며 감탄했다. "강둑의 그 어떤 사광 채굴장이나 수력 채굴장도 오염되지 않은 상태였다." 그러나 머세드강에서도 석영 원석을 가루로 만들어 금을 채굴하기 위해 라스마리포사스의 거대한 쇄광기가 가동한 터라 강의 깊은 곳은 꽉 막혀 있었다. 그렇게 세계적인 규모의 거대한 광산들을 찾은 킹 무리는 그다음으로는 세계적인 규모의 거대한 나무들, 즉 마리포사 그로브에 있는 세쿼이아를 보러 이동했다. 세쿼이아는 요세미티 밸리 입구에서 남쪽으로 약 19킬로미터 떨어진 곳에 위치해 있었다. 킹은 역사시대의 대부분을 아우르며 구약시대로까지 거슬러 올라가는 세쿼이아의 수령에 경탄했다. 또 하나같이 거대한 나무들이 빽빽이 들어찬 그로브에서는 그 세쿼이아 나무들이 기대와 달리 얼마나 작아 보였는지를 한참 이야기했고, 줄자를 꺼내 지름을 재보니 실제로 거대하기는 했다고, 한 나무는 둘레가 약 27미터였다고 말했다. 빅토리아 시대 사람으로서의 기백이 충만했던 킹은 여행 내내 치수에 몰두했고 밸리를 묘사할 때마다 모든 폭포와 절벽의 높이를 상세히 설명했다. 그의 묘사에는 해학이 담긴 문장과 "경탄, 경이, 엄숙한 기쁨을 일깨우는" 경치가 잘 어우러져 있었다.

화가 앨버트 비어슈타트(Albert Bierstadt)는 요세미티 밸리에 관한 묘사에 매혹되어 1864년 그곳을 찾았다. 여정에 함께한 동료[6]는 이렇게 썼다. "그 정보가 사실이라면 우리는 에덴동산의 원형인 장소로 가고 있는 것이었다." 독일에서 출생해 뉴잉글랜드에서 성장한 비어슈타트는 풍경화가로서의 경력을 쌓기 위해 유럽으로 돌아갔다가 미국 서부로 떠났다. 빛과 공간을 멜로드라마적으로 표현한 그의 그림은 오페라에 비견되었고, 미국 동부 관람객들 사이에서는 기분 전환용 작품인 동시에 기록물로 기능했다. 당대에 대단한 성공을 거둔 비어슈타트는 대형 캔버스에 그린 작품 중 일부를 공연을 하듯 전시했다. 입장료를 받고 연극 무대를 연상케 하는 조명을 비추는 것에 더해, 규모감과 현실성을 고조시키려고 관람객에게 쌍안경을 쓰고 작품을 감상할 것을 권하기까지 했다. 요세미티에서 처음으로 한 달을 머문 1863년 이후 그는 몇 차례 그곳을 다시 찾았고 풍경화에 구현하고자 했던 모든 요소(생생함, 웅장함, 거대한 규모, 화려한 빛)를 발견했다. 동서로 뻗은 밸리의 구조 덕분에 돌과 물을 따스한 색감으로 물들이는 일출과 일몰의 풍부한 빛을 표현해볼 수 있는 흔치 않은 행운도 누렸다. 그리고 더 많은 빛, 더 웅장한 규모, 신성함을 입증하는 더 많은 증거, 더 적은 사람들이라는 자기만의 기준에 따라 밸리를 더 좋은 공간으로 묘사했다. 그가 그린 어느 밸리 그림에는 평원 원주민 같은 소수의 원주민이 말에 올라탄 자세로 경치를 보며 감탄하는 모습이 중경 부분에 작게 그려져 있기도 하다. 사실 그는 1870년대 요세미티 원주민들을 그리기 위해 사진가 에드워드 머이브리지를 고용했고 머이브리지는 입체감을 살린 사진 여덟 점을 찍어야 했다. 그러나 밸리에서 지속되는 원주민의 삶을 담은 그런 사실적인 이미지들이 머이브리지나 비어슈타트의 예술 작품에 영향을 준 것 같지는 않았다. 머이브리지의 작품은 (일부 요세미티 사진에서 소수의 사람이 전경에서 포즈를 취하고 있기는 하지만) 사람이 아닌 땅, 물, 빛의 속성을 다룬 이미지들, 왓킨스가 천재적으로 표현한 요세미티의 이미지에 가까웠다.

요세미티를 찾는 관광객의 물결은 계속 거세졌고 그 관광객 명단에는 점점 더 유명한 미국인들의 이름이 포함되기 시작했다. 1864년에는 프레더릭 로 옴스테드(Frederick Law Olmsted)도 요세미티를 찾았다. 옴스테드는 일찍이 저널리스트로 유명했던 사람으로, 미국 남부와 텍사스주가 미국에서 까마득하고 이국적인 지역으로 간주된 시기에 그런 지역에 관한 글을 쓰고, 노예제 반대를 뒷받침하기 위한 현실적인 정보를 제공했다. 그는 경치와 풍경을 향한 관심이 사회정의에 대한 염려와 결합된 독특한 감각을 가지고 있었고 그런 감각을 좇는 방식도 독특할 때가 많았다. 1850년대에는 동료 캘버트 복스(Calvert Vaux)와 함께 맨해튼의 센트럴파크를 디자인한 다음, 그 공원을 뉴욕의 모든 계층에 개방된 민주주의의 무대로 만들기 위한 비전과 프로그램을 홍보했다. 만들어진 자연이건 발견된 자연이건, 옴스테드는 전 생애에 걸쳐 자연을 문화로부터의 피난처가 아닌 문화에 유익한 영향을 미치는 대상으로 보았다.

이런 관점은 옴스테드를 몹시 독특한 비전의 소유자로 만들었다. 미국 풍경의 역사에서 옴스테드는 대체로 전 세대의 소로와 후 세대의 뮤어 사이에 끼어 그 존재감이 잘 드러나지 않지만, 소로와 뮤어가 풍경(자연)

물, 과거를 망각하다:
요세미티 국립공원

을 문화로부터의 피난처이자 본질적으로 고독한 경험으로 간주한 반면, 옴스테드는 야생에 틀어박히지 않았고 자연 세계가 사회를 개선하는 방식과 사회에 영향을 미치는 방식을 보려 했다. 소로가 "세상의 보존은 야생 상태에 있다."라고 말하면, 옴스테드는 그보다 더 겸손하게 "공동체의 개선은 정원과 공원에 있다."라고 말할 사람이었다. 또 그는 자연 세계를 관찰했을 뿐만 아니라 창조하기까지 했다. 맨해튼섬 북쪽 끝의 관목이 무성한 농경지를 활용해서 센트럴파크를 위한 드넓은 전망, 작은 숲들, 목초지를 조성했던 것이다. 그에게 센트럴파크가 갖는 의미는 미의 구현과 대규모 토목 공사보다는 사회공학적 실험과 공터의 민주화에 가까웠다. (유럽의 도시공원은 보통 상류층이나 입장권을 구매한 관람객을 위한 사적인 공간이었고 귀족들이 소유한 부지의 정원과 땅을 모방했다. 미국 최초의 공원은 도시 외곽에 자리한 치장된 묘지였다.) 센트럴파크 건립 계획은 결국 시정 문제로 결렬되었지만 옴스테드는 남북전쟁에서 부상을 입은 북군 병사들을 돕는 위생위원회를 지원하기 시작했다. 병사들을 위한 애국 사업도 종결되고 복잡한 평판과 확실한 빚을 얻게 된 후, 그는 모험을 떠났다. 프리몬트의 사유지를 압류한 채권자들을 위해 마리포사 부지 관리 업무를 맡아달라는 제안을 수락했던 것이다. 당시 그에게 캘리포니아주는 여느 때처럼 도피의 땅이자 기회의 땅이었다.

옴스테드는 증기선을 타고 스톡턴으로 이동한 다음 거기서부터는 말로 이동하는 등 킹과 거의 같은 여정을 밟았다. 그리고 킹처럼 끔찍한 풍경을 보며 절규했고, 모든 것이 침울하게 죽어 있다고 말했으며, 여정 첫날이 마무리될 즈음에는 "아이들이 묻힌 수많은 무덤이 그곳의 황량함을 어느 정도 누그러뜨렸다."라고 언급했다. 산기슭의 짙은 청회색 노출부들이 옴스테드의 눈에는 무덤으로 보인 것이었다. 그 후부터 그가 느낀 낙담의 대부분은 관리해야 할 부지의 심각한 재정 상태로 옮겨 갔다. 이전 관리자의 의도적인 은폐와 인근 광부 공동체의 폭력 및 야만적 행위로 인해 감춰져 있었던 실상이 뒤늦게 드러난 상황이었다. "한 상점에 강도가 들었고, 두 남자가 칼로 살해당했으며, 살인 모의와 노상강도 사건의 전말이 밝혀졌다는 보도를 접했다. 전부 내가 그 부지에 도착하고 3일 만에 벌어진 일이었다." 물 부족 때문에 부지에서의 채굴 작업이 제한되자 옴스테드는 이동이 편리한 범위 내에서 머세드강 사우스포크의 물을 길어오겠다는 터무니없는 공학 계획을 구상했다.

그해 하반기에는 옴스테드의 가족이 찾아왔고 8월에 그는 아내와 아이들, 아내의 사촌, 가정교사를 데리고 요세미티 밸리를 찾았다. 요세미티의 나뭇잎은 스위스 풍경 사진 속 나뭇잎과 유사해 익숙했고, 강은 잉글랜드의 에이번 또는 템스강 북부 지역, 알프스와 아펜니노산맥을 떠올리게 했다. 습한 여름 안개가 만들어낸 거리감으로 인해 동쪽 지역은 희미하고 평온해 보였다. 당시에 다른 캘리포니아주 지역의 대부분은 놀라울 정도로 공기가 투명해서 수십 또는 수백 킬로미터 앞까지 명료하게 보였다. 존 뮤어는 코스트산맥의 파체코 패스에서 센트럴 밸리를 지나 시에라까지 한눈에 볼 수 있었던 순간을 묘사하기도 한다. 산길을 넘었던 모든 여행을 통틀어 그런 장관을 한 번도 보지 못했던 나는 그와 유사한 기록들을 읽기 전까지는 진위를 의심했다. 센트럴 밸리와 산기슭에서조차 대기 오염으로 인한 안개와 관개로 인한 습기가 거의 늘 산을 가려버린 탓이었다. 한편 옴스테드가 본 풍경은 친숙할 뿐만 아니라 더 아름답기까지 했고, 맑은 것보다는 안개가 자욱한 풍경이 더 좋아 보였으며, 푸르른 산악 풍경도 더 건조한 산 아래 풍경보다 나았다. 말하자면 요세미티는 이국적인 서부에 숨겨진 가장 훌륭한 버전의 동부 풍경이었다.

물, 과거를 망각하다:
요세미티 국립공원

옴스테드는 요세미티라는 장소에 각별한 관심을 가졌다.[7] 요세미티 밸리와 마리포사 그로브가 의회 법안에 따라 보호구역이 되자마자 1864년 7월 1일 에이브러햄 링컨은 이를 법적으로 승인했다. 법안을 제출한 캘리포니아의 상원의원 존 코네스는 요세미티에 방문한 적은 없었으나 왓킨스의 작품이었을 사진을 일부 받아 보기는 했었다. 즉 실제로 요세미티를 본 적도 없는 사람이 캘리포니아주 근처에도 가본 적 없는 더 많은 사람들을 설득하여 요세미티 근처에도 갈 것 같지 않은 대중을 위해 요세미티를 지켜내는 법안을 냈던 것이다. 1864년 요세미티는 주립공원이었고, 요세미티 밸리와 마리포사 빅 트리 그로브만 캘리포니아주의 관리를 받았다. 그 후 1890년 요세미티 국립공원은 옐로스톤 국립공원과 같은 국립공원으로 재지정되었으며 대체로 존 뮤어의 로비 덕분에 규모가 대대적으로 확대되었다. 이 과정에서 옴스테드는 1864년에 요세미티 주립공원을 감독한 위원회의 의장을 맡았다. 센트럴파크는 실로 엄청난 상상력의 도약으로 탄생한 결과물이자 방대한 규모의 인공 도시 풍경이었으나, 요세미티는 그보다도 더 거대한 풍경이었고 지도에 표시되지도 않은 공적 토지에 속한 땅이었다. 옴스테드가 요세미티를 방문한 직후에 쓴 보고서에는 국회의 사당의 돔 건물, 센트럴파크, 왓킨스의 사진, 비어슈타트의 그림과 더불어 요세미티도 남북전쟁 기간에 탄생한 위대한 예술 작품 중 하나로 언급되어 있다.

요세미티 국립공원을 하나의 위대한 예술 작품으로 묘사한 옴스테드는 그 무엇보다도 여러 요소의 결합을 칭송했다. "폭포수는 그 어떤 폭포수보다 곱고, 바위는 그 어떤 바위보다도 놀라울 정도로 거대하고, 절벽은 그 어떤 절벽보다 돌출되어 있으며, 곳곳의 틈새는 그 어떤 틈새보다 더 깊고 경이로운 데다가, 개울은 아름답고, 목초지는 근사하고, 나무들은 더 거대하다. 이곳의 매력은 어느 한 경치나 여러 경치 속에 있는 것이 아니라 수 킬로미터 규모를 아우르는 경치, 어마어마한 높이의 절벽에 더해 방대한 규모와 다양하고 정교한 색감을 가진 바위들이 수놓은 경치, 장려하고 근사한 나무와 관목의 부드러운 잎사귀가 둔덕을 이루고 감싸고 뒤덮고 그림자를 드리우고 가장 고요한 물웅덩이들에 비치는 경치, 가장 평온한 목초지와 가장 활기찬 개울과 온갖 종류의 온화하고 평화로운 목가적 아름다움을 연상시키는 경치 속에 있다. 가장 깊은 숭고함과 가장 심오한 자연의 아름다움의 결합 …… 온 사방 그리고 관광객의 발이 닿는 모든 곳이 자연 최대의 영광인 요세미티를 이루고 있다."

옴스테드는 스위스의 관광 산업과 바바리아의 영국 정원이 관광객을 유치한 방식에 대해 말하면서 요세미티를 통해 누릴 수 있는 이점을 계속 열거했다. 그는 "이미 유럽에서부터 요세미티를 보겠다는 확실한 목적을 가진 관광객들이 찾아왔다는 것은 중요한 사실이다."라고 썼고, 정부의 임무는 "온갖 걸림돌에 맞서 행복을 추구하는 모든 시민을 보호하는 수단을 제공하는 것이며 그렇게 하지 않을 경우 그러한 행복의 추구를 방해하기 쉬운 개개인의 이기심 또는 개개인의 단합을 극복하지 못할 수 있기 때문"이라고 덧붙였다. 이때 옴스테드는 국립공원 제안서에 독립선언문의 언어('생명, 자유, 행복 추구'의 권리)를 은밀히 집어넣었다. 자연에 대한 접근이 시민의 권리이며 보존해야 마땅한 장소의 보존이 민주주의의 의무임을 은연중에 드러낸 것이다. 옴스테드가 이기심을 언급한 데에는 그럴 만한 근거가 있었다. 최초로 관광객들을 데리고 요세미티를 찾은 J. M. 허칭스와 밸리의 자영 농지들을 감시한 제임스 레이먼(James Lamon)이 울타리를 세우고 식물을 심고 땅을 정리하는 데 급급했던 것이다. 게다가 허칭스는 밸리에서 제재소를 운영하면서 한 해 동안 나무 400그루를 베기도 했

물, 과거를 망각하다:
요세미티 국립공원

다.(1870년에 존 뮤어도 그 제재소에서 일했지만 나중에 그는 목재를 가공하는 일만 했다고 주장했다.) 옴스테드는 도로와 길을 내고 다리를 건설하고 오두막을 짓고 홍보를 하는 등 요세미티를 공원으로 개장하는 데 필요한 여타 부수적인 작업을 할 수 있도록 3만 7000달러를 지원해달라는 보고서를 의회에 제출했다. 그러나 지원은 끝까지 이루어지지 않았고 보고서 전체 내용은 수년간 은폐된 채 종적을 감추기까지 했다. 이와 관련해 가장 이론의 여지없이 받아들여지는 설명은 조사이아 휘트니(Josiah Whitney) 같은 요세미티 감독관들 또한 캘리포니아 지질조사국 일에 관여했고, 그들이 지질조사국의 자금이 공원 자금으로 빠져나갈까 봐 두려워했다는 것이다.

그해 말 마리포사 부지는 다시 파산했고 옴스테드는 센트럴파크로 돌아가 본래 업무를 재개했다. 그 후 그는 관광 산업으로 인해 황폐화한 나이아가라 폭포 인근의 경관을 회복하고 나이아가라도 별도의 국립공원으로 보호받을 수 있도록 힘썼다. 또 조지 밴더빌트(George Vanderbilt)의 노스캐롤라이나주 사유지 인근에 최초로 전문적으로 관리되는 삼림지를 조성했고, 사망할 무렵에는 미국 조경의 선구자로 자리매김했다.

+

마리포사 기병대가 요세미티에 진입하고 14년이 흘렀을 때 요세미티의 운명을 결정지은 남자들은 거의 대부분 금 채굴에 관여하고 있었다. 버넬은 한때 광부였던 군인들과 함께 남부의 광산을 더 안전한 일터로 만들기 위한 원정길에 오른 광부였다. 버넬의 무리(일명 리 바이닝 일당)는 1853년 족장 테나야를 따르는 원주민들을 추격하면서 블러디 캐니언을 가로질러 모노 호수 언저리까지 갔다가 광석 샘플을 채취해 돌아온 후 광부들을 이끌고 동쪽으로, 네바다주로 이동했다. 위드와 왓킨스는 아무 방해물도 없는 풍경을 찍은 사진보다 광산과 광부들을 기록한 사진으로 더 안정적인 수입을 올렸고, 대부분의 경우 전자에 필요한 자금을 후자를 통해 확보했다. 프리몬트를 라스마리포사스 부지에서 내쫓고 옴스테드를 불러들이는 데 일조한 탐욕스러운 채권자 트레노어 파크는 1861년 라스마리포사스로 첫 여정을 떠나는 왓킨스에게 경제적 지원을 제공했다. 왓킨스는 파크를 위해 마리포사스 광산의 사진을 찍은 다음 요세미티 밸리를 촬영하면서 자유 시간을 보낼 계획이었다.

왓킨스가 찍은 광산 사진 중 지금도 남아 있는 작품들은 광산과 정반대인 세계라 할 수 있는 요세미티를 찍은 사진들과 기묘한 대응을 이룬다. 가장 놀라운 것은 네바다 카운티 말라코프 광산 북쪽에서의 유압 채굴 작업을 담은 사진들이다. 사진에 담긴 세찬 물줄기와 지표면이 드러난 절벽들은 이상하게도 요세미티 밸리의 폭포와 깎아지른 듯한 암벽과 유사하며, 사진 속 세찬 물줄기는 풍경을 휩쓸어 없애버리는 수단이 아니라 축제 현장에서의 물기둥, 장식용 분수에서 솟구치는 물기둥과 흡사하다.

존 맥피(John McPhee)는 "광부들은 물을 고지대에 가두어두었다가 자갈이 깔린 도랑과 수로로 흘려보냈다."라고 썼다. "5년 안에 그들은 약 8000킬로미터 길이의 도랑과 수로를 만들었다. 화석화된 강바닥을 기준으로 약 650킬로미터 높이의 도랑에서부터 흐르기 시작한 물은 호스를 따라 시속 약 30~160킬로미터 속도로 노즐 밖으로 분출되었다. 그 물줄기는 지름이 큰 접시만 했고 촉감이 고체처럼 단단했다. 노즐 근처에 손을 갖다 대면 물에 닿은 손가락이 화상을 입었다. 그건 물대포였다. 물줄기는 자갈이 깔린 경사면에 부딪히면서 약해졌다. …… 그동안 미국에서 채굴된 모든 금의 3분의 1에 해당하는 약 3000톤의 금이 시에라네바다에서 채굴되

물, 과거를 망각하다:
요세미티 국립공원

었다. 그중 4분의 1은 유압 채굴로 얻은 것이었다."[8] 이는 킹이 머세드의 맑은 강물에 그토록 감명받은 이유이기도 했다. 머세드강은 그가 캘리포니아에서 본 강 중에서 채굴 과정 중에 유실되는 토양에 의해 갈색으로 더럽혀지지 않은 최초의 강이었다. 요세미티가 보호구역으로 지정된 시기, 수천 톤의 흙이 산기슭에서부터 여러 밸리와 강, 샌프란시스코만으로 떠내려갔다. 금문교 입구마저 갈색빛을 띠었다.

이런 점을 고려하면 요세미티는 그저 세상만사로부터 벗어나기 위해 찾는 평범한 휴양지가 아니라 광적으로 땅을 파헤치는 광업으로부터 대피하는 구체적인 피난처다. 요세미티는 일의 세계와 대비되는 휴양의 세계, 즉 보상으로 기능하고 있다. 그런데 요세미티가 에덴동산이라는 말은 요세미티를 제외한 세상의 나머지는 그렇지 않음을 의미한다. "이 장소는 따로 떼어놓고 보호해야 한다."라는 말에는 "다른 모든 장소는 개방하고 활용해야 한다."라는 말이 깔려 있는 것이다. 이렇게 국립공원은 국립희생지역, 즉 19세기에는 대부분의 채굴 및 벌채 지역을 의미했고 현재는 폐기물 처리장과 군사 지역과 댐 수몰 지역까지 포괄하는 지역과 균형을 이루고 있으며 어쩌면 그런 지역의 존재를 정당화하고 있는지도 모른다. 보통 위대한 깨달음의 산물로 간주되는 국립공원이라는 개념의 탄생은 너무나도 급속히 황폐화하고 변형되는 땅을 아주 일부만이라도 보존하기 위한 시도의 결실이었다. 국립공원은 몇 안 되는 장소라도 다른 많은 장소가 맞이한 운명으로부터 지켜내고자 한 시도, 아름다움이 퇴색된 나머지 장소들로부터 벗어나 일의 풍경과 분리된 여가의 풍경을 지켜내기 위한 시도였다. 흥미롭게도 왓킨스가 찍은 말라코프 광산은 황폐화(여태 아무 생명체도 자라지 않는, 뼈대만 남은 거대한 산등성이와 계곡들)라는 몹시도 극적인 위업을 달성한 덕에 캘리포니아 주립공원으로 보호받게 된 곳이었고, 사실상 미국이 환경 파괴에 대해 조치를 취한 유일한 장소였다. 광산은 사람들이 고역을 치른 장소이자 너무나도 많은 변화가 일어난 장소였다. 그러므로 요세미티는 그 누구도 고역을 치르지 않고 아무것도 변하지 않는 장소여야 했다.

물, 과거를 망각하다:
요세미티 국립공원

풍경에 액자 씌우기[1]

어느 9월의 늦은 오후, 나는 머세드강을 따라 걸었다. 서쪽으로 이동하며 밸리를 통과해 일몰을 향해 다가가는 동안 몇 분에 한 번씩 무언가가 나를 놀래켰다. 강이 휘어졌고, 밸리가 조금 더 정서쪽으로 방향을 틀었고, 태양의 마지막 빛줄기가 나를 향해 길게 뻗었고, 일단의 나무가 사라지고 목초지가 나타났으며, 서쪽 끝 나무 사이에 공간이 생기면서 장밋빛으로 물든 깎아지른 듯한 절벽 혹은 깊은 V자 모양의 계곡이 나타났다. 머세드강은 평온하고, 방치돼 있고, 아름답다. 거울처럼 모든 것을 반사하는 수면은 조금씩 넓어지고, 강물은 얕은 폭포 위로 흐르면서 그 흐름에 맞추어 노래를 하고, 반으로 갈라지며 섬 하나를 에워싸고, 한껏 구부러졌다가 방향을 틀고, 아름다운 활엽수 숲을 포근히 감싸고, 밑바닥의 흙을 거칠게 끌어올리면서 마치 손가락 100개로 대지를 움켜잡는 울퉁불퉁한 맨손처럼 거대한 뿌리의 마디들을 노출시키고, 멀리까지 퍼져 있는 광택 나는 바위와 모래톱과 잠잠한 강의 후미와 습한 풀더미와 오리, 그리고 잠수함 함대처럼 완벽한 대형으로 웅덩이에 가만히 떠 있는 큰 물고기 떼를 헤집고, 그늘진 심연을 만들고, 온갖 구멍을 헤엄쳐 건너고, 봄의 희열이 찾아오리라고 믿기 힘든 장소들의 허여멀건 나무줄기들을 씻어내며, 물줄기가 긴 실타래 모양으로 얼어붙고 야외 수영장이 빙판이 되는 겨울을 맞이한다. 몇몇 제물낚시꾼 말고는 아무도 이 강가를 거닐지 않는다.

요세미티 풍경은 숨바꼭질 놀이를 한다. 사막에서는 광활한 공간이 아주 느린 속도로 변하고, 멀리까지 내다보는 것이 가능하고, 주와 주 사이 지형의 변화는 감지할 수 없을 정도로 미미하고, 하나의 풍경을 통과해 또 다른 풍경을 마주하기까지 한 시간 이상이 걸릴 수도 있는 반면, 요세미티 풍경은 변덕스럽고, 불안정하고, 경박하다. 매끈하게 깎인 요세미티 밸리 내부 공간에서는 끊임없이 변하는 빛에 따라 모습을 바꾸는 경치라든가 바위와 나무 사이를 이동할 때 눈앞에 나타났다가 사라졌다가 하며 영원히 변화를 거듭하는 경치 등 존재 가능한 모든 경치가 무한히 펼쳐진다. 사막이 넓디 넓은 야외에 외따로 있는 개미가 된 듯한 기분이 들게 한다면, 요세미티는 높은 나무와 높은 절벽이 사방을 에워싸고, 성인이 꼬마 아이가 된 듯한 기분이 들게 하는 높은 폭포가 폐소공포증을 유발할 정도로 강력한 기세로 내리누르고, 인간이 직립 보행 동물로서 지닌 수직성을 압도하며, 어떤 인간이든 거인 무리에 낀 소인처럼 만들어 버리는 수직의 세상이다.

동쪽을 향해 걸으며 돌아가고 있었을 때 나는 비통한 슬픔에 잠긴 듯 몸을 웅크리고 있는 어떤 여자를 마주쳤다. 알고 보니 카메라를 들고 달을 촬영하고 있는 것이었다. 캠퍼들은 대부분 이미 모닥불과 랜턴 주변에 모여 앉아 있었다. 눈이 모닥불과 랜턴 불빛에 적응하면 그 밖의 모든 것은 보이지 않게 되는데 그들은 그런 효과를 이용해 빛으로 만든 원을 집의 외벽으로 삼아 그 속에 머물렀다.

+

모든 것은 박쥐 한 마리가 넓은 객실을 정신없이 날아다니던 어느 날 밤, 내가 아와니 호텔 로비에서 아무렇게나 휘갈겨 쓴 구절에서 시작되었다. 아와니 호텔은 오랫동안 잘 유지된 20세기 초반의 문화적 양식을 아무거리낌 없이 차용해서 지은 건물 중 하나다. 커다란 벽난로와 지붕보가 있고 기하학과 난색의 활용이 국제적인 추세임을 보여주는 남서부 및 중동부 지역의 카펫이 깔려 있어서 중세 성과 흡사해 보이기는 하지만, 투박하게 지은 사냥용 오두막과 닮은 구석도 있다. 객실 한가운데 놓인 한 아크릴 상자에는 캘리포니아 북서부 목재로 만든 유록(Yurok)/카록(Karok) 부족의 바구니가 있는데 실용적인 쓰임과는 무관하게 사람 한 명 혹은 두 명이 몸을 웅크리고 들어갈 수 있을 정도로 거대하다. 호텔에 있던 흰 분홍 꽃무늬 드레스 차림의 노부인은 박쥐의 방문을 즐겼다. 다른 노부인은 계속해서 신경질적으로 지갑을 만지면서 "누가 말을 좀 해야 하는데."라고 말했고, 그럴 때마다 그의 남편은 박쥐가 행운을 상징한다며 안심시켰다.

나는 아와니 호텔을 좋아한다. 아와니 호텔은 타협하지 않는다. 캠핑이건 야생이건 그 밖의 어떤 것과도 적당히 조화를 이루려는 생각일랑 없이 호화로움만 넘쳐흐른다. 때로 나는 아침을 먹기 위해 그 호텔을 찾아가며, 가능하면 높낮이가 다른 풀과 여타 식물이 무성해 맨 처음에 갔을 때 자연 상태 그대로의 목초지로 착각했던 장소 옆에 앉는다. 스프링클러가 단서였을 텐데, 그걸 알아차리지 못했던 것이다. 그곳은 원래 자연 그대로의 목초지이기 이전에 골프장이었고 골프장이기 이전에 옥수수밭이었다. 옥수수밭, 골프장, 목초지. 풍경에 대한 이제껏 변화해온 기대를 반영하는 장소였다. 풍경이 무언가를 생산하고, 베풀고, 영감을 불러일으키리라는 기대 말이다. 이런 기대는 극상림(climax forest), 즉 생태계의 속성이 변해가는 삼림 천이(forest succession)의 다양한 단계들을 거쳐 성숙한 상태에 이르고 안정화된 숲 개념을 풍자하는 일종의 패러디이기도 하다. 그중에서도 영감을 불러일으키는 일은 요세미티 풍경이 짊어진 최후의 운명이 었고, 그런 관점은 허칭스의 바람을 누르고 승리를 거두었다. 어쩌면 이는 국립공원이 걷기, 캠핑, 관찰 외에도 각종 레크리에이션을 제공해야 한다 는 주장까지 무찌를지도 모른다. 자연환경에 대한 미국인들의 취향은 너 무나도 이곳저곳에 스며들어 있다. 그래서인지 대부분의 사람은 그런 취 향 자체가 자연스럽다고 (또 고결하다고) 믿는 경향이 있다. 그러나 빙하가 침식해 요세미티가 만들어졌듯, 그런 취향은 사실상 전적으로 유럽 전통 에 의해 빚어진 취향, 완전히 계발된 자연에 대한 취향이다.

풍경에 대한 유럽의 취향과 그 미국적 변형에 출발점이 있다고 한다 면, 수학자이자 철학자 르네 데카르트와 같은 국가, 같은 시대에 태어난 페이스트리 제빵사가 그 출발점이라 할 수 있을 것이다. 이 점이 클로드 줄레(Claude Gelée)의 아르카디아적 이상향의 몽상과 똑같은 재료를 가지 고 데카르트의 무정한 유토피아적 논리를 만들어내는 문화에 관해 무언가 를 말해주기 때문이다. 1600년에 출생했으며 프랑스 지방 로랭의 명칭을 따서 클로드 로랭이라고도 불린 클로드 줄레는 로마로 떠나 풍경 화가가 된 후 여든두 살의 나이로 사망하기 전까지 로마의 평원인 캄파냐를 그리 고 또 그린 사람이었다.

수 세기 전 성인들을 그린 그림의 금박 바탕은 보다 세속적인 배경으 로 대체되었고, 서양 회화가 원근법과 음영을 비롯해 그림의 현실성을 더 하는 모든 부수적인 기술을 한꺼번에 습득하면서부터 풍경화는 더더욱 현 실성을 더해갔다. 14세기부터 유럽 회화는 성경 인물과 역사적 인물의 뒷 배경을 정교한 풍경으로 장식했는데, 그래 봐야 풍경은 늘 배경 역할을 했 고 전경에 놓인 인물과 그림을 더 돋보이게 하는 서사에 비해 부차적이었다. 예술의 주제는 여전히 인간의 삶, 즉 한때 예술의 유일한 주제로 여겨졌다가 나중에는 가장 고귀한 주제로 간주된 인간의 삶이었다. 풍경은 신데렐라처럼 회화의 세계에 입장해 19세기까지 구석에만 머물렀고, 심지어 오늘날에도 연극 무대의 배경을 일컫는 scenery라는 단어로 불리고 있다.

클로드의 회화에 극적으로 새로운 것은 하나도 없었다. 인물이 배경에 비해 상당히 작은 비율로 그려지고 서사의 중요성이 덜해졌을 뿐이었다. 몇몇 그림에 대해서는 그 누구도 그림의 서사가 무엇인지, 그림 속 인물이 누구인지 확신하지 못하며, 클로드 자신도 신경 쓰지 않은 것처럼 보인다. 클로드는 때로는 그리스와 로마 신화에서 영감을 받은 서사를 담아내면서 고전적인 양식의 기둥을 그리고, 때로는 성경 내용을 서사로 삼는다. 그러나 서사가 어떻든 사실상 그가 그리는 것은 언제나 로마의 캄파냐, 즉 이른 아침이나 늦은 오후의 선명하면서도 어렴풋한 햇빛을 받아 빛나고, 위풍당당한 자태의 나무들이 서로 얼마간 간격을 두고 서 있는 녹지, 움직임 없는 연극 무대, 역사 없는 풍경이다. 그의 작품은 하나의 장소이자 하나의 분위기로서의 목가적 풍경(갑작스럽고 폭력적인 사건이 발생하는 것이 불가능해 보이는 감미롭고 울적한 세계)을 최상의 방식으로 표현한 그림이다. 당대 풍경 화가 중 클로드와 같은 방식으로 성공을 거둔 사람은 없지만, 당시 클로드는 어마어마한 성공을 거두었다. 클로드가 활동하던 시기에 집권한 모든 교황과 많은 귀족이 그의 작품을 수집하기도 했다. 클로드는 난이도가 낮은 그림을 그리는 조수들과는 작업한 적이 한 번도 없었고, 어떤 종류의 그림이건 돈을 위한 작품 활동에는 한 번도 눈길을 주지 않았다. 그는 똑같은 풍경, 즉 그림의 하단 전경에는 인물들을 작게 배치하고, 중경에는 그 인물들을 감싸는 아치 형태의 경관을 그리고, 원경에는 하늘과 물을 은은한 색조로 표현한 풍경을 꿈처럼 반복적으로, 미묘한 매력을 담아 몇 번이고 다시 그렸다.

조르조네(Giorgione)와 티치아노 베첼리오(Tiziano Vecellio) 등 몇몇 위대한 화가는 클로드보다 앞서 아무 사건도, 아무 인간도 존재하지 않는 풍경화를 그렸던 것 같다. 이탈리아의 카라치(Carracci) 형제처럼 거의 풍경화가라 할 수 있을 클로드의 동료들, 엄격한 고전주의 화가 니콜라 푸생(Nicholas Poussin), 그리고 같은 풍경 화가로서 클로드의 풍경이 고요한 만큼이나 거친 풍경을 그린 살바토르 로사(Salvator Rosa)도 그러했다. 그러나 클로드의 영향력은 가히 독보적이었으며, 그의 작품은 예술이 인간사를 다룬 시기와 예술이 아무 사건도 발생하지 않는 풍경을 향한 소망까지 끌어안은 시기를 나누는 구분선으로 기능하고 있다. 18세기 영국 귀족들은 클로드와 푸생의 작품에 열광했고 되는대로 모든 작품을 손에 넣었다. 1982년 영국 국립미술관이 클로드의 회화를 주제로 대규모 전시를 개최했을 때 놀라울 정도로 많은 작품이 영국 귀족들의 수중에 있었던 데다가 지금까지도 많은 작품이 여왕의 소장품이다. 오래전 사망한 그 귀족들의 취향은 그저 역사적 호기심에 지나지 않았을 수도 있다. 그러나 그들의 취향은 우리의 취향까지 결정지었다. 그림 수집을 시작한 그들은 그다음에는 그런 그림을 모방해 정원을 가꾸기 시작했고, 정원을 갖게 된 후부터는 세상을 보며 감탄하기 시작했다.

영국식 풍경 정원은 성공을 거두지 못한 역사 화가 윌리엄 켄트(William Kent)와 함께 시작되었다. 이탈리아에서 시간을 보낸 후 1719년 영국으로 돌아온 켄트는 클로드와 푸생의 작품을 실제 현실에 구현하기로 굳게 마음먹은 사람이었다. 즉 그들이 사용한 물감과 캔버스를 흙, 물, 나무, 잔디, 건축물로 변환하고자 했다. 귀족 출신 작가 호러스 월폴(Horace Walpole)은 켄트가 "울타리를 뛰어넘어 모든 자연이 하나의 정원임을 발견했다."[2]라고 썼다. 조경한 정원이든 조경하지 않은 정원이든, 모든 정원은 낙원을 여러 크기로 구현한 모델이며, **낙원**(paradise)이라는 단어 자체도 울타리가 있는 정원을 의미하는 페르시아어에 기원을 두고 있다. 페르시아 카펫은 화단과 분수가 대칭을 이루도록 설계한 페르시아의 조경 정원을 항공 지도 형태로 옮겨놓은 결과물일 때가 많다. 정원은 실제 세상이 갖추지 못한 것을 (보상하듯) 보충하며, 세상에 구현되어야 마땅한 광경을 펼쳐 보인다. 현실적이고 심리적인 이유를 감안해 조성된 중세 정원은 격동의 시기에 외부 세계로부터의 피난처 역할을 했고 높은 담장 안에 열매, 꽃, 평화로 이루어진 작은 왕국을 세웠다. 이탈리아에서 시작된 르네상스가 유럽 전역에서도 꽃피운 시기에는 요새 같은 대저택에 대한 수요가 점차 사그라들고 정원이 더 크고 더 개방된 공간이 되었다. 그러나 이와 동시에 정원은 더 형식적인 모습을 띠게 되었다. 정원은 여전히 세상과 동떨어진 별개의 장소, 더 안전하고 더 체계적이고 더 통제되는 장소였다. 루이 14세의 베르사유는 그런 전통이 정점에 다다른 결과물이었다. 세상이 보는 앞에서 누가 더 규모가 큰지를 겨루면서 지평선을 향해 뻗어나가는 정원일 뿐만 아니라 눈금자와 컴퍼스가 군림하면서 나무를 원뿔 모양으로 깎고 물이 직사각형과 원형의 작은 못에서 흐르게 만드는 정원이었다. 17세기 기하학 원리를 적용한 데카르트식 정원은 합리적인 개선이 필요하다고 여겨진 지구에 추상적인 질서를 부여할 것을 제안했다. 켄트 이후의 영국식 풍경 정원은 실제 세상이 어느 정도는, 또 일부 지역에서는 마땅한 모습을 하고 있음을 처음으로 슬며시 보여주었다는 점에서 급진적이었다.

자연을 향한 이런 취향의 일부는 실제 풍경과 실제 나무를 그린 그림과 같이, 질서를 발명하기보다는 발견해낸 그림으로부터 싹텄고 그런 취향의 아주 일부는 중국식 정원에 대한 묘사, 그리고 데카르트의 선험적 사고방식보다는 경험적 사고방식을 향한 영국의 애호에서 비롯했다. 그러나 상당 부분은 창조가 선함을 의미한다는 낙관주의에 바탕을 두고 있었다. 풍경 정원에 이끌려 낭만주의에까지 가닿은 18세기 영국인들은 삶이 고약하고 잔인하고 짧으며, 이기적인 폭력이 야기하는 혼란을 예방하려면 정부가 필요하다는 홉스의 음울한 관점에서 방향을 틀어, 인간은 본디 선하나 단지 사회에 의해 타락할 뿐이라는 낙관주의로 이동했다. 후자인 낙관주의적 믿음의 열렬한 지지자였던 루소는 고귀한 야만인(noble savage)의 형상, 풍경을 향한 취향, 어린이의 순수함에 대한 믿음, 즉 자연이 선하다고 보는 모든 믿음(루소는 시민 사회와 불평등이 "한 토막의 땅을 둘러싸고는, 풍경 위에 부동산을 겹쳐 놓으면서, 느닷없이 '이 땅은 내 땅이야.'라고 선언한 최초의 인간에 의해 생겨났으며 다른 사람들은 그런 말을 믿을 만큼 단순했다."라고 주장했다.)을 구축하기 위해 많은 일을 했고 세상에 지대한 영향을 미쳤다. 그러나 어쨌거나 자연의 선함은 기독교 교리와 많은 부분에서 배치되었다. 기독교 교리에 따르면 인간은 원죄를 가진 타락한 존재로 태어나므로 예배를 통해 속죄해야 했고, 자연은 타락이라는 재앙과 에덴동산에서의 추방("땅은 너로 인하여 저주를 받고"*) 이후 혼돈에 빠진 공간이었다. 초기 유럽인들은 에덴동산 추방 이후의 혼란한 상황을 보여주는 증거를 자연 풍경에서 찾으려 했다. 그리고 그런 증거를 발견해냈다. 예컨대 영국의 신학자 토머스 버넷(Thomas Burnett)은 1681년 세상이 달걀처럼 매끄러운 공간으로 창조되었다고, 다만 에덴동산 추방 이후의 일이기는 하지만 똑같이 결정적인 재난이었던 대홍수에 의해 손상되고 "일그러졌다."라는 의견을 제시했다.[3] 그 외에도 17세기 작가들은 경작이 이루어진 안온한 풍경

---

* 「창세기」3장 17절.

물, 과거를 망각하다:
요세미티 국립공원

을 선호했고 영국의 레이크디스트릭트, 스코틀랜드의 하일랜드 지방, 그리고 세계 각지의 산들을 섬뜩하고, 끔찍하고, 무시무시하고, 험악한 곳으로 묘사했다.

그로부터 한 세기 후, 켄트는 모든 자연이 하나의 정원이었다는 깨달음을 얻었다. 이는 세상을 뿌리부터 뒤흔드는 발견이었고, 목가적 이상향의 관점이 무정한 유토피아적 관점을 누르며 거둔 승리였다. 영국 정원은 여전히 인위적으로 조성되기는 했지만 주변 풍경에 자연스럽게 녹아들면서 담장 대신 도랑을 보호막으로 삼았다. 딱히 조경 정원처럼 보이지도 않았다. 즉 세상의 나머지를 아수라장으로 간주하면서 극단적인 질서를 추구하려 하지 않았고 18세기가 진행되는 동안 점점 더 자연스러운 모습을 띠게 되었다. 풍경 정원(landscape garden)을 구현한 위대한 천재 케이퍼빌리티 브라운(Capability Brown)*의 손에서 정원은 더 광대해졌고, 구성 요소들은 더 단순해졌으며, 건축적 장식은 사라지기 시작했다. 18세기가 끝날 무렵에는 풍경 정원에 몇몇 인공적인 요소들이 다시 가미되었지만 중요한 문제는 아니었다. 귀족들은 그림을 감상할 때처럼 점점 더 존재감이 분명해지고 있는 풍경 정원의 요소들을 음미하는 법을 스스로 익혔고, 그러다 문득 그런 경험이 전 세계 어디에서나 언제든 누릴 수 있는 것이었다는 사실을 깨달았다. 18세기 중반 즈음에는 숭고함에 대한 취향이 형성되면서 감식가들을 중심으로 그동안 대재앙의 신호로 인식된 알프스산맥 같은 풍경의 특징을 향유하는 현상이 나타나기 시작했다. 클로드의 그림을 감상하는 것에서 시작해 정원을 음미하는 과정을 거친 다음 더 크나큰 세상을 볼

---

* 본명은 랜슬럿 브라운(Lancelot Brown, 1716~1783). 모든 땅이 갖고 있는 좋은 풍경으로서의 가능성과 잠재력(capability)을 입이 닳도록 강조하고 다녀서 '케이퍼빌리티 브라운'이라고 불렸다.

수 있게 된 귀족들은 풍경을 일종의 미적 현상으로 보는 법도 배웠다. 그리고 바로 이때부터 경치 감상이 주목적인 관광이 시작되었다. 그전까지만 해도 인간이 만들어낸 유적들 사이에는 아무것도 없었다. 여행자들의 시선에도, 여행자들이 남긴 기록에도 그저 텅 빈 공간만 있을 뿐이었다.

그러나 여행자의 입장에서 상당한 수준의 중재 없이 무언가를 감상하기란 어려운 일이었다. 이에 따라 풍경 감상에 관한 텍스트, 말하자면 베데커와 포더에서 펴내는 여행 가이드의 전신 격인 텍스트가 대단한 인기를 끌었다. 가이드 책 중 일부는 특정 장소를 중점적으로 설명했고, 일부는 교양을 갖추려는 독자를 위해 무엇을 감상해야 하는지와 감상한 풍경을 '그림 같은', '아름다운', '숭고한' 등 각 범주에 맞게 분류하는 법까지 알려주었다. 풍경 시(제임스 톰슨(James Thomson)의 베스트셀러로 분량이 소설에 버금가고 생경한 단어로 쓰여 현재는 거의 읽기가 불가능한 서사시 『사계(*The Seasons*)』 등)도 등장했고 풍경화는 더 많아졌다. 여행자들은 자연 세계를 하나의 예술 작품처럼 바라보면서 구성, 색상, 조명에 대해 비평했다. 클로드 유리라 불리는 작은 발명품이 나오기도 했는데, 이 탁하고 오목한 손거울은 풍경을 대면하지 않고 그 풍경이 반사된 상을 보며 감상하는 용도로 쓰였다. 세상을 사진 크기로 축소하고, 사방을 가로막고, 마치 수 세대에 걸쳐 쌓이고 쌓인 그을음을 통해 보듯 어두컴컴하기까지 한 거울로 풍경을 감상했던 것이다.

풍경을 감상하는 능력은 상류층의 품위를 보여주는 징표가 되었고, 풍경을 묘사하기 위해 개발된 언어는 현재 놀라운 수준에 이르렀다. 묘사한 내용의 설득력이 과하게 떨어지면 풍경을 향한 취향이 고상함을 뽐내기 위한 허세에 불과하다고 여겨졌지만, 그렇다 해도 많은 이들에게 그런 취향은 진심에서 우러난 것이었다. 출판된 시뿐만 아니라 사적인 편지들도 디테일과 인상을 포착하는 놀라운 시선을 통해 글을 쓴 사람의 세계를 보여주었다. 어떤 현상을 훨씬 더 많은 단어로 묘사할 수 있는 언어들이 여럿 있지만, 영어는 자연 세계의 외양을 표현할 수 있는 세련되고 섬세한 도구임을 한 세기 혹은 두 세기에 걸쳐 스스로 입증했다.

+

귀족들에게 자연을 향한 취향이 그들의 품위를 보여주는 징표였다면, 낭만주의자들에게 자연을 향한 취향은 반란을 의미했다. 낭만주의자들은 직접 경험, 유년기와 어린이, 유럽에 남은 야생 지대가 품은 즉시성을 찾아냈고, 산업혁명을 통째로 집어삼키고 있는 혹은 산업혁명에 의해 통째로 집어삼켜지고 있는 사회에 대항해 자연 그리고 시골과 정치적으로 연합했다. 그러나 빅토리아 시대 사람들, 특히 미국에 사는 빅토리아 시대 사람들에게는 자연이 일종의 종교가 되었다. 숭고함은 더 이상 격렬한 기운을 내뿜거나 과시를 통해 두려움을 유발하는 대상을 향한 정열이 아니라 신의 권능을 보여주는 증거였다. 그들은 풍경화 속에서 경치에 대한 취향을 종교적 경건함과 결합했고 점점 그 어디에서도 찾기 어려워지는 신의 흔적을 찾고자 애썼다. 이에 따라 예술, 자연, 종교는 서로 호환 가능한 경험이 되었으며, 이런 경험을 묘사하는 단어들은 이제 포화 상태가 되어 마구잡이로 뒤섞여 있다.

1851년의 라피엣 버넬은 자연을 바라보다가 그 속에서 신에 대해 말하는 예술 작품을 발견한다.(다만 활기라곤 찾아볼 수 없는 진부한 묘사 때문에 조금의 매력도 찾아볼 수가 없다. 잔뜩 흥분한 상태로 자신의 영적 경험을 표현하는 버넬은 주로 자신의 품위를 세우는 일에 몰두한 듯하다.) 제임스 새비지가 재촉하자 버넬은 이렇게 말한다. "저는 여기서 하느님의 힘과 영광을 보았습니다. 하느님이 손수 지으신 만물의 장엄함은 『암석의 증언(*Testimony of the Rocks*)』*에 담겨 있습니다." 한 세기가 지난 후 시에라 클럽의 회장 데이비드 브라워(David Brower)는 그랜드 캐니언에 댐을 건설하는 계획(이를 추진한 사람들은 그랜드 캐니언이 물에 잠길 경우 관광객이 협곡의 가장자리에 더 가까이 다가갈 수 있으리라고 말했다.)에 맞서 《뉴욕 타임스》에 "관광객이 천장에 더 가까이 다가갈 수 있게 시스티나 성당도 침수시켜야 하나?"라는 표제로 전면 광고를 게재했다.[4] (이는 헤츠헤치 밸리에 댐을 건설하는 계획**에 대해 존 뮤어가 "인간이 여태 그 어떤 성스러운 사원도 마음을 다해 신성시한 적이 없었으니 성당과 교회에도 댐을 세워 물탱크로 만들어버리는 게 나을 것"이라고 말했던 것을 모방한 결과물이었다.) 위대한 풍경을 위대한 예술 작품 그리고 교회와 동일시하는 것은 일종의 기정사실이었다. 그랜드 캐니언에는 오시리스 사원, 불교 사원, 조로아스터 사원을 비롯해 사원이 가득하며, 요세미티는 심심찮게 대성당에 비견되었고 요세미티의 바위층은 '대성당의 첨탑들'이라고 불렸다.

이와 같은 풍경의 전통을 학습한 미국인들이 요세미티를 거부할 수 없었던 데에는 몇 가지 이유가 있었다. 먼저 요세미티의 목초지와 넓게 퍼져 있는 떡갈나무가 영국의 풍경 정원과 놀라울 정도로 유사했던 터라 요세미티는 자연이 정원의 예술을 모방해 만든 위대한 기적의 산물로 간주되었다. 그리고 이 조용한 요세미티 국립공원은 사방이 비범한 암벽과 폭

---

* 스코틀랜드 지질학자 휴 밀러(Hugh Miller, 1802~1856)가 저술한 지질학과 기독교에 관한 책.
** 존 뮤어와 시에라 클럽이 수년간 반대 투쟁을 이끌었고 많은 전문가와 언론의 반대가 있었지만 결국 의회는 1913년 댐 건설을 승인했고 헤츠헤치 밸리는 물에 잠겼다.

물, 과거를 망각하다:
요세미티 국립공원

포라는, 숭고함을 이루는 요소들과 창조주의 존재를 입증하는 증거로 둘러싸여 있기도 했다. 마지막으로 빅토리아 여왕 시대 사람들은 지질학에 완전히 사로잡혀 있었다. 20세기 물리학은 물리학자가 아닌 사람들의 마음에도 호소했다. 물리학이 소우주의 구조와 사건을 묘사하는 방식이 학문을 넘어 더 가치 있는 세상의 새로운 모델을 제시하는 듯했기 때문이다. 그리고 19세기 지질학은 대우주의 구조와 사건을 묘사함에 있어서 20세기 물리학과 똑같은 역할을 했다. 지질학은 우주의 위대한 역사를 보여주는 새로운 증거들, 지표면과 지구 생명체가 겪은 막대한 변화, 내부에서 발생한 일련의 변태(metamorphoses)에 관한 감각을 통해 전문가뿐만 아니라 비전문가에게도 필요한 시급하고 흥미로운 학문으로 부상했다. 화석으로 남은 증거에 영감을 받은 다윈의 『종의 기원』은 요세미티가 침입당한 시점으로부터 8년이 지났을 때이자 요세미티가 국립공원이 되기 5년 전인 1859년에 세상에 공개되었다. 엄청난 규모의 광물 발견과 미 서부에 대한 지도 제작이 이루어진 그 시절의 지질학은 하나의 실용 학문이었다. 그러나 그와 동시에 일종의 영적 탐구이기도 했다. 지구가 대격변에 의해 탄생했는지 아니면 화산 폭발로 탄생했는지에 관한 논쟁은 각 입장을 지지하는 사람들의 기본적인 신념을 건드렸고, 캘리포니아 지질조사국의 조사이아 휘트니는 요세미티가 빙하의 침식 작용으로 형성되었다는 존 뮤어의 주장, 현재는 본질적으로 옳다고 받아들여지는 주장에 맞서 열변을 토했다.

산맥에서 발견된 바다 화석들은 지구가 겪은 급진적인 변화의 일부를 보여주었고, 화석이 현재 지구에 살아 있는 생명체의 화석이 아니라는 사실은 진화론을 뒷받침해주었다. 코페르니쿠스 이론은 지구를 우주의 중심에서 밀려나게 했고, 이에 따라 19세기 지질학자들은 인류의 존재를 지구에서 벌어진 핵심 사건이 아니라 뒤늦게 등장한 단역으로 보기 시작했다. 지구의 시간을 변화시킨 지질학적 탐구에 따라 유럽 내 유적들의 상대적인 나이도 바뀌었다. 이를테면 서양 세계의 상당수 영역을 뒤덮고 있는 벌거벗은 바위들이 미국 풍경에서는 새로운 종류의 유구함을 상징했다. 그 바위들은 일종의 자연적 잔해, 고대 문화는 아니더라도 고대 자연을 입증하는 증거로 기능했으며, 바위의 명칭은 대체로 영국계 미국인 탐험가들이 매력을 느낀 탑, 대성당, 성, 기타 건축 형태 중에서 겉모습이 유사한 구조물의 이름을 따서 지어졌다. 세쿼이아 나무들도 살아 있는 것들 사이에서 눈에 띄는 거대한 크기와 수령을 갖고 있어 바위와 유사한 광활함을 느끼게 했다.

요세미티는 다양한 취향을 만족시켰다. 풍경을 향한 취향, 영국의 훌륭한 풍경 공원과 흡사한 풍경을 향한 취향을 충족시켰다. 요세미티의 바위들은 빼어난 지질학적 신비로움을 제공했다. 그런데 여기에서 기억해야 할 중요한 사실은 다윈의 시대가 P. T. 바넘(P. T. Barnum)의 시대이기도 했고, 바넘 또한 1870년에 요세미티를 방문했다는 것이다.(다윈과 바넘은 각각 1809년, 1810년에 1년의 차이를 두고 출생한 위대한 자연주의자, 위대한 서커스 단장이었다. 요세미티는 가장 거대한 암벽, 가장 높은 폭포, 가장 거대한 나무를 선보이는 미국에서 가장 자연적인 서커스 무대로 볼 수도 있다.) 목가적인 목초지에서부터 입이 떡 벌어질 정도로 험준한 협곡, 관광객들이 돌연변이 현상이라고 여기는 간헐 온천에 이르기까지 요세미티 국립공원에서 볼 수 있는 것과 유사한 장관이 옐로스톤 국립공원에도 펼쳐져 있다. 종교, 과학, 여흥, 이 모든 것이 눈으로 볼 수 있는 불가사의한 형상들로 최초의 두 국립공원에 압축돼 있는 셈이다.

존 뮤어는 아마 그 누구보다 열렬히 자연을 하나의 종교로 내세운 사람일 것이다. 그는 사실상 야생 풍경의 전도사로서 발언했고 요세미티에서 자신의 신전을 발견했다. 스코틀랜드에서 태어난 뮤어는 어린 시절 미국으로 이민한 후 농장에서 성장했다. 아버지 대니얼 뮤어는 자녀들과 땅모두 한계까지 밀어붙이는 거친 사람이었다. 그러다 영농에 몰두하던 시기에 몇 차례 방치해야 했던 비옥한 위스콘신 땅(당시에는 이미 경작이 이루어진 토양을 내버려두고 새로운 토양을 찾는 것이 일반적이었다.)과 여덟 자녀 중 대부분이 이러저러한 이유로 그를 두고 떠났다. 존 뮤어는 시간을 두고 천천히 아버지에게서 멀어졌고, 마차 바퀴를 생산하는 인디애나폴리스의 한 공장에서 사고를 겪은 후 일과 실용성을 좇는 것이 무엇보다 중요했던 그간의 삶의 방식과 완전히 이별했다. 새로운 기계를 발명하고 생산 과정을 간소화하는 데 비범한 재능이 있었던 그는 훌륭한 제조업 경영자로서의 가도를 달리던 중에 사고를 당했다. 벨트를 조이다가 손이 미끄러져 들고 있던 서류철이 오른눈을 찔렀던 것이다. 몇 시간 후 교감 신경 반응에 따라 그의 왼눈도 보이지 않게 되었다. 지난하고 트라우마적인 치료 과정 후 그는 시력을 되찾았고, 일을 그만뒀고, 걷기 시작했고, 미 동부를 거쳐 플로리다주의 멕시코만에 다다르고 나서도 산보를 계속하다가 마침내 시에라와 요세미티에 도착했다. 그리고 그때부터 거기에서 요세미티를 탐험하고, 묘사하고, 보존하기 위한 투쟁을 하며 여생을 보냈다. 1868년 요세미티에 도착한 뒤 맞이한 첫 여름 동안 그는 양치기 생활을 했고, 나중에는 요세미티 밸리에 위치한 허칭스의 제재소에서 일을 했는데 종국에는 수필을 출간해 명성을 얻었다.

뮤어의 전기 작가 프레더릭 터너(Frederick Turner)는 뮤어가 시에라에 대해 보였던 초기 반응을 이렇게 요약한다. "요세미티에서 살아가는 동안 뮤어는 시에라를, 영혼과 생명을 품고 너무나도 밝게 빛나고 있어서 마치 하느님의 보좌 앞에서 죽음을 맞이하고 세상을 떠난 적이 있는 것 같은 산들을, 옛 화가들이 성인의 머리 주변에 그려 넣은 것과 같은 후광과 영적인 의복을 걸친 산들을 시나이산만큼 신성한 곳으로 기록했다."[5] 아버지가 따른 엄격한 칼뱅주의 기독교에 저항한 뮤어는 아버지의 신념은 거부했어도 그 형식만큼은 거부하지 않았다. 그는 성경의 자리에 자연을 두었고, 그의 글에는 풍경을 하나의 책처럼 참고하며 읽고 해석한 구절들이 가득하다. 그가 풍경에서 읽어낸 것은 영속적인 변화와 재생의 주기 속에 존재하는 상호연결 및 상호의존이라는 범신론적 메시지, 아버지가 믿은 종교의 판단을 고분고분 따르지 않고 거스르는 메시지, 현재에 대한 생태학적 비전을 보여주는 (그리고 자신이 속한 문화 외에 다른 문화들과도 공명하는) 메시지였다.

뮤어의 견해를 형성한 요소에는 종교뿐만 아니라 농장과 제재소도 포함될 것이다. 그는 야생이 살아 숨 쉬고 초월적이고 비사회적이고 쓰임의 대상이 된 적 없는 풍경, 자신이 가닿을 수 있는 노동의 세계와는 먼 풍경을 좋아했다. 요세미티에서 보낸 첫 여름에 그는 이렇게 썼다. "우리는 지금 산속에 있고, 산은 우리의 열정에 불을 지피고 모든 신경을 떨리게 만들고 우리 몸의 모든 구멍과 세포를 가득 채우면서 우리 안에 있다. 살과 뼈로 이루어진 우리의 육체는 우리의 아름다움을 유리처럼 투명하게 비추는 듯하다. 마치 육체에서 진정으로 분리할 수 없는 부분이 …… 늙지도 젊지도, 아프지도 건강하지도 않고 다만 불멸하는 모든 자연의 일부인 것처럼. 지금의 나는 땅이나 하늘보다 식량이나 호흡에 더 의존하는 육체를 좀처럼 상상할 수가 없다."[6] 뮤어가 좇은 야생은 사회 그리고 쓰임에 대한 해독제였다. 언젠가 요세미티 재단에 소속된 한 여자는 뮤어가 식욕부진증 환자라는 신랄한 농담을 던지면서 그가 최소한의 식량만 먹고 산행

물, 과거를 망각하다:
요세미티 국립공원

하는 것을 즐겼다고, 어쩌면 육체를 영혼과 경치 사이의 창문 정도에 지나지 않는 것으로 간주했고 뭐든 더 투명할수록 좋다고 여겼을 수도 있다고 말했다. 뮤어는 밤에 잠이 들면 빵이 나오는 꿈을 꾸게 되겠다는 생각이 들 때까지 아무것도 먹지 않고 산행을 하려 했다. 전기 작가 터너는 이렇게 말한다. "언젠가 뮤어는 라이엘과 리터 산악 지역에서 오랜 산행을 마치고 돌아오는 길에 빵이 당시 연구 중이던 빙하의 이미지와 기묘하게 합쳐지고 뒤섞이는 꿈을 꾸었다. 그 꿈에서 그는 빙하로 뒤덮인 넓은 협곡에 회색빛 급류가 거품을 일으키며 넘쳐흐르는 광경을 보았다. 협곡에서 멀리 떨어진 곳에는 먹음직스러운 갈색 빵들로 이루어진 웅장한 빙퇴석과 빵으로 만들어진 수천 개의 바위가 머나먼 곳까지 쭉 뻗어 있었다." 뮤어는 자신의 육체를 사람과 도시가 있는 곳에 내버려두고 떠나려 했던 것 같다. 그러면서 영혼에만 말을 거는 자연, 즉 물질성을 갖는 것은 눈에 보이는 형태로 구현된 영성뿐인 자연을 발견하고자 애쓴 듯하다.

그런 식으로 자연과의 조우를 꾀한 뮤어는 사실 오랜 전통을 따르고 있는 것이었다. 뮤어의 친구이자 초월주의 철학자 랠프 월도 에머슨(Ralph Waldo Emerson)은 자신의 획기적인 에세이 「자연(Nature)」에 이렇게 썼다. "숲속에서 우리는 이성과 신앙으로 돌아간다. 그곳에서 나는 내 삶에 자연이 바로잡을 수 없는 것은(내게 두 눈이 있는 한) 그 무엇도 (어떤 치욕도, 어떤 재앙도) 없음을 느낀다. 헐벗은 대지에 서면 머리는 상쾌한 대기에 씻기고 정신은 무한히 고양되며 모든 자기중심성이 사라진다. 나는 투명한 눈동자가 된다. 나는 무(無)이고, 나는 모든 것을 본다." 어쩌면 뮤어가 이런 방식으로 자연을 해석한 이유는 잠시 시력을 잃었던 경험 때문일 수도 있다. 그 후로 평생토록 그는 무언가를 볼 수 있다는 사실에 감사한 마음을 품고 빛에 황홀감을 느끼게 되었기 때문이다. 앤설 애덤스가 시력과 맺은 관계도 뮤어가 맺은 관계와 유사했다. 몇 주 동안 어둠 속에서 꼼짝없이 누워 있어야 했던 병을 앓은 후로 그는 요세미티를 찾아가겠다는 생각에 사로잡혔다. 그는 요세미티가 숭고한 풍경일 뿐만 아니라 노동이 이루어지는 풍경이기도 하다는 점을 보여주는 증거를 선배 사진작가들보다도 더 엄격한 태도로 사진에서 잘라냈다. 몇 년간 생계유지를 위해 휴양객들이 스케이트장에서 휴식하는 사진 따위를 요세미티 커리 컴퍼니에 제공하기도 했지만, 예술성을 담은 작품에서는 요세미티를 인간의 손이 닿지 않은 장소, 인간이 도달할 수 없는 장소로 표현했다. 그는 "요세미티가 일종의 위대한 자연 성지(聖地)로 기능하려면 인간, 건물, 그리고 점유와 쓰임의 증거가 요세미티에서 사라져야만 한다."[7]라고 주장했다.

우리가 지닌 별난 특성들은 우리의 시선을 피해 꼭꼭 숨어있는 데 반해, 풍경 회화에 대한 감식안에서 시작해 풍경 정원, 관광업, 국립공원을 탄생시키는 데까지 나아간 전통이 지닌 별난 특성들은 유독 눈으로 보는 것을 강조한다.

+

이런 역사(회화에서 실제 풍경으로의 관심의 전환)가 불러일으킨 효과는 국립공원 시스템 곳곳에서 확인할 수 있다. 무엇보다 분명한 사실은 국립공원들이 전통에 걸맞은 특출난 아름다움을 지닌 장소를 자처했다는 것이다. 최근까지 상당수의 국립공원이 풍경 사진을 찍기에 좋은 자리를 알려주는 표지판을 등산로에 설치해두었다. 풍경이 이미 액자틀 안에 들어와 있게 된 것이다. 덕분에 관광객은 시선을 한 곳에 고정하지 않는 보행자로서는 포착할 수 없었던 사진을 그 자리에 가서 찍기만 하면 된다. 멀

물, 과거를 망각하다:
요세미티 국립공원

찍이 보이는 인상적인 광경을 따로 떼어내어 액자 속 그림을 보듯 집중적으로 감상할 수 있는 망원경도 여러 곳에 설치되어 있다. 아치스 국립공원에 가보면 홈이 있는 카메라 베이스와 단순한 형태의 원형 막대가 있는데, 베이스 홈과 막대, 카메라를 맞춰 들여다보면 사진을 찍을 수 있는 구도가 나온다. 하지만 이런 온갖 사진 찍기 장치 중에서도 가장 놀라운 것은 그랜드 캐니언 국립공원 사우스 림의 망루에 있다. 그곳에는 거의 수직으로 기운 쟁반 같은 물건들이 높은 난간의 가장자리를 따라 죽 늘어서 있고 그 쟁반들에는 검은 유리판들이 놓여 있다. 망루에 관한 공식 전단지도 그 검은 유리판을 클로드 유리의 모방품으로, 즉 18세기 영국 귀족들이 자기 눈 앞에 펼쳐진 풍경을 그들의 세계에서 보다 쉽게 예술 작품으로 인식된 그림의 형태로 바꿀 때 사용한 장치로 설명한다. 그랜드 캐니언의 클로드 유리는 경치를 재료로 어두운 직사각형 그림을 생성하며, 그랜드 캐니언이라는 장소를 페이스트리 제빵 견습생이 로마 캄파냐 그림을 그렸을 때 시작된 미적 전통의 일부로 만든다.

그 미적 전통이란 자연을 하나의 예술 작품으로 개념화하는 전통이다. 단 음악, 춤, 그리고 시각과 소리와 움직임을 뒤섞는 영화 같은 아무 종류의 예술 작품이 아니라 그림으로 개념화한 전통이다. 자연이 그림이라면, 우리는 감상자다. 감상자인 우리는 눈으로 보고, 눈을 매개로 이해한다. 이 눈은 촉각, 미각, 후각, 그리고 자연 세계에 살아가는 감각 등 다른 감각의 선구자 역할을 하는 것이 아니라, 결코 가로지를 수 없는 공허 너머를 바라본다. 눈은 우리가 바라보는 것과 우리를 연결하는 동시에 그것으로부터 우리를 분리시킨다. 우리는 우리 자신이 아니면서, 우리를 포함하지도 않는 무언가를 일정한 거리를 두고 바라보는 것이다. 그림은 생명을 갖고 있지 않고 움직이지도 않는다. 즉 우리는 그림 속으로 들어가지 않고 그림은 변하지 않는다. 미술관은 우리가 사는 장소가 아니라 사방에서 '만지지 마시오'라는 말을 듣는 공간이다. (1949년, 해럴드 C. 브래들리(Harold C. Bradley)와 데이비드 브라워는 국립공원이 "말하자면 자연 그대로의 영감을 갈망하는 이들을 위해 그러한 영감으로 가득 찬 공립 도서관, 미술관, 박물관을 하나로 통합해 야외에 조성해놓은 공간"이었다고 썼다. 역사적으로 도서관과 박물관이 국립공원보다 앞서 존재한 것은 사실이지만 국립공원 내부 풍경은 도서관이나 박물관보다 훨씬 오래되었고 그림같이 아름다운 보호구역보다 더 많은 생명체를 품고 있다.) 대체로 요세미티 국립공원은 하나의 그림처럼 보존되었다. 공원의 경계는 걸작을 감싸고 있는 금박 액자와 같으며 그 액자 속에서 우리는 사진을 찍고 발자국을 남기는 일에만 혈안이 돼 있다. 그렇게 하는 데에는 굉장히 중요한 이유들이 있지만(어떻게든 그런 것들을 하려고 요세미티 국립공원을 찾는 사람이 너무나도 많지 않은가.) 여전히 나는 자연을 경험하는 그런 방식에 애석하게도 무언가가 빠져 있다는 느낌을 떨쳐버릴 수가 없다. 보기(looking)는 사진의 영역에서는 훌륭한 행위지만, 세상을 살아가는 적절한 방식이라고 하기는 어렵다. 그것은 자연을 우리가 속하지 않는 장소, 우리가 살지 않는 장소, 우리가 침입하는 장소로 보는 관점이다. 관광객은 본질적으로 외부인, 소속되지 않은 사람, 낙원에 있는 이방인이다.

이와 같은 풍경 감상의 전통에 뿌리를 둔 사람들은 다른 문화권에 속한 사람들이 새로운 시각적 아름다움을 마주해도 자신들에게 익숙한 방식으로 반응하지 않는다는 이유로 자연에 무감각하다고 간주할 때가 많다. 옴스테드는 요세미티에 관한 보고서에 이렇게 쓴다. "경치가 인간에게 영향을 미치는 힘은 넓은 관점에서 보면 인간의 문명화 수준과 취향의 문명화 수준에 비례한다. 수천 명의 야만인 중에서 경치에 영향을 받았다는 흔적이 조금이라도 드러나는 야만인의 비율은 문명화된 공동체에 속한 수천 명의 문명인 중에서 똑같이 경치에 영향을 받았다는 사실이 드러나는 문명인의 비율보다 훨씬 적을 것이다."[8] 옴스테드는 자기가 따르는 방식이 자연을 감상하는 유일한 방식이라고 가정하는 데까지 나아가지는 않는다. 진정한 빅토리아 시대 사람인 그는 자신의 문화를 그 밖의 많은 문화들과 공존하는 하나의 문화가 아니라 문명화를 향한 위대한 경주를 1등으로 끝마친 선두 주자로 간주하며, 다른 문화들을 자기 문화보다 느리거나 늦되어 경주에서 지거나 기꺼이 외부의 도움을 받는 후발 주자로 본다. 옴스테드를 빅토리아 시대 사람이라는 이유로 비난하는 것은 부당하고 몰역사적인 행태일 테지만, 여전히 우리 곁에는 그와 같은 빅토리아 시대 사람이 아주 많다. 그리고 자연을 경험하는 색다른 방식 또한 아주 많다.

푸에블로족(Pueblo) 시인 레슬리 마먼 실코(Leslie Marmon Silko)는 이렇게 설명한다. "푸에블로 도공들, 암각화 제작자, 구술 서사 창작자들은 한 번도 자기 자신을 땅과 하늘로부터 분리된 존재로 간주하지 않았다. 인간의 의식이 언덕과 협곡과 절벽, 식물과 구름과 하늘 **내부**에 머물고 있다고 한다면, 영어라는 언어에서 사용하는 용어 **풍경**(landscape)에는 어폐가 있다. '한 번 봄으로써 눈이 파악할 수 있는 영토의 일부'라는 풍경의 정의가 인간과 인간 주변 풍경이 맺는 관계를 정확하게 설명하지 못하는 터다. 이 정의는 풍경을 보는 사람이 어떻게든 자신이 보고 있는 영토의 **외부**에 있거나 그 영토로부터 **분리**되어 있다고 가정한다. …… 고대 푸에블로족은 그것(풍경)이 그 자체로 더할 나위 없이 좋다는 겸손한 관점을 갖고 있었다. 그러므로 우리가 현재 그림과 조각에서 볼 수 있는 **리얼리즘**은 최근까지도 푸에블로족의 상상력을 따라잡지 못했다고 할 수 있다."[9]

자연을 주기, 리듬, 패턴의 측면에서 묘사하는 문화에서는 시간 및 활동의 패턴에 대한 인식이 자연의 존재를 가장 강력하고도 가장 역동적으로 보여주는 증거일 것이다. (때로는 유럽 시골의 문화이기도 했던) 그런 문화에서는 춤, 음악, 계절별 의식이 자연에 대한 인식을 설명하는 최선의 방법일 수도 있다. 그리고 이때 자연은 그림이라는 정적이고 영적인 세계가 아니라 역동적이고, 살아 있으며, 몸을 맡길 수 있는 리듬이 흐르는 장소로 묘사될 것이다. 그런 문화에서는 각별히 주의를 기울여 다채로운 색감으로 표현한 일몰 그림 한 점보다도 일출과 일몰 자체가 어떤 주기적인 순환을 보여주는 증거로서 더 아름답게 보일 것이고, 정적인 그림 한 점보다 음악의 리듬이나 의식이 그런 순환을 더 잘 표현할 것이다. 그리고 그런 문화에서는 이국적인 것보다는 익숙한 것이 더 심오하고 역동적일 것이다. 알지 못하는 것과 소속되지 못한 것보다는 아는 것과 소속된 것에 더 마음을 쓸 것이다. 우리가 대지를 진정 어머니로 여긴다면, 그건 어머니를 가장 가치 있게 만드는 것이 매혹적인 이국성이라고 생각해서가 아니기 때문이다. 또 가장 중요한 장소들이 반드시 아무의 눈에나 가장 아리따워 보이는 장소일 필요도 없다.

많은 문화에서 자연은 풍경 속에서도 그렇듯 동물의 삶 속에서도 명백한 존재감을 갖는다. 풍경 전통이 지닌 위대한 특성 중 하나는 자연 세계에 존재하는 상대적으로 수동적이고 정적인 요소들, 즉 식물과 지구와 물과 바위의 형태에 중점을 둔다는 데 있다. 요세미티 목초지를 그린 비어슈타트의 그림에 사슴이 등장할 수도 있지만 핵심적인 요소는 목초지, 그 뒤에 놓인 바위들, 그리고 빛이다. 알래스카인 인류학자 리처드 K. 넬슨(Richard K. Nelson)은 「선물(The Gift)」이라는 에세이에서 이와 같은 모습의 자연을 다룬다.[10] 「선물」은 어린 아들을 데리고 떠난 사냥에 관한 이야

물, 과거를 망각하다:
요세미티 국립공원

기이자 넬슨 자신이 젊었을 때 토착 알래스카인들과 어울려 살면서 얻은 배움에 관한 이야기다. 넬슨은 "사슴을 바라보는 것은 지금이나 젊었을 때나, 눈으로만 지켜보면서 동물을 사랑했던 시절에나, 내게 똑같은 기쁨을 가져다준다."라고 쓴 다음, 사냥꾼들이 주변 환경에 대해 가진 세밀한 지식, 그리고 그들이 영적이고 의식적인 존재라고 생각하는 자연을 향한 책임 윤리에 대해 말한다. 「선물」에 언급된 이야기에서 넬슨은 사슴 한 마리를 죽이고, 그 사슴에게 감사하고, 그 사슴을 손질해 가족이 있는 집으로 가져갈 채비를 하며, 아들에게 이를 어떻게 설명해줄지에 대해 생각한다. "사슴을 먹으면 사슴의 살이 우리의 살이 된다고 다시 설명해줘야겠다. 사슴의 형상이 변해 우리가 되고, 그에 따라 우리는 사슴으로 만들어진 생명체가 된다고. 사슴을 먹을 때마다 사슴을 기억하고 사슴이 우리에게 준 것에 감사해야 한다고. 그리고 사슴을 먹을 때마다 속으로 기도를 올리듯 '이 동물과 이 동물을 만든 섬과 숲과 공기와 비 …… 에 감사하며' 같은 생각을 품고 있어야 한다고. 만물의 흐름 속에서 우리는 모두가 사슴의 뒤를 잇는 자손들이자 우리를 먹여 살리는 지구 생명체의 자손들임을 기억해야 한다." 독자를 위해 넬슨은 경치 감상보다 훨씬 더 내밀한 자연 종교(natural religion)에 대한 감각을, 영적 교감, 상호의존, 참여를 아우르는 감각을 묘사한다.

넬슨은 식량을 자연을 경험하는 주요 수단으로 보는 세계관을 구축하고자 하는데, 식량을 매개로 자연을 경험하는 것은 요세미티라는 공식적인 형태의 자연을 경험하는 방식과 대부분의 미국인의 음식 소비 방식에 완전히 결여되어 있다. 존 뮤어에게 농장은 강제 노동이라는 지독한 시련의 장이었으므로 그가 풍경을 자양분으로 삼는 것을 전혀 즐기지 않았다는 사실은 놀랍지 않다. 그에게 풍경은 사회적인 것뿐만 아니라 현실적인 것으로부터의 도피처였다. (만년에 접어들어 육체가 복수를 해오자 그는 1880년에 결혼을 했고, 나중에는 아내의 아버지 소유인 과수원을 양도받으면서 부유한 과수원 소유주이자 과일 상인이 된다.) 대부분의 현대 미국인에게 식량이란 딱히 어디랄 것도 없이 슈퍼마켓에서 생겨나는 것이다. 식량은 미국인을 그 어떤 장소와도 연결하지 못하며, 그럼에도 식량이 어디에서 왔는지를 아는 것은 어떤 풍경이 우리를 살찌우는지를 알고 우리가 그런 풍경으로 만들어진 존재임을 아는 것이다. 어쩌면 우리가 당연하게 여기는 자연으로부터의 소외 상태는 경치를 감상한다고 해도 완화될 수 없고, 어쩌면 우리와 떼려야 뗄 수 없는 관계 속에서 우리에게 식량을 공급하고 우리가 만든 쓰레기를 가져가는 시스템으로서의 자연 세계와 더 심오한 관계를 맺어야 하는 것인지도 모른다. 어쩌면 우리는 경치가 아닌 단순한 것들(머나먼 풍경에서 흐르는 물과 우리를 연결해주는 수도꼭지, 결국 쓰레기 매립지로 향하는 우리가 만든 쓰레기, 너무나도 광활한 계획관리 토지에서 생산된 우리의 식량)을 보는 법을 배워야 하는 것인지도 모른다. 애석하게도 우리의 식량이 들려주는 이야기는 농장에서의 계절의 순환과 씨를 뿌리고 수확하는 의식만큼이나 기업식 농업, 대수층 고갈, 살충제, 제초제, 화학 비료에 관한 것일 가능성이 높다.

물론 요세미티 사람들은 사슴, 베리 열매, 도토리, 그리고 물로 연명하며 살아남았지만 이것은 또 다른 이야기다. 사슴, 베리 열매, 도토리, 물은 숭고하고 목가적인 풍경의 전통을 이루는 일부가 아니었고, 그런 이유로 위대한 국보급 풍경으로서의 요세미티에 관한 이야기에서 제외되었다.

사라지는 (잔존하는)[1]

캘리포니아는 아마 유럽인이 찾아오기 전 북아메리카에서 가장 인구 밀도가 높은 지역이었을 것이다. 캘리포니아에서는 100개 이상의 언어가 쓰였고 주민들은 남동쪽 사막부터 북부 해안 열대우림까지 아우르는 캘리포니아의 다양한 기후와 지형만큼이나 다채로운 삶을 살았다. 캘리포니아를 배경으로 한 인류 역사의 경우 1만 년도 더 전에 시작되었을지도 모른다. 그러나 유럽인의 침입에 관한 역사와 기록으로 남은 역사는 몇백 년에 불과하다.

1769년 프란체스코회 선교단이 캘리포니아 해안가에 다다르기 시작했을 때 캘리포니아 인구는 약 31만 명이었다. 선교 활동은 매일, 온종일 진행되었다.(현대 캘리포니아 지도를 보고 성인의 명칭이 붙은 해안가가 어디에 있는지 살펴보면 그 매일의 선교가 어떻게 진행됐는지 추측해볼 수 있다.) 선교사들은 선교를 위해 찾은 지역의 주민들에게 의도적으로, 또 비의도적으로 막대한 피해를 입혔다. 원주민이 면역력을 거의 갖고 있지 않은 질병을 퍼뜨렸고, 토양과 생활양식과 결혼 관습을 파괴하면서 안정적으로 유지되고 있던 현지 인구를 조금씩 감소시켰다. 또 많은 원주민을 강제로 '신개종자'로 만들었고 탈출을 감행하는 원주민은 추격해서 붙잡았다. 선교단은 신개종자들이 돌보던 가축 무리를 이끌고 서부 카우보이 시대의 시작을 알렸다. 그리고 이는 원주민에게 타격을 입혔다. 미션 산타바버라 성당에 있는 박물관은 프란체스코회 교인들이 캘리포니아 주민들에게 소개한 문물을 칭송하지만, 한 작은 명판에 적힌 내용에 따르면 안뜰에 자리한 묘비도 없는 무덤에 5000명이 묻혀 있다. 그 무덤은 어떤 모범적인 공동체가 설립된 장소보다는 대량 학살이 이루어진 장소를 상징하는 증거에 가깝다.

(요세미티 국립공원 면적의 대부분을 포함하는) 마리포사 카운티와 (요세미티 밸리에서부터 서쪽으로 흐르는) 머세드강의 이름은 스페인 탐험대의 탐험에서 탄생했는데, 이 탐험대는 영적 목표 그리고 영토를 향한 열망의 뒤얽힘을 정확하게 보여주는 사례였다. 1806년 9월 산타크루스 인근의 미션 산후안바우티스타에서 캘리포니아로 군인들을 파견했다. 군인들은 캘리포니아 지역에 일련의 (결국 설립되지 못한) 선교 시설을 설립할 만한 장소를 모색하는 탐험에 나섰고, 9월 27일 무렵 어마어마하게 많은 나비를 보고 마리포사스(Mariposas), 즉 나비라고 자체적으로 명명한 샌와킨밸리의 한 지역에 다다랐다. 꾸준히 탐험 일지를 작성한 페드로 무뇨스 신부는 나비들을 일종의 위협적인 구름으로 묘사한다.[2] 그는 "아침마다 나비들이 굉장히 성가시게 군다."라면서 "햇빛을 가릴 만큼 공격적인 태세로 움직인다. 우리를 향해 몹시도 거칠게 달려들며, 그중 한 마리는 우리 탐험대에 소속된 어느 상병의 귓속으로 날아 들어갔다. 엄청난 불쾌감에 몸부림치던 그는 적잖이 애를 쓴 후에야 나비를 빼낼 수 있었다."라는 기록을 남겼다.

나비들의 포위 공격에 시달린 탐험대는 북동쪽을 향해 계속해서 탐험하다가 전날 떠났던 강의 다른 쪽 강변에 도착했다. 그들은 9월 24일 성모 마리아 축일을 기념하며 그 강을 누에스트라 세뇨르 데 라 메르세드(Nuestra Señora de la Merced), 즉 자비의 성모(Our Lady of Mercy)로 명명했다. 무뇨스 신부는 자비의 성모에 "더할 나위 없이 훌륭한 목초지 …… 다수의 이교도 원주민"이 있었다고 기록했다. 이윽고 탐험대는 두 마을에 다다

물, 과거를 망각하다:
요세미티 국립공원

랐다. 스페인 군대가 접근했을 때 거주민들이 산으로 피신하면서 버려진 마을이었다. 그중 한 마을에는 노년 여성 한 명만 있었는데 마을 주민들과 함께 피신할 여력이 없어서 홀로 남게 된 듯했다. 탐험대가 접근하자 노인은 자비의 성모라는 새로운 명칭이 붙은 강으로 뛰어들었고, 무뇨스는 탐험대에 합류한 신개종자 중 한 명이 "노인이 탐험대를 향해 손을 뻗는 대신 거친 물살에 몸을 맡기려 하는 상황에서 재빨리 옷을 벗고 노인을 구출해 오라는 명령을 받은" 일을 기술한다. 무뇨스는 노인이 물에 흠뻑 젖은 상황을 절호의 기회로 삼아 강에서 구조된 그에게 세례를 했다.

산후안바우티스타 탐험대를 파견했음에도 캘리포니아를 정복한 스페인인과 멕시코인은 북부 및 내륙 지역의 원주민에게 직접적인 영향을 거의 미치지 못했다. 말과 가축을 들여와 원주민에게 소개하기도 하고 선교단에서 탈출한 사람들이 때로는 산기슭으로 도피해 원주민에게 스페인어를 전파하기도 했지만 소용이 없었다. (키트 카슨은 캘리포니아 남동부 베이에어리어의 미션 산라파엘에서 탈출한 이탈자들을 마주치기도 했다.) 1830년대와 1840년대에는 상당한 규모의 무스탕 야생마와 야생 소 무리가 샌와킨 밸리와 센트럴 밸리를 배회했는데, 언젠가 요세미티의 한 민족학자는 내게 골드러시가 없었다면 밸리의 원주민들이 대평원의 원주민들처럼 말 문화를 발전시켰으리라고 생각하는 사람들이 몇 있다고 말했다. 그러나 1848년 1월 제임스 마셜*이 내륙의 황제 존 서터(John Sutter)를 위해 짓고 있던 제재소에서 금을 발견하자, 1849년 무렵 미국, 칠레, 유럽, 호주 등지에서 미국의 이 새로운 전초 기지로 수만 명이 몰려들었다.

골드러시가 시작되었을 때 원주민 인구는 그로부터 70년 전 인구의

---

* 제임스 윌슨 마셜(James Wilson Marshall, 1810~1885)은 미국의 제재소를 운영하는 목수였는데 캘리포니아주 콜로마에서 금을 발견해 캘리포니아 골드러시에 불을 지폈다.

절반 수준인 약 15만 명이었다. 그로부터 향후 10년 동안에는 15만 명 중 3분의 2에 해당하는 인구가 질병, 출생률 감소, 기아, 버넬이 가담한 종류의 소규모 전쟁들로 인해 사라졌다. 어쩌면 이민자가 원주민을 습격한 사건을 설명하는 데에 전쟁은 적절한 표현이 아닐지도 모른다. 이민자와 원주민은 맞수가 된다고 보기 어려울 정도로 관계가 불균형했던 데다가 몰살이라는 단어가 너무 자주 언급되기 때문이다. 한편 금이 발견되었을 때 2000명이었던 미국 인구는 2년도 채 지나기 전인 1849년 말 5만 3000명으로 급증했다. 포티나이너스는 캘리포니아의 다양한 원주민을 '디거(Diggers)'라 불렀고, 디거와 네바다 주민들이 (땅을 파는 사람을 뜻하는 디거라는 명칭에 걸맞게) 근채류와 땅벌레를 먹고 사는 몹시 원시적인 생명체라는 생각이 널리 확산하고 신뢰를 얻었다. 셜리 클래피*는 1850년대 초 북부 광산에서 편지를 썼는데, 그는 이 유명한 혹은 유명하지는 않더라도 흥미롭기는 한 편지에서 페더강 지역 원주민이 약 스무 개 단어로 이루어진 언어를 구사한다고 주장했다. 1970년대부터 4학년 역사 과목 필수 교과서로 지정돼 나도 공부한 적이 있는 캘리포니아 역사책도 디거에 관한 신화를 고집스럽게 믿으면서 원주민이 너무나도 단순한 인간이라 어떤 경이로움도 주지 못했다고 기술한다. 주광맥에 거주한 원주민들의 경우, 백인의 열성적인 금 채굴 활동을 목격한 후 그들을 골드 디거(Gold Diggers)라고 불렀다.

종교를 빙자해 온갖 잔학 행위를 저지른 스페인인과 멕시코인은 자신들의 사회, 그 밑바닥에 원주민을 위한 공간을 만들었다. 한편 영국계 미

---

* 셜리 클래피(Shirley Clappe, 1819~1906)는 미국의 작가이다. 자매 몰리에게 쓴 스물세 통의 편지인 『셜리의 편지(*Shirley Letters*)』로 가장 잘 알려져 있다. 그의 편지글은 캘리포니아에서 목격한 남자들의 상스러움, 채굴의 실상 등을 여성의 시선에서 담고 있다.

물, 과거를 망각하다:
요세미티 국립공원

국인은 그들과 다른 방식을 택했다. 그들은 자신이 장악한 땅에 살고 있던 원주민을 다른 장소로 이주시키는 정책을 추진했다. 새롭게 조성한 사회에 원주민을 들이기보다는 떠나게 만들었던 것이다. 대규모 이주는 미국 남동부의 체로키 땅에서 금이 발견된 1830년대에 시작되었고, 이에 체로키인은 오늘날 눈물의 길(Trail of Tears)로 불리는 길을 따라 (당시에 '원주민 영토(Indian Territory)'였던) 오클라호마로 강제 이주를 떠났다. 캘리포니아에서의 영토 확장은 미국 중서부 변경 지방에서처럼 천천히 농장을 확산하는 방식이 아니라 인구 밀도가 높은 시에라의 산기슭으로 헐레벌떡 뛰쳐 들어가는 방식으로 이루어졌다. 미국은 항상 영토 확장에 앞서 원주민을 서부로 밀어내버리는 정책을 추진했고, 서부로 밀어내고 밀어내다 못해 끝내 캘리포니아에까지 다다랐을 때는 더 밀어낼 공간이 태평양밖에 남지 않았을 지경이었다.

캘리포니아 주지사 버넷은 새로운 주의 입법부에 보내는 전언에서 이렇게 말했다. "원주민이라는 종이 멸종할 때까지 섬멸전은 계속될 것입니다. 이 불가피한 운명을 피하는 것은 인간의 힘이나 지혜를 넘어서는 일입니다."[3] 정부는 상황을 조금 더 신중하게 다루고자 인디언 주재관[4] 세 명을 파견했고 그와 동시에 1851년 1월 14일 자체적으로 상황에 대한 판단을 내렸다. "서부에는 더 이상 원주민을 이주시킬 공간이 없다. 그러므로 한때 수적으로도 힘으로도 막강했던 원주민 중 남은 이들을 어떻게 처리할 것인가와 관련해 이제 총독부와 캘리포니아 주민들에게 남은 대책은 양자택일뿐인 듯하다. 몰살 아니면 길들이기다. 후자는 원주민을 보호하고 점진적으로 성장시킬 모든 적절한 대책을 강구하고 주정부가 자원을 개발하는 데에 몹시 필요한 요소인 값싼 노동력을 확보하는 것을 의미하는데, 이는 바로 우리가 받아들여야 할, 가능하다면 확보해야 할 지혜 중 하나다."

마리포사 기병대가 캘리포니아에서 얻은 깨달음도 그것, 남부 주광맥의 원주민을 몰살하거나 길들여야 한다는 것이었다. 주광맥의 원주민은 지역의 경제적 발전을 방해하는 존재였다. 그들은 남은 영토에 침입하려는 외부인에 맞서 저항했고 때로는 그 과정에서 광부들을 살해했다. 때로는 자신들의 영토를 사용한 것에 대한 대가를 요구했고 때로는 무력도 동원했다. 그리고 식량 자원이 줄어들었을 때에는 광부들의 말과 가축으로 식량을 보충했다. 그러던 중 원주민이 프레즈노강에 위치한 제임스 새비지의 교역 장소에서 사람 셋을 죽이고 물건을 파괴하는 사건이 발생했고, 이를 계기로 전쟁이 촉발되었다. 어느 정도는 사적인 앙갚음, 새비지 자신의 전쟁에 가까웠다. 새비지는 원주민이 그들의 땅에서 침입자를 몰아낼 작정으로 막대한 힘을 그러모으고 있다는 생각을 동료 광부들과 현지 공무원들이 믿게끔 설득했고, 새비지의 이런 경고는 마리포사 기병대가 조직되는 기폭제로 작용했다.

지역 원주민들(남부 미워크족(Southern Miwok)과 요쿠트족(Yokut))은 그들이 농사를 지으며 살아갈 수 있고 인디언 주재관들의 감독도 용이한 밸리의 보호구역에 정착하기로 되어 있었다. 이것이 미국 내 원주민 보호구역 조성을 규정하는 정책의 기원이었다. 처음부터 원주민 보호구역은 강제로 이주한 원주민을 위한 난민 수용소로 기능했고, 원주민은 농부나 목축업자로 일하며 자급자족해 살아갈 예정이었으나 그들이 상황을 헤쳐나가는 데 필요한 물자와 새로운 상황에 적응하는 데 필요한 도구는 대체로 충분하지 않거나 아예 없었다. 상당수의 돈과 장비가 현지 원주민 주재관과 공급업자들의 호주머니로 사라졌다. 농업과 정착이 문명의 필요조건이라는 믿음은 유목 생활과 수렵·채집 생활이 본질적으로 야만적인 관행이라는 믿음처럼 19세기 내내 미국에서 강한 영향력을 발휘했다. (실제로 야

물, 과거를 망각하다:
요세미티 국립공원

만인 취급을 당한 원주민보다도 많은 수의 부유한 유럽인들이 여름 별장에서 겨울 별장으로 옮겨 다니며 원예 활동을 했음에도 말이다.) 버넬은 농사꾼이 된 원주민에게 별다른 종교적 가르침은 필요하지 않다고 자신의 저서 후반부에 언급한다.

캘리포니아에 파견된 세 명의 인디언 주재관은 새로운 원주민 정책의 일환으로 농업보호구역을 조성할 생각이었고, 이에 따라 마리포사 기병대와 여타 정부 기관들은 원주민들을 기존에 살던 산기슭에서 쫓아낸 다음 미리 염두에 두었던 샌와킨 밸리의 산기슭과 습지에 몰아넣기 위해 설득과 협박과 강요를 시작했다. 살고 있던 거처를 떠나지 않겠다고 가장 강하게 저항한 원주민은 남부 미워크족에 속하는 아와니치족이었다. 그들은 고지대에서 여름을 보내고 산기슭에서 겨울을 보냈지만 요세미티 밸리에 가장 많은 애착을 가졌고 테나야를 부족장으로 여겼다. (일부 기록에 따르면 아와니치족에는 백인의 침입으로 인해 강제 이주해야 했던 난민들도 포함되어 있다.) 마리포사 원주민 전쟁은 대체로 원주민을 찾아 헤매며 협곡, 고개, 절벽을 샅샅이 뒤지는 과정이었다. 원주민의 조상이 요세미티에 약 4000년간 거주했다는 증거가 말해주듯 그들은 누구보다 수월하게 곳곳을 누비고 다닐 수 있었다.

버넬은 전반적으로 마리포사 원주민 전쟁이 성공적이었다는 감상을 남기지만 그가 들려주는 이야기의 세부 사항들은 그의 그런 주장을 충실히 뒷받침하지 못한다. 1851년 3월 대대장 새비지의 명령에 따라 처음으로 요세미티 밸리에 침입한 기병대는 약 일흔 명의 아와니치족 원주민을 잡아들여 밸리 밖으로 끌고 갔지만 그들은 자신들이 이송될 프레즈노의 보호구역에 도착하기 전에 탈출을 감행했다. 짐작하건대 수백 명의 아와니치족 중 대부분은 요세미티보다 고도가 낮은 곳에 위치한 겨울 체류용 마을에 머물렀을 것이고, 그래서 애초에 그렇게 적은 수만 붙잡혔을 것이다. 한편, 인디언 주재관들은 조약 체결을 위해 협상을 시도했고 3월 19일 일부 남부 미워크족은 마리포사 크리크 인근에서 캠프 프리몬트 조약(Treaty of Camp Fremont)에 서명했다. 이는 미국 의회가 비준하지 않고 폐지해버린 다른 많은 조약과 마찬가지로 결국 성사되지 못했다. 마리포사 기병대는 존 볼링 대위의 명령에 따라 5월에 요세미티로 돌아간 다음, 원주민들은 피위액, 버넬은 테나야 호수라고 칭한 호숫가에서 원주민 서른다섯 명을 포로로 잡아들였다. 포로들은 보호구역으로 이송되었지만 (족장 테나야를 포함한) 일부는 체류 허가를 받았고 그 외의 나머지 인원은 아무도 모르게 탈출했다. 그리고 테나야와 일부 원주민은 시에라의 반대편에 있는 모노 호수에 있는 파이우트족의 거처로 피신했다. 요세미티 미워크족(Yosemite Miwok)과 파이우트족은 거래 관계를 맺고 있었고, 비록 다른 미워크족은 파이우트족을 의심하고 있었지만, 어쩌면 테나야 본인이 파이우트족과 혈통을 일부 공유하는 사이여서 그리로 피신했을지도 모를 일이다. 1852년 여름, 브라이덜베일 목초지에서 벌어진 원주민과의 작은 접전에서 두 광부가 살해되었다는 소식이 전해지자 기병대는 다시 한번 요세미티를 찾았다. 트레드웰 무어 중령이 이끈 그 기병대는 현재 리바이닝으로 알려진 곳 인근에서 광물 자원을 발견했고, 원주민 여섯 명을 붙잡아 살해했다.

족장 테나야와 일부 부족민은 1853년 모노 호수의 파이우트족과 언쟁을 벌이다가 죽음을 맞이했다. 이를 두고 버넬은 그들이 말 도둑질 문제를 두고 언쟁을 벌인 것이라고 말했고, 원주민이 남긴 일부 기록은 도박을 하다 벌어진 논쟁이 원인이었다고 설명했다. 처음에 이 자료를 읽었을 때 나는 그 부족이 이런 식으로 끝을 맞이했나 보다고 생각했고 결국 멸종이라는 비극을 마주한 기분이었다. 원주민과 관련해 내가 초반에 읽은 책들은 그렇게 애매모호했다. 버넬은 관광객들을 염두에 두고 이렇게 말하기도 했다. "요세미티에 사는 원주민들은 거의 멸종을 앞두고 있었기 때문에 적어도 족장 테나야와 부족민들을 잃은 슬픔에 잠겨 있는 동안에는 공포에 사로잡히지 않을 수 있었다." 공원 관리인이자 1930년대에 요세미티 역사서를 쓴 역사가 칼 P. 러셀(Carl P. Russell)은 "골칫거리였던 요세미티 원주민이 멸종했다는 이 마지막 일화는 끝까지 살아남은 원주민들을 통해 버넬에게 알려진 것이었다."라고 썼다. 물론 살아남았다는 원주민의 존재 그 자체가 최후의 생존자와 멸종에 대한 믿음을 약화시키지만, 그럼에도 이런 견해는 대중적으로 받아들여졌다. 살아 숨 쉬고 있는 여성을 호박 속 곤충처럼 과거에 붙박인 존재로 박제해둔 요세미티 국립공원의 원주민 박물관은 여전히 실현 가능한 삶의 방식보다는 잃어버리고 만 어떤 것의 자취를, 소멸된 삶의 방식을 기리는 기념물이었던 듯하다. 사진가 테드 올랜드(Ted Orland)는 요세미티에 관해 쓴 책에서 이렇게 단언한다. "1900년 무렵 요세미티 원주민은 거의 다 노인이었다. 속담으로도 전해져 내려오듯, 1850년대 이후부터는 '더 이상 원주민이 태어나지 않았다.' 사진 속 원주민의 나이를 가늠해보면 사진이 찍힌 날짜도 대강 알 수 있다. 인디언의 나이가 많을수록 보다 최근 사진인 셈이다. 최후의 순혈 아와니치족은 1931년에 사망했다."[5]

이 최후의 순혈 아와니치족에 관한 책은 1932년에 출간되었다. 로즈 테일러(Rose Taylor)가 쓴 공감적이고, 감상적이며, 간결한 책이었다. 『최후의 생존자(*The Last Survivor*)』라는 제목으로 출간된 로즈의 책은 요세미티로의 귀향과, 테나야의 손녀이자 군대에 의해 강제로 요세미티에서 쫓겨난 원주민 중 일부였던 마리아 레브라도(Maria Lebrado), 즉 토투야(Totuya)의 죽음을 다루었다. "토투야가 망명을 끝내고 어릴 적 기억이 담긴 고향집으로 돌아와 며칠을 보냈을 때 삶은 거의 끝나가고 있었다. 앉은 자세로 도토리 한 무더기의 껍질을 벗기고 있는 토투야를 기념품 애호가인 관광객들이 구경했고, 그중 한 관광객은 토투야가 쥐고 있는 도토리 하나를 달라며 5센트를 내밀었다. 격한 감정과 분노에 사로잡힌 토투야는 5센트를 내팽개치고 울부짖었다. '안 돼! 도토리 하나에 5센트는 안 돼, 절대! 백인이 내 사람들을 내쫓고 있다고, 내 요세미티에서.'" 테일러는 왜 토투야/레브라도가 1929년이 될 때까지 기다렸다가 귀향한 것인지, 왜 28년의 세월 동안 요세미티 주변에서만 살았던 것인지를 명확히 밝히지 않는다. 토투야와 친구 사이가 된 테일러는 토투야의 임종을 지켜보았다. "사라진 숲을 대변하는 쓸쓸한 나무가 품은 고독의 세기와 힘이 나무꾼의 도끼에 머물고 있다. 요세미티 원주민 족장 테나야의 손녀 마리아 레브라도는 마리포사 기병대에 의해 요세미티 밸리에서 쫓겨난 원주민 무리를 대변하는 강력한 화신이 되었다. 마리아는 요세미티 원주민 최후의 생존자로서 자기 부족 내부의 비극적인 분열을 경험했다. 1931년 4월 20일 마리아의 죽음과 함께 우리가 원주민의 땅 요세미티와 맺고 있던 최후의 연결고리도 끊어졌다."[6]

로즈 테일러의 책을 처음 발견했을 때 나는 내가 알고 있던 연대표를 조금 더 정확하게 수정할 수 있었다. 그때까지만 해도 나는 아와니치족이 전쟁 직후는 아닌 1931년에, 혹은 1900년대 초반에 멸종했다고 생각했었다. 아마 버넬의 책에 등장하는 끊임없는 멸종 위협에 나도, 그리고 영안실 같은 분위기를 풍기는 원주민 박물관도 영향을 받았던 것이 아닐까 싶다. 토투야/레브라도의 죽음과 함께 백인 침입 이전의 요세미티에 관한 최후의 직접적인 기억까지 사라진 것은 사실이다. 그의 죽음은 경험이 역사

물, 과거를 망각하다:
요세미티 국립공원

속으로 물러나는 상징적인 사건이었다. 그러나 테일러의 책을 재독해보니 그가 문화적 연속성을 과소평가함으로써 통렬함을 극대화했다는 사실이 보다 쉽게 눈에 들어왔다. 토투야가 90세에 가까운 나이로 사망했을 때 그의 자녀 아홉 명 중 네 명이 살아 있었다. 그중 한 명은 토투야가 다른 지역 아와니치족과의 첫 번째 결혼에서 얻은 아이였고(토투야가 최후의 순혈이라는 믿음과 모순되는 지점이다.) 다른 세 명은 멕시코인 광부와의 두 번째 결혼에서 얻은 아이였다. 토투야의 자녀들도 자녀를 낳았으며, 문화적 생존이라는 것은 어떻든 혈통에 의해 좌우되지 않는 법이다. 토투야의 가족들은 그의 임종도 지켰다. 어쩌면 그때 토투야는 자신이 기억하는 역사와 전통의 상당수를 가족들에게 전해주었을지도 모른다. 토투야의 가족들은 미워크족의 전통 장례식으로 토투야를 떠나보내며 며칠을 내리 울었다.

멜랑콜리는 은근한 만족감을 주는 감정이다. 특히 다른 누군가가 겪고 있는 문제를 생각하며 느끼는 멜랑콜리라면 더 그렇다. 멸종이라는 운명을 앞둔 불운한 부족은 시상(詩想)을 떠오르게 하지만, 통합이라는 변화를 잘 받아들이는 부족은 그렇지 않다. 그리고 원주민은 시간에 고정된 존재, 강압적인 식민주의에 오염되면 힘없이 바스스 부서지는 취약하고 정적인 문화를 가진 존재로 그려진다. 원주민을 설명할 때 일반적으로 동원되는 틀은 오염이다. 문화는 순수한 것으로 상상되며, 순수성은 안정적인 상태, 외부의 영향을 받지 않는 자급자족 시스템, 타락을 앞둔 에덴동산으로 (또는 로즈 테일러가 부족 간 결혼을 한 아와니치족을 멸종한 부족으로 간주하게 한 혈통의 순수성으로) 상상되는 터다. 순수성이 하나의 기준이 될 경우, 진화하거나 적응하는 문화는 사망 선고를 받게 될 수 있다. 즉 이 간단명료한 멸종의 공식에 따르면 거의 모든 문화가 사망 선고를 받게 된다. 이는 대중적으로 받아들여지는 생각이기도 하며, 현지 의식이나 현지 공예에 쓰이는 재료들이 전통적이지 않을 때 관광객들이 항의하며 표출하는 분개심이나, 원주민으로 인정받고자 하는 사람에게 인종적 순수성을 서류로 증명할 것을 요구하는 연방정부의 조치에서 명백히 드러난다. 최후의 생존자와 멸종에 대한 믿음은 전쟁이 본디 의도한 것을 달성했다는 믿음일 수도 있다. 비록 대량 살해와 소멸은 서로 꽤 다른 개념이지만 말이다. 마지막으로 덧붙이자면, 사람들이 죽었거나 부재하는 사람에 대해 서로 다르게 말하듯이, 이제는 사라졌다고 가정하는 사람과 문화에 대해서도 서로 다르게 말할 수 있다. 이는 대체로 인류학에서 쓰는 화법이기도 하다. 현존하는 사람은 목소리와 권리와 자격을 가진 정치적 존재이고, 부재하는 사람은 호기심의 대상이다. 그리고 아메리카 원주민이 사라졌다고 가정한 결과, 우리는 우리 시대가 아닌 증조 세대에 벌어진 부당한 사건에 대해 전적으로 후자의 방식으로 말할 수 있었다. 호숫가에서 버넬이 테나야에게 했던 말이 끔찍한 이유 중 하나는 그가 노골적으로 배제의 언어를 사용했다는 데 있다. 그때 버넬은 테나야와 테나야가 속한 문화가 논의의 대상이 되지 않는 미래를 그리고 있었다.

요세미티 원주민 박물관은 의복을 차려입고 총과 냄비와 여타 금속 도구를 소지한, 외부 세계와의 접촉 이후 원주민들의 모습을 보여준다. 박물관 뒷마당에 재현된 이상한 원주민 마을 등에 관한 안내판을 보면, 외부 세계와의 접촉 이전의 문화와 관련해 알려진 바가 거의 없으므로 1870년대 문화를 보여주는 전시물을 선보이고 있다는 설명이 적혀 있다. (박물관은 1982년까지는 1850년대의 문화를 보여주기 위한 시도를 계속했지만 침략 이전 시기의 빈약한 의복과 그것보다 더 빈약한 정보에 위축되어 단념했다.) 박물관에는 의복을 차려입고 20세기 초반 관광객들을 즐겁게 해준 마네킹들도 있다. 그러나 시기와 관련된 정보를 살펴보면 일관성이 없다. 뒷마당에 재현된 원주민 마을은 전통적인 구조를 따른 건물을 집중적으로 조명하지만, 소책자에는 전통적인 방식을 따르지 않은 건물이 제시되어 있다. 또 소책자는 "문화는 항상 변화의 과정에 놓여 있다."라고 말하지만, "아와니치족이 19세기 비원주민 이웃들과 맺은 관계는 아직 밝혀지지 않은 수많은 이야기 중 하나에 불과하다."라는 문장으로 그런 변화가 1890년대에 끝난 것처럼 매듭지어버린다. 아와니치족과 그들의 이웃이 다음 세기까지 살아남았는지, 아니면 그들에 관한 이야기만 살아남은 것인지도 불확실하다. 마리포사 원주민 전쟁도 '외부 세계와의 접촉 이후'라는 한층 인류학적인 문구로만 언급될 뿐 많은 부분이 생략되어 있다. 정치는 시간 속에 존재하고, 전통적인 인류학은 시간을 초월한 것들을 좇는다. 그리고 요세미티 원주민 문화 박물관은 다른 장소의 안내판들처럼 원주민에게 전쟁의 책임을 묻지도 않고, 원주민이 가진 고충과 권리에 대해 문제를 제기하지도 않는다는 점에서 무엇보다 전적으로 비정치적인 공간이다. 요세미티 원주민이 멸종했음을 보여주거나 요세미티 원주민이 아직 존재한다고 암시하는 흔적은 그 어디에도 없다. 원주민에 관한 이야기가 20세기 초반의 어느 시점에 갑자기 단절된 이유가 더 이상 말할 내용이 없기 때문인지 아니면 더 이상 인류학적 관심사가 아니기 때문인지를 말하기란 실로 어려운 일이다.

그런 이유를 말해주는 대신 박물관은 마치 꿈꾸는 듯한 과거완료 시제로 말하면서 분열보다는 전통과 일상에 집중한다. 그중에서도 상당한 관심을 기울이는 대상은 바구니 세공품이다. 박물관에서 전통 공예품을 선보이는 현대 여성들은 그런 물건이 존재한 시간이라는 액자 속에 그림처럼 들어가 있다. 그들은 도토리와 세금과 바구니와 텔레비전이 모두 존재하는 현재를 살아가는 존재로서 그런 과거의 시간이 계속 살아 숨 쉬게 만들기보다는 19세기 의복을 입고 각종 사물들 사이에 앉아서 아예 그 시간 속으로 들어가버린다. 스스로 유물이 되어버리는 것이다.

한편, 더 중심부에 있는 다른 박물관에는 이런 여성들이 아예 존재하지도 않는다. 영겁의 자연(바위의 모양을 만들고 식생을 결정지은 원시의 힘)만이, 그리고 뒤늦게 꽃피운 문화(1851년 탐험가와 뒤이어 등장한 감식가들)만이 존재한다. 원주민은 한 명도 찾아볼 수 없지만 앨버트 비어슈타트가 그린 그림과 현대 예술가들의 예술 작품은 있다. 문화는 자연을 다룬다. 그러나 문화가 자연을 구체화하거나 자연에 영향을 미치지는 않으며 자연이 문화를 포함하거나 생성하지도 않는다. 문화는 말을 타고 찾아왔다가 나중에는 자동차를 타고 찾아와서는 자연에 감탄한다. 여기에 역사는 없다. 1851년의 사건들은 그저 '발견'이라는, 군사적 침입을 대신하는 이상한 용어로 지칭될 따름이다. 박물관의 안내판은 "1851년에 발견된 직후 요세미티는 예술가와 작가와 자연 풍경 애호가들을 끌어들였다."라며, 그들이 "너무나도 탁월하게 경치를 해석한 덕분에 대중이 자연 유산에 눈을 뜰 수 있었다."라고 설명한다. 한편으로는 일종의 분리(segregation)를, 다른 한편으로는 일종의 말소를 행하고 있는 것이다.

마침내 내가 테나야 호수를 찾았을 때는 8월의 어느 따스한 날이었다. 경이로울 정도로 호수 물이 맑았다. 죽은 나무와 꺾인 가지 들은 바위처럼 색이 바래서 바위와 똑같은 옅은 회색빛을 띠었다. 호수의 반대편 끝에는 단단한 돌이 넓디넓은 이마처럼 볼록 튀어나와 있었고, 주변 풍경은 다른 곳과 마찬가지로 대체로 빙하가 조각한 굽은 형태의 화강암으로 이루어져 있었다. 나는 최대한 도로에서 멀리 떨어진 작은 호숫가에 서서 풍경을 바라보았다. 실타래 같은 황금빛이 호수 바닥에 드리워져 있었고 둥근 바위들이 수면 위로 빼꼼 튀어나와 있거나 수면 바로 아래에 잠겨 있었

물, 과거를 망각하다:
요세미티 국립공원

다. 호수는 물이 굉장히 얕고 바닥 면이 아주 완만하게 경사져 있었는데 호숫가에서 더 멀리 걸어가니 수영을 할 수 있을 정도로 수심이 깊어졌다. 어쩐지 불가사의한 장소였다. 이 차갑고 맑은 물에서 잠수를 하면 몸이 둥둥 뜰지, 아니면 두 발로 걸어 들어갔다가 그대로 걸어 나와야 할지 확신하기가 어려웠다. 자갈이 많고 물이 얕은 쪽에서는 한 발 한 발 내디딜 때마다 황철석이 소용돌이치며 바닥에서 떠올랐고 산에서 반사되는 강한 빛을 받아 반짝였다. 물살이 발을 찰싹찰싹 치길래 나는 140년 전 5월의 어느 쌀쌀한 아침 테나야와 버넬이 이곳에 서 있었다면 어땠을지 상상해보려 했다. 아와니치족이 호수에 피위액이라는 이름을 붙이게 만든 빛나는 바위들이 무엇이었을지 궁금하기도 했다.

미워크족 문화에서 죽은 자에게 존중을 표하는 방식은 죽은 자의 이름을 부르지 않는 것이다. 그래서 1853년 테나야가 사망한 이후 테나야라는 호수의 명칭은 미워크족이 가진 장소감을 없애버리려는 시도일 뿐만 아니라 종교적 믿음을 침해하는 의미까지 갖게 되었다. 그러나 그렇다고 해서 마리포사 기병대가 전쟁에서 승리했다고 말하기는 어려운 것 같다. 자세히 살펴볼수록 좀처럼 전쟁이 종결되었다고 보기가 어려워지기 때문이다. 아와니치족 중 일부는 보호구역을 떠나자마자 요세미티 밸리로 돌아갔다. 1855년 요세미티 밸리를 방문한 허칭스는 "원주민의 흔적은 거의 보이지 않는다."[7]라고 보고했지만, 그를 안내한 아와니치족 출신 가이드가 아와니치족의 흔적이 보이지 않는 방향으로 그를 이끌었거나 허칭스가 주변을 그리 유심히 살펴보지 않았던 것일 수도 있다. 아와니치족은 몇몇 광부가 사망하는 결과를 낳은 언쟁이 벌어진 1852년과 그 후 트레드월 무어 중령이 보복성 탐험을 했을 당시 분명 요세미티 밸리에 있었다. 그리고 1854년 장니콜라 페를로라는 벨기에 광부는 요세미티 바로 서쪽에 있는 야영지를 찾았다가 거기서 원주민 250명을 보았고 그로부터 3년 후에는 요세미티 밸리 안에서 원주민 100명이 머무는 마을에 닿기도 했다.

페를로가 마주친 아와니치족에 관한 기록은 거의 없는 데 반해 페를로라는 사람에 관한 정보는 넘쳐난다. 페를로는 가족을 위해 미국 모험가들에 관한 회고록을 쓰기도 했는데 이 책은 최근에야 발견되어 영어로 번역된 터라 아직 표준적인 기록으로 자리 잡지 못했다. 1848년 프랑스 혁명 발발 당시 파리에 있었던 정숙한 도시 남자 페를로는 성직자라든가 악의 기원으로서의 사유재산에 대해 급진적인 견해를 펼쳤다. 프리몬트가 스스로를 개척자로 꾸며낸 탐험 일지에서부터 버넬이 자신의 운동 신경과 미적 교양을 수시로 언급한 역사서에 이르기까지, 서양인이 그 시기에 관해 쓴 기록은 대부분 자의식 강한 영웅의 기록이었다. 그러나 페를로는 당시 대부분 백인 미국인들에 대한 편견도, 변경 개척자가 짊어지기 마련인 영웅 의식도 없이 그보다 훨씬 더 매력적이고 때로는 희극적이기도 한 이야기를 들려준다. 그는 곰 한 마리가 냄비에서 햄을 훔쳐 가려 했을 때 유럽 출신 동료들과 벌벌 떨면서 가만히 놔두었던 일화라든가, 사냥감이 하나도 없는데 "머리에 털이 하나도 없는 독수리"가 보여서 잡아먹으려 했을 때 개가 경멸하는 눈빛을 보냈던 일화를 자세히 설명한다. 그는 헤츠헤치 인근에서 자신을 깜짝 놀라게 한 살쾡이를 죽였을 때 "나 때문에 죽어가는 희생양과 복수에 목말라 있는 그 희생양의 독한 짝"이 등장하는 악몽을 꾸기도 한다.[8]

페를로는 마리포사 전쟁이 한창이던 1851년 4월 7일 몬터레이 땅을 밟았다. 그러나 그가 묘사하는 캘리포니아는 하나의 변경 지역보다는 광부며 원주민이며 독수리며 살쾡이며 갖가지 생명체가 죄다 낯설고 불가사의하고 생소한 외국에 가까웠다. 어떻든 페를로는 머지않아 자신만만

물, 과거를 망각하다:
요세미티 국립공원

한 광부가 되었고 프레즈노, 머세드, 투올러미 지역 남쪽의 깊은 광산까지 이동했다. 그러다 노새에 짐을 싣는 동안 고삐를 잡아줄 사람이 필요해졌을 때 그는 지나가던 원주민 무리 중 한 사람을 억지로 붙잡아 세웠고, 그의 도움을 받아 짐 싣기를 성공적으로 마친 다음 그에게 "물 한 모금과 약간의 빵"을 주었다. 그 후 요세미티 서쪽 근처에서 페를로는 강의 미워크식 발음을 따서 플레스노라고 불렀던 그 원주민을 다시 마주쳤다. 그 만남을 계기로 두 사람은 친구가 되었고 결국 페를로는 미워크족의 사투리까지 배웠는데, 스페인어를 구사하는 플레스노의 동료 후안이 중간에서 두 사람을 위해 통역을 해주었다. 플레스노와 후안은 금을 발견한 장소를 보여주겠다고 제안했고 페를로는 그 제안을 받아들였다. 땅은 점점 척박해지고 새비지와의 조약으로 인해 머세드와 프레즈노 사이의 지역(가을에는 씨앗과 도토리를 모을 수 있고 겨울에는 기온이 온화한 자비로운 지역)에 들어가는 것도 금지되었던 시기라 원주민들은 채굴에 열을 올리고 있었다. 지하경제에 발을 들여야 현지의 부족한 식량 자원을 보충할 수 있었던 것이다. 마찬가지로 그곳에서 식량 부족에 시달리고 있던 페를로는 후안이 한 원주민 여자를 시켜 자신에게 먹을 것을 갖다 주게 한 일화를 묘사한다. 그 여자는 "반감이 서린 표정으로 머뭇머뭇 다가와 내 옆에 자리를 잡았다. 그러더니 곧바로 울기 시작했다." 그러자 후안은 여자의 식량 바구니에 페를로에게 줄 음식이 남아 있지 않은데 그럼에도 여자가 페를로에게 자기 식량을 나눠준다면 그건 미워크족의 풍습에 따라 약혼 행위로 간주된다 설명한다. 페를로의 행동이 원주민 여자의 마음속에 존경심이 아닌 극도의 혐오감을 불러일으켰다는 사실을 과연 페를로와 동시대를 살았던 캘리포니아인들이 인정할 수 있을까. 실로 상상하기 어려운 일이다.

얼마 지나지 않아 페를로는 북부에서 거주하는 미워크족의 이웃 부족, 즉 헤츠헤치 지역의 투올러미족(Tuolumne)과 미워크족 사이에 벌어진 작은 충돌에 개입했고 그러면서 투올러미족의 언어도 조금 익혔다. 후안과 후안의 남자 형제(페를로는 로마 장군의 이름을 따 그를 스키피아노라 불렀다.)는 페를로가 만난 적 있는, 요세미티족의 부족장, 호세의 아들들이었다. 그 부족장의 권위는 테나야가 사망한 후에도 확고하게 유지되고 있었다. 1854년 스키피아노는 요세미티족이 마리포사 원주민 전쟁을 초래한 습격을 감행한 적이 없다고 주장하면서 화살통에 보관해두었던 조약 서류를 페를로에게 보여주었다. 그 조약은 원주민에 대한 보호를 일정 부분 보장하고 있었지만 스키피아노는 자신이 보안관을 찾아가 그 조약을 준수하라고 말하기라도 하면 죽임을 당할지도 모른다며 두려워했다. 페를로는 보안관을 찾아갈 때 동행해주겠다고 제안했고 보안관에게 미리 서신을 보냈다. 보안관은 사형 선고를 받은 세 수감자에게 교수형을 집행하지 말라는 이의를 제기해 사형 집행 대신 추방이 이루어지게 한 적이 있는 사람이었다. 보안관 빌스와 페를로는 우호적인 관계로 발전했고, 알고 보니 빌스가 스페인어에 능통했던 덕에 빌스와 스키피아노가 직접 지역 평화를 논의할 수 있었다. "합의가 이루어지자 빌스는 스키피아노에게 여행 허가증을 발급했다. 그 덕에 스키피아노뿐만 아니라 남녀노소를 불문한 미워크족 모두가 마리포사 카운티 전역을 돌아다닐 수 있는 권리를 얻었다. 미워크족이 찾아오면 누구든 평화로운 분위기 속에서 그들이 통행할 수 있게 해주고 미워크족이 도움을 요청하면 그들을 보호해야 했다. 단, 미워크족이 법률이나 도덕률에 어긋나는 행위를 저지를 경우 그 사실을 알려 법의 심판을 받게 해야 했다. 결과적으로 조약에는 '원주민에 대한 금지령이 해제되었다.'라는 문장이 추가되었고, '그 시점부터 사적 제재가 금지되었다.'" 다시 말해, 더는 원주민 사냥을 할 수 없게 된 것이었다.

물, 과거를 망각하다:
요세미티 국립공원

평화를 정착시키기 위한 스키피아노와의 원정을 설명한 후, 페를로는 긴 분량을 할애해 자신이 만난 원주민들에 대해 사색한다. 시대적 상황을 고려하면 원주민을 디거도, 고귀한 야만인도 아닌 존재로 드러내면서 저자 자신의 정치적 신념을 확고히 드러내는 것은 대단히 예외적인 일이다. "내 생각에 대부분의 경우 서로를 알지도 못하면서 판단부터 하는 습관은 야만인이건 문명인이건 모든 사람 사이에 벌어지는 전쟁의 원인이다."라고 페를로는 조약에 관한 기록의 말미에서 결론내린다. 그리고 이렇게 덧붙인다. "우리가 원주민을 야생 짐승으로 간주하고 그런 식으로 대한 것은 분명 잘못된 생각에서 비롯했다. …… 원주민이 야만인이라 불리는 이유를 나로서는 도통 모르겠다. 야만인이라고 부르는 이유가 원주민이 흉포하다고 생각해서인지, 반사회적인 존재라고 생각해서인지, 아니면 그저 야생 상태에서 살아가서인지 모르겠지만, 여하간 원주민은 절대 그런 존재가 아니다. 우리처럼 원주민도 관습과 법률과 종교를 가지고 있다. 그 관습과 법률과 종교가 우리의 것과 다를 뿐이다. …… 틀림없는 사실은 우리가 소위 (일부 문명인은 그냥 '기반'이라고 부르는) '문명인을 위한 사회 기반들' 중 하나를 이루고 있는 제도, 그러나 원주민은 그 존재를 모르는 사회 제도를 갖고 있다는 것이다. 재산 말이다. 그런데 재산은 열등함을 보여주는 징표일까? 나는 이 질문에 답하지 않을 것이다. 다만 이를 고려했을 때, 문명의 발전이 우리를 현재 원주민과 같은 상태로 이끌지 않으리라는 말을 과연 누가 할 수 있을까? 지금 이 순간에도 원주민은 무지 덕분에 부족민들 그리고 가족들과 평화롭게 살아가고 있다. 그들은 소송이라는 것을 모른다. 원주민의 법률과 관습은 종교적 신념에 뿌리를 두고 있다. 즉 원주민에게는 주신(신)이 입법자이자 판사다. 그런데 신은 그 어떤 중개인의 존재도 없이 힘을 발휘한다. 사제가 없는 신정 정치, 바로 이 안에 진정한 원주민의 정부가 있다. 자연의 세심한 관찰자인 원주민은 자연이 보여주는 엄청난 현상들 속에서 부족의 주신 낭-오우아(Nang-Oua)의 의지를 간파하고 그 의지에 부합하도록 처신하고자 애쓴다. 원주민은 주신에게 복종하고 주신 이외의 대상은 숭배하지 않는다. 노인이 젊은이에게 전수하며 이어지는 이 종교의 가르침은 원주민에게 민법이자 형법이다." 그리고 오래지 않아 원주민은 소송이 무엇인지 알게 된다.

페를로는 1857년 요세미티 서부 지역에 도로를 내야 했을 때 자신이 그 지역에 대해 알고 있는 지식을 활용해 사전 답사에 도움을 주었다고 기록한다. 요세미티 밸리에 처음 발을 들였던 순간에 대한 그의 묘사는 전형적이다. 그는 악단을 비롯한 몇몇 사람과 함께였다. "약 100명 정도였던 원주민 캠프 거주민들은 그들이 살고 있는 밸리의 아름다움이 아니라 존재 자체로 구경거리인 우리를 보고 감탄하는 듯했다. 그 순간부터 줄곧, 우리가 밸리 꼭대기까지 먼 길을 올라가는 내내, 원주민들은 악단의 우측과 좌측 공간을 전부 차지하고 졸졸 뒤따랐다. 아니, 동행했다. 악사도 악기도 시야에서 놓치지 않으려고 악단을 양쪽에서 에워싼 채 비틀거리고, 서로의 몸을 타고 넘고, 넘어지고, 다시 일어나고, 잽싸게 달려가 자리를 되찾았다. 그러는 동안에도 그들은 감탄을 불러일으키는 대상인 우리에게 진심 어린 관심을 기울이고 차분하고도 진지한 태도로 응시하는 행동을 단 한 순간도 멈추지 않았다." 점점 더 밸리 깊은 곳으로 들어간 페를로 일행은 "한동안 우리는 황홀경에 빠져 있었다. 그리고 우리가 그토록 비웃었던 원주민들이 마음만 먹으면 거꾸로 우리를 보고 비웃을 수도 있었다. 근처에 있다는 장관[요세미티 폭포]을 볼 수 있기를 간절히 바라며 마침내 우리는 출발했다. 이동하는 내내 우리는 입을 떡 벌린 채 폭포를 감상했고, 비틀비틀 걸었고, 서로 부딪혀 넘어졌다가 일어나 주변 사람에게 조금도

물, 과거를 망각하다:
요세미티 국립공원

신경 쓰지 않은 채 가던 길을 계속 갔다. 정말로 꼭 원주민들처럼 우리의 시선은 줄곧 하나의 대상에만 고정되어 있었다."

머지않아 시에라 비탈길을 떠난 페를로는 오리건주 포틀랜드로 가서 정원사로 자리를 잡았다. 처음에는 희소한 채소들을 도시에 공급하는 시장 정원사로 일했지만, 나중에는 이렇다 할 준비랄 것도 없이 오로지 대담함, 그리고 유럽 대륙 출신이라는 배경만 가지고 풍경 건축가(landscape architecture)이자 정원사가 되어 신도시에 근사한 집을 지으며 일했다. 금 채굴로는 손에 넣을 수 없었던 부를 축적한 후에는 유럽으로 돌아가 결혼을 하고 아이를 얻었고, 1890년대에는 책상에 앉아 그동안 썼던 일기와 메모를 내가 이 책에 인용한 표현력이 풍부하고 재미있는 기록으로 탈바꿈시켰다. 우정과 존중을 기반으로 아와니치족에 대해 쓴 19세기 이방인은 페를로뿐이었다.

그 시기 이후에 관한 정보는 전부 피상적인 수준에만 머문다. 많은 개개인의 출생일, 혼인일, 사망일은(그리고 많은 여성들의 바구니는) 기록되어 있지만 그 각각의 사람들이 어떤 생각을 했고 어떻게 살아갔는지에 대해서는 별다른 얘기가 없다. 존 뮤어는 1869년 시에라 고지대에서 양치기로 일했을 때 원주민 동료들과 함께였고, 원주민 마을과 야영지 인근에 머물 때도 많았다. 뮤어는 그런 원주민을 '디거'라 불렀는데 그에 대해 별다른 말을 덧붙이지는 않았다. 공원 큐레이터인 마사 J. 리(Martha J. Lee)와 크레이그 D. 베이츠(Craig D. Bates)는 요세미티 원주민의 바구니 세공 역사에 관해 이렇게 썼다. "일부 방문객들이 1870년에 비해 요세미티 밸리의 원주민을 보기가 어려워졌다며 한마디 하자 한 기민한 방문객은 원주민의 생활 방식이 '요세미티 밸리 지형과 조금의 엇나감도 없이 잘 어우러져 있기 때문에 3~4일 만에 밸리를 '체험'하는 보통의 관광객으로서는 원주민의 존재를 알아차리는 것조차 거의 불가능할 것'이라고 말했다." 19세기 후반부 요세미티 원주민의 실제 인구수에 대한 추정치는 매우 다양하다. 1870년대와 1880년대에는 요세미티 원주민 수에 관한 기록이 몹시 낮은 수치에서부터 백 단위에 이르기까지 범위가 굉장히 넓었고, 1890년대 관광객들이 목격했다고 한 원주민 수는 스물에서 서른다섯 명이었다. 한편 19세기 말에는 루시 하이트라는 원주민 여성이 백인 남편에게 이혼 소송을 걸었는데, 남편이 가진 막대한 재산의 절반을 요구했다가 승소하면서 큰 화제를 불러일으켰다. 루시는 자신이 속한 공동체 구성원들이 병든 광부 존 하이트의 목숨을 구해주었을 때 그를 처음 만났고 1870년에 그와 혼인했다. 그러나 나중에 존은 머세드강의 남쪽 지류에서 채굴을 하다가 떼돈을 벌자 루시를 버리고 혼인 사실을 부인한 후 어느 젊은 백인 여자와 중혼을 했다. 어쩌면 그때 존이 재혼한 백인 여자는 토투야의 이복 자매였을지도 모르며, 그 여자가 만든 바구니 세공품이 아직까지 남아 있을 수도 있다.

루시와 동시대를 살았던 여자들 중 상당수는 밸리의 여름 별장과 와워나(Wawona) 지역에 살면서 도토리와 여타 식량을 모았고 때로는 점점 성장하는 관광 산업에 종사하며 생계를 유지했다. 남자들 중 일부는 여자들이 일하는 호텔에 송어와 사냥감을 팔았다. 모노 레이크 파이우트족은 밸리로 들어갔고 거기서 다른 부족들과 혼인 관계를 맺었다.(부족 간 혼인은 분명 백인들의 침입 전부터 존재했다.) 그들이 살았던 곳 주변의 밸리는 변화를 겪고 있었다. 유입되는 관광객 수가 매해 급증했고, 토지 소유권을 주장한 사람들이 밸리의 점점 더 많은 구역을 농지로 바꾸고 있었다. 그 당시 제임스 레이먼과 제임스 허칭스가 심었던 사과나무들은 현재 옹이 많은 고목이 된 채로 여전히 제 자리를 지키고 있고, 레이먼의 과수원 부지 중 일부는 은혜롭게도 커리 컴퍼니 리조트의 주차장 용지로 쓰이고 있다. 건초 밭이었던 공간은 자연 상태 그대로의 모습을 회복한 상태다. 결국 당시 정부는 토지 점유자들이 소유권을 포기하게 만들고 보상금을 지급해 땅을 공공용지로 되돌려야 했다.

그런데 정부가 얼마만큼의 대가를 지불하든 요세미티 땅에 대한 초기 소유권에 충분한 보상이 될 수는 없었다. 요세미티는 최초의 거주민에게도 법적으로 소유된 적이 아예 없는 땅이었다. 미국 의회는 1851년과 1852년 캘리포니아 원주민을 위한 토지보호구역을 규정하며 체결했던 조약을 두고 한 차례 비밀회의를 열어 그 조약을 비준하지 않기로 결정했고, 그 조약들은 1905년 서류 봉투가 발견되기 전까지 기밀문서로 통제되었다. 1890년 혹은 1891년에 한 원주민 지지자는 '요세미티 원주민을 대리한 의회 청원'9이라는 제목의 미문에서 이렇게 주장했다. "백인들의 손아귀에서 우리 조상들이 어쩔 수 없이 감수해야 했던 기나긴 억압과 능욕이 우리 부족의 대학살과 해산을 대가로 오래전에 끝났을 때, 얼마 남지도 않은 부족민에게 주의를 기울이는 사람은 아무도 없었다. 그리고 그때부터 지금까지 줄곧 이리로 갔다가 저리로 갔다가 하며 떠도는 방랑자, 행색이 초라한 빈민, 환영받지 못하는 손님으로 살아온 우리는 바로 우리의 땅과 유산인 이곳에 해마다 모여드는 이방인 무리 앞에서 잠자코 호기심의 대상 혹은 경멸적인 동정의 대상이 되고 있다. 우리는 다름 아닌 우리의 밸리에 쉴 새 없이 더 가까이 침입해 들어오는 백인들을 매일 매시 목격해야만 하는 처지에 놓여 있다. 산림이 서서히 파괴되고, 방목된 말과 소 떼의 발자국이 땅을 채우고, 강의 물고기들이 대량 학살을 당하고, 백인들이 우리의 소중한 밸리에 남은 우리 부족민의 유물들을, 기억이 희미할 정도로 오래 이어져 내려온 전통의 일부이자 여전히 우리가 권리를 갖고 있는 유물들

을 삽시간에 깡그리 없애버릴 것이 분명한 호텔을 세우고 역마차를 배치
하며 약탈을 저질러 우리 자신과 가족을 먹여 살릴 모든 생계 수단까지 파
괴하고 있다."

이 청원의 마지막 제안은 밸리가 원주민에게 반환될 일은 영영 없을
것이므로 원주민이 가진 권리에 대해 수백만 달러의 보상금을 지급해야
한다는 것이었다. 그러나 아무 일도 벌어지지 않았다. 1929년이 되었을 때
미국 정부는 마침내 캘리포니아 원주민에게서 빼앗은 땅에 대해 보상금을
지급하기로 결정했다. 단 보상금을 에어커당 47센트 요율로 계산했고, 여
기에서 1848년 이래로 캘리포니아의 모든 원주민을 위해 쓰인 정부 지출
금을 제했다. (이에 원주민은 1964년 앨커트래즈섬을 차지한 후 정부가 제시했
던 에이커당 47센트 시세[10]를 적용해 총 9.40달러에 섬 전체를 매입할 것을 제안
했다. 그리고 1969년과 이듬해에 섬을 다시 점유했고 이때에는 맨해튼의 최초 매
입 가격인 에이커당 1.24달러로 요율을 인상했다.) 캘리포니아 원주민 땅의 가
치는 1700만 달러, 정부 지출금의 가치는 1200만 달러로 책정되었고 최종
적으로 캘리포니아 원주민에게 지급된 보상금은 500만 달러였다. 1950년
까지 각 개인에게는 150달러가 지급되었고, 그 후에도 정부는 캘리포니아
최초 거주민들로부터 캘리포니아를 사들인 것에 만족하며 1970년대까지
그와 비슷한 상당의 금액을 지급했다.

청원이 제기되었을 당시, 요세미티 밸리와 마리포사 빅 트리 그로브
에서 작은 면적을 차지하고 있던 보호구역은 현재 요세미티 국립공원의
모든 땅을 포함할 만큼 막대한 규모로 확대된 상태였고 국립공원 이외의
부지는 국가 소유의 녹지가 된 후였다. 양 방목과 목재 벌채가 요세미티
땅에 끼칠 영향을 우려하기 시작한 뮤어는 새로운 대규모 국립공원을 탄
생시켰다. 말하자면 요세미티 국립공원의 탄생은 상당수 그의 노력 덕분

물, 과거를 망각하다:
요세미티 국립공원

이었다. 당시에는 군대가 국립공원을 관리한 터라 1914년 민간 국립공원 관리청이 설립될 때까지 군인들이 요세미티에 머물렀다. 이들은 1904년에 요세미티 크리크에 위치한 원주민 마을을 불태운 바로 그 군인들이었고,[11] 그때 그 방화로 최소 한 가구가 집 내부에 보관한 모든 사유 재산을 잃기도 했다. 그러다 10~30대 관광객들이 원주민을 위협으로 여기지 않고 신기한 대상으로 보고 즐기기 시작하면서부터 원주민은 대중적 인기를 얻었다. 그 관광객들을 즐겁게 해준 구경거리 중 상당수는 오늘날 국립공원 곳곳에서 팔리는 ('요세미티'가 각인된 비즈 공예 벨트와 남서부 스타일의 터키석을 포함한) 원주민 기념품처럼 현지 문화나 의복과는 거의 관련이 없었다. 그 시기에 요세미티에 남아 있던 원주민은 대부분 당시에 인디언 캐니언(Indian Canyon)이라 불린 마을, 밸리 저지대의 볕이 잘 드는 북쪽에 위치해 있어 악천후로부터 보호받는 공간에 거주했다.(다른 많은 원주민은 마리포사 카운티의 또 다른 장소에 거주했다.)

1929년 국립공원 관리인 찰스 G. 톰슨은 원주민 마을이 눈에 거슬리는 흉물인데다 새로운 요세미티 마을 건립을 막는 방해물이라고 판단해 마을을 불태워버렸다.[12] 마을이 있던 자리에는 병원이 들어섰다. 그 일련의 과정에서 톰슨은 누구를 국립공원에 남도록 허락할 것인가와 관련해 인종적 순수성(racial purity)이라는 문제를 불러일으키기도 했다. 이를테면 조상 중에 초기 거주자가 있는 사람만 현재 서니사이드 캠핑장과 가깝고 방문자센터와 행정센터로부터 멀리 떨어진 새로운 마을로 이주할 수 있었다. 그의 초기 계획은 새로운 마을의 집을 그레이트 플레인스의 티피* 스타일로 짓는 것이었다. 현재 서부 곳곳에서 볼 수 있는 회반죽으로 지어진 기

---

* 아메리카 원주민의 원뿔형 모양 천막집.

묘한 티피 모텔 같은 집 말이다. 그러나 다행히도 프로젝트에 관여한 보조 경관 건축가가 그 계획을 철회했고, 그 대신 크기가 작은 전통적인 양식의 오두막을 지었다. 열다섯 채의 오두막에는 거주할 가구원 수와 무관하게 작은 방이 세 개씩 갖춰져 있었다. 난방은 장작을 때는 방식이었고 수도관은 싱크대에만 있었다. 화장실은 마을 중앙에 위치한 공용 화장실을 써야 했다. 일부 가구는 관광 산업이 침체하는 겨울에 일거리를 찾아 마을을 떠나야만 했는데, 그렇게 마을을 떠나면 국립공원관리청은 그들이 집을 버리고 갔다는 근거를 대면서 집을 파괴했다. 1969년 새로운 원주민 마을은 완전히 파괴되었고 남아 있던 거주민은 퇴거당했다. 이는 군대에 의한 1851년 1차 파괴와 1906년 2차 파괴, 그리고 국립공원관리청에 의한 1929년 3차 파괴에 이은 1969년 4차 원주민 마을 파괴였다. 이로써 수천 년간 밸리에서 살아온 아와니치족을 내쫓겠다는 마리포사 기병대의 본래 목적은 점점 더 실현에 가까워지고 있었다. 요세미티라는 낙원에 더 이상 이방인이 아닌 이들을 위한 공간은 없었다.

요세미티에서 보낸 첫 가을, 나는 모노 호수에서 벌어진 충돌이 무엇을 의미하는지, 그 후 실제로 어떤 일이 벌어졌는지를 밝혀내기 위해 테나야의 몇몇 후손을 만났다. 그들은 요세미티에 살고 있지 않았다. 실제로 내가 처음 만난 후손 잔드라 비에츠(Zandra Bietz)는 샌프란시스코에 거주하는 매우 유능한 컨설턴트였고 그곳에서 어느 현대 원주민 미술관의 이사회를 이끌고 있었다. 비에츠는 현재 사태에 대해 그리 많은 말을 하지는 않았지만 요세미티를 원주민의 영토로 간주했다. 그리고 국립공원관리청과 인근 지역의 산림청이 원주민 여성들의 도토리 채집을 막으려 하는 행태에 분개했다. 비에츠가 알고 있는 한 떡갈나무는 생태학적 중요성뿐만 아니라 영적인 중요성도 갖고 있었고, 영적인 측면은 생태학적 측면과 대립하는 것이 아니라 동등한 중요성을 가졌다. 비에츠는 내게 투올러미에 거주하는 자신의 아버지 엘머 스탠리(Elmer Stanley)와 이야기를 나누어보라고 했다.

어느 가을날 나는 요세미티에서 출발해 가파른 협곡과 고지대 산기슭의 경사면을 따라 구불구불 내려가는 도로를 타고 마침내 원주민 보호구역인 투올러미 란체리아에 도착했다. 캘리포니아의 다양한 원주민 국가들 중에서 거주할 수 있는 영토를 보유한 국가는 극소수였지만, 그래도 그들은 소규모의 일부 지역을 일반적으로 란체리아(ranchería)라고 칭하는 집단 토지(collective land)로 지켜내고 있었다. 이 란체리아는 여름 태양에 풀들이 금빛으로 바싹 말라 있고 떡갈나무들이 넓게 퍼져 있는 장소로 요세미티와 딴판이었다. 엘머 스탠리의 집은 층고가 높은 멋진 2층 주택이었고 내실에는 내가 인류학 서적에서 본 가족사진이 걸려 있었다. 스탠리의 모계 고조할머니이자, 로즈 테일러가 쓴 『최후의 생존자』의 권두 삽화에 나오는 토투야/마리아 레브라도의 사진도 있었다. 스탠리는 자신이 헤츠헤치 저수지에 잠겨 오래전에 사라져버린 한 개울물 옆의 나무 아래에서 태어났고 어머니는 사생아인 자신을 친척들에게 맡긴 후 댐 건설 작업을 하고 있던 남자와 혼인했다고 말했다. 그러고는 요세미티 밸리에 갈 때마다 "그냥 몸이 움츠러들어요."라고 했다. 그러나 대체로 그는 나와 시시덕거리면서도 내가 그에 관한 질문을 던질 틈을 주지 않고 나에 대한 질문을 먼저 던지는 빈틈없고 비밀스러운 사람이었다. 그는 언젠가 샌프란시스코로 갈 것이라고, 그리고 나를 맥도날드에 데려갈 것이라고 했다. 그리고 그런 말을 하면서 나를 뒷마당으로 안내해 도토리가 한가득 든, 가림막이 쳐진 테이블 모양의 도토리 여과 기계를 보여주었다. 그러더니 냉장고에서 도토리죽을 가득 담은 유리병 하나를 꺼내 내게 건넸다. 도토리죽은 일단 무척 차가웠고, 맛을 보니 식감은 약간 커스터드나 두부 같았는데 정신이 너무 산만해서 맛에 집중할 수가 없었다.

내가 듣기로 요세미티 밸리에는 여전히 최소 두 명의 아와니치족 후손이 살고 있었다. 요세미티 밸리에서 태어나 원주민 마을에서 성장한 랠프 파커(Ralph Parker)와 제이 존슨(Jay Johnson)은 국립공원관리청에서 일자리를 구해 일하고 있었다. 단, 두 사람은 국립공원청에서 일하게 되면서 요세미티 원주민으로서 살 자격을 잃은 터라 직원 자격으로 거주 중이었다. 랠프 파커는 원주민 박물관에서 시연 일을 맡고 있던 여자, 즉 줄리아 파커(Julia Parker)[13]의 남편이었다. 줄리아는 소노마 카운티 해안 지역 출신의 포모족(Pomo)이었지만 1947년부터 요세미티에 거주하다가 1949년부터 랠프 파커와 부부로 살고 있었다. 줄리아에게 바구니 세공과 도토리 손질에 대해 많은 가르침을 준 사람은 파커의 할머니 루시 톰 파커 텔러스(Lucy Tom Parker Telles)였는데, 루시는 박물관에서 원주민 문화를 시연해 보여주는 사람으로서만이 아니라 캘리포니아주 전역을 돌며 연설가이자 교사로서도 활동하면서 다양한 전통을 유지했다.

어느 현지 사진가는 내게 국립공원 산림부서에서 일하는 제이 존슨[14]과 얘기를 나눠보라고 했다. 그래서 존슨과 나는 박물관 뒤편에 마련된 원주민 마을 모형에서 몇 차례 만나 대화를 나누었다. 유니폼을 잘 갖춰 입은 상냥한 사람이었던 그는 실제 나이보다 젊어 보였다. 그와 그의 누나들은 옛 원주민 마을에서 태어나 새로운 원주민 마을에서 성장한 사람들이었고, 지금도 그 인근에서 살고 있었다. 존슨은 원주민 기숙학교에 살았을 때와 군복무를 했을 때를 제외하고는 평생을 요세미티 밸리에서 보내면서 나무와 오솔길을 관리하고 있었다. 그러나 정년을 앞두고 있던 터라 특별

물, 과거를 망각하다:
요세미티 국립공원

히 달라지는 것이 없으면 밸리의 자택에서 퇴거당할 수밖에 없는 상황이었다. 그래서 그는 타개책을 모색 중이었다.

나와 처음 대화를 나누었을 때 존슨은 마리포사 원주민 의회의 지도부에 소속되어 있었다. 원주민 의회는 여전히 그 지역에 있는 2000명의 남부 시에라 미워크족(Southern Sierra Miwok)의 존재를 연방정부로부터 인정받기 위해 애쓰고 있었다. 연방정부는 미워크족이 정부 측과의 조약을 한 번도 이행한 적이 없다는 이유로 그들을 하나의 독립적인 실체로 인정하지 않고 있었다. 부족으로서의 지위를 확립하면 미워크족은 자금 지원 프로그램에 참여할 수 있었고, 1851~1852년에 체결된 강압적인 조약 때문에 부정당한 토지에 대한 자격도 가질 수 있었다. 입증 책임을 짊어지고 있던 원주민 의회 구성원들은 미워크족이 계속해서 별개의 독립된 집단으로 존재해왔음을 증명하는 문서를 연방정부에 제시해야 했다. 연방정부의 문서 요구는 문서화가 미워크족의 구술사적 전통과 무관하다는 사실, 그리고 연방정부가 노골적으로 전쟁을 일으키고 원주민 아이들을 원주민 언어 사용이 금지된 학교로 보내 어쩔 수 없이 이 땅을 떠나고 관행을 버리도록 하면서 말 그대로 원주민 부족을 와해시키기 위한 모든 수를 썼다는 사실을 전부 묵살하는 것이었다.

존슨은 박물관 뒤에 위치한 현재의 '원주민 정원(Indian Gardens)'과 달리 독립적으로 운영되는 원주민 문화센터를 조성할 계획도 세우고 있었다. 마리포사 원주민들이 직접 관리를 맡고, 의식을 거행하는 장소로 활용해야 할 경우에는 관광객의 출입을 막을 수 있는 공간으로 운영할 계획이었다. 1976년 마리포사 원주민 의회는 그와 같은 형태의 센터 설립을 제안했고, (현지 원주민이 국립공원에 무료로 입장할 수 있어야 할 뿐만 아니라) 박물관과 원주민 문화 프로그램을 원주민이 단독으로 운영해야 한다고 주장했다. 존슨은 요세미티 밸리가 지닌 영적 중요성과 그곳에서 종교적 관행을 지속하는 것의 중요성에 강한 역점을 두었다. 언젠가 그와 대화를 나누었을 때, 그와 그의 아들은 원주민 박물관 뒤편 원주민 정원에 자리한 오두막에서 일하고 있었다. 재건축이 진행 중인 오두막이었음에도 거기에서 의식을 치르는 것은 여전히 관광객들이 오기 전 이른 아침에만 가능했다. 1980년 국립공원의 미래를 위한 일반 계획은 새로운 마을 건설을 허가했지만 그에 대한 자금은 조금도 지원하지 않았다. 엘머 스탠리와 그의 딸 비에츠처럼 존슨은 자신의 조카딸과 다른 여성들이 요세미티에서 도토리를 채집하려다가 곤혹스러운 일을 겪었다며 불만을 토로했다. 그리고 모노 호수에서부터 밸리로 이어지는 전통이 깃든 길에 대해 이야기하면서 자신이 1990년에 그 도로의 복원 작업을 도왔다고 말했다. "그 전날 제 누나가 오늘날까지 살아계신 몇 안 되는 최후의 원주민 노장 중 한 분을 뵈러 갔었어요. 그분은 그때 90대셨고, 저는 나중에 녹음 테이프로 그 대화를 들었어요. …… 그분이 말씀을 시작했어요. 알고 보니 저희 아버지처럼 원래 마리포사 출신이었고, 언덕을 올라 모노 호수까지 걸어간 사람들에 대해 기억나는 것이 있는지 묻자 이렇게 대답하셨어요. '음, 나도 그 길을 걸어봤고 말을 타고도 몇 번씩 왔다 갔다 했지.' 그분은 언덕을 오를 때 어땠는지 말씀해주셨어요. 그런데 제 누나도 직접 그렇게 언덕을 올라본 적이 있었고 그 기억을 간직하고 있었어요. 그러니까 1920년대 초반으로부터 그토록 많은 시간이 흘렀는데도 제 누나가 그 원주민 노인과 똑같은 경험을 하고 그에 대해 대화를 나누고 있었던 거죠. 지난 3년 동안 저희는 모임을 만들어서 함께 그 길을 직접 걸었습니다. 그리고 그런 행위를 전통적 걷기라고 불렀죠. 이제 올해가 3년째네요. 저희는 밸리에서 출발해 바로 맞은편에 있는 모노 호수나 블러드 캐니언까지 걷습니다. 올해는 블러드

물, 과거를 망각하다:
요세미티 국립공원

캐니언 반대편의 작은 장소에서 출발해 여기까지 왔는데 총 닷새가 걸렸네요. 오는 길에는 캠핑을 합니다. 인원은 예순 명에서 예순다섯 명 정도인데 일흔 명일 때도 한 번 있었어요. 몇몇은 얼마간 저희와 함께했고 몇몇은 떠났어요. 하지만 굉장히 영적인 걷기였어요."

존슨은 내게 언젠가 자기만의 역사를 쓸 생각이라면서 미국의 수도 워싱턴 D.C.에서 접했던 공식 역사에 대해 이렇게 말했다. "1980년이었던 것 같아요. 줄리아 [파커] 그리고 저를 포함한 네 명이 원주민들을 위한 출장차 스미스소니언 재단을 찾았다가 캘리포니아 박물관 전시품과 요세미티 전시품을 봤어요. 여기 한쪽 구석에 설치해둔 디오라마와 거의 똑같은 전시품이죠. 건물을 따라 걸으며 벽면에 설치된 전시품을 보는데 한쪽에 짧은 설명문이 있었어요. 그런데 이런 문장으로 끝나더군요. '애석하게도 오늘날에는 더 이상 요세미티 원주민이 남아 있지 않다.' 그냥 이렇게요. 그래서 제가 말했어요. '내려가서 안내 데스크에 있는 사람들에게 이 설명문에 대해 좀 물어봅시다.'라고요. 내려가보니 안내 데스크에 한 여자 직원이 있길래 이렇게 말했어요. '저기요, 요세미티에 관한 디오라마 있잖아요.' 그랬더니 그분이 이러더군요. '아, 그거 참 멋지죠.' 그래서 저는 이렇게 말했습니다. '멋지긴 한데요, 설명문에 틀린 내용이 있더라고요.' 그랬더니 그분은 이렇게 말했어요. '어머, 그럴 리가요. 문장 하나하나 감수를 하고 위원회에서도 확인을 거칩니다.' 그래서 제가 말했습니다. '다 틀린 건 아니고요. 오늘날에는 더 이상 요세미티 원주민이 남아 있지 않다고 쓰여 있더라고요.' 그러자 그분이 말했습니다. '음, 그건 사실입니다. 굉장히 안타까운 일이지만, 거기 쓰여 있는 내용은 사실이에요.' 그래서 제가 말했습니다. '저기, 귀찮게 굴고 싶지는 않은데, 제가 요세미티 원주민입니다. 저희는 요세미티 원주민을 위해 출장차 여기 온 거고요.' 그러자 그분은 숨을 몰아쉬면서 이렇게 말했습니다. '어머머머머, 하, 잠시만요, 사람 좀 부를게요.' 그러더니 전시품을 관리하는 사람에게 전화를 걸었고 저는 그 담당자에게 똑같이 말했습니다. 아와니치족 후손들이 지금도 살아 있다고 말하는 설명문이 있다면 저희 원주민은 다들 흡족해할 텐데, 아무것도 변하지 않았네요. 변하지 않았어요.

서면으로 남은 자료들은 요세미티 원주민이 더 이상 존재하지 않는다고 명시하고 있어요. 사람들이 저희에게 요세미티 원주민이 맞느냐고 묻는다면 순혈이라는 용어 같은 걸 쓰면서 물어보겠죠. 저희는 후손들이에요. 저희 존재가 그냥 후손이기만 한 것은 아니지만, 아무튼 저희는 후손이에요. 저희의 뿌리는 1830년대 군대와 민병대가 침입하기 전에 여기 요세미티에서 태어난 저희 증조모로부터 이어져오고 있어요. 그걸 증명할 수는 없지만, 저희는 요세미티에서 태어난 그분의 딸과 저희 할머니의 후손이고, 제 부계 할아버지도 마찬가지예요. 삼촌이 돌아가시기 전에 저는 이렇게 물었어요. '저희는 어디에서 온 사람들이에요? 존슨 가문은 어디에서 온 거예요?' 그러자 삼촌은 당신의 아버지께 질문을 넘겼고, 그분은 이렇게 대답하셨어요. '음, 우리는 거기에서, 밸리에서 왔지. 마리포사에서.' 그분은 서면 자료가 아니라 그 마리포사에서 태어난 분이었어요. 저희가 아는 건 그뿐이에요. 뿌리를 거슬러 올라가보면 저는 제가 아와니치족의 후손이라는 걸 알 수 있고 그렇게 느껴요. 어린 학생들에게도 그렇게 말해요. 제가 아와니치족의 후손이라고요." 우리가 대화를 나누는 동안 떡갈나무에서 도토리가 주변으로 떨어졌고, 녹색 유니폼 차림으로 원주민 마을 모형에 앉아 있던 그가 내게 이렇게 말했다. "저는 아직도 사람들에게 이 땅이 제 땅이라고 말해요. 사람들이 저에게서 앗아갈 수 없는 것 한 가지는 바로 제가 느끼는 감정이에요."

정원에 피어오른 불

결론 없는 대화를 나눌 수 있는 확실한 방법 중 하나는 사람들에게 자연이 무엇인지를 묻는 것이다. 누군가는 자연이란 인간의 영향을 받지 않는 모든 것, 저 바깥세상에 있는 모든 것이라고 주장할 것이고, 누군가는 극지방 만년설에서 살충제 DDT가 발견되었으므로 그 무엇도 저 먼 바깥세상에 있지 않다며 반박할 것이다. 또 누군가는 인간에 의해 만들어지지 않은 것이 과연 무엇인가를 두고 더 정돈된 정의를 내리려 할 것이고, 그보다 더 많은 사람들은 소와 양배추처럼 가축화되고 선택적으로 품종개량된 것들과 바구니처럼 천연 재료로 만들어진 인공물들도 자연적인 것에 속하는지 여부를 공연히 따지고 들려 할 것이다. 낭만주의적 공상에 반대하는 사람들은 냉장고 구석에 일주일 넘게 보관한 캐서롤 속 박테리아와 우리의 장 속에 존재하는 더 복잡하고 한결같은 미생물 군집이 인간만 경험하는 현상도, 인간에 의해 발생하는 현상도 아니며, 어쩌면 야생 족제비만큼 바깥에 있는 것도 아니고 인상적이지도 않더라도 여하간 자연적으로 발생하는 현상이라고 말할 수도 있다. 누군가는 인간 존재란 그 자체로 생물학적 현상이자 자연이므로 인간의 창조물도 자연적이라고 주장할 것이다. 이처럼 자연에 관한 정의는 체지방에 살충제가 녹아들어가 있는 야생 족제비마저 배제하거나, 아니면 컴퓨터 칩까지 포함할 수도 있다.

자연이란 저 바깥세상에서 벌어지는 현상이라고 누구보다 과격하게 목소리를 높이는 사람 중에는 빌 맥키번(Bill Mckibben)이 있다. 그가 집필한 『자연의 종말』은 말하자면 머리가 두 개 달린 짐승이다. 한쪽 머리로는 지구온난화가 불러일으킬 수 있는 영향을 심도 있게 보고하고, 다른 쪽 머리로는 인간으로부터 독립적인 자연을 향한 애가(哀歌)를 부르는 식이다. "우리는 자연으로부터 독립성을 빼앗았고 이는 자연의 의미에 치명적이다. 자연의 독립성은 곧 자연의 의미이기 때문이다." 주장이 됐건 애가가 됐건 아무튼 맥키번이 전하고자 하는 말의 핵심은 그가 우리가 잃어버렸다고 간주하는 세상에 관한 문장에 들어 있다. 그는 "누군가가 발을 내딛은 적이 있다는 사실을 알고 있으면서도 이 대륙에서 오염되지 않은 부분을 어떻게든 발견해내는 최후의 인간"을 기술한다. 오염이란 무엇인가에 관한 맥키번의 별난 생각은, 뭐랄까, 염세에 가까워 보이기도 한다. 그는 그랜드 캐니언이 지도상에 공백으로 존재했던 시절에 대해 말하며, 소로를 어떤 산을 등반했다고 알려진 다섯 번째 백인 남자로 설명하면서 이렇게 한탄한다. "우리는 어떤 언덕이든 우리가 그곳을 최초로 오르는 사람이 될 리는 없다고 체념해버렸다." 그는 "체로키족, 크리크족 또는 머스코기족, 그리고 촉토족의 영토"를 찾은 18세기 자연주의자 윌리엄 바트람(William Bartram)의 일기와 그가 시적으로 묘사한 풍요로운 신록을 인용한 다음, 그를 "누구의 손길도 닿지 않은 세상"의 여행자로 칭한다.[1] 그런 다음에는 요세미티의 존 뮤어에 대해 말한다.

맥키번이 생각하는 자연은 우리와 분리되어 있다. 우리가 이방인이 아닌 한 자연은 낙원이 아니며, 어떤 언덕이든 아무도 오른 적이 없는 상태로 남는 편이 낫다고 보는 것이다. 그는 소로가 자기보다 먼저 산을 오른 사람들 중에서 오로지 **백인** 남자만 알고 있다는 사실을 확실히 짚고 넘어가면서 그 **우리**란 누구인가에 대해 말하기도 한다. 그리고 체로키족

물, 과거를 망각하다:
요세미티 국립공원

(Cherokee), 크리크족(Creek), 촉토족(Choctaw)의 영토에 가 있는 바트람을 묘사하며 그 땅들을 "누구의 손길도 닿지 않은" 세상으로 설명할 때라든가, 현재 인구과밀 상태인 그랜드 캐니언이 미지의 세상이었다고 말할 때 보면, 그는 우리가 아닌 것이 확실한 사람들의 존재를 모호하게 얼버무린다. 온갖 증거가 수두룩함에도 맥키번은 이 대륙을 아무도 살지 않고 누구의 손길도 닿지 않은 세상으로, 인간과 별개로 만들어진 자연으로 생각하고 싶어 하며, 자연의 독립 상태가 끝난 현실을 (대체로 앞선 작가들이 원주민 부족의 소멸을 비탄한 방식으로) 애도한다. 여기에는 굉장히 적대적인(원주민은 인간이라는 존재에 포함되지 않는다는) 혹은 굉장히 이상적인(원주민은 완전한 조화 속에 살았으므로 주변 환경에 아무런 영향을 미치지 않았다는) 태도가 내포되어 있다. 또 자연이 누구의 손길도 닿지 않은 상태였을 때만 자연일 수 있다면, 그리고 자연이 우리가 속하지 않은 장소를 가리킨다면, 그렇다면 우리는 자연을 사라지는 대상으로만 경험할 수 있고 우리가 존재하는 것만으로도 충분히 자연을 다른 것으로 만들 수 있다는 의미도 담겨 있다.(1964년 황야법(Wilderness Act)은 황야를 "인간이 방문자로 존재하는 장소"로 설명한다.)

맥키번에게 자연을 구성하는 것이 무엇인가 하는 질문은 영적인 질문, 내가 바깥세상으로 나가면 그 세상이 나에게 어떤 의미를 갖는지를 묻는 질문이다. 한편 국립공원관리청과 기타 토지 관리인들에게 그런 질문은 매우 실제적인 질문이다. 풍경을 자연 상태 그대로 보존하는 임무를 맡고 있기에 그들은 자연 상태를 구성하는 것이 무엇인지를 두고 중요한 결정을 내려야 한다. 이를테면 자연 상태에 무엇을 포함시키고 무엇을 제외할지, 무엇에 보상을 제공할지를 판단해야 한다. 그들이 맡은 특별한 임무는 자연을 자연 상태로 유지하는 것이다. 대체로 그들은 자연에 대해 맥키번과 같은 방식으로 생각한 듯하고, 그러다 예기치 않은 결과를 불러일으킨 것 같다.

이와 관련해 생태학자 대니얼 보트킨(Daniel Botkin)은 1701년부터 미개간 상태로 보호된 약 7만 9000평 규모의 뉴저지주 숲을 하나의 좋은 사례로 제시한다. 1749년에 그 숲을 방문했던 어느 식물학자는 "커다란 떡갈나무, 히커리나무, 밤나무로 이루어진 숲으로 덤불이 하나도 없어서 누구나 말과 마차로 지나다닐 수 있다."[2]라고 묘사했다. 1950년대 무렵 럿거스 대학교는 뉴저지주의 유일한 원시림이었던 그 숲을 사들여 자연보호구역으로 만들었다. 연구자들은 극상림 이론, 즉 성숙한 상태로 안정화된 숲에 관한 이론의 관점에서 숲을 연구했다. 그런데 숲이 점점 변하기 시작했다. 떡갈나무가 재생을 멈추고 설탕단풍 묘목들이 무성하게 자랐던 것이다. 그런 변화가 지속한다면 성숙목이 자라기 시작했던 250년 전의 숲과 250년 후의 숲이 완전히 다른 모습을 갖게 될 터였다. 이 현상을 연구한 럿거스 대학교의 생태학자 머리 부엘(Murray Buell)은 이렇게 판단했다. "1701년 유럽인이 정착하기 전까지만 해도 숲에서는 10년마다 산불이 발생했으나 유럽인 정착 후에는 의도적으로 산불이 억제되었기 때문에 그런 일이 한 번도 없었다. 떡갈나무와 히커리나무가 숲을 뒤덮은 이유는 설탕단풍나무보다 그 나무들이 화재에 더 강해서였다. 그래서인지 미국 원주민들이 이따금 방화를 한 가능성을 암시하는 증거도 있다. 그리고 산불의 영향은 다른 측면에서도 명확하게 드러났다. 피터 캄*이 봤던 종류의 탁 트인 숲이 아니라 키 큰 나무들을 배경으로 관목과 묘목들이 빈틈없이 우거진 숲이 자리했던 것이다. …… 결국 원시림은 어느 정도 인간의 산물이

---

* 피터 캄(Peter Kalm, 1716~1779)은 핀란드 출신 탐험가이자 식물학자, 자연학자다. 그는 1747년 북아메리카 식민지를 방문해 농업에 도움이 될 만한 종자와 식물을 구해가기도 했다.

었다."

올스턴 체이스(Alston Chase)도 『옐로스톤에서의 신 노릇(*Playing God in Yellowstone*)』이라는 저서에서 유사한 이야기를 들려준다. 짐작건대 1870년 랭퍼드 탐험대(옐로스톤은 탐험대가 작성한 보고서 덕분에 국립공원이 될 수 있었다.)가 현재의 옐로스톤으로 떠난 첫날, 한 탐험가가 원주민이 방화한 것으로 추정되는 화재 현장을 발견한 일이 있었다. 이를 두고 체이스는 산불로 인한 풍경 변화가 가지는 여러 효용과 이점을 줄줄이 설명한다. 식물과 동물의 다양성을 크게 증진하고, 토양에 영양분을 제공하며, (인간을 포함한) 몸집이 큰 동물에게 방해가 되는 덤불을 없애 숲을 관리하고, 산림 천이를 중단시키거나 변화시킨다는 것이다. 또 그는 원주민들이 전 대륙에서 (그리고 그 밖의 땅에서) 환경을 변화시키기 위해 산불을 일으켰음을 보여주는 수많은 증거를 인용한다. "북아메리카의 최소 100개 부족이 최소 열다섯 가지 목적으로 방화했다는 기록이 있는데 이들의 방화는 거의 예외 없이 풍경과 생태계에 막대한 영향을 미쳤다. ……"[3] 또 그는 원시림이라는 숲은 16세기와 17세기 유럽 이민자들이 발견한 것이 아니라 18세기 후반과 19세기 초반 미국인들이 실제 풍경과 그들의 상상 속에 조성한 것이라고 말한다. 그러면서 숲이 어찌나 광범했던지 다람쥐가 이 나무에서 저 나무로 뛰어다니다가 대서양에서 미시시피까지 이동할 수 있을 정도였다는 대중의 생각을 추가 설명을 통해 보완한다. 즉 숲이 규모도 규모지만 완전히 탁 트여 있고 깔끔하게 정돈돼 있어서 도로를 이용하지 않아도 사륜마차로 바닷가에서부터 거대한 호수까지 이동할 수 있을 정도였다고 말이다. 심지어는 원주민이 그레이트 플레인스의 일부를 조성했으며 백인의 침입으로 골머리를 앓았을 때는 들소 서식지를 넓히기 위해 그레이트 플레인스의 규모를 확대했다고 단언하기도 한다.

이 모든 내용은 옐로스톤 자연 관리에 관한 체이스의 조사 내용과 구체적인 연관성을 가진다. 체이스는 인류가 불을 사용한 시기까지 거슬러 올라가 북아메리카 원주민들의 사냥 기술을 설명하며, 1800년대 유럽인의 질병이 퍼지기 전만 해도 북아메리카 원주민의 인구가 증가했으므로 그들이 환경에 미치는 영향도 점점 커졌을 것이고, 이 점을 고려하면 최초의 정착민들, 그리고 전염병이 확산했을 때 북아메리카를 찾은 역사학자들과 생태학자들이 원주민의 수와 그들이 땅에 미친 영향을 과소평가한 것이라는 의견을 제시한다. 그러면서 대중에 알려진 기록들과 토지 관리 관행상에서 원주민의 존재가 완전히 지워졌고, 옐로스톤은 맥키번이 애도하는 종류의 또 다른 원시림이 돼버렸다고 말한다. 체이스는 이런 일이 발생한 이유에 대해 1870년대 옐로스톤 국립공원을 가로지른 배녹족과 네즈퍼스족(Nez Perce)이 국립공원 초대 관리인 펠리터스 노리스(Phelitus Norris)를 불안에 떨게 만들었기 때문이라고 말한다. 네즈퍼스족은 남북전쟁 영웅 윌리엄 테쿰세 셔먼(William Tecumseh Sherman)을 포획하는 데 거의 성공하기까지 했던 터라 관광 산업에 좋을 리 없는 위험 요소이기도 했다. 그리하여 노리스는 모든 원주민을 국립공원에서 축출하기 위해 열심히 로비 활동을 벌였고 원주민이 간헐천을 무서워해 항상 옐로스톤을 피해 다녔다는 이야기를 날조했다. "네즈퍼스족이 온천을 무서워하기는커녕 거기서 요리를 해 먹었다는 사실을 그는 분명 알고 있었을 것이다. 그럼에도 그렇게 날조된 신화는 좀체 사라지지 않았다. 그때부터 원주민과 간헐천에 관한 이야기는 옐로스톤에 관한 전설의 일부가 되었다." 결과적으로 산불은 씨가 마르고, 목초지들은 하나둘 침범당하고, 희귀 동물들은 점점 흔해지고 흔한 동물들은 점점 희귀해졌다. 그렇게 1세기가 지난 후 옐로스톤의 생태계는 지속 불가능하고, 불균형하고, 랭퍼드 탐험대가 배회했던 시절

물, 과거를 망각하다:
요세미티 국립공원

과는 다른 모습을 갖게 되었다. "누구의 손길도 닿지 않은 상태를 자랑삼아 내세운 정책은 그런 상태가 악화하지 않기 위해 필요했던 존재를 우리가 잊게끔 만들었다." 쇼쇼니족 여성 도리스 야월(Doris Yowell)은 그레이트 베이슨에서 일어난 유사한 역사를 기억하고 있다. "원주민은 산쑥이 뒤덮은 지역에 불을 지르곤 했어요. 그러면 불타버린 땅에서 식물이 자랐고 그렇게 자란 식물을 수확할 수 있었고 …… 하지만 이제는 더 이상 식물이 자라지 않아요."[4] 식물학자 윌리엄 바트람이 미국 남동부에서 마주했던 몹시도 무성한 수풀은 어쩌면 빌 맥키번이 상상한 대로 그 땅에 누구의 손길도 닿지 않은 결과가 아니라 돌봄에 박식한 이들의 손길이 닿은 결과였을 것이다. 그런 손길은 원주민 정착지에서 수 킬로미터 반경 내에 쓸모 있는 나무들이 자라도록 가꾸었고 공원 같은 환경을 조성했다. 자연 혹은 야생으로 간주되는 풍경이 파괴되는 이유는 무지한 혹은 적대적인 개입 때문일 때도 있지만 그만큼 인간의 개입이 부족해서일 때도 있다.

그러나 자연 상태의 자연이란 인간이 없는 자연을 의미한다는 생각은 여전히 굳건하며 전 세계 도처에 퍼져 있다. 탄자니아와 케냐에서는 국립공원 조성으로 인해 마사이족이 광활한 생활 터전을 잃고 쫓겨났고, 그 결과 3000년 동안 유지해왔던 유목 생활도 지속할 수 없게 되었다. 야생 동물들은 국립공원 경계를 벗어나 자기들만의 새로운 작은 터전에서 풀을 뜯어 먹고 살지만, 마사이족이 기르던 가축들의 경우 야생과 길들임, 자연과 문화를 구별 짓는 통상적인 기준 때문에 국립공원 부지에서 풀을 뜯어 먹는 것이 금지되어 있다. 듣기로는 캐나다 로키산맥을 이루는 캐나다 최초의 국립공원 밴프에서 쫓겨난 원주민들이 그 국립공원의 경계를 인정할 수 없다는 입장을 피력하기 위해 매년 밴프 국립공원을 가로지른다고 한다.[5] 데스 밸리 국립공원의 국립공원관리청은 팀비샤 서부 쇼쇼니족에게 늘 삶의 터전 역할을 했던 오아시스를 빼앗았고, 그들이 전통적인 구조물을 세우거나 사냥을 하거나 여름 별장으로 이동하는 것을 금지했으며, 눈에 띄지 않는 트레일러 전용 주차장으로 몰아넣은 뒤 파이프로 물을 공급받으며 살게 했다. 즉 그들의 조상들이 대대로 살아온 땅에서 눈에 보이지 않는 난민으로 살아가도록 만들어버린 것이다.(1930년대 한때는 국립공원관리청이 팀비샤 서부 쇼쇼니족에게 관광 상품이 되어달라고, 데스 밸리의 열기를 견디기에 적합하지도 않은 티피 텐트에서 거주해 달라며 설득을 시도하기도 했다.) 온대지방 산업 국가의 기관들이 처음으로 열대우림에 대해 우려를 품기 시작한 초기, 구세주를 자처한 사람들 중 상당수는 그들 자신이 누구의 손길도 닿지 않은 야생을 수호하는 일에 힘쓰고 있다고 믿었다. 국립공원에서 알려준 정보들을 근거로 저 머나먼 장소들에 인류가 출현하기 이전의 원시적 풍경이 펼쳐져 있으리라 상상했던 것이다. 그러나 유럽인들이 도착하기 전 아마존 인구가 수백만 명에 이르렀고 많은 원주민과 정착민이 여전히 그곳에서 지속 가능한 삶을 영위하고 있었다는 깨달음이 공유되면서 결과적으로 사회정의와 환경 운동이 서로 연결되었고, 온대지방 활동가들은 여러 사안을 하나의 사안으로 통합해 바라볼 수 있게 되었다. 한편 중남미 지역에서는 국립공원, 자연보호 채무 상계 제도(debt-for-nature swaps),* 자연보호구역이 원주민과 정착민을 내쫓을 명분을 제공할 때도 있다. 그들을 내쫓아야 새로운 개척을 위한 땅을 확보할 수 있다는 구실이 생기는 것이다. 수전 헥트(Susan Hecht)와 알렉산더 콕번(Alexander

---

* 환경보호 문제가 특정 국가의 문제가 아니라 지구 전체의 생존과 직결된 사안이라는 인식이 형성되면서 마련된 제도로, 선진국이나 국제환경보호단체가 재정이 취약한 개발도상국의 대외채무를 변제하고 해당 개발도상국은 변제받은 채무액만큼 자연보호에 투자하는 것을 골자로 한다.

Cockburn)은 아마존 열대우림과 아마존 원주민에 관해 공동 저술한 책『숲의 운명(*The Fate of the Forest*)』에서 그런 생태보호구역을 "현지인을 몰아내고 생태계 보존과 관련된 그들의 역할을 모조리 거부한 온실 속 에덴동산"이라고 부르며, "…… 현지인을 통합한 보호구역은 몇 되지 않고 이와 관련한 역사는 존 뮤어의 요세미티 국립공원으로까지 거슬러 올라간다."[6]라고 말한다.

+

요세미티에서 '자연은 무엇인가?'라는 질문에 대한 대답은 최근 수십 년간 변화를 겪었다. 요세미티가 국립공원으로 지정되고 시간이 흐르는 동안 관리인들은 대체로 산불을 순전히 파괴적인 힘으로 간주했다. 그들이 소중히 여긴 움직임 없고 고요한 모습의 자연이 그런 힘과 갑작스런 변화 앞에서 버틸 재간이 없었기에 그렇게 생각했을 것이다. 그리고 유럽에서는 오랜 세월 동안 낙엽을 모아 연료로 썼기 때문에 화재가 불필요한 악이었다. 옴스테드는 1865년 보고서에서 요세미티 환경에 해가 되는 위험들을 나열하며 화재도 언급했다. "원주민을 포함한 사람들이 숲과 목초에 불을 지르는 바람에 나무가 많이도 죽어버렸다. 지구상에 현존하는 가장 신성한 나무일지도 모른다고 여겨지는 거대한 고목들도 땅바닥 부근의 나무껍질까지 완전히 타버리고 말았다. ……"[7] 그 후에는 숲의 화재로 고아가 된 스모키베어와 밤비가 화재는 명백한 재난임을 대중에게 교육하는 인기 캐릭터가 되었고, 국립공원 정책은 모든 화재를 예방하는 것을 목표로 삼았다. 그리고 화재를 예방하는 시간이 길어질수록 환경이 입는 피해는 더 극심해졌다. 화재가 발생하지 않은 해마다 낙엽이 더 두껍게 쌓였고, 그렇다 보니 한번 화재가 발생하면 더 매서운 불길이 오랫동안 치솟으면서 몹시 염려스러운 상황을 초래했던 것이다.

그러나 1960년대 후반의 삼림학자들은 국립공원의 세쿼이아 나무들이 재생(regeneration)하지 않는 이유에 대해 의구심을 품기 시작했다. 그리고 이 평화롭고 거대한 나무들조차 외부의 개입이 있어야 재생할 수 있다는 사실을 밝혀냈다. 말하자면 세쿼이아의 솔방울은 보통 나무에 단단히 매달려 있기 때문에 화재가 발생해야 그 열기로 바닥에 떨어지면서 씨앗을 뱉어냈다. 게다가 새로 발생한 화재일수록 미네랄을 풍부하게 공급해 세쿼이아가 재생하고 성장하기에 최적인 토양을 형성했다. 1970년대에는 기원후 6세기 이래로 마리포사 그로브에서 벌어진 화재의 역사를 죽은 나무들의 횡단면을 바탕으로 재구성한 연구가 시행되었는데, 이에 따르면 1800년대 후반까지 화재가 발생하지 않은 최장 기간은 15년이었고 화재 주기가 짧을수록 화재의 강도는 미약했다. 반면 옐로스톤 국립공원은 장기간에 걸친 화재 예방 정책으로 인해 1988년 파괴적인 산불 피해를 입었고 1990년 요세미티 국립공원도 장장 1세기에 걸친 화재 예방과 수년에 걸친 가뭄으로 인해 요세미티 밸리 피난 사태가 벌어질 정도로 심각한 화재 피해를 겪었다. 가벼운 화재였다면 살아남았을 고목들이 수십 년간 쌓인 낙엽들을 불쏘시개 삼은 거대한 불길에 삼켜져 완전히 타버렸다.

화재가 발생하지 않았을 때 요세미티 밸리에는 향삼나무가 번성했다. 밸리에 존재하는 목초지의 절반 이상을 비롯해 아름다운 전망과 탁 트인 삼림지대의 상당 부분이 이 향삼나무들에 가려 보이지 않을 정도였다. 78년의 세월이 흐른 뒤 밸리로 돌아온 토투야/마리아 레브라도는 밸리가 "지저분하고", "덤불이 무성"하다며 불만을 표했다. 목초지가 있던 자리를 나무와 관목들이 차지하고 있었고 숲에도 수풀이 우거져 있었기 때문이다. 요세미티 밸리를 찍은 사진들을 보면 레브라도가 한 말이 그대로 재현되어 있다. 초기 사진에는 흑색으로 표현된 나무들과 그보다 밝게 표현된 초원이 뒤섞여 있는 반면, 최근 사진에는 흑색 바다에 밝은 섬들이 떠 있는 듯한 풍경이 보인다. 결국 1970년대에는 계획적 방화가 시작되었다. 어느 복원된 목초지의 안내판에는 이렇게 쓰여 있다. "200년 전 요세미티 밸리의 목초지는 지금보다 훨씬 더 광활했습니다. 건너편에 보이는 것과 같은 떡갈나무 숲도 더 크고 활기가 넘쳤습니다. 목초지에 불을 놓고 불길이 자연 소멸하도록 기다림으로써 밸리의 아메리카 원주민은 떡갈나무의 경쟁 상대가 되는 나무들을 불태웠고, 사슴 사냥에 용이하도록 덤불을 말끔하게 밀어버렸습니다. 낙엽이 불에 타버리면 원주민의 주요 식품 공급원이었던 도토리도 수월하게 채집할 수 있었습니다. 화재가 발생하지 않으면 향삼나무가 목초지의 왼쪽부터 서서히 잠식해 들어오면서 떡갈나무에 그림자를 드리우기 시작합니다. 그러나 이제 국립공원관리청은 계획적 방화를 통해 자연의 회복 과정을 구현하고 있습니다." 이 안내문은 본 장의 서두에 제기한 질문에 답변을 제시한다. 즉 원주민은 자연적이고 그들의 방화 역시 자연적이라고 단언하는 것이다. 그러면서 자연히 국립공원청도 자연적이라고 간주될 수 있을지 모른다는 희망까지 넌지시 내비친다. 맥키번이 제기한 자연의 정의에 관한 질문에서 출발한 하나의 기나긴 여정을 상징하는 답변인 셈이다.

국립공원 내부 환경은 다른 많은 부분에서도 변화를 겪었다. 강과 개울은 낚시꾼들의 유희를 위해 들여온 외래 송어로 가득 차 있고, 회색곰과 늑대와 큰뿔양은 종적을 감추었다.(양은 다시 모습을 드러내고 있지만 캘리포니아 회색곰은 이제 소수의 박제된 샘플과 주기(州旗)로만 존재한다.) 요세미티 밸리에는 특히 외래 식물종이 유입되었다. 1879년에는 국립공원 관리인 갈렌 클라크가 근처의 습한 목초지에 모기가 꼬인다는 이유로 밸리 서단의 천연 암석댐을 무너뜨렸고 그 결과로 인근 지하수면이 하강했다. '발자국만 남기라'라는 신조도 확실히 어느 모로 보나 충분하지 않다. 목초지에 난 오솔길로 많은 이들이 오가면서 땅이 약 1미터가량 파였고, 그로 인해 밸리 전역에 흙으로 된 댐들이 하나의 망을 형성하면서 지하수의 흐름을 막고 있다. 목초지 중 일부는 울타리로 가로막혀 있고 오솔길들은 토양 개선을 위해 파헤쳐져 있다.

국립공원청에 소속된 젊고 명석한 식물생태학자 수 프리츠키(Sue Fritzke)는 '자연은 무엇인가?'라는 질문에 대답하려는 시도조차 하지 않을 만한 사람이다. 어느 여름 프리츠키는 연구실 근처 떡갈나무 아래에 놓인 피크닉 테이블에 앉아서 나와 대화를 나누다가 오솔길과 여타 복원 사업에 대해 말해주었다. 스텔러 어치들이 우리를 나무라듯 주변에서 울어 댔고 다람쥐들은 덜 익은 도토리를 향해 돌진했다. '자연은 무엇인가?'라는 질문에 대답하는 대신 프리츠키는 국립공원을 하나의 생물계, 광범위한 영향력을 행사하는 생태계로 설명했다. 그는 국립공원을 '자연적'이라는 말처럼 굉장히 애매모호하고 이데올로기적인 무언가로 보기보다는 점점 건강해지는 무언가로 바라보고자 했다. 그리고 자연을 어떤 형태로든 되돌려놓으려는 시도일랑 일절 하지 않았다. 그런 건 결국 불가능한 일이기 때문이었다. "우리는 되돌아갈 수 없어요, 앞으로 나아갈 수만 있을 뿐이에요."라는 말은 그가 내게 해준 모든 말의 핵심이었다. 그의 목적은 잃어버린 장소를 되살리는 것이 아니라 현재 장소가 더욱 유연하고 자급적인 시스템을 갖추어 홍수와 화재가 발생해도 재생할 수 있도록 애쓰는 것이었고, 이를 통해 재건된 생태계가 궁극적인 복원을 이루어내도록 하는 것이었다. 그는 내게 "명칭을 잘못 붙였어요. 인간관리청이어야 했어요.

물, 과거를 망각하다:
요세미티 국립공원

우리는 인간의 영향을 줄이는 일을 하니까요."라고 말했다. 국립공원청은 발자국에 눌려 납작해진 길들을 뒤엎고 폐쇄한다거나, 목초지에 불을 놓는다거나, 강둑을 복원한다거나, 외래 식물을 없앤다거나, 자생 식물을 옮겨 심는 등 많은 일을 하고 있었다. 그런데 그런 조치로 인한 변화는 대부분 영구적이다.

프리츠키가 자체적으로 추진한 특별 프로젝트는 큰떡갈나무를 복원하는 일이었다. 옛날 잡지와 사진을 연구한 끝에 그는 19세기 중반에 큰떡갈나무의 비율이 10퍼센트밖에 되지 않았다는 사실을 알아냈다. 주요 원인은 화재가 충분하지 않았다는 것과 그로 인해 포식자가 줄어든 사슴의 개체수가 급증했다는 것이었다. "사슴의 주요 포식자 중 하나는 원주민이었어요."라고 그는 말했다. 그가 보여준 사진 속의 나무와 인간은 상호적인 관계를 맺고 있었다. 인간의 방화와 사냥은 나무들의 생명을 지속해주었고, 나무는 인간에게 도토리를 제공했다. 그래서 그는 사전에 국립공원청에 문의만 한다면 도토리 채집을 허용했다. 그의 복원 프로젝트를 후원한 석유 회사 셰브론은 1989년 겨울, 묘목 750그루를 심는 작업을 도울 직원을 채용해 파견 보냈다. 그리고 그런 기부 행위에 대한 공적을 기리는 의미로 팻말을 세우고, 그 팻말을 사슴들이 먹거나 사람들이 밟지 못하도록 내부가 보이는 작은 투명 플라스틱으로 감쌌다. 그 때문에 그해 겨울 국립공원은 좀 더 너저분해 보였다. 프리츠키는 자신과 함께 일한 셰브론 직원들에게 다소 에둘러서라도 가르침을 전하려 했고, 떡갈나무는 공기와 물에 의존하는 만큼 그것들 없이는 생존할 수 없고 전 세계 풍경을 구성하는 일부이지 고립된 자연이 아님을, 그리고 요세미티의 소나무가 자동차 대기 오염으로 피해를 입고 있음을 강조했다. 묘목을 심다가 슬개골에 동상도 입었지만 그는 그런 경험에서 배운 것이 있었다. 1989년 셰브론의 묘목 심기가 그리 성공적이지는 않았어도 셰브론에서 제공한 자금 덕분에 큰떡갈나무의 성장 패턴을 연구할 수 있었던 것이다. 그 덕에 그는 큰떡갈나무가 30~40년 주기로 세대를 교체하며 성장한다는 사실, 1991년에 성장하기 시작한 세대가 번성하고 있다는 사실을 밝혀냈다. 프리츠키와 내가 떡갈나무 아래에서 대화를 마치려던 찰나 머리 위로 비행기가 지나가며 윙윙 소리를 냈다. 프리츠키는 "해군이에요."라고 말하더니 공구 상자에 지대공 미사일을 넣고 다녀야겠다고 덧붙였다. 저공비행 하는 비행기들 때문에 겁먹은 송골매들이 둥지를 버리고 떠나고 있었다.

+

캘리포니아 원주민의 대다수를 차지하는 아와니치족은 보통 수렵 채집인으로 묘사된다. 수렵 채집인이라는 용어가 적은 인구수와 제한적인 기술로 인해 환경에 미치는 영향이 미미한 단순 활동을 하는 사람을 연상시키는 탓에 언뜻 아와니치족이 생태계에 아무런 영향을 끼치지 않고 그저 남아도는 것들만 취하는 존재처럼 느껴지기도 한다. 아와니치족을 수렵 채집인으로 간주한 믿음은 땅이란 사실상 쓰임을 위해 존재하는 것이 아니라는, 그리고 땅을 경작한 사람만 그 땅을 소유할 수 있다는 19세기 관념, 그리고 백인의 침입이 있기 전의 자연 풍경은 어떤 이유에서건 누구의 손길도 닿지 않은 상태였고 고요한 황야 혹은 순결하다거나 자연적이라거나 독립성을 암시하는 여타 형용사에 걸맞은 땅이었다는 20세기 관념이 형성되는 데 한몫했다. 방화는 이런 관념을 바꾸었고, 인간의 생명을 유지해주는 환경을 조성한 것이 바로 그 인간임을 넌지시 보여주기 시작했다. 그렇게 보면 인간은 땅이 선사하는 수확물을 취하기만 하는 것이 아

물, 과거를 망각하다:
요세미티 국립공원

니라 그런 수확물을 생성하는 데 일조하는 존재이기도 했다. 그것도 방화 뿐만 아니라 농경, 수렵, 채집 등을 방화와 완전히 대립되는 행위로 간주 하기 어렵게 만드는 여타 많은 기술까지 활용해 수확물을 생성하는 존재 였다. 영미 문화를 바라보는 가장 최근의 관점은 캘리포니아 원주민을 땅 과 훨씬 더 복잡한 관계를 맺는 존재, 훨씬 더 힘 있는 존재로, 땅을 황야 로서가 아니라 훨씬 더 복잡하고 인간과 상호의존적 관계에 있는 것으로 묘사한다.

민족식물학자 캣 앤더슨(Kat Anderson)은 수년간 요세미티 지역의 식 물을 연구한 결과와 전통 방식을 기억하는 미워크족과의 대화를 바탕으로 요세미티에서 채집이 갖는 의미를 정교하고 새롭게 파악했다. 요세미티는 요세미티의 변함없는 아름다움 속에서 대대손손 살아간 위대한 인간을 다 룬 가장 대중적인 역사, 더 전문적인 인류학 문헌, 그리고 인간과 생태의 오랜 관계를 급진적으로 다룬 자료를 아우르는 온갖 문헌에 다양한 모습 으로 존재한다. 이 중에서도 마지막 유형의 문헌은 주로 대학에서 쓰인 미 발표 문건, 전문성이 담긴 원고, 대담집, 몇몇 잡지 기사 형태로 존재하며, 이런 문헌이 다루는 사람들의 생각 속에도 늘 자리하고 있다. 한편 앤더슨 이 묘사하는 세상에서는 수렵과 채집이라는 용어가 아와니치족과 남부 시 에라 미워크족이 식물과 상호작용한 방식을 설명하기에 전적으로 부적절 하다. 농경이라는 용어 또한 앤더슨이 "그들이 식물 자원의 다양성과 양과 질에 직접적인 영향을 미칠 수 있게 한 다채로운 원예술"이라 칭하는 것을 제대로 정의하지 못한다. "사실 캘리포니아 땅에서는 식물 조작이 대단히 광범위하고, 다양하고, 특정 식물이 완전히 재생할 수 있는 방식으로 이루 어졌고, 그래서 사실상 모든 정착민과 금 채굴자와 민족지학자와 선교사 가 자신이 본 땅이 '자연 그대로'의 상태라고 착각했다."[8]

농경은 하나의 풍경을 조성하기 위해 다른 풍경을 뿌리째 뽑아 없애 버리는 과정, 그리고 보통 생존을 위해 지속적인 개입을 필요로 하고 수확의 결실을 보지 못할지도 모르는 씨앗을 뿌리는 파종 과정을 수반한다. 반듯한 직선을 따라 모종별로 나눠 심은 작물은 농업 전문가들이 자연 세계에서 질서를 찾을 수는 없어도 기존 질서 위에 그보다 더 단순한 질서를 덮어씌울 수는 있음을 보여준다. 소로는 『월든』에서 땅이 "콩을 말하도록" 하는 것에 대해 말하지만, 앤더슨이 설명하는 방법은 풍경이 어떤 새로운 것이나 이질적인 것을 말하게끔 하는 게 아니라 강조점을 옮길 뿐이다. 그런 방법은 기존 식물 자원이 생산성을 높이고 또 때로는 범위를 넓히게 만들지만, 길들임이 갖는 일반적인 의미에 따라 식물 자원을 길들이지는 않는다. 이는 연중 특정 기간에 특정 장소에서 장기간 개입하는 것으로, 수확물이 있을 법한 곳을 찾아 무리를 지어 돌아다니며 채집하는 사람들이라는 이미지와는 맞지 않는다. 말하자면 야생 식물을 채집하는 것과 개량 식물을 재배하는 것 사이의 어떤 유연하고 섬세한 방식에 가깝다. 이런 행위는 단순히 식물에서 무언가를 취하는 것이 아니라 무언가를 돌려주는 것을 수반한다. 즉 생명 유지에 필요한 물질을 제공하는 식물을 재배하고 개선하는 것이며, 그러므로 이런 관계는 공생의 성격을 띤다. 그리고 이 공생은 무척이나 다양한 식물과 환경에 영향을 미친다.

앤더슨이 보고한 바에 따르면 미워크족은 "일곱 개의 각기 다른 식물 군락에서 바구니 세공과 식량과 치료를 목적으로 수집한 256종 이상의 식물들을 이름으로 식별하고, 그 식물들의 생장 습관을 설명하고, 각 식물이 지닌 특성들을 설명"할 수 있다. 미워크족이 채집한 식물의 상당수는 뿌리와 새싹과 구근에 더해 채집만 제대로 하면 알아서 재생할 수 있는 부위들을 갖고 있었다. 땅을 파헤치는 행위는 그 자체로 토양에 공기를 불어

물, 과거를 망각하다:
요세미티 국립공원

넣고, 식량으로 쓰이는 구근과 덩이줄기의 번식률을 높일 수 있었다. 화살과 바구니는 새잎과 가지가 곧은 식물을 재료로 제작했다. 그러지 않으면 바구니는 구부러지고, 내용물은 새고, 화살은 목표물에 닿지 않을 터였다. 방화와 가지치기는 방치하지 않고 잘 돌보기만 하면 수확해서 다양한 용도로 쓸 수 있는 식물들이 곧은 새잎을 내도록 성장을 촉진했다. 바구니 세공과 화살 제작에 쓰인 모든 식물은 "싹을 틔우는 식물"이라고 앤더슨은 말한다. "다시 말해, 가지가 초식 동물이나 번갯불이나 홍수에 의해 어떤 식으로든 망가지거나 부러지면 식물은 필사적으로 새 가지를 내고 땅에 줄기를 박아서 그런 피해에 대응한다." 이어 앤더슨은 다양한 원예 관행이 원예에 쓰이는 식물에게 이로울 때가 많았다고 쓴다. 그것은 식물로 원예를 한 사람들이 품은 믿음이기도 했다. "현대의 원주민 채집인들은 종종 식물 서식지를 의도적으로 교란하는 행위가 특정 식물 종에게 해롭지 않을 뿐만 아니라 사실상 특정 식물의 활용 가능성을 유지 또는 향상시키기도 한다고 말한다. 오늘날 원주민 가구들은 식물을 이용하고 식물과 상호작용하는 것이 식물의 재생력에 도움이 된다는 생각을 공유하고 있다. 아무 용도로도 쓰이지 않는 식물은 품질이 떨어지고, 노화하고, 고갈되거나 심지어는 사라지기도 한다고 말이다."

수 프리츠키도 그런 생각을 공유한 사람이었다. 프리츠키는 요세미티 밸리에서 생장하는 식물의 종류가 대체로 원주민에 의해 결정된 것이며, 원주민이 했던 것처럼 식물을 유지 관리하려면 전임으로 일하는 정원사가 400명은 필요할 것이라고 말했다. 원주민이 없었다면 요세미티 밸리는 침엽수가 빽빽하게 들어선 숲에 지나지 않았을 것이다. 이 점을 고려하면 버널과 옴스테드와 그들의 동료들이 영국 풍경 정원과 유사한 광경을 보고 감탄했던 시절의 요세미티 밸리는 실로 그런 정원과 유사했을 것이다. 그들과 그들의 후손들은 결코 알지 못했지만 요세미티 밸리가 바로 **그런** 풍경 정원이었기 때문이다. 요세미티 밸리가 정말로 아무도 살지 않는 황야였다면 그들이 마주한 풍경은 울창한 밀림이었을 테고 위에서 슬쩍 내려다본 폭포와 암벽 면도 밸리의 풍경에 가려 보이지 않았을 것이다. 캣 앤더슨이 **농경**(agriculture) 대신 **원예**(horticulture)라는 단어를 사용한다는 사실도 이를 확실히 뒷받침한다. 농경의 agri는 들판을 의미하는 옛 프랑스어에서 유래한 반면 원예의 horti는 정원을 의미하는 라틴어에 바탕을 두고 있다. 이를테면 앤더슨은 원주민을 정원사로 칭하면서 그런 원주민이 그들 자신을 위한 정원을, 아름답기만 한 것이 아니라 유용하기까지 한 데다가 보기에도 좋고 몸에도 좋은 정원을 조성하고 있었다고 말하는 것이다. 야생을 판가름하는 기준이었던 것이 이제는 수 세대에 걸친 인간의 손길이 담긴 인공 유물이었음이 밝혀지고 있다. 달리 말하면 전 세계의 야생 또는 순수한 자연을 보존하는 모든 공원도 다른 공원들만큼이나 독립적이지 않다는 사실이 드러난 것이기도 하며, 공원 생태계 악화에 관한 이야기는 문명화된 야생에 관한 이야기인 동시에 제초를 하지 않아 풀이 무성해진 정원에 관한 이야기이기도 하다.

이야기는 우리가 그걸 들을 준비가 될 때 모습을 드러내는 법이다. 그리고 미국 정원에 관한 이 이야기는 많은 사람이 독립적인 자연에 관한 관념을 애석한 심정으로 단념하던 시기에 우리에게 찾아왔다. 맥키번의 『자연의 종말』은 인간과 분리된 자연 세계의 종말을 애도하지만, 어쩌면 종말하는 건 자연 세계가 아니라 우리가 기껏해야 한 세기 혹은 두 세기 동안만 들어온 이야기일 수도, 생태 운동에 뛰어든 청년들을 위한 단순하고 순수한 이야기일 수도 있다. 독립적인 자연에 관한 관념은 존 뮤어에게 매우 중요했고 국립공원 설립과 자연보호 운동의 기본 전제였다. 이 관념은 점점 지평을 넓혀가면서 어떤 빼어난 장소에 액자 같은 울타리를 치는 일보다는 만물의 상호연결성을 인식하는 일에 더 관심을 갖는 방향으로, 이 세상을 특색이 다양한 경치들을 한데 모아둔 상자보다는 여러 시스템이 결합한 **상호의존적**인 네트워크로 바라보는 방향으로 확장되었다. 최근 들어서는 장소와 종(種)을 문화와 말끔히 분리된 것으로 인식하기가 어려워졌다. 산성비와 낙진은 누군가가 오른 적이 있건 없건 산꼭대기마다 내려앉고 숲과 마을에도 똑같이 떨어진다. 그러나 누구의 손길도 닿지 않은 야생에 관한 이야기가 이제 끝났음을 우리가 인정한다면, 레이철 카슨이 설명하듯 화학물질이 전 세계 구석구석에 침입했음을 인정한다면, 그런 야생의 기원에 관한 이야기도 가뿐히 단념할 수 있을지 모른다. 그렇게 단념하면 우리는 보수적인 자연보호론자들의 염세적인 생각을 일부 떨쳐버리고, 문화가 반드시 자연을 파괴하는 것은 아니며 성질 급한 사람들이 초래한 황폐화한 풍경이 이 책에 새겨진 유일한 패턴은 아니라는 사실을 인식할 수 있다.

뱀의 이름[1]

자, 아와니치족은 사라지지 않았다. 그저 눈에 보이지 않는 존재가 되었을 뿐이다. 어쩌면 그렇게 보이지 않게 만드는 것만으로 충분했을 수도, 아와니치족이 살았던 지역에 관한 옛 역사에 새 역사를 덮어쓰고 옛 버전의 자연에 새 버전의 자연을 덮어쓰기에는 그것만으로 충분했을 수도 있다. 비록 핵심 요소가 빠진 탓에 새 버전은 제대로 작동하지 않았지만 말이다. 역사가 아와니치족에 대해 침묵했을지언정 땅이 대신 입을 열었다. 그러나 수많은 사람이 아와니치족이 사라졌다고 믿고 그보다 더 많은 사람이 요세미티를 누구의 손길도 닿지 않은 자연의 신전으로 섬기겠다며 맹세한 결과, 아와니치족은 현재에서뿐만 아니라 과거에서도 지워지고 말았다.

이와 같은 사실은 버넬이 족장 테나야의 이름을 따 테나야 호수라고 명명한 곳에서 테나야와 빚은 충돌에 새로운 의미를 부여한다. 우연찮게 발견한 호수와 밸리와 여타 랜드마크에 이름을 붙여주겠다고 결심한 버넬은 상징적 차원에서 한 역사의 마지막 장을 닫고 다른 역사의 첫 장을 열고 있었다. 그런데 신세계는 한 번도 새로웠던 적이 없었다. 신세계는 원주민에게는 구세계였고 이민자들에게는 외국일 따름이었다. 그러나 버넬은 명명 행위를 통해 침입자 또는 이민자에서, 원래 있던 공간을 새롭게 만들고 새로운 시작을 알리는 발견자로 변신했다. 한 국가가 막을 내리면

물, 과거를 망각하다:
요세미티 국립공원

다른 국가가 막을 올리듯, 원주민들의 구세계가 막을 내렸을 때 아메리카의 신세계가 막을 올렸다. 실제로 원주민이 어디론가 떠나거나, 사라지거나, 끝장나거나, 어떤 식으로든 형편이 좋아지거나 한 것은 아니었지만 대부분의 사람들이 그렇다고 믿기에 충분한 상황이었다. 대중의 상상 속에 자리한 인물과 풍경이 사라지는 원주민과 누구의 손길도 닿지 않은 야생이라면, 그런 원주민과 야생은 실제 풍경에 존재하건 부재하건, 정치적 결정이나 문화적 재현과 관련해 중대한 위치를 점하게 된다. 상상의 나라에서는 진실한 것이 아무 의미도 갖지 않으며, 사람들이 믿는 것이 모든 것을 의미한다.

명명은 주장하기의 한 형태다. 부모는 아이의 이름을 짓고, 신부는 신도에게 세례를 내리고, 남편은 자기 성을 아내에게 부여하며, 어느 탐험가의 이름을 따서 훔볼트강에 이름을 붙인 프리몬트든, 하늘의 신 우라노스의 이름을 따서 우라늄이라는 원소에 이름을 붙인 마르틴 하인리히 클라프로트든 탐험가들은 자기가 발견한 것들에 이름을 붙인다. 무언가에 이름을 붙이는 행위는 그 무언가가 새로운 정체성을 갖게 되었음을 주장하는 행위이며, 세례를 받은 사람은 신자로서, 여자는 아내로서, 지금껏 알려지지도 않았던 원소는 과학의 실험 대상으로서 새로운 삶을 시작한다. 그러나 서반구를 아메리카주로 개명한 사람들의 입장에서 볼 때 명명에 관한 최초의 서사시는 아담이 새로 창조된 낙원의 동물들에게 이름을 붙인 창세기에서 시작되었다.

새로움에 관한 감각은 특히 19세기 동안 미국의 정체성에 중대한 영향을 미쳤다. 그전까지 미국의 새로움은 일종의 결함으로, 역사적 무게와 전통의 결여로 간주되었지만 19세기부터는 일종의 미덕으로, 오점과 부패와 노쇠의 부재로, 앞을 내다보고 미래에서 의미를 찾는 국가의 징표로 재해석되었다. 유럽이 짊어지고 있던 짐을 가볍게 떨쳐낸 미국은 새로운 여명, 빈 서판, 복낙원을 상징했다. 그리고 미국이 갖는 낙원과 에덴동산이라는 신세계의 이미지는 당대 그림과 글에 끊임없이 반복적으로 등장한다. 문학사학자 R. W. B. 루이스(R. W. B. Lewis)는 신세계의 영웅을 이렇게 규정한다. "새로운 미국에 자리 잡을 새로운 관습을 제시한 것은 근본적인 차원에서 새로운 인물의 이미지, 새로운 모험을 이끄는 영웅, 역사에서 추방당하고 기꺼운 마음으로 조상을 잃고 가족과 인종 같은 일반적인 유산에 의해 좌지우지되지도 더럽혀지지도 않은 개인, 독립적이고 자립적이고 자주적이며 앞으로 어떤 일이 닥치든 타고난 자기만의 고유한 자원으로 맞설 준비가 된 개인이었다. 성경을 읽고 자란 세대가 이 새로운 영웅을 (찬양하든 반대하든) 한 치의 망설임도 없이 타락 이전의 아담과 동일시했다는 사실은 놀랍지 않다. 아담은 최초의 인간, 원형적인 인간이었다. 그는 경험보다 중요한 도덕적 지위를 갖추고 있었고, 새롭다는 것 자체로 근본적인 차원에서 순수한 존재였다. 세상과 역사가 전부 그의 눈앞에 놓여 있었다. 조물주이자 빼어난 시인이었던 아담은 자신을 둘러싼 무대에 등장하는 피조물들에 이름을 붙임으로써 언어 자체를 창조했다."[2]

　탐험가와 침입자가 발견자로 변신할 수 있었던 까닭은 적어도 그들이 생각하기에는 그것이 아담의 행위여서였다. 서반구가 가진 새로움은 그곳의 텅 빈 풍경과 마찬가지로 가꿔나가야 하는 대상이었고, 화가, 사진가, 작가, 작명가, 총잡이 들이 공평하게 그 과정에 개입했다. 원주민은 사라졌다고 유럽계 미국인들이 굳게 믿은 이유, 서반구의 풍경이 태초부터 텅 비어 있었다고 재정의될 수밖에 없었던 이유도 이 때문이다. 소로가 「산책」에서 진정한 아담은 원주민이 아니라 시골뜨기라고 주장했던 이유도 이 때문이고, 무인(無人) 풍경이 미국 문화에서는 너무나도 중요한 상징적인 의미를 갖는 데 반해 다른 문화에서는 좀처럼 찾아보기 힘든 이유도 이 때문이다. 풍경화의 구도 그리고 풍경화 이후 풍경 사진의 구도를 무대 공간의 구도와 같다고 본다면, 무인 풍경은 극이 시작되기 전의 신세계를 상징한다. 이 극은 가능성으로 가득 차 있으며, 영웅은 무대 옆에 숨어서 대기하고 있거나, 동쪽에 있거나, 1870년대 미국 지질조사국이 촬영한 사진들 속에 있거나, 전경에 서서 자기 눈앞에 미래처럼 펼쳐진 광활한 공간을 향해 뛰어들 채비를 하고 있다. 앤설 애덤스가 찍은 요세미티 사진은 대체로 클로드 로랭의 회화 구도를 유지한다. 땅의 형상을 담아낼 때 중앙에 빈 공간을 두는 구도인데, 다만 애덤스의 작품에는 전경이 없을 때가 많다. 카메라는 공중에 떠 있는 듯하고 텅 빈 공간은 엄청나게 웅장한 분위기를 자아내서 그 어떤 것으로도 그 공백을 채울 수 없을 것 같은 느낌, 인간의 극이 시작되기 전과 후에도 무대는 변함없이 제자리에 남아 있을 것 같은 느낌, 미국 풍경이 신만을 위한 자연의 집 같다는 느낌이 들 정도다. 낯선 풍경 속으로 한 발자국 내디딜 때 찾아오는 설렘의 순간, 기억과 시간 자체가 일시 정지한 듯한 황홀한 지체의 순간은 침입에 침입을 거듭하는 과정에서 마치 사적인 에피파니가 아닌 객관적 사실을 발견하는 순간으로 착각된 듯하다. 어쩌면 이는 인간이 왜 그토록 번번이 야생에 처음 발 들인 존재가 되고 싶어 하는지, 왜 그토록 실제로 그런 존재였던 것처럼 상상하는지와 연관되어 있을지도 모른다.

창세기에서 아담은 배우자를 원하지만 신은 그에게 배우자 대신 이름이 필요한 모든 동물을 내려주며, 하늘을 나는 새와 들판의 짐승들이 이름을 갖게 된 후에야 비로소 아담의 갈비뼈로 여자를 만들어준다. 로버트 그레이브스(Robert Graves)와 라파엘 파타이(Raphael Patai)의 『히브리 신화 (Hebrew Myths)』에 따르면 명명 행위는 일종의 완곡 표현 혹은 대리 행위다. 창세기 원본에서 아담은 만족스러운 짝을 찾기 위해 모든 피조물과 관계를 맺으며, 동물을 대상으로 한 실험이 불만족스러운 결과를 낳자 이브가 모습을 드러낸다.

성적 소유로서의 명명이 미 서부에서처럼 자명하게 드러나는 곳은 없다. 서부에서는 침입이 대단히 성애적인 용어들로 묘사되었다. 땅은 순결하고 누구의 손도 닿은 적 없고 누구에게도 발견된 적 없고 더럽혀지지 않은 공간이었으며, 땅의 발견자는 야생에 침투하고 야생을 정복하고 야생에 자기만의 표시를 남기고 권리를 주장하고 깃발 혹은 밭을 개간하는 데 쓴 쟁기를 심어 땅을 자기 소유로 만들었다. 1845년 미국 장교 제임스 헨리 칼턴은 "그리고 이렇게 또다시 대초원에 와 있는 우리는 순수와 번영이 가득한 자연에 둘러싸여 있다. 그 어떤 쟁기도 이 밭을 간 적이 없고 그 어떤 도끼도 이 작은 숲의 사랑스러움을 더럽힌 적이 없노라."라고 열띤 어조로 말했다. 에머슨은 뮤어에게 보낸 편지에서 야생이 "견딜 수 없는 아내가 아닌 고상한 정부(情婦)"[3]를 만들었다고 주장한 바 있다. **야생**(wilderness)이라는 단어는 의지(will) 그리고 고집(willfulness)과 어원이 같다. 즉 야생은 자기만의 의지를 가진 땅이며, 에머슨이 쓰는 언어에 따르면 길들일 필요가 있는 독립적인 여성을 의미하는 셈이다. 이렇게 보면 빅토리아 시대 남편들은 신부 또는 외처의 이미지를 가진 풍경에 자신의 성적 소유욕을 쉽게 투영한 듯하고, 땅이 순결하기를 바라는 현대인의 욕망은 선구자가 되고자 하는 욕구에서 비롯한 듯하다.(초기 개척자들은 굴뚝에서 연기를 내뿜는 집을 보면 다른 지역으로 거처를 옮기는 경우가 잦았다.) 자신을 교화하려는 샐리 아주머니에게 두려움을 느낀 허클베리 핀처럼 탐험가들은 이브를 만나기 전의 아담이 될 수 있는 영토를 향해 총총걸음으로 떠났다.

이런 점을 고려하면 장소에 이름을 붙이고 과거의 이름을 말소하는

물, 과거를 망각하다:
요세미티 국립공원

행위는 신부가 남편의 신분을 받아들이는 결혼을 의미할 수 있다. 그리고 대지를 어머니가 아닌 신부로 보는 관점은 그 대지가 품고 있는 새로움을 한층 강화한다. 어머니 대지가 아들들을 낳자, 낯선 대지에서 태어난 그 아들들은 자기 의지에 굴복하고 자기 이름을 물려받을 풍경을, 대지에 이미 쓰여 있는 역사가 읽히는 순간이 아니라 대지 위에 새로운 역사가 쓰이는 순간을 기다리는 텅 빈 풍경을 만들어내기 위해 애썼기 때문이다. 대지 자체가 신부 또는 피정복자의 역할을 다하고 있다고 본다면 초기 정착기에 여자의 역할이 왜 그리도 미미했는지를, 여자가 탐험에 동행한 적이 왜 그리도 드물었으며 장소명에 때로 여자의 이름이 붙었음에도 왜 여자들이 명명의 주체가 된 적은 거의 없다시피 했는지를 이해할 수 있다. 대지 자체가 여자의 신발을 신고 혹은 나이트가운을 입고 여자의 몫을 대신하고 있으므로 여자는 불필요한 존재인 것이다.

+

극이 아직 막을 올리지 않은 상태에서는 기억해야 할 것이 하나도 없다. 어쩌면 미국이 가진 기억상실 능력은 이 점에 바탕을 두고 있는지도 모른다. 내가 자란 노바토라는 마을의 명칭은 무명의 기독교 성인 성 노바투스의 이름으로 세례를 받은 코스트 미워크족(Coast Miwok) 족장의 이름을 따온 것이었지만, 성인도 족장도 심지어 미워크족도 마을 사람들에게는 잊힌 존재였다. 켄터키 사람들도 '어둡고 피비린내 나는 곳'이라는 의미를 가진 켄터키라는 단어에 대해 별다른 생각이 없고 미주리 사람들도 미주리라는 단어의 기원이 '흘러가는 물'을 가리키는 라코타어에 있다는 사실을 유념하지 않는다. 이름은 곳곳으로 퍼지면서 본래의 의미를 잃는다. 캐나다는 마을의 이름이었다가 국가의 이름이 되었고, 카베사 데 바카(Cabeza de Vaca)가 플로리다주에서 우연히 발견한 마을 애팔라첸 (Apalachen)은 북쪽으로 수백 킬로미터가량 뻗은 애팔래치아산맥의 기원이 되었다. 무명 용사의 무덤*처럼, 미국 각지에 남은 수많은 명칭은 잊힌 존 재들을 기리는 기념비이기도 하다. 유령 광산마을인 네바다 북부 터스커 로라(Tuscarora)의 경우, 미국 북동쪽 이로쿼이 연맹에 속한 어느 부족의 이름을 딴 내전용 군함에 기원을 두고 있다. 스페인인 이름과 영국계 유럽인의 이름은 사람들의 기억에서 거의 지워진 상태다. 샌프란시스코에서 성 프란체스코에 대해 생각하는 사람도 소수에 불과하며, 그곳에는 오래전 사망한 정치인들, 즉 멕시코와 전쟁을 시작한 포크(Polk), 당시에는 외국이 었던 캘리포니아에서 영사를 역임한 라킨(Larkin), 멕시코와의 전쟁 당시 주에서 미국 군대를 이끈 군인 스톡턴(Stockton), 멕시코와의 전쟁에서 패 배하고 금 발견에 실패한 서터(Sutter), 멕시코 시대의 주지사였던 카스트 로(Castro) 등이 항간에 떠도는 음모처럼 길거리 곳곳에서 이름으로 교차 할 따름이다. 버클리(Berkely)도 1866년 버클리에서 감상한 일몰에 영감을 받아 "제국의 항로는 서쪽을 향하리라."라고 외친 신사, 즉 시인이자 철학 자 비숍 버클리(Bishop Berkeley)의 이름을 따온 것이었다.

어쩌면 이름이 별다른 의미를 갖지 않고 그저 이름으로만 존재해도 아무 문제없을 것이다. 말하자면 플래그스태프(Flagstaff)가 깃발(flag)에 관한 사색을 불러일으키지 않고 단지 소나무들에 둘러싸인 애리조나시티만 연상시킨다 해도, 엘코(Elko)가 더 이상 엘크(elk) 사슴 사냥에 대한 동경을 불러일으키지 않는다 해도, 로스앤젤레스(Los Angeles)가 천사(angel)의 존

---

* 유해가 확인되지 않은 사망 군인들을 기리는 역사적 기념물로 버지니아주 알링턴 국립묘지 에 있다.

물, 과거를 망각하다:
요세미티 국립공원

재를 잊어버린다 해도 아무 문제없을 것이다. 이런 이름들은 대부분 그 장소에 대해서만 말할 뿐 다른 것에 대해서는 말하지 않기 때문이다. 시간이 흐르면 이름이 연상시키던 것들도 퇴색하기 마련이다. 버클리와 애팔래치아는 역사 없이, 일종의 혼합된 신조어로서 공명한다. 속어와 수식어와 신조어와 원주민 언어가 한데 뒤섞인 소리가 그야말로 미국 문화 그 자체인 이상한 합성음처럼 귓가에 맴돈다.

그러나 미국 전역에 흩어진 이름들은 미국 역사라는 암호를 푸는 열쇠다. 유타에는 유타로 떠난 모르몬교도들의 이주를 상기시키는 구약의 명칭이 산재해 있듯, 캘리포니아에는 캘리포니아 주도 명칭인 새크라멘토에서부터 해안을 따라 남쪽으로 이동한 성인들의 이름에 이르기까지 신성한 스페인 선교사들의 이름이 곳곳을 뒤덮고 있다. 다른 스페인어 이름들은 더 설명적인데, 이를테면 마리포사(Mariposa)는 모라가*의 탐험을 위태롭게 만든 나비들을 가리키며 시에라네바다(Sierra Nevada)는 그 산맥의 눈을 가리킨다. 한편 영국계 이름은 각 장소가 지닌 고유의 감각과 스페인 이름의 종교적 독실함 대신 세속적 권위를 표현한다. 초기에는 버지니아, 조지아, 메릴랜드의 남왕과 여왕의 이름, 미국 독립전쟁 후에는 정치인들과 고위 관리들의 이름이 그런 역할을 했다. 서부 산맥 정상들에 붙은 명칭은 언뜻 이사회 임원들의 이름처럼 들릴 때도 많다. 미국 지질조사국장 조사이아 휘트니의 경우 직원들이 시에라에서 가장 높은 봉우리를 발견하자 거기에 자신의 이름을 붙였고, 그 후 그보다 더 높은 봉우리를 발견했을 때는 황급히 자기 이름을 새 봉우리에 옮겨 붙여서 마운트 휘트니(Mount Whitney)로 만들었다. 휘트니의 동료 중 한 명인 윌리엄 브루

---

* 탐험가 가브리엘 모라가(Gabriel Moraga, 1765~1823)는 탐험가 호세 호아킨 모라가(José Joaquín Moraga, 1745~1785)의 아들이며, 1774년 데 안자 원정대를 캘리포니아로 이끌었다.

어(William Brewer)는 이렇게 기록했다. "우리는 가장 저명한 미국 지질학자의 이름을 따서 마운트 데이나(Mount Dana)라는 이름을 붙였던 것처럼이 산에는 가장 저명한 영국 지질학자의 이름을 따서 마운트 라이엘(Mount Lyell)이라는 이름을 붙였다."[4] 브루어의 이런 무신경함이 다소 신경 쓰이기는 하지만(반려동물의 이름을 지을 때도 그것보다는 더 신중하게 고민하지 않나.) 그런 지질학자들은 오래되고 거대한 산에 자기 이름을 붙일 만한 자격을 가진 몇 안 되는 인물이긴 한 것 같다. 지질학 역사상 핵심적인 시기에 창세기의 6000년 된 천지창조의 뒷문을 열어젖힌 것도, 그 안에 감춰져 있던 700만 년의 또 다른 세월을 드러내 보여준 것도, 그럼으로써 점점 공간이 쪼그라들고 있던 세상의 시간을 늘린 것도 바로 그들이었으니 말이다.

어쩌면 미 대륙에서 이름 짓기가 신속하게 진행된 이유는 개발의 속도와 이동의 범위 때문인지도 모르겠다. 그래서일까, 유럽의 장소 이름과 아메리카 원주민의 장소 이름은 장소와 함께 성장한 것 같지만, 미국의 이름들은 아무렇게나 갖다 붙인 경우가 많고, 오래 유지되지도 않는다. 탐험가와 침입자 입장에서는 적절한 이름이 떠오를 때까지 기다릴 여유도 없었던 데다가 해당 지역의 랜드마크들을 잘 묘사할 만한 표현이 있어도 대륙의 지도를 그린다는 차원에서는 적합하지 않았다. 탐험가와 침입자는 대륙의 기존 역사를 독해하는 것보다 그 대륙에 역사를 심는 일에 더 관심을 두었다. 루이스와 클라크는 남서부에서 컬럼비아(콜럼버스의 이름을 딴 지명)로 흐르는 강에 루이스강(Lewis River)이라는 이름을 붙였고 커다란 하천에는 클라크(Clark)라는 이름을 붙였다. 클라크의 이름은 그렇게 하천의 이름으로 남았지만, 루이스강은 그 지역 남단에 살았던 쇼쇼니족의 부족명을 따서 쇼쇼니(Shoshone)가 되었다가 나중에는 쇼쇼니라는 표현의 번역어인 스네이크(Snake)가 되었는데, 보통 구불구불한 모양 때문에 그런 이

물, 과거를 망각하다:
요세미티 국립공원

름을 갖게 되었다고 여겨진다.

　쇼쇼니는 외부인들이 뉴(Newe) 부족에 부여한 이름이다. 디네족(Dine)은 도둑을 의미하는 나바호(Navajo)라는 이름을, 라코타/다코타족(Lakota/Dakota)은 그들의 적들이 부른, 뱀을 의미하는 수(Sioux)라는 이름을, 이누이트족(Inuit)은 생고기를 먹는 사람이라는 뜻의 에스키모(Eskimo)라는 이름을 부여받았다. 시간이 흐르면서 원주민 부족 이름은 1950년대 쉐보레 아파치에서부터 1980년대 지프 체로키에 이르기까지 자동차를 포함한 많은 것들의 명칭으로 인기를 얻었으며, 같은 시기에 우주 항공기들은 아폴로, 주피터, 새턴 등 로마 신들의 이름을 부여받았다. 1956년 남태평양에 투하된 열일곱 개의 핵폭탄에도 아파치, 이리, 유마, 주니 등 원주민의 이름이 붙었다. 최근에는 마치 이혼한 여자가 자신의 결혼 전 이름을 되찾듯, 그리 위대하지 않은 미국 전 대통령 매킨리(McKinley)의 이름을 딴 알래스카의 위대한 산봉우리가 옛 이름 디날리(Denali)를 되찾은 일도 있었다. 때로는 미국의 땅이 구세계에 대한 오마주가 되지 않도록 막기 위한 국가주의의 발로로 원주민의 이름이 무척이나 성의 없게 쓰이기도 했다. 한편 영국인들은 워털루에서 나폴레옹을 무찌른 웰링턴 공작을 기리고자 캘리포니아의 거대한 나무들에 웰링토나이어스(Wellingtonias)라는 이름을 붙이고 싶어 했지만, 웰링턴 공작은 자신을 칭송하는 상징물로 (영국인들이 웰링턴스(wellingtons) 또는 웰리스(wellies)라는 속어로 부르는) 고무장화 정도밖에 얻지 못했다. 현재 미국 서부에 많은 세쿼이아에 그 이름을 붙인 미국인들은 체로키 문자를 발명해 체로키인들이 글을 읽고 쓸 수 있게 하고자 했던 체로키인 학자이자 교육자 세쿼야(Sequoya)의 이름을 땄는데, 사실 세쿼야는 영국군 사령관만큼이나 극서부 지역과는 별다른 연관성이 없었다. 어떤 장소에 이름을 부여한다는 것이 그 장소를 일종의 기념물로 만드는 만큼, 원주민의 이름을 장소명으로 치환해버린 행위는 그 원주민이 사라졌고 더 이상 필요하지 않음을 암시하는 듯하다. 그러나 매킨리는 사라졌을지 몰라도 체로키인은 사라지지 않았다.

모노 호수를 찾았던 리 바이닝 일당처럼 초기 정착민들은 땅에 자기 이름을 남기고 가는 경우가 많았고, 때로 탐험가들은 순전히 불평불만을 토로하는 차원에서 장소명을 짓기도 했다. 스페인인들이 뉴멕시코 사막에 호르나다델무에르토라는 명칭을 부여하고, 그레이트솔트 호수에 방문한 프리몬트가 (현재는 프리몬트섬이라 불리는) 그곳에서 아무런 흥밋거리도 찾지 못하자 실망의 섬이라는 이름을 붙이고, 금을 찾아 이동하다가 어리석게도 남쪽으로 우회해 엉뚱한 곳에 갇히게 된 이들이 그곳을 데스 밸리라고 불렀던 것처럼 말이다. 요세미티 동쪽의 블러디 캐니언(Bloody Canyon)이 그런 명칭을 갖게 된 이유는 1860년대 아와니치족을 쫓을 때 동원된 말들이 뾰족한 바위에 부딪혀 목숨을 잃고 산길에 그 말들의 뼈가 넘쳐났던 일 때문인 듯하다. 어쩌면 요세미티에 존재하는 가장 지저분한 명칭은 스리브라더스(Three Brothers)일 것이다. 원래 '콤포-파이-제스(Kompo-pai-zes)'였던 그 지형의 명칭에 대해 버넬은 "직역하기에 바람직하지 않다."라는 이유로 '등을 짚고 뛰어넘는 놀이를 하는 산들'로 의역했다. 원래 명칭에 담긴 성적 의미, 즉 (세 봉우리가 겹쳐진) 지형이 성교를 하는 커플의 모습과 닮았다는 해석을 의도적으로 회피하려 했던 것이다. 1851년 마리포사 전쟁이 벌어지고 있었을 때는 테나야의 세 아들을 포함한 아와니치 원주민 다섯 명이 산봉우리 사이에서 포로로 붙잡힌 일이 있었다. 그중 한 원주민은 병사의 허락을 받아 자기 몸을 결박하고 있던 밧줄을 풀었고 이내 탈출을 시도하다가 등 뒤에서 총을 맞았다. "그렇게 생긴 봉우리 지척에서 세 형제가 포로로 붙잡혔던 이 이상한 우연에 대해 생각하며 우리는

'스리브라더스'라는 이름을 붙였다." 버넬은 '스리브라더스'가 소변보는 자세를 연상시킨다고 생각해 아무도 모르게 그리스어로 된 이름도 붙였다고 한다.(빅토리아 시대 사람들은 교양인이라면 불순함과는 거리가 멀 것이라고 생각했기 때문에 음란한 생각일수록 일부러 모호한 언어로 표현했다.)

장소들이 지닌 옛 이름이 고스란히 유지되었다면, 새로 도착한 사람들은 탐험가가 아니라 이민자였을 것이다. 벨기에 출신의 금 채굴자 장니콜라 페를로의 대단한 매력은 시에라의 구릉에 도착했을 때 그곳을 명백한 운명의 장소가 아닌 외국으로, 새로운 이야기가 시작되기를 기다리는 장소가 아닌 이미 자기만의 이야기를 펼치고 있는 장소로 간주했으며, 자기 자신을 새로운 아담으로 보지 않았고, 원주민을 새로운 에덴의 걸림돌로 보지 않았다는 데 있다. 페를로는 이민자라는 위치에 걸맞게 영어, 스페인어, 미워크어를 배웠다. 이름을 바꾸는 행위에는 원주민을 소탕해버린다는 상징적인 의미가 담겨 있다. 이는 특정 지역, 특히 요세미티에 새로 온 사람들의 언어에 끊임없이 등장하는 **전멸**(extermination)과 **원주민**(ab-original)이라는 단어를 통해 여실히 드러난다. 전멸은 끝낸다는 의미의 **종결하다**(terminate)라는 표현에서 왔고 원주민은 **시초**(from the beginning)를 가리키므로 이 단어들은 '시초를 종결하다', '시작을 끝내다', '중간에서 다시 시작하다'라는 의미를 가진다. 즉 자기들의 새로운 서사에 어울리지 않는 원주민들로부터 에덴동산을 빼앗고 그 에덴동산의 유럽인들을 아담으로 만드는 것이다.

어쩌면 순결을 좋는 이 같은 계획의 가장 큰 아이러니는 1860년대 불법 점유자들이 심은 사과나무를 제외하고는 요세미티의 그 어떤 식물도 건드려서는 안 된다는 방침에 있는지도 모른다. 요세미티에 세워진 표지판들은 자연의 균형을 지키려면 야생동물은 외래종을 먹지 말아야 하고,

인간은 현지 음식을 삼가야 하며, 방문객들은 수많은 아담과 이브처럼 옹이투성이의 고목에서 사과를 따 먹어야 한다고, 그 거짓 낙원에서 자기 자신을 침입자로 여겨야 한다고 설명하고 있다.

+

아와니치족은 장소에 이름을 붙일 때 그 장소와 연관된 이야기를 고려하거나 특정 신체 부위 또는 동물과 닮은 자연의 특성을 지표로 삼은 듯하다.(그런 이름들 중 그랜드티턴이나 그레이트넥 같은 유럽계 미국식 명칭 속에서 현재까지 살아남은 이름은 몹시 드물다.) 요세미티 밸리 원주민들은 요세미티의 형상을 보고 아와니(Ahwahnee), 즉 '큰 입'이라는 이름을 붙였고, 자기 자신들에게는 '큰 입 계곡의 사람들'을 뜻하는 '아와니치(Ahwahneechee)'라는 이름을 붙였다. 현재 이 이름은 아와니치 럭셔리 호텔의 명칭으로만 살아남았지만 여전히 근사한 묘사이기는 하다. 어느 날 밤 나는 그 아와니치 호텔 인근의 넓은 목초지에서 산책을 하다가 그 지역에서 보기 힘든 완전히 탁 트인 공간을 마주했다. 일몰로 붉게 물든 북쪽과 남쪽 암벽의 양쪽 끝이 마치 입술처럼 곡선으로 꺾인 광경이 펼쳐졌다. 그 순간 '입 같은'이라는 표현이 쓰인 이유를 깨달은 나는 이름의 의미를 다시 떠올리며 터덜터덜 호텔로 돌아갔다.

요세미티라는 이름 자체는 브라이덜베일(혹은 동풍을 뜻하는 포호노(Pohono)) 폭포 인근에서 백인들이 야영을 한 첫날 밤 모닥불에서 탄생했다.[5] 이와 관련해 버넬은 "몇몇 낭만적이고 이국적인 이름이 제시되었다. …… 대부분은 정통적이고 성경에 나오는 이름들이었다."라고 기록했다. 그가 제안한 단어는 요세미티였다. 테나야 호수에 테나야라는 명칭을 붙이면서 버넬이 말했듯 장소명은 그 장소에서 지워진 사람들을 기리는 의미를 갖는다. 그날 그 백인들 중 한 명은 이렇게 말했다. "악마가 원주민들이랑 원주민들 이름까지 다 갖고 가게 그냥 내버려둬! 왜 우리가 원주민들 이름을 길이길이 남기고 그런 방랑자들과 살인자들을 기려야 하지?" 또 다른 사람은 이렇게 말했다. "원주민들이랑 원주민들 이름은 악마가 갖고 가게 내버려두고, 여길 파라다이스 밸리(Paradise Valley)라고 부르도록 하지." 어떤 이름을 붙일 것인가를 두고 구두 투표를 벌인 끝에 요세미티는 요세미티가 되었다. 이름이 결정된 후 버넬은 새비지에게 가서 요세미티라는 단어가 정확히 어떤 뜻인지 물었다. 그러자 새비지는 그 지역의 많은 현지 언어를 이해할 수는 있지만 지역 방언 때문에 골머리를 앓고 있다고 털어놓은 다음 요세미티가 회색곰(Grizzly Bear)을 뜻한다고 말했다. 버넬이 독자를 위해 덧붙인 내용에 따르면 테나야의 원주민들에게 회색곰이라는 이름이 붙은 이유는 그들이 "방종하고 약탈을 일삼는 성격"을 가지고 있기 때문이었다. 요세미티가 회색곰을 의미한다는 새비지의 번역은 지금도 거의 전 세계에서 받아들여지고 있고 국립공원의 모든 표지판에도 그렇게 적혀 있다.

한 세기가 넘는 시간 동안 요세미티의 뜻을 원주민에게 직접 물어볼 생각을 한 사람은 한 명도 없었다. 언어학자 실비아 브로드벤트(Sylvia Broadbent)는 요세미티라는 단어에 대해 연구한 후 그동안 알려진 사실과는 매우 다른 결론에 도달했고 1960년대에 그 결과를 발표했다. 국립공원 민족학자 크레이그 베이츠는 1970년대에 브로드벤트의 연구를 국립공원 책자에 각주로 실어 조금 더 널리 알리고자 했지만 그렇게 바로잡은 내용이 대중에게는 여전히 거의 알려지지 않았다. 요세미티와 닮은 우주마티(uzumati)가 회색곰을 의미하는 것은 사실이지만, 요세미티는 분명 미워크족의 언어 중에서 '그들 중 일부는 살인자'라는 뜻을 가진 '요헤미테(yohe-miteh)'에서 온 단어다. 그러나 국립공원 명칭에 관한 책에서부터 원주민 마을에 걸린 안내판에 이르기까지 거의 모든 문헌이 요세미티를 아직도 **회색곰**으로 번역한다. 요세미티를 제대로 번역한 문헌 가운데 내가 처음으로 발견한 자료는 문제의 그 "살인자"가 백인을 가리킨다고 주장했다. 침입자 본인이 자신의 잔인한 행위를 지칭하는 단어를 장소명으로 정했다는 사실은 상당한 아이러니다. 그런데 그 단어는 대체로 파이우트족을 두려워하고 불신한 미워크족이 모노 호수 인근의 파이우트족과 혼인한 밸리 원주민들을 가리킬 때 사용한 경멸적인 표현, 적대적인 표현이기도 하다. '그들 중 일부는 살인자 국립공원'이라는 이름을 가진 장소는 말하자면 적대적인 몰이해 그 자체를 보여주는 상징물이다.

앞서 말한 것처럼 이야기가 일종의 길이라고 한다면 일단의 이야기는 거미줄처럼 엮인 길, 즉 지도를 구성한다. 그리고 우리가 처음으로 듣는 이야기, 어머니의 모유처럼 아래로 흘러 우리의 뼈를 이룬 후 기억에서 잊히는 이야기는 우리가 그 존재를 다시 기억해내든 그렇지 않든 우리를 인도하는 지도가 된다. 천지창조에 관한 유대-기독교 이야기인 창세기도 그런 지도이며, 다윈과 지질학자들이 천지창조에 이레가 걸렸다는 대부분 사람들의 믿음을 건드린 시점으로부터 오랜 시간이 흘렀음에도 창세기의 전제들은 여전히 우리 곁에 남아 있다. 창세기는 유대-기독교 세계관을 이해할 때 반드시 고려할 수밖에 없는 위대한 한 편의 시이지만, 내 생각에 창세기는 미 서부에 대한 오해를 불러일으키는 지도인 것 같다. 창조론은 현재 사물의 질서를 설명함으로써 기원을 밝혀나가지만, 창세기는 질서의 결과로서의 세계가 아니라 기원으로서의 세계를 바탕으로 현재 사물

물, 과거를 망각하다:
요세미티 국립공원

의 질서를 설명하는 듯하다. 에덴동산은 요세미티가 아닌 이라크의 티그리스강과 유프라테스강 사이에 있었고 아마겟돈은 네바다 남부가 아닌 이스라엘에 위치해 있는 것이다.

자칭 아담이었던 서부 탐험가들, 이름을 부여하고 성경 지도를 독해한 사람들은 자신들이 처음으로 마주한 땅을 그들 자신에게 새로운 공간이라기보다는 절대적 의미에서 새로운 공간이라고 생각했다. 새로 알아가야 할 장소가 아니라 자신들이 개발해주기를 기다리고 있던 공간으로 보았던 것이다. 환경 보존 운동에 몸담은 많은 사람들은 심지어 지금까지도 성경 속 타락에 관한 이야기와 맥을 같이하는 생각을 갖고 있다. 인간의 개입이 있기 전 정적인 자연 질서(천지창조 나흘 또는 닷새째의 에덴동산)에 관한 믿음을 바탕으로 환경 보존을 위해 애쓰고 있는 것이다. 그리고 그들의 세계관을 뒷받침하는 사진들은 오로지 이전과 이후, 성모와 창녀, 누구의 손길도 닿지 않은 완벽함과 인간이 만든 재난만을 보여주며, 공존의 과정에 대해서는 보여주는 것이 없다. 그들에게 대체 경로를 제시하는 지도가 몇 장이라도 있다면, 에덴동산 또는 세상의 종말로 직행하려는 이민자들의 경향성을 잠재우고 그들이 **과정**이 지속되는 장소를 상상하도록 도울 수 있을지도 모른다.[6]

고고학적 관점에서 보면 창세기 초반부의 몇몇 장은 탐험가들이 탐험한 땅뿐 아니라 탐험가들에 대해 많은 것을 말해준다. 창세기에 등장하는 여자 영웅 셋은 이야기가 진행됨에 따라 하나둘 사라진다. 전투에서 패배한 후의 사체가 이 세상을 만드는 재료로 쓰인 수메르 신화의 괴물 같은 여신 티아마트, 그리고 순종적이지 않은 아담의 첫 번째 아내 릴리스는 이야기에서 완전히 사라지며, '인류의 어머니'를 뜻하는 이름을 가진 이브는 삶보다는 죽음을 가져오는 존재로 그려진다. (이 널리 퍼진 근동 이야기를 다른 방식으로 해석한 바에 따르면 타락은 행운이었고 이브는 뱀과 대화를 나누고 선악과를 따 먹은 존재로서 숭배받았다.) 따라서 창세기는 여성의 역할에 관한 생각, 사물의 질서 속에서 여성적 원리가 수행하는 역할에 관한 생각을 억압하는 동시에 표현하는 이야기로 독해할 수 있다. 특히 창세기는 땅과 물질이 무언가를 행하기보다는 외부의 행위에 따른 결과가 나타나는 수동적이고 고정적인 대상이리라는 기대(물질과 자연을 통제하는 과학적 사고의 핵심을 이루는 세계관)에 관한 이야기이기도 하다. 이 관점에서 보면 창세기는 무언가를 창조하고 재생산하는 힘을 비물질적이고 남성적인 원리에 다시 귀속시키는 데 열중하는 일종의 정치적 논문이 된다.

독일 이론가 게르브루크 트로슈디터(Gerbrug Treusch-Dieter)는 "지난 수천 년간 창조 신화와 철학적 담론은 물질 혹은 여성성을 형태 혹은 남성성에 예속시켰다."라고 쓴다. "발산하는 정신은 여성성을, 즉 수동적이면서 안에 무언가를 품고 있는 여성성을 형성한다." 트로슈디터는 이러한 질서가 1986년 비극적인 원자력 발전소 폭발 사고가 발생한 체르노빌에서 끝났다고 주장한다. 독일의 관점에서 보면 그렇게 보일 수도 있다. 그러나 미국의 관점에서 보면 41년 전 최초의 핵폭발과 함께, 삼위일체와 함께 새 시대를 여는 전환이 시작된 듯하다. '타락'은 지식과 그들이 직접 통제할 수 있다고 믿은 힘에 혹한 물리학자들, 뉴멕시코 사막으로의 집단 이주를 수반한 변화 등을 바탕으로 실현된 원자폭탄 제조를 설명하는 하나의 훌륭한 알레고리다. 그리고 일종의 성서적 폭력을 통해, 즉 창세기에 담긴 가정의 일부를 없었던 일로 만든 창세기의 속편을 통해 자연의 본질과 자연 속 사람들의 위치를 바꾼 것도 타락이었다. 그러나 이 타락은 외부에서 유입되어 서부 사막을 무대로 펼쳐진 한 편의 극이기도 했다. 19세기가 사막에서 죽음을 읽어내자, 20세기는 핵실험의 낙진과 함께 사막에 죽음을

물, 과거를 망각하다:
요세미티 국립공원

새겼다.

창세기 초반부를 이루는 장들은 근동 역사에 관한 알레고리, 수렵과 채집에서 농경으로의 전환에 관한 알레고리로도 읽을 수 있다. 이렇게 읽으면 창세기는 수렵과 채집 생활이 가진 매력에 관한 이야기, 노동 혹은 고역으로부터의 자유, 농사일의 상대적 고통으로부터의 자유에 관한 이야기가 된다. 타락이 농경사회로의 진입을 의미했다면 미 대륙의 상당 부분은 여전히 에덴동산이었을 테지만, 19세기에 성경을 읽은 미국인들은 설령 고된 농사일이 저주를 불러들이고 있다고 해도 (뮤어 같은 많은 사람들에게는 농사일이 실로 저주였지만) 미 대륙을 그 누구도 아닌 자기들만의 에덴동산으로 바라보기로 결심한 사람들이었다. 정원에서의 추방도 한때는 풀이 무성했으나 수천 년에 걸친 과잉 방목에 의해 망가진 중동의 현실로 해석되었다. 이 경우에도 길들여진 가축 떼를 들여오는 행위, 그리고 아메리카 대륙의 원주민들을 루비 밸리 조약에 쓰인 표현대로 "농업 전문가와 목동"으로 변모시키려는 시도는 정원을 원주민이 있는 곳으로 가져오는 것이 아니라 정원에서 원주민을 내쫓으려는 시도와 같다. 그러나 우리 대부분이 유치원에서 배웠듯 메이플라워호를 탄 청교도 순례자들조차 농경 기술을 배웠고 그들이 정착한 장소에 살고 있던 메사추세트족(Massachusett)으로부터 새로운 작물을 얻었다. 그러므로 새 시대를 여는 단절이 발생했다는 생각은 아메리카 대륙에서 벌어진 일을 설명하기에는 너무 단순하다. 초기 거주민들은 아무것도 모르는 순진무구한 사람이나 야만인처럼 이국적인 존재이기는커녕, 그저 오래된 문화들의 산물이었다. 어떤 장소를 발견했음을 알리는 선언이든, 변경 지역을 폐쇄하기로 한 결정이든, 최후의 야생인을 포획한 행위든, 여러 중대한 전환점을 끊임없이 탐색하는 것은 역사를 확실한 단절들로 이루어진 결과물로 해석하고 있음을 보여주는 징후다.

창세기는 요세미티에 유해했다. 요세미티 풍경은 에덴동산처럼 매우 정적이지도 않았고 인간의 개입 없이 신의 힘에 의해서 만들어진 정원도 아니었다. 하나의 생태계로서의 요세미티를 끈질기게 괴롭힌 많은 문제들은 바로 그렇게 에덴동산을 전제하는 생각에서 비롯된 것 같다. 그런 생각은 방화를 하지 못하게 만들었고, 향후 인간이 막대한 재앙을 초래하는 영향을 발휘하게 되기 전까지 인간이 풍경에 미치는 영향을 부정했다. 자연/문화, 전/후, 야생/길들임, 황야/정원, 완벽/결점 등 이분법적인 사고를 조장하는 창세기의 경향은 그 자체로 분별력을 잃게 하는 하나의 요인이다. 요세미티는 마리포사 기병대에 의해 죽임당한 적도 없었고 그곳을 벗어날 생각도 전혀 없었던 원주민들이 오랜 세월 거주하며 돌본 중간 지대의 황야였다.

정복의 역사는 단절에 관한 이야기며, 유럽계 미국인의 역사는 역사에 깊이가 없다는 저주, 역사의 발상지와 판이한 장소에서는 결국 뿌리를 내리지 못한다는 엄청난 저주에 걸려 있다. 어떤 국가들은 정복자를 동화시켰다. 그러나 미국은 자신들이 있는 곳이 어디인지도, 자신들보다 앞서 미국 땅에 존재한 사람들이 누구인지도 기억하지 못하는 이민자 인구를 동화시키지 못한다. 뿌리, 연줄, 장소감을 잃은 것은 피정복자나 피침입자가 아니라 정복자와 침입자다. 기억상실은 방향 감각을 상실한 정복자가 상당한 정신적 충격을 극복하기 위해 동원하는 하나의 강력한 수단이다. 기억상실은 특정 장소에 깃든 사적인 과거가 아니라 과거 그 자체를 잃게 하기 때문이다. 발명 또한 그런 극복의 수단, 어떤 장소를 장식적인 모티프와 환상으로 뒤덮을 수 있게 해주는 수단이며, 미국에서는 침입자들이 그야말로 백지에 불과했던 미 대륙 전역의 이야기를 윤색함에 있어서 성경이 중요한 수단으로 기능했다. 시온(Zion)이라는 이름을 붙여서든, 엄청난 양의 물을 다시 흘려보내 "사막이 꽃을 피우도록" 만들어서든, 어떤 장소가 여기가 아니라 저기에 있는 것처럼 속이는 것도 하나의 대응 방식이었다. 그러나 과거를 기억하는 능력 없이는 미래를 상상하는 능력도 가질 수 없다. 그러니 10년 혹은 100년의 역사를 가진 국가가 장기적인 미래를 그리며 현명한 결정을 내리지 못하는 것도 놀랄 만한 일은 아니다. 지도는 하나가 아니다. 다른 지도들도 있다.

+

내가 카후일라족(Cahuilla)인 친구 루이스 디소토(Lewis deSoto)*에게 받은 카후일라 창조론 책[7]은 창세기에 대한 간단명료한 해독제 역할을 한다. 모닥불가에서 전승된 구비 전통들이 어떤 비전을 담고 있었는지를 소개하기에 앞서 몇 가지 사실을 언급하자면, 그 카후일라 창조론은 어느 인류학자의 필사본을 복사한 것이었고 내가 그 책을 받은 이유는 한 미술관 카탈로그에 디소토의 작품에 관한 에세이를 싣기 위해서였다. 디소토의 작품이 배치된 일련의 전시실은 기계 장치들로 채워져 있었다. 그리고 그 장치들은 발광하는 이미지와 잔잔한 소리를 매개로 하여 창조론을 재해석한 이야기를 현재 시제로 들려주었다. 창조론을 재해석하는 과정에서 디소토는 카후일라 우주론에 모든 기술(슬라이드 프로젝터, 비디오 모니터, 스피커, 음량 조광기)을 접목했는데, 나는 디소토 작품론을 쓰기 위해 카후일라 창조론을 이해하는 과정에서 그 창조론이 내 글에서도 상당한 의미를

---

* 카후일라 원주민이자 미국의 예술가.

갖는다는 사실을 깨달았다. 한 에세이에서 내가 "창세기는 사람들이 곧잘 하늘이라고 착각하는 일종의 천장이다."라고 썼을 때, 그 천장 너머를 가장 선명하게 일별할 수 있게 해준 것이 바로 그 창조론이었다.

카후일라족의 영토는 카후일라족이 아와니치족처럼 사냥을 하고, 채집을 하고, 원예 비슷한 활동을 하고, 쇼쇼니 어군으로 분류된 복잡하고 리드미컬한 언어로 이야기를 전승한 로스앤젤레스 동쪽의 사막과 산을 아우른다. 카후일라족의 창조 신화(혹은 노래로 불리는 것이 목적이었으므로 창조 노래)는 어둠으로, 다산을 상징하는 여성적인 어둠으로 시작한다. 그 어둠은 격렬하게 이리저리 굴러다니는 알을 품고 있다. 알이 부화하지 못하자 신화는 그것을 유산이라 칭하고, 어둠이 또 다른 알을 낳자 그 알에서 두 형제가 태어난다. 두 형제는 어떻게 세상을 만들 것인지를 두고 논쟁을 벌인다. 무카트(Mukat)는 세상이 인구과잉 상태에 처하지 않도록 필멸의 인간을 만들고 싶어 하고, 테메야와트(Temeyawat)는 불멸의 인간을 만들고 싶어 한다. 무카트가 논쟁에서 승리를 거두자 테메야와트는 코요테, 독수리 꽃, 야자나무, 날벌레를 제외한 자신이 만든 모든 생명체를 데리고 지하세계로 물러난다. 그리고 이야기는 계속 이어진다. 무카트가 구원도 부활도 아닌 그저 조정을 요구하는 인간에게 총을 맞는 등 각종 사건과 불운한 사고가 펼쳐지기는 하지만 창세기에서처럼 새 시대를 여는 단절 같은 것은 발생하지 않는다. 카후일라족의 창조 신화는 굉장히 다른 세계, 가령 인간의 행위가 정적인 창조에 훼방을 놓는 대신 역동적이고 지속적이며 불완전한 창조에 관여하는 세계, 변화가 일종의 악(惡)이 아닌 기정사실인 세계를 그린다. 어둠이 신들을 만들고 신들이 피조물을 만들면 피조물은 도구와 사물을 만든다. 즉 이 세계에서 자연은 하나의 고정된 패턴이 아니며, 인간의 행위는 그런 유동적인 패턴을 망가뜨리는 방해 공작이 아닌 정

물, 과거를 망각하다:
요세미티 국립공원

교화 작업이다.

미워크족의 창조 신화도 핵심 권력자가 존재하지 않는다는 점에서 카후일라족의 창조 신화와 유사하다. 핵심 권력자가 없는 미워크족 신화 속에서는 신들이 하나의 거대 계획이 아니라 대화와 즉흥적인 판단을 바탕으로 사물의 이치와 바람직한 세상의 모습에 대해 논쟁을 벌인다. 세계를 창조하는 일은 시를 짓는 일과 유사하고 건축과는 거리가 멀다. 프랭크 라페나(Frank LaPena)가 구상한 아와니치족 창조 신화[8]에서는 결국 대홍수까지 발생하는 일련의 불운한 사건 속에서 여섯 종족이 탄생한다. 나중에 코요테는 완벽한 인간을, 즉 일곱 번째 종족으로 인간종을 창조하기로 결심하지만 코요테와 도마뱀은 인간에게 어떤 종류의 손이 알맞을지를 둘러싸고 논쟁에 빠진다. 도마뱀이 논쟁에서 승리하자 코요테는 걸어서 지구를 횡단하면서 자신이 이름을 붙인 장소마다 막대를 두 개씩 심는데, 이름을 부여받은 장소에 심긴 두 막대가 각각 여자와 남자로 변한다. 코요테와 도마뱀을 포함한 신들은 동물로 변하며, 인간은 모든 생명체가 이름을 부여받은 지적인 세계, 자연이 곧 문화인 세계에서 그 동물들로부터 가르침을 받는다.

샌와킨 밸리에 위치한 툴레 호수 지역의 남부 요쿠트족 중 하나인 야울럼니족(Yowlumni)의 창조론에서는 문화가 자연스러운 방식으로 존재한다. 야울럼니족의 창조론은 최초의 인간이 언어 없이 수년의 세월을 살아간 방법과 새 그리고 동물만 말을 할 수 있었다는 이야기를 담고 있다. 새와 동물 같은 피조물은 인간(야울럼니족)이 세상을 이해할 수 있도록 언어를 가르친다. 그리고 이 점에서 언어는 버넬이 자신이 목격한 것에 붙인 이름처럼 무심코 생겨난 부산물이 아니고, 아담의 명명 작업에서처럼 자신이 이름 붙인 대상을 통제하는 수단도 아니며 자연 풍경에 내재한 본질적인 요소다. 야울럼니족 우주론에서 이름을 망각한다는 것은 언어를 구사하는 사람뿐만 아니라 이름을 부여받은 존재들에게도 비극적인 일이다. 스물다섯 명 정도 되는 현대 야울럼니어 구사자 중 한 명인 맷 베라(Matt Vera)는 "후천적으로 습득한 야울럼니어와 창조의 순간에 부여받은 가르침을 바탕으로 사람들은 기도를 하고, 의식을 치르고, 선한 영적 생활을 영위하는 법을 배웠다."라고 말한다. "사람들은 기도를 통해 식량 채집 공간, 의식 장소, 사냥터, 바구니 제작 재료, 그리고 무수히 많은 지식을 얻었다."9

　이런 식의 지도를 지침으로 삼아 천지를 창조하는 일은 일곱 번째 날에는 물론이고 영겁의 세월이 흘러도 끝나지 않는다. 즉 창조는 위험과 가능성이 끊임없이 들끓는 현재에도 계속되는 과정이다. 그리고 이 현재에는 일탈이 아닌 다른 의미를 가진 새로움을 위한 자리가 남아 있다. 이제 자연과 문화 사이에서 차이를 발견하는 것은 더 어려워졌으며, 다른 수많은 단순한 반의어들 사이에서도 마찬가지다. 이 세상은 완벽이라는 기준을 놓고 보면 늘 부족하다. 완벽과 완벽의 동의어들, 자연과 순수에 대한 믿음이 없으면 유토피아와 아마겟돈을 향해 돌진하거나 향수에 젖은 채로 아르카디아인들의 에덴동산으로 뒷걸음질쳐야 할 이유가 이슬처럼 증발해버린다. 수많은 유럽계 미국인을 추동한 결핍된 완벽을 향한 갈망 자체는 여기에 들어설 자리가 없다. 듣는 사람이 현재에 관여하도록 하는 것, 결점은 있되 생생히 살아 있는 현재와 관계를 맺도록 하는 것은 강인하고 실제적인 신화다. 그런 신화는 미국 이민자들이 마치 다른 우주론은 전혀 존재하지 않는 양 완전히 몰두해버릴 수 있는 신화가 아니라, 외부에서 유입된 우주론을 향해 아름다운 질문을 던지는 신화다.

물, 과거를 망각하다:
요세미티 국립공원

창세기와 요세미티에 관련하여 해야 할 말이 하나 더 있다. 마리포사 기병대가 아와니치족을 쫓던 초기에 버넬은 이렇게 말했다. "분명 테나야에게 이곳은 진정한 원주민 낙원이었을 겁니다." 그러자 대대장 새비지는 "글쎄요, 산사람이 된 후부터 성경을 가지고 다니진 않았지만 사탄이 낙원에 들어가서 자신이 할 수 있는 모든 악행을 저질렀다는 내용은 제법 생생히 기억나는데, 내가 되려는 건 그런 늙은 사탄이 아니라 이 원주민 낙원에 사는 더 대단한 악마라서요. 게다가 여길 떠날 때 **비굴하게** 갈 생각도 전혀 없습니다."라고 대답했다. 새비지는 아와니치족 방언을 옮기는 일에는 형편없었을지 몰라도 성경만은 곧이곧대로 해석했다.

자비의 강으로[1]

숲속과 요세미티에 관한 원고 속에서 정처 없이 헤매고 있었을 때, 문득 새비지가 온갖 다양한 역사를 하나로 묶어주는 실타래일지도 모르겠다는 생각, 그 역사들의 애매모호함을 정리하는 데 필요한 기준점일지도 모르겠다는 생각이 들었다. 대단한 용기, 무모함, 탁월한 신체적 역량, 언어적 재능, 몰염치한 태도 등을 가진 비상한 인물이었던 새비지는 당대에 널리 이름(혹은 혹자의 말마따나 악명)을 떨쳤다. 이제 사람들의 기억 속에는 거의 남아 있지 않지만 그는 첫 단추를 잘못 끼운 요세미티 역사의 첫 번째 장을 이루는 인물, 아와니치족을 쫓아 이야기의 중심에 들어선 인물이었다.

화장된 시신의 잿더미가 바람에 흩날리듯 새비지에 관한 진실도 먼지 쌓인 선반에 놓인 회고록 속 수많은 짤막한 글에, 또 그보다는 원고 모음집과 도서관에 보관된 서신과 골드러시 초기에 발행된 신문 속 한담에 뿔뿔이 흩어져 있다. 많은 기록이 소실된 터라 무미건조한 파편들만 가지고 새비지라는 인물을 복원하는 것은 만만치 않은 작업이다. 애니 미첼(Annie Mitchell)이라는 여자는 1950년대 새비지가 샌와킨 밸리의 원주민과 맺은 관계에 관한 얇은 책을 지역 출판사를 통해 출간했고 새비지를 향한 존경심이 충만한 어느 젊은 남자는 그로부터 10년 후 신빙성이 다소 떨어지는 책 『거성 짐 새비지(*Big Jim Savage*)』를 자비 출판했는데, 남자의 책은 그만저만한 명성을 가진 인물이었던 새비지를 책 제목으로도 쓰인 '거성 짐 새

물, 과거를 망각하다:
요세미티 국립공원

비지'로 변모시켰다.

1823년 인디애나폴리스*에서 출생한 새비지는 아일랜드 용병이었던 부계 할아버지의 이름을 물려받았다. 할아버지 새비지는 반항적인 미국 식민지를 제압하기 위해 영국인들과 함께 움직이다가 에식스 카운티의 작은 마을인 타이콘데로가에서 포로로 붙잡히자마자 태세를 전환한 사람이었고, 동명의 손자 새비지는 나중에 캘리포니아주에서 벌어진 수차례의 원주민 전쟁에서 때마다 이쪽 편에 섰다가 저쪽 편에 서는 사람이 된다. 다만 새비지가 아메리카 원주민과 관계를 맺기 시작한 것은 그보다 훨씬 전의 일이었다. 어떤 기록을 보든, 새비지는 1832년 블랙 호크 전쟁으로 인해 서쪽으로 이동하기 전까지 일리노이에 살았던 색앤드폭스(Sac and Fox) 원주민 부족과 유년기의 상당 시간을 함께한 것으로 나온다. 이와 관련된 한 기록은 새비지와 그의 남동생이 원주민에게 포로로 붙잡혔던 것이라고 말하지만, 새비지 본인이 정보를 제공한 듯한 1831년 신문 기사에 따르면 그는 자진해서 "원주민의 야생" 세계로 들어갔고, "그들의 언어를 배우고 그들의 습관을 제 것으로 습득할 수 있을 만큼 충분히 오래" 머물렀다. 한편 1920년대에 새비지에 관한 질문을 받은 그의 친척들은 새비지가 원주민 부족과 함께 지내다가 두 여자 친척이 포로로 붙잡히자 도망쳐 버렸다고 말했다.(그 당시에 그들이 그런 기억을 떠올렸다는 사실을 생각하면 1920년대가 재즈-모던과는 다소 거리가 먼 시대처럼 느껴진다.) 그러나 또 다른 기록에 따르면 새비지는 그 친척들도 구출했고 그중 한 명과 1845년에 결혼했다. 새비지는 이미 마음속에 야생을 품은 사람이었고, 새비지 가문에

---

* 현대의 많은 자료들이 새비지가 1817년 일리노이에서 출생했다고 언급하지만, 애니 미첼은 H. M. 새비지의 편지를 바탕으로 새비지의 혈통을 추적해 그가 1823년 인디애나폴리스에서 출생했다고 밝혔다.

관한 한 이야기에 따르면 그가 교회에 가기를 거부하면서 말에 올라타더니 그 상태 그대로 말이 집 대문 앞에서 무릎을 꿇게 만들어 집 안에 있던 아이들이 웃음을 참은 일도 있었다고 한다. 운동 신경이 뛰어났던 새비지는 비문해자로 알려져 있었지만 사실 많은 언어를 구사했다.

친척인 일라이자 홀과 혼인하고 1년이 지났을 때 새비지와 홀 부부는 새비지의 남동생 모건을 따라 서부로의 대이동에 합류했다. 서부로 향하는 마차가 드문드문 보이던 광경은 1846년이 되자 홍수 같은 물줄기를 이루었다. 그해 봄 미주리주 인디펜던스 평원에서 황소를 키우며 살 수 있을 만큼 풀이 길게 자라기만을 기다리던 이주민은 2000명에 달했다. 일리노이와 미주리에서 박해와 린치를 당한 모르몬교도들은 시온을 향해 그 이른 봄에 먼저 떠났다. 미주리주의 전 주지사 릴번 W. 보그스조차 미주리를 떠나는 상황이었고, 새비지는 보그스가 이끄는 무리에 합류했다. 새비지와 같은 해에 태어났으나 그와는 완전히 딴판이었던 보스턴 백인 상류층 학자 프랜시스 파크먼(Francis Parkman)도 서부로 떠났고, 파크먼은 그때의 경험을 『오리건 가도(*The Oregon Trail*)』라는 책으로 남겼다. 그는 인디펜던스를 북적이는 도시, 이주민과 무역상들에게 물건을 제공하는 상점들이 갑자기 우후죽순처럼 들어선 도시로 묘사했다. "열두 명의 대장장이들이 쿵쾅쿵쾅 쉴 새 없이 망치질을 하면서 육중한 마차들을 수리하고 소와 말의 발굽에 편자를 박았다. 길거리는 남자, 말, 당나귀들로 붐볐다. 내가 그 동네에 머물던 시기에 일리노이에서부터 마차를 타고 초원지대에 마련된 야영지를 향해 줄줄이 이동 중이었던 한 이주민 무리가 대로에서 멈춰 섰다. 혈색이 좋은 수많은 아이들이 마차 덮개 밑으로 얼굴을 삐죽 내밀고 있었다. 말을 타고 있는 풍만한 처녀들도 곳곳에 보였는데 한때는 과하다 싶을 만큼 화려한 자태를 뽐냈으나 이제는 비참할 정도로 매력이 퇴색한

물, 과거를 망각하다:
요세미티 국립공원

모습이었고 햇볕에 그을린 얼굴 위로 낡은 우산이나 양산을 들고 있었다. 몹시 수수한 차림의 시골 사람 같은 남자들은 자기가 소유한 소들 옆에 서 있었고, 지나가면서 본 중장년의 세 남자는 손에 기다란 채찍을 쥔 채로 중생론에 대해 열광적으로 토론하고 있었다. 그러나 이주민들이 전부 이런 부류는 아니다. 이주민 중 일부는 미국에서 버림받은 가장 초라한 추방자다. 나는 이와 같은 이주를 촉진한 다양한 동기를 추측하다가 복잡한 심경에 사로잡히곤 하는데, 동기가 무엇이든 간에, 즉 더 나은 삶의 조건을 바라는 어리석은 희망이든 법과 사회적 제약을 떨쳐버리고 싶은 욕망이든 한낱 초조함이든 간에 ……"[2]

4월 9일 보그스 무리는 인디펜던스를 떠났다. 5월 13일 제임스 K. 포크 대통령은 멕시코와의 전쟁을 선포했는데 이주민들은 이 소식을 캘리포니아에 도착한 후에야 접했다. 5월 19일에는 일리노이주 스프링필드의 유복한 세 가문 출신으로 구성된 도너-리드 파티가 보그스 무리와 동맹을 맺었다. 그들은 시간당 약 1.6킬로미터씩, 하루에 약 19킬로미터씩 서부로 차근차근 이동했다. 즉 그들이 (일요일을 제외하고) 일주일 동안 이동한 총 거리 대비 속도는 오늘날 주간고속도로의 시속과 거의 비슷했다. 그들은 내킬 때마다 들소와 영양을 잡아먹었고 무리 중 한 명인 제이컵 할런(Jacob Harlan)은 "우리 시야에는 거의 늘 100에서 1000마리쯤 되는 동물 무리가 보였다."라고 기록했다. "우리는 아주 즐거운 시간을 보내면서 사우스플래트에 도착했다. 젊은이들은 매일 밤 푸른 초원에서 춤을 추었다." 그들이 사우스플래트에 도착한 7월 4일은 프리몬트 일행이 캘리포니아 소노마를 습격한 후 (얼마 유지되지는 못했으나) 그곳을 베어 플래그 공화국이라고 선언한 시점으로부터 3주가 지났을 때였고, 소로가 멕시코와의 전쟁에 반대하며 납세를 거부한 이유로 감옥에서 밤을 지새운 그 유명한 사건이 벌어진 날도 그해 7월에 있었다. 모건 새비지는 (가족들의 추론에 따르면 형 제임스와의 말다툼 이후) 이미 오리건으로 가기 위해 북쪽으로 떠난 상태였다. 모건은 오리건에서 평온무사한 농부의 삶을 살며 열두 자녀를 키웠고, 제임스는 캘리포니아 가도*에 머물렀다. 사우스플래트를 지나면 고행의 여행길이 시작되었다.[3] 파크먼의 기록에 따르면, "눈앞에 펼쳐진 광활한 풍경의 그 어느 곳에도 살아 움직이는 것이 보이지 않았다. 오로지 모래 그리고 지나치게 우거진 풀에서 날쌔게 움직이는 도마뱀과 발치에 심긴 가시 선인장뿐이었다. 한 가지 주목할 만한 사실은, 플래트에 있다 보면 이따금씩 다리는 갈고리발톱 모양이고 표면은 밀랍 칠을 해서 광이 나는 고대 테이블이나 참나무를 잘라 만든 거대한 책상이 산산조각 나 있는 모습을 보게 될 수도 있다는 것이다. …… 이렇게까지 가혹하고 궁핍한 길이 펼쳐지리라고는 조금도 예상하지 못했다. 곧 귀중한 유적들이 이 뜨거운 초원에서 갑자기 비쩍 말라붙으면서 쩍하고 갈라지리라."

7월 18일 이주민들은 오리건과 캘리포니아에 관한 가이드북을 쓴 저자 랜스퍼드 헤이스팅스(Lansford Hastings)를 와이오밍 준주 포트브리저에서 우연히 마주쳤다. 헤이스팅스는 캘리포니아 이주민들에게 그레이트솔트 호수를 돌아가는 길로 가지 말고 보너빌솔트 플랫**을 가로지르는 지름길로 가라고 강조했다. 보그스 무리는 계속해서 그레이트솔트 호수를 길게 돌아가는 길로 이동했지만, 별개의 큰 무리를 이룬 새비지 일행과 그보다는 작은 또 다른 무리를 이룬 도너-리드 파티 일행은 헤이스팅스의 조언을 받들어 완전히 소금으로만 이루어진 눈부신 평원을 가로지르는 혹

---

* 미시시피강 마을에서부터 현재 캘리포니아에까지 이르는 약 3200킬로미터의 길로 북미 서부의 절반에 이른다. 이민자들이 지나다닌 주요 산길 도로였다.

** 거대한 밀물 호수 보너빌호가 증발하면서 생성된 소금 사막.

독하고 고된 여정에 올랐다. 새비지 일행과 도너-리드 파티 일행이 훔볼트강에 도착했을 즈음, 그들은 보그스 무리에 비해 약 110킬로미터, 즉 약 일주일 정도를 더 이동해야 할 만큼 뒤처져 있었다. 할런은 그레이트솔트호수로 향하는 여정이 "고되고 불쾌"했으며 나중에 서부 쇼쇼니족이었을 것이 분명한 사람들을 마주쳤을 때는 상황이 더 악화했다고 설명한다. "당시 훔볼트강 원주민들은 적대적인 데다 몹시 성가시기까지 한 존재였다." 캘리포니아로 이동한 이주민들은 아마 나중에 크레센트 밸리 북단의 베어와위 철도 마을이 된 지역과 위네무카와 러블록이 된 지역을 지난 후 오늘날 물줄기가 미약해진 훔볼트강을 따라 구슬처럼 점점이 늘어선 다른 모든 마을을 통과했을 것이다. 훔볼트강이 끝나는 지점과 트러키강이 시작되는 지점 사이에는 보너빌솔트 플랫처럼 거의 물 한 방울 없이 메마른 긴 구간이 있었는데 바로 여기, 즉 트러키강에서 약 11킬로미터 떨어진 스팀보트스프링스라는 곳에서 일라이자 홀 새비지가 사망했다. 일라이자의 남편인 새비지는 그를 묘비 없는 무덤에 묻어주었다. 몇몇 기록은 그들 사이에 아이가 있었고 일라이자가 사망하고 얼마 되지 않아 아이도 죽었다고 설명하지만 아이가 일라이자보다 먼저 죽었다고 기술하는 기록들도 있다. 새비지는 분명 터덜터덜 서부로 향하던 다른 모든 젊은 남자들과 똑같은 열망을 품었던 남자, 사람들을 유치하려는 선전이 한창인 오리건이나 캘리포니아의 비옥한 토양에 농장을 이루는 것 말고는 바라는 것이 없던 가정적인 남자였을 것이다. 그러나 가족을 잃은 후 새비지는 모험가가 되었고 시에라네바다를 횡단하던 도중 원래의 계획을 단념하고 앞날을 알 수 없는 산맥 반대편의 세계로 진입했다.

10월 15일 새비지는 새크라멘토 미군 F중대에 3개월간 입대해 캘리포니아를 위한 전투에 참여했지만 별다른 성과를 거두지 못했다. 보수는 한 달에 20달러였다. A중대는 키트 카슨과 프리몬트 탐험대 구성원들처럼 노련하고 명성 있는 산악인이 소속된 엘리트 부대였다. H중대의 병적부에는 샌와킨 지역에서 징집된 서른두 명(임무를 부여받은 원주민)의 명단이 포함되어 있었는데 그들의 이름은 히스패닉 계열이었고 성은 없었다. 또 적으로부터 말과 가축을 훔치는 것이 주요 임무여서 '마흔 명의 도적'으로도 알려진 일부 왈라왈라족(Walla Wallas)도 샌와킨보다 훨씬 북쪽 부근에서 징집되었다. 알려진 바에 따르면 새비지는 이 H중대에 소속된 군인들과 친분을 쌓아 나중에 요세미티 서부 샌와킨 밸리까지 수월하게 이동할 수 있었다고 한다. 새비지가 소속된 중대에는 쇼쇼니족 원주민이 두 명 포함되어 있었고, 경솔하게도 도너-리드 파티를 무시무시한 지름길로 보낸 랜스퍼드 헤이스팅스가 이 중대를 통솔했다. 10월 24일, 보그스 무리에서 일지 작성을 담당한 사람이 샌프란시스코에서 새비지를 만났고 그에게 권총 한 자루를 2.5달러에 팔았다. 다음 날인 25일에는 폭우가 내렸다. 할런은 "도너 파티가 시에라 동쪽에서 발이 묶인 이유는 분명 폭설처럼 쏟아져 내린 빗줄기 때문이었을 것이다."라고 기록했다. 어느새 너무 많이 뒤처진 도너 파티는 현재 그들의 이름을 따서 도너 패스라 불리는 곳을 단 며칠 만에 통과해야 하는 처지가 되었고, 결국 나날이 눈이 쌓이는 통에 깊숙하고 새하얀 우물 같은 공간에 고립된 채 겨울을 보냈다.

　　한편 새비지의 존재는 할런의 기록에서 모습을 감추고 이런저런 사건이 벌어진 1840년대 나머지 시간에 관한 기록에서만 간간이 언급된다. 새비지의 동료 군인 윌리엄 스웨이지(William Swasey)가 낡은 공책에 잉크로 신중히 써낸 회고록[4]은 알파벳으로 구분된 중대들이 우기 동안 몬터레이에서 로스앤젤레스로 이동했을 때의 광경을 담고 있다. 군인들은 식량으로 "소고기밖에 먹지 못했고 그마저도 품질이 너무 형편없어서 무수히 많은 중대원이 설사에 시달렸다. 결국 데이비스라는 대원은 사망에 이르기까지 했다. …… 데이비스를 묻은 날, 우리는 한 원주민 스파이를 붙잡아서 군법 회의에 회부했고 그 원주민은 총살형을 선고받고 형 집행을 받았다. 기병대에서 상대적으로 지적인 편에 속하는 대원들 상당수가 그 판결을 인정[?]했지만 사실 대다수는 강한 반감에 휩싸여 자제력을 잃은 상태였다. 그래서 그런 스파이 행위를 무시하는 것이 위험하다고 생각했다. 텐트나 적당한 옷도, 소고기 이외의 식량도 하나 없이 습하고 혹독한 날씨에 노출된 상태로 군사 작전을 펼치면서 온갖 궁핍함을 견디고 행진을 한 대원들은 불만이 상당했고 그중 상당수는 부대를 저버리고 탈영할 결심까지 했다. 누구보다 격렬하게 반항한 사람은 악명 높은 제임스 새비지였다." 새비지는 1846년 12월 7일 군법 회의에 회부된 것으로 알려져 있지만 그에 관한 기록은 하나도 남아 있지 않다. 새비지의 또 다른 적이자 그와 독일어로 대화를 나눈 하인리히 리엔하르트(Heinrich Lienhard)는 당시에 "말을 가장 많이 훔칠 수 있는 곳이 어디인지를 염탐하러 나온"[5] 새비지를 마주친 일화를 일기에 기록하면서 도둑질을 하며 살해까지 저지른 그의 공을 인정한다.

　1846년 크리스마스 다음 날, 도너-리드 파티에서 떨어져 나온 한 무리가 패트릭 돌런(Patrick Dolan)*의 시체를 먹기 시작했다. 그들은 죽은 자들의 시체를 먹어치운 후 존 서터가 가이드로 보낸 원주민 루이스와 살바토르도 산 채로 잡아먹으려 했다. 무리 구성원 중 한 명이 미리 경고해준

---

* 베어 밸리(Bear Valley)로 가기 위해 '헛된 희망(Forlorn Hope)'이라는 무리가 꾸려졌고, 이 무리에 속해 있던 패트릭 돌런은 굶주림에 이성을 잃고 옷을 다 벗고 눈보라가 치는 숲속으로 뛰어 들어갔다가 몇 시간 후 사망했다. 그와 마찬가지로 굶주림에 시달려 죽기 직전의 상태였던 다른 구성원들은 돌런의 시체를 먹었고 나중에는 살아 있는 원주민을 죽여서 식량으로 먹었다.

덕에 두 사람은 달아날 수 있었지만 나중에 총을 맞은 채로 눈 속에서 시체로 발견되어 잡아먹히고 말았다. 1월 12일 무리는 시에라의 서쪽 경사면을 따라 더 아래쪽으로 이동하다가 한 원주민 마을에 당도했고 그곳에서 도토리와 잣을 얻어먹었다. 그리고 4월 17일 현재 도너 호수라 불리는 곳에서 마지막 구호대에 의해 발견되어 생존했다. 그 4월은 캘리포니아 대대가 새비지를 포함한 대원들을 소집한 달이기도 했다. 새비지는 그해 5월부터 서터 밑에서 마부로 일하기 시작했는데, 건강을 회복하는 중이었던 생존자 중 일부를 새비지가 다시 마주친 것이 그때였을 가능성이 매우 높다. 생존자 대부분은 부유한 집에서 자라 가혹한 이주 과정을 견딜 만한 준비가 되어 있지 않은 사람들이었고, 그들이 시에라에 남기고 간 물건 중 멋들어진 실크 파라솔과 세련된 디자인의 소금 보관함 등은 현재 도너 호수 박물관이 소장하고 있다.

서터가 센트럴 밸리의 새크라멘토 인근에서 추진한 일은 하나의 제국을 세우는 일과 같았다. 어장과 무두질 공장을 갖추고, 대규모 밀 농사와 축산업이 시행되고, 자체 군대와 반노예처럼 부릴 수 있는 인구가 구성되어 있으며, 푸릇푸릇한 초원에 요새까지 있는 제국 말이다. 서터 자체는 남들과 특별히 다를 것 없는 사람이었다. 스위스 혈통인 그는 주변 사람들에게 깊은 인상을 남기기 위해 프랑스 군대에서 대위까지 올랐다. 또 캘리포니아 주지사를 설득해 스페인인들처럼 원주민을 기업의 노예로 써먹는 작전을, 즉 남부 노예 플랜테이션과 유사한 작전을 시작했다.(그러나 현지인이었던 그의 노예들에게는 탈출 기회가 더 많았다.) 일꾼 중 일부는 각자의 집에서 살았고, 일부는 서터가 밤마다 여자 남자 구별할 것도 없이 아무것도 없는 방에 한데 가둬놓는 숙소에서 살았다. 서터는 원주민을 노동력으로 빌려주기도 했고, 서터와 일한 감독관에 따르면 새비지를 말 도둑이라

물, 과거를 망각하다:
요세미티 국립공원

고 부른 리엔하르트가 그 자신의 시중을 들 일단의 소녀들을 모아놓기도 했다고 한다. 서터의 아내는 1850년까지 모습을 드러내지 않았는데, 서부 전역을 통틀어 백인 여자를 찾아보기 힘든 시절이었다.(일부 백인 남자는 원주민 여자와 결혼했고, 일부는 원주민 여자를 강간했으며, 심지어 깡마른 청소년 버지니아 리드는 눈 속에서 구출된 직후 청혼을 받기까지 했다.) 서터는 무역품과 식량과 협박을 동원해 대규모의 노동 인력을 유지했고, 대형 종을 울려 출근 소집 명령을 내렸다. 역사가 앨버트 L. 우르타도(Albert L. Hurtado)는 이렇게 쓴다. "서터가 등장하기 전까지만 해도 원주민은 계절의 순환을 주의 깊게 살피며 살았다. 그들에게 시간은 무한한 것이었고 삶의 리듬은 불변하는 것이었다. 그러나 서터가 쨍쨍쨍 종을 울리는 소리는 시간이란 곧 돈이고 앞으로 나아가는 것임을, 1840년대 원주민을 포함해 그 누구도 기다려주지 않는 것임을 알리는 소리였다. 근대적 시간 개념이 탄생함과 동시에 필연적으로 농업 시장이 구축되었고, 이 시장은 결과적으로 세계적인 경제 네트워크와 연결되어 …… 원주민들은 부채, 신용, 무역의 거미줄에 붙들려 꼼짝도 하지 못했다."[6]

1847년 5월 말 서터는 제임스 마셜과 새비지를 아메리칸강으로 보내 그곳에 제재소를 짓게 했다고 일기에 적었다. 같은 해 여름, 소로는 종소리에서 벗어나기 위해 자발적으로 찾았던 월든을 떠났다. 그는 숲에서 보낸 2년의 세월을 이렇게 정리한다. "우주는 우리가 보는 것보다 광대하다. 아프리카는, 그리고 서부는 무엇을 의미할까? 우리의 내면은 해도에 하얗게 표시된 부분 같은 것이 아닐까? 정체가 밝혀지면 해안처럼 검게 표시될지도 모르지만 말이다. 우리가 발견하게 될 곳이 나일강이나 나이저강이나 미시시피강의 수원 혹은 북아메리카 대륙의 북서항로일까? 이런 것들이 인류에게 가장 중요한 문제일까? …… 차라리 자기만의 강과 바다를 탐사하는 뭉고 파크, 루이스와 클라크, 프로비셔가 되어라. 필요하다면 배한 척을 가득 채울 정도의 통조림을 식량으로 챙겨 자기만의 좀 더 높은 고지대를 탐험하러 떠나라. 그러고는 빈 깡통을 하늘 높이 쌓아 올려 신호를 보내라. 아니, 우리 내면에 자리한 모든 신대륙과 신세계를 발견하는 콜럼버스가 되어 무역이 아닌 사상을 위한 새로운 항로를 열어라."

1847년 가을 무렵 새비지는 서터로부터 독립할 수 있을 만큼 충분한 배움을 얻은 후 캘리포니아 대대에서 만난 샌와킨 밸리 원주민들과 답사를 떠났다. 세일러(Thaler), 빈슨할러(Vinsonhaler), 할러(Haler)[7] 등 다양한 이름으로 불린 새비지의 사업 파트너는 몇 년 후 이렇게 썼다. "이를 시작으로 새비지는 캘리포니아 원주민들과 함께 경력을 쌓았다. 그는 유명인이었던 서터 대위의 물레방아용 도랑을 파는 일에 착수했다가 금이 묻힌 곳을 발굴했다. 그가 시에라네바다의 서쪽 경사면 밑에서 거대한 금 채굴 구역을 발견했다고 선언한 것이 그 시기였다." 금은 1848년 1월에 발견되었고, 일반적으로 금을 발견한 공적은 제임스 마셜이 인정받고 있다. 어쩌면 그때 새비지는 다시 도랑으로 가서 일을 했던 것일 수도 있고, 애초에 원래 있던 곳에만 머물렀다가 나중에 이야기를 지어냈던 것일 수도 있다. 개척 시기의 서부에서 정직한 사람을 찾기란 어렵기 마련이며, 자수성가한 사람으로 거듭나려면 경제적 기회뿐만 아니라 문학적 기회까지 거머쥐어야 했다.

현재 빅오크 플랫으로 알려진 마을은 한동안 새비지 채굴지(Savage's Diggings)로 불렸다. 그러다가 새비지가 점점 더 남쪽으로 이동해 산맥 자체보다 그 산맥들의 구불구불한 언덕과 가파른 계곡 깊숙이 들어갔다가 요세미티 서쪽과 프레즈노강 북쪽에 접어들었을 때부터 빅오크 플랫으로 불렸다. 새비지가 찾은 지역은 샌와킨 밸리로 불리고 있지만 과거에는 툴레어(Tulare)라는 명칭으로 더 잘 알려져 있었다. (툴레어는 습지를 뒤덮은 등

물, 과거를 망각하다:
요세미티 국립공원

심초(tule reeds)에서 따온 명칭이며, 내가 출간한 지도책 속 1901년 지도에도 등장하는 얕은 툴레 호수는 캘리포니아에서 가장 면적이 큰 호수이지만 농경을 위해 호수의 흐름을 조정하면서 사라져버리고 말았다.) 새비지는 서터처럼 황제로 다시 태어났다. 그는 다른 백인 남자들에게 알려지지 않은 지역(머세드 강 둑 부근의 요세미티에서 약 19킬로미터 정도밖에 떨어져 있지 않은 교역 장소)에서 새로운 사상이 아닌 새로운 무역을 위한 항로를 구축했고, 값싼 장식품을 주고 어마어마한 가치의 금을 받아냈다.

수 세기에 걸쳐 아메리카 대륙을 침략하는 동안 유럽인들은 노다지를 캘 수 있으리라는 꿈을 꾸었다. 콜럼버스는 순한 성미의 타이노족(Taino)에게 몸이 망가지는 심한 고통을 감내해가면서까지 정기적으로 금을 세금으로 납부하라고 강요했다.(한번은 타이노족이 들고일어나 스페인인의 목구멍에 녹은 금을 부음으로써 말 그대로 금을 향한 갈증을 해소해준 일도 있었다.) 아즈텍 제국을 정복한 에르날 코르테스는 잉카인들을 유린한 피사로처럼 그 과정에서 상당한 양의 금을 발견했다. 그러나 그를 제외한 많은 사람들은 새로운 세계에서 막대한 양의 금을 얻을 수 있으리라고 기대하며 애를 썼음에도 끝내 한 덩이도 찾지 못했다. 코로나도는 엘도라도 전설에 등장하는 곳 중 하나인 시볼라의 일곱 도시를 찾아 멕시코에서 캔자스까지 이동했지만 결국 낙담할 수밖에 없었다. 한편 주광맥을 발견하지도 못하고 대대적인 폭동을 불러일으키지도 못한 제임스 새비지의 경우, 어쩌면 스페인 전임자들처럼 역사에 대단한 궤적을 남기지는 못했을 수도 있지만 그 누구보다도 그런 전임자들의 꿈을 완벽하게 실현했다. 전임자들은 왕과 동료들에게 보화를 나누어주고 집으로 돌아가야 했지만 새비지는 광산에 머물면서 모든 보화를 혼자 누릴 수 있었기 때문이다.

새비지와 동시대를 살았던 코닐리어스 설리번(Cornelius Sullivan)은 당시 우연히 새비지를 만난 후 이렇게 전했다. "우리 눈앞에 펼쳐진 그 인상 깊은 광경을 나는 절대 잊지 못할 것이다. 땔감용 나무에 곧은 기둥을 세워 만든 텐트 아래에서 제임스 D. 새비지가 금가루의 무게를 측량하고 그것을 옆에 놓인 양초 상자에 붓고 있었다. 얼핏 500명이 넘는 원주민들이 천 쪼가리를 허리춤에 두르거나 머리에 묶기만 한 헐벗은 상태로 새비지에게 금가루를 가져와서 그 대가로 밝은 색감의 천 조각이나 구슬 따위를 받아갔다."[8] 새비지의 또 다른 동시대인인 호러스 벨(Horace Bell)은 회고록에 이렇게 기록했다. "그가 어디서 온 사람인지 아무도 알지 못했다. 그가 누구인지, 어떤 사람이었는지는 하나의 미스터리였다. 그는 어느 정도 소년의 나이대로 보였고, 백인이었고, 미국인이었다. …… 짐 새비지는 원주민 수천 명을 거느리는 절대적이고 독재적인 통치자로 콘숌에서부터 테혼 패스에까지 영향력을 떨쳤고 원주민들 사이에서 스페인 방언으로 엘 레이 게로(El Rey Guero), 즉 금발의 왕으로 불렸다. 새비지 본인은 자신을 툴레어 왕으로 칭했다. 세련되지 못한 원주민들이 미스터리한 왕을 향해 품은 존경과 두려움과 미신적인 숭배는 종교 회의 역사에서 볼 수 있는 아즈텍족의 태양신 토나티우(Tonatiuh)를 향한 감정보다 더 대단했다. …… 툴레어 왕은 실로 금발의 왕이었을지도 모른다. 1850년 새비지가 소유한 금가루의 양은 한 사람이 소유할 수 있으리라고 생각할 수 있는 양을 능가했고, 그가 제명을 다 살고 떠났더라면 매일 아침을 휘황찬란한 금빛으로 만들 수도 있었기 때문이다. (금에 관한 모든 이야기에서 진실하지 않은 포티나이너스가 과연 있기는 할까 싶지만) 누구보다 진실하고 지적인 포티나이너스 구성원 중 한 사람이자 현재 샌디에이고 주민인 G. D. W. 로빈슨은 자신이 1850년 짐 새비지의 툴레어 캠프에 있었는데 새비지가 거의 100만 달러에 달하는 가치를 지닌 어마어마한 양의 금가루로 원주민들의 마음을

물, 과거를 망각하다:
요세미티 국립공원

사로잡았다고 …… 그리고 이 엄청난 보화를 원주민 말고는 주변에 아무도 없는 텐트에 완전히 무방비 상태로 두었다고 내게 말했다."[9] 벨의 회고록보다 더 신뢰할 수 있는 자료의 추정치에 따르면, 통치력이 절정이 다다랐던 시기의 새비지는 1850년대 물가 기준으로 하루에 1만 달러에서 2만 달러를 축적했다.

그러나 내 마음을 사로잡은 것은 새비지가 축적한 금이 아니라 그 당시에 그가 발산한 이미지였다. 내가 찾아본 어느 책에는 이렇게 쓰여 있었다. "'상아'라는 단어가 허공에서 울리고, 속삭이고, 한숨 속에 섞여 나왔다네. 그 광경을 보았다면 사람들이 상아를 향해 기도라도 드리고 있나 보다 하고 생각했을 거야. 어리석은 탐욕의 흔적이 마치 시체 썩는 냄새가 확 풍기듯이 모든 것에 번지고 있었지. 어휴, 내 생애 그렇게 실감이 나지 않는 장면을 본 적이 없어. 게다가 밖에서는 대지의 그 작은 공터를 둘러싼 말 없는 야생이 마치 악이나 진실처럼 어떤 위대하고 정복할 수 없는 무언가가 되어 내게 엄습해왔고, 이 어처구니없는 침입이 종식되기를 침착하게 기다리고 있는 듯했어. 그는 여러 달 동안 보이지 않다가 (내 생각엔, 원주민들의 숭배를 받고 있었던 것 같아.) 난데없이 강으로 내려왔는데, 어떻게 보아도 강 건너나 강 하류 지방을 공략할 의도에서 그랬던 거였어. 더 많은 상아를 얻겠다는 욕망이, 뭐라 말해야 좋을까, 그보다는 덜한 물질적 열망을 압도하고 있었던 것이 분명했어. …… 그 머리들은 커츠 씨가 자기의 다채로운 욕망을 충족함에 있어서 자제력이 부족하고 내면에 무언가가, 어떤 사소한(갈급해지는 순간이 찾아오면 그의 비할 데 없는 풍부한 표현력으로도 설명할 수 없는 어떤 사소한) 것이 결핍돼 있었다는 사실을 보여주고 있을 뿐이었지. 그가 그런 결핍을 알고 있었는지 나로서는 알 수 없어. 다만 나는 그 앎이 결국은, 정말이지 마지막 순간에 그를 찾아왔었다고 생각한다네. 하지만 야생은 일찌감치 그를 알아보았고, 그 어이없는 침략에 대항해 끔찍한 보복을 하고 있었던 거야. 나는 커츠가 자신에 대해 알지 못하고 있던 것들을 야생이 그의 귓가에 속삭여주었으리라고 생각하네." 그게 아니라면 어쩌면 "야생이 그의 머리를 어루만졌던가 봐. …… 야생은 그를 받아들였고, 사랑했고, 껴안았고, 그의 정맥 속으로 들어가 그의 살을 파먹었고, 악마의 풍습에 입문시키는 어떤 상상할 수조차 없는 의례를 통해 그의 영혼을 야생 자체의 영혼에 봉인해버렸어. 그는 야생에게 버릇없이 응석을 부리고 총애를 받게 되었던 거지. 상아 때문이었을까? 나는 그렇게 생각하네. 상아가 산더미처럼 마구 쌓여 있었어. 그 낡은 진흙 오두막이 상아로 꽉 차 있었어. 그 일대에서는 땅 밑에서건 땅 위에서건 코끼리의 어금니를 더 이상 찾아볼 수 없겠구나 하는 생각이 들 지경이었으니까. …… 그가 '나의 상아'라고 말하는 소리를 자네들이 직접 들을 수 있었으면 좋았을 텐데. 아무렴, 나는 들을 수 있었다네. 그는 '나의 약혼녀, 나의 상아, 나의 주재소, 나의 강, 나의……' 어쩌구 하면서 모든 것이 자기 소유라고 했어. 그런 소리를 들을 때마다 야생이 그만 하늘에 박힌 별들을 뒤흔들 정도로 와자지껄 웃음을 터뜨리게 되지나 않을까 싶어 나는 숨을 죽이곤 했지. 그는 모든 것을 자기 소유라고 했어. 하지만 그건 하찮은 주장이었지. 중요한 건 그가 무엇의 소유였으며 얼마나 많은 어둠의 힘이 그를 자기네 소유라고 주장하고 있었는지를 아는 것이었어."

이 문장들은 물론 강으로의 항해를 다룬 이야기인 조지프 콘래드의 『암흑의 핵심』 속 구절들이다. 『암흑의 핵심』은 1902년 출간 당시 처음에는 풍부한 상징과 생생한 언어로 높이 평가받았고, 그 후에는 제국주의의 악마성을 폭로한 초기 작품으로 다양한 곳에서 인정받는 동시에 인종차별주의적인 작품으로 비난받았다. 층층이 쌓인 모호한 문장들이 마지막까지

물, 과거를 망각하다:
요세미티 국립공원

결코 간단명료한 의미로 정리되지 않는다는 점을 고려하면 이 책이 영문학 수업의 기본 작품 중 하나가 되었다는 사실이 약간 놀랍기도 하다. 책에 실린 한 구절에 따르면 "한 에피소드의 의미는 종자처럼 껍질 속에 들어 있는 것이 아니라 이야기를 에워싼 껍질 바깥에 있었으며, 이야기는 은은한 빛이 엷은 안개를 드러내 보이는 방식으로만 의미를 드러냈다."『암흑의 핵심』은 알맹이를 전혀 갖고 있지 않을 수도 있지만 러시아 인형 같은 구조로 짜여 있는 작품이다. 템스강에 뜬 증기선 갑판에 앉아 있는 말로라는 인물이 정확히 언제인지 알 수는 없는 과거에 콩고로 여행을 떠났던 이야기를 어느 미지의 화자와 다른 사람들에게 들려주고 그 미지의 화자가 독자들에게 말로의 이야기를 전달하는 형식을 취하고 있으며 책의 나머지 부분은 말로의 이야기로 채워져 있다. 저자인 콘래드 본인도 1890년에 콩고로 떠난 적이 있었고, 그와 그가 만든 적극적인 화자는 서로 많은 공통점이 있다. 콘래드가 방문했을 당시의 (면적이 미국의 4분의 1 정도였던) 콩고는 유럽인들 사이에서 벨기에 국왕 레오폴드 2세의 사유지로 간주되었고 머지않아 원주민들을 상대로 잔학 행위가 저질러진 장소로 널리 알려졌다.

　콘래드가 그려낸 콩고라는 장소에 말로가 도착하자마자, 상아 무역에 종사하는 무역인들이 전설적인 인물 커츠에 대해 웅성웅성 이야기를 나누기 시작한다. 커츠는 굉장히 빠른 속도로 상아를 채취하는 불가사의한 독재자로 자리매김한 사람이었고, 말로가 커츠가 있는 정글의 강을 향해 이동하는 동안에도 무역인들은 계속 커츠에 대한 이야기를 늘어놓지만 그와 동시에 "그의 방법이 건전하지 못하기 때문"이라며 두려움을 표하기도 한다. 콘래드의 이 소설과 새비지의 빈약한 전기는 지도에 표시되지 않은 강을 향해 그 어떤 백인 남자보다도 더 멀리 모험을 떠나고, 교역소를 설치하고, 엄청난 부와 권력을 거머쥐고, 원주민들에게는 공포심을 자아내면서 동료 식민주의자들로부터는 지나칠 만큼의 존경을 받는 남자들의 이야기를 다룬다는 점에서 서로 닮아 있다. 다만 후자는 딱히 역사를 만들었다고 보기는 어려운 한 남자의 실화를 담고 있고, 전자는 조지프 콘래드의 주술적인 작품에 끈질기게 등장하는 커츠라는 한 가상의 환영에 대해 이야기한다는 점에서 차이가 있다. 이야기 전체에 혐오와 두려움이라는 불길한 안개를 드리우는 말로의 목소리가 없었다면, 소설 속 사건들은 또 하나의 식민지화된 오지에서 벌어지는 또 하나의 경제적 모험에 관한 이야기에 지나지 않았을 것이다. 그런 방향으로 나아가는 대신 『암흑의 핵심』은 제목이 상징하는 대상을 뒤바꿈으로써 관례적으로 아프리카 자체를 의미했던 암흑의 핵심이 커츠의 정신적 상태 또는 커츠가 대변하는 문명의 상태를 가리키는 것처럼 만든다.

　유럽인들과 그들의 백인 자손들이 아메리카 대륙에서 미친 듯 날뛰며 행패를 부리기 시작하면서 지리적 차원에서 그들의 태생 그리고 익숙한 세상으로부터 얼마나 멀어졌는지는 쉽게 잊힌다. 그러나 새비지와 커츠의 유사성에 주목하기 시작하면 새비지가 차지한 머세드의 영토는 '극한의 암흑 도시 캘리포니아', 즉 지금은 전부 포장도로로 뒤덮여 진부해 보이지만 사실 무분별한 폭력과 무제한적인 탐욕을 성장의 동력으로 삼았던 장소가 된다. 캘리포니아 영화감독 프랜시스 포드 코폴라가 『암흑의 핵심』을 재해석하기로 결심했을 때 그는 소설의 배경을 미국인들에게도 이국적인 장소인 메콩강으로 바꾸었고 그럼으로써 그 장소가 베트남 전쟁에 대한 알레고리의 역할을 하게 했다. 코폴라의 자택에서 단 몇 시간 떨어진 장소에서 베트남의 마을 파괴와 유사한 사건이 발생하기도 했었지만, 참 이상하게도 그 1969년 요세미티 원주민 마을 파괴 사건은 미국에서 거의 알려지지도 않았다. 캘리포니아 역사는 미국의 4학년 교과과정에 포함되어 있는데, 1970년에는 산림 천이나 산림 진화 등 유쾌하지만 특색 없는 이야기로만 학생들에게 전달되었다. 그런 캘리포니아 역사는 소박한 광부들의 뒤를 이어받은 존재가 (어떻게 그랬는지는 알려진 바가 없지만) 분명 피부색이 어두운 가톨릭계 스페인인이었고 그 후에는 자연스럽게 영국식 극상림이 조성되어 현재의 우리가 훌륭한 숲을 만나게 되었다고 말한다. 미국인들은 잔학 행위와 극도로 부정의한 행위들이 외국에서 유입된 이질적인 것이라고 믿으며, 태평양 연안의 삼림보다 브라질의 열대우림을 더 보호하고 싶어 하고 자신들과 관련 없는 비극에 대해 걱정하는 것을 즐길 때가 많다. 『암흑의 핵심』은 식민주의자의 과제를 이국적인 것보다는 지역적인 것으로, 원주민을 이해하는 일이 아닌 자기 자신의 근원을 이해하는 일로 그려낸다. "우리의 내면은 해도에 하얗게 표시된 부분 같은 것이 아닐까? 정체가 밝혀지면 해안처럼 검게 표시될지도 모르지만 말이다." 내가 보기에 새비지라는 사람 자체(절제와 의심과 반성이 부족한 그의 성격)와 그의 주변에 머물렀던 바보들, 거짓말쟁이들, 식인종들, 기회주의자들은 그런 교훈을 다시 떠올리게 만드는 무언가를 품고 있는 것 같다.

어떤 장소를 알아간다는 것은 친구나 연인을 알아가듯 그 장소와 친밀해지는 것을 의미한다. 어떤 장소를 더 잘 알아간다는 것은 그 장소가 다시 낯설어지는 것을 의미한다. 그리고 낯설어진다는 것은 단순히 새로운 방식으로 참신해지는 것이 아니라 시간이 흘러도 사그라들지 않는 심오하고도 심란한 방식으로 낯설어지는 것을 의미한다. 이를테면 항상 알려져 있었어야 할 사실, 그 사실을 뒤늦게 발견한 사람들을 드러냄으로써 동요를 불러일으킨다고 할까. 그런 동요는 바로 새비지와 콘래드가 불러일으켜야 하는 것이기도 하다. 그러나 명백한 차이가 존재한다. 벨기에인들은 서부 해안으로 이주한 미국인들처럼 아프리카로 이주하지 않았고,

잔혹한 상아 무역과 식민지 전쟁에서 살아남은 충분한 수의 아프리카 원주민들은 현재 미국의 지지를 받는 자이르의 독재 정권하에서 1960년 벨기에로부터 독립을 쟁취했다. 나는 열대지방의 이질성이 커츠의 사악함을 아주 적절히 뒷받침하는 틀의 역할을 한 것은 아닐까 생각해본다. 말로와 말로의 입을 빌린 콘래드가 빽빽한 정글, 무수히 많은 악어, 뜨겁고 습한 공기, 폭이 넓고 물살도 거센 (그들이 말하기로는 지도 위에 그려진 거대한 뱀 같은) 강 등으로 대표되는 그곳의 삶의 강도에 확실히 경악을 금치 못하기 때문이다. 한편 요세미티 풍경은 서부에 익숙하지 않은 사람들이 영국 정원과 스위스 산의 닮은꼴들을 발견할 수 있는 공간이다. 그리고 사실 유럽인 커츠와 저문해자 새비지는 기질적으로 서로 굉장히 다른 존재다. 커츠는 허약하고 메마른 체격을 갖고 있고 외처로 원주민 한 명만 거느리고 살며 자기가 사는 오두막 주변에 창에 꽂힌 절단된 머리통을 줄줄이 늘어놓는 사람인 데 반해, 새비지는 또 다른 서부 변종인 서퍼(surfer)를 연상시키는 활력을 내뿜는 사람이다. 그러나 두 사람은 듣는 사람의 마음을 사로잡는 연설을 한다는 점에서는 쌍둥이처럼 닮아 있다. 새비지는 굉장히 많은 언어를 구사했고 커츠도 새비지와 마찬가지로 원주민들을 말로 홀렸다. 또 커츠가 콩고 원주민에 대해 쓴 보고서는 해박한 지식과 설득력을 갖추고 있어 일종의 명령문("모든 야만인들을 몰살하라!") 같은 효과를 내는데, 이는 마리포사 원주민 전쟁에서 새비지가 내린 지시와 그리 다르지 않다. 허구적인 것과 역사적인 것이 서로 그렇게 유리된 것도 아니다. 묵상을 즐기는 비밀스러운 작가 콘래드는 자신의 창작 활동과 콩고에서의 경험을 분리했지만, 반문해자에다가 성격이 급한 새비지는 자기 자신을 당대의 소설적 규칙을 따르는 터무니없는 에피소드 속의 영웅으로 꾸며냈다. 그리고 이를 통해 새비지는 툴레어의 풍경과 추종자들의 마음속에 통솔력과

물, 과거를 망각하다:
요세미티 국립공원

대담함을 갖춘 자아상을 심어놓았다.

콘래드에게 낯선 것을 손에 넣는 것은 쉬운 일이었다. 서부 정복에 관한 이야기는 최근까지도 내부자들에 의해 전해졌지만, 콘래드는 귀족 계급 출신의 폴란드 망명인으로서 한동안 프랑스 선원으로 살다가 제3언어를 배워 영국인이 된 사람, 즉 애초에 외부인인 사람이었다. 그는 식민주의의 이점에 의구심을 품기 좋은 위치에 놓여 있었고 그렇기에 식민주의를 야만인이 문명인이 되는 것이 아닌 문명인이 야만인이 되는 형태의 거래로 표현했으며, 확실히 콩고 내 벨기에 기업에 대해서 그 어떤 충성심도 느끼지 않았다. 그리고 콘래드가 콩고로 항해를 떠난 시점(당시 그에게 영감을 준 것은 그가 일기에 아주 짤막하게 남긴 날씨 그리고 그 밖에 성가신 일들뿐이었다.)으로부터 몇 년이 지났을 때, 콩고에서 벌어졌던 폭력 행위들은 유럽과 미국에서 분노를 자극했다. 이를테면 유타, 네바다, 캘리포니아 원주민의 고통을 무척이나 태평한 마음으로 관찰한 마크 트웨인은 노예제와 관련해 『허클베리 핀의 모험』을 썼던 것처럼 벨기에령 콩고를 규탄하는 글을 썼다. 그러나 마리포사 원주민 전쟁이 벌어졌을 때 소로는 서부로의 확장을 찬양하는 「산책」을 일종의 담화로 발표했고, 해리엇 비처 스토(Harriet Beecher Stowe)는 이듬해에 발표된 『톰 아저씨의 오두막』을 집필하고 있었다. 노예제에 반대하는 스토의 감상적인 소설은 그때까지 출간된 그 어떤 미국 소설보다 많은 판매량을 기록했다.(한편 노예들은 구약 시대 이스라엘이 겪은 망명, 고통, 구원의 이야기 속에서 자신들의 서사를 찾고 있었다.) 어쩌면 국가적 상상이 노예제를 둘러싼 남북의 도덕적 갈등에 너무나도 깊게 침투해 있어서 서부를 위대한 모험과 진보의 서사시가 펼쳐지는 장소로밖에 상상할 수 없었던 것일지도, 아메리카 원주민들을 서부 영화에서처럼 엑스트라에 불과한 역할만 하는 존재로 만들어버린 것일지도 모르겠다. 게다가 브렛 하트와 마크 트웨인 같은 내부자들의 이야기에서 가장 명확하게 드러나는 사실은 골드러시가 즐거운 일이었다는 것, 소년의 철없는 장난이자 보물찾기 놀이였다는 것이다.

새비지가 자기 삶을 즐겼는지 여부는 확인하기 어렵지만 아무튼 그는 무수히 많은 일을 했다. H. H. 밴크로프트(H. H. Bancroft)는 『선구자 등록부(*Pioneer Register*)』에 새비지에 대해 이렇게 적는다. "그와 관련해서는 그가 기를 쓰고 모든 부족의 부족장 딸과 결혼을 했고, 원주민들로부터 금가루를 얻기 위해 철물류와 위스키의 무게를 재서 온스 대 온스로 교환했으며, 샌프란시스코에서 금을 걸고 내기를 했다는 이야기가 전해진다." 윌리엄 펜 에이브럼스(William Penn Abrams)는 자신의 일기에 이렇게 썼다. "머세드강에 위치한 새비지의 소유지를 방문한 후 샌프란시스코로 돌아와보니 제재소의 앞날이 결코 밝아 보이지가 않았다. 북아메리카 원주민 여성 다섯을 아내로 두는 신성 모독을 저지른 사내 새비지는 성경을 근거로 아내들에게 권한을 행사하고 있다." 혼인은 어느 정도는 외교적 교섭 수단이었지만 전적으로 그런 것만은 아니었고, 토투야/마리아 레브라도는 1920년대에 "요세미티 원주민을 처음 만난 새비지가 여자들을 유혹하기 위해 온갖 재주를 부렸다."[10]라고 회상했다. 버넬도 에이브럼스처럼 새비지가 다섯 명의 아내를 두었다고 언급하지만, 마리포사 기병대에 소속된 젊은 병사 로버트 에클스턴(Robert Eccleston)[11]은 자신의 일기에 새비지의 아내가 서른세 명이었다고 기록했다. 한편 파미트(Pahmit)라는 요쿠트족 남자는 새비지가 열일곱 명의 아내를 얻었으나 열 명이 도망가고 일곱 명만 남았다고 전한다.

1831년에 태어난 파미트는 그로부터 98년 후 한 인류학자와 인터뷰를 했다. 그가 자신의 고향에서 벌어진 식민지 건설과 관련해 기억하는 내

물, 과거를 망각하다:
요세미티 국립공원

용 중에는 새비지가 그 지역에서 어떻게 그런 권력을 휘두를 수 있었는가에 관한 것도 있다. "대대장 새비지는 '나는 대단한 주술사고 워싱턴에 대단한 아버지가 계신다. 너는 내가 하라는 대로 해야 한다. 나는 내키기만 하면 너를 다치게 할 수 있는 사람이다. 나는 네 사람들을 전부 죽일 수 있는 사람이다. 나는 물고기들이 전부 강 밖으로 튀어나가게 할 수 있는 사람이다. 나는 모든 영양, 모든 엘크 사슴을 없애버릴 수 있는 사람이다. 나는 어둠을 만드는 사람이다. 내가 하라는 대로만 하면 그 무엇도 널 해치지 않는다. 하지만 너는 나를 못 해친다. 네가 활과 화살로 나를 쏘면, 나는 산다. …… 네가 총으로 나를 쏴도 너는 나를 못 해친다.'라고 말했습니다."[12] 이런 말을 남긴 새비지는 참나무에 흰 손수건을 올려두고 6연발 권총으로 손수건을 향해 총을 여섯 발 쏜 다음 총알을 (듣자하니 공포탄을) 다시 장전했고, 그 총을 요쿠트족 남자에게 건네더니 자기를 향해 쏘라고 했다. 남자는 총을 여섯 차례 쐈고 그때마다 새비지는 손으로 허공을 갈랐다. 사격이 끝났을 때 그는 총알 여섯 개를 손에 쥐고 있었다. 그는 물에 기름을 붓고 불을 붙이면서 강에도 불을 붙일 수 있다고 장담했고, 도박을 할 때면 손기술을 부려서 승리를 거두었다. 또 배터리를 이용해 원주민들에게 겁을 주기도 했다. 그는 회색 새끼곰 가죽을 한 원주민의 몸에 두른 후 전기 충격을 가했고, 몸부림치던 실험 대상이 감전되어 의식을 잃었다가 깨어나면 그를 죽음에서 부활시킨 것처럼 굴었다. 새비지의 숭배자 중 한 사람은 "놀랄 필요 없어요."라고 말했다. "새비지는 천둥 번개를 몰고 원주민들을 찾아왔고, 굳이 말하지 않아도 아시겠지만 그건 (원주민들이 살면서 한 번도 본 적 없는 광경이었기에) 몹시 끔찍한 일이었어요. 새비지는 굉장히 잔인해질 수 있는 사람이었어요. 그냥 평범한 사람이라고 생각하면 안 돼요. 절대, 절대 절대요! 이제야 (당신이 이해할 수 있게) 그냥 말해주는 건데, 그는 어느 날 저도 총으로 쏘려고 했었어요. 하지만 저는 그걸 가지고 그를 판단하지 않아요."[13]

새비지는 자기 같은 백인 남자들에게 그런 무조건적인 경외심을 불러일으켰다.(새비지의 아내가 네바다에서 사망한 후로 그의 이야기에는 그 어떤 백인 여자도 등장하지 않는다.) 젊은 청년들에게 새비지는 당시에 발표되기 시작한 서부극 삼문소설의 등장인물들처럼 절대적인 영웅 같은 존재였다. 1851년 1월 한 청년은 자신의 아버지에게 이렇게 썼다. "새비지 씨는 원주민들과 오랫동안 관계를 맺으면서 그들이 어떤 사람인지를 철저히 파악했기 때문에 그 어떤 원주민도 그를 속일 수 없어요. 새비지 씨는 위대한 우두머리고, 원주민의 언어를 원주민처럼 구사할 줄 알아요. 그 어떤 개보다 오래 걸을 수 있고, 그 어떤 말보다 두 배는 더 많은 인내심을 갖고 있고요. 새비지 씨는 잠을 거의 안 자고 음식을 안 먹어도 며칠은 거뜬히 버틸 수 있는 데다가 밤낮으로 산맥을 타고 약 160킬로미터를 이동한 후에도 마치 운동 삼아 짧게 산책을 다녀온 사람처럼 기운차고 생기 넘치는 모습으로 모닥불 앞에 앉아 몇 시간 동안 웃으며 시간을 보낼 수 있는 분이에요."[14] 같은 해 2월 《캘리포니아 통신》은 이렇게 보도했다. "대대장 새비지는 얼핏 보기에 체중이 62킬로그램도 되지 않을 만큼 체구가 작지만 혈기만큼은 왕성한 사람이다. 그는 둥근 얼굴형에 담청색 눈을 가진 반반한 외모의 소유자이며, 노란 광택이 흐르는 긴 머리칼은 소녀들의 머리칼처럼 곱슬곱슬하다. 그의 사전에 두려움이 들어설 자리는 없다. 그는 해가 뜰 때부터 질 때까지 산과 강과 계곡을 넘나들며 원주민이나 사슴을 쫓을 수 있는 사람이고 원주민이든 사슴이든 한쪽이 먼저 나가떨어지기 전까지는 포기하는 법이 없다."[15]

오지에 사는 소년들뿐만 아니라 (과거에 모피 무역이 성행했을 때 수백만 달러를 거둬들인) 존 제이컵 애스터의 사위이자 속물적인 미 동부의 문인 샘 워드(Sam Ward)도 새비지의 영향권하에 있었다. 1850년 워드가 머세드강 하부의 한 상점에서 키트 카슨, 원주민 주재관 애덤 존스턴과 대화를 나누고 있었을 때, 근처에 있던 원주민들이 그들에게 다가오는 한 무리를 보고 동요하기 시작했다. "우두머리를 알아보는 것은 쉬운 일이었다. 풍성한 노란 머리칼이 어깨 아래까지 내려와 있었고, 권력을 휘두르면서 그런 자신에게 깊은 감명을 받는 나폴레옹 같은 분위기를 풍겼다. …… 특이하게도 표트르 대제의 조각상이 연상될 만큼 그와 신장, 분위기, 이목구비가 닮은 사람이었다. …… 그 독특한 인물이 떠난 뒤 사람들은 그를 주제로 온갖 대화와 소문을 나누었고 그 덕에 나는 그가 소년 시절부터 원주민을 벗삼아 지내며 산맥 맞은편에서 펼쳐진 원주민들의 낭만적인 생활을 경험했다는 사실을 알게 되었다. 어떤 이들은 그의 몸속에 원주민의 피가 흐른다고 말하지만 아킬레스의 황금빛 머리칼에 견줄 만큼 아름다운 머리칼을 갖고 있는 것을 보면 대꾸할 가치도 없는 헛소리임을 알 수 있다. …… 그는 자기와 가까이에서 지내는 부족들에게 마음을 자석처럼 끌어당기는 영향력, 거의 불가사의에 가까운 영향력을 행사했다. 그가 가진 습관과 성격은 그의 이름과 외적인 차원에서 조화를 이루었다."[16]

마리포사 원주민 전쟁이 시작된 해는 새비지의 영향력이 약해지기 시작한 해였다. 새비지는 자기 이익을 위해 광부들이 원주민들에게 맞서게 만들었으나 그가 유발한 적대감이 점점 그의 목을 죄어오기 시작했다. 머세드 지역에 서식하는 뱀처럼 애매모호한 위치에 자리를 잡은 그는 자기 숙주들을 전멸시키는 대신 착취하는 데 열중했고, 모든 것을 새로 만드는 대신 현지 언어를 배웠다. 또 마음만 먹으면 할 수 있었음에도 과도기적 공간을 영구적인 공간으로 만들지 않고 원래 상태를 유지했다. 한 동시대인은 "백인들이 원주민과 타협점을 찾으려 했을 때 새비지는 거짓 소문을 퍼뜨려 백인들이 호전적인 존재로 보이게 만들었다."라고 말한다. "그러면서 광부와 무역상에 대해 매우 적대적인 감정을 품게 만드는 정보를 원주민들에게 제공했다." 1850년 봄, 새비지의 아내들은 원주민이 백인을 몰아내려는 계획을 세우고 있다고 새비지에게 경고했다. 원주민들이 최초로 급습한 장소는 요세미티 바로 바깥의 머세드 위쪽에 마련된 새비지의 교역소였다. 새비지는 마리포사 크리크로 철수해야만 했고 인근의 다른 백인들도 거기에서 그와 합류했다. 그해 늦여름 새비지는 자신이 여전히 막강한 권력을 가지고 있다고 생각했고 그래서 자기와 자기를 따르는 사람들이 산호세를 침략해 약탈을 저지를 것이라고 위협했다. 그리고 그때 산호세에는 가축을 사들이기 위한 원정길에 올랐던 동료들(누가 봐도 새비지의 친구들이었던 사람들)을 살해한 두 멕시코인이 숨어 있었다. 그해 10월 새비지는 샌프란시스코로 가서 재산의 일부를 저축하고 물자를 구입했다. 한 기록에 따르면 새비지와 그의 측근들은 현재 차이나타운이 된 포츠머스스퀘어 야외에서 캠핑을 했고, 10월 29일 캘리포니아가 주 지위를 갖게 된 것을 기념하는 장소에 나타났었다고 한다.(승인 자체는 9월 9일 의회에서 이루어졌지만 소식이 10월이 돼서야 전해졌다.) 유명한 사진가 로버트 밴스가 새비지를 찍은 은판 사진이 존재한다는 말이 있지만, 지금까지 새비지를 그린 그림이나 찍은 사진은 한 점도 발견되지 않았다. 또 새비지가 금을 걸고 내기를 한 것도 그 여정에서 있었던 일로 추정되는데, 그는 카드놀이를 원주민 게임만큼 잘하지는 못한 탓에 자기가 소유한 금도 아닌, 몇몇 원주민들에게 위탁받은 금을 잃고 말았다.

새비지는 자신의 동맹자이자 현지 부족장 중 한 명인 호세 후아레스를 데려가서 그에게 백인들의 힘을 확실히 각인시키려 했지만 그 계획은

물, 과거를 망각하다:
요세미티 국립공원

결국 수포로 돌아갔다. 새비지는 후아레스가 (아니면 자기가) 술에 취하면 그를 때려눕힐 계획이었는데[17] 후아레스는 멀쩡한 정신으로 반항했다. 어쩌면 새비지의 운명을 바꾼 것은 그때 후아레스에게 날린 한 방이었을지도 모른다. 미국이 서부 쇼쇼니족을 상대로 벌인 전쟁이 1992년 봄 조 리프가 캐리 댄의 팔을 부여잡은 사건으로 이어진 것처럼, 1850년 가을 새비지가 후아레스에게 날린 일격은 마리포사 원주민 전쟁으로 확대되어 현대사에까지 남게 되었다. 원정에서 돌아온 새비지는 우연히 마주친 원주민들에게 이렇게 말했다. "원주민이 백인을 상대로 전쟁을 일으키면 모든 부족이 전멸할 것이다. 단 한 명도 살아남지 못할 것이다." 그는 후아레스를 불러 그동안 얼마나 많은 백인을 목격했는지 물었지만 새비지에게 한 발 가까이 다가가 입을 뗀 후아레스는 백인들이 저들끼리 분열돼 있어서 산으로 오지도 않을 것이라고 말했고 침입자들을 몰아내기 위한 전쟁을 강력하게 옹호했다.

새비지의 아내들은 서서히 그를 버리고 떠났다. 1850년 12월에는 새비지가 프레즈노에 설치한 교역소가 파괴되었고 직원 세 명이 살해당했으며 일단의 원주민들이 새비지를 향해 협곡 너머로 총을 쐈다. 새비지는 전진하는 백인들과 각성하는 원주민들 사이에 세워진 자신의 취약한 왕국이 흔적도 없이 사라져가고 있다는 사실을 깨달았다. 《캘리포니아 통신》에 따르면 이윽고 1월 무렵 권좌에서 물러난 군주 새비지는 "말 털로 턱수염을 만들고 버팔로 털로 콧수염을 붙인 후"[18] 어릿광대로 변장을 하고 여행을 다녔다. 이로써 그때까지 사적인 다툼에 불과했던 것이 (새비지가 거들면서) 후아레스가 옹호한 전면전의 시작을 알리게 되었고, 이는 현재 백인이 최초로 요세미티 밸리에 침입한 사건으로 기억되는 마리포사 원주민 전쟁으로 비화했다. 새비지에게 요세미티는 어떤 중심부가 아니라 고작 몇 년간 유지된 그의 작은 제국을 에워싼 걸리적거리는 골짜기였고, 그는 단 한 번도 요세미티로 돌아가지 않았다. 버넬은 새비지가 이렇게 말했다고 기록한다. "암벽이 사방을 둘러싸고 있어서 완전히 내 생각에만 파묻히게 된다. 여기는 내가 살기에 전혀 바람직하지 않은 공간이다."

새비지가 무엇을 원했는지, 새비지 본인이 기억하지 못하는 듯한 매일 밤 꿈속에 어떤 두려움과 욕망이 출현했는지를 알기란 쉽지 않다. 그는 뭔가를 두려워하는 일도 거의 없었고 자신이 얻은 것을 써먹는 일에 관심도 거의 없었기 때문이다. 불굴의 새비지가 가진 특징 가운데 새비지 숭배자들이 칭송하는 것은 바로 잠을 자지 않았다는 점이다. 그는 어떤 의문이 싹틀 새도 없이 순식간에 이곳에서 저곳으로 이동하는 사람이었던 것 같다. 늘 드넓은 공간을 좇으면서, 변경 지역에 대한 환상에 휩싸여 국가적 상상력에 날개를 달아주고 자극을 가해 끝내 만행과 폐허를 초래하면서까지 말이다. 그런 방식으로 이동한 새비지에게는 여정 자체가 일종의 치료제가 되어 소로가 옹호했던 내적 탐구, 즉 자기 생각에만 파묻혀 있는 상태를 일시적으로 완화해주었다. 새비지는 백인과 원주민 그 어느 쪽에도 충성을 다하지 않았다. 굉장히 많은 원주민 언어를 구사할 줄 알았지만 자신의 입지를 자칭 황제로 드높이기 위해 애썼을 뿐 원주민의 문화에 스며들지도 않았다. 새비지는 자기가 거느리는 사람들 사이에서 철저히 혼자였고 자신의 고독에 무관심했다. 그는 아내들에게 대단한 애정을 표현하지 않았고, 산더미처럼 쌓인 금에서 별다른 쓸모를 발견하지 못했고, 자신과 얽힌 부족들에게 별다른 존경심을 품지도 않았다. 새비지 본인의 목소리가 담긴 유일한 문서는 파괴된 교역소에 대한 배상금을 요구하며 정부에 보낸 청구서뿐이며, 그 밖의 모든 것은 다른 사람들이 간직하고 있는 인상과 회고다. 어쩌면 그가 꿨다는 꿈은 전부 다른 사람의 꿈이었을지도,

물, 과거를 망각하다:
요세미티 국립공원

그가 꿨다는 악몽은 그의 지배를 받게 된 사람들의 악몽이었을지도, 그의 공상은 그를 우상화한 소년들이 품은 공상이었을지도 모른다.

새비지는 역사에 근접한 삶을 살았지만 그가 실제로 역사에 남을 만한 일을 한 것은 마리포사 원주민 전쟁이 진행되고 있었을 때가 유일했다. 이미 이 책에서 언급한 그 전쟁은 새비지의 관점에서 보면 충분히 잘 풀린 전쟁이었다. 전쟁 후 그는 자신을 원주민 주재관으로 임명해달라며 정부를 설득했고 과거에 행사했던 권력도 일부 되찾았지만, 결국 유일한 제국주의자에서 무수히 많은 백인 기업가 중 한 명으로 퇴보했다. 1851년 7월 무렵, 새비지와 그의 동업자 빈슨할러, 그리고 프리몬트는 강요에 의해 보호구역으로 가야만 했던 원주민 부족에게 소고기를 공급하는 계약을 따냈다. 이 소고기 공급업자들은 원주민 주재관 세 명과 동맹을 맺고 소고기 값을 지불하는 정부 그리고 소고기를 공급받기로 되어 있는 원주민 전체를 상대로 사기를 쳤다. 이를테면 주재관들이 프리몬트에게서 일반 시세의 두 배로 소고기를 사들인 다음, 실제로 제공받은 소고기 양을 두 배 부풀린 영수증을 새비지에게 발급하는 식이었다. 원주민 주재관들의 부패는 이미 만연했지만, 놀라운 것은 프리몬트와 빈슨할러가 그에 가담했다는 사실이다. 캘리포니아 기병대에서 프리몬트가 이끈 A중대 출신인 빈슨할러는 대체로 비겁하고 무능한 사람으로 알려져 있다. 프리몬트가 1847년과 1848년 4차 원정을 감행하도록 거든 사람이었기 때문이다. 한겨울에 중대를 이끌고 콜로라도 남부의 상그레데크리스토산맥과 산후안에 도착한 프리몬트의 원정은 결국 완전한 실패로 돌아갔고, 이에 빈슨할러는 물건들을 사재기하고 중대원 한 명을 버리기도 했다가 나중에는 식인에 의존했다. 이는 1856년 프리몬트의 대통령 선거 캠페인에 타격을 입힌 사건이기도 했다.

11월 《샌와킨 리퍼블리칸》은 새비지의 아내들이 그에게 돌아갔다는 소식을 전했다.[19] 1852년 봄 스톡턴 신문은 새비지가 "이 원주민 부족들이 미 대륙의 그 누구보다 농경과 문명을 효과적으로 배운 사람들일지도 모른다는 사실을 증명"했고 "어느 모로 보나 모든 원주민이 새비지에게 애정을 품고 있으나 새비지가 그들을 대하는 방식에는 변화가 없는 터라 원주민은 그를 사랑하는 만큼이나 두려워한다."라고 보도했다. 새비지의 동업자 빈슨할러가 기록한 내용도 비슷했다. "원주민은 새비지에게 극도의 신뢰, 거의 미신에 가까운 신뢰를 품고 있다. …… 새비지는 원주민에게 말하기와 노래 부르기도 가르치기 시작했고 한 학급에서는 글자를 가르쳐 철자를 쓰게 하는 데까지 성공했다. 그의 노래 수업도 진전을 이루어 원주민이 악보를 보며 노래도 곧잘 부를 수 있게 되었다. 원주민은 목소리도 좋고 음감도 좋은 듯하다. 새비지는 원주민에게 농경도 가르치고 있다." 새비지가 맡은 모든 역할 중에서 학교 교사로서 지식을 공유한 것은 그와 가장 어울리지 않는 일이었다. 금 채굴자 장니콜라 페를로가 새비지와 작은 충돌을 빚은 것도 이 시기였는데, 페를로는 '새비지'라는 이름을 언어 실력이 출중한 위원-장(commissioner-major)에게 부여하는 직급명으로 착각하기도 했었다.(savage라는 단어는 사실 숲을 형용하는 단어 sylvan과 같은 라틴어 어원에서 왔으며, 라틴어 '호모 실베스트리스(homo sylvestris)'는 '원시의', '원초적인', '산사람' 등을 의미하는 프랑스어 '옴므 소바주(hommes sauvages)'가 되었다가 결국에는 루소가 칭한 '고귀한 야만인'이 되었다. 프랑스어에서 야생 동물은 여전히 '아니모 사바주(animaux savages)'라고 불리고 있다. 영어에서 이 단어가 잔인한 행위, 야만 행위와 연결된 것은 나중의 일이었다.) 1852년 4월, 원래 마리포사 카운티였던 캘리포니아의 넓은 지대가 분할되면서 툴레어 카운티가 탄생했다. 전해지는 바에 따르면 툴레어 카운티에 있었던 것은 저택

물, 과거를 망각하다:
요세미티 국립공원

세 채와 "짐작건대 열두 명의 진정한 주민"이었다고 한다. 그해 7월의 카운티 선거는 날씨가 무척 더워서 실내가 아닌 참나무 아래에서 치러졌고 총 아홉 명이 선출되어 여러 요직에 임명되었다. 새비지는 그때 임명된 위원 네 명 중 한 사람이었고, 나머지 세 명 가운데 신규 임명된 판사 월터 하비(Walter Harvey)[20]는 선출 이틀 전 툴레어 카운티 남쪽의 킹스강 보호구역을 급습해 여러 명의 원주민을 살해한 사람이었다. 한편 신규 임명된 서기 재무관은 마리포사 마을에서 벌어진 싸움에서 사망한 뒤 어느 늪에서 시신으로 발견되었는데 미심쩍은 정황이 포착되었고, 또 다른 위원은 총에 맞아 사망했다. 8월 13일 한 신문은 새비지와 그의 후기 동업자 리치 박사가 이름 모를 병으로 죽어가는 프레즈노 원주민들에게 약을 처방하고 있다고 보도했다. 그리고 8월 17일 새비지가 사망했다.

월터 하비와 그를 따른 봉사자들이 프레즈노 보호구역을 공격했을 때, 의회가 캘리포니아 상원의원들과 하원의원들의 촉구에 못 이겨 캘리포니아 원주민 조약을 비준하지 않기로 했다는 소식은 아직 서부에 전달되지 않은 상태였다. 의원들은 프레즈노 보호구역처럼 드넓고 욕심나는 구역을 원래 소유자인 원주민이 계속 소유한다는 사실에 분개하여 그 구역을 무단점유하기로 마음먹고 있었다. 일부는 (어느 기록에 따르면 하비 판사도) 보호구역에 교역소와 나루터를 설치하고 원주민을 쫓아내려 했다. 킹스강과 프레즈노 보호구역에 거주하던 사람들은 자신들이 약속받은 보호가 실현되지 않으리라는 사실을 깨달았고, 백인들은 조금씩 초조함을 느끼다 못해 결국 정규군을 소집했다. 부대장이었던 G. W. 패튼 소령은 파스쿠알이라는 부족장이 "천막 오두막 앞에서 휘날리는 미국 국기를 끌어내린 다음 부족민들을 전부 불러 모았고, 어디로 가고 있냐고 묻자 산으로 울러 간다고 대답했다."라고 보고했다. 이는 바로 테나야가 이끄는 원주민들과 아와니치족이 스스로 살 길을 모색하는 것이 낫겠다고 판단하고 보호구역을 떠났을 때의 상황이었다.

새비지가 자기에 대해 "신사답지 않은" 발언을 했다는 말(킹스강 땅을 재탈환하려는 하비의 폭력적인 시도를 비난했다는 말인 듯하다.)을 듣고 격노한 하비 판사는 자신의 킹스강 교역소에 새비지는 감히 얼굴도 들이밀지 못할 것이라고 말했다. 하지만 결국 새비지는 킹스강 교역소까지 찾아가 하비에게 그 말을 취소하라고 했고, 하비는 경쟁 무역업자가 자신을 모욕했다며 새비지를 고소했다. 버넬에 따르면 새비지는 이렇게 대답했다고 한다. "맞습니다. 당신이 살인자에다 겁쟁이라고 했습니다." 새비지는 하비를 때려눕혔고, 대부분의 기록에 따르면 하비는 반격을 하지 않고 있다가 새비지가 허리춤에서 권총을 꺼낸 후에야, 혹은 권총을 연거푸 땅에 떨어뜨린 후에야(새비지가 술에 취한 상태였을지도 모른다는 사실을 암시한다.) 총을 쏴서 새비지를 죽였다고 한다. 새비지가 킹스강 원주민들의 고충을 해결해주려다 사망함으로써 명예를 회복했다고 볼 수도 있겠지만, 그는 목숨을 잃으면서까지 수호한 명예가 자신의 것은 아니었음을 알고 있었던 것 같다. 어쩌면 괘씸한 판사 하비를 찾아가게 만든 것은 원주민을 위한 정의와 새비지라는 이름에 대한 자부심 둘 다였을 수도 있는데, 어쨌든 새비지는 그렇게 자기 발을 양쪽에 하나씩 걸친 채로, 공포의 대상도 영웅도 아닌 모호한 존재로 살다가 죽었다.

《샌프란시스코 해럴드》에 실린 한 서신은 새비지 사망 사건의 여파를 지나치게 감성적으로 전달했다. "새비지는 미국 정부가 그곳에 파견할 수 있는 모든 병력보다 더 많은 원주민을 자기 지배하에 둘 수 있었다. 그의 사망 소식을 접한 원주민들은 굉장한 충격에 휩싸였고, 일부는 사건 발생 직후 그 비극의 현장을 직접 찾아갔다. 그들은 누구보다 격하게 울부짖으

물, 과거를 망각하다:
요세미티 국립공원

면서 새비지의 시신 위로 몸을 던지고 피 묻은 그의 손과 얼굴을 닦았으며 심지어는 몸을 구부린 채 상처에서 철철 흐르고 있는 피를 마시기까지 했다. 새비지의 시신을 매장하는 것도 쉽지 않았다. 부족장들은 시신에 매달려 아버지와 함께 죽겠노라고 맹세했다. 시신을 매장한 날 밤, 원주민들은 커다란 모닥불을 피우고 불가에서 춤을 추면서 주변의 낮은 산들에 소리가 울려 퍼질 때까지 죽은 자를 애도하는 노래를 불렀다. 그토록 깊은 비탄이 표출되는 광경을 지켜보는 것은 나로서는 생전 처음 하는 경험이었다. 젊은 남자들은 미친 사람처럼 격렬한 몸짓으로 춤을 추면서 지금은 가버리고 없는 '아버지'의 이름을 불렀고, 여자들은 앉은 자세로 몸을 앞뒤로 흔들면서 애도의 장송곡을 불렀다." 식인을 언급하는 얘기에 민감했을 사람이자 일련의 사건을 지켜본, 더 신뢰할 만한 목격자이기도 한 새비지의 동업자 빈슨할러는 이 서신보다 더 간단한 글을 남겼다. 미군 기록보관소에서 발견한 그 기록에는 이렇게 쓰여 있었다. "시신을 살펴본 후 그들은 이제 제대로 되는 일이 하나도 없을 거라는 말을 남기며 자리를 떴다."

+

하비는 총격 행위에 대해 아무 처벌도 받지 않았다. 새비지의 친척인 아이다 B. 새비지는 1927년 새비지의 부동산이 "원주민의 피가 섞인 자손들의 소재를 파악할 수 없었고 형제들은 거부 의사를 표했다는 이유로 캘리포니아주에 넘어갔다."[21]라고 기록했다. 프레즈노에 위치한 새비지의 교역소는 1860년대 중국 상인들에게 넘어갔다. 새비지와 같은 해에 태어나 서부로 갔던 프랜시스 파크먼은 허약한 몸 탓에 역사 기록자로서의 일을 그만두고 원예에 몸담았다. 그는 새로운 장미 품종을 여럿 재배했고,

장미에 관한 결정판 같은 책을 출간했으며, 조지프 콘래드가 콩고로 여정을 떠나고 3년이 지난 시점인 1893년에 일흔 살의 나이로 사망했다. 콘래드는 한 번도 캘리포니아와 직접적으로 연관된 적이 없었지만 1909년 작가 메리 오스틴(Mary Austin)이 자신을 방문했을 때 캘리포니아 원주민과 사막을 바라보는 그의 관대한 시선에 장미로 찬사를 표했고, 오스틴은 그 장미를 책장 사이에 끼워 보관했다. 그 장미와 책은 현재 캘리포니아 남부의 헌팅턴 도서관 겸 식물원이 보유하고 있는데, 1869년 완공된 센트럴 퍼시픽 철도의 수익금으로 지은 그 호사스러운 건물의 서쪽 부분은 대체로 중국인 노동력을 동원한 결과물이었다. 그리고 이 센트럴 퍼시픽 철도는 6개월 동안 마차로 고생스럽게 이동한 다음 6주 동안 역마차를 타고 또 이동해야 했던 마크 트웨인의 『서부 유랑기』식의 여정을 오마하에서 출발하는 4일간의 즐거운 여행으로 만들어주었다. 한편 콘래드와 달리 (나중에 레오폴드 2세가 되는) 벨기에의 레오폴드 왕자는 20세기 초 캘리포니아를 방문해 요세미티에서 야외 캠핑을 했다. 그의 어머니인 베아트리체 여왕이 알베르트 아인슈타인과 친구 사이였던 터라 1939년 물리학자 실라르드 레오는 아인슈타인에게 접근해 그가 여왕에게 영향력을 행사할 수 있을지를 확인해보고자 했다. 그때 레오와 아인슈타인은 벨기에가 벨기에령 콩고에 비축해둔 우라늄을 독일이 강탈할까 봐 염려하고 있었다. 핵분열의 잠재적 폭발력이 막 밝혀진 때였다. 그래서 실라르드와 아인슈타인은 서신을 쓰기 시작했고, 단순히 우라늄을 보호해야 한다는 메시지에서 출발한 서신은 여러 단계를 거치고 거치다가 결국 미국이 독자적인 원자폭탄을 보유해야 한다고 부추기는 서신으로 끝맺었다. 그런데 이런 이야기는 사실상 새비지에 관한 이야기가 아니다.

새비지의 무덤

　　피곤한 몸을 이끌고 도착한 다음 야영지에서는 사람들이 듣기 거북한
말들을 내뱉고 있었다. 총 다섯 명이었던 그들은 맥주 캔이 하나둘 쌓여가
는 동안 진위가 의심되는 성적 영웅담을 큰 목소리로 주고받았다. 캐서린
과 다이앤은 열두 살 청소년을 유혹하려 했다는 누군가의 말을 듣고 언짢
아했다. 나는 그 말은 직접 듣지 못했지만 조금 뒤 무리에 합류했을 때 누
군가가 엘리베이터에서 만났다는 어떤 여자에 대해 하는 이야기를 들었다.
동료들의 기분을 끌어올리려는 생각으로 나는 (주로 베이크-오 제품들로 맛
을 낸) 냄새가 좋은 음식들로 저들의 텐트까지 이어지는 길을 만들어주겠
다고, 그래서 밤에 곰들이 텐트까지 찾아오게 만들어주겠다고 약속했고,
우리는 포식자가 느닷없이 먹잇감이 되는 장면을 상상하면서 다 같이 즐거
워했다. 요세미티는 곰의 나라였다. 요세미티 밸리까지도 곰의 나라라고
할 수 있었고, 전날 밤 야영지에 정차돼 있던 어느 자동차 문을 뜯어내버린
것도 곰의 소행일 터였다. 그러나 안타깝게도 미국은, 심지어는 국립공원
들조차 인간의 나라였고 그만큼 내 이동의 자유를 훨씬 더 방해했다.

　　요세미티 밸리로 또 한 번 모험을 떠나려 한 날, 친구들이 찾아와 내
동행이 되어주었다. 우리는 그날 일찍부터 지그재그로 난 길을 따라 리틀
요세미티 밸리를 통과하고, 버널 폭포와 네바다 폭포를 지나고, 약간 기울
어진 수직 절벽을 향해 고도 약 1000미터까지 계속 이동하며 글레이셔 포

인트까지 올라갔다 내려왔다. 밸리에서 하는 모든'하이킹이 그렇듯 처음에는 마냥 즐거웠고, 관광객이 바글바글한 코니아일랜드와 비교도 안 될 정도로 분위기가 좋았다. 어느 곳에서든 고도가 수백, 수천 미터 이상 높아지면 인적이 점점 더 드물어지고 사람들은 훨씬 더 문명인에 가까워진다. 고도가 높아질수록 사람들의 수준도 높아지는 셈이다. 우리가 걷는 동안 경치와 지형은 계속해서 변했고, 다이앤은 히말라야산맥에서 트레킹을 했던 이야기를 들려주었다. 절반쯤 올라갔을 때 한 하천의 차가운 물에 발을 담그자 작은 송어가 우리의 다리 사이로 헤엄쳐 갔다.("경계심을 늦추면 안 된다고 일러주려는 건지 움직임이 굉장히 난폭하네."라고 캐서린이 말했다.) 림 근처까지 높이 올라가보니 번개를 맞아 다 타버린 구역에 생생하고 푸릇푸릇한 초록이 가득했고, 좀 더 이동했더니 내가 그때까지 먹어본 그 무엇보다 다디단 다 익은 딱총나무 열매가 길가에 흩뿌려져 있었다. 걷다 보면 거의 절벽의 선반 바위처럼 좁은 길이 나타났고 때로는 흠뻑 젖은 절벽에 이끼와 양치식물이 잔뜩 퍼져 있는 광경이 보이기도 했다. 길이 다시 서쪽으로 이어지면서 밸리의 나머지 부분이 서서히 시야에 들어오기 시작했다. 주변 풍경의 변화에 따라 하프 돔과 노스 돔이 번갈아가며 보였다. 그런데 막상 정상에 올랐을 때, 내가 대체로 옛날 사진들을 보면서 머릿속에 그려보았던 풍경이 보이지 않았다. 글레이셔 포인트는 원래 밸리 위로 툭 튀어나온 커다랗고 납작한 바위이지만, 20세기 초반에는 절벽 끝까지 나와 있는 자동차라든가, 절벽 바깥으로 튀어나온 막대 위에서 묘기를 부리는 곡예사라든가, 그 위에서 발끝으로 빙 도는 댄서 등 무모하고 위험한 광경의 촬영지로 유명한 장소였던 것이다. 가만 보니 절벽 주변에 안전을 위한 난간이 설치되어 있었고 그 옆에 간이식당이 마련돼 있었다. 우리가 갖은 고생을 하며 오랫동안 걸어 올라온 그곳에 다른 사람들은 차를 몰고 올라왔고 그들은 그곳의 분위기를 새롭게 전환했다. 나는 난데없이 에스키모 파이 아이스크림을 향한 강렬한 허기에 사로잡혔지만 우리는 상업적 형태의 문명을 마주하리라고는 전혀 예상하지 못했기 때문에 챙겨온 돈이 없었다. 극심한 피로가 물러가면서 평화로운 나른함이 찾아왔고 잔뜩 쑤셨던 팔다리는 납처럼 무겁기는 해도 느슨히 이완되었다. 우리는 그런 희열에 젖은 채 야영지를 향해 다시 걷기 시작했다.

느지막이 출발한 탓에 야영지에 거의 다 도착했을 즈음에는 해가 사라져 있었다. 점점 더 어두워지면서 풍부해지는 빛이 손에 잡힐 듯했고, 회색 바위와 녹색 초목의 강렬한 대비가 더 이상 보이지 않았다. 날이 저물어가면서 모든 것이 푸른빛으로 물들자 마치 나무와 바위와 대기가 모두 같은 천상의 물질로 조각되기라도 한 것처럼 밸리 전체가 강렬한 연푸른빛을 쏟아냈다. 이 푸름(이런 순간을 재현하기 위해 만들어진 듯한 고딕 양식의 스테인드글라스 유리로 비치는 푸른빛의 푸름) 속에서 사물들은 속이 훤히 들여다보일 것처럼 투명해 보였고 대기는 속이 꽉 들어차 있는 것처럼 견고해 보였다. 내게 요세미티가 예술가와 시인에게 영감을 불어넣은 일종의 영적 세계로 보인 것은 사실 그때가 처음이었다. 그런 광경을 보고 있으니 그 예술가들에 대해 좀 더 관대한 생각을 품게 되었다. 이윽고 찾아온 밤을 나는 미래의 포식자들 옆에서 맞이했다. 다음 날이 되었을 때 다이앤은 다음 날 일을 하러 돌아가야 한다고 했고, 야영지에 남은 우리는 또 한 번 요세미티를 짧게 여행하려던 계획을 취소하고 곧장 밸리를 뜨기로 결심했다. 내게 계획이 있었다.

요세미티 밸리는 동쪽과 서쪽 끝의 지형이 다르다. 서쪽 끝에는 낙엽수가 더 많고, 더 비옥하며 광활한 자연환경이 펼쳐져 있으며, 좁아지는 길을 따라 덩굴과 덤불이 점점 무성해진다. 이 서쪽 경계면 근처에서는 옻도 보이기 시작하고 저지대로 내려갈수록 그 수가 더 많아진다. 강을 따라 이어지다가 국립공원 입구에 위치한 새비지의 머세드 교역소를 지나가는 오래된 140번 도로에는 빽빽하게 엉킨 채로 땅바닥을 뒤덮고 나무를 비롯한 주변의 모든 것을 타고 올라가는 산머루가 줄줄이 이어져 있다. 이동하다 중간에 멈추었을 때, 나는 치맛자락에 머루를 한가득 담았다. 작고 검은 열매 위로 자줏빛과 회색이 도는 먼지가 피어올랐다. 넓적한 머루 잎 그늘에 대롱대롱 매달린 머루 열매는 작정하고 찾으려 하지 않는 이상 발견하기가 어려웠다.

국립공원 서쪽 협곡에 자리 잡은 머세드에는 널리 퍼져 있는 참나무, 버드나무와 칠엽수, 뒤엉킨 덩굴, 수면이 잔잔한 물웅덩이, 그리고 얕은 물가와 물에 의해 침식된 바위들 주변으로 굽이굽이 흐르는 물줄기가 있었다. 머세드가 품은 광활하고 고요한 분위기는 양옆에 펼쳐진 깊은 협곡과 조금도 어울리지 않아서 서로 완전히 분리된 것처럼 보이기도 했다. 비옥한 강기슭 위의 가파른 경사면은 바위투성이에다가 건조했고, 갖은 애를 써서 붙여놓은 것처럼 나무와 풀이 아슬아슬하게 매달려 있었다. 우리는 강굽이에서 수영을 했다. 소름이 돋을 만큼 차갑지도 않고 진흙이 많거나 물이 고여 있지도 않고, 그저 만족스러울 만큼 시원하고, 맑고, 잔잔하고, 상쾌한 강물이었다. 그야말로 자비로운 강물이었다. 이 고요하고 매혹적인 강물이 우리가 전날 걸은 고지대의 바위에 부딪혀가며 흘러온 차디

물, 과거를 망각하다:
요세미티 국립공원

찬 폭포수라는 사실이 믿기지 않을 정도였다. 서쪽으로 계속 이동하는 동안 경사면은 더 가팔라지고 수풀은 점점 줄어들었다. 그러다 구릉들이 나타나기 시작했다.

　요세미티 풍경이 선사하는 즐거움은 새로움과 웅장함에 뿌리를 두고 있지만, 내게는 요세미티 아래쪽의 구릉이, 이를테면 참나무와 굽이굽이 이어진 황금빛 언덕들에서 느껴지는 익숙한 환대와 검소한 아름다움, 그런 풍경 사이로 구불구불 이어지는 도로들, 대단히 놀랄 만한 변화는 없지만 끊임없이 달라지는 풍경이 더 만족스러운 즐거움을 선사했다. 위대한 경관을 보면 절로 감탄이 나오기는 하지만 내가 사적인 친밀함을 느끼고 사랑하는 풍경은 그런 구릉의 풍경, 내 유년기의 풍경이다. 구릉은 짐승의 등처럼 곡선을 이루면서 죽 이어지고, 바람이 불면 풀이 말의 옆구리처럼 잔물결을 친다. 서로 멀찍이 떨어진 참나무는 구불구불하고 튼튼한 가지를 팔처럼 활짝 펼쳐 듬성듬성한 그림자를 드리우며, 블루벨리 도마뱀은 바위와 울타리 위에서 햇볕을 쬔다. 이것은 어떤 장대한 풍경, 모든 것이 사라지고 야생이 소환되는 풍경이 아니라, 오후 산책길에 어울리는 소박한 풍경이다.

　우리는 벅아이 로드, 벤허 로드, 그리고 지방도로 번호만 표시된 도로 등 여러 이차 도로를 따라 이동하면서 얼룩소와 팔로미노, 서로를 향해 파리를 내쫓는 벅스킨 말, 도로 위에서 낮게 나는 붉은꼬리매, 차에 부딪히기 직전에야 천천히 날갯짓을 하며 날아오르는 독수리, 우리가 가까이 다가가면 황급히 도로를 건너는 무수히 많은 수의 다람쥐들, 기다란 꼬리는 살랑살랑 움직이지만 전반적으로 혈기 왕성하게 허둥지둥 움직이는 야행성 잭래빗들을 지켜보았다. 길가를 따라 사방에 피어 있는 다투라(datura, 흰꽃독말풀)는 뒤엉킨 덩굴에서 아래로 쏟아지는 파리한 나팔꽃 같았다. 남서부 지역에는 흔하지만 캘리포니아에서는 한 번도 본 적 없는 꽃이었는데, 원주민의 영적 수행에서 강력한 환각제로 쓰이고 다량 복용하면 치명적일 수도 있었다. 조지아 오키프(Georgia O'Keefe)가 자주 그린 소재이기도 했다.

오랜 세월 요세미티의 웅장한 풍경을 그리다가 은퇴한 화가 윌리엄 키스(William Keith)는 시에라 산기슭 끝의 마을 레이먼드로 내려가 살다가 1908년 그곳에서 생을 마감했다. 그런데 우리가 찾아갔을 때는 마을이라고는 하나도 보이지 않았고 단지 용도가 불분명한 오래된 건물 몇 채, 전면에 주유기가 설치된 잡화점과 술집이 결합된 건물뿐이었다. 가게에서 주유비를 계산하는데 어스름한 바에서 묘하게 매력적인 소리가 들렸다. 바 안으로 들어가 보니 천장 가까이에 사슴뿔이 붙어 있고 로잰 캐시의 「테네시 플랫 톱 박스(Tenessee Flat Top Box)」와 팻시 클라인의 「블루 문 오브 켄터키(Blue Moon of Kentucky)」가 흘러나왔고, 여섯 사람이 축 늘어진 자세로 마리화나를 한 대씩 피우고 있었다. 진정한 서부를 모방해보겠다는 일념으로 구석구석을 채우고 있는 새 모조품들은 오히려 진정한 서부 시대의 투박함을 훼손했다. 서부인이 되겠다는 열망에 몰두한 나머지 이미 자신이 서부인임을 잊은 듯했다. 그런 자의식과 자기발명은 미 대륙에 위치한 이 마을이 서부의 일부가 되자마자 찾아온 것 같았다. 프리몬트와 새비지 같은 인물이 자기 자신을 중심에 두고 영웅 신화를 직조한 현상은 현대 카우보이들이 그렇게 서로의 존재와 각자의 일뿐만 아니라 할리우드 서부인들을 통해서도 자기 자신이 되는 법을 배우는 현상으로 이어지고 있었다. 아니, 어쩌면 다듬지 않은 진정성, 그리고 완전한 가식이 서부다움과 서부의 정체성을 이루는 두 기둥인지도 모를 일이다. 20세기 초반 건물답게 바의 천장은 아름다운 무늬가 새겨진 주석 천장이었고, 그리 오래

물, 과거를 망각하다:
요세미티 국립공원

되지 않은 가짜 목재 패널, 사슴뿔 모양의 나뭇가지로 만든 기념품, 건물 외관을 장식한 멧돼지 머리, 19세기 맥주 포스터를 복사 인화한 작품들, 즐거워하는 현지인들의 모습에 유머러스한 캡션이 달린 수많은 스냅 사진들, 백라이트가 비치는 맥주 간판들, 옛 시절 바 목재에 찍힌 가축용 인두 자국, '12세 미만 당구 금지' 안내문 등이 내부를 장식하고 있었다. 백발의 수려한 남자와 풍성한 흑발을 가진 여자가 열다섯 정도 된 듯한 포동포동한 소년과 함께 바 안으로 들어오더니 아들인 듯한 그 소년과 곧장 당구대로 향했고, 우리에게 같이 당구를 치자고 제안했다. 형편없는 당구 실력에 한번은 큐볼이 결국 내 의자 아래로 굴러가기까지 했지만 소년은 그저 쾌활하고 아무렇지 않아 보였다. 그러다 어느덧 시간이 늦어져 우리는 맥주를 단숨에 들이켜고 바를 떠났다.

시에라에서부터 샌와킨 밸리의 평지를 향해 이동하는 동안 구릉은 변함없이 죽 이어지는 듯했다. 그런데 갑자기 히든 댐과 헨슬리 호수를 알리는 표지판이 나타났다. 완전히 허탕을 친 것이었다. 내가 참고할 수 있었던 자료는 1971년 신문에서 오려낸 기사가 전부였다. 그 기사는 미국 육군 공병대가 마데라 북동부에 짓고 있는 댐으로 인해 새비지가 매장된 무덤과 근처의 오래된 무역소가 침수될 상황이라 무덤이 고지대로 옮겨지게 될 것이라고 보도했지만, 정말 그런 일이 일어났던 것인지 아니면 그런 일이 있으리라고 예상만 했던 것인지는 알 수 없었다. 우리가 처음 멈춰선 장소는 흙으로 쌓은 둑 밑의 사람 한 명 없는 야영지였다. 건너편의 레이지 E 목장에서 수탉들이 까마귀 같은 소리를 내고 소들이 음매음매 울었다. 두 번째로 멈춰선 장소는 삼림 관리소였다. 문이 아침까지 굳게 잠겨 있었지만 문틈을 들여다보니 부둣가와 단기 숙박 구역, 저수지 맞은편인 남쪽에 위치한 '대대장 새비지 유적'이 표시된 간단한 지도가 보였다.

주차하고 언덕 꼭대기를 보니 어느 옛 사진에서 본 적 있는 가느다란 오벨리스크 묘석이 있었다. 나는 트럭에서 내려 묘석으로 걸음을 재촉했다. 캐서린이 뒤에서 "그거 어디 안 가요."라고 말했고, 나는 "하지만 저는 가요."라고 대답했다. 그때 나는 새비지가 실제 인물이라는 사실, 그리고 그가 죽었다는 사실을 확인하고 싶었던 것 같다. 언덕 밑으로 또 다른 관리소가 보였고 아래쪽 주차장 옆에는 공중화장실이 있었다. 언덕을 올라가는 동안 스컹크의 강한 악취가 코를 찔렀다. 철도 침목으로 제작된 계단을 뛰어 올라가면서 보니 어쩐지 새비지의 시신을 다시 매장할 때 다른 시신들도 같이 묻은 것처럼 보였지만 오벨리스크의 묘석 부근에 흩어진 낮은 바위들은 전부 새비지의 역사와 관련된 안내판이었다. 새비지는 총 세 차례 매장된 사람이었는데 막상 가보니 그가 묻혀 있다는 무덤만 다섯 개는 되는 것 같았다. 그러나 그의 진짜 시신이 묻힌 무덤에 적힌 말은 이것뿐이었다.

대대장
제임스 D. 새비지를
추모하며

새비지의 복잡한 역사와 죽음에 관한 내용은 하나도 없었다. 더 최근에 설치된 역사 관련 안내판에는 그의 생년월일이 적혀 있었다. 그러나 실제 출생연도인 1823년보다 6년 빠른 1817년으로 쓰여 있었다. 캐서린은 그가 서른이 채 되기도 전에 사망했다는 사실에 놀랐고, 나는 그가 저지른 범죄가 젊은 청년이라면 모두가 저지르는 범죄였다고, 혈기 왕성한 시절에 곳곳에서 만행을 벌인 정도였다고 대답했다.

물, 과거를 망각하다:
요세미티 국립공원

새비지가 처음 묻힌 장소는 그가 목숨을 잃은 장소 근처였다. 그 후에는 동업자 리치 박사가 간단한 비문이 새겨진 약 3미터 높이의 흰 오벨리스크 묘석을 주문하고 그의 시신을 땅에서 파낸 다음 프레즈노강의 어느 교역소 인근에 두 번째로 묻었다. 그다음에는 댐 건설업자들(미국 육군 공병대)이 다시 그의 시신을 파낸 뒤 1971년 8월 건설 중인 댐의 송수관 위에 세 번째로 묻었다. 신문 기사에 따르면 처음 시신을 파낼 때 그의 뼈는 온전하지 않았고 관도 흔적도 없이 사라져 있었지만 "구식 가죽 지갑"의 금속 버클과 다람쥐 또는 땅다람쥐를 잡기 위한 녹슨 덫이 뼈와 함께 놓여 있었다고 한다. 다만 그런 부의 상징과 덫이 두 번째, 세 번째 매장 당시에도 함께 묻혔는지를 확인할 수 있는 증거는 없었다. 내 눈앞의 세 번째 무덤 주변에는 운모로 반짝반짝 빛나는 자갈이 깔려 있었다. 그 앞에 서서 그 하얀 묘석 아래에 묻힌 뼈에 대해 생각하며 그 너머의 저수지 끝 쪽을 바라보니 물 밖으로 튀어나온 나무들이, 물에 잠겼다가 다시 물위로 떠오르는 숲이 보였다.

저수지(일명 헨슬리 호수)는 최고 수위에서 약 7.6미터까지 차 있었다. 주변에는 선반 바위들이 줄줄이 늘어서 있고 그 바위 위에는 이상한 잡초가 무성했다. 사실상 모든 곳에서 자라고 있던 선명한 녹색의 잡초는 방충 역할을 할 만큼 우거진 상태였고, 다즙 식물처럼 수분이 많고 줄기에는 가시가 빽빽이 박혀 있었다. 늦은 오후의 빛이 비치는 그 공간은 전체적으로 이상하리만치 단순해 보였다. 푸른 물이 보였다가 녹색 해안 지역이 보였다가 그다음에는 노란 언덕이 보이는 팔레트 같은 풍경 사이에 경계선을 긋는 것은 갈색 선반 바위뿐이었다. 모터보트들이 웅웅 소리를 내며 악취가 나는 물 위에서 부지런히 앞으로 나아갔고 승객들은 의기양양한 자세로 환호성을 질렀다. 물에 잠긴 나무들이 있는 동쪽 가장자리까지 가는 데에는 내가 예상한 것보다 더 오랜 시간이 걸렸다. 그건 저수지에서 자라난 손가락 모양의 습지 식물들을 피해 돌아가야 해서이기도 했다. 저수지의 잡초는 점점 키가 커졌고 땅은 질척한 진흙으로 변해갔다. 송수관 위로 '위험'이라는 글자가 새겨진 부표들이 보였다. 높은 바위들이 해안선을 따라 튀어나와 있었고, 초지의 거친 암석 노두와 이끼는 물에 흠뻑 젖어 있어서 이상하고 낯설어 보였다. 얼핏 선돌 같기도 했다. 호수 맞은편에는 돌섬이 하나 있었다. 섬과 물이 맞닿는 지점에서 아름다운 물결이 일었지만 물가에 사는 생명체는 전혀 찾아볼 수 없었다. 그때 반대쪽에서 청록색 티셔츠를 입은 네 남자가 낚시 도구와 커다란 생선 한 꿰미를 들고 가는 모습이 보였다. 순간 나는 그들이 우리를 향해 다가올까 봐 걱정했다. 몹시 이상한 장소에서 모든 것과 너무 멀리 떨어져 있었기 때문이다.

뒤를 돌아보니 참나무 그림자 사이에 새비지 무덤의 묘석이 여백 없이 들어차 있었다. 구릉은 더 높아 보였다. 나무 근처로 다가갈수록 주변이 점점 조용해졌고 빛은 점점 더 낮고 부드러워졌다. 마침내 우리는 광활한 진흙 바닥을 가로질러 걷기 시작했다. 땅바닥은 타일을 이어 붙인 미로처럼 갈라져 있었고 그 위에는 너구리의 손바닥 같은 자국과 작은 새들이 남긴 섬세한 표시와 왜가리 또는 백로가 커다란 세 발가락으로 남긴 서예 같은 문자가 새겨져 있었다. 사슴은 진흙에 두 발이 푹 빠진 채로 건너가서 아무 발자국도 남기지 않았다. 나는 시선을 돌려 해안선을 올려다보았다가 우리가 걷고 있는 길이 과거에는 호수 바닥이 아니라 물속 깊이 잠겨 있던 곳이라는 사실을 깨달았다. 한때는 우리 머리 위로 보트들이 떠다녔고 메기들이 우리 발밑에서 갈라진 땅을 조금씩 갉아먹었던 것이다. 그러나 그보다 더 과거에는 물이 아니라 초원이 있었다.

가지 모양으로 보건대 나무들도 참나무가 아니라 미루나무 또는 습지

물, 과거를 망각하다:
요세미티 국립공원

대를 좋아하는 나무들이었다. 어떤 나무들은 평평한 땅에 곧게 뿌리내린 채 수면 위로 모습을 완전히 드러냈고, 어떤 나무들은 일부가 여전히 물에 잠겨 있었다. 물에 잠긴 채 쓰러진 나무들, 즉 이미 죽은 것이 분명해 보이는 나무들이나 선 상태로 죽은 다음 그 모습 그대로 딱딱하게 말라비틀어진 나무들을 보는 것은 흔한 일이었지만, 거기에서 본 물에 잠긴 나무들은 어딘가 으스스하고 끔찍한 분위기를 자아냈고 나뭇가지들이 애원하는 손처럼 위로 치켜 올라가 있었다. 땅과 물의 위치가 이곳처럼 너무나도 자주 바뀌는 곳에서 이동이 불가능하다는 것은 일종의 저주였다. 나무들은 변덕스러운 풍경에 충실했던 대가로 죽음을 맞이했고 죽은 후에는 마치 공포 영화에서처럼 일부는 묻히고 일부는 묻히지 않았다. 가장 높은 나뭇가지에는 마른 수생식물들과 줄줄이 엮인 낚시 도구들이 대롱대롱 매달려 있었다. 우리는 계속 가던 길을 갔다.

그러던 중 갑자기 죽은 메기 한 마리가 낚싯줄에 걸린 채로 나뭇가지에 매달려 있는 광경을 목격했다. 메기는 땅에서 약 1미터 가량 붕 떠 있었다. 내장이 튀어나온 채로 바짝 말라비틀어져 있었고 낚싯줄 주변에는 마른 해초가 엉겨 붙어 있었다. 물속에서 붙잡혀 끌어올려진 물고기라기보다는 어떤 범죄의 희생양 같았고, 골드러시로 생겨난 마을에서 동쪽을 향해 목매단 채 죽은 사람들, 메기에 난 수염처럼 빳빳한 구레나룻이 난 뒤틀린 얼굴로 죽은 사람들을 떠올리게 했다. 분명 물이 빠지기 전 낚시꾼에게 붙잡혔다가 낚싯줄에 엉킨 상태로 나뭇가지에 걸린 것이리라고 생각했다. 어쩌면 그 메기는 물이 빠지고 있었을 때 포식자들이 접근할 수 없는 나뭇가지에 산 채로 매달려 있었을 수도, 어쩌면 물이 빠지는 와중에도 밑동은 여전히 물에 잠겨 있었던 나무에 걸린 채 허공에 떠 있었을 수도 있다. 그렇지 않았다면 너구리가 틀림없이 잡아먹었을 것이다. 메기는 지표면으로부터 너무 높은 곳에 매달려 있다가 굶어 죽은 걸까, 아니면 물이 빠지면서 산소가 부족해져 죽은 걸까? 모터보트가 멈춘 건지 우리가 모터보트 소리가 들리지 않는 곳까지 와 있는 건지는 알 수 없었지만, 여하간 모터보트 소리가 멈추면서 본래의 고요가 찾아왔다.

계속해서 동쪽을 향해 걸어가는 동안 언덕 주변으로 더 많은 나무들이 보였다. 물이 차오르고 빠지면서 물에 잠겼다가 밖으로 나왔다가를 반복한 나무들이었다. 수심은 확실히 깊어 보이지 않았다. 지나가면서 보니 해안선 높이는 이제 바닥에서 약 4미터 남짓한 수준이었다. 물이 고인 웅덩이들 가까이 다가가면 작은 개구리 떼가 화들짝 놀라며 어디론가 사라졌다. 마침내 다시 프레즈노강의 원래 강바닥이 보였다. 강은 대체로 말라붙어 있거나 대부분 개천이라고 부르기도 어려운 실개천 정도로 규모가 줄어들어 있었다. 강 주변에는 물이 어느 정도 빠진 후에 자란 듯한 버드나무들이 보였다. 땅이 다시 본래의 모습을 되찾아가고 있었다.

우리가 야영지로 돌아갈 즈음 해가 지기 시작했다. 고요한 은빛 수면 위에 나무들이 반사되어 두 겹으로 보였다. 가느다랗고 긴 구름은 분홍빛으로 물들었고 참나무들이 만든 긴 능선을 따라 하늘이 연거푸 색깔을 바꾸었다. 파란 하늘이 거의 인식할 수도 없을 정도로 순식간에 붉게 혹은 노랗게 변했다. 정교한 자개의 무지갯빛 같았던 일몰은 그 어떤 색깔로도 정확히 표현할 수 없었다. 해가 등 뒤에서 지고 있어서 나는 수시로 걸음을 멈추고 뒤를 돌아보았다. 한 나무에는 구부정한 날개 속으로 긴 목을 파묻은 새들의 그림자가 빽빽하게 드리워 있었고 새하얀 백로 한 마리가 풍경을 가로지르며 날아올랐다. 어떤 구름은 시뻘겋게 달아오른 쇠 같은 색깔을 띠었고 지평선은 황금빛으로 빛났다. 주변 하늘은 언뜻 아무 일도 일어나지 않은 것처럼 보통의 여름날 같은 푸른색을 띠었다. 커다란 잠

물, 과거를 망각하다:
요세미티 국립공원

자리들이 허공을 가로질렀고, 곳곳에 날벌레들이 한 덩어리를 이루듯 오밀조밀 모여 있어서 마치 대지에서 뜨거운 열기가 올라올 때처럼 대기가 몸부림을 치는 듯했다. 날벌레의 윙윙 소리가 대기에 가득 울려 퍼지는 와중에 귀뚜라미 한 마리가 정신없이 뛰어다녔다. 은백색 수면은 어느새 녹아내릴 듯한 온기를 품고 있었고, 뒤를 돌아보니 땅에 어둠이 내려앉기 시작했다. 새비지의 묘석이 보이는 언덕 가까이 다가갔더니 일몰의 다채로운 색깔 사이로 금성이 빛을 발하기 시작했다. 골짜기들 사이로 차가운 공기 덩어리가 떠다녔고 풀에서는 온기가 피어올랐다. 사방에 파인 토끼굴 가까이 다가가면 솜꼬리토끼들이 황급히 달아났다. 울퉁불퉁한 모양으로 굽은 참나무 가지들이 하늘을 등지고 있어서 새까매 보였다. 언덕을 오르는 동안 그전에는 보지 못했던 가시 많은 꽃들이 맨다리를 긁으면서 상처를 냈고 내 손가락에 이상하고 찐득찐득한 향기를 남겼다.

원점으로

1992년 10월의 첫날, 나는 엉뚱한 길로 빠지는 일 없이 라스베이거스까지 최장 거리로 갈 수 있는 길을 따라 여정에 나섰다. 샌와킨 밸리를 가로지르고, 요세미티의 티오가 패스를 넘고, 한 번도 본 적 없는 핵실험장의 북쪽과 남쪽 부근을 전부 지나는 여정이었다.

환경을 파괴하는 수많은 대죄 중에서도 가장 매혹적인 죄는 시간이 얼마나 오래 걸리든 자동차 없이는 접근할 수 없는 곳까지 우리를 데려다주는 장거리 운전이다. 도로는 그 자체로 하나의 장소 또는 장소들 간의 경계이자, 시민은 없고 단기 체류자와 이방인이 유일한 거주민인 좁고 기다란 국가이자, 출발지와 도착지 사이에 프라이버시와 평화가 머무는 위대한 유예 구간이다. 게다가 도로는 광대한 대륙에 드리운 일종의 그물로, 모든 경로를 한데 묶어 운전이 가능한 하나의 아스팔트 미로를 만든다. 도로는 20세기 미국이 달성한 진정한 건축적 성취의 결과물이며, 영국의 로마 도로가 로마 점령 시기의 주요 유산이듯 고속도로의 고가도로와 입체교차로는 미국의 신념을 기리는 위대한 기념비다. 도로는 다 지어진 건축물에 머물고 싶지도, 누구의 손길도 닿지 않은 곳에서 떠돌고 싶지도 않고, 그저 그 사이를 계속 이동하고 싶어 하는 미국인의 초조함이 세운 구조물이다. 도로는 우리에게 새로운 것을 약속한다. 다만 그 약속은 어딘가에 도착하기보다는 이동할 때 더 충실히 이행되는 약속이다.

물, 과거를 망각하다:
요세미티 국립공원

도로는 두 장소를 묶는 리본일 뿐만 아니라 그 자체로 하나의 사건이다. 도로를 하나의 사건으로 설명할 수 있다는 사실은 도로가 다른 구조물과 어떻게 다른지를 보여주기도 한다. 도로의 전체 모습은 시간이 흘러야만 분명하게 드러난다. 도로가 그렇게 천천히 정체를 드러낸다는 사실은 나를 매료하는 부분이기도 하다. 한 번에 한 섹션씩 감아서 전체 그림을 한눈에 볼 수 없는, 기다란 가로형 두루마리에 그려진 중국 풍경화는 도로와 대응 관계에 있는 유일한 시각 예술이다. 중국 풍경화와 도로뿐만 아니라 모든 이야기가 그렇기도 하다. 도로는 그 자체로 일종의 문장 혹은 이야기다. 실제 장소라는 것 또한 시간에 대한 은유, 현재가 되었다가 과거가 되는 미래에 대한 은유, 통과에 대한 은유다. 여러 언덕을 넘는 도로는 그렇게 언덕을 통과할 때 보이는 풍경 속의 기하학적 변화, S자 커브와 C자 커브와 오르막과 내리막과 굴곡과 소멸과 다시 나타나는 원경, 그리고 쉼 없이 몸부림치는 뱀처럼 구불구불한 길이 눈앞에 펼쳐진 등고선을 따라 줄줄이 이어진 하나의 긴 연속체다.

　　우리의 머릿속과 지도상에서 도로는 풍경을 통과하는 하나의 선이다. 그러나 도로의 관점에서 보면 일종의 V자가 무한히 뻗어 있으며 앞만 보고 정신없이 내달리는 우리를 슬며시 감싸는 전경이 펼쳐진다. 도로는 지면을 따라 기어가면서 우리를 집어삼킨 다음 저 너머 세상에 뱉어내는 거대한 뱀인 셈이다.

　　내가 테나야 호수에 도착했을 때 바람은 살을 에는 듯했고 소나무 꼭대기에서 무언가가 낮게 으르렁거리는 소리가 났다. 때때로 지나가는 차들의 소음이 그런 소나무들의 합창 소리를 뒤덮었다가 이내 그 소리에 묻혀 사라졌다. 호수 물은 유리보다 맑았고 거의 산속 공기처럼 청명했지만,

바람에 의해 수면에 잔물결이 일었고 가까이 다가가도 물속은 거의 볼 수 없었다. 햇볕이 구름에 가려 희미했다. 호수의 남쪽 둘레를 따라 걷다가 호수로 흘러 들어가는 작은 개천에 도착한 나는 개천을 건널 만한 길이 없는지 살펴보았다. 징검다리처럼 놓인 바위들이 보여 그걸 밟고 개천을 반쯤 건넜을 때 상류에 뭔가가 보였다. 책에서 찢긴 종이였다. 종이는 개천의 좌우 그 어느 쪽과도 가깝지 않은 중간 지점의 고운 자갈에 놓여 있었고, 내가 그 종이와 가장 멀리 떨어진 곳에서 몸을 구부린 채 거기에 적힌 글을 읽으려던 찰나, 쉴 새 없이 흐르는 물 때문에 글자들이 물결을 치면서 춤추듯 흔들렸다. 어떤 글자가 쓰여 있는 건지 알 것 같기도 했지만 그래봐야 추측일 뿐이었다. 확신할 수 있는 것이라고는 쪽 번호가 세 자리라는 것, 그러니 소책자가 아닌 진지한 내용을 다룬 책에서 찢긴 종이라는 것뿐이었다. 개천에 흐르는 물 같은 그 글자들을 오랫동안 들여다보고 있을수록 어떤 예언이나 부적을 보는 듯한 느낌이 들었다.

나는 그 종이가 『모비딕』 같은 책에서 찢겨 나온 명문이기를 바라면서 소나무 가지를 뻗어보았다. 종이는 가지에 닿자마자 스르르 휘감겼고, 물에서 건져내고 보니 물에 떠 있을 때보다 훨씬 더러워 보였다. 물에 잠겨 있던 면은 장의 표제였고 내가 무슨 내용인지 해석해보려 애썼던 면은 그 바로 다음 장이었다. 장 제목은 「아이가 그들을 이끌 것이다(A Child Shall Lead Them)」였다.* 내용은 선교사들의 관점에서 선교와 폭력적인 원주민들에 대해 쓴 과장된 이야기였다. 어떤 구절은 이런 문장으로 시작했다. "야만인들은 먹이에 접근하는 늑대들처럼 작은 기독교 공동체에 접근

---

* 돈 리처드슨(Don Richardson)이 쓴 『대지의 주인(*Lords of the Earth*)』의 마지막 장. 『대지의 주인』은 얄리족(Yali)이 사는 영토로 들어가 그들의 미래를 변화시키려 했던 선교사 스탠 데일(Stan Dale)과 그의 가족, 동료, 그리고 수천 명의 얄리족에 관한 이야기다.

했다." 그러다가 유혈 사태와 개종, 닌딕(Nindik)을 헬룩(Heluk)강으로 던져버린 사람들을* 언급한 후 이렇게 끝맺었다. "예수 그리스도를 위해 목숨을 바칠 정도로 그를 사랑한 인간들이 보여준 모범적인 행실과 설교뿐만 아니라 성(Seng)의 순찰대가 남긴 교훈도 …… 의 지배를 받는 얄리인의 자부심에 치명타를 입혔다." 사실 그 책은 복음주의 문학 같았다. 그 장을 찢어 하이 시에라에 던질 생각을 한 여행자는 과연 누구였을지 궁금증이 일었다. 그 후 라스베이거스에서 몇몇 구절을 검색했다가 알게 된 사실인데 책에서 묘사하는 얄리인은 서뉴기니의 달리인(Dali)일 가능성이 있었다. 1950년대 선교사들은 달리인이 적의 머리를 잘라 모은 석기시대인이며 구원이 필요한 존재라고 주장했다. 익히 들은 이야기였다.

미국이라는 국가의 에덴동산은 예기치 않은 불쾌한 일들로 가득한 공간으로 그려지고 미국의 아마겟돈은 적어도 드넓은 하늘과 용맹하게 저항하는 공동체가 있다는 점에서 에덴동산에 비해 상당히 쾌적하게 그려진다는 사실이 새삼 조금 이상하게 느껴진다. 여하튼 나는 또 한 번 요세미티에서 달아났다. 투올러미 초원을 지나 고지대에 위치한 국립공원 동문에 다다랐을 때 문득 왜 경계선이 여기에 그어진 것인지 궁금했는데, 거기서부터 몇 킬로미터 이동했더니 새로운 풍경이 펼쳐졌다. 빙하로 다듬어진 매끄러운 화강암이 나타났고, 보다 흔하게 볼 수 있는 광경인 무너져가는 산 표면이 보였다. 색깔도 다른 곳과는 사뭇 달랐다. 위쪽의 바위들은 모래 같은 엷은 갈색과 불그스름한 빛을 띠었고 아래쪽의 사시나무와 포플

---

* 닌딕은 얄리족 쿡와락(Kugwarak)의 손녀이며, '여자 혹은 경험이 충분치 않은 남자가 신성한 땅에 함부로 발을 들이면 죽음이라는 처벌을 내려야 한다.'라는 열 번째 고대 율법을 어겼다는 이유로 아버지 사르(Sar)의 명령에 따라 친척들의 손에 헬룩강으로 던져졌다. 바로 다음 문장에서 생략된 부분은 '신성한 대상'이다.

러는 노랗게 물들고 있었다. 요세미티만의 예외적인 풍경이 아닌 서부 고지대의 전형적인 풍경이 펼쳐지고 있었던 것이다. 도로는 구불구불한 모양의 개천을 따라 나 있었다. 협곡 바닥 면을 향해 하강하는 개천의 물은 **동쪽**으로 흘러갔다. 모든 물이 서쪽으로 흐르는 캘리포니아에서 평생을 보내서인지, 온종일 운전을 하면서 샌와킨 그리고 태평양으로 향하는 다른 온갖 수역을 봐서인지, 내가 보기에는 일출 방향으로 흐르는 그 작은 개천이 마치 언덕 위를 오르는 물 혹은 하늘을 나는 물고기처럼 순리를 거스르고 있는 것 같았다. 나는 내지 배수가 이루어지는 땅인 그레이트 베이슨으로 건너갔다. 물은 동쪽으로 흐르고는 있었지만 그리 멀리 가지 못했고 (어쩌면 모노 호수 정도까지만 갔고) 내가 멈춰선 곳은 나중에 지도로 찾아보니 리바이닝 크리크였다.

개천 주변의 모든 풍경은 동화처럼 꿈같고, 비밀스럽고, 사랑스러웠다. 맑은 물이 빠르게 흐르는 약 2.4미터 폭의 개천은 가루처럼 옅은 토양을 깎아서 수직 모양의 둑을 만들었다. 바닥에는 대부분 자갈이 깔려 있었고 내가 다가가면 가느다란 물고기들이 자갈의 그림자 속으로 바삐 달아났다. 생육 상태가 좋지 않아 아래쪽은 회색빛을 띠며 죽어 있고 위쪽 가지는 노랗게 변한 키 작은 버드나무 덤불이 사방에 가득했다. 나무라기보다는 울타리 같았다. 가장 매력적인 것은 잔디였다. 은빛이 비치는 황금색 잔디는 어떤 위대한 손길이 쓰다듬고 가기라도 한 것처럼 모든 풍경을 단조롭고 창백하고 또 풍요로워 보이게 만들었고, 털처럼 두껍고 또 고운 결을 따라 여러 방향으로 꺾였다. 털처럼 빳빳하게 서 있는지 아니면 축 늘어져 있는지에 따라 색이 어두워지거나 밝아지기도 했다. 손으로 직접 쓸어보니 빳빳하면서도 부드러운 촉감이 느껴졌다. 좁은 길들이 생기면서 잔디는 면적도 좁아지고 짧아지고 납작해졌지만 완전히 닳아 없어지지는 않았고, 둑 주변과 나무 사이사이를 비롯해 초원 전역에 걸쳐 깔려 있었다. 때로 둘레길을 따라가다 보면 몸을 깊이 구부려야만 통과할 수 있거나 통과하는 건 아예 엄두조차 낼 수 없는, 작디작은 무언가가 만들어 놓은 듯한 빽빽한 버드나무 덤불이 나오기도 했다.

늦은 오후 하늘은 커다란 하얀 구름이 뒤덮고 있었고, 아주 희미한 빛 한 줄기만 높은 암벽 면을 비추며 그 거친 표면이 도드라져 보이게 했다. 사시나무들은 크기가 작았고, U자 모양과 아치 모양으로 골짜기를 통과하며 굽이치는 개천을 절벽들이 감싸고 있었다. 야영지 인근에는 연인들이 각자의 이름을 새겨 넣은 상당한 규모의 사시나무 숲이 있었고 보는 사람을 흠칫 놀라게 만드는 가느다란 흰 기둥의 검은 눈동자들이 그 연대기를 무심히 응시했다. 노란 심장 같은 모양의 나뭇잎들은 이미 땅바닥에 어지러이 흩뿌려져 있었다. 트럭으로 돌아간 나는 석양을 등지고 운전을 시작해 깊고 어두운 밤하늘 아래에서 토노파로 향했다. 그러다 더 이상 운전은 무리라는 생각이 들었을 때 휴식을 위해 마련된 갓길로 접어들어 다른 레저용 차량들 사이에 주차를 하고 트럭 뒤에서 잠을 청했다.

모노 호수에서 동쪽이 아닌 북쪽으로 이동했다면 거의 같은 시간에 메이슨의 작은 마을에 도착해 메이슨 밸리의 100주년을 기념했을 것이다. 메이슨 밸리는 파이우트족의 예언자 워보카(Wovoka), 일명 잭 윌슨(Jack Wilson)이 창시한 유령의 춤(Ghost Dance)[1]이라는 종교의 발상지다. 유령의 춤은 평원과 인디언 준주에 거주하는 부족들, 샤이엔족(Cheyenne), 아라파호족(Arapaho)에도 상당한 영향을 미쳤고 그 누구보다 라코타족으로부터 열광적인 반응을 이끌어냈다. 라코타족은 1890년 겨울 내내 다른 활동은 거의 다 접고 춤만 출 정도였고, 그들이 땅도 춤도 포기하지 않으려 하자 군대와의 긴장감이 높아지다가 결국 갈등이 폭발했다. 군인들이 12

월 운디드니에서 비무장 상태의 원주민 300명을 총으로 쏴 죽인 것이다. 이 사건이 혁명 운동으로 번질까 우려한 미국 민족학국(Bureau of American Ethnology)은 메이슨 밸리에 젊은 수사관 한 명을 보냈다. 아일랜드 독립과 문화적 생존에 힘썼던 경험이 있어서인지 민족학자 제임스 무니(James Mooney)는 워보카와 직접 대화를 나누면서 유령의 춤 운동에 상당히 공감했다. 그는 예언자 워보카의 삼촌인 찰리 쉽에 대해 조사한 후 그에게 자신의 방문을 허락해달라고 요청했다. "1892년의 새해였고 발이 푹푹 빠질 정도로 눈이 많이 쌓여 있었다. 그렇게 눈이 쌓인 것은 그 지역에서 보기 힘든 굉장히 이례적인 현상이었는데, 찰리가 우리에게 장담했듯 그것은 잭 윌슨이 힘을 발휘한 결과였다. 폭설로 뒤덮여 있을 때를 제외하면, 평상시에 회녹색 대초원보다 더 단조롭고 매력 없는 곳은 상상하는 것조차 쉽지 않았다. 그러나 우리 앞에 펼쳐진 산들은 환히 빛났고 머리 위 하늘은 파랬으며 발밑의 도로도 나무랄 데 없이 좋았다. 수 킬로미터쯤 이동하니 먼발치에서 어깨에 총을 걸친 한 남자가 보였다. …… 아니나 다를까 잭래빗을 사냥하는 메시아였다."

  그날 밤 무니는 워보카의 오두막을 찾아갔고, 거기에서 일식이 진행되는 동안 최면 상태에 빠졌다가 원주민들이 닷새 동안 춤을 추면 죽은 벗들과 재회할 수 있을 것이며 "더 이상 죽음도, 질병도, 노화도 없을 것"이라는 전언을 받으며 깨어났다. 유령의 춤 종교와 관련해서는 여러 버전의 이야기가 있는데, 일부는 사냥감이 다시 넉넉해졌다고, 백인들이 지구에서 사라졌거나 원주민만 살아남은 대격변에 의해 땅속으로 들어가버렸다고, 시간에 대한 비전이 콜럼버스 이전 시대로 돌아갔다고 말하고, 일부는 (동쪽으로 전파되면서 이야기의 규모가 커진 듯한데) 워보카가 바로 지구로 귀환한 예수 그리스도였다고 말한다. 워보카가 자신이 예수 그리스도라고

물, 과거를 망각하다:
요세미티 국립공원

말한 적은 없었고, 다만 예수 그리스도가 구름처럼 지구로 돌아왔다는 의미였다. 언뜻 보기에 유령의 춤은 구원과 종말에 관한 기독교 사상, 그리고 기독교를 전파한 사람들이 선사했던 풍요와 자유의 상실로 인한 절망, 이 두 가지를 바탕으로 형성된 이상한 종교였다.

아침에 고독 속에서 마주한 토노파는 내가 1988년 핵실험장에서 시위를 했다가 끌려온 장소이자 1990년 도로시 레가레타를 추모하는 카라반을 보러 다시 방문했던 그 마을 같지가 않았다. 내가 알던 마을보다 크기가 작아 보였고, 먼지 쌓인 대로에는 강풍이 휘몰아치고 있었다. 일반적으로 토노파에서 라스베이거스로 이동할 때에는 핵실험장 정문과 평화캠프가 위치한 지역을 통과하는 95번 주간고속도로를 따라가지만, 나는 당시를 기준으로 2년 전에 시작했던 여정을 핵실험장 인근에서 끝마치고 싶었다. 그래서 6번 국도(공화국의 위대한 군대 고속도로)를 타고 동쪽으로 가다가 93번 국도를 타고 남쪽으로 방향을 틀었다. "다음 주유소까지 195킬로미터"라고 쓰인 표지판을 지나 몇 시간 더 이동해 95번 고속도로 합류 지점과 레이철이 사는 마을을 지났다. 체포당하는 일 없이도 비밀기지 51구역과 그룸산맥에 접근할 수 있을 만큼 레이철이 그곳에 가까이 살고 있었다는 사실을 나는 수백 킬로미터를 더 이동한 후에야, 그때까지 본 네바다의 그 어느 지역보다 건조하고 인적이 드문 광활하고 척박한 지역을 지난 후에야 뒤늦게 깨달았다. 창문들은 굳게 닫혀 있었다. 뿌리째 뽑힌 관목과 어쩌면 오래전에 떨어졌을 낙진이 도로 위에 나뒹굴게 만드는 먼지바람을 막기 위해서였다. 나는 이런 종류의 여행을 '지도 작성하기'라고 생각한다. 어떤 장소를 알기 위해서가 아니라 이미 알려진 장소들 사이사이의 토양이 겪은 변화를 알기 위해 떠나는 것이기 때문이다.

나는 한 번도 멈추지 않고 애시스프링스까지 차를 몰았다. 애시스프링스에 도착하니 크기는 일반 마차의 절반이고 위에는 지붕이 달린 한 마차가 받침대에 올려져 있었다. 그 받침대에는 "방어 태세를 갖추자"라는 문구가 새겨져 있었는데 종합 주유소와 식료품점에서 파는 모자에 박힌 것과 똑같은 문구였다. 마차 옆에는 군용 잉여품 매장이 있었다. 매장에서 딱히 사고 싶은 것은 없었지만 매장에 들어가 핵실험이 있을 때마다 여기 주민들이 그 소식을 전달받는다는 것이 사실이냐고 주인에게 물었다. 그러자 파란 항공복 차림에 밝고 푸른 눈을 가진 나이 든 남자 주인이 "아무 말도 안 해줘요."라고 말했다. "여기에 관측소가 세 군데 있기는 한데 그냥 와서 공기 샘플 병만 바꿔가요. 핵실험을 하면 대체로 뭔가가 누출될 텐데 우리한테는 아무 말도 해주지 않죠. 분명 문제가 되는 상황이지만 여기 사람들은 그런 일에 맞설 수가 없어요. 핵실험 때문에 조모나 조부가 사망한다 해도 남편들은 여기서 일을 해야 하니까요." 파란 항공복 지퍼 밖으로 아스클레피아스의 흰 털 같은 가느다란 흰 털이 삐져나와 있었다. 그는 군대에서 복무한 적이 있다고 말했다. "하지만 재밌었어요." 내가 좀 더 캐물으니 그는 1950년대 후반 군사정보부대에 소속되어 정글처럼 혼란스러운 동남아시아에서 비밀스러운 작업을 했기 때문에 재밌었던 것이라고 덧붙였다. "베트남에 있었어요."라고 그가 마침내 털어놓았다. "우리가 거기 있으면 안 되는 때였는데 말이죠."

애시스프링스를 떠난 후 나는 어느 오아시스를 거쳐서 모르몬교도들이 초기에 정착한 핵실험장 정동쪽의 패러나겟 밸리를 지났다. 주변은 온통 건조한데 그곳만은 반항이라도 하듯 여전히 초록 일색이었다. 남쪽으로 난 도로를 따라가다 보니 방향이 서서히 서쪽으로 꺾이기 시작했다. 이

물, 과거를 망각하다:
요세미티 국립공원

읃고 캐런 실크우드*가 사망할 때 폭로하려 했던 비밀을 간직한 방위 산업체 커맥기의 광물 추출 공장 표지판을 지나 라스베이거스에 도착한 나는 남동생 집 뒷마당의 아카시아 나무 밑에 정차했다. 남동생은 다양한 단체 출신인 여성 다섯과 집 안에서 회의를 하고 있었다. 그의 집에서 묵고 있는 손님 중에는 빌 로스, 앤서니 과리스코(Anthony Guarisco), 피폭 퇴역 군인 연합의 창립자, 그리고 중앙아메리카에서 5년을 보내고 돌아온 우리의 형제 스티븐이 있었다.

1992년 10월 3일이었던 그날 부시 전 대통령은 핵실험을 유예하는 모라토리엄에 서명했다. 그것은 3년간의 모라토리엄이 1961년 핵실험 위기로 인해 끝난 후 처음 선언된 모라토리엄이자 우리의 기억 속에 남아 있는 첫 모라토리엄이었다. 모라토리엄은 임신 평균 기간인 9개월 동안 유지되었고 모라토리엄이 종료될 때 우리는 그것이 핵실험 금지 조약이라는 자식을 낳아주기를 바랐다.

그날 라스베이거스에 도착한 걷기 운동가들에게 모라토리엄은 일종의 상서로운 징조였다. 그들은 대륙을 횡단하면서 의도적으로 시련을 감내하기, 즉 현대 판본의 순례를 했다. 암 인식 제고를 위한 현지 자전거 마라톤, 백악관 계단에서 진행하는 평화의 단식, 원인에 대한 관심을 환기하기 위한 장거리에 걸친 노력 등을 아우르는 장르이기도 하다. 비록 전통적인 순례처럼 이런 시련은 자기충족적이기는 하지만 말이다. 걷기는 문제를 제기하는 데 도움이 되었을 뿐만 아니라 그들을 자극하고 성장시켰다. 걷기 운동가들은 근육질의 마른 다리를 갖고 있었고 얼굴은 개척자들의 얼굴이 딱 저랬을 것 같다는 생각이 들 만큼 바람과 햇볕에 붉게 달아올라

---

* 캐런 실크우드(Karen Silkwood, 1946~1974)는 커맥기 플루토늄 가공처리 공장에서 기술자로 일했고 노조로 활동했다. 공장의 안정성 문제를 파헤치다가 교통사고로 사망했다.

있었다. 소지품과 물과 음식은 걷기 운동 내내 그들과 동행한 버스에 싣고 다녔다. 걷기 운동가들이 소속된 조직은 두 가지였다. 하나는 핵 그리고 원주민 문제에 관한 폴린 에스테베스의 발언을 들은 사람들이 꾸린 벨기에의 프로젝트 조직 '어머니 대지를 위한 미국 횡단(Walk Across America for Mother Earth)'이었고, 다른 하나는 아메리카 원주민에게 연대를 표하는 동시에 일련의 핵 위협에 반대하기 위해 네덜란드에서 조직된 '유럽 평화 순례(European Peace Pilgrimage)'였다. 20세기에 이런 종류의 걷기를 한 사람은 극소수에 불과했다. 이 유럽 순례자들이 걸은 거리는 1868년 존 뮤어가 멕시코만까지 걸은 약 1600킬로미터보다 길었고, 오리건트레일 중에서 미주리주 서쪽 3분의 1을 차지한 구간보다도 훨씬 길었으며, 사람들이 걷기를 통해 죄를 씻고 걷기를 영적 훈련으로 여긴 시절 걸은 서유럽에서부터 예루살렘까지 이어진 순례길만큼 길었지만, 그들의 목적지는 신성한 장소가 아니라 네바다 핵실험장이었다. 네덜란드인들은 매일 약 24킬로미터씩 걸어 조지아의 서배너강 플루토늄 생산 공장, 텍사스의 팬텍스 핵무기 공장, 로스앨러모스 인근을 지나고, 애리조나 북동쪽에 우라늄 광산을 두고 있는 나바호족과 호피족(Hopi) 보호구역을 통과한 후, 유타주 남부의 다채로운 빛을 띠는 오염된 사막들을 가로질렀다.

남동생이 말하기를, 이 걷기 운동들은 원래 단일한 걷기 운동이어야 했지만 각 조직이 서로에게 품은 민족적 적대감으로 인해 따로따로 진행되었다고 했다. 그 말을 듣고 나니 그들이 미국의 인종차별을 우려했다는 사실이 다소 기만적으로 느껴졌지만 내 관심사는 그런 내부 갈등보다는 2월부터 10월까지 대부분의 구성원이 평생 한 번도 본 적 없는 그토록 광활한 대륙을 두 발로 걸은 경험이 과연 어땠을까 하는 것에 있었다. 나는 순례자 중 몇 사람에게 그들의 걷기 경험에 대해 물어보았다. 벨기에에서부터 걸은 한 여자는 며칠간 캔자스의 평지만 보다가 하늘 높이 솟아오른 로키산맥을 본다는 것이 어떤 의미인지를 말해 주었고, 나는 미국을 다시 거대하게 만든다는* 것이 어떤 의미일지, 그토록 거대한 대륙에서 9개월간 매일매일 풍경의 변화를 체감하는 것이 어떤 의미일지 알 것 같았다. 다들 걷기가 기묘하게 영적인 체험이었고 희한하게도 걷기 자체에 중독되었다고, 일단 걷기 시작하니 걷지 않기가 어려웠고 걷기가 자신을 변화시켰다는 데 동의했지만, 그런 영적 특성, 그런 변화를 설명하는 것은 어려워했다. 차로 거의 160킬로미터를 달려 이틀 만에 라스베이거스에 도착한 나로서는 그들이 부러울 따름이었다.

월요일이 되었을 때 걷기 운동가들은 핵실험장까지 남은 약 96킬로미터의 여정을 시작했다. 족히 나흘은 걸릴 여정이었다. 그들은 콜럼버스의 아메리카 상륙 500주년을 기념하는 날을 일주일 앞두고 걷기 시작해서 서부 쇼쇼니 협의회가 주최하는 기념식에 모일 계획이었다. 그 기념일을 위한 대규모의 공식 행사가 미국 전역에서 기획되어 있었는데, 아메리카 원주민들은 그 1492년이 그들에게는 500년간 지속된 침략과 몰살과 노예제가 시작된 날일 뿐 기념할 것이라고는 아무것도 없다고 콕 집어 말했다. 그러다 500주년이 가까워지면서부터 '500년의 저항'과 '500년의 대량학살'이라는 문구가 사람들의 귀에 들어오기 시작했고, 기획되었던 행사가 대부분 무산되었다. 라스베이거스에서는 행사 주최 측이 콜럼버스 동상과 자유의 여신상을 결혼시키는 모의 결혼식을 올렸는데, 샌프란시스코

---

* 원문은 "make the continent big again"으로, 빌 클린턴 전 대통령이 1992년 대선 당시 사용한 문구 '미국을 다시 위대하게 만들자(Let's Make America Great Again)'를 염두에 둔 표현인 듯하다. 이 문구는 공화당 상원의원 알렉산더 와일리가 1940년 대선에서 처음 사용했다.

에 도착했어야 할 니나, 핀타, 산타마리아* 배 모형의 운송이 난항을 겪으면서 문제가 발생하기도 했다. 1992년에는 콜럼버스의 아메리카 상륙 500주년 외에도 사람들이 잘 기억하지 못하는 수많은 기념일이 있었다. 예컨대 1492년은 스페인 남왕과 여왕이 스페인에 오랜 세월 머물렀던 유대인과 무슬림을 추방하고 스페인을 배움의 중심지로 만든 해였고, 1992년으로부터 100년 전이자 1492년을 기준으로 400년 후인 1892년에는 유령의 춤 종교가 여전히 융성했던 시절 제임스 무니가 네바다의 워보카를 방문한 일이 있었으며, 1992년으로부터 50년 전인 1942년에는 독일에서 '최종 해결책'이 시행되고 미국에서 맨해튼 프로젝트가 시행되었다.

걷기 운동가들이 핵실험장을 향해 걸어가는 동안 나는 넬리스 공군기지가 전체 영역의 절반을 차지하고 있는 사막 국립 야생동물 보호구역으로 차를 타고 이동했다. 외딴 지역들을 탐험해보고 상황이 괜찮으면 며칠 머물 생각이었지만 차에서 내리는 순간 피로가 몰려오는 바람에 그 평화로운 공간의 그늘에 누워 잠을 청했다. 결국 심한 독감에 걸렸고, 그로부터 며칠 동안은 에어컨이 가동되는 라스베이거스 대학교 도서관을 배회하면서 증발식 냉각기 소리를 들었다. 내가 그러고 있는 동안 남동생 집에 머문 손님들은 전부 밖에서 부지런히 돌아다녔다. 나는 친구 다이앤이 비행기를 타고 라스베이거스로 오는 목요일 밤과 다이앤과 함께 핵실험장에 갈 금요일 아침을 기다리고 있었다. 완전히 기력이 쇠한 몸으로 널브러진 채 보기 흉한 모양으로 구획된 라스베이거스에서 벗어나고 싶다는 생각을 하고 있었을 때, 문득 가축 탈출 방지용 격자판을 거닐던 모든 순간에 대한 기억이 머릿속에 떠올랐다. 생각해보면 나는 핵위협이 미국인들에게

---

* 니나, 핀타, 산타마리아는 콜럼버스가 대서양을 횡단할 때 동원한 배들의 이름이다.

물, 과거를 망각하다:
요세미티 국립공원

의미하는 바를 그제야 깨달았던 것 같다.

핵 대재앙이 아닌 변경 지역의 보존과 재발명에 대한 미국의 생각은 결국 무엇이었을까? 방공호, 훈련, 생존주의 영화들은 대중으로 하여금 죽음을 준비하거나 세상의 종말에 대비하는 것이 아니라, 무법 상태, 혼돈, 각자도생, 자급자족이 새롭게 시작되고 대니얼 분*과 키트 카슨이 집에 틀어박히는 세상에 대비해야 한다는 생각을 품게 만들었다. 과거가 없는 국가였던 미국은 (의회 기록과 은행 기록을 보호하기 위한 지하 금고는 세상이 파괴되어도 유물 중 일부가 돌아오리라는 약속을 전하기는 했지만) 다시 과거 없는 국가가 될 각오를 한 것 같았다. 핵무기의 폭발력은 과장되고 핵무기 방사선의 여파가 경시된 이유도 이 때문인 듯하다. 핵폭탄은 일종의 해묵은 병이 아니라 불사조였던 것이다. 예리한 연극적 감각을 갖고 있었던 J. 로버트 오펜하이머는 최초의 핵실험을 트리니티라고 칭했다. 그리고 1962년 그런 명칭을 부여한 이유는 존 던의 종교적 시 중 하나가 머릿속에 맴돌았기 때문이라고 했다.

서쪽과 동쪽이

모든 평면 지도에서—그리고 저라는 지도도—하나이듯

그렇게 죽음은 부활과 맞닿아 있습니다.**

---

* 대니얼 분(Daniel Boone, 1734~1820)은 켄터키주 개발에 힘쓰며 미 서부 발전의 기초를 닦은 개척가다.

** 병세가 깊어진 존 던이 죽음을 받아들이며 쓴 시 「병중에 하느님 나의 하느님께 드리는 찬가」에 실린 구절로, 서쪽은 죽음을, 동쪽은 부활을 의미한다.

기독교 신학과 평면 지도 자체가 문제 될 것은 없었으나 그런 관점으로 무기를 바라보는 것은 위험한 태도였다. 그러나 오펜하이머는 폭탄이 실제로 어떤 효과를 발휘하든 결국 부여받게 될 신화적 의미를 이해하고 있었던 것 같다.

나보다 앞선 세대는 초등학교에서 폭탄 대비 훈련을 받았다. 반면 내가 속한 세대가 그런 훈련을 받을 필요가 없었던 이유는 폭탄이 이미 우리 신념 구조의 일부가 되어버려서였다. 훈련은 폭탄이 터질 때 생존할 수 있도록 대비하기 위한 것이었지만 실제로는 폭탄을 상상하는 훈련에 가까워 보였다. 나와 동년배인 사람들 혹은 나보다 젊은 사람들은 항상 그런 내세에 대해 정신적 차원에서 대비가 되어 있는 것 같다. 반면 너무나도 명확하게 두 갈래로 갈라지는 미래 앞에서 아무런 계획도 세우지 못한 나는 내 무능함을 탓하며 스스로를 괴롭혔다. 한쪽 갈림길로 접어든다면 무르익은 세상의 평온함을 기대하며 경력을 쌓으면 됐지만, 다른 갈림길로 접어든다면 황폐화한 국가의 폐허 속에서 먹을 것을 찾아 헤매고 생존하는 방법을 배워야 했다. 내 시야는 그렇게 구름으로 뒤덮여 있었고, 그 구름은 내 동료들이 내린 대부분의 결정에도 그림자를 드리우고 아주 단순한 행동을 할 때조차 불안을 느끼게 만들었다. 많은 사람들이 큰 망설임 없이 제3의 길을, 즉 개인적인 안락함을 추구하는 것이 아니라 종말을 막는 일을 좇는 활동가가 되는 길을 택한 것도 바로 그것 때문이었다.

나를 적대시하는 것 같은 사람들이 가득한 언덕들 사이에서 살던 어린 시절, 나는 세상이 멸망하고 사람들이 사라지는 공상을 즐겼고 그들이 남긴 폐허 사이에서 혼자 살아가는 미래를 간절히 그려보았다. 때로는 그들이 이 세상에 나타나기 이전의 풍경과 그 풍경 속에서 살아가는 장면을 떠올려보았다. 사람들이 나타나기 전의 세상과 사람들이 사라진 후의 세

물, 과거를 망각하다:
요세미티 국립공원

상은 똑같이 평화롭게 느껴졌다. 그리고 보면 노아의 세계에 존재하는 모든 방종과 범죄를 씻어낸 대홍수처럼 핵 종말도 기분을 환기시키는 요소를 갖고 있는 것 같다. 모르몬교도들에서부터 프리메이슨 단원들에 이르기까지 미국 광신자들(그리고 자기들만의 독특한 신앙을 가진 핵에너지 프로그램 추종자들)은 대부분 사막에 이끌렸고, 사막을 새로운 역사가 새겨질 수 있는 백지뿐만 아니라 종말이 형상화된 자연경관으로까지 여겼다. 국가는 과거에 등을 돌림으로써 새로워지고, 원자폭탄은 대륙의 흑판을 말끔히 청소하는 거대한 지우개인 것이다.

언젠가 1950년대에 제작된 핵 공포 영화 한 편을 본 적이 있다. 「세상이 끝나는 날(*Day the World Ended*)」이라는 제목의 영화였는데, 거대한 버섯구름이 띄워진 다큐멘터리 영상을 보여주고 '끝'이라는 소제목을 띄우는 것으로 시작해 한 줌의 생존자들이 등장하는 멜로드라마로 이어졌다. 그러다 방사선 탓에, 그리고 도너 파티식의 사회진화론으로 인해 생존자가 점점 줄어들더니 젊은 금발 커플만 남았고, 그 커플이 보이스카우트를 연상케 하는 작은 배낭을 메고 수평선을 향해 걸어가는 모습과 '시작'이라는 소제목이 화면에 뜨면서 영화는 막을 내렸다. 그 영화는 시간을 되감아 우리를 1950년대에서 변경 시대로 데려갔다가, 난장판에서 걸어 나와 에덴동산으로 향하는 아담과 이브에게로 데려가는 영화였다. 거꾸로 흘러가는 역사를 담은 그 영화에서 가장 위대한 구원의 버팀목이 되어준 것은 바로 폭탄이었다.

옛날 이주민들은 자신이 살던 땅의 양분을 모조리 소모하고 불태워버린 다음 다른 곳으로 이동했다. 국가도 계속해서 땅을 태우고 이동했는데, 세상이 점점 작아지고 동그래지면서 결국 갈 곳이 하나도 남지 않게 되었다. 이 일직선의 궤도를 계속 그으며 앞으로 나아가기 위한 한 가지 해결

책은 우주에 있었다. 텔레비전에서 쓰는 용어로 말하자면 우주는 최종적인 변경 지대, 쓰레기와 기억으로부터 계속 달아날 수 있게 해주는 마지막 장소였다. 그러나 언제나 진보라고 간주되었던 것들은 사실상 후퇴, 즉 과거로부터의 후퇴, 기억으로부터의 후퇴, 책임으로부터의 후퇴였다. 핵실험장을 향해 걷고 또 걷는 행위가 침입, 미국 정책에 대한 침입, 잠깐 머물다 사라지는 미국적 정신에 대한 침입, 세상의 막이 열린 것은 매우 최근의 일이며 세상은 다시 시작될 수 있다는 생각에 대한 침입으로 간주되는 이유도 바로 이 때문이다. 그런 행위는 그저 도망치고, 잊어버리고, 생존하기를 거부하는 행위다. 문제를 향해 걷는 행위는 책임을 지는 행위, 되돌리는 행위, 기억하는 행위다. 걷기 운동가들은 과거의 짐을 자신의 어깨에 짊어진 채 핵폭탄 수백 개의 낙진이 있는 고국으로 걸어간다.

핵실험장에 도착한 후 나는 몇몇 친구들을 마주쳤다. 처음으로 본 친구 도지는 내가 도착하자마자 텐트의 그늘 밖으로 나와 나를 안아주었다. 얼마 지나지 않아 캐리 댄, 플루토늄 공주들 중 한 명인 레이첼, 다나, 세라, 더그, 릴리언, 그리고 1991년 봄 걷기 운동에 나를 데려가주고 도지도 데리고 다닌 시애틀 출신의 아나키스트들, 루비 밸리에서 코요테 이야기를 해준 버니스 랄로, 스킵 울프와 론 울프, 8월 댄 가족의 목장에서 만난 아메리칸 인디언 운동 소속 활동가들도 만났다. 코빈 하니는 나를 보고 포옹했고, 내 남자 형제들은 모든 일이 순조롭게 진행될 수 있도록 계속 경계 부근을 거닐며 정찰했다. 사막에서 거대한 우정의 오아시스를 찾은 것 같았고, 모라토리엄이 시행 중인 평온한 시기에 이렇게 모여 있으니 길 건너편에 있는 핵실험장이 거의 무의미하게 느껴지기도 했다. 핵실험장에 저항하는 싸움을 끝내고 뭔가 좋은 일을 모색하는 기분이었다. 유럽에서

물, 과거를 망각하다:
요세미티 국립공원

온 걷기 운동가들은 러시아, 카자흐스탄, 미국이 1950년대에 폭탄을 터뜨린 마셜 제도 등 출신이 다양했다. 코빈이 서부 쇼쇼니족의 영적 지도자로서 이끈 이 행사에는 퀘이커교, 가톨릭교를 비롯해 기타 기독교 공동체 출신도 있었다. 전체 인구가 낙진으로 인해 막대한 피해를 입은 유타주의 남부 파이우트족, 그랜드 캐니언의 사우스림에 위치한 작은 고향 마을이 우라늄 채굴로 파괴되지 않도록 투쟁 중이었던 하바수파이족(Havasupai)을 비롯한 원주민 공동체 출신의 활동가들도 있었고, 모르몬교도들과 다운윈더들, 피폭 퇴역 군인들, 핵실험의 직접적인 영향을 받지는 않았으나 핵실험 문제에 관심을 갖고 뛰어든 사람들도 많았다.

일요일에는 평상시처럼 운동이 진행되었지만 레이먼드 야월은 원주민이 지난 500년을 감옥에서 보냈고 앞으로의 500년은 감옥에서 보낼 생각이 없기 때문에 쇼쇼니족이 우리 모두를 이끌고 가축 탈출 방지용 격자판을 가로지르는 일은 없을 것이라고 말했다. 핵실험장 노동자들은 핵실험 금지 조약이 자신들의 일자리에 미칠 영향을 우려했고, 핵실험장 정문에서 확성기를 들고 발언하는 사람들은 과거 42년간 벌어진 핵전쟁의 뒷수습을 하는 데 엄청난 노동력이 들어갔으니 정부에 직업 재교육과 고용도 요구해야 한다고 목소리를 높였다. 핵실험장으로 들어갔다가 체포된 사람들도 있었는데, 모라토리엄이 체결된 상황인 만큼 더는 그동안 해왔던 방식 그대로 활동하는 것이 합리적이지 않았다. 이제 어디로 갈지를 생각해보아야 할 때였다. 그런데 한편으로 우리는 정확히 있어야 할 곳에 있는 것 같았다.

정치적 차원에서도, 영적 차원에서도, 핵실험장은 정확히 우리가 있어야 할 곳이었다. 그러나 나의 많은 친구들은 핵실험장의 뜨거운 먼지 위에서 수년간 캠핑을 한 시간이 자기 자신에게 어떤 영향을 미칠지 우려하기 시작했고, 내가 아는 두 젊은 활동가가 자궁경부암에 걸렸다는 소식을 들었을 때 나는 어쩌면 다시는 핵실험장으로 돌아오지 않게 될 수도 있겠다고 생각했다. 사람들이 가축 탈출 방지용 격자판을 가로지르는 대신에 한 행동은 이야기를 하는 것, 말하자면 증언하는 것이었다. 금요일에 그들이 우리에게 이야기를 들려주었을 때 우리는 그걸 들었고, 토요일에도 그들의 이야기를 들었고, 데스 밸리 인근의 애시메도우즈에 수영을 갔다가 돌아온 후에는 더 많은 이야기를 들었다.

일요일 오후 다이앤과 나는 텐트보다 더 커다랗고 깊은 그림자를 드리우는 트럭 밑에서 책을 읽고 있었다. 나는 책장을 넘기는 활동적인 움직임마저 그만두고 눈앞에 펼쳐진 새로운 구도 속 풍경에 감탄했다. 트럭 아래쪽으로는 퓨너럴산맥이 보였고 위쪽으로는 낮고 긴 수평선과 데스 밸리가 보였다. 한낮이 되면 아무것도 할 수 없을 정도로 날씨가 무더워졌다. 걷고 있으면 햇볕이 내리쬐는 몸의 한쪽은 심하게 뜨거웠고 다른 쪽은 괜찮았다. 심지어는 아침에 포장지에 싸인 빵 조각을 꺼내 먹으면 처음에는 신선해도 마지막 한 입을 먹을 때는 상한 맛이 나고 딱딱했다. 공기는 두려운 마음이 엄습할 정도로 건조했다. 물을 계속 공급하지 않으면 피부 자체가 탈수되는 느낌이 들었고, 체내의 관개 시스템과 음료를 동원해 저항하지 않으면 어떤 신체든 몇 시간 만에 미라로 변할 것 같았다. 이런 환경에서 머무르는 동안 나는 어느새 요세미티 동쪽에서 뱀처럼 구불구불 흐르는 맑은 개울물에 대한 몽상에 젖어들었다.

한 네덜란드인이 내게 다가와 트럭의 백미러를 봐도 되느냐고 물었다. "거울을 안 본 지가 꽤 돼서요."라고 그는 말했다. 그래서 나는 크기가 더 큰 옆창으로 보라고 했다. "본인 모습 알아보겠어요?" 나는 농담을 던졌다. 친화적인 성격의 그 남자(나중에 알고 보니 네덜란드인들의 걷기 운동을

물, 과거를 망각하다:
요세미티 국립공원

주최한 프리츠였다.)는 공급량이 점점 줄고 있는 스웨트로지* 목재로 직접 지은 집이라며 한 오두막을 가리켰다. 그러면서 그 오두막을 보면 호시절에는 다른 쥐들의 억압을 받고 빈궁한 시절에는 쥐들에 의해 잡아먹힌다는 네덜란드 민간 설화 속 쥐 왕에 관한 이야기가 떠오른다고 했다. 우리는 구세계의 믿음에 대해 조금 더 이야기를 나누었다. 그렇게 대화를 한창 나누는 동안 그는 멀찌감치 보이는 원뿔형 언덕 위 바위들을 가리키기도 했다.

얼마 후 도지가 다가와 트럭의 그늘 쪽으로 들어와 앉으면서 합석했고, 조금 있으니 스킵 머호크의 아들과 론 울프의 아들이 캐리와 메리의 조카인 팀 댄과 함께 도로를 지나는 모습이 보였다. 큰 목소리로 팀을 불렀더니 세 사람이 우리를 향해 다가왔다. 팀이 이제 막 도착했다고 했다. 그는 작업용 부츠, 노란 밧줄 길이의 벨트를 찬 리바이스 청바지, 그리고 헤드밴드만 착용하고 있었다. 그야말로 제집에 있는 듯한 차림이었다. 셋다 아주 뜨끈한 닥터 페퍼 페트병을 들고 있길래 나는 그들에게 우리가 갖고 있는 물통을 건넸다. 한동안 우리는 앉은 자세로, 셋은 선 자세로 대화를 나누었고, 내가 그늘 안쪽으로 들어오라고 하자 팀만 사양했다. 도지는 코빈이 스웨트로지를 짓는 데 목재가 더 필요했는데 목재 구할 곳을 알려주겠다는 사람을 찾았다고 했다. 그러더니 우리가 대화를 나누는 동안 그 사람과 이야기를 나누고 와서는 우리에게 같이 목재를 구하러 가자고 했다. 목재를 구하러 가는 내내 나는 세 사람이 원래 하려던 중요한 뭔가를 못하게 만들고 있는 건 아닐까 걱정했지만 알고 보니 다들 우리와 함께 인디언스프링스로 가서 목재를 가져오고 싶어 했다. 힘을 합쳐 트럭 뒷좌석

---

* 원주민들이 목욕을 하거나 기도를 올릴 때 쓰는 오두막.

을 치운 다음 나는 다섯 명을 태운 트럭을 몰고 95번 고속도로로 진입했다. 어쩐지 무뚝뚝하게 친목을 다지는 캠핑장에서의 전형적인 상황이 펼쳐지고 있는 듯했다. 하나의 사건이 아무렇지 않게 다른 사건으로 이어졌고, 하나의 집단이 다른 집단으로 섞여 들어갔다. 우리는 보안관 사무실 맞은편의 인디언스프링스 교회 뒤편에서 목재를 발견했다. 대부분 가느다란 막대기였다. 각자 10분 동안 목재를 한 아름씩 모아 론 울프의 아들에게 건네면 그가 목재들이 움직이지 않도록 트럭 적재함 한쪽에 차곡차곡 쌓았다.

그런 다음 주유소 매점에 간 우리는 15분 동안 냉장 코너에 진열된 음료들을 넋 놓고 쳐다보았다. 네바다의 편의점들은 언제나 진정한 오아시스가 선사하는 종류의 풍요로움을 약속하는 듯했고, 매번 그 약속에 속아 넘어간 나는 에어컨이 가동되는 그곳에서 맥주 안주용 견과류, 일회용 기저귀, 게토레이, 치즈위즈, 도리토스, 익살스러운 자동차 번호판, 내가 한 번도 맛보지 못한 어떤 활력을 주는 과즙이 들어있을지도 모르는 껌이 진열된 매대 사이를 어슬렁거렸다. 그 어디에도 생수나 각종 신선 식품은 보이지 않았다. 야영지로 돌아왔을 때는 예상했던 것보다 시간이 많이 지나 있었다. 백미러로 달이 떠오르는 광경이 보였고, 막 저물려는 해가 발하는 빛에 눈이 부셨다. 스웨트로지들 주변에 목재 더미를 내려놓았을 즈음에는 어느새 안으로 들어가야 할 시간이었다. 가느다란 나뭇가지들로 뼈대를 만든 후 두꺼운 담요로 덮은 스웨트로지는 서로 다닥다닥 붙으면 성인 서른여섯 명도 수용 가능한 공간을 갖추고 있었고, 가운데에 뜨거운 돌을 두기 위한 구멍만 없으면 똑바로 서 있어도 될 만큼 커다란 돔 형태를 띠었다. 남자들이 머무는 로지는 코빈이, 여자들이 머무는 로지는 한 젊은 여자가 담당했다. 스웨트로지에서 행해지는 의식에 참석한 우리는 분명

물, 과거를 망각하다:
요세미티 국립공원

개종자나 신입 회원이 아니라 그저 주최자가 원해서 초대한 손님으로서 환대받고 있었다.

돌을 가지고 들어온 스웨트로지 관리자는 내게 쥐 왕에 관한 이야기를 해준 네덜란드인이었다. 우리가 스웨트로지 안으로 들어갈 때도 여전히 낮게 떠 있었던 달의 한 줄기 빛이 문을 통해 내부로 비쳐 들어왔고, 아주 작은 먼지들이 햇빛 속에서 그랬던 것처럼 그 달빛 속에서도 춤을 추었다. 앉아서 보니 스웨트로지 한가운데 피워진 불이 돌들을 뜨겁게 달구며 하늘로 불꽃을 튀기기도 했다. 우리는 노래를 부르고, 기도를 하고, 돌을 더 가져와달라고 요구했고, 내부의 열기와 좁은 공간을 견디지 못하는 사람들이 밖으로 나갈 수 있도록 관리자에게 문을 열어달라고 부탁했고, 땀을 흘렸다. 그해 여름 아메리칸 인디언 운동 사람들이 나를 댄 가족의 목장에 있는 스웨트로지로 초대한 일이 있었는데 그때 나는 태어나 처음으로 소리 내어 기도를 했었다. 마음이 심란해질 정도로 강렬한 경험이었다. 그런데 여기에서는 여자들로 구성된 집단이 그 어떤 형태의 커뮤니티도 이루지 않았고 이것이 모두의 동의에 따라 이루어졌다. 내가 소지품을 찾으러 돌아갔을 때 시계는 10시 30분을 가리키고 있었다. 거의 세 시간 동안 요리를 하고 의식을 치른 것이었다. 흥분한 동시에 피로에 지친 나는 야영지에서 가만히 앉아 있으려다가 모닥불이 피어오르는 로지로 돌아갔다. 그런 다음 침대가 있는 곳으로 이동하고 있을 때 도지가 내게 다가왔다.

나는 야영지에 도착했을 때부터 달빛을 받으며 머큐리 쪽으로 걸어보고 싶다는 생각을 계속 품고 있었지만, 이제는 더 이상 이렇게 해보면 어떨까 하는 생각들이 들지 않았다. 도지는 누군가가 바위 두 개를 세워둔 언덕 쪽으로 걸어가보고 싶어 했다. 그 바위를 보니 기묘한 만족감이 느껴졌다. 그렇게 바위를 둔 행위 자체가 야영지 풍경에 대한 유럽인들의 전형적인 대응, 말하자면 쇼쇼니족의 보금자리에서 길을 잃을 위험을 염두에 두고 한 대응 같았던 것이다. 나와 도지는 야영지에 도착한 후로 매일 밤 밝게 빛나는 선명한 달빛 아래서 그 바위를 향해 걸었다. 꽤 오래 걸어도 언덕은 더 높아지거나 가까워지지 않았다. 우리는 언덕이 가까이에 있는 작은 언덕일지 아니면 멀리 있는 큰 언덕일지 추측해보았다. 사막에서는 한낮에도 거리를 가늠하기가 어려웠다. 사막의 바닥은 언덕을 향해 완만히 높아지는 것처럼 보였지만, 우리가 있는 장소와 언덕 꼭대기 사이에 거리를 가늠할 수 없는 급경사가 펼쳐질 수도 있었다.

가시덤불과 선인장을 피해 계속해서 구불구불 이동하느라 더 힘겨운 여정이었다. 이동하는 내내 일직선으로 걷는 것도, 땅바닥이 아닌 앞을 보면서 몇 발자국 내딛는 것도 거의 불가능했다. 바닥에 놓인 바위들의 크기가 점점 커졌고 그 바위들에 새겨진 석영층은 마치 암각화 같았다. 달빛 덕분에 시야에 잘 들어왔다. 모든 것이 더할 나위 없이 또렷해 보였고 그림자는 날카로웠다. 하지만 밝은 것은 하나도 없었고 차가운 달빛에는 아무 색깔도 없었다. 시간의 확실성이 감소한 꿈의 세계 혹은 저승 같았다.

결국 우리는 그 언덕에 도착했다. 생각했던 것보다 더 오랜 시간이 걸렸고 언덕 끝까지는 올라가지 못하고 중간에서 포기했다. 우리는 발걸음을 멈추고 뒤를 돌아 머큐리의 불빛들과 들쭉날쭉한 지평선 주변과 그 너머의 봉우리들을 바라보았다. 언덕을 이루고 있는 화산암들은 표면이 굉장히 거칠어서 살짝 닿기만 해도 획 낚아채질 것 같았다. 화석화된 기포들의 작고 예리한 표면에 살갗이 긁히기도 했고, 암봉에 기댔다가 턱을 베기도 했다. 나중에 알고 보니 그 언덕은 야영지가 언덕과 더 가까이에 마련돼 있었던 1990년 봄, 내가 리처드 미즈라크와 대화를 나눈 후 해 질 녘에 올랐던 언덕이었다. 북동쪽 방향에서는 머큐리는 보여도 야영지는 보이지

물, 과거를 망각하다:
요세미티 국립공원

않았다. 달이 떠오른 곳 근처를 보니 오리온자리가 떠 있었다. 하지만 대부분의 별들은 달빛에 잠겨 보이지 않았다. 도지는 피곤한 기색도 없이 나를 두고 산으로 올라갔다. 그러고는 휘파람을 불며 산에서 내려왔다. "표지판 두 개 있잖아요?" 그가 말했다. "그건 평평한 암석을 쌓아 만든 거였고, 그중 한 표지판에 종이 매달려 있어서 바람이 불 때마다 소리가 났던 거였어요." 언덕을 오르다가 멈춰 있었을 때 나는 내가 완전히 소진된 상태임을 깨달았다. 도지는 나를 조금이나마 부축해주려 했고, 우리는 돌아가는 길에 몇 차례 멈추어 쉬었다.

옳은 방향으로 가고 있다고 생각했는데 야영지가 있으리라 생각했던 곳에 인적이 없는 광활한 공간이 펼쳐졌다. 나는 어쩌면 다들 자리를 털고 일어나 떠났을지도 모르겠다고 생각했고, 도지는 우리가 생각했던 것보다 시간이 훨씬 더 오래 걸린 것 같다고 말했다. 환한 밤과 편안한 고독이 감도는 그 세상에서는 한 세기 혹은 두 세기가 지났다고 해도 전혀 이상할 것 같지 않았다. 마침내 우리와 고속도로 사이에 설치되어 있었던 돔 텐트 하나가 보였고 서서히 다른 텐트들도 시야에 들어오기 시작했다. 밤의 나라에서 버섯 모양의 식민도시가 불쑥 출현한 꼴이었다. 달이 머리 위로 높게 떠 있었고 우리는 콜럼버스의 날의 시작을 알렸다.

우리는 동이 트기 전에 다시 의식을 시작했다. 달빛이 가시 많은 작은 꽃들의 실루엣을 텐트의 서쪽 면에 뚜렷이 새겨 넣었다. 코빈은 지난번보다 더 일찍 일출 의식을 알리며 북을 치기 시작했고 우리는 (시간을 초월한 듯한 그 밤에 실제로 잠이 들었었는지는 모르겠지만) 코빈보다 더 일찍 잠에서 깨어나 코빈이 북을 쳤다가 멈추었다가를 몇 번씩 반복하는 소리를 들었다. 하늘의 동쪽 가장자리 부근이 붉은빛을 띠었지만 해는 그 어디에도 보이지 않았다. 달이 여전히 검푸른 세상을 지배하고 있었다. 그 전날에 뜬 달은 스컬산 인근에서 황금빛을 띠었지만 그날은 서늘한 은빛이었다. 서쪽에서 태양이 지면 동쪽에서 만월이 뜨고 석양의 나라의 조금 북쪽 부근에서 달이 지면 동쪽에서 태양이 뜨는 등 해와 달이 하늘을 무대로 완벽한 대칭을 이루며 서로를 쫓고 쫓는 듯한 광경을 며칠간 지켜보면서 나는 처음으로 내 기억 속에 남아 있는 앎을, 지구가 우주에서 다른 더 밝은 구들과 함께 빙글빙글 도는 하나의 구에 불과하다는 앎을 실감했다.

해가 하늘을 향해 기어올라갔고 날은 점점 더워졌다. 야외에서 장시간 진행된, 그렇기에 마지막에는 지독하리만치 힘들었던 의식을 마무리한 후 오후에는 줄무늬 모양의 대형 천막에서 이야기를 나누었다. 콜럼버스의 미국 상륙 500주년 또는 포스트 콜럼버스 시대의 첫날을 기념하는 날에 반대하는 연사들은 전부 원주민이었고 그들을 제외한 우리는 청중이었다. 원주민들이 들려주는 이야기는 개인적 증언에서부터 다운윈더들의 이야기, 콜럼버스강 유역과 남서부의 환경 문제에 관한 담화 등으로 다양했다. 빌 로스가 자리에서 일어나 우리 모두를 환영하면서 자신이 어떻게 브뤼셀을 발견했는지를 비롯해 원자력을 폐기하고 태양열 발전을 촉구하는 것과 달을 쓰레기장으로 만드는 것, 사회정의, 집을 잃는 것에 대해 이야기했다. 그는 이렇게 말하면서 짧은 독백을 마무리했다. "저는 여러분 모두를 사랑하는 마음을 품고 이 세상을 떠날 겁니다. 우리가 여기서 이렇게 하나가 되었다니 정말 놀라운 일이예요. 그들에게 조약을 지키라고 말해주세요. 모두 고맙습니다."

로스의 발언은 내가 리바이닝에서부터 끄적이고 있던 노란 메모장의 마지막 장을 꽉 채웠다. 그 오후 시간을 마무리 지은 것은 하바수파이족 출신 참가자들이었다. 그 어느 때보다도 많은 하바수파이족 장로들이 그

물, 과거를 망각하다:
요세미티 국립공원

랜드 캐니언의 고향에서부터 여기까지 왔다고 했지만 그들은 한 아이에게 대부분의 발언 시간을 넘겨주었고, 나중에는 우리에게 원을 그리며 같이 춤을 추자고 했다.

원이 캠핑장의 텐트들 그리고 오르락내리락 기복이 있는 지형 바깥으로 넘어갈 정도로 거대해지면서 원의 맞은편에 선 사람들은 보이지도 않았다는 사실, 그날 다이앤과 레이첼과 시애틀 출신의 한 여자와 내가 뒤늦게 샌프란시스코로 떠났다는 사실 말고 더 해야 할 말이 있을까. 그때 나는 그저 왔던 길을 되돌아가고 있을 뿐이었다. 그곳이 내게는 이미 집이었기 때문이다.

1999년판에 부치는 후기

　1999년 3월 29일 정오 무렵, 밥 풀커슨은 네바다주 팰런 근처의 그라임스포인트에서 암각화들 사이를 거닐어보라며 나를 그곳으로 보냈다. 그동안 그는 전쟁과 수많은 질병과 사건 사고를 견뎌내고 살아남았으나 결국 사흘 전 일흔두 살의 나이로 사망한 빌 로스를 위해 추도문을 작성했다. 주변 암석들은 거의 검은색이었고 희미한 도식 같은 암각화들은 애써 찾으려 하지 않을 때 가장 눈에 잘 들어왔다. 화살촉과 피하 주사기 모양의 군용 제트기가 머리 위의 창백한 하늘을 휩쓸고 지나갔고, 나는 빌과 밥이 네바다로 나를 초대했던 9년 전의 시간으로 돌아간 듯했다. 수수께끼 같은 상황과 영광과 재난 사이에 샌드위치처럼 끼어 있는 것 같았다.

　1992년부터 벌어진 일들을 전부 돌이켜보면 모든 것이 변하고 아무것도 변하지 않은 듯했다. 전 세계 운동단체들이 압력을 가하자 1996년 9월 유엔은 (미국 상원이 아직 비준하지 않은) 포괄적 핵실험 금지 조약을 승인했다. 핵실험 금지 조약은 오랫동안 군비경쟁과 핵확산을 종결짓는 시작점으로 간주되었지만, 새로운 기술 발전으로 인해 미국과 여타 선진국들은 핵실험 금지에 담긴 정신, 때로는 조약의 내용까지 위반할 수 있게 되었다. 이제 물리학자들은 전면적인 핵실험을 하지 않아도 컴퓨터 모델링, 새로운 시뮬레이션 기술, 네바다 핵실험장에서의 '미임계 핵실험'을 통한 제한적 핵폭발 따위를 이용해 새로운 핵폭탄을 개발할 수 있다. 다른 여러 신기술과 마찬가지로 핵실험과 관련된 신기술도 과거의 기술보다 더 설명하기도, 눈으로 관찰하기도, 저지하기도 어렵다. 미국은 지금도 핵전쟁 대비에 상당한 자금을 쏟아붓고 있다. 그리고 1997년 미국국립과학원에서 내린 결론처럼 "미국의 핵 태세 및 관행이 냉전 이후 급격히 변화한 정세를 반영하는 방향으로 바뀌지 않자, 비핵화 노력에서 미국이 발휘하는 주도권에 대한 신뢰가 약화하고 있다."

빌 로스의 장례식이 치러진 날은 로스앨러모스에서 뉴멕시코주 칼즈배드의 폐기물 격리 시험 시설(Waste Isolation Pilot Plant)로 핵폐기물이 처음 운송된 날이었다. 그러나 빌이 사망하기 전 겨울에는 서로 다른 문화권 출신들로 구성된 한 훌륭한 연합이 서부 텍사스에 시에라블랭카 핵폐기물 처리장을 건설하는 계획을 무산시켰고, 그 밖에도 유사한 연합들이 유카산, 네바다, 워드 밸리, 캘리포니아에 핵폐기물 처리장을 구축하려는 계획을 계속해서 저지하고 있었다. 네바다 핵실험장에서 시위와 평화캠프를 조직한 미국 평화 테스트는 해산되었으나 다른 단체들이 계속해서 핵실험장에 주의를 기울이고 있으며 순다하이 네트워크(Shundahai Network)는 핵실험장에서 꾸준히 시위를 조직하고 있다. (내가 1996년에 합류한) 시티즌 얼러트는 유카산에 고준위 방사성 폐기물 저장 시설을 구축하고 국경을 가로질러 네바다 핵실험장으로 핵폐기물을 운송하겠다는 무모한 계획에 지속적으로 맞서 싸우고 있다. 서부 쇼쇼니족 활동가들은 그들의 영토에서 이루어지는 침입 행위에 계속해서 저항하며 루비 밸리 조약을 인정받으려 애쓰고 있고, 캐리 댄과 메리 댄은 크레센트 밸리에서 자신들의 권리를 꾸준히 주장하고 있다. 토지관리국이 여전히 댄 가족을 괴롭히고 있기는 하지만, 그보다는 금 채굴이 댄 가족의 목표와 신념에 가장 시급한 위협이 되고 있다. 과거에는 소유주가 누구든 땅 자체가 스스로 견뎌내는 힘을 갖고 있었던 데 반해 이제 목장 근처의 땅이 방대한 규모로 갉아 먹히고 있으며 지하의 금광이 드러날 때까지 펌프질로 물을 퍼내는 통에 지하수면도 낮아지고 있는 터다. 한편 서부 쇼쇼니족은 캘리포니아의 데스 밸리 국립공원에서 토지권과 관련해 중대한 승리를 거두었다. 그리고 팀비샤 쇼쇼니족은 토지권을 수호하기 위한 오랜 싸움 끝에 국립공원 중앙의 퍼니스 크리크에 위치한 고향 땅 약 36만 평에 대한 권리, 추가로 약 122만 평을 독점적으로 사용할 수 있는 권리, 팀비샤 자연 문화 보호구역(Timbisha Natural and Cultural Preservation Area)으로 명명된 약 3억 6000만 평 규모의 국립공원과 국립공원 외부의 약 734만 평을 관리하는 역할, 그리고 전통적인 친환경 관행이 사라지면서 수많은 식물 군락과 수원지가 고통받고 있으며 그런 관행을 재개해야 한다는 인식을 이끌어냈다.

요세미티의 아와니치족은 상당한 성과를 거두기는 했지만 분명 운이 좋은 편은 아니었다. 제이 존슨은 아와니치족이 연방으로부터 하나의 부족으로 인정받았다면 더 많은 것을 얻을 수 있었으리라고 말했다. 1997년 아와니치족은 1960년대에 허물어진 요세미티 밸리 원주민 마을이 위치했던 곳에서 의식과 연례 축제를 열고 대중에게 부족의 존재를 드러낼 전통 구조물을 세울 수 있도록 약 7000평의 땅을 15년간 제공받았다. 또 국립공원 외부의 수십만 평 되는 국립산림청 토지에 접근하고 국립공원 내부의 식물을 채집할 수 있는 특별 권한을 부여받았다. 국립공원관리청이 관리하는 대상이 대부분의 경우 황야가 아니라 누군가의 고향이라는 사실을 청에서도 조금씩 이해하고 있는 것 같다. 요세미티 국립공원의 원주민 박물관은 밸리 원주민들에게 가해진 침입 등의 사건을 더욱 진솔한 말로 설명하고 침입당한 원주민의 후손들이 지금도 현존한다고 인정하는 내용의 훌륭한 안내 책자를 영어와 미워크어로 새로 발간했다. 존슨은 자신이 어렸을 때 할아버지께서 "우리 부족의 마지막 부족민이 이 밸리를 떠나면 바위들이 땅으로 굴러떨어질 거란다. 바위 그리고 그 밖의 것들이 분노할 테니 말이다."라고 말씀하셨다고 내게 말했다. 밸리에서 아와니치족의 명맥을 이어가고 있는 마지막 부족민인 존슨은 1996년 은퇴를 하고 그해 12월 30일에 고향을 떠났다. 그가 말하기를, 그다음 날 엄청난 홍수가 시작되어 많은 건물과 도로를 휩쓸어버렸다고 한다. 그러나 그는 "우리가 의식을 거행할 수만 있으면 다 괜찮을 거예요."라고 마리포사 인근의 자택에서 내게 말했다. 미국은 1992년에 비하면 원주민의 권리에 대해 더 잘 알고 있는 것 같지만 아직까지 우리의 미래에 긴 그림자를 드리우는 핵 문제에 대해서는 예전보다 더 모르는 것 같다.

이 책에서 중요하게 언급된 다른 활동가들은 환경보호와 사회정의를 위해 계속해서 애쓰고 있다. 다만 그중 다수는 이제 다른 영역에서 활동하고 있다. 조 샌체즈는 1993년 백혈병으로 사망했지만 그의 파트너인 M. 리 데이지(M. Lee Dazey)는 시티즌 얼러트의 네바다 북부 지부장으로 활동하며 아들을 양육하고 있다. 데이지는 "활동가들은 자신들이 촉구하는 변화가 이번 생애에 전부 일어나지는 않을 거라는 사실을 대부분 알고 있고, 이런 앓은 아이를 양육하면서 외부 일과 내부 일 사이의 균형을 맞출 수 있게 해줘요."라고 말한다. 캐리 댄의 세 손자는 목장에서 살고 있다. 밥 풀커슨은 시티즌 얼러트를 떠나 네바다를 위한 진보 연합을 수립했다.(그리고 리 데이지의 말에 따르면 딸의 걸스카우트단을 인솔하고 있다.) 플루토늄 공주들 중 한 명인 레이첼은 캘리포니아의 먼 남동부에 위치한 워드 밸리에 핵폐기물 처리장을 건설하는 계획에 맞서 꾸준히 투쟁하며 한 살 된 아들을 양육하고 있고, 다른 공주들은 환경과학자나 변호사가 되었다. 데이비드 솔닛은 1993년 베이에어리어로 돌아왔고, 그의 말을 빌리면 "사회 변화를 위한 풀뿌리 투쟁에 미술, 공연, 음악, 춤, 창조성을 불어넣는" 공동체인 예술과 혁명(Art and Revolution)을 공동 설립했다. 수년이 흐른 뒤 그동안 지나온 시간을 돌이켜보니, 이 책의 배경을 이루는 땅과 문화의 폐허가 아무리 암울해 보일지언정 전경을 꽉 채우고 있는 명랑한 영웅 같은 사람들은 대륙, 세대, 종교 및 인종의 차이를 뛰어넘어 우정과 연대를 쌓고, 자신들의 믿음을 지키고, 때로는 역사를 바꾸는 위대한 승리를 거두고 있었다. 사랑과 대담함과 음악성과 유머를 갖춘 빌 로스도 누구보다 위대한 사람 중 하나였고, 이제는 그와 같은 사람들이 더 많이 나타나고 있다.

리베카 솔닛
1999년

내게 영향을 미친 참고 문헌 중 일부는 인용 문구를 통해 전면에 드러나기보다는 이 책의 보이지 않는 근간을 이루고 있다. 중요한 참고 문헌은 많았지만, 이 책이 다루는 주제와 사안의 핵심을 꿰뚫는 단 하나의 책은 없었다. 아이디어의 상당수는 감사의 말에 언급한 친구들로부터 비롯했고, 내가 이 책에 그러모은 각각의 역사도 상당수는 지금껏 쓰인 적이 없거나 출간된 적이 없었다.

퍼트리샤 넬슨 리머릭의 『정복의 유산: 미 서부의 끝나지 않은 과거 (*The Legacy of Conquest: The Unbroken Past of the American West*)』(New York: Norton, 1987)는 나를 포함한 많은 이들에게 미 서부 역사에 대한 중요한 재해석을 들려주는 책이었다. 내가 소홀했던 부분이 있다면 1970년대 후반 미국 핵 정치에서 중요한 영향력을 발휘한 현대 직접행동 반핵운동의 신념과 전략과 역사에 대해 명확한 설명을 제공하지 못했다는 것이다. 바버라 엡스타인(Barbara Epstein)의 『정치적 시위와 문화 혁명: 1970년대와 1980년대 비폭력 직접행동(*Political Protest and Cultural Revolution: Nonviolent Direct Action in the 1970s and 1980s*)』(Berkeley: University of California Press, 1991)은 그렇게 내가 등한시한 내용을 철저한 연구와 설득력 있는 분석을 바탕으로 다룬 책이다. 또 다른 훌륭한 참고 문헌인 휴 거스터슨(Huge Gusterson)의 『시험의 시대(*Testing Times*)』(Berkeley: University of California Press, 1994)

는 인터뷰와 각종 운동과 수사적 표현을 통해 드러난 핵물리학자와 반핵 활동가들의 문화적 관습들을 연구한 빼어난 인류학 서적이다.

미국 에너지부와 미군이 네바다에 미친 영향에 관한 사실 정보를 담은 가히 최고의 단일 문헌은 사막 연구소(Desert Research Institute)의 과학 응용국제협회(Science Applications International Corporation)가 방대한 분량의 사실과 통계를 정리해 작성하고 1991년 9월 23일에 발표한 대단한 개론서『네바다 특별 보고서(*Special Nevada Report*)』로, 넬리스 공군기지 공보실에서 사본을 열람할 수 있다. 많은 역사서가 핵실험과 그 영향을 다루고 있고 그중 일부는 아래에 인용하기도 했지만, 네바다 핵실험장 자체는 실재하는 방대한 땅보다는 일종의 보이지 않는 방사선원(source of radiation)에 지나지 않는 대상으로 다루어졌고 핵실험이 지하에서 이루어지기 시작하면서부터 대부분의 역사서가 네바다 핵실험장을 다루지 않았다.

요세미티에 관한 책들의 경우, 거대한 숲들이 황폐화할 정도로 제작에 많은 종이가 쓰였지만 이상하게도 서로 공명한다. 또 극적이고 과장된 문장들로 구성된 많은 공식 역사서와 무미건조한 사실들을 나열한 몇 되지 않는 인류학 논문 사이에 엄청난 간극이 존재한다. 요세미티를 개괄하는 책 중에서 내가 생각하는 최고의 책은 마거릿 샌번(Margaret Sanborn)의 『요세미티: 발견, 경이, 사람들(*Yosemite: Its Discovery, Its Wonders, and Its People*)』(New York: Random House, 1991)이다. 칼 P. 러셀의 『요세미티에서의 100년(*One Hundred Years in Yosemite*)』은 1932년에 출간된 후 많은 유용한 연대기와 기록을 추가해 재출간되었다(Yosemite National Park, CA: Yosemite Association, 1992). 데이비드 로버트슨(David Robertson)의 『에덴의 서쪽: 요세미티 예술과 문학의 역사(*West of Eden: A History of the Art and Literature of Yosemite*)』(Yosemite Natural History Association/Wilderness Press, 1984)는 방대한 양의 삽화가 실린 귀중한 문헌이다.

나는 샌프란시스코 공립도서관, 캘리포니아 대학교의 버클리 도서관 중에서도 특히 수많은 귀중한 기록과 원고와 희귀 서적을 소장한 밴크로프트 도서관, 네바다 대학교 리노 캠퍼스의 라스베이거스 도서관, 요세미티 연구 도서관을 이용했다. 이 모든 도서관의 사서분들이 제공한 도움과 특히 수많은 귀중한 자료를 소개해준 요세미티 연구 도서관의 린다 이드에게 감사의 마음을 전한다.

주

사방팔방으로

1 월드워치 연구소(Worldwatch Institute)가 1991년 12월에 발간한 월드워치 보고서 106 『핵폐기물: 사라지지 않을 문제(*Nuclear Waste: The Problem that Won't Go Away*)』는 인위적으로 생성한 다양한 방사능을 개괄할 수 있는 유용한 자료다. 핵전쟁 방지 국제 의사회(International Physicians for the Prevention of Nuclear War)가 발간한 『방사능 천국과 지구: 지구의 내부와 표면과 상공에서 벌어지는 핵무기 실험의 보건 및 환경 영향(*Radioactive Heaven and Earth: The Health and Environmental Effects of Nuclear Weapons Testing in, on, and above the Earth*)』 (New York: Apex Press, 1991)도 매우 유용하다.

2 T. S. 엘리엇의 시 「황무지」 중 한 구절.

3 '예표의 정치'는 엡스타인의 연구서 『정치적 시위와 문화 혁명』(앞의 책)에서 인용했다.

4 실비아 타운센드 워너의 말은 1985년 7월 18일 《뉴욕 리뷰 오브 북스》에 실린 「서쪽의 착한 마녀(Good Witch of the West)」에 인용되었다.

5 1990년 미국 평화 테스트 사보에 오지에 관한 지침(backcountry guidelines)이 실렸다.

6 여기에 제시된 프리실라 핵실험과 플럼밥 작전에 관한 정보와 인용문은 리처드 밀러(Richard Miller)의 귀중한 작품 『구름 아래서: 핵실험 수십 년의 역사(*Under the Cloud: The Decades of Nuclear Testing*)』(New York: The Free Press, 1986)를 참고했다.

7 국가안보활동보고서(National Security Action Memorandum, NSAM)의 초기 선언문은 《어스 아일랜드 저널(*Earth Island Journal*)》(1989년, 여름)에 언급되었다.

8 여기와 다른 부분에 언급된 핵폭탄의 명칭은 에너지부가 출간한 『1945년 7월~1991년 12월 공식 미국 핵실험(*Announced United States Nuclear Tests July 1945 through December 1991*)』에 실려 있다. 이 자료에는 네바다 핵실험장에서 미국이 시행한 720건의 실험과 영국이 시행한 23건의 실험이 제시되어 있다. 1993년 12월 8일 《뉴욕 타임스》는 네바다 핵실험장에서 204건의 비공식 핵실험이 진행되었다고 보고했다. 이는 외부인들이 추산한 건수의 두 배였다. 1992년에 핵실험이 여섯 차례 더 진행되면서 네바다 핵실험장에서 터진 핵폭탄 수는 총 953개가 되었다.

510

9 내가 발견한 서부 쇼쇼니족 역사에 관한 최고의 책은 네바다 부족 간 위원회(Inter-Tribal Council of Nevada)의 『뉴: 서부 쇼쇼니족 역사(*Newe: A Western Shoshone History*)』(Reno, 1976)였다.

10 루비 밸리 조약은 출간된 조약 전서에 공문서의 형태로 수록되어 있으며 잭 포브스(Jack Forbes)의 『네바다 원주민이 말하다(*Nevada Indians Speak*)』(Reno: University of Nevada Press, 1967)에서도 확인할 수 있다.

11 밥이 내게 해준 이야기 중 일부는 당시 시티즌 얼러트에서 낸 신문에 기록으로 남아 있다.

12 마거릿 롱, 『화살의 그림자(*The Shadow of the Arrow*)』(Caldwell, ID: Caxton Printers, 1941).

양초로 달려드는 나방처럼

1 리처드 미즈라크의 작품은 그의 저서 『폭력적 유산들(*Violent Legacies*)』(New York: Aperture, 1992), 미리엄 웨이상 미즈라크(Myriam Weisang Misrach)와 공동 저술한 『브라보 20: 미 서부의 폭격장(*Bravo 20: The Bombing of the American West*)』(Baltimore: Johns Hopkins University Press, 1990) 등에 실려 있다.

2 지구에 떨어지는 별처럼 폭발하는 핵폭탄과 관련해서는 밀러의 『구름 아래서』(앞의 책) 36쪽과 46쪽을 참고하라.

3 "기술적인 관점에서 보면"이라는 오펜하이머의 표현은 프리먼 다이슨의 『프리먼 다이슨, 20세기를 말하다』(Harper & Row, 1979)를 비롯해 많은 책에 인용되었다.

4 이 책에 제시된 백인의 탐험의 연대기는 『뉴: 서부 쇼쇼니족 역사』(앞의 책), 휴버트 하우 밴크로프트(Hubert Howe Bancroft)의 네바다 역사서, 글로리아 그리핀 클라인(Gloria Griffin Cline)의 『그레이트 베이슨 탐험(*Exploring the Great Basin*)』(Norman: University of Oklahoma Press, 1963, reprinted by University of Nevada Press), 윌리엄 H. 괴츠만(William H. Goetzmann)의 『탐험과 제국: 미국 서부 승리의 탐험가와 과학자(*Exploration and Empire: The Explorer and the Scientist in the Winning of the American West*)』(New York: W. W. Norton and Co., 1966)를 인용했다.

5 "생전 처음 보는 백인 남자"와 아래의 "강둑"은 『뉴: 서부 쇼쇼니족 역사』(앞의 책)에서 인용했다.

6 프리몬트의 그레이트 베이슨 탐험의 상당 부분은 클라인이 기술한 내용이다. 프리몬트의 자서전 『어퍼캘리포니아에 관한 지리적 회고록(*Geographical Memoir of Upper California*)』, 앤드루 롤(Andrew Rolle)의 『존 찰스 프리몬트: 운명의 인물(*John Charles Fremont: Character as Destiny*)』(Norman: University of Oklahoma Press, 1991)에도 많은 내용이 담겨 있다. 또 프랜시스 P. 파커(Francis. P. Farquhar)의 『시에라네바다의 역사(*History of the Sierra Nevada*)』는 프리몬트의 여행과 부에나벤투라강에 대한 프리몬트의 관심을 다룬다.

7 존 웨슬리 파월의 문장은 그의 저작 『콜로라도강과 그 협곡의 탐험(*The Exploration of the Col-*

orado River and Its Canyons) (reprinted —New York: Dover, 1961)에 실려 있다.

8 모르몬교도들에 관한 자료의 상당수는 월리스 스테그너(Wallace Stegner)의 『모르몬 카운 티(*Mormon County*)』(New York: Duell, Sloan, and Pierce, 1942)와 그의 멘토 버나드 드보토 (Bernard DeVoto)의 『결단의 해: 1846년(*Year of Decision: 1846*)』를 참고했다. 브리검 영의 "이곳은 성인이 탄생하기에 좋은 장소요."는 자연주의자이자 모르몬교도이자 다운윈더인 테리 템페스트 윌리엄스(Terry Tempest Williams)가 쓴 빼어나고 감동적인 책 『안식처: 가 족과 장소의 부자연스러운 역사(*Refuge: An Unnatural History of Family and Place*)』(New York: Random House, 1991)에 등장한다.

9 제불론 파이크의 말은 스테그너의 『100번째 자오선 너머: 존 웨슬리 파월과 미 서부의 두 번째 개방(*Beyond the Hundredth Meridian: John Wesley Powell and the Second Opening of the American West*)』(Boston: Houghton Mifflin, 1954) 참고.

10 "지배적인 생각"과 에드먼드 버크의 말 중에서 "풍습도 바꾸게 될 것"은 헨리 내시 스미스 (Henry Nash Smith)의 『순결한 땅: 상징과 신화로서의 미국 서부(*Virgin Land: The American West as Symbol and Myth*)』(New York: Random House, 1950)에 인용되어 있다.

11 존 뮤어의 『가파른 산책로(*Steep Trails*)』(Boston: Houghton Mifflin, 1918).

12 마거릿 롱, 『화살의 그림자』(앞의 책).

13 테드 쇼(Ted Shaw)의 회고는 《라스베이거스 리뷰-저널(*Las Vegas Review-Journal*)》 1993년 2 월 21일 일요일판에 수록되었다.

14 폴 셰퍼드의 『풍경 속의 인간(*Man in the Landscape*)』(New York: Alfred A. Knopf, 1967)과 『자 연과 광기(*Nature and Madness*)』(San Francisco: Sierra Club Books, 1982).

15 프리먼 다이슨의 『프리먼 다이슨, 20세기를 말하다』(앞의 책).

만우절

1 「산책(Walking)」에서 발췌한 대목으로 소로의 많은 선집에 포함되어 있는데, 나는 단행본 으로 나온 판본(Boston/Cambridge: Applewood Books, 1987)을 참고했다.

2 찰스 아샴보의 말은 《뉴욕 타임스 선데이 매거진》 1990년 11월 판에 실린 윌리엄 J. 브로드 (William J. Broad)의 기사에서 발췌했다.

3 서부 쇼쇼니족과 남부 파이우트 장로들은 네바다주 폐기물 사업국(State of Nevada's Nuclear Waste Project Office)의 후원으로 1990년 9월 캐서린 S. 파울러(Catherine S. Fowler)가 작성 한 『원주민과 유카산: 개요(*Native Americans and Yucca Mountain: A Summary Report*)』에서 유 카산 지역의 문화사와 관련된 정보를 제공했다.

4 '무결점 작전'에 관한 에너지부의 보고서는 『네바다 특별 보고서』(앞의 책)에 실려 있다.

나무들

1 '신의 복수자'의 편지는 1990년 5월 30일 《샌프란시스코 이그재미너(*San Francisco Examiner*)》에 인용되었다. 평화를 위한 여성 파업(WSP)에 관한 기록은 여전히 빈약하며, 이 책에 인용한 대부분의 정보는 내 사촌이 보관한 파일을 참고 자료로 삼았다. 나는 세라 로런스 칼리지의 에이미 스위들로우(Amy Swerdlow)가 WSP의 '수사와 전술'에 관해 작성한 훌륭한 미발표 분석 글도 읽었는데, 그 글은 시카고 대학교 출판부가 출간하는 WSP에 관한 책에 수록될 예정이다.

2 '우유 통제' 및 이와 관련된 응급대응 자료는 1987년 7월 에너지부가 출간한 『네바다 핵실험장에서의 우발적 방출 및 누출 시 외부에서 실시할 비상대응계획 및 절차(*Off-Site Emergency Response plans and Procedures for an Accidental Venting or Seepage at the Nevada Test Site*)』참고.

3 1950년대 미국 내 낙진 대응에 관한 이 문단에서 스트론튬 90과 여타 사안들에 대해 애들레이 스티븐슨이 품은 우려는 스펜서 R. 위어트(Spencer R. Weart)의 『핵 공포: 이미지의 역사(*Nuclear Fear: A History of Images*)』(Cambridge, MA: Harvard University Press, 1988)에 실려 있다. 『핵 공포: 이미지의 역사』에는 케네디의 발언도 인용되어 있다.

4 《월스트리트 저널》1963년 9월 27일.

리제 마이트너의 보행 신발

1 리처드 로즈의 『원자폭탄 만들기(*The Making of the Atom Bomb*)』(New York: Simon and Schuster, 1986)와 휴 거스터슨의 기사 및 그의 스탠퍼드 대학교 박사학위 논문의 한 장(『시험의 시대』(앞의 책)로 출간)이 중요한 참고 자료였다. 로즈의 『원자폭탄 만들기』를 읽은 후 나는 그 책의 참고 자료인 많은 1차 텍스트를 읽었다. 캐럴린 머천트(Carolyn Merchant)의 『자연의 죽음』(New York: Harper and Row, 1980)과 바버라 노박(Barbara Novak)의 『자연과 문화: 미국 풍경과 회화 1825~1875(*Nature and Culture: American Landscape and Painting*)』(New York: Oxford University Press, 1980)도 『순결한 땅』(앞의 책)과 베르너 하이젠베르크의 『물리와 철학: 근대 과학의 혁명』(New York: Harper and Brothers, 1958)과 더불어 중요한 자료였다.

2 오든의 이 에세이는 브라이언 로리(Bryan Loughrey)의 선집 『목가적 형식: 사례집(*The Pastoral Mode: A Casebook*)』(London: Macmillan, 1984)에 수록되어 있다.

3 이 책에서 내가 베이컨, 데카르트, 뉴턴에 대해 간단하게 제시한 설명은 『자연의 죽음』, 모리스 버먼(Morris Berman)의 『세상의 재주술화(*The Reenchantment of the World*)』(New York: Cornell University Press, 1981), 윌리엄 레이스(William Leiss)의 『자연의 지배(*The Domination of Nature*)』(Boston: Beacon Press, 1972), J. B. 버리(J. B. Bury)의 『진보의 개념(*The Idea of Progress*)』(London: Macmillan, 1932)에 상당한 빚을 지고 있다.

4 "2000만 명이 사망할 수도 있습니다."라는 텔러의 발언은 WSP 구성원인 프랜시스 헤링 (Frances Herring) 박사가 WSP 역사에 대해 작성한 미발표 글에 인용되어 있다.

5 막스 플랑크의 산책은 하이젠베르크의 『물리와 철학』(앞의 책)에 설명되어 있다. 조지 가모 프(George Gamow)의 역사서 『물리학을 뒤흔든 30년: 20세기 물리학 혁명의 산 증언』(Garden City, NY: Anchor Books, 1976)은 플랑크의 발견이 "너무나도 드문" 것이었다고 언급하며 조머펠트가 플랑크에게 표한 견해를 인용한다.

6 보어와 하이젠베르크의 만남은 로즈(앞의 책)의 책을 비롯한 여러 책에 묘사되어 있다.

7 보어와의 산책에 대한 하이젠베르크 본인의 생각과 "자연과학은……"으로 시작하는 문장은 그의 책 『물리와 철학』(앞의 책)에 제시되어 있다.

8 보어가 한 "결국 우리는……"이라는 말은 루스 무어(Ruth Moore)의 『닐스 보어: 보어와 그의 과학 그리고 그것이 바꾼 세상(Niels Bohr: The Man, His Science, and the World They Changed)』(New York: Alfred A. Knopf, 1966)에서 인용했다.

9 오펜하이머가 한 "가히 영웅의 시대였다."라는 말은 로베르트 융크(Robert Jungk)의 『천 개의 태양보다 밝은: 우리가 몰랐던 원자과학자들의 개인적 역사』(New York: Harcourt Brace Jovanovich, 1958)와 무어의 『닐스 보어: 보어와 그의 과학 그리고 그것이 바꾼 세상』(위의 책)에 인용되어 있다.

10 호우테르만스와 앳킨슨의 산책과 그 뒤에 일어난 일들은 융크의 책 『천 개의 태양보다 밝은』(앞의 책)에 언급되어 있다.

11 리제 마이트너와 오토 프리슈의 산책 그리고 프리슈가 한 "옴짝달싹 못 하고 있는 기분이에요."라는 말은 융크와 로즈의 역사서, 프리슈의 회고록 『나의 작은 기억들(What Little I Remember)』(New York: Cambridge University Press, 1979)을 비롯한 많은 책에 언급되어 있다.

12 머천트의 『자연의 죽음』(앞의 책)에 인용되어 있다.

13 실라르드 레오는 스펜서 R. 위어트와 거트루드 바이스 실라르드(Gertrude Weiss Szilard)가 편집한 『레오 실라르드: 그가 말하는 사실들(Leo Szilard: His Version of the Facts)』에서 이 이야기를 직접 들려주고 『인간의 비극』에 대해 말한다. 로즈와 융크도 『인간의 비극』에 대한 자기만의 생각을 들려준다. 실라르드에 관한 추가 정보는 마이클 베스(Michael Bess)가 '살 만한 세계를 위한 위원회(Council for a Livable World)'를 통해 출간하고 '원자 과학자 회보(Bulletin of the Atomic Scientists)'에 재발표한 날짜 미상의 글 「레오 실라르드: 과학자, 활동가, 예언자(Leo Szilard; Scientist, Activist, Visionary)」를 참고했다.

14 아인슈타인이 전달한 편지는 C. P. 스노의 『물리학자들(The Physicists)』(Boston: Little, Brown, 1981) 부록과 무어의 『닐스 보어』(앞의 책)에 실린 아인슈타인의 회고에 실려 있다.

15 『팜 홀 기록(Farm Hall Transcripts)』과 토머스 파워스(Thomas Powers)가 공들인 연구는 하이젠베르크의 주장을 뒷받침해주었고 그가 전반적으로 제대로 조명받을 수 있게 해주었다. 내가 이 장을 집필할 당시에는 파워스의 기념비적인 작품 『하이젠베르크의 전쟁: 독일 폭탄의 비밀스러운 역사(Heisenberg's War: The Secret History of the German Bomb)』(New York:

Alfred A. Knopf, 1993)가 출간되지 않은 상태였지만, 이 주제를 다룬 두 가지 귀중한 자료가 있었다. 윌리엄 J. 브로드가 1992년 9월 1일 《뉴욕 타임스》에 기고한 「원자폭탄을 향한 나치의 욕망을 방해하는 공작원인가, 지지하는 대학자인가(Saboteur or Savant of Nazi Drive for A-Bomb?)」와 제러미 번스틴(Jeremy Bernstein)이 1992년 8월 13일 《뉴욕 리뷰 오브 북스》에 발표한 긴 분량의 기고문 「팜 홀 기록: 독일 과학자들과 폭탄(Farm Hall Transcripts: The German Scientists and the Bomb)」이었다.

16 팜 홀에 관한 대목들은 위에 언급한 번스틴의 기고문을 참고했다. 단, 장미 정원에서의 산책은 하이젠베르크의 『물리학 및 그 너머: 만남과 대화(Physics and Beyond: Encounters and Conversations)』를 참고했다.

17 프리먼 다이슨의 『프리먼 다이슨, 20세기를 말하다』(앞의 책).

18 C. P. 스노의 『물리학자들』(앞의 책).

19 무어의 『닐스 보어』(앞의 책).

20 《티쿤(Tikkun)》 제6권 5호(1991년 9~10월)에 휴 거스터슨이 발표한 훌륭한 에세이 「끝없는 상승: 포스트모던 서사로서의 냉전(Endless Escalation: The Cold War as Postmodern Narrative)」.

21 하이젠베르크의 『물리와 철학』(앞의 책).

22 무어의 『닐스 보어』(앞의 책)에 실린 상보성과 현실에 관한 보어의 생각.

23 레이첼 카슨, 『침묵의 봄』(Boston: Houghton Mifflin, 1962).

골든아워와 아이언 카운티

1 다운윈더와 관련해 다수의 책이 출간되었지만 안타깝게도 상당수는 다운윈더 관련 문제가 1963년 제한적 핵실험 금지 조약 체결과 함께 종결되었다고 암시한다. 관련 책으로는 밀러의 『구름 아래서』(앞의 책), 하워드 볼(Howard Ball)의 『다운윈드 심판: 1950년대 미국의 핵실험 프로그램(Justice Downwind: America's Atomic Testing Program)』(New York: Oxford University Press, 1986), 하비 와서만(Harvey Wasserman)과 노먼 솔로몬(Norman Solomon)의 『우리 자신을 죽이기: 미국의 원자 방사선 경험(Killing Our Own: The Disaster of America's Experience with Atomic Radiation)』(New York: Dell Publishing Company, 1982), 테리 템페스트 윌리엄스의 『안식처』(앞의 책), 그리고 내가 이 책을 집필한 이후에 출간된 캐릴 갤러거(Carol Gallagher)의 빼어난 사진이 실린 『미국 그라운드 제로: 비밀스러운 핵전쟁(American Ground Zero: The Secret Nuclear War)』(Cambridge, MA: MIT Press, 1993) 등이 있다.

루비 밸리와 목장

1 메리 댄의 진술은 나와의 영상 인터뷰에서 나온 것으로, 샌프란시스코 미션 크리크 비디오 (San Francisco's Mission Creek Video)의 제시 드루(Jesse Drew)가 만든 「뉴소고비아는 판매용이 아니다: 서부 쇼쇼니족 땅을 위한 투쟁(Newe Sogobia Is Not for Sale: The Struggle for Western Shoshone Lands)」에도 실렸다. 세라 위네무카가 집필하고 호러스 만(Horace Mann)이 편집한 책은 『파이우트족의 삶: 그들의 잘못과 주장(Life Among the Piutes: Their Wrongs and Claims)』(fascimile edition, Sierra Media, Inc., Bishop, CA, 1969)이다.

2 '그을린 강' 캠페인은 네바다 부족 간 위원회의 『뉴』(앞의 책)에 언급되어 있다.

3 1864년 8월 29일 제이컵 T. 록하트가 쓴 편지는 국립문서 제75 문서군, 인디언 문제 위원회가 받은 서신들, 1861~69년 네바다 지도감독(Nevada Superintendency) 제839 명단의 371~376 프레임에 제시되어 있다.

4 "CIA 관계자는 1869년……"은 1105~1107 프레임(위의 자료)에 제시되어 있다.

5 존 A. 버치가 1864년 8월 1일에 쓴 편지로 국립문서 제75 문서군(앞의 책)의 377 프레임에 수록되어 있다.

6 리머릭의 『정복의 유산』(앞의 책).

7 잭 포브스의 『네바다 원주민이 말하다』(앞의 책).

8 마이런 에인절의 『네바다 역사(History of Nevada)』(Oakland: Thompson & West, 1881).

9 에이브러햄 링컨의 1862년 두 번째 연례 연설에 수록된 문구로 엘리자베스 다비 정킨(Elizabeth Darby Junkin)의 『더 밝은 운명의 땅: 미국 서부의 공공용지(Lands of Brighter Destiny: The Public Lands of the American West)』(Golden, CO: Fulcrum, 1986)에 인용되어 있다.

10 「뉴소고비아는 판매용이 아니다」(앞의 자료)를 만든 제시 드루와의 인터뷰에서 참고했다.

전쟁

1 여기에 제시된 캐리 댄의 대화와 진술은 요하임이 녹화한 사건 영상을 참고했다.

거북과 나란한 속도로

1 핵전쟁 방지 국제 의사회가 발간한 『방사능 천국과 지구』(앞의 책).

2 플로셰어 작전, '핵의 평화적 이용', 에드워드 텔러의 "우리는 지표면을 우리 입맛에 맞게 바꿀 것"은 위어트의 『핵 공포』(앞의 책)를 참고했다.

무지개

1 1876년 8월 1일에 작성한 일기로, 리니 마시 울프(Linnie Marsh Wolfe)가 편집한 『산맥의 존: 존 뮤어의 미발표 일기(*John of the Mountains: The Unpublished Journals of John Muir*)』(New York: Houghton Mifflin, 1938)로 출간되었다. 존 뮤어가 쓴 글을 제외하고 그와 관련해 참고한 책은 프레더릭 터너(Frederick Turner)의 『미국 재발견: 당대와 현대의 존 뮤어(*Rediscovering America: John Muir in His Time and Ours*)』(San Franscisco: Sierra Club, 1985).

구경꾼들

1 라피엣 버넬(Lafayette Bunnell)의 『요세미티의 발견 그리고 사건의 발단인 1851년 원주민 전쟁(*Discovery of the Yosemite and the Indian War of 1851 Which Led to That Event*)』(Yosemite National Park, CA: Yosemite Association, 1991).

2 J. M. 허칭스(James Mason Hutchings)의 『시에라의 심장에서: 요세미티 밸리(*In the Heart of the Sierra*)』(Oakland: Pacific Press, 1886)와 《허칭스의 캘리포니아 매거진(*Hutchings' California Magazine*)》 제4권 4호(1859년 10월).

3 프렌켈 갤러리(Fraenkel Gallery)에서 출간하고 피터 E. 팜퀴스트(Peter E. Palmquist)가 작성한 『1861~1874 칼턴 E. 왓킨스 사진집(*Carleton E. Watkins Photographs 1861-1874*)』(San Francisco: Bedford Arts Press, 1989)에서 많은 도움을 받았다.

4 토머스 스타 킹(Thomas Starr King)의 『시에라에서의 휴가: 1860년 요세미티(*A Vacation among the Sierras: Yosemite in 1860*)』(San Francisco: Book Club of California, 1962).

5 프리몬트와 라스마리포사스에 관한 정보는 롤의 『존 찰스 프리몬트』(앞의 책), 위의 킹의 책, 로라 우드 로퍼(Laura Wood Roper)가 작성한 프레더릭 로 옴스테드의 전기 『F. L. O.』(Baltimore: Johns Hopkins Press, 1973)를 참고했다.

6 비어슈타트의 동료가 한 말은 브루클린 뮤지엄이 주관하고 카탈로그로도 제작된 앨버트 비어슈타트 전시회 벽에 소개되었다.

7 《풍경 건축(*Landscape Architecture*)》 제43권 1호(1952년 10월)에 발표된 옴스테드의 「요세미티 밸리와 마리포사스 빅 트리: 예비 보고(The Yosemite Valley and the Mariposa Big Trees: A Preliminary Report)」(1865).

8 《뉴욕 타임스》 기사로 실린 후 나중에 『캘리포니아 조립하기(*Assembling California*)』(New York: Farrar, Strauss, Giroux, 1993)로 출간된 존 맥피(John McPhee)의 글.

풍경에 액자 씌우기

1　풍경의 역사는 여러 버전으로 존재한다. 풍경의 혈통을 해석함에 있어서 내가 도움을 받은 책으로는 크리스토퍼 새커(Christopher Thacker)의 『정원의 역사(The History of Gardens)』(Berkeley: University of California Press, 1979), H. 다이앤 러셀(H. Diane Russell)의 『클로드 로랭 1600~1682(Claude Lorrain 1600~1682)』(Washington, D. C.: National Gallery of Art, 1982), 존 딕슨 헌트(John Dixon Hunt)와 피터 윌리스(Peter Willis)의 『공간의 천재: 영국 풍경 정원 1620~1820(The Genius of the Place: The English Landscape Garden 1620~1820)』(Cambridge, MA: MIT Press, 1988), 앤 버밍엄(Ann Bermingham)의 『풍경과 이데올로기: 영국의 소박한 전통(Landscape and Ideology: The English Rustic Tradition, 1740~1860)』(Berkeley: University of California Press, 1986), 노박의 『자연과 문화: 미국 풍경과 회화 1825~1875』(앞의 책), 로더릭 내시(Roderick Nash)의 『황야와 미국의 정신(Wilderness and the American Mind)』 개정판(New Haven: Yale University Press, 1973), 도널드 워스터(Donald Worster)의 『생태학, 그 열림과 닫힘의 역사』(San Francisco: Sierra Club Books, 1977), 《캘리포니아 히스토리(California History)》(1990년 여름)에 실린 케이트 니어패스 오그던(Kate Nearpass Ogden)의 「숭고한 경관과 경치 좋은 배경: 요세미티 19세기 화가와 사진가(Sublime Vistas and Scenic Backdrops: Nineteenth-Century Painters and Photographers at Yosemite)」 등이 있다.

2　존 딕슨 헌트와 피터 윌리스의 『공간의 천재』(앞의 책).

3　키스 토머스(Keith Thomas)의 『인간과 자연 세계: 1500~1800년 잉글랜드에서의 태도 변화(Man and the Natural World: Changing Attitudes in England 1500-1800)』(Harmondsworth, England: Penguin Books, 1984)에 인용되었다.

4　데이비드 브라워의 광고와 관련된 내용은 내시의 『황야와 미국의 정신』(앞의 책), 존 뮤어의 발언은 《시에라 클럽 회보(Sierra Club Bulletin)》(1908년 1월)에 수록되어 있다.

5　터너의 『미국 재발견』(앞의 책).

6　뮤어의 『나의 첫 여름: 요세미티에서 보낸 1869년 여름의 기록』(San Francisco: Sierra Club Books, 1988).

7　1957년 1월 6일 앤설 애덤스가 데이비드 브라워에게 보낸 편지로, 앨프리드 룬트(Alfred Runte)의 『요세미티: 전투 중인 황야(Yosemite: The Embattled Wilderness)』(Lincoln: University of Nebraska Press, 1990)에 인용되어 있다.

8　옴스테드, 「요세미티 밸리와 마리포사스 빅 트리」(앞의 글).

9　《안타이오스(Antaeus)》 제57호(1986년 가을)에 실린 레슬리 마먼 실코(Leslie Marmon Silko)의 「풍경, 역사, 푸에블로의 상상(Landscape, History, and the Pueblo Imagination)」.

10　《안타이오스》 제57호(위의 자료)에 실린 리처드 K. 넬슨(Richard K. Nelson)의 「선물(The Gift)」.

사라지는 (잔존하는)

1 캘리포니아 역사에 관한 이야기의 상당수는 앨버트 L. 우르타도(Alberto L. Hurtado)의 『캘리포니아 변경 원주민의 생존(*Indian Survival on the California Frontier*)』(New Haven : Yale University Press, 1988), 크레이그 D. 베이츠(Craig D. Bates)와 마사 J. 리(Martha J. Lee)의 『전통과 혁신: 요세미티-모노 레이크 지역의 바구니 역사(*Tradition and Innovation: A Basket History of the Yosemite-Mono Lake Area*)』(Yosemite National Park, CA : Yosemite Association, 1990), 줄리아 파커와 전통적인 요세미티 기술의 관계를 다룬 베브 오티즈(Bev Ortiz)의 『영원히 살 것이다: 전통적인 요세미티 원주민 도토리 채집(*It Will Live Forever: Traditional Yosemite Indian Acorn Preparation*)』(Berkeley : Heyday Press, 1991), 로버트 F. 하이저(Robert F. Heizer)와 앨런 F. 알름퀴스트(Alan F. Almquist)의 『다른 캘리포니아인들(*The Other Californians*)』(Berkeley : University of California Press, 1971), 제임스 클리퍼드(James Clifford)의 『곤경에 빠진 문화: 20세기 민족지학, 문학, 예술(*The Predicament of Culture: Twentieth-Century Ethnography, Literature and Art*)』(Cambridge : Harvard University Press, 1988), 리메릭의 『정복의 유산』 중 「원주민의 끈기(The Persistence of Natives)」를 참고했다.

2 페드로 무뇨스(Pedro Muñoz)의 일기는 요세미티 연구 도서관에 보관된 원고인 크레이그 베이츠의 「마리포사 카운티 원주민의 역사(A History of the Indian People of Mariposa County)」(1975)에 인용되어 있다.

3 1851년 1월 7일 《캘리포니아주 상원 저널(*California State Senate Journal*)》에 수록된 후 우르타도의 『캘리포니아 변경 원주민의 생존』(앞의 책)에 재수록된 주지사 피터 버넷(Peter Burnett)의 「캘리포니아주 의회에 보내는 전언(Message to the California State Legislature)」에서 인용했다.

4 원주민 주재관의 발언은 1851년 1월 14일 《알타 캘리포니아(*Alta California*)》와 칼 P. 러셀의 『요세미티에서의 100년』(앞의 책)에 수록되었다.

5 테드 올랜드(Ted Orland), 『인간과 요세미티: 초기의 사진사(*Man and Yosemite: A Photographic History of the Early Years*)』(Santa Cruz : Image Continuum Press, 1985).

6 로즈 테일러(Rose Taylor), 『최후의 생존자(*The Last Survivor*)』(San Francisco : Johnck and Seeger, 1932).

7 허칭스, 『시에라의 심장에서』(앞의 책).

8 헬렌 하딩 브레트너(Helen Harding Bretnor)가 번역하고 하워드 R. 러마(Howard R. Lamar)가 편집한 장니콜라 페를로의 『골드러시 시대 벨기에 모험가의 모험(*Adventures of a Belgian Argonaut During the Gold Rush Years*)』(New Haven : Yale University Press, 1985).

9 '요세미티 원주민을 대리한 의회 청원'은 에드 카스티요(Ed Castillo)의 논평이 실린 기사에서 발췌했으며 이는 요세미티 연구 도서관에 소장되어 있다.

10 앨커트래즈섬에 대해 제시된 금액은 데이브 레이먼드(Dave Raymond)가 보낸 서한을 참고했다.

11 크레이그 D. 베이츠와 마사 J. 리의 『전통과 혁신』(앞의 책).

12 《캘리포니아 역사》(1990년 여름)에 실린 로버트 C. 파블리크(Robert C. Pavlik)의 「풍경과의 조화 속에서: 요세미티의 건조 환경(In Harmony with the Landscape: Yosemite's Built Environment)」.

13 이 책에서는 줄리아 파커가 지나치게 단순하게 언급되었지만, 파커 자신이 간결하게 전달한 구술사적 자서전이 담긴 베브 오티즈의 『영원히 살 것이다』(앞의 책)에는 그가 아름답게 묘사되어 있다.

14 캣 앤더슨(Kat Anderson)이 요세미티 협회 구성원을 위한 저널인 《요세미티(Yosemite)》(1991년 가을)에 제이 존슨과 부족의 존재를 인정받는 일, 마리포사 카운티 아메리카 원주민 위원회(American Indian Council)에 관해 쓴 커버스토리 「우리는 아직 여기에 있다(We Are Still Here)」도 참고하라.

정원에 피어오른 불

1 빌 맥키번(Bill Mckibben), 『자연의 종말』(New York: Random House, 1991). 《뉴욕 타임스》(1989년 9월)에도 긴 분량이 발췌되어 있다.

2 대니얼 보트킨(Daniel Botkin), 『조화되지 않는 조화: 21세기를 위한 새로운 생태학(Discordant Harmonies: A New Ecology for the Twenty-First Century)』(New York: Oxford University Press, 1990).

3 올스턴 체이스(Alston Chase), 『옐로스톤에서의 신 노릇(Playing God in Yellowstone)』(San Diego: Harcourt Brace Jovanovich, 1986).

4 네바다 부족 간 위원회의 『뉴: 서부 쇼쇼니족 역사』(앞의 책).

5 조너선 S. 애덤스(Jonathan S. Adams)와 토머스 O. 맥셰인(Thomas O. McShane)의 『야생 아프리카에 대한 미신(The Myth of Wild Africa)』(New York: Norton, 1993).

6 수전 헥트(Susan Hecht)와 알렉산더 콕번(Alexander Cockburn)의 『숲의 운명(The Fate of the Forest)』(London, New York: Verso, 1989).

7 「요세미티 밸리와 마리포사스 빅 트리」(앞의 글). 참나무와 관련해서는 요세미티 연구 도서관에 보관된 1985년 미출간 원고인 에릭 E. 앵그레스(Eric E. Angress)의 「요세미티 밸리 내 캘리포니아 참나무의 쇠퇴(The Decline of Quercus Kelloggii in Yosemite Valley)」.

8 요세미티 연구 도서관에 보관된 1898년 캣 앤더슨의 「요세미티 지역에서의 남부 시에라 미워크족의 식물 자원 관리: 원주민 식물 채집의 생물학적, 생태학적, 문화적 기반, 노지 원예, 시에라 식생에 대한 인위적 영향(Southern Sierra Miwok Plant Resource Management of the Yosemite Region: A Study of the Biological, Ecological, and Cultural Bases for Indian Plant Gathering, Field Horticulture, and Anthropogenic Impacts on Sierra Vegetation)」과 《요세미티》(1990년 여름)에 실린 자생 식물의 재래식 활용에 관한 앤더슨의 기사를 참고했다.

뱀의 이름

1 이 장에서 참고한 주요 참고 자료는 『땅의 이름들(*Names on the Land*)』(New York: Random House, 1945)과 잭 웨더퍼드(Jack Weatherford)의 『원주민의 뿌리: 원주민이 미국을 풍요롭게 만든 방식(*Native Roots: How the Indians Enriched America*)』(New York: Crown Books, 1991)이다.

2 R. W. B. 루이스(R. W. B. Lewis), 『미국적 아담: 19세기의 무지와 비극과 전통(*The American Adam: Innocence, Tragedy and Tradition in the Nineteenth Century*)』(Chicago: University of Chicago Press, 1995).

3 내시의 『황야와 미국의 정신』(앞의 책).

4 프랜시스 P. 파커가 편집한 윌리엄 브루어(William Brewer)의 『1860～1864년 캘리포니아의 구석구석(*Up and Down California in 1860-1864*)』(Berkeley: University of California Press, 1966).

5 요세미티의 진짜 의미를 설명한 자료는 많지 않다. 내가 요세미티에 관한 대중적인 역사를 읽다가 처음 발견한 이야기는 '그들 중 일부는 살인자'라는 명칭이 아와니치족이 백인을 가리키는 표현이었다고 암시하는 잘못된 정보였다. 나는 이 정보를 엘리자베스 갓프리(Elizabeth Godfrey)가 작성한 소책자 「요세미티 원주민들(Yosemite Indians)」(제임스 스나이더(James Snyder)와 크레이그 베이츠가 수정, Yosemite National Park: Yosemite Association, 1977)의 각주에서 다시 발견했다. 정보의 출처는 크레이그 베이츠가 1978년 《요세미티 자연에 대한 메모(*Yosemite Nature Notes*)》 제7권 3호에 실은 「요세미티 밸리의 이름과 의미(Names and Meanings for Yosemite Valley)」였고 여기에는 실비아 브로드벤트의 언어 연구가 각주로 포함되어 있었다.

6 창세기에 관한 견해는 존 필립스(John Phillips)의 『이브: 개념의 역사(*Eve: The History of an Idea*)』(San Francisco: Harper and Row, 1984), 게르브루크 트로슈디터의 『세상의 끝에서 뒤돌아보며(*Looking Back on the End of the World*)』(New York: Semiotext(e), 1989)에 실린 에세이 「끝의 시작: 플라톤에서부터 체르노빌까지 방사선의 역사(The Beginning of the End: On the History of Radiation from Plato to Chernobyl)」, 셰퍼드의 『풍경 속의 인간』(앞의 책)과 『자연과 광기』(앞의 책)를 참고했다.

7 루이스가 내게 준 책의 복사본에는 윌리엄 덩컨 스트롱(William Duncan Strong)의 『남부 캘리포니아의 원주민 사회(*Aboriginal Society in Southern California*)』(Banning, CA: Malki Museum Press, Morongo Indian Reservation, 1972), 로웰 존 빈(Lowell John Bean)의 『카후일라(*The Cahuilla*)』(New York: Chelsea House Publishers, 1989), 해리 C. 제임스(Harry C. James)의 『카후일라 원주민(*The Cahuilla Indians*)』(Los Angeles: Westernlore Press, 1960)에서 인용한 구절들이 포함되어 있다.

8 해리 폰세카(Harry Fonseca)가 일러스트레이션을 맡고 프랭크 라페나(Frank LaPena)와 크레이그 D. 베이츠가 공동 집필한 『요세미티 미워크족의 전설(*Legends of the Yosemite Miwok*)』

(Yosemite National Park: Yosemite Natural History Association).

9   《네이티브 캘리포니아 소식(*News from Native California*)》(1993년 여름)에 실린 맷 베라(Matt Vera)의 「언어의 창조, 야울럼니 이야기(The Creation of Language, a Yowlumni Story)」.

자비의 강으로

1   이 장을 구성하는 맥락은 드보토의 『결단의 해』(앞의 책)에서 일정 부분 영향을 받았다. 제임스 새비지에 관한 정보의 주요 참고 자료는 1949년 《캘리포니아 사학회 계간지(*California Historical Society Quarterly*)》 제28권에 실린 애니 미첼(Annie Mitchell)의 「대대장 제임스 D. 새비지와 툴레어 원주민들(Major James D. Savage and the Tularenos)」, 『짐 새비지와 툴레어 원주민들(*Jim Savage and the Tulareno Indians*)』(Los Angeles: Westerlore Press, 1957)과 그 이후에 쓰인 기사들이다. 요세미티 연구 도서관은 네바 진 하킨스 무뇨스(Neva Jeanne Harkins Munoz)의 대단히 빼어난 논문 「정치적 중간인과 이중 구속: 제임스 D. 새비지와 프레즈노 강 보존(Political Middlemanship and the Double Bind: James D. Savage and the Fresno River Reservation)」(1980) 사본을 보관하고 있다. 또 요세미티 연구 도서관과 밴크로프트 도서관은 새비지에 관한 파일을 보관 중이며, 밴크로프트 도서관은 릴본 A. 윈첼(Lilborne A. Winchell)이 결국 완성하지 못한 전기 집필을 위해 모아둔 1927~1930년 새비지 사촌과의 서신을 상당수 소장하고 있다.

2   프랜시스 파크먼(Francis Parkman), 『오리건 가도(*The Oregon Trail*)』.

3   새비지가 한 여정의 연대기 중 상당수는 미첼의 기록을 참고했지만, 그중 일부는 동료 탐험가들의 기록, 특히 제이컵 할런(Jacob Harlan)의 회고록 『캘리포니아 1946~1966(*California '46 to '88*)』(San Francisco: The Bancroft Company, 1888)에서 직접 확인했다.

4   밴크로프트 도서관에 있다.

5   하인리히 리엔하르트(Heinrich Lienhard)의 일기는 출간되어 있으며, 이 구절은 『서터 요새의 개척자(*A Pioneer at Sutter's Fort*)』(Los Angeles: The Calafia Society, 1941)에서 인용했다.

6   앨버트 L. 우르타도의 『원주민의 여름(*Indian Summer*)』.

7   세일러 또는 빈슨할러는 롤의 『존 찰스 프리몬트』 전기(앞의 책)와 프레우스(Preuss)의 『탐험하기(*Exploring*)』에 짧게 언급된다. 그는 새비지에 대해 장문의 빼어난 전기를 작성했으며, 이는 1852년 9월 26일 G. W. 패튼(G. W. Patten)이 M. M. 가드너(M. M. Gardner)에게 보낸 편지에 동봉되어 미 육군 태평양 사령부가 수령한 후 미국 국립문서기록관리청의 군사기록으로 관리되고 있다.

8   G. H. 팅컴(G. H. Tinkham)의 『캘리포니아의 사람과 사건: 1769~1890(*California Men and Events: 1769-1890*)』(Stockton: Records Publishing Co., 1915).

9   호러스 벨, 『삼림 관리인의 회고(*Reminiscences of a Ranger*)』(Los Angeles: Yarnell, Castile, and Mathes, Printers, 1881).

10 요세미티 기록 도서관에 보관된 칼 P. 러셀과의 미출간 인터뷰.

11 C. 그레고리 크램턴(C. Gregory Crampton)이 편집해『마리포사 원주민 전쟁: 1850~51년 (*The Mariposa Indian War; 1850-51*)』로 출간된 로버트 에클스턴(Robert Eccleston)의 일기는 버넬의 책과 상당한 대조를 이룬다. 즉 시간이 흐른 뒤 의미가 더 명확해졌다.

12 파미트(Pahmit)가 들려주는 구술사는 프랭크 F. 라타(Frank F. Latta)의『요쿠트족 안내서 (*Handbook of Yokuts Indians*)』(Santa Cruz: Bear State Books, 1977)에서 한 장을 구성하고 있다.

13 《더 캘리포니안(*The Californian*)》에 제임스 O. 마라(James O. Meara)가 수록한「백인 주술 사(A White Medicine Man)」로, 요세미티 기록 도서관이 보관 중이다.

14 버넬의『요세미티의 발견 그리고 사건의 발단인 1851년 원주민 전쟁』(앞의 책)에서 인용했 다.

15 1851년 2월 20일《캘리포니아 통신(*California Courier*)》.

16 카벌 콜린스(Carvel Collins)가 편집한『골드러시 시대의 샘 워드(*Sam Ward in the Gold Rush*)』 (Stanford: Stanford University Press, 1949).

17 밴크로프트 도서관에 보관 중인 C. 그레고리 크램턴의「마리포사 지역의 개방(Opening of the Mariposa Region)」.

18 《캘리포니아 통신》(앞의 자료).

19 1851년 11월 18일《샌와킨 리퍼블리칸(*San Joaquin Republican*)》.

20 새비지와 하비의 충돌은 앞서 언급된 미첼의 책, 빈슨할러의 편지, (빈슨할러의 편지를 동봉 한) 패튼의 편지, 스톡턴 신문, 버넬의 책 그리고 1852년 9월 4일《샌프란시스코 헤럴드》에 자세히 설명되어 있다.

21 릴본 A. 윈첼이 모은 새비지 관련 문건에 수록되어 있으며 밴크로프트 도서관이 소장 중이 다.

원점으로

1 제임스 무니(James Mooney)가 집필하고 버나드 폰타나(Bernard Fontana)가 서문을 작성해 재출간된『유령의 춤 종교와 1890년 수족의 출현(*The Ghost Dance Religion and the Sioux Outbreak of 1890*)』(Glorieta, NM: Rio Grande Press, 1973).

야만의 꿈들

장소, 풍경, 자연과 우리의 관계에 대하여

1판 1쇄 찍음 2022년 11월 14일
1판 1쇄 펴냄 2022년 11월 25일

지은이 리베카 솔닛
옮긴이 양미래

편집 최예원 조은 조준태
미술 김낙훈 한나은 이민지
전자책 이미화
마케팅 정대용 허진호 김채훈
　　　　홍수현 이지원 이지혜 이호정
홍보 이시윤 윤영우
저작권 남유선 김다정 송지영
제작 임지헌 김한수 임수아 권혁진
관리 박경희 김도희 김지현

펴낸이 박상준
펴낸곳 반비

출판등록 1997. 3. 24.(제16-1444호)
(06027) 서울시 강남구 도산대로1길 62
강남출판문화센터
대표전화 515-2000, 팩시밀리 515-2007
편집부 517-4263, 팩시밀리 514-2329

한국어판 © (주)사이언스북스, 2022. Printed in Seoul, Korea.

ISBN 979-11-92107-94-3 (03940)

반비는 민음사출판그룹의 인문·교양 브랜드입니다.

만든 사람들
책임편집 최예원
디자인 이지선